KB242746

이승만 역사교실

이승만 역사교실(교사용)

초판 인쇄 2026년 1월 30일
초판 발행 2026년 2월 6일

구성·편집 양메리
펴낸곳 주식회사 뉴퓨리턴

주소 서울특별시 성북구 장위로 40다길 19, 1층 106호(장위동)
대표전화 070-7432-6248
팩스 02-6280-6314
출판등록 제25100-2023-043호
이메일 info@newpuritan.kr

ISBN 979-11-24200-03-2(03910)

필자는 미국에서 태어나고 자라 대한민국 역사에 대해 무지했습니다. 어린 시절의 '역사'는 암기할 것만 가득한 지루한 과목일 뿐이었습니다. 하지만 2020년 8.15 광화문집회에서 전광훈 목사님의 연설을 통역하며, 필자의 오래된 인식이 산산이 깨졌습니다. 목사님은 과거의 역사를 현재로 불러오고, 그 역사 속에서 대한민국이 나아가야 할 미래의 길을 정확히 제시하고 계셨습니다. 무엇보다 한 치의 망설임도 없이 역사를 사자후처럼 외치시는 모습을 곁에서 통역하며, 필자는 중요한 사실을 깨달았습니다. 이분이 한 시대에 귀하게 쓰임받는 이유는 첫째 복음 때문이며, 둘째 그 속에 깊이 자리한 역사의식 때문임을 알게 되었습니다.

그날 이후 필자는 목사님의 애국 연설과 역사 강의를 따라다니며 꼼꼼히 필기했고, 혼신을 다해 공부했습니다. 그렇게 배우는 과정에서 자연스럽게 이승만 대통령과 박정희 대통령을 사랑하게 되었고, 대한민국의 미래는 결국 두 지도자의 정신을 계승하느냐에 달려 있다는 사실도 깨닫게 되었습니다. 그러던 어느 날 문득 이런 생각이 들었습니다. "이 살아 있는 역사의 교훈을 글로 엮어낸다면, 더 많은 사람들이 깨어날 수 있지 않을까?" 좋은 강의를 한 귀로 듣고 흘려보낼 수 없었습니다. 그래서 필자는 결심했습니다. "그렇다면 내가 써야겠다!"

필자는 3년 동안 역사공부에 매진했습니다. 그 과정에서 귀한 선생님들과 교수님들을 만나 돈보다 값진 가르침을 받았습니다. 그리고 마침내 이 책, 『이승만의 역사교실』이 세상에 나오게 되었습니다. 책 제목을 이렇게 정한 이유는 분명합니다. 이승만 대통령은 애국의 교과서이며, 그분을 통해 우리는 애국의 길을 배울 수 있기 때문입니다. 그의 생애 안에는 대한민국의 과거·현재·미래가 고스란히 담겨 있습니다.

스물여덟에 이 책을 내며, 필자는 인생을 살아오며 확신하게 된 한 가지 원칙을 나누고자 합니다.
세상에서 큰일을 감당하려면,
첫째, 성경을 알아야 하고
둘째, 영어를 할 줄 알아야 하며
셋째, 역사를 배워야 합니다.

지금 대한민국은 민족사적 과업인 남북통일을 앞두고 있습니다. 그렇다면 어떤 사람이 통일시대에 쓰임받을까요? 바로 성경을 알고, 영어를 이해하고, 역사를 아는 사람입니다. 역사를 아는 사람만이 과거의 실수를 반복하지 않고, 현재를 바르게 판단하며, 미래를 내다볼 수 있기 때문입니다. 이러한 사람이 지도자가 될 때 대한민국은 번영과 부국강병의 길로 나아갈 수 있습니다. 그 모범을 가장 분명하게 보여준 인물이 바로 이승만 대통령입니다. 그는 가난한 나라의 지도자였지만, 어려운 시절에 한 인간이 할 수 있는 그 이상을 다하여 후손들이 살아갈 수 있는 터전을 마련했습니다. 그는 애국의 교과서이며, 우리는 그를 통해 애국의 길을 배워야 합니다.

오늘날 대한민국 사회는 반국가 세력의 역사 왜곡 속에서 심각한 역사전쟁을 치르고 있습니다. 이들은 이승만 대통령을 부정하고, 대한민국의 정통성을 약화시키고 있습니다. 이 전쟁에서 승리하는 길은 단 하나, 올바른 역사인식의 회복입니다. 역사는 공부 과목이 아니라 국민의 의무이며, 실력이 아니라 관심에서 시작됩니다. 이 책이 독자 여러분 안에 그 관심의 불씨를 지피는 작은 도화선이 되기를 바랍니다.

마지막으로, 이 책을 쓰는 데 영감과 용기를 주신 전광훈 목사님과 사랑제일교회 성도님들, 세심하게 지도해주신 여러 선생님과 교수님들께 감사드립니다. 그리고 처음부터 끝까지 연필을 붙잡아주신 하나님께 모든 영광을 올려드립니다.

— 양메리

'나의 역사 수준' 진단시험

다음 문항에 O 또는 X로 표시해 주세요.

1. '역사(歷史)'의 뜻은 무엇인가요?

2. 흥선대원군의 '쇄국정책'(鎖國政策)이란 무엇인가요?

3. 3.1운동이 일어난 연도는 언제인가요?

4. 조선이 한일병합조약(韓日併合條約)을 체결한 연도는 언제인가요?

5. 1946년 6월 3일 이승만이 남한만이라도 임시정부를 세우자고 제안한 발언을 무엇이라고 부르나요?

6. 1925년 4월 17일 박헌영이 창당한 조선공산당의 후신(後身)은 무엇인가요?

7. 1947년 3월 12일 미국 트루먼 대통령이 공산주의의 확산을 막기 위해 자본주의 국가들을 지원하겠다고 발표한 정책의 이름은 무엇인가요?

8. 1948년 4월 19일 김구와 김규식이 남한 지도자들의 반대에도 불구하고 평양에서 서명한 남북공동선언의 이름(날짜)은 무엇인가요?

9. 1945~1946년 조선공산당이 공산정권 수립을 위한 자금을 마련하기 위해 위조지폐를 발행한 사건의 이름은 무엇인가요?

10. 1945년 11월 박헌영이 노동자들에 대한 영향력을 행사하기 위해 조직한 노동조합의 이름은 무엇인가요?

11. 1946년 9월 23일 전평 노동자들의 9월 총파업에 이어, 같은 해 10월 대구에서 약 40일간 경북 전평 노동자들이 일으킨 무장폭동의 이름은 무엇인가요?

12. 1948년 4월 남로당이 5.10 총선을 방해하기 위해 일으킨 무장폭동의 이름은 무엇인가요?

13. 1948년 8월 15일 대한민국이 건국된 지 두 달 만에 남로당이 일으킨 무장폭동의 이름은 무엇인가요?

14. 대한민국의 헌법이 공포된 날(제헌절)은 언제인가요?

15. 대한민국의 4대 건국기둥은 무엇인가요?

16. 1948년 12월 1일 이승만 대통령이 자유민주적 기본질서를 위협하는 반국가 단체의 활동을 제한하기 위해 제정한 법의 이름은 무엇인가요?

17. 1950년 6월 25일 북한의 기습 남침으로 국토 대부분을 잃었을 때 우리 국군이 구축한 최후 방어선의 이름은 무엇인가요?

18. 1960년 3.15 부정선거를 규탄하며 일어난 혁명의 이름은 무엇인가요?

19. 1961년 박정희가 일으킨 군사혁명의 이름은 무엇인가요?

20. 1987년 6월 항쟁 후 전두환 대통령이 직선제 개헌과 5년 단임제를 수용하며 발표한 선언의 이름은 무엇인가요?

21. 북한 김일성의 주체사상을 따르는 사람들을 무엇이라고 부르나요?

22. 김대중, 노무현, 문재인 대통령이 각각 서명한 남북공동선언의 이름(날짜)은 무엇인가요?

23. 2008년 MBC <PD수첩>의 허위보도로 촉발된 촛불집회는 무엇인가요?

24. 2024년 12월 윤석열 대통령이 비상계엄을 선포한 날짜는 언제인가요?

25. 국가 권력이 종교를 억압하지 못하도록 하는 원칙의 이름은 무엇인가요?

진단시험 채점표	
점수	나의 역사 수준
10점 이하	빵
10~15점	낮음
15~20점	보통
20점 이상	높음

공부는 실력이 아니라, 관심입니다.
지금부터 함께 공부해 봅시다!

'나의 역사 수준' 답안지

다음 문항에 O 또는 X로 표시해 주세요.

1. '역사(歷史)'의 뜻은 무엇인가요?

'역사(歷史)'는 오랜 세월을 거쳐 오늘에 이르기까지의 변천의 과정이나 중요한 사건에 관한 기록입니다.

2. 흥선대원군의 '쇄국정책'(鎖國政策)이란 무엇인가요?

쇄국정책(鎖國政策)은 다른 나라와 무역·외교를 하지 않고 문호를 닫는 정책입니다.

3. 3.1운동이 일어난 연도는 언제인가요?

1919년입니다.

4. 조선이 한일병합조약(韓日倂合條約)을 체결한 연도는 언제인가요?

1910년입니다.

5. 1946년 6월 3일 이승만이 남한만이라도 임시정부를 세우자고 제안한 발언을 무엇이라고 부르나요?

'정읍 발언(선언)'이라고 부릅니다.

6. 1925년 4월 17일 박헌영이 창당한 조선공산당의 후신(後身)은 무엇인가요?

남조선노동당(남로당)입니다.

7. 1947년 3월 12일 미국 트루먼 대통령이 공산주의의 확산을 막기 위해 자본주의 국가들을 지원하겠다고 발표한 정책의 이름은 무엇인가요?

트루먼 독트린(Truman Doctrine)입니다.

8. 1948년 4월 19일 김구와 김규식이 남한 지도자들의 반대에도 불구하고 평양에서 서명한 남북공동선언의 이름(날짜)은 무엇인가요?

4.30 남북공동선언입니다.

9. 1945~1946년 조선공산당이 공산정권 수립을 위한 자금을 마련하기 위해 위조지폐를 발행한 사건의 이름은 무엇인가요?

정판사 사건입니다.

10. 1945년 11월 박헌영이 노동자들에 대한 영향력을 행사하기 위해 조직한 노동조합의 이름은 무엇인가요?

조선노동조합전국평의회(전평)입니다.

11. 1946년 9월 23일 전평 노동자들의 9월 총파업에 이어, 같은 해 10월 대구에서 약 40일간 경북 전평 노동자들이 일으킨 무장폭동의 이름은 무엇인가요?

대구 10.1 사건입니다.

12. 1948년 4월 남로당이 5.10 총선을 방해하기 위해 일으킨 무장폭동의 이름은 무엇인가요?

제주 4.3 사건입니다.

13. 1948년 8월 15일 대한민국이 건국된 지 두 달 만에 남로당이 일으킨 무장폭동의 이름은 무엇인가요?

여순 10.19 사건(또는 여수 14연대 반란)입니다.

14. 대한민국의 헌법이 공포된 날(제헌절)은 언제인가요?

1948년 7월 17일입니다.

15. 대한민국의 4대 건국기둥은 무엇인가요?

자유민주주의, 자유시장경제, 한미동맹, 기독교입국론입니다.

16. 1948년 12월 1일 이승만 대통령이 자유민주적 기본질서를 위협하는 반국가 단체의 활동을 제한하기 위해 제정한 법의 이름은 무엇인가요?

국가보안법(국보법)입니다.

17. 1950년 6월 25일 북한의 기습 남침으로 국토 대부분을 잃었을 때 우리 국군이 구축한 최후 방어선의 이름은 무엇인가요?

낙동강 방어선(또는 낙동강 전선)입니다.

18. 1960년 3.15 부정선거를 규탄하며 일어난 혁명의 이름은 무엇인가요?

4.19 혁명입니다.

19. 1961년 박정희가 일으킨 군사혁명의 이름은 무엇인가요?

5.16 군사혁명(또는 5.16 혁명)입니다.

20. 1987년 6월 항쟁 후 전두환 대통령이 직선제 개헌과 5년 단임제를 수용하며 발표한 선언의 이름은 무엇인가요?

6.29 선언입니다.

21. 북한 김일성의 주체사상을 따르는 사람들을 무엇이라고 부르나요?

'주체사상파(주사파)'라고 부릅니다.

22. 김대중, 노무현, 문재인 대통령이 각각 서명한 남북공동선언의 이름(날짜)은 무엇인가요?

2000년 6.15 남북공동선언, 2007년 10.4 남북공동선언, 2018년 4.27 남북공동선언(또는 판문점 선언)입니다.

23. 2008년 MBC <PD수첩>의 허위보도로 촉발된 촛불집회는 무엇인가요?

광우병 촛불집회입니다.

24. 2024년 12월 윤석열 대통령이 비상계엄을 선포한 날짜는 언제인가요?

12월 3일(12.3 비상계엄)입니다.

25. 국가 권력이 종교를 억압하지 못하도록 하는 원칙의 이름은 무엇인가요?

정교분리(政敎分離)의 원칙입니다.

진단시험 채점표	
점수	나의 역사 수준
10점 이하	빵
10~15점	낮음
15~20점	보통
20점 이상	높음

공부는 실력이 아니라, 관심입니다.
지금부터 함께 공부해 봅시다!

목차

I강　구한말 ~ 일제 시대

II강　해방 후 ~ 1차 체제전쟁

III강　6.25전쟁

IV강　2차 체제전쟁 ~ 현재

1 역사를 공부하는 이유

국가(國家)	나라 국(國), 집 가(家)	민족의 커다란 집
역사(歷史)	지날 력(歷), 역사 사(史)	변천의 과정이나 중요한 사실의 기록

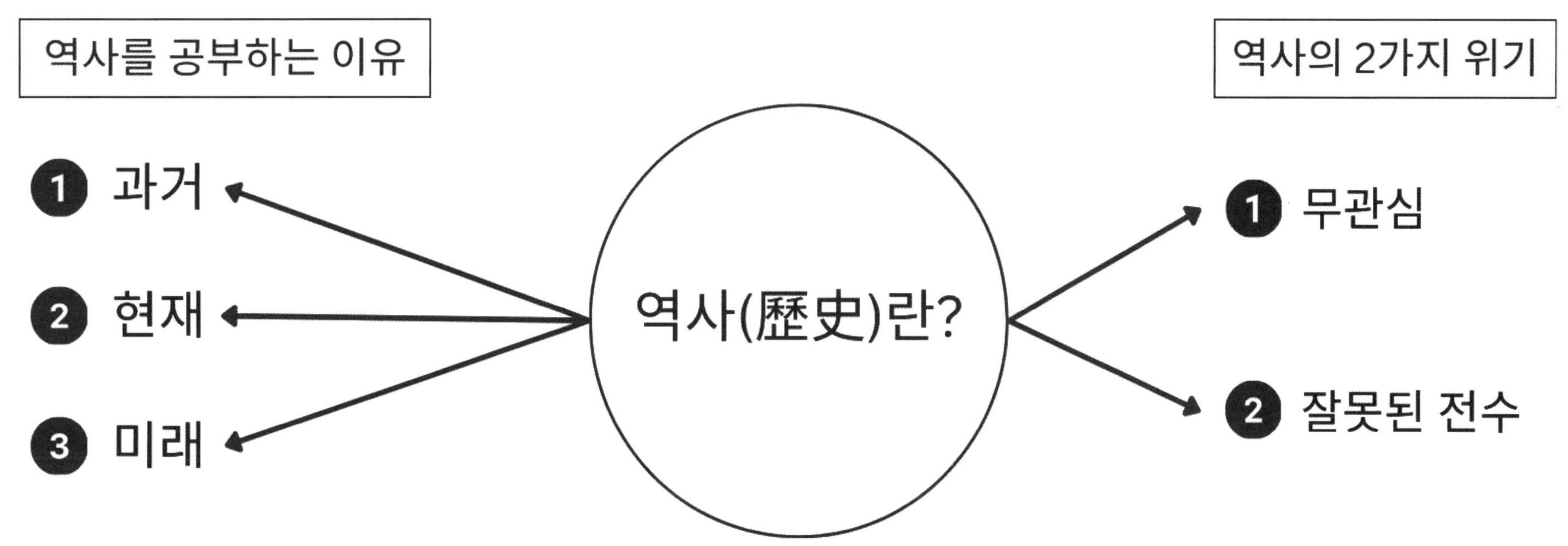

'야드 바셈(יָד וָשֵׁם)' 이스라엘의 홀로코스트 박물관	"망각은 포로 상태로 이어지나 기억은 구원의 비밀이다." *Forgetfulness leads to exile, while remembrance is the secret of redemption.*
	"용서하라, 그러나 잊지는 말라." *Forgive, but remember.*

1. 역사를 공부하는 이유

오늘도 힘찬 구호로 역사공부를 시작해 봅시다: 이승만/역사교실, 자유통일/이룩하자, 와!

국가(國家)란? '국가'란 민족 대식구를 담는 커다란 집입니다. 물을 담기 위해서는 그릇이 필요하듯, 개인·가정·사업·교회가 있기 위해서는 국가가 있어야 합니다. 국가를 떠나서는 아무것도 존재할 수 없습니다. 그러므로 국민의 가장 기본적인 의무는 제 나라를 사랑하는 것입니다. 그렇다면 나라를 사랑하는 마음(애국심, 愛國心)은 어디서부터 출발할까요? 바로 제 나라 역사에 대한 올바른 인식에서부터 출발합니다.

역사(歷史)란? '역사(歷史)'란 오랜 세월을 거쳐 오늘에 이르기까지의 변천의 과정이나 중요한 사건에 관한 기록입니다.

역사를 공부하는 이유 역사를 공부해야 하는 세 가지 이유가 있습니다. 첫째, 역사를 올바르게 기억하는 민족은 과거의 실수를 되풀이하지 않습니다. 둘째, 현재를 정확히 인식합니다. 셋째, 희망적인 미래를 건설해 나갈 수 있습니다.

역사의 2가지 위기 하지만 오늘날 대한민국의 역사는 두 가지 위기를 맞았습니다. 첫째, 무관심입니다. ① 일제시대와 6.25 전쟁은 대한민국 국민이라면 반드시 알아야 할 역사적 이정표들입니다. 하지만 당시의 비극을 생생하게 기억하는 사람들은 80대에 이르렀고, 그 이후 세대들은 대부분 알지 못하거나 그저 옛날이야기로 가볍게 여깁니다. 둘째, 왜곡된 전수입니다. 대한민국을 부정하는 세력으로 인해 우리나라의 현대사는 갈수록 왜곡되고 좌경화되고 있습니다. 전쟁으로 폐허가 된 대한민국은 이승만과 박정희 대통령을 통해 눈부신 발전사를 이루었지만, 오늘날의 공교육은 민중항쟁사만 강조하지 이 같은 발전의 역사는 등한시합니다. 모래 위에 지은 집이 작은 바람에도 무너지듯이 아무리 선진국일지라도 역사를 잊은 나라는 순식간에 무너질 수밖에 없습니다. 이런 사실을 뼈저리게 깨달은 민족이 바로 이스라엘 민족입니다.

이스라엘 민족 이스라엘은 나치 독일의 ○ 홀로코스트(Holocaust, 유대인 대학살) 희생자들을 추모하기 위해 1953년 '야드 바셈('ד יʷם)'이라는 국립 기념관을 설립합니다. 그곳에는 두 가지 문구가 크게 새겨져 있습니다.

"망각은 포로 상태로 이어지나 기억은 구원의 비밀이다
(Forgetfulness leads to exile, while remembrance is the secret of redemption)."[1]

"용서하라, 그러나 잊지는 말라(Forgive, but remember)."[2]

이는 역사를 기억하지 않는다면 또다시 멸망할 수밖에 없다는 이스라엘 민족의 깊은 뉘우침과 미래에 대한 각오입니다. 구약성경의 모세는 120세로 운명하기 전에 가나안 입성을 앞둔 이스라엘 민족의 후세들에게 "옛날을 기억하라 역대의 연대를 생각하라 네 아비에게 물으라 그가 네게 설명할 것이요 네 어른들에게 물으라 그들이 네게 이르리로다(신 32:7)."라는 유언을 남긴 바 있습니다. 이는 과거를 기억함으로써 미래를 바라보라는 뜻입니다.

결단하기 이제 대한민국은 위대한 민족사적 과업인 ○ 자유통일을 완수하고 세계를 선도하는 ○ G2 국가가 되어, 세계선교를 전개해야 할 중요한 역사적 분기점에 직면해 있습니다. 이러한 때에 대한민국 국민들에게 가장 시급한 것이 있다면, 바로 역사에 대한 정확한 인식과 전수입니다. 올바른 역사 인식과 전수만이 전 국민을 애국심으로 깨울 수 있으며, 대한민국을 자유통일과 G2 국가의 길로 인도할 수 있습니다.

① 이 책은 '일제강점기' 대신 '일제시대'라는 표현을 사용합니다. '강점'이란 전쟁에서 패배하여 식민지가 된 경우를 지칭하는 용어인데, 조선은 일본에 의해 강제로 병합된 것이 아니라 고종 황제가 나라를 넘겨주었습니다.

○ 홀로코스트(Holocaust): 2차 세계 대전 때 나치 독일의 아돌프 히틀러(Adolf Hitler)가 유대인을 절멸하기 위해 자행한 대량 학살입니다. 당시 유대인 사망자는 약 6백 만 명에 달했습니다.

○ 자유통일(自由統一, Free Reunification): 자유민주주의와 자유 시장경제 체제로 이루는 남북통일입니다.

○ G2(Group of Two): 전 세계에서 경제적인 영향력이 가장 큰 두 국가라는 의미로, 현재 미국과 중국을 가리키는 비공식적인 용어입니다.

---

1) "The Holiness In What We Must Remember To Forget: Shabbat Zakhor And Vayikra." Bayit, 2022년 3월 11일. https://yourbayit.org/the-holiness.

2) Rick Steves, "Remember the Holocaust — So it Will Never be Repeated." 2021년 1월 27일. https://blog.ricksteves.com/blog/remember-the-holocaust/.

 흥선대원군의 쇄국정책

고종 즉위
강화도 조약
1863
1876
철종
고종
조대비
흥선대원군
민비
흥선대원군의 **쇄국정책**
일본의 **개방정책**
1866년 **제너럴 셔먼호 사건**
1853년 **쿠로후네 사건**
후퇴
조선
1876년 **강화도 조약**
일본
발전
아놀드 토인비
(Arnold J. Toynbee)
"소아시아의 드로아에서 마케도니아로 사도 바울을 태우고 간 목선은 세계의 중심을 문명의 발상지로부터 지중해와 유럽 대륙으로 옮겨 놓았다."
"When a wooden boat carried the Apostle Paul from Troas of Asia Minor to Macedonia, it moved the center of the world from the birthplace of civilization to the Mediterranean and to the European Continent."

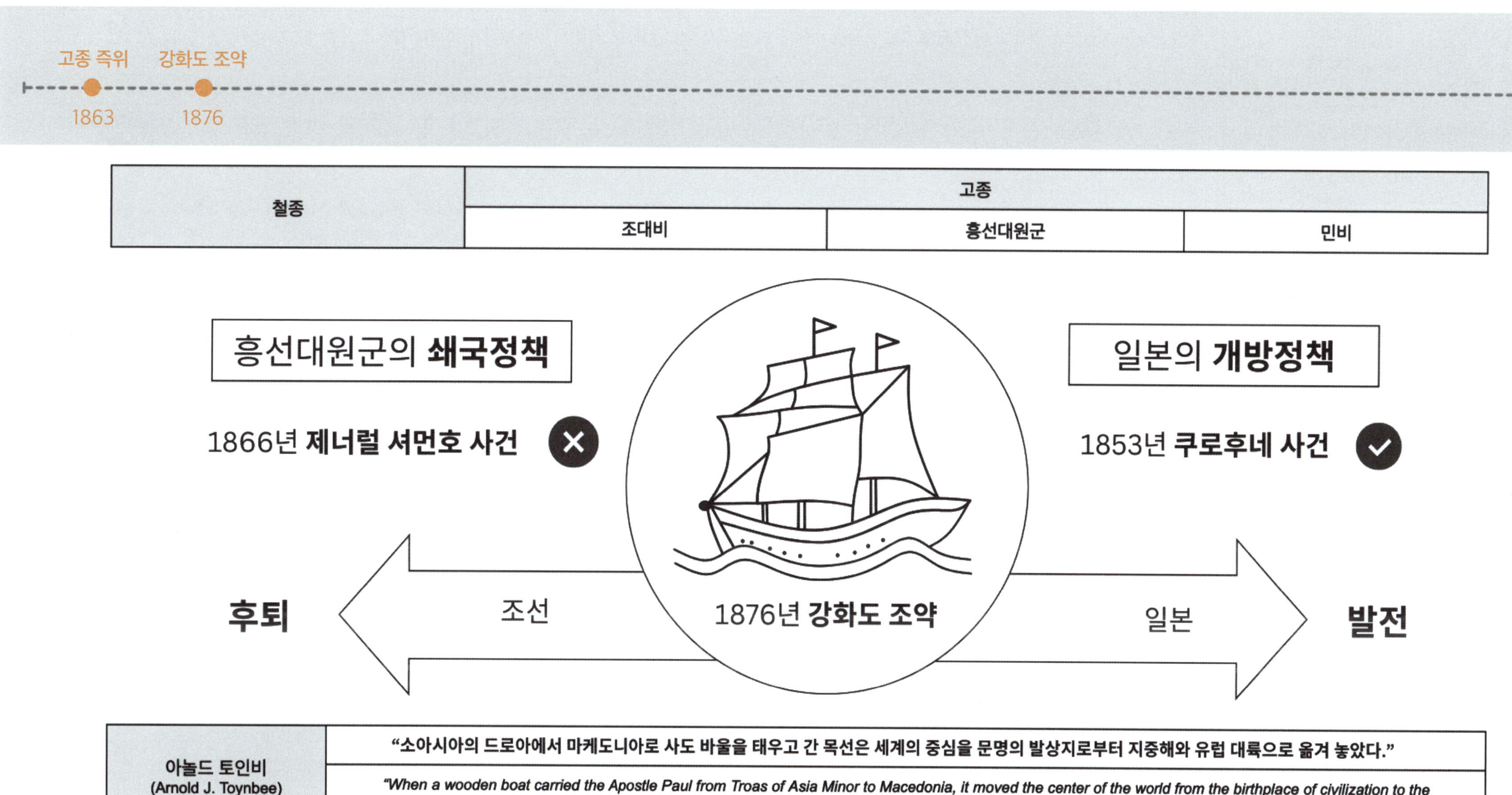

2. 흥선대원군의 쇄국정책 (일본에 나라를 빼앗긴 이유 1)

오늘도 힘찬 구호로 역사공부를 시작해 봅시다: 이승만/역사교실, 자유통일/이룩하자, 와!

복습하기 나라를 사랑하고 제 나라의 역사를 아는 것은 국민의 가장 기본적인 의무입니다. 역사를 올바르게 기억하는 민족은 과거의 실수를 되풀이하지 않고, 현재를 정확히 인식하고, 희망적인 미래를 건설해 나갈 수 있습니다. 하지만 오늘날 대한민국의 역사는 무관심과 왜곡된 전수로 위기를 맞고 있습니다. 역사를 기억하지 않으면 또다시 멸망할 수밖에 없다는 이스라엘 민족의 깊은 뉘우침을 본받아, 올바른 역사의 인식과 전수를 회복하여 나라를 지키고 자유통일을 완수해야 합니다.

서론 대한민국이 탄생된 과정을 살피려면, 먼저 일본에 나라를 빼앗긴 근본적인 원인부터 알아야 합니다. 한 국가가 망할 때는 반드시 그 배후에 망할 조짐이 드러나기 때문입니다. 오늘은 일본에 나라를 빼앗긴 첫 번째 이유를 살펴보겠습니다.

조선은 언제부터 망하기 시작했는가? 조선의 멸망은 25대 철종 왕부터 시작됩니다. 헌종이 후사가 없이 죽자 철종은 양자로 입양되어 왕이 됩니다. 하지만 철종 역시 여러 명의 아들들이 있었지만, 모두 어린 나이에 죽어 자신을 이을 후사가 없었습니다. 그러자 왕실의 가장 큰 어른이었던 헌종의 어머니 조대비(신정왕후)는 철종을 이을 사람을 찾기 시작합니다. ① 이때 조대비의 마음을 움직인 사람이 이하응(② 흥선대원군)입니다. 왕가 출신이었던 흥선대원군은 매우 영특한 사람이었습니다. ○ 섭정이 가능한 후사를 선택하는 조선 왕실의 흐름을 관통한 그는 권력욕이 없는 것처럼 은신하여 조대비의 시선을 사로잡습니다. ③ 결국 흥선대원군의 차남인 고종은 12세(만 11세)에 왕으로 즉위하고, 흥선대원군이 고종의 뒤에서 점차 왕실의 실권을 잡아가면서 조선은 망하기 시작합니다.

흥선대원군의 쇄국정책 아들 고종을 통해 실권을 잡은 흥선대원군은 민생 안정을 위한 여러 가지 개혁을 실시하면서 백성들의 지지를 얻습니다. ○ 매관매직을 일삼던 ○ ④ 세도정치 집단들을 몰아내고, 문벌을 가리지 않고 인재를 등용하고, 면역·면세의 특권을 누리던 양반에게도 세금을 걷는 ○ 호포제를 실시하고, 관리들이 운영하는 ○ 환곡제 대신에 마을 주민들이 자율적으로 운영하는 ○ 사창제를 실시하고, 나라의 재정을 축내고 백성의 돈을 수탈해 온 유교의 ○ 서원을 600개 중 47개만 남기고 철폐합니다. 하지만 흥선대원군의 가장 큰 실수는 ○ '쇄국정책'이었습니다. 쇄국정책은 다른 나라와 통상하지 않는 대외정책으로, ⑤ 500년 동안 조선의 국가 정책이었습니다. 흥선대원군은 조선의 개항을 요구하는 미국의 상선을 무력으로 거부하는 등 문호를 닫고 서양과 통상하지 않았습니다. 반면, 일본은 미국의 상선을 받아들이며 개방정책을 선택했고, 이는 두 국가의 운명을 결정짓는 중요한 역사적 분기점이 되었습니다.

1866년 제너럴 셔먼호 사건 1866년 미국의 상선 '제너럴 셔먼호(General Sherman)'가 대동강을 거슬러 올라와 조선에 통상을 요구하지만, 평양 주민들의 화공으로 인해 불타버리고 선원들이 모두 죽습니다. 그 외에도 조선은 개항의 기회가 여러 번 있었지만 매번 잔혹하게 문호를 닫아 재꼈고, 이는 결과적으로 조선을 국제 사회와의 교류에서 뒤처지게 만들었습니다.

1853년 쿠로후네(黑船) 사건 서구 열강의 통상 요구를 거부한 조선과 달리, 일본은 그보다 13년 앞선 1853년 페리 제독의 흑선(黑船, ○ 쿠로후네)의 압력으로 개항합니다. 미국의 페리 제독은 1853년 4척의 군함, 1854년 9척의 군함을 몰고 와 일본에 개항을 요구합니다. 결국 일본은 마지못해 쇄국정책을 폐기하고, ○ 1858년 미일수호통상조약을 체결하고 개항합니다. 불평등한 조약이었지만, 일본은 이 경험을 통해 국제 정세를 빠르게 파악하고, 배운 바를 조선에 그대로 적용합니다. 그것이 바로 1876년 강화도 조약입니다.

일본인 유학생 개항 이후, 일본은 서양 문물을 적극적으로 받아들이고, 국제정세를 살피기 위해 유능한 인재들을 서양에 유학을 보냅니다. 그곳에서 나라를 유지하려면 서양의 제도를 본받아야 함을 깨닫고, 똑똑한 인재들을 선발하여 끊임없이 서양으로 유학을 보냅니다. 그런데 한 가지

① 당시 조대비는 그나마 적합한 왕실 계보 중에서 철종을 이을 후사를 찾고 있었는데, 흥선대원군의 로비가 고종이 선택받는 데 중요한 영향을 미쳤습니다.

② 조선시대에는 왕의 뒤를 이을 후사가 없는 경우, 왕실의 친척 중 한 사람을 뽑아 왕위를 잇게 했습니다. 이때 새 왕의 아버지에게 주어지는 칭호가 '대원군'입니다.

○ 섭정(攝政): 군주가 너무 어리거나 병으로 통치가 어려울 때 대신 정치를 맡는 행위입니다.

③ 고종이 15세가 되기 전까지는 조대비가 섭정을 합니다. 흥선대원군이 실제적으로 실권을 잡기 시작한 것은 고종 15세 이후로 볼 수 있습니다.

○ 매관매직(賣官賣職): 돈이나 그에 상응하는 재물을 받고 관직을 팔거나 임명하는 행위입니다.

○ 세도정치(勢道政治): 특정한 가문, 특히 조선 왕조의 외척(외가 쪽의 친척)이 된 가문이 왕의 신임을 얻어 정치 권력을 독점하는 정치입니다.

④ 세도정치는 이전에도 있었지만, 23대 순조부터 그 폐단이 본격화됩니다. 이전에는 왕권이 강하여 세도 세력을 억제할 수 있었지만, 순조 이후로는 그렇지 못했습니다. 조선 후기에 이를 바로잡기 위해 흥선대원군은 당파를 가리지 않고 능력 위주로 인재를 등용하지만, 고종이 민비의 여흥 민씨 일가에 의지하면서 다시 세도정치가 시작됩니다.

○ 호포제(戶布契): 반상(양반과 상놈)을 구별하지 않고 가호 단위로 세금을 내는 제도입니다.

○ 환곡제(還穀制): 조선 시대에 흉년이나 춘궁기에 빈민을 돕기 위해 곡식을 빌려주고, 추수기에 약 10%의 이자를 붙여 갚게 한 제도입니다.

○ 사창제(社倉制): 환곡제와 달리, 관이 아닌 양반 지주들이 자율적으로 운영한 곡물 대여 제도입니다. 환곡제에서 나타난 관리들의 농민 착취를 개선하기 위해 도입되었습니다.

○ 서원(書院): 조선 시대에 유교 제사, 학문 연구, 인재 양성을 위해 세워진 사설 교육기관이지만, 시간이 지나면서 토지 면세와 노비 면

놀라운 사실은, 대부분의 유학생들이 유학 기한이 차기도 전에 귀국하고자 했던 것입니다. 그 이유는 서양에서 공부를 하면서 일본의 처지에 위급함을 느꼈기 때문입니다. 이들은 공부하는 데 세월을 허비할 수 없다며 하루빨리 귀국하여 일본 백성들을 깨우고자 했고, 이들 중에서는 훗날 일본의 °1868년 메이지 유신의 주역들이 나오기도 합니다. 결국 일본의 개방정책은 근대화를 이루는 데 중요한 발판이 되었고, 조선과의 격차를 크게 벌리는 결과를 낳았습니다.

| 1876년
강화도 조약 |

결국 조선을 개항시킨 것은 서양 나라가 아니라, 같은 동아시아 국가인 일본이었습니다. 1875년 9월 일본은 조선을 개항시키기 위해, 해로 측량을 구실로 ⑥ 운요호(운양호) 배 한 척을 강화도에 파견합니다. 이 사건으로 조선 수비대와 일본군 사이에는 전투가 벌어지고, 이를 빌미로 일본은 1986년 2월 27일 강화도 조약(조일수호조규)을 강압적으로 체결합니다. ⑦ 강화도 조약의 12개 조항은 조선의 요구가 반영되지 않은 우리나라 최초의 불평등한 조약이었습니다. 만약 일본이 아닌 조선이 그 배 한 척을 먼저 받아들였다면, 두 나라의 역사는 어떻게 달라졌을까요?

| 생각해 보기 |

강화도 조약의 제1관은 '조선국은 자주의 나라이며 일본국과 평등한 권리를 보유한다'는 내용을 포함하고 있습니다.[1] 이는 청나라의 개입을 사전에 차단하여 조선에 대한 일본 침략의 문을 열어준 조약으로도 평가되지만, 아이러니하게도 그전까지 청나라의 속국이었던 조선이 '자주 국가'로 대외적으로 공언된 역사적 사건이기도 합니다.

이렇듯 일본의 개방정책은 근대화의 길을 열어주었고, 조선의 쇄국정책은 근대화를 늦추는 결과를 초래했습니다. 바울서신 13권을 실은 알렉산드리아의 배 한 척이 오늘날 유럽의 정치, 경제, 사회, 문화를 바꾼 것처럼, 결국 배 한 척을 바라본 시각의 차이 때문에 조선은 후퇴하고 일본은 앞서게 되면서 조선과 일본의 역사는 크게 갈라지게 됩니다.

"소아시아의 드로아에서 마케도니아로 사도 바울을 태우고 간 목선은 세계의 중심을 문명의 발상지로부터 지중해와 유럽 대륙으로 옮겨 놓았다."[2]

(When a wooden boat carried the Apostle Paul from Troas of Asia Minor to Macedonia,
it moved the center of the world from the birthplace of civilization to the Mediterranean and to the European Continent.)

(영국의 역사학자 아널드 토인비, Arnold Toynbee)

| 결단하기 |

지도자가 누가 되느냐에 따라서 나라는 흥할 수도 있고 쇠할 수도 있습니다. 국제정세를 파악하지 못한 흥선대원군이 배 한 척을 받아들이지 않은 효과는 오늘날까지 이어옵니다. 이를 가리켜 °'눈덩이 효과(snowball effect)'라고 합니다. 전 세계 자동차 시장의 2 위국 미국에서 한동안 유명했던 일본차 광고 문구가 있습니다. 광고 속에는 사장이 직원들을 훈육하면서, *"That's why you ride Hyundai, and that's why I ride Lexus(이러니까 너희는 현대를 타고, 나는 렉서스를 타는 것이다)."*라고 말합니다. 아무리 우리나라가 역사의 실수를 극복하기 위해 새로운 기술을 개발하고, 마케팅 비용에 연간 몇백 억씩을 투자하고, 해외 전문가들의 숱한 인정을 받아도, ⑧ 미국 자동차 시장에서 한국차는 일본차보다 판매량이 3배나 뒤처집니다. 크나큰 기술적 차이가 없음에도 불구하고 판매량이 3배나 뒤처지는 이유는 인식의 차이 때문입니다. 일본은 오래전부터 미국 시장에 자동차를 수출하고 영향력을 발휘해 왔기 때문에 오늘날 미국 자동차 시장의 상당한 비율을 차지하게 된 것입니다. 100여 년 전 흥선대원군의 결정이 21세기 대한민국의 자동차 시장까지 영향을 끼친 것처럼, 지도자의 결정은 향후 100년을 결정하게 됩니다. 오늘날도 마찬가지입니다. 국제정세를 정확히 파악하는 지도자만이 대한민국을 번영의 길로 이끌 수 있습니다. 이제 여러분은 대한민국을 이끌어갈 지도자를 선택할 때, 대한민국의 향후 100년을 생각하며 신중하게 결정하기를 바랍니다.

---

1)　김병헌, "김병헌의 다시 짚어보는 우리 역사 (3) 강화도조약 제1관 '조선은 자주국'이라는 표현은 일본의 조선침략 의도가 담긴 것인가?." 조선일보, 2017년 4월 3일. https://monthly.chosun.com/client/mcol/column_view.asp?Idx=712&Newsnumb=20170424172.

2)　Toynbee, Arnold J. *A Study of History*. Vol. 1. Oxford University Press, 1951.

역 등 특권 악용으로 이어졌습니다.

○ 쇄국정책(鎖國政策): 다른 나라와 무역·외교를 하지 않고 문호를 닫는 정책으로, 오늘날에는 '통상 수교 거부 정책'이라고 불립니다.

⑤ 당시 동아시아 대부분의 국가는 오랫동안 쇄국정책을 유지했습니다.

○ 쿠로후네: 문자 그대로 '검은 배(黒船, 흑선)'를 뜻하는 일본어로, 미국 페리 제독의 함대가 일본에 나타났을 때 일본인들이 낯선 외국 증기선을 검은색 배로 인식하여 붙인 이름입니다.

○ 미일수호통상조약(美日修好通商條約): 1858년 7월 29일 미국과 일본이 체결한 불평등 조약으로, 외국인 거류지 설치, 외국인 치외법권 인정, 최혜국 대우 부여 등 일본에게 불리한 내용이 많았지만, 결과적으로 일본의 개항과 근대화를 촉진하는 계기가 되었습니다.

○ 메이지 유신(1868~1889): 막번 체제를 무너뜨리고 천황 중심의 중앙집권 체제를 세워, 정치·사회·경제·문화를 근대화한 일본의 일련의 개혁입니다.

⑥ '운요호'와 '운양호'는 동일한 일본 군함 운요호(雲揚号)를 지칭하며, 표기상의 차이만 있을 뿐입니다. '운요호'는 일본식 발음, '운양호'는 한국식 한자 발음입니다.

⑦ 강화도 조약은 총 12개 조항으로 구성되어 있으며, 주요 내용은 다음과 같습니다.
- (1조) 조선은 자주국으로 일본과 평등한 권리를 가진다.
- (5조) 조선은 부산 이외의 두 항구를 20개월 이내에 개항하여 통상을 허용한다.
- (7조) 조선은 연안 항해의 안전을 위해 일본 항해자로 하여금 해안 측량을 허용한다.
- (10조) 개항장에서 일어난 양국인 사이의 범죄사건은 속인주의에 입각하여 자국의 법에 의하여 처리한다.
- (11조) 양국 상인의 편의를 꾀하기 위해 추후 통상 장정을 체결한다

○ 눈덩이 효과(snowball effect): 어떤 사건이나 현상이 점점 커지는 효과입니다.

⑧ <2024년 미국 상반기 자동차 판매 순위>에 따르면, 1위는 미국의 '제너럴 모터스(General Motors)', 2위는 약 10만 대 차이로 일본의 '토요타(Toyota)'입니다. 이어 5위와 6위에도 각각 일본의 '혼다(Honda)'와 '닛산(Nissan)'이 차지했고, 한국 브랜드 '현대(Hyundai)'는 7위에 머물렀습니다.

"USA - Flash report, Automotive sales volume ranking, 2025 (By maker, model, vehicle type)." Marklines Information Platform, June 2025. https://www.marklines.com/en/statistics/flash_sales/automotive-sales-in-usa-by-month.

2 [일본에 나라를 빼앗긴 이유 2] 고종의 군대 홀대

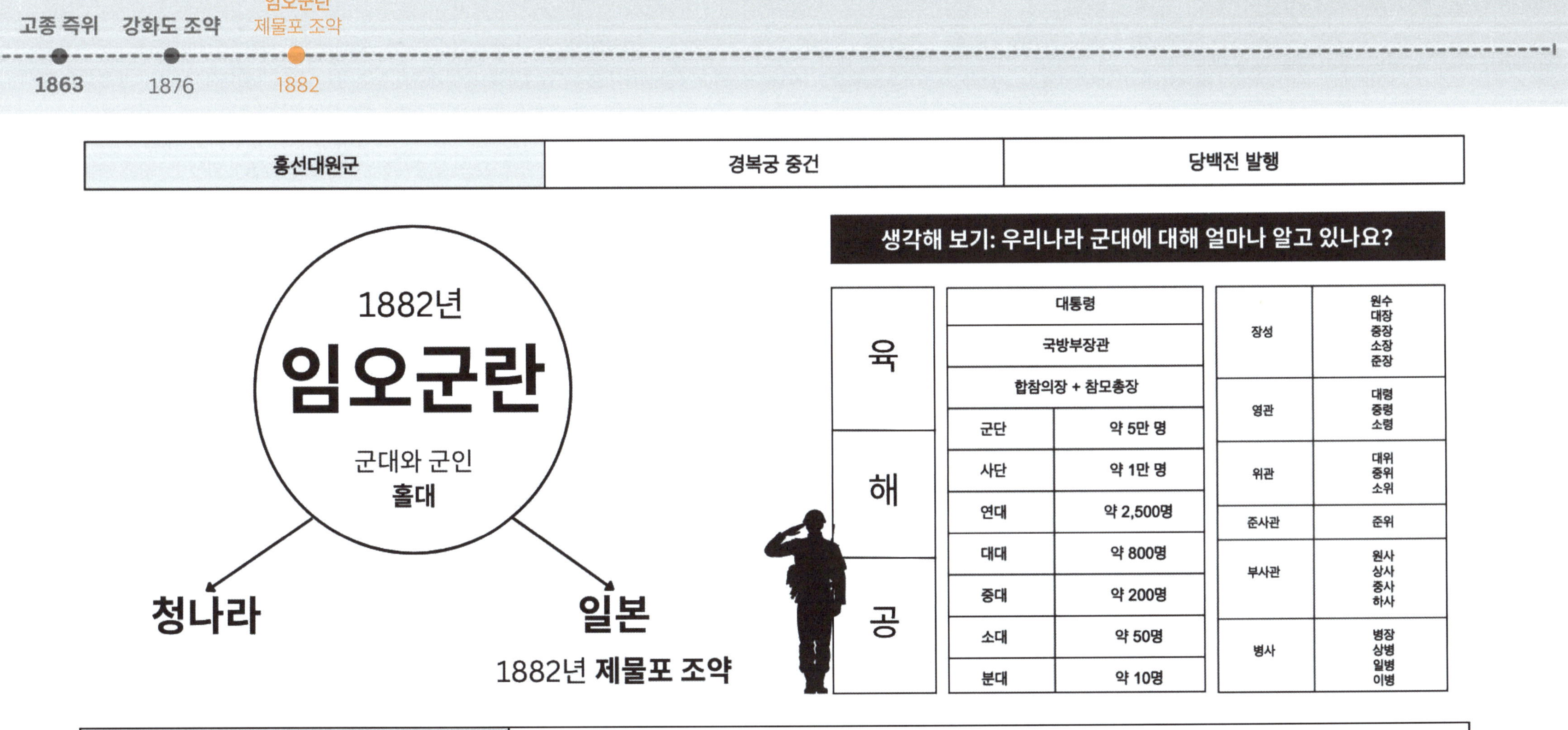

부국강병(富國强兵)	부자 부(富), 나라 국(國), 강할 강(强), 군사 병(兵) … 나라를 부유하게 하고 병력을 강하게 하다

오늘도 힘찬 구호로 역사공부를 시작해 봅시다: 이승만/역사교실, 자유통일/이룩하자, 와!

복습하기

조선이 패망한 첫 번째 이유는 흥선대원군의 쇄국정책입니다. 흥선대원군은 조선의 개항을 요구하는 미국의 상선을 무력으로 거부하는 등 문호를 닫고 서양과 통상하지 않았습니다. 반면, 일본은 미국의 상선을 받아들이며 개방정책을 선택했고, 이는 두 국가의 운명을 결정짓는 중요한 역사적 분기점이 되었습니다. 100여 년 전 배 한 척을 받아들이지 않은 효과가 오늘날까지 이어오는 것처럼 과거의 선택은 미래를 결정합니다.

서론

대한민국이 탄생된 과정을 살피려면, 먼저 일본에 나라를 빼앗긴 근본적인 원인부터 알아야 합니다. 한 국가가 망할 때는 반드시 그 배후에 망할 조짐이 드러나기 때문입니다. 오늘은 일본에 나라를 빼앗긴 두 번째 이유를 살펴보겠습니다.

흥선대원군의 경복궁 중건

흥선대원군은 고종을 앞세워 여러 가지 개혁을 실시하지만, 조선이 필요한 근본적인 개혁은 시도하지 않고 왕권을 강화하는 데만 집중합니다. 그 일환으로 실시한 것이 바로 '경복궁 중건'입니다. ① 초기에는 대부분의 백성들이 경복궁 중건의 당위성에 대해 공감했습니다. 금전도 내고, 자원하는 마음으로 노역에도 참여합니다. 하지만 중건을 시작한 지 1년 만에 화재가 발생하면서, 인력이 농사철에 무보수로 강제 동원되고, 중건 비용이 천문학적인 규모로 늘면서 백성들의 부담과 불만은 커져갑니다. 결국 중건 사업으로 인해 국고가 바닥나자, 흥선대원군은 당시 유통되던 상평통보의 100배 가치가 있는 °당백전을 대량 발행합니다. 하지만 짧은 기간에 고액 화폐가 대량 유통되면서, 화폐 가치는 하락하고 물가는 폭등하여 조선 경제는 파탄이 납니다. 당시 쌀값이 600% 증가하는 등 백성들은 같은 물건을 사기 위해 더 큰돈을 내야 했습니다. ② 결국 민심을 잃은 흥선대원군은 권력에서 물러나고 고종이 직접 정치를 하게 됩니다.

1882년 임오군란

고종의 친정에도 불구하고, 조선은 또다시 재정난과 탐관오리들의 부정부패로 혼란해집니다. 특별히 구식 군인과 신식 °별기군 간의 차별 대우, 봉급 체불, 군량미 미지급에 대한 군인들의 불만이 쌓이기 시작합니다. 설상가상으로, °민겸호의 횡포로 13개월 만에 받은 쌀 월급은 약속된 양의 절반도 되지 않았으며, 그마저도 모래와 겨가 섞여 있었습니다. 이에 분노한 군인들은 1882년 임오군란을 일으킵니다. 이때 군인들은 흥선대원군을 찾아가 도움을 요청하고, 흥선대원군의 개입으로 군란은 더욱 조직화됩니다. 이들은 무기고를 탈취하고, 포도청을 습격하고, 주요 인사들을 살해하는 등 조선 왕실을 위협합니다. ③ 고종은 사태를 수습하기 위해 흥선대원군에게 전권을 위임하지만, 흥선대원군이 33일 만에 청나라에 의해 납치되면서, 여흥 민 씨 일가는 다시 왕실을 장악하게 됩니다.

1882년 제물포 조약

청나라의 개입으로 임오군란을 진압하고 재집권할 수 있었던 민 씨 일가는 청나라에 더욱 의존합니다. 이로 인해 조선 내정에 대한 청나라의 간섭은 더욱 심화되고, 이는 당시 조선 땅에서 입지를 넓혀가던 일본에 큰 타격이었습니다. 그 결과, 일본은 임오군란으로 자국이 입은 피해(일본 공사관의 방화, 일본인 훈련관들의 살상 등)를 배상하라며, 강압적으로 ④ 1882년 제물포 조약을 체결합니다. 결국 임오군란은 청나라와 일본 모두 조선에 군대를 주둔시키는 계기가 되었고, 조선은 외세의 전쟁터로 전락합니다.

생각해보기

강한 군대는 국가 안보의 핵심이며, 그 출발점은 국민의 올바른 인식입니다. 그렇다면 여러분은 우리나라 군대에 대해 얼마나 알고 있나요?

대한민국의 육해공

대한민국의 군대는 육군, 해군, 공군으로 구성되어 있습니다. 육군은 지상 작전, 해군은 해상 작전, 공군은 항공 작전을 각각 수행하지만, 모든 군의 제1의 임무는 외부의 침략으로부터 우리나라를 지키는 것입니다.

1. 육군: 우리나라의 '영토(領土)'를 지킵니다. 우리나라는 지형상 공산주의 북한, 중국, 러시아와 육지로 연결되어 있기 때문에 육군의 규모가 가장 클 수밖에 없습니다. 육군은 군단마다 속해 있는 특수부대들이 있습니다. 그중에서도 대통령의 직할 명령 체계에 속해 있는 것이 °'수도방위사령부(수방사)'입니다.

---

① 1592년 임진왜란 때 불에 탄 경복궁은 재정 부족으로 오랜 기간 복구되지 않은 채 방치되어 있었습니다.

○ 당백전(當百錢): 명목상으로는 상평통보의 100배 가치를 지녔지만, 실제 가치는 5~6배에 불과했던 조선 후기의 고액 화폐입니다. 경복궁 중건으로 인한 재정난을 해결하기 위해 발행되었지만, 화폐 가치 하락과 물가 폭등을 낳아 결국 경제 파탄을 초래했습니다.

② 서양 열강의 문호 개방 요구가 잦아지자, 흥선대원군은 군사력 강화를 위해 많은 재정이 필요했습니다. 당백전 발행 등 다양한 개혁을 시도하지만, 이는 물가 상승과 민심 이반을 불러왔습니다. 결국 면암 최익현의 상소를 계기로 고종이 친정(임금이 직접 정치하는 행위)을 시작하면서, 10년간 권력을 쥐었던 흥선대원군은 실각하고, 여흥 민씨 일가의 세도정치가 본격화됩니다. (고종의 할머니, 어머니, 아내, 며느리 모두 여흥 민씨 출신이었습니다.)

○ 별기군(別技軍): 1881년 창설된 별기군은 일본인 교관 아래 신식 군사 훈련을 받은 근대식 군대입니다. 구식 군대보다 봉급과 대우에서 우대를 받았고, 이 같은 차별이 결국 임오군란의 주요 원인이 되었습니다.

○ 민겸호(閔謙鎬): 여흥 민씨 출신의 관료로, 흥선대원군의 매형이자 명성황후(민비)의 외삼촌입니다. 부정부패를 일삼았으며, 그로 인해 임오군란의 원인이 되어 결국 군인들에게 살해당했습니다.

③ 임오군란은 단순한 군인들의 폭동이 아니라, 조선 왕실의 무능을 드러낸 사건이었습니다. 군량미 부족에서 비롯된 이 사태는 일반 백성들의 손에 정권이 뒤바뀌는 충격적인 결과를 낳았고, 조선의 쇠퇴를 국제적으로 알리는 계기가 되었습니다. 이후 열강들은 조선의 식민지화를 현실적인 가능성으로 인식하게 되었고, 결국 제물포 조약과 같은 불평등 조약이 체결되는 결과로 이어졌습니다.

④ 제물포 조약의 주요 내용은 다음과 같습니다.
1. 흉도들을 체포하고 중벌로 다스린다.
2. 피해를 받은 일본 관리들을 예우하고 장사를 지낸다.
3. 피해를 받은 일본 관리들과 유족 및 부상자들에게 배상금을 지불한다.
4. 피해를 받은 일본에 대한 손해비를 부담하고 공사를 호위한 군비 중에서 50만 원을 부담한다.
5. 일본 공사관의 보호를 위해 경비병 약간 명을 주둔하게 한다.
6. 일본에 국서를 보내어 사죄한다.

2. 해군: 우리나라의 '영해(領海)'를 지킵니다. 해군은 ○ 북방한계선(NLL)과 같은 해안경계선을 지키고, 해양경찰청과 협력하여 다른 나라들(북한, 중국, 러시아 등)의 ⑤ 불법어업도 단속합니다. '해병대'는 해군의 상륙작전을 지원하는 부대로, 그중 상위 10%는 '해병 수색대', 그중에서도 상위 10%는 ○ '해군특수전단(UDT/SEAL)'으로 선발됩니다.

3. 공군: 우리나라의 '영공(領空)'을 지킵니다. 현대전에서 공중전은 필수적입니다. 공군은 외부의 전투기를 비롯한 각종 비행물체로부터 영공을 지킵니다. 공군은 1명의 조종사를 배출하기까지 10년이 걸리기 때문에 조종사가 적진에 갇혀있을 경우, 조종사를 구조하는 특수부대가 존재합니다. 이들을 가리켜 ○ '파라레스큐(Pararescue Jumper, 항공구조사)'라고 부릅니다. 최근에는 드론을 활용한 무인 전투가 확대되면서, 전쟁의 양상도 크게 달라지고 있습니다.

군대는 전시에만 투입되는 것이 아니라, 국가적 재난 상황(쓰나미, 태풍 등)에서도 중요한 역할을 합니다. 이 역시 국가의 영토와 국민을 보호하는 임무의 연장선에 있기 때문입니다. 미국의 경우, 자연재해가 발생했을 때 군인보다는 민간 인력이나 자원봉사자들이 복구 작업에 투입되지만, 우리나라는 충분한 인력이 확보되지 않아 군 병력이 투입됩니다.

| 육군의 구조 | 육·해·공군 중에서, 육군의 조직 구조를 간단히 살펴보겠습니다. 육군은 가장 작은 단위인 분대(약 10명)부터 시작합니다. 3개의 분대가 모이면 소대(약 50명), 3개의 소대가 모이면 중대(약 200명), 3개의 중대가 모이면 대대(약 800명)를 이룹니다. 3개의 대대가 모이면 연대(약 2,500명), 3개의 연대가 모이면 사단(약 1만 명), 3개의 사단이 모이면 군단(약 5만 명)을 이룹니다. 그 위로는 육해공군 전체의 작전 지휘와 감독을 담당하는 합동 참모의장(합참의장)과 전술작전을 담당하는 각 군 참모총장이 있습니다. 그 위로는 정책·입법·예산 등을 총괄하는 국방부장관, 그리고 대한민국 국군의 최고통수권자이자 최고사령관인 대통령이 있습니다.

예비군 '예비군'은 현역 복무를 마친 국민이 전시·비상사태에 대비하여 조직된 중요한 군사력으로, 평시에는 생업에 종사하다가 국가가 위험에 처하면 즉시 동원되어 작전을 수행합니다. 예비군은 제대 후 일정 기간 실제 전투부대에 편성되는 '동원예비군'을 중심으로 운영되며, 평시에는 정기 훈련을 통해 장비 운용 능력과 임무 수행 능력을 유지합니다. 우리나라의 예비군 규모는 2025년 기준 약 275만 명으로, 이는 세계적으로도 매우 큰 수준의 국가 비상 대비 체계입니다. 반면, '민방위'는 군 조직이 아니라 재난·전시 대비 시민보호 체계로, 예비군과는 별도의 제도입니다.

결단하기 동서고금을 막론하고 나라를 지키는 군인을 홀대하는 나라는 번영할 수 없습니다. 일본에 나라를 빼앗긴 주요인은 ○ '숭문천무(崇文賤武)'만을 내세우는 지도자들에 의해 나라가 경영되었기 때문입니다. 결국 군인과 군대를 홀대하는 고종 같은 지도자 때문에 군인들의 반란이 일어났고, 이는 외세들로 하여금 조선이 얼마나 무능한지를 알게 하였습니다. 이제 여러분은 뼈아픈 역사를 통해 ○ '부국강병(富國强兵)'의 뜻을 마음속에 새기면서, 강한 군대가 없으면 다른 나라들에 의해 국권을 침탈당할 수밖에 없다는 교훈을 마음에 새기고 자주국방의 정신을 수호하기를 바랍니다.

이 조약으로 일본은 공사관 경비를 명분으로 군함 4척과 육군 1개 대대를 조선에 파견했고, 그 비용까지 조선이 부담했습니다.

○ 수도방위사령부(首都防衛司令部): 서울특별시를 방위하고 특정 경비구역을 경비하는 육군 부대입니다. 수방사는 대통령 직속 부대로, 전시 작전통제권이 한미연합사로 이관되더라도 독자적인 작전 수행 권한을 유지합니다.

○ 북방한계선(北方限界線, Northern Limit Line): 군사분계선에서 북쪽으로 2km 떨어진 곳에 동서로 그은 선입니다.

남방한계선(南方限界線, Southern Limit Line): 군사분계선에서 남쪽으로 2km 떨어진 곳에 동서로 그은 선입니다.

⑤ 대부분의 해양 침범 사례들은 중국 어선의 불법 어업입니다. 이들은 우리 해역을 침범하여 해양 자원을 남획하며, 국내 어민들에게 큰 피해를 주고 있습니다. 신고가 접수되면 해군과 해양경찰은 합동 출동하여 불법 어선을 단속하고, 물대포로 경고한 뒤에도 불응하면 체포합니다.

○ 해군특수전단(海軍特殊戰戰團): 대한민국 해군의 특수부대로, UDT(Underwater Demolition Team)와 SEAL(Sea, Air, and Land)의 임무를 수행합니다. UDT는 수중폭파 임무를, SEAL은 육해공 특수작전을 담당합니다.

○ 파라레스큐(Pararescue Jumper, 항공구조사): 전투 중 부상자를 구출하고 치료하는 공군 소속의 특수부대원입니다. 낙하산을 이용하여 적진에 침투해서 조종사 등 인원을 구조하는 임무를 수행합니다.

○ 숭문천무(崇文賤武): 글을 숭상하고 무력을 천시하다.

○ 부국강병(富國强兵): 나라를 부유하게 하고 군대를 강하게 하다.

2 [일본에 나라를 빼앗긴 이유 3] 민비의 외세 의존

조선 사절단	개화파	1884년 갑신정변

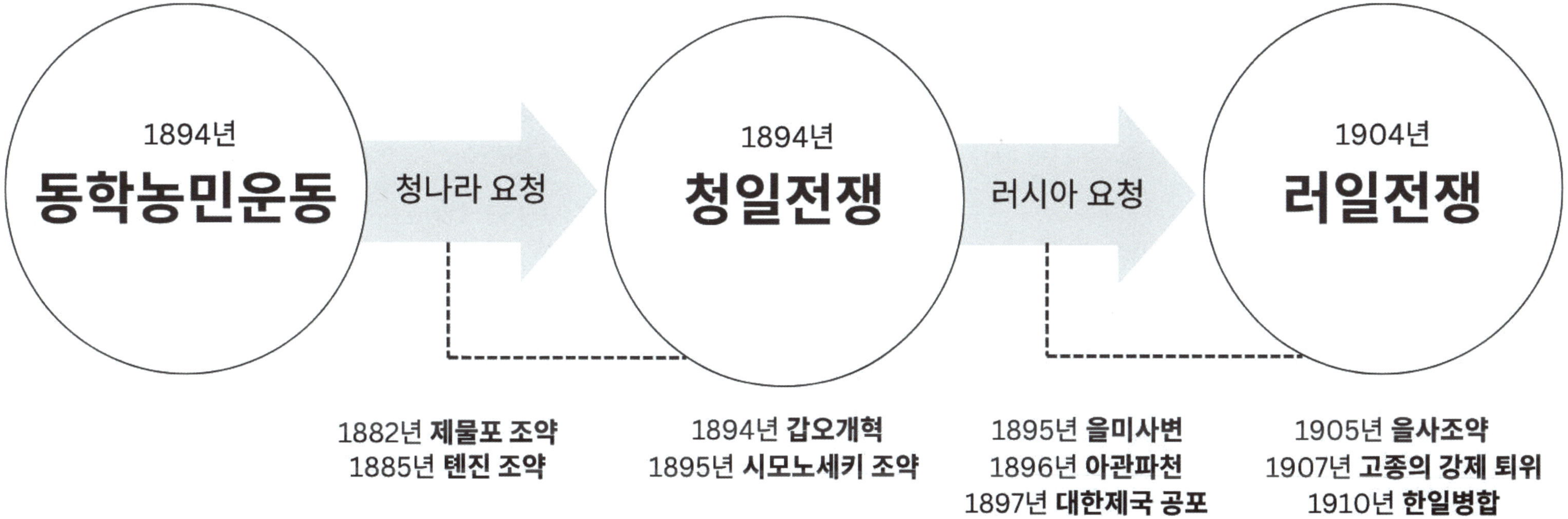

1894년 동학농민운동

청나라 요청 →

1894년 청일전쟁

러시아 요청 →

1904년 러일전쟁

1882년 **제물포 조약**
1885년 **텐진 조약**

1894년 **갑오개혁**
1895년 **시모노세키 조약**

1895년 **을미사변**
1896년 **아관파천**
1897년 **대한제국 공포**

1905년 **을사조약**
1907년 **고종의 강제 퇴위**
1910년 **한일병합**

1910년	한일병합(韓日倂合)	일제의 침략으로 한일병합조약에 따라 국권을 상실한 일
	경술국치(庚戌國恥)	경술년에 일어난 국가의 치욕

2. 민비의 외세 의존 (일본에 나라를 빼앗긴 이유 3)

오늘도 힘찬 구호로 역사공부를 시작해 봅시다: 이승만/역사교실, 자유통일/이룩하자, 와!

복습하기

조선이 패망한 두 번째 이유는 군인과 군대를 홀대한 지도자들 때문입니다. 그 결과, 군인들의 반란이 일어나 조선의 무능함이 외세에 드러나는 계기가 되었습니다. 강한 군대 없이는 국권을 지킬 수 없다는 교훈을 잊지 말고, 나라를 부유하게 하고 군대를 강하게 하라는 '부국강병(富國強兵)'의 정신을 마음에 새겨야 합니다.

서론

대한민국이 탄생된 과정을 살피려면, 먼저 일본에 나라를 빼앗긴 근본적인 원인부터 알아야 합니다. 한 국가가 망할 때는 반드시 그 배후에 망할 조짐이 드러나기 때문입니다. 오늘은 일본에 나라를 빼앗긴 세 번째 이유를 살펴보겠습니다.

조선 사절단

1876년 강화도 조약 체결 이후, 고종은 우리나라 사신들을 일본에 보냅니다. 일본에 도착한 조선인들은 두 가지를 보고 큰 문화 충격을 받습니다. 바로 성냥과 자전거입니다. 조선에서는 불씨를 보존하는 것이 생계와 직결되는 중요한 일이었고, 며느리들이 불씨를 꺼뜨리면 쫓겨나는 경우도 흔했습니다. 하지만 일본인들은 주머니에서 성냥을 꺼내 쉽게 불을 붙이는 것이었습니다. 또 자전거는 세워두면 쓰러지지만, 굴리면 원심력으로 굴러가는 신기한 기계였습니다. 조선인들은 자전거를 타는 사람에게 몇 번 더 타달라고 부탁할 정도였고, 심지어 자전거를 탄 선교사를 가마를 탄 양반처럼 여겨 '나리'라고 부르기도 했습니다.[1] 근대화 과정에서 서구 문물을 적극적으로 받아들여 빠르게 발전하는 일본의 모습은 조선의 지식인들에게 큰 충격을 주었습니다.

1884년 갑신정변

일본에서 돌아온 조선 사절단은 고종에게 조선의 자주독립을 위해서는 전통 체제를 깨뜨리고 일본처럼 근대화를 이루어야 한다고 주장합니다. 이들을 가리켜 ① '급진 개화파'라고 합니다. 이들은 임오군란 이후 청나라의 내정 간섭에 대한 실망으로, 일본처럼 서구 문물을 적극적으로 수용하여 부국강병을 이루고자 했습니다. 하지만 정권 유지에만 혈안이 된 민비의 집권세력은 이를 거부하고, 오히려 조선 침략을 꾀하는 청나라에 의존하기만 합니다. 결국 개화파는 ② 1884년 갑신정변을 일으켜 개혁을 시도하지만, 청나라 군대의 개입으로 3일 만에 실패합니다. 이를 °'삼일천하(三日天下)'라고 부릅니다. ③ 이 사건으로 인해 조선의 유능한 인물들은 대거 죽고, 청나라의 내정 간섭은 심화되면서 조선의 근대화는 더욱 지연됩니다.

갑신정변의 14개조

갑신정변의 14개 조는 청나라에 대한 조공 폐지, 문벌 폐지, 능력에 따른 관리 임명, 지조법 개혁, 재정 일원화 등 민주주의와 근대화의 방향을 제시했습니다.

1. 대원군을 복귀시킨다.
2. 문벌을 폐지한다.
3. 불필요한 기구나 제도를 폐지한다.
4. 탐관오리들을 처벌한다.
5. °규장각을 폐지한다.
6. °순사제를 실시한다.
7. 조세제도를 개혁한다.

① 개화파는 조선 말기에 개화를 주장한 정치 세력으로, 온건 개화파와 급진 개화파로 나뉩니다. 두 집단의 차이는 개화의 속도와 방향에 있습니다. 온건 개화파는 조선의 전통적인 법과 제도는 유지하되, 서양의 과학기술만 받아들이자고 주장했습니다. 이를 '동도서기론(東道西器)'이라고 하며, '동양의 도(道)는 지키고 서양의 기(器)는 활용하자'는 뜻입니다. 이들의 개화 모델은 청나라의 '양무운동(洋務運動)'이며, 슬로건인 '중체서용(中體西用)'은 동도서기론과 유사합니다. 반면, 급진 개화파는 서양의 과학기술뿐 아니라 정치·사회 제도와 사상까지 폭넓게 수용해야 한다고 보았습니다. 이는 '문명개화론(文明開化論)'이라고 불리며, 모델은 일본의 '메이지 유신(明治維新)'입니다. 이들은 더 이상 청나라의 간섭을 받아서는 안 된다며, 자주적인 근대화를 강하게 주장했습니다.

② 1884년 베트남을 둘러싼 청나라와 프랑스 전쟁으로 청군이 조선에서 일시 철수하자, 급진 개화파는 이를 기회 삼아 일본식 개혁을 본떠 갑신정변을 일으킵니다. 이들은 민씨 집권세력의 핵심 인물들을 제거하고, 신정부를 구성하고, 근대 민주주의를 지향하는 제도를 도입했습니다.

○ 삼일천하(三日天下): 문자 그대로는 '삼일 동안 권력을 잡는다'는 뜻이지만, 실제로는 아주 짧은 기간 동안 권력을 유지하다 몰락한 상황을 의미하는 표현입니다.

③ 갑신정변은 일본의 메이지 유신을 모델로 삼았지만, 정작 그 핵심 요소들은 갖추지 못했습니다. 강한 군대도, 확고한 지지 세력도, 조직된 인적 네트워크도 없이, 일본에 의존한 채 단순한 쿠데타로 정권을 바꿀 수 있다고 믿은 것이 실패의 가장 큰 원인이었습니다.워크도 없이, 일본에 의존한 채 단순한 쿠데타로 정권을 바꿀 수 있다고 믿은 것이 실패의 가장 큰 원인이었습니다.

○ 규장각(奎章閣): 조선 22대 왕 정조가 왕권 강화를 위해 설립한 왕실 도서관이자 교육기관입니다. 정조는 규장각을 통해 왕의 측근들과 학문 연구 및 정책 논의를 진행하며 왕권 강화의 기반으로 활용했습니다. 하지만 정조 사후, 규장각은 점차 세도정치의 온상이 되면서 왕권 약화의 한 요인으로 작용하게 되었습니다.

○ 순사제(巡査制): 일본 경찰 계급 중 가장 낮은 계급으로, 대한민국 경찰청의 순경에 상응하는 계급입니다.

---

1) 김영조, "조선에 처음 자전거를 들여온 선교사들, '나리'가 되다." 우리문화신문, 2012년 4월 24일. https://www.koya-culture.com/mobile/article.html?no=3333.

8. 청에 대한 자주권을 갖는다.

1894년 동학농민운동

조선 말기에 민씨 일가는 나라의 위기 때마다 개화 대신 외세에 의존했고, 이로 인해 탐관오리의 부정부패는 극에 달했습니다. 특히 °전봉준이 °접주로 있던 군에 °조병갑이 군수로 부임하면서 농민들에게 과중한 세금을 부과하고, 무고한 사람의 재물을 갈취하고, 어처구니없는 죄명을 씌워 벌금을 가하고, 탄원서를 제출한 전봉준의 아버지인 전창혁이 곤장에 맞아 보름도 채 안 되어 장독으로 죽자, 농민들은 전봉준을 선두로 구한말의 최대 봉기였던 동학농민운동(④ 동학란)을 일으킵니다. ⑤ '동학(東學)'은 최제우가 창시한 ⑥ 만민평등사상으로 ⑦ 반봉건적인 성격을 띠었기 때문에 탐관오리들에 시달리고 있던 백성들에게 많은 인기를 얻었지만, 동시에 개화파를 역적으로 여기고 청나라를 천하의 제일 대국으로 여기는 반외세적인 성격을 강하게 띠우기도 했습니다.[2] 그럼에도 불구하고 당시 인구의 40%였던 노비들이 저마다 동학농민군을 환호하며 따르자, 동학 세력은 조선 왕실이 감당할 수 없을 정도로 커집니다.

민비의 청나라 의존

동학농민운동 당시 농민군은 최대 20만 명에 달했지만, 조선 군대는 7천 명에 불과했습니다. 이로 인해 위기를 느낀 조선 왕실은 긴급회의를 열고, 민비는 외국 군대의 도움을 요청하자고 제안합니다.

일본군 상륙

결국 민비의 요청으로 1894년 5월 5일 청나라 군대는 조선에 진주합니다. 하지만 °1882년 제물포 조약과 °1885년 톈진조약을 근거로 ⑧ 1894년 5월 6일 일본군도 잇따라 상륙합니다.[3] 조선에 침투할 명분이 없던 일본에게 민비가 오히려 절호의 기회를 만들어 준 것입니다. 청군은 농민군을 진압하기 위해 아산만에 상륙하는 반면, 일본군은 인천에 상륙하여 서울로 진격합니다. 최신식 기관총과 소총으로 무장한 일본군의 무력 앞에 동학농민군은 500명만 남고 죽습니다. 결과적으로, 1894년 동학농민운동은 1882년 임오군란에 이어 조선 땅을 외세들의 전쟁터로 내어주고 청일전쟁 발발의 주요 원인 중 하나가 되었습니다.

1894년 청일전쟁

조선 왕실은 동학농민군의 요구를 들어주겠다며 °전주화약을 맺고, 반란군 해산과 외군 철수를 요구합니다. 하지만 일본은 경복궁을 점령한 뒤 1894년 청일전쟁을 일으키고, 이후 반란을 방지한다는 명분으로 조선의 내정 개혁을 추진합니다. 이를 °1894년 갑오개혁이라고 합니다. 청일전쟁은 8개월 만에 청나라의 패배로 끝나고, °1895년 4월 17일 시모노세키 조약으로 청나라는 조선에 대한 간섭 권한을 잃고 일본은 조선에 대한 단독 지배권을 확보하게 됩니다.

1895년 시모노세키 조약

시모노세키 조약을 통해 일본은 청나라로부터 조선에 대한 단독 지배권을 확보하고, 한반도를 교두보로 삼아 대륙 진출의 기반을 확고히 다지게 됩니다. 시모노세키 조약의 주요 내용은 다음과 같습니다.

1. 청나라는 조선이 완전무결한 자주독립 국가임을 승인한다.
2. 청나라는 요동반도와 대만 및 펑후섬 등을 일본에 할양한다.
3. 청나라는 일본에 배상금 2억 냥을 지불한다.
4. 청나라는 일본정부와 그 국민에게 최혜국대우를 부여한다.

---

2) 이승만(오영섭), 우남 이승만 전집 1: 독립정신(서울: 연세대학교 대학출판문화원, 태화북스, 2019), 248.

3) 이승만(오영섭), 우남 이승만 전집 1: 독립정신(서울: 연세대학교 대학출판문화원, 태화북스, 2019), 250-251.

○ 전봉준(1855~1895): 조선 후기 농민운동가이자 동학농민운동의 주요 지도자입니다. 이후 공주 우금치 전투에서 패배한 뒤 체포되어 처형되었습니다.

○ 접주제(接主制): 동학의 기본 교단조직으로, 각지에 접소(接所)를 설치하고 접주(接主)를 두어 관내 교도들을 통솔하고 교화하는 제도입니다.

○ 조병갑(1844~1912): 조선 후기의 대표적인 탐관오리로, 동학농민운동의 직접적인 원인을 제공한 인물입니다. 고부 군수로 재직하며 백성들을 가혹하게 수탈하여 농민들의 분노를 불러일으켰고, 이는 결국 동학농민운동의 도화선이 되었습니다.

④ 오늘날에는 이를 농민들의 개혁 운동으로 보지만, 당시 조선 정부는 동학 세력을 체제에 반하는 '난적'으로 규정하고, 관보와 공문서 등에서도 '동학란'이라고 표기했습니다.

⑤ 동학(東學)은 서학(西學), 즉 기독교와 천주교에 대항하여 '동쪽의 학문'이라는 뜻으로 지어진 이름입니다. 당시 유교는 '북학', 불교는 '남학'으로 불리기도 했습니다. 동학은 유교와 불교는 쇠퇴하고, 기독교는 배척해야 한다며 새로운 종교와 사상의 필요성을 주장합니다.

⑥ 동학의 핵심인 '인내천(人乃天)' 사상은 '사람이 곧 하늘'이라는 뜻으로, 모든 인간의 평등함을 강조합니다. 이는 양반과 노비의 구분 없이 모든 사람이 존귀하다는 의미로, 신분 차별이 심했던 조선 사회의 신분제를 정면으로 부정한 혁신적 사상이었습니다. 동학을 창시한 최제우가 몰락한 양반의 서자였다는 점은 이 사상의 배경을 짐작하게 합니다.

⑦ 동학농민군은 점령한 지역에서 탐관오리와 부유한 양반들의 재산을 몰수하여 가난한 백성들에게 나누어주고, 노비 문서를 불태워 신분제를 철폐하고, 고리대금에 시달리던 이들의 빚을 탕감해 주었습니다.

○ 제물포 조약(濟物浦條約): 1882년 임오군란 후 조선과 일본 사이에 체결된 조약입니다. 임오군란 후 민씨 일가는 청나라의 군사 개입으로 권력을 유지하게 되었고, 이는 청의 내정 간섭을 더욱 심화시켰습니다. 이에 일본은 공사관 방화와 자국인 피해에 대한 배상과 주둔군 확보를 명분으로 조선에 제물포 조약을 강요하여 자국의 영향력을 확대해 나갔습니다.

○ 톈진조약(天津條約): 1884년 갑신정변을 진압한 뒤, 청나라와 일본이 조선에서 군대를 철수하고 향후 파병 시 서로 사전에 통보하기로 1885년 4월 체결한 조약입니다.

⑧ 조선 왕실이 청군의 지원을 요청하려 하자, 김병시 대신은 '청군이 들어오면 일본도 따라올 것'이라며 반대했습니다. 하지만 고종은 '청군이 먼저 오는데 무슨 상관이냐'며 청나라에 지원을 요청했습니다.

○ 전주화약(全州和約): 조선 왕실이 동학농민군의 요구를 수용하겠다며 1894년 5월 7일 체결한 조약입니다. 내용에는 탐관오리 숙

| **민비의 러시아 의존** | 1894년 청일전쟁에서 일본에게 청나라가 패하자, 민비는 청나라를 뒤로 하고 러시아를 통해 일본을 견제하는 ° '인아거일(引俄拒日)' 정책을 실시합니다. 민비는 ° 러시아 공사 웨베르(Karl Ivanovich Weber) 등 각국 공사의 후원을 요청하는 등 전면적인 반일 외교전을 벌입니다. 이에 위협을 느낀 일본은 1895년 을미사변을 일으켜 민비를 시해합니다. 황후의 죽음에 신변의 위협을 느낀 고종은 궁녀들의 가마를 타고 궁궐을 빠져나와 러시아 공사관에서 약 1년 동안 피신합니다. 이 사건이 바로 1896년 아관파천입니다. |

1894년 청일전쟁에서 일본에게 청나라가 패하자, 민비는 청나라를 뒤로 하고 러시아를 통해 일본을 견제하는 ° '인아거일(引俄拒日)' 정책을 실시합니다. 민비는 ° 러시아 공사 웨베르(Karl Ivanovich Weber) 등 각국 공사의 후원을 요청하는 등 전면적인 반일 외교전을 벌입니다. 이에 위협을 느낀 일본은 1895년 을미사변을 일으켜 민비를 시해합니다. 황후의 죽음에 신변의 위협을 느낀 고종은 궁녀들의 가마를 타고 궁궐을 빠져나와 러시아 공사관에서 약 1년 동안 피신합니다. 이 사건이 바로 1896년 아관파천입니다.

1895년 ° 을미사변

을미사변은 1895년 10월 8일 새벽 일제가 민비(명성황후)를 시해한 사건입니다. 주한 일본 공사 ° 미우라 고로의 지휘 아래 일본군 수비대는 '여우사냥'이라는 작전명을 세워 경복궁을 기습하고 왕후를 참혹히 시해하고 시신을 불태웁니다. 오늘날까지 왕후가 어떻게 시해되었는지는 사후 증거 불충분으로 정확히 알기가 어렵습니다. 하지만 당시 일본 고위 외교관 ° 우치다 사다쯔치는 왕후의 유해 처리 과정에 대해 본국에 이렇게 보고합니다. "그 유해는 왕궁 안의 우물에 던져졌는데, 그렇게 하면 즉시 범죄의 흔적이 발견될 것으로 염려가 되어 다시 유해를 꺼내 왕궁 안의 소나무 숲에서 석유를 붓고 태웠다. 그래도 여전히 걱정이 돼서 이번에는 연못 속에 던졌지만 가라앉지 않아서 다시 그다음 날인가 연못에서 건져내어 소나무 숲에 묻었다. 그와 같이 유해 처리 과정에 대하여 나중에 관여자로부터 들었는데, 좌우간 매우 걱정스러웠다."[4] 이후 민심의 폭발을 우려한 미우라 고로는 왕후가 왕실을 버리고 도망갔다는 유언비어를 퍼뜨리고, 왕후의 신분을 서민으로 폐하기까지 합니다.

1896년 ° 아관파천

아관파천은 을미사변 이후, 1896년 2월 11일 새벽 고종이 조선 왕실을 빠져나와 러시아의 공사관에서 약 1년 동안 피신한 사건입니다. 왕후의 참혹한 죽음에 충격을 받은 고종은 극도의 두려움에 떨었고, 독살 위험 속에서 선교사들이 교대로 밤새며 그를 지켰다고 전해집니다. 고종의 러시아 공사관 피신은 ⑨ 일본의 입지를 축소시키고, 일본의 입안에 거의 들어간 조선에 잠시나마 시간을 벌어 주었습니다.

1897년 대한제국 공포

1897년 2월 20일 러시아 공사관에서 1년간 피신한 고종은 경운궁(현 덕수궁)으로 돌아옵니다. 같은 해 10월 ° 대한제국을 공포하고, 온건 개혁파 인물들을 대거 등용하여 고종 중심의 근대화 내정 개혁을 추진합니다.

1904년 러일전쟁

1894년 청일전쟁 후 일본은 러시아·프랑스·독일의 외교 압력에 의해 한발 물러서게 됩니다. 이를 ° '3국 간섭'이라고 부릅니다. 이후 영국과 러시아의 ° '그레이트 게임'의 일환으로, 일본은 ° 1904년 러일전쟁을 일으킵니다. 1904년 2월 8일 일본이 러시아 함대를 기습 공격하며 러일전쟁이 발발합니다. 당시 대한제국은 중립을 선언하지만, 일본은 친일세력을 앞세워 ° 1904년 2월 한일의정서를 체결하고, 대한제국의 안전을 명분 삼아 한반도를 자유롭게 사용할 권리를 얻습니다. 이는 침략을 위한 발판 마련이었습니다. 1년간 지속된 러일전쟁은 ° 1905년 9월 '포츠머스 강화조약(Treaty of Portsmouth)'으로 러시아가 일본에 굴복하면서 끝납니다. 이후 러시아에서는 ° 1917년 볼셰비키 혁명이 일어나고, 일본은 한반도에 대한 독점적 지배권을 기반으로 만주 진출을 본격화합니다.

1905년 을사조약

1905년 11월 17일 이토 히로부미는 고종에게 을사조약(乙巳條約) 체결을 강요하는데, 고종은 정부 대신들과 협의하라며 거절합니다. 이에 이토 히로부미는 이완용·이근택·이지용·박제순·권중현을 앞세워 1905년 11월 18일 새벽 1시 을사조약을 체결합니다. 이들을 가리켜 ° '을사오적'이라고 합니다. 을사조약은 조선의 외교권뿐만 아니라 국권을 침탈당하는 결과를 초래했습니다. 아래는 을사조약의 주요 내용입니다.

1. 일본은 도쿄에 있는 외무성을 통해 한국과 외국의 관계를 지휘하고... (외교권 대행)
2. 일본은 한국과 타국 사이에 현존하는 조약의 실행을 온전하게 할 책임을 지고... (외교권 박탈)
3. 일본은 한국 황제 폐하 아래에 한 명의 통감을 두되, 통감은 오로지 외교에 관한 사항을 관리하기 위해 서울에 주재하며... (내정 간섭)

청, 매관매직 금지, 농민 탄압 철폐, 신분 차별 폐지, 토지의 공정한 분배, 친일 세력 처벌 등 반봉건·반침략적 요구가 담겨 있었습니다.

○ 갑오개혁(甲午改革): 1894~1896년 일본의 영향 아래 조선의 개화파가 추진한 근대화 개혁입니다. 신분제·과거제·노비제 폐지, 인신 매매 금지, 과부 재가 허용, 조세의 현물 납부 폐지, 경무청·군국기무처 설치 등 다양한 제도 개혁이 이루어졌습니다. 근대 국가를 지향했지만, 일본의 간섭과 실행력 부족으로 혼란을 겪었고, 1896년 고종의 러시아 공사관 피신과 함께 중단되었습니다.

○ 시모노세키 조약: 청일전쟁에서 일본이 승리한 이후, 1895년 4월 17일 청나라와 일본이 체결한 강화 조약(강전쟁 상태를 끝내고 평화를 회복하기 위해 교전국 간에 맺는 조약)입니다.

○ 인아거일(引俄拒日): 러시아와 가까이하고 일본과 거리를 두다.

○ 웨베르(Karl Ivanovich Weber, 1841~1910): 1885~1897년 조선 주재 러시아 제국 공사로 활동한 외교관으로, 고종과 개인적인 친분이 있던 인물입니다.

○ 미우라 고로(1847~1926): 일본의 육군 중장이자 정치인으로, 1895년 을미사변 당시 주한 일본 공사로서 사건의 배후 인물로 지목되었습니다.

○ 을미사변(乙未事變): 을미년인 1895년에 일어난 변(재앙)이라는 뜻으로, 명성황후 시해사건을 뜻합니다.

○ 우치다 사다쯔치(1865~1942): 1895년 을미사변 당시 주한 일본 총영사였습니다. 직접 가담하지는 않았지만, 사건 후 일본에 제출한 보고서는 을미사변의 진상을 밝히는 데 중요한 자료가 되었습니다.

○ 아관파천(俄館播遷): 러시아 공사관(아관)으로 임금이 피신했다(파천)는 뜻으로, 을미사변 이후 신변의 위협을 느낀 고종이 러시아 공사관으로 피신한 사건을 말합니다. 당시 조선에서는 러시아를 한자로 '아라사(俄羅斯)'라고 표기했습니다.

⑨ 아관파천으로 인해 친일 내각은 무너지면서 일본의 조선 내정 간섭은 약화되었습니다.

○ 대한제국(大韓帝國): 1897년 10월 12일 고종이 조선을 계승하여, 자주 독립 국가임을 선포하고 근대 국가로 나아가기 위해 제정한 국호이자 제국입니다.

○ 삼국간섭(三國干涉): 1895년 청일전쟁에서 승리한 일본이 시모노세키 조약으로 얻은 랴오둥반도를 러시아·프랑스·독일의 외교 압력으로 청나라에 반환하게 된 사건입니다. 이 일로 고종과 민비는 러시아에 관심을 갖게 되었고, 일본은 러시아에 대한 적개심을 키워 러일전쟁의 원인 중 하나가 되었습니다.

○ 그레이트 게임(The Great Game): 19세기 초부터 20세기 초까지 영국과 러시아가 중앙아시아 패권을 놓고 벌인 경쟁입니다. 영국은 인도를, 러시아는 중앙아시아와 남하 정책을 통해 세력을 확장하

---

⁴⁾ 김문자, 명성황후 시해와 일본인(서울: 태학사, 2011), 306.

하지만 을사조약의 책임은 단순히 다섯 대신들에게만 있을까요? 고종은 조약 체결 과정에서 몇 가지 의문스러운 행동을 보였습니다. 첫째, 조약 체결 전 고종은 대신들을 불러 조약에 서명하도록 지시한 뒤, 자신의 지시였다는 사실을 밝히지 말라고 당부합니다.[5] 둘째, 조약에 끝까지 반대한 °참정대신 한규설을 파면하고 조약 체결의 당사자인 박제순을 참정대신으로 임명합니다. 셋째, 조약 체결 6일 전인 1905년 11월 11일 고종은 일본 공사로부터 2만 원(현 약 25억 원)을 받습니다.[6] 이완용·이근택·이지용·박제순 등 주요 인물들도 일본 공사로부터 상당한 액수의 뇌물을 수수한 것으로 기록되어 있습니다. 아래는 당시 일본 공사관에서 작성한 기록 중 일부입니다.

“내탕금(황실 자금)이 부족하다는 점을 이용해, 심상훈을 통하여 황제 수중으로 2만 원을 납입했습니다.”[7]

고종은 비운의 왕?

우리나라의 역사 교육은 고종을 '비운의 왕'으로 미화하고, 식민지 전락의 책임을 을사오적 대신들에게만 돌리는 경향이 있습니다. 하지만 고종의 집권기간은 1863년(11세)부터 1907년(55세)으로 총 44년입니다. 이는 한반도에 대한민국을 건국하고 발전시킨 주요 대통령들의 집권 기간을 모두 합친 시간보다도 더 긴 기간입니다. 예를 들어, 이승만 12년(1948~1960), 박정희 18년(1961~1979), 전두환 8년(1980~1988)을 합치면 총 38년에 불과한데, 고종의 집권 기간은 이를 5년이나 초과합니다. 물론 고종이 어린 나이에 집권하여 정상적인 통치가 어려웠다는 점은 인정할 수 있지만, 만 21세 무렵 친정을 시작한 이후에는 통치의 책임은 전적으로 그에게 있었습니다. 하지만 그는 자신의 권위를 제대로 행사하지 못한 채, 흥선대원군과 민비 사이에서 섭정에 의존하고, 청나라와 러시아 등 외세에 의존했습니다. 더욱이 나라가 식민지가 되는 과정에서도 백성의 고통에는 눈을 돌린 채, 자신의 안전과 왕실의 안위만을 챙겼습니다. 결국 그는 일본의 왕공족 신분으로 편입되어 일본 정부의 지원으로 호의호식하며 생을 마감했습니다.

1907년 고종 강제 퇴위

고종은 을사조약의 부당함을 국제사회에 알리기 위해 1907년 6월 네덜란드 헤이그에서 열린 °만국평화회의에 세 명의 특사(이준, 이상설, 이위종)를 비밀리에 파견하는 °'헤이그 밀사 사건'을 벌이지만, ⑩ 회의장에 들어가지도 못한 채 실패로 끝납니다. 결국 이토 히로부미는 헤이그 밀사 사건을 빌미로 그해 7월 19일 고종을 강제 퇴위시키고, 8월 1일 대한제국의 마지막 버팀목인 군대까지 강제 해산시킴으로써, 우리나라는 제대로 저항도 해보지 못하고 사실상 일본의 속국이 되어버립니다.

1910년 한일병합

1907년 고종이 일제에 의해 강제로 폐위된 이후, 조선의 마지막 왕 순종은 일제의 꼭두각시 노릇을 하다가 일본의 탄압에 못 이겨 °1910년 8월 29일 한일병합조약을 체결하고, 그 결과 대한제국은 국토와 국권을 완전히 박탈당합니다. 이를 °'경술국치(庚戌國恥)'라고 부릅니다.

결단하기

조선 말기 우리나라는 외세의 전쟁터로 전락하고, 이들의 부당한 요구들을 들어줄 수밖에 없을 정도로 국력이 쇠약해졌습니다. 이는 결국 지도자들의 부정부패와 무능력한 국가경영 때문입니다. 국제 정세를 파악하지 못하고, 군대와 군인을 천시하고, 정권 유지에만 혈안이 되어 외세들에 의존한 결과, 나라를 잃게 된 것입니다. 이제 여러분은 뼈아픈 역사의 교훈을 기억하여, 다시는 나라를 잃지 말아야 합니다.

[5] 박종인, *매국노 고종*(서울: 와이즈맵, 2020), 325-326.

[6] 박종인, *매국노 고종*(서울: 와이즈맵, 2020), 329-330.

[7] 박종인, *매국노 고종*(서울: 와이즈맵, 2020), 329.

려 했고, 이에 영국은 러시아를 견제하기 위해 일본과 손잡고 1902년 영일동맹을 체결했습니다. 러일전쟁(1904~1905)은 일본의 한반도 침략과 더불어, 영국이 러시아를 견제하기 위한 '그레이트 게임'의 일부이기도 했습니다.

○ 러일전쟁(1904~1905): 일본과 러시아가 한반도와 만주 지역의 패권을 두고 벌인 전쟁입니다.

○ 한일의정서(韓日議定書): 1904년 2월 23일 러일전쟁 중 일본이 대한제국의 중립 선언에도 불구하고 강제로 체결한 조약입니다. 이 조약으로 일본은 대한제국의 내정과 외교에 간섭하고, 군사적 거점으로 활용할 수 있는 권한을 확보했습니다.

○ 포츠머스 강화조약(Treaty of Portsmouth): 1905년 9월 5일 러일전쟁을 끝내기 위해 일본과 러시아가 미국 포츠머스에서 체결한 조약입니다. 이로써 일본은 가쓰라-태프트 밀약에 이어 대한제국에 대한 지배권을 확고히 하고, 중재를 맡은 미국 대통령 루스벨트는 노벨평화상을 받고, 한국은 식민지로 전락하게 되었습니다.

○ 볼셰비키 혁명(Bolshevik Revolution or October Revolution): 1917년 러시아에서 레닌을 중심으로 일어난 세계 최초의 사회주의 혁명으로, 그해 두 차례 있었던 혁명 중 '10월 혁명'을 말합니다. '볼셰비키'는 러시아어로 '다수파'를 뜻합니다.

○ 을사오적(乙巳五賊): 1905년 을사조약(乙巳條約)에 찬성하여 국권을 넘긴 다섯 매국노, 즉 이완용(학부대신), 이근택(군부대신), 이지용(내부대신), 박제순(외부대신), 권중현(농상공부대신)을 이르는 말입니다.

○ 참정대신(參政大臣): 대한제국 시기에 설치된 최고위 관직으로, 국정을 총괄하고 정책 결정 및 행정 운영을 책임진 인물입니다. 오늘날의 국무총리 또는 부총리에 해당합니다.

○ 만국평화회의(The Hague Peace Conference): 19세기 말과 20세기 초 전쟁을 방지하고 평화를 유지하기 위한 국제회의로, 1899년과 1907년 두 차례에 걸쳐 네덜란드 헤이그에서 열렸습니다.

○ 헤이그 밀사 사건(海牙密使事件): 1907년 대한제국의 고종이 을사조약의 부당함을 세계에 알리기 위해 네덜란드 헤이그에서 열린 제2차 만국평화회의에 비밀 특사를 파견한 사건입니다.

⑩ 러시아는 이미 일본과 협약을 맺고 극동에서의 영향력을 조정한 상태였습니다. 이로 인해 밀사들은 회의장 입장조차 거부당했고, 회의에 참석한 47개국도 자국의 이익을 우선시하며 일본의 입장을 지지했습니다.

○ 한일병합조약(韓日倂合條約): 1910년 8월 29일 대한제국을 일본에 강제로 병합(둘 이상의 나라를 하나로 합치는 것)한 조약입니다.

○ 경술국치(庚戌國恥): 말 그대로 '경술년에 일어난 국가의 치욕'을 의미하는 한자어로, 19180년 8월 29일 한일병합조약으로 대한제국이 일제에 의해 국권을 강제로 빼앗긴 사건을 가리킵니다.

3 3.1운동과 이승만 박사

이승만 박사는 3.1운동의 기폭제이다.

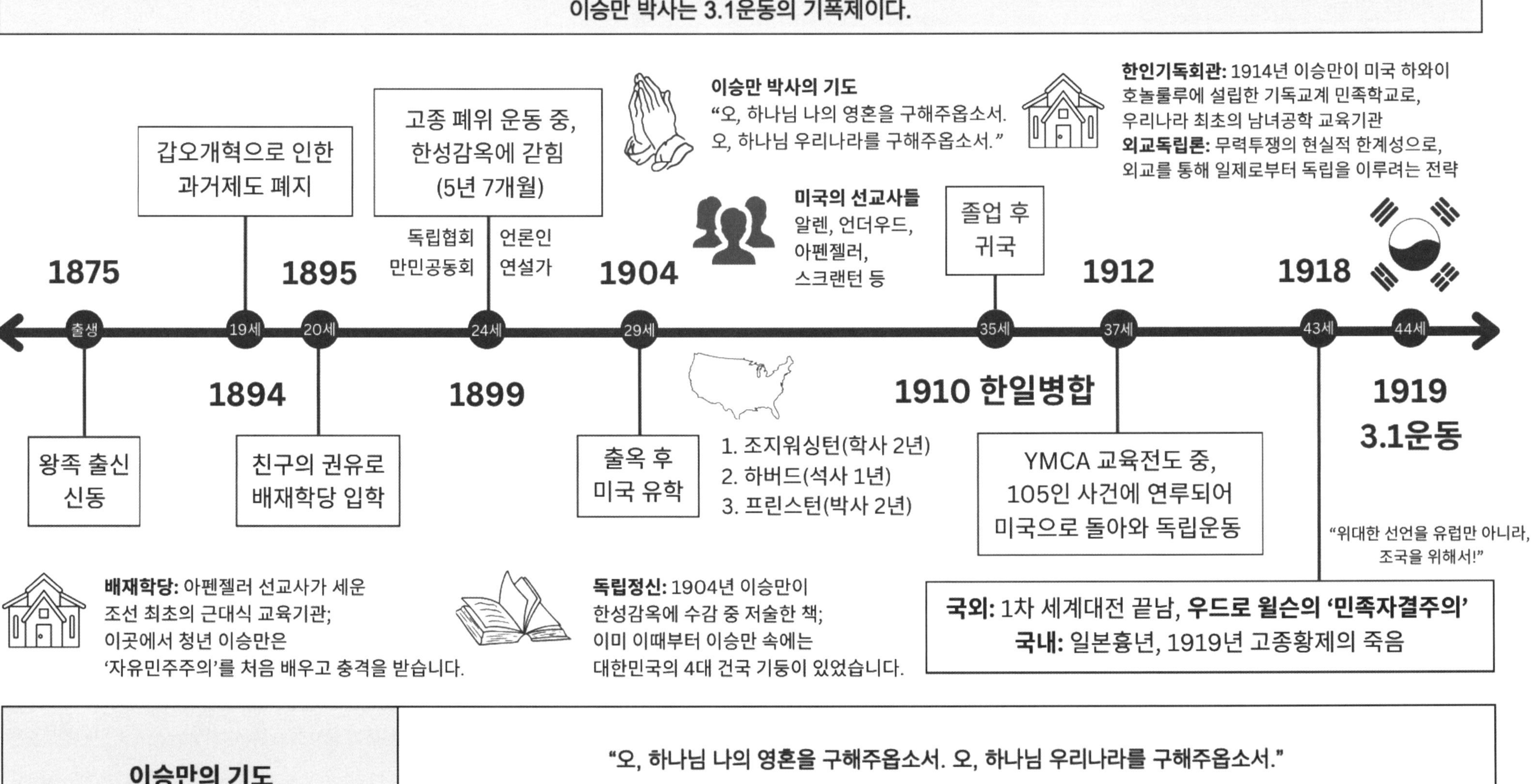

이승만의 기도	"오, 하나님 나의 영혼을 구해주옵소서. 오, 하나님 우리나라를 구해주옵소서." "O God, save my soul. O God, save my country."

3. 3.1운동과 이승만 박사

오늘도 힘찬 구호로 역사공부를 시작해 봅시다: 이승만/역사교실, 자유통일/이룩하자, 와!

복습하기 흥선대원군의 쇄국정책, 고종의 군대 홀대, 그리고 민비의 외세 의존 등 복합적인 이유로 조선은 1910년 8월 29일 한일병합조약으로 국토와 국권을 완전히 박탈당합니다. 그렇게 하루 만에 2,300만 백성은 부모 잃은 고아처럼 35년(1910~1945) 동안 일제 식민 통치 아래 살게 됩니다.

서론 나라를 일본에 빼앗긴 당시 대한제국의 백성들은 어떻게 반응했을까요? 물론 슬퍼하는 백성들도 있었지만, 한일병합에 대해 그 누구도 국민적인 항쟁을 일으키지 않았습니다. 1909년 10월 30일 자 영국의 『이코노미스트』지는 대한제국의 마지막을 다음과 같이 보도했습니다.

"조선의 국정은 희망이 없는 혼란 상태다. 정부는 부패했고, 국민들은 노력을 하고자 하는 자극이 전혀 없다."[1]

일부 백성들은 조선 왕실의 수탈과 일제의 수탈을 크게 다르게 느끼지 못했으며, 오히려 일본 통치가 더 낫다고 생각하기도 했습니다. 그런데 놀랍게도 한반도가 식민지화된 지 9년 후인 1919년 기미년에 이르러, 온 백성이 나라의 주권을 되찾고자 3.1 운동을 일으킵니다. 3.1 운동은 조선의 독립 의지를 전 세계에 알린 평화적인 만세 시위였으며, 일제시대 35년 동안 벌어진 독립운동 중 가장 구심점이 된 사건입니다. 일제에 나라를 빼앗긴 지 9년이 되도록 전 국민적 운동이 일어나지 않았던 상황에서, 어떻게 갑자기 약 200만 명이 참여한 한민족 최대의 독립운동이 일어날 수 있었을까요? 이에 대한 의견은 분분하지만, ① 일부 역사학자들은 그 시작을 우남 이승만 박사로 꼽습니다.[2] 오늘은 3.1운동과 이승만 박사에 대해 살펴보겠습니다.

1919년 3.1운동 제1차 세계 대전의 종전과 함께 제창된 °민족자결주의 사상에 고무된 민족 지도자들은 ② '민족대표 33인'의 이름으로 독립선언서를 발표하여 국내외에 한국의 독립을 선언합니다. 1919년 2월부터 이들은 인쇄소에서 밤새도록 독립선언서 2만여 장을 찍어내고, 인쇄물을 보자기·가마니·학생 책가방·상자 등에 숨겨 서울과 지방으로 퍼뜨립니다. 1919년 3월 1일 3.1운동은 예정된 파고다 공원에 ③ 민족대표들이 나타나지 않자, ④ 한 학생이 연단으로 올라 독립선언서를 낭독하고 다른 학생이 *"조선 독립만세"*를 외치면서 시작됩니다. 3.1 운동은 일본의 흉년으로 인한 조선 쌀 수출, 스페인 독감 확산, 그리고 고종의 갑작스러운 죽음을 둘러싼 일제 독살설에 대한 국민들의 분노가 결합되어 전국적으로 확산됩니다. 이에 일제는 ⑤ 무력 진압에 나서지만 백성들은 물러서지 않고, 이때 독립을 외치던 17세의 어린 독립운동가가 바로 °유관순 열사(1902~1920)입니다.

유관순 열사 유관순은 이화학당에 장학생으로 추천될 만큼 뛰어난 학생이었습니다. 하지만 1919년 3.1 운동이 일어나자, 그녀는 프라이 교장 선생님의 만류에도 불구하고 *"선생님 죄송합니다. 나라를 살려야겠습니다."*라며 담을 넘어 만세 운동에 참여합니다.[3] 이후 고향 충남 천안에서 만세시위를 하는 도중 눈앞에서 부모님이 죽고, 이후 체포되어 모진 고문을 받으면서도 옥중에서 만세 시위를 계속 주도합니다. 일제는 당시 물고문, 손톱 밑에 뾰족한 나무를 찔러 넣는 고문, 주리를 트는 고문, 벽관에 가두는 고문, 못이 박힌 상자에 굴리는 고문 등 극도로 잔혹한 방법들로 고문을 자행했습니다. 당시 함께 옥살이했던 °어윤희 선생은 이렇게 증언했습니다. "유관순 열사는 항상 허리를 감싸 안고 고통스러워했는데 붙잡힐 때 창에 찔린 것이 도무지 낫지 않아 계속 고름이 흘러나오는데, 거기다가 수시

---

[1] 최성락, *100년 전 영국 언론은 조선을 어떻게 봤을까?: 『이코노미스트』가 본 근대 조선*(서울: 페이퍼로드, 2019).

[2] 류석춘. "이승만 주도 3.1운동의 성과 그리고 한계." 한국교회사학연구원: 대한민국 건국사, 2025, 1-23.

[3] 박윤식, *대한민국 근현대사 시리즈 1: 구한말-일제강점기*(서울: 휘선, 2011), 111.

---

① 3.1운동 이승만 기획설은 3.1운동이 일어나기 3개월 전 이승만이 국내에 있는 김성수·송진우·현상윤 등에게 국내 구국운동을 벌여달라는 밀서를 전달하여 3.1운동의 중요한 기폭제 역할을 했다는 주장입니다. 당시 이승만은 한편으로는 미국의 윌슨 대통령이 제창한 민족자결주의를 이용하면서, 다른 한편으로는 국내 독립운동이 필요하다는 것을 절감했습니다. 두 가지가 맞물려야만 독립의 가능성이 높아진다고 판단했기 때문입니다. 실제로, 이승만은 1919년 2월 25일 미국 대통령 윌슨의 민족자결주의 원칙에 따라 조선의 독립을 청원하는 서류에 서명하고, 1919년 3월 3일 청원서를 윌슨에게 전달했습니다.

○ 민족자결주의(民族自決主義, National self-determination): 각 민족이 정치적 운명을 스스로 결정하고 다른 민족의 간섭을 받지 않을 권리를 주장하는 원칙입니다. 이는 1918년 제1차 세계 대전 후 새로운 세계 질서를 위해 미국 대통령 우드로 윌슨(Woodrow Wilsom)이 미국 의회에서 발표한 14개조 평화 원칙(Fourteen Points) 중 가장 대표적인 내용으로, 특히 식민 지배하에 있던 유럽의 약소국들에게 독립의 열망을 크게 고무시켰습니다.

② 민족대표 33인은 기독교인 16명, 천도교 15명, 불교인 2명으로 구성되어 있었습니다. 이것은 당시 독립운동에서 기독교인·천도교인들이 차지하는 비율을 잘 보여줍니다.

③ 3.1 운동 당시 민족대표 33인은 폭력 사태를 방지하기 위해 탑골 공원에서 태화관으로 독립선언 장소를 변경했습니다.

④ 민족대표 33인이 보이지 않자 학생들이 당황하는 가운데 경신학교 출신 정재용이 팔각정에 올라가 기미독립선언서를 낭독했습니다.

⑤ 말을 타고 온 일본 헌병들은 시위하는 시민들을 칼로 찌르고 총으로 쏘는 등 무자비하게 살상했습니다. 민족대표 33인은 3월 1일 당일날 체포되어 잔인한 고문을 받았습니다.

○ 유관순(柳寬順, 1902~1920): 일제강점기 때 충남 천안의 아우내 장터에서 독립만세시위를 주도한 혐의로 체포되어 향년 17세의 어린 나이에 옥중에서 순국한 독립운동가입니다.

○ 어윤희(魚允姬): 외딴섬에 가서 전도와 독립정신 계몽 운동을 한 전도사이자, 1919년 3월 1일 개성 시내에 독립선언서를 배포하는 등 3.1운동 발발에 도화선 역할을 한 독립운동가입니다. 결국 만세시위 주모자로 잡혀 2년간 옥고를 치릅니다. 노년에는 개성에서 유린보육원을 설립·운영했고, 6.25전쟁 때 부산으로 피난하여 서강감리교회

로 매를 맞고 고문을 당해 몸이 성할 날이 없었다.”[4] 그럼에도 불구하고 유관순은 재판을 받을 때도 조금도 굴하지 않았습니다. 결국 심한 고문 후유증으로 내장이 파열되어, 출소를 이틀 앞둔 1920년 9월 28일 18세의 어린 나이로 ○ 순국합니다. 그녀가 옥중에서 순국하기 전에 남긴 마지막 말이 무엇이었을까요?

무엇이 어린 소녀를 이토록 나라를 위해 목숨을 바치게 했을까요? 그것은 아마도 그녀의 애국심과 독실한 기독교 신앙이었을 것입니다. 기독교 가정에서 자라고 정동교회(현 정동제일교회)에서 키운 깊은 신앙심은 일제의 가혹한 고문을 견뎌낼 수 있는 힘이 되었습니다. 유관순 열사 외에도, 이름 없이 빛 없이 조국을 위해 희생한 이들 모두가 3.1 운동의 영웅입니다. 이들의 피와 희생 위에 오늘날 대한민국이 세워졌음을 잊지 말아야 합니다.

이승만 박사

3.1 운동은 남녀노소, 각계각층 200만 명이 전국 211개 군에서 1,542차례나 일으킨 최대 규모의 시민운동입니다.[6] 그리고 그 배후에는 기폭제 역할을 한 이승만 박사가 있었습니다. 지금부터 이승만 박사에 대해 함께 살펴봅시다.

1. 이승만의 소년기

이승만은 1875년(고종 12년) 황해도 평산군에서 ⑥ 양녕대군의 16대손으로 조선왕조의 직계 후손으로 태어납니다. ⑦ 6대 독자로서 부모의 많은 관심 아래서 자라며, 6살에 천자문을 외우고 시를 지을 정도로 ⑧ 어릴 적부터 신동으로 불렸습니다. 하지만 뛰어난 머리에도 불구하고, 이승만은 5대조 이후로 벼슬길이 끊겨 왕족이면서도 가난 속에서 자랍니다. 이승만의 어머니는 아들의 출세를 위해 황해도를 떠나 한양(현 서울)으로 이주하여, 삯바느질로 생계를 이어가며 아들의 교육에 힘씁니다. 당시 벼슬을 얻을 수 있는 유일한 방법은 ○ 과거제뿐이었지만, 이는 높은 경쟁률뿐만 아니라 부정부패가 심하여 이승만은 거듭 낙방하고, 1894년 갑오개혁으로 과거제마저 폐지됩니다. 출세의 길이 막힌 이때, 서당 동문인 ⑨ 신긍우가 찾아와 배재학당에 함께 입학할 것을 권유합니다. 이는 이승만의 인생에서 중요한 전환점이 되었으며, 나아가 대한민국의 운명을 바꾸는 계기가 되었습니다.

2. 이승만과 배재학당

○ 배재학당은 1885년 미국 감리교 선교사 ○ 헨리 아펜젤러(Henry Appenzeller)가 세운 한국 최초의 근대식 중등교육기관입니다. 유교사상이 강했던 이승만은 처음에는 입학을 거절하지만, 1895년 을미사변 등을 겪으며 세상의 변화를 깨닫고 ⑩ 영어를 배우기 위해서라도 배재학당에 입학합니다. 배재학당은 일개 관료로 삶을 마칠 뻔한 이승만을 근대적 개혁가로 탈바꿈시키는 터전이 됩니다. 그는 미국의 선교사들로부터 영어와 신학은 물론 세계 역사·지리·문학·음악 등 서구식 정규 교육을 받으며 서양 세계에 대한 이해를 넓혀갑니다. 배재학당은 단순히 지식을 전달하는 곳이 아닌 그의 삶과 사상을 변화시킨 곳이었습니다. 훗날 이승만은 그 시절을 돌아보며 다음과 같은 말을 남겼습니다.

이승만이 배재학당에서 얻은 가장 중요한 배움은 바로 ○ '자유민주주의'였습니다. 군주제와 신분제가 여전하던 조선에서 그는 자유와 평등, 국민 주권의 개념을 처음 접하며 이

장로로 10년간 시무하다가, 그 후 서울 마포에서 서강유린보육원을 설립하고 운영하다가 일생을 마칩니다.

○ 순국(殉國): 나라를 위해 목숨을 바친 것을 의미하며, 순국선열(殉國先烈)은 조국을 위해 먼저 희생하신 분들을 기리는 표현입니다.

⑥ 양녕대군은 조선을 세운 태조(이성계)의 손자이자, 조선의 3대 왕 태종의 장자입니다. 양녕대군은 세종대왕에게 왕위를 양보하면서 폐세자(폐위 당한 세자)가 되었고, 이로 인해 그의 16대 후손인 이승만은 몰락한 왕족 출신이 되었습니다.

⑦ 두 명의 형들이 있었지만, 이승만이 태어나기 전에 모두 홍역으로 사망했습니다.

⑧ 아래는 이승만이 6~7세 무렵, 바람과 달을 보고 지은 산언시(三言詩, 각 행이 세 글자로 이루어진 시)입니다.
風無手 搖樹木 月無足 橫蒼空
'바람은 손이 없어도 나무를 흔들고
달은 발이 없어도 하늘을 건너간다.'

○ 과거제(科擧制): 관리를 뽑기 위한 조선시대 최고의 국가고시입니다.

⑨ 신긍우·신흥우 형제는 이승만에게 배재학당 입학을 권유하고 독립운동을 도운 동지들입니다. 신긍우는 개화운동가이자 감리교 목회자로 활동했고, 신흥우는 배재학당 교장, YMCA 총무, 감리교 지도자로 활동하며 1952년 제2대 대통령 선거에 무소속으로 출마했습니다.

○ 배재학당(培材學堂): '유용한 인재를 기르고 배우는 집'이라는 뜻으로, 1885년 8월 3일 미국 감리교 선교사 헨리 아펜젤러가 설립한 한국 최초의 근대식 교육기관입니다.

○ 헨리 아펜젤러(Henry. Appenzeller, 1858~1902): 1885년 조선에 입국하여 활동한 미국 감리회(북감리회) 선교사입니다.

⑩ 실제로, 이승만은 배재학당에 입학한 지 불과 6개월 만에 영어 조교로 선발될 만큼 뛰어난 실력을 보였습니다.

○ 자유민주주의(Liberal Democracy): 자유주의와 민주주의가 결합된 정치 체제로, 개인의 자유와 권리를 최우선 가치로 삼습니다. 자유주의는 타인이 개인의 자유를 침해할 수 없음을, 민주주의는 권력이 국민으로부터 나와야 함을 뜻합니다. 즉, 자유민주주의는 국민의 자유를 보장하기 위해 권력을 민주적 절차로 통제·견제·분산하는 체제입니다.

---

4) 박윤식, 대한민국 근현대사 시리즈 1: 구한말-일제강점기(서울: 휘선, 2011), 111.

5) 콘텐츠기획팀, "열여덟 소녀가 감옥에서 남긴 마지막 말." 서울특별시 정보기획관, 2015년 2월 27일. https://news.seoul.go.kr/gov/archives/70222.

6) "열여덟 소녀가 감옥에서 남긴 마지막 말." 서울특별시청 정보기획관, 2015년 2월 27일. https://news.seoul.go.kr/gov/archives/70222.

7) 이정식, 이승만의 구한말 개혁운동(서울: 배재대 출판부, 2005), 310.

를 조선을 살릴 유일한 방법임을 확신하게 됩니다. 이후 그는 몰락하는 조국을 되살리기 위해 본격적인 독립운동에 나섭니다.

언론인 이승만 이승만은 배재학당을 수석 졸업한 뒤, 20대라는 젊은 나이에 언론인이 됩니다. 1898년 ○ '협성회 회보'라는 신문을 창간하며 사실상 우리나라 최초의 신문을 만듭니다. 또한 '기자(記者)'라는 명칭을 처음 사용하고, 주간지였던 신문을 일간지로 발전시켜 1898년 4월 우리나라 최초의 일간지인 ○ '매일신문'을 창간하고, 같은 해 8월 ○ '제국신문'을 창간합니다. 이승만은 신문을 통해 일제의 탄압으로 인한 조선인들의 고통을 알리고, 외세에 맞서 싸우는 언론의 전통을 세워나갑니다.

연설가 이승만 조선 말기 나라를 구하기 위해 맹활약한 단체가 있는데, 바로 ○ '독립협회'입니다. 이들이 주최한 대중집회인 ○ "만민공동회'에는 만여 명이 모였는데, 이는 오늘날로 환산하면 약 백만 명이 모인 파격적인 집회였습니다. 만민공동회의는 연설자들을 앞세워 정부의 친러 정책과 비자주적 외교를 신랄하게 비판합니다. 이때 연단에 서서 수많은 사람들에게 사자후를 토하며 깊은 인상을 남긴 사람이 이승만입니다. 이후 이승만은 만민공동회의의 중심이 되고, 언론인과 연설가로서 외세의 이권 침탈과 무능력한 정부를 맹렬히 규탄합니다. 결국 정부는 약 2천 명의 보부상을 동원하여 시위대를 습격하고 집회 현장을 유혈참극으로 만듭니다. 이승만은 기적적으로 살아남지만, ⑪ 1899년 1월 '고종 폐위 운동' 전단지를 뿌리다가 체포됩니다. 이후 수감 중 탈옥을 시도하여 종신형 선고를 받습니다.

3. 이승만과 한성감옥 이승만은 감옥 중에서도 조선에서 가장 고문이 심한 한성감옥에 투옥되어 죽음의 공포 속에 지내게 됩니다. 감옥에서 온갖 고문을 받아, 갖은 고문 끝에 죽었다는 소문이 나서 그의 아버지가 시체라도 돌려달라며 형무소를 찾아올 정도였습니다.[8] 이 과정 속에서 이승만은 그동안 반감을 품었던 기독교의 성경 구절들이 떠오르기 시작합니다. 배재학당 시절, 영어를 공부하기 위해 성경을 읽었지만 아직 예수 그리스도를 받아들이지 않았던 그는 이번에는 마음을 다해 기도하면서 결국 기독교로 회심합니다. 훗날 이승만은 당시 처음으로 기도했던 순간을 이렇게 회고했습니다.

"나는 감방에서 혼자 있는 시간이면 이 성경을 읽었다. 그런데 신학교(배재학당)에 다닐 때는 그 책이 나에게 아무 의미가 없었는데 이제 그것이 나에게 깊은 관심거리가 되었다. 어느 날 나는 선교학교에서 어느 선교사가 했던 말이 기억났다. 그래서 나는 평생 처음으로 감방에서 '오 하나님, 나의 영혼을 구해주옵소서. 오 하나님, 우리나라를 구해주옵소서(Oh God, save my soul, save my country)'라고 기도하였다. [그랬더니] 금방 감방이 빛으로 가득 채워지는 것 같았고 나의 마음에 기쁨이 넘치는 평안이 깃들면서 나는 [완전히] 변한 사람이 되었다. [동시에 그때까지] 내가 선교사들과 그들의 종교에 대해서 갖고 있던 증오감, 그리고 그들에 대한 불신감이 사라졌다. 나는 그들이 우리에게 자기들 스스로 대단히 값지게 여기는 것을 주기 위해서 왔다는 것을 깨달았다."[9]

한성감옥은 오늘날의 이승만과 대한민국을 만든 출발점입니다. 이승만이 설계한 대한민국의 4대 건국 기둥(자유민주주의·자유시장경제·한미동맹·기독교입국론)은 모두 한성감옥에서 싹튼 그의 기독교 신앙에서 비롯되었습니다.

독립정신 이승만은 선교사들의 도움을 받아 수감 생활 중에 많은 양질의 책을 접하게 됩니다. 당시 선교사들은 조선을 복음화시키기 위해 이승만과 같은 뛰어난 인재이자 애국자를 복음화하는 것이 중요하다고 판단했습니다. 이후 감옥에서 이승만이 개종했다는 소식을 듣고, 이를 하나님의 계획이라 여기며 정치·경제·사회·문화·외교·교육 등 다양한 분야의 세계적인 석학들이 쓴 책들을 그에게 전달해 줍니다. 이렇게 선교사들이 넣어준 책들로 만들어진 한성감옥의 도서관은 당시 조선 왕실 도서관 못지않은 수준을 자랑했다고 합니다. 이승만은 그곳에서 수백 권의 책을 읽고, 동시에 수백 편의 글

---

8) 박윤식, *대한민국 근현대사 시리즈 1: 구한말~일제강점기*(서울: 휘선, 2011), 183.

9) 류석춘, *이승만 시간을 달린 지도자 1: 성장부터 해방까지 1875~1945*(서울: 북앤피플, 2024), 58.

을 저술합니다. 이러한 글들을 모아 만든 책이 바로 ○『독립정신』입니다. 독립정신은 52개의 항목으로 구성되어 있지만, 그 핵심은 독립정신의 '실천의 6대 강령'입니다. 그 내용은 다음과 같습니다.[10]

1. 우리는 세계에 대해 개방해야 한다.
2. 새로운 문물을 자신과 집안과 나라를 보전하는 근본으로 삼아야 한다.
3. 외교를 잘해야 한다.
4. 나라의 주권을 소중히 여겨야 한다.
5. 도덕적 의무를 소중히 여겨야 한다.
6. 자유를 소중히 여겨야 한다.

청년 이승만이 한성감옥에서 집필한 『독립정신』을 보면, 대한민국의 청사진이 보입니다. 그 속에는 오늘날 여러분이 살고 있는 대한민국의 모습이 그대로 적혀 있습니다. 죽음 앞에서도 굴하지 않았던 청년 이승만의 꿈과 비전이 바로 오늘날의 대한민국을 만들어낸 것입니다.

조선의 선교사들

대한민국의 탄생에는 서양 선교사들의 절대적인 도움이 있었습니다. 하지만 약 140년 전 조선 땅을 찾아온 서양 선교사들에게 조선은 저주와 죽음의 땅이었습니다. 1901년 미국 선교사 윌리엄 블레어는 부산의 모습을 다음과 같이 묘사했습니다.

"도시에는 오수 처리 시설이 전혀 없었다. 그래서 집으로부터 흘러나오는 오물들이 천천히 흘러서 초록 색깔의 도랑을 이루고 있었다. 소수의 사람들은 깨끗한 옷을 입고 있었으나 대부분의 사람들은 더러운 흰 옷들을 입고 있었다. 그리고 흐트러진 머리를 더러운 띠로 매고 있었다. 아이들은 벌거벗은 몸으로 거리에서 놀고 있었고 늙은 여인네들은 가죽처럼 탄 쭈그러진 얼굴을 지니고 우리들을 보려고 집으로부터 서둘러 나왔다. 많은 사람들은 겉옷을 입지도 않았다 (중략) 조선은 가난한 나라였다. 전쟁으로 황폐했을 뿐 아니라 정치가 부패했기 때문이었다. 수 세기 동안 왕들과 지방 관리들은 모두 부패해서 백성들을 착취하고 있었다. 건장한 한국 사람들이 국가적인 불행을 슬퍼하는 것을 보았을 때 우리는 동정을 금할 수가 없었다. 그들은 우리에게 와서 이렇게 말했다. "이 세상에 우리나라처럼 가난하고 불행한 나라가 있습니까?" 그들은 지금 가련하고 불쌍하고 가난하고 눈멀고 벌거벗게 되었다."[11]

서양 선교사들은 당시 우리나라가 가장 필요하고 빈약했던 교육과 의료에 절대적인 도움을 주었습니다. 이들은 병원, 학교, 교회를 지어 잠자는 조선을 깨워주었습니다. 당시 우리나라에 큰 영향을 끼친 대표적인 선교사들을 살펴봅시다.

1. 알렌(Horace N. Allen, 1858~1932): 알렌은 미국의 장로교 선교사로, 1884년 9월 20일 한국에 도착한 최초의 서양 선교사입니다(당시 나이 26세). 1884년 갑신정변 때 중상을 입은 ○민영익을 서양 의학으로 치료하여 생명을 구한 그는, 이 공로로 조선 왕실의 신임을 얻습니다. 이를 계기로 1885년 4월 10일 우리나라 최초의 근대식 병원인 ○제중원(현 세브란스병원)을 설립하고, 의료 활동을 통해 왕실과 긴밀한 관계를 맺으며 이후 많은 선교사들의 한국 입국에 결정적인 역할을 합니다.

2. 언더우드(Horace G. Underwood, 1859~1916): ⑫ 언더우드는 미국의 장로교 선교사로, 1885년 4월 5일 한국에 도착한 서양 선교사입니다(당시 나이 26세).

○ 민영익(閔泳翊): 민비(명성황후)의 친척이자 조선의 정치인으로, 온건 개화파로 활동했습니다. 1884년 갑신정변 때 급진 개화파의 공격으로 중상을 입었지만, 알렌 선교사의 치료로 목숨을 건졌습니다. 이에 대한 감사로 고종과 민비는 알렌에게 홍영식의 집 건물을 내어 주었고, 알렌은 그곳에 우리나라 최초의 근대식 병원인 '제중원'을 설립했습니다.

○ 제중원(濟衆院): '백성을 구제하는 집'이라는 뜻으로, 고종과 민비가 민영익을 치료한 알렌 선교사에게 홍영식의 집을 하사하여 설립한 조선 최초의 서양식 병원입니다. 제중원은 단순한 병원을 넘어, 조선에 온 선교사들의 선교 활동 시작점이 되었습니다. 메리 스크랜턴은 이곳에서 의료 봉사를, 언더우드는 화학 교육을, 아펜젤러는 교육 활동을 통해 각각 선교를 시작했습니다.

⑫ 언더우드의 형 존 토마스 언더우드(John Thomas Underwood)는 세계 최대 타자기 회사인 '언더우드 타자기' 회장으로, 자수성가한 기업가였습니다. 그는 선교사인 동생을 위해 꾸준히 재정적 지원을 아끼지 않았습니다.

10) 권영민, "[제국의 황혼 '100년전 우리는'] [81] 미국서 출간된 이승만의 '독립정신'." 조선일보, 2009년 12월 19일. https://www.chosun.com/site/data/html_dir/2009/12/18/2009121801673.html.
11) William N. Blair & Bruce F. Hunt, *The Korean Pentecost: And the Sufferings Which Followed*(1977), 16, 24-25.

그는 조선 땅에 첫발을 내디디며 이렇게 기도했습니다. "오, 주여 지금은 아무것도 보이지 않습니다. 메마르고 가난한 땅, 이곳이 머지않아 은총의 땅이 되리라는 것을 믿습니다. 오, 주여! 제 믿음을 붙잡아 주소서!"[12] 언더우드 선교사는 새문안교회를 세우고, YMCA(기독청년회)를 조직하고, ⑬ 연희전문학교(현 연세대학교)를 설립하는 등 우리나라의 복음화와 근대화에 크게 기여했습니다.

3. 아펜젤러(Henry G. Appenzeller, 1858~1902): 아펜젤러는 미국의 감리교 목사로, 1885년 4월 5일 한국에 도착한 서양 선교사입니다(당시 나이 27세). 1885년 10월 11일 우리나라 최초의 감리교 교회인 정동제일교회와 내리 교회를 세우고, 같은 해 최초의 서양식 학교인 배재학당을 설립합니다. 고종은 유용한 인재를 길러내라며 '배재학당'이라는 교명이 적힌 간판을 하사하고, 1886년 국가공인 학교로 승인합니다. 배재학당은 성경·영어·지리·생리·수학은 물론 무술까지 가르치며, ⑭ 그 이름에 걸맞게 많은 기독교인과 근대 국가의 인재를 배출합니다.

4. 윌리엄 스크랜턴(William B. Scranton, 1856~1922): 스크랜턴은 미국의 감리교 목사로, 1885년 5월 3일 한국에 도착한 서양 선교사입니다(당시 나이 29세). 스크랜턴 선교사는 알렌 선교사를 도와 제중원에서 의료선교를 시작한 뒤, 1885년 9월 10일 자신의 집에서 ○ 정동병원을 엽니다. 그가 혼자서 1년간 치료한 환자의 수가 무려 2,000명이 넘었다고 합니다. 이후 모친 메리 스크랜턴(Mary S. Scranton)과 ○ 보구녀관을 설립합니다.

5. 메리 스크랜턴(Mary S. Scranton, 1832~1909): 메리 스크랜턴은 윌리엄 스크랜턴 선교사의 모친이자 미국 감리교 목사의 딸로, 1885년 6월 26일 한국에 도착한 서양 선교사입니다(당시 나이 52세). 우리나라 최초의 근대식 교육기관이 아펜젤러 선교사가 세운 배재학당이라면, 최초의 근대식 여성 교육기관은 메리 스크랜턴 선교사가 설립한 ⑮ 이화학당(현 이화여자고등학교·이화여자대학교)입니다. 메리 스크랜턴은 당시 사회 진출이 어려웠던 여성들을 교육했을 뿐만 아니라, 마을마다 교실을 열어 성경·한글·건강 등 다양한 지식을 전파했습니다.

6. 마포삼열(Samuel A. Moffett, 1864~1939): 마포삼열 목사는 미국의 장로교 선교사로, 1890년 1월 25일 한국에 도착한 서양 선교사입니다(당시 나이 26세). 마포삼열 선교사는 1901년 평양에 우리나라 최초의 신학교인 ○ 평양신학교를 세우고, 1,000여 개의 교회와 300여 개의 학교를 설립합니다. 그는 한국의 ⑯ 목회자 양성과 기독교 교육에 크게 기여한 인물입니다.

7. 베어드 부부(William M. Baird & Annie Laurie Adams Baird, 1862~1931): 베어드 부부는 미국의 장로교 선교사로, 1891년 3월 25일 한국에 도착한 서양 선교사들입니다(당시 나이 29세). 베어드 부부는 평양 자택 ⑰ 사랑방에서 13명의 학생과 함께 숭실학당(현 숭실중고등학교·숭실대학교)을 시작합니다.

약 140년 전 조선 땅으로 처음 건너온 선교사들은 조선 사회의 다양한 측면에 깊고도 큰 영향을 미쳤습니다. 3.1 운동 당시 독립운동가 33인 중 16명이 기독교인이었다는 사실이 이를 잘 보여줍니다.

4. 이승만의 미국유학

1904년 이승만은 5년 7개월 간의 수감 생활 끝에 미국 선교사들의 도움으로 석방됩니다. 이후 미국 선교사들의 권유와 ⑱ 고종의 밀사 요청으로 미국 유학을 가게 됩니다. 어렵게 도착한 미국에서 이승만은 루스벨트 대통령(Theodore Roosevelt Jr.)에게 대한제국의 독립을 유지해 달라고 요청하지만, 이는 이미 미국이 조선을 일본의 보호국으로 동의한다는 ○ 1905년 7월 29일 가쓰라-태프트 밀약을 체결한 후였습니다. 이로 인해 이승만의 노력은 실패로 돌아가고, 1905년 11월 17일 을사조약으로 대한제국은 일본의 식민지가 됩니다. 이 사실에 절망한 이승만은 학문에 전념하기로 결심하고, 그때의 심정을 다음과 같이 기록했습니다.

---

12) 조성노, "어느 부활절 아침에 드린 언더우드 선교사의 조선을 위한 기도." 기독일보, 2015년 4월 6일. https://www.christiandaily.co.kr/news/55894.

---

⑬ 현재 서울 서대문구에 위치한 연세대학교는 원래 고아 학당으로 처음 시작되었습니다. 언더우드 선교사는 양반들을 가르치면 더 편하게 생활할 수 있었지만, 사회에서 외면받고 가장 빈곤한 고아들을 데리고 교육선교를 시작했습니다.

⑭ 배재학당이 배출한 조선의 인재들은 대표적으로 이승만, 윤치호, 서재필 등이 있습니다.

○ 정동병원: 1886년 6월 15일 미국 감리교 선교사 윌리엄 스크랜턴이 서울 정동에 설립한 의료기관입니다.

○ 보구녀관(普救女館): 1887년 10월 스크랜튼 모자 선교사가 설립한 한국 최초의 여성 전문 병원입니다. 당시 한국인조차도 여성의 인권을 취급하지 않았을 때 여성인권 운동을 한 사람들이 미국의 선교사들이었습니다. 보구녀관은 나중에 이화여자대학교 의과대학·의료원으로 발전합니다.

⑮ 언더우드 선교사는 가장 어려운 고아들을 데리고 교육선교를 했고, 스크랜턴 선교사는 가장 천대받던 여자들을 데리고 교육선교를 했습니다.

○ 평양신학교(平壤神學校): 1901년 평양 주재 선교사인 마포삼열에 의해 발전된 신학교이자, 한국장로교회의 첫 신학교입니다. 마포삼열의 주도로, 평양신학교는 1901~1939년 800명 이상의 한국인 사역자들을 육성했습니다.

⑯ 민족대표 33인 중 한 명이자 1907년 평양 대부흥 운동을 이끌었던 길선주 목사님도 평양신학교 출신이었습니다.

⑰ 베어드 부부는 자택의 사랑방을 복음전도와 교육선교의 장소로 사용했습니다. '사랑방(parlor, sitting room)'이란 한국 전통 가옥에 손님을 맞이하기 위한 방이었습니다.

⑱ 대한제국의 대신 민영환과 한규설은 국제 정세에 밝고 영어에 능통한 이승만을 주목하며, 그의 석방을 요구하는 탄원서를 고종에게 여러 차례 제출했습니다. 당시 고종도 미국에 파견할 영어 능력자를 필요로 하던 상황이었고, 이에 따라 이승만은 5년 7개월간의 수감 생활 끝에 1904년 8월 9일 특별사면으로 석방되었습니다.

○ 가쓰라-태프트 밀약(Taft-Katsura Agreement): 1905년 7월 미국의 태프트(William Howard Taft) 육군장관과 일본 수상 가쓰라가 체결한 비밀 협약으로, 미국은 일본의 대한제국 지배를, 일본은 미국의 필리핀 지배를 상호 인정한 내용입니다. 이 밀약은 일본이 11월 17일 을사조약을 강요하는 데 결정적 기반이 되었습니다.

⑲ 여기서 말하는 기독교 교육은 '기독교인으로 거듭나는 교육'을 뜻합니다. 청년 이승만은 한성감옥에서 집필한 <독립정신>에서 인류 문명사를 바탕으로, 대한민국을 기독교 국가로 세워야 한다고 믿었습니다.

"그때부터 나는 공부에 전념하였다. 오로지 남은 하나의 희망은 한국 사람을 갱생시키는 것이고, 그 길은 ⑲ 기독교 교육이라고 나는 믿었다. 나의 인생 목적은 그 일을 위해 준비하는 것이었다. 나는 미국에서 쓰이기 위해 서양교육을 받은 것이 아니라 그 교육을 통해서 서양책들을 한국말로 번역하기 위한 것이었다."[13]

이승만은 조지 워싱턴 대학에서 학사(1905~1907), 하버드 대학에서 석사(1908), 프린스턴 대학에서 국제정치학 박사(1910) 3개의 과정을 ⑳ 단 5년(1905~1910) 만에 마칩니다. 하지만 이승만이 박사 학위를 받은 해인 1910년 대한제국은 일제에 강제 병합되고 맙니다. 조국을 지키기 위해 온 힘을 다해 학문에 매진했지만, 정작 돌아갈 나라는 사라지고 없어진 것입니다.

5. 이승만의 독립운동

1910년 한일병합이 이루어진 지 불과 한 달 반 만에 이승만은 조국으로 돌아옵니다. 귀국 후 그는 서울 ○ YMCA(Young Men's Christian Association, 기독교청년회)에서 청년들을 모아 미국의 자유민주주의 사상과 기독교 성경을 가르치기 시작하고, 수많은 청년들은 이승만의 강의를 듣기 위해 몰려옵니다. 그의 강연은 인기를 끌어 전국 순회강연으로 이어지고, 그는 2년간 교육과 전도에 전념합니다. 하지만 1911년 일제가 애국지사들에게 누명을 씌운 ○ '105인 사건'에 연루되어 위기에 처하자, 이승만은 미국 선교사들의 도움으로 가까스로 탈출하여 다시 미국으로 떠납니다. 이후 그는 37세부터 70세까지 해외에서 독립운동에 헌신하며, 하와이에서 ○ 한인기독학원을 설립하고, 상해 임시정부 초대 대통령을 역임하는 등 다양한 외교·교육 활동을 통해 한국의 독립을 세계에 알리는 데 앞장섭니다.

한인기독학원

일제의 핍박 때문에 다시 미국으로 떠난 이승만은 1913년 하와이 호놀룰루에 도착합니다. 빼앗긴 나라를 되찾기 위해서는 반드시 교육이 필요하다고 느낀 이승만은 1915년 한인여학원을 설립하고, 이를 확대하고 개편하여 1918년 우리나라 최초의 남녀공학 교육기관인 한인기독학원을 설립합니다. 여학원 설립 당시 그는 다음과 같은 글을 남겼습니다.

"조선에서 가장 불쌍한 것이 계집아이들이다. 그래서 이들이 배워야 하고 성장해야 한다."[14]

당시 하와이에는 길에 버려진 조선 여자아이들이 많았습니다. 이는 조국에서 하던 습관대로, 딸을 낳으면 쓸모가 없다고 버린 것입니다. 이승만은 그렇게 버려진 아이들을 전부 거두어 남녀 차별 없이 평등한 조건 하에 교육을 제공합니다. 오늘날 우리나라의 페미니스트들이 기억해야 할 한 가지 사실이 있습니다. 우리나라의 여성들이 투표권을 갖게 된 것은 인권운동의 결과가 아니라, ㉑ 해방 직후 여성 참정권을 강력히 추진한 이승만 대통령 때문입니다. 당시 사회는 여성의 투표를 상상조차 못 하던 분위기였지만, 이승만은 이를 밀어붙여 실현시킨 것입니다. 독립운동마저도 '양반은 양반끼리, 상놈은 상놈끼리' 하던 시절에 신분과 성별을 가리지 않고 모두와 함께 싸운 인물이 바로 이승만입니다.

외교독립론

이승만은 미국 유학 중 일본이 미국과 적대 관계가 아니라는 현실을 깨닫게 됩니다. 이에 따라 조선이 독립할 수 있는 현실적인 방법은 무력 투쟁이 아닌 외교뿐이라는 결론에 이릅니다. 이를 ○ '외교독립론'이라고 부릅니다. 이로 인해 그는 무장 독립투사들로부터 많은 비판을 받지만, ㉒ 당시 독립군의 수는 5백 명에 불과한 반면에 일본은 세계 3대 군사 강대국으로 7백만 대군을 거느렸습니다. 총 한 자루 없이 싸우는 5백 명이 최신식 무기를 몰고 오는 7백만 대군을 물리칠 수 있을까요? 물론 그 열악한 상황에서도 독립군들은 용감히 싸워주었습니다. 하지만 이승만은 냉정한 현실을 제대로 인식하고 외교라는 전략을 선택한 것입니다. 방식은 달랐지만, 조국의 독립이라는 목표는 같았다는 점을 잊지 말아야 합니다.

---

13) 청년 이승만, "대학에서 학업을 계속." 이승만학당, 2017년 11월 01일. https://syngmanrhee.kr/45/?bmode=view&idx=287525.
14) 김덕영, "조선에서 가장 불쌍한 존재는 계집아이들이다." 최보식의 언론, 2024년 1월 1일. https://www.bosik.kr/news/articleView.html?idxno=12759.

---

⑳ 극좌 성향의 한 유튜브 역사 강사는 이승만이 조지 워싱턴대를 2년 만에 졸업한 것은 인정하면서도, 하버드에서는 석사를 받지 못했고 프린스턴 박사과정 중 쉽게 석사를 얻었다고 주장합니다. 또한 그의 성취를 선교사 지원 덕분이라고 말합니다. 과연 사실일까요? 첫째, 설령 도움이 있었다 해도 조지 워싱턴·하버드·프린스턴에서 학위를 받는 일은 미국인에게도 쉽지 않았습니다. 이승만은 이미 한성 감옥에서 영한사전을 집필하고 수십 권의 책과 논설을 쓴, 인문학적 역량이 풍부한 30대 지식인이었습니다. 그의 학업 성취는 실력의 결과였습니다. 둘째, 그는 박사과정 직행을 원했으나 하버드에서 거절당하여 석사부터 시작했고, 생계와 독립운동을 병행하다가 D 학점을 받아 프린스턴으로 옮깁니다. 당시 프린스턴은 일정 요건을 충족하면 2년 만에 박사학위가 가능했고, 그는 이를 완수했습니다. 셋째, 박사학위 직전 하버드가 '미국사 B 이상 이수 시 석사 수여'를 통보하자, 그는 그 조건을 충족하여 같은 해 석사학위도 받았습니다. 결국 이승만은 선교사 덕이 아니라, 탁월한 실력과 끈기로 5년 만에 학사·석사·박사를 모두 취득한 것입니다.

○ YMCA(Young Men's Christian Association, 기독교청년회): 1844년 영국 복음주의자들이 창립한 기독교 민간단체로, 전 세계 120개국에 약 1만 개 조직이 있습니다. 한국에는 1903년 월남 이상재 선생에 의해 설립되어, 근대화와 민족운동의 중심 역할을 했습니다.

○ 105인 사건(百五人 事件): 1911년 일제가 기독교계와 민족주의 항일세력을 탄압하기 위해 데라우치 총독 암살을 모의했다는 혐의로 105명의 애국지사를 체포·투옥한 조작 사건입니다. '신민회사건(新民會事件)'이라고도 불립니다.

○ 한인기독학원(韓人基督學院): 1915년 한인여학원을 모체로 이승만이 하와이 호놀룰루에 설립한 우리나라 최초의 남녀공학 교육기관입니다.

㉑ 첫 선거부터 전 국민에게 투표권을 부여한 나라는 대한민국이 유일합니다. 영국은 1754년 전체 인구의 3.5%인 귀족에게만 투표권을 주었고, 1918년이 되어서야 모든 남성에게, 1928년에 이르러서야 모든 여성에게 투표권을 부여했습니다. 프랑스는 1945년에야 여성 참정권이 주어졌고, 미국은 1863년 노예해방 이후 100년이 지난 1965년에야 흑인에게도 투표권이 보장되었습니다. 하지만 대한민국은 해방된 지 만 3년도 되지 않은 1948년 5월 10일, 첫 총선에서 만 21세 이상 전 국민에게 투표권을 부여했습니다. 이처럼 우리나라가 세계 주요국보다 훨씬 앞서 전 국민 참정권을 실현할 수 있었던 이유는 전쟁이나 대중운동이 아니라, 자유민주주의와 기독교 정신으로 나라를 세운 이승만 대통령의 결단 덕분이었습니다.

○ 외교독립론(外交獨立論): 외교를 통해 일제로부터 독립을 이루려는 전략입니다. 일부는 외교노선을 현실도피로 폄하했지만, 당시 세계 3대 군사 강국으로 무력으로 맞서기에는 현실적 한계가 컸습니다. 이승만이 외교노선을 택한 것도 바로 이런 현실을 고려한 선택이었습니다.

당시 국내적으로는 1918년 일본 흉년으로 인해 한국의 쌀이 일본으로 대량 수출되 쌀값이 400% 폭등하고, 1919년 1월 고종 황제의 갑작스러운 죽음에 대해 10년간 일제에 짓밟힌 억울함이 하늘을 치솟고 있었습니다. 또 국외적으로는 제1차 세계대전이 끝난 뒤, 미국 우드로 윌슨(Woodrow Wilson) 대통령의 '민족자결주의(Principle of Self-determination)'가 전 세계 약소국들에게 희망을 주었습니다. 이때 이승만은 한때 자신이 공부하던 프린스턴 대학의 학교 총장이었던 윌슨의 선언을 유럽만이 아닌 조국을 위한 독립의 기회로 여겨, 그해 가을부터 국내외 동지들에게 구국 운동을 벌여 달라고 편지합니다. ○ 인촌 김성수는 다음과 같이 증언했습니다.

> "1918년 12월 어느 날 워싱턴에서 재미동포들과 구국운동을 하고 있던 우남 이승만이 밀사를 보내왔다.
> '윌슨 대통령의 민족자결론의 원칙이 정식으로 제출될 이번 강화회의를 이용하여 한민족의 노예생활을 호소하고 자주권을 회복시켜야 한다.
> 미국에 있는 동지들도 이 구국운동을 추진시키고 있으니 국내에서도 이에 호응해 주기 바란다.' "[15]

'3.1 운동 이승만 기획설'의 단초를 처음으로 제공한 ㉓ ○ 유영익 교수는 다음과 같이 말합니다.

> "이승만은 1차 대전이 끝나면서 강화회의에서 윌슨을 앞세워 한국 독립 문제를 해결해 보려고 마음먹었다. 그는 자신의 복안을 1918년 10월경 하와이를
> 방문한 여운홍(여운형의 동생)과 미국인 선교사-평북 선천의 미동병원 원장-샤록스(Alfred M. Sharrocks) 등을 통해 국내의 민족지도자들,
> 예컨대 송진우, 함태영, 양전백 등에게 알림으로써 그들이 적당한 시기에 자기의 외교활동을 지원하는 대중운동을 국내에서 펼쳐줄 것을 기대했다."[16]

그동안 3.1 운동의 역사에서 이승만은 중요한 기폭제 역할을 했음에도 불구하고 늘 제외되어 왔습니다. 이것은 이승만을 부정하고 대한민국의 건국을 부정하려는 세력이 여전히 존재하기 때문입니다. 3.1 운동은 한민족 최대의 독립운동이었지만, 나라가 망한 뒤에야 시작된 저항이라는 점에서 아쉬움도 남습니다. 망하기 전까지 움직이지 않다가, 망한 후에야 나서는 모습은 우리 민족성의 가장 안타까운 부분입니다. 이제 여러분은 나라를 잃기 전에 먼저 대응하고 지켜야 합니다. 나라를 잃는 것은 한순간이지만, 나라를 되찾는 것은 비싼 값을 지불해야 할 뿐만 아니라, 반드시 성공한다는 보장도 없기 때문입니다.

㉒ 1920년 간도참변(경신참변)과 1921년 자유시 참변으로 인해 대부분의 독립군은 학살당했습니다.

○ 김성수(金性洙): 한국의 언론인·교육자·정치인으로, 일본 와세다 대학교를 졸업하고, 고려대학교를 창립하고, 동아일보를 창간했습니다. 이후 대한민국 제2대 부통령을 지냈습니다.

㉓ 유영익 교수는 '3.1운동 이승만 기획설'을 뒷받침하는 근거로 다음과 같은 문헌들을 제시합니다. 동아일보사의 『독립을 향한 집념: 고하 송진우 전기』(1990), 『인촌 김성수: 사상과 일화』(1985), 3.1동지회 부회장 허경신의 '3.1절 67주년 기념식 축사'(1986), 그리고 Margaret K. Pai의 『The Dreams of Two Yi-min』(1989) 등입니다.

○ 유영익 교수(1936~2023): 대한민국의 역사학자이며, 2013년 9월 박근혜 대통령에 의해 국사편찬위원회 위원장으로 임명되었습니다.

---

15) 동아일보사, *인촌 김성수: 사상과 일화*(서울: 동아일보사, 1985), 123.

16) 유영익, *이승만의 삶과 꿈*(서울: 중앙일보사, 1996), 134.

4 반일인가 친일인가

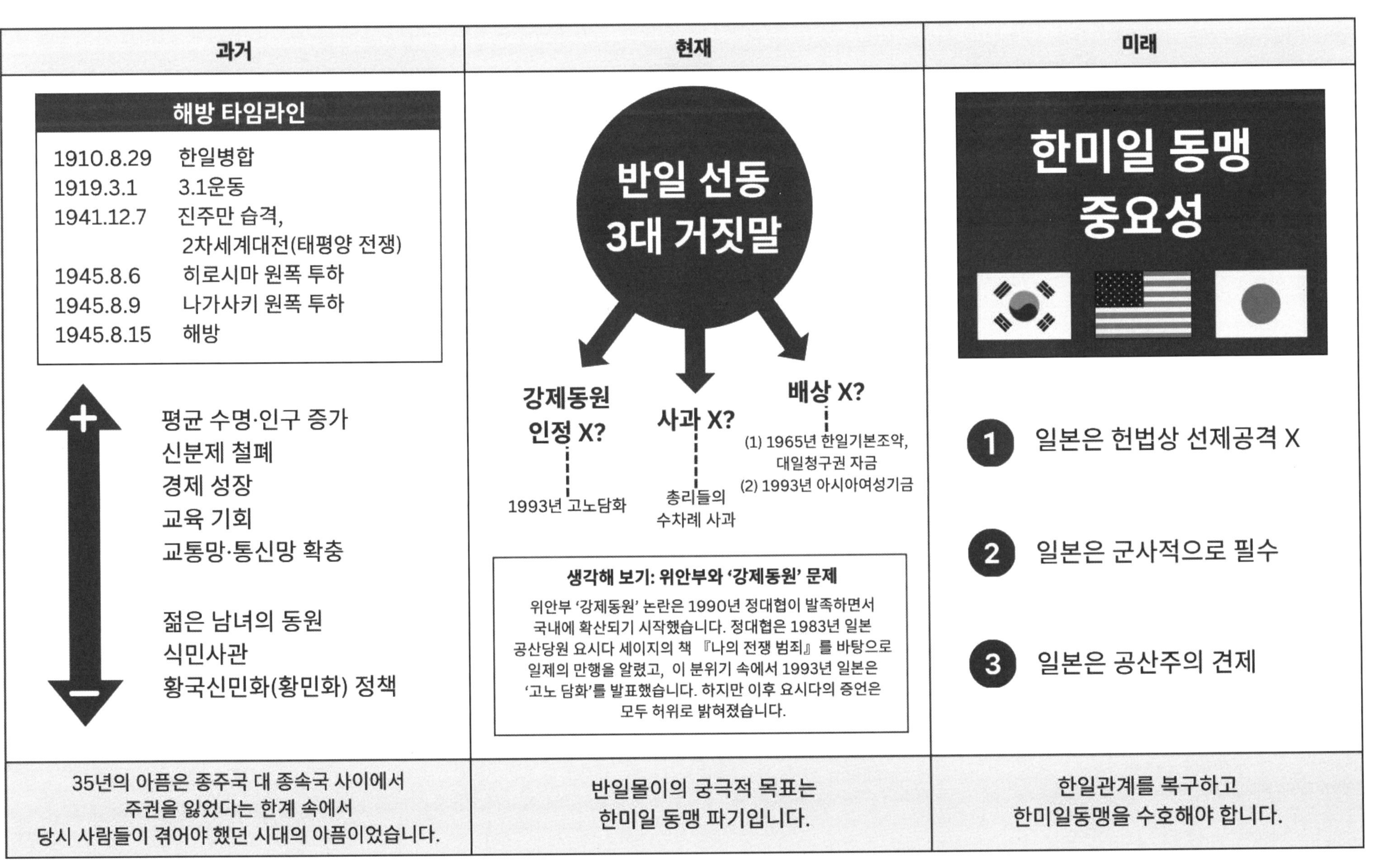

과거

해방 타임라인

1910.8.29 한일병합
1919.3.1 3.1운동
1941.12.7 진주만 습격,
2차세계대전(태평양 전쟁)
1945.8.6 히로시마 원폭 투하
1945.8.9 나가사키 원폭 투하
1945.8.15 해방

＋

평균 수명·인구 증가
신분제 철폐
경제 성장
교육 기회
교통망·통신망 확충

젊은 남녀의 동원
식민사관
황국신민화(황민화) 정책

－

35년의 아픔은 종주국 대 종속국 사이에서
주권을 잃었다는 한계 속에서
당시 사람들이 겪어야 했던 시대의 아픔이었습니다.

현재

반일 선동
3대 거짓말

강제동원
인정 X?

사과 X?

배상 X?

(1) 1965년 한일기본조약,
대일청구권 자금
(2) 1993년 아시아여성기금

1993년 고노담화

총리들의
수차례 사과

생각해 보기: 위안부와 '강제동원' 문제

위안부 '강제동원' 논란은 1990년 정대협이 발족하면서
국내에 확산되기 시작했습니다. 정대협은 1983년 일본
공산당원 요시다 세이지의 책 『나의 전쟁 범죄』를 바탕으로
일제의 만행을 알렸고, 이 분위기 속에서 1993년 일본은
'고노 담화'를 발표했습니다. 하지만 이후 요시다의 증언은
모두 허위로 밝혀졌습니다.

반일몰이의 궁극적 목표는
한미일 동맹 파기입니다.

미래

한미일 동맹
중요성

1 일본은 헌법상 선제공격 X

2 일본은 군사적으로 필수

3 일본은 공산주의 견제

한일관계를 복구하고
한미일동맹을 수호해야 합니다.

4. 반일인가 친일인가

오늘도 힘찬 구호로 역사공부를 시작해 봅시다: 이승만/역사교실, 자유통일/이룩하자, 와!

복습하기　일제시대 9년째인 1919년 기미년에 이르러, 백성들은 나라의 주권을 되찾고자 3.1 운동을 일으킵니다. 3.1 운동은 조선의 독립 의지를 전 세계에 알린 일제시대 35년 동안 벌어진 독립운동 중 가장 구심점이 된 사건입니다. 그리고 그 기폭제는 놀랍게도 이승만 박사였습니다. 하지만 3.1 운동은 한민족 최대의 독립투쟁이기도 했지만, 나라가 망한 후에야 나라를 되찾자는 한 발짝 늦은 사건이기도 합니다. 이제 여러분은 나라를 잃기 전에 선제적으로 대응하여 나라를 지켜야 합니다. 나라를 잃는 것은 한순간이지만, 나라를 되찾는 것은 비싼 값을 지불해야 할 뿐만 아니라, 반드시 성공한다는 보장도 없기 때문입니다.

서론　1910년 8월 29일 조선의 마지막 왕 순종은 일본의 탄압에 못 이겨 한일병합조약을 체결하여 국토와 국권을 완전히 박탈당합니다. 그 후 조국의 해방을 위해 독립운동가들은 산발적으로 항일운동을 펼칩니다. 대표적으로 1909년 하얼빈에서 이토 히로부미를 처단한 ° 안중근 의사, 중국 홍커우공원에서 열린 일제 축하 기념식에 물통 폭탄을 투척한 ° 윤봉길 의사, 한국교회를 수호하기 위해 끝까지 신사참배를 거부하다가 순교한 ° 주기철 목사님 등이 있습니다. 1919년 기미년에 이르러서는 최대의 독립투쟁이었던 3.1 운동이 일어납니다. 이후 1941년 12월 7일 일제가 미국 태평양 함대의 기지가 있는 진주만을 기습 공격하면서 태평양 전쟁이 발발하고, ① 미국이 1945년 8월 6일 히로시마와 9일 나가사키에 원자폭탄을 투하하면서 1945년 8월 15일 일제는 항복하고 우리나라는 해방을 맞습니다. 우리는 35년의 일제시대를 어떻게 바라보아야 할까요? 오늘은 일제시대에 대한 두 가지 모습을 통해 우리가 가져야 할 올바른 역사관이 무엇인지 살펴보겠습니다.

↑ 일제 下 조선의 근대화　오늘날 대중의 인식에 일제시대는 우리나라 백성이 수탈당하고 굶주리고 배움의 기회를 상실한 어둡고 퇴보한 시기로 남아있습니다. 하지만 당시 국제 사회는 구한말을 어떻게 평가했을까요? 1909년 10월 30일 자 영국의 『이코노미스트』지는 다음과 같이 보도했습니다.

> "조선의 국정은 희망이 없는 혼란 상태다. 정부는 부패했고, 국민들은 노력을 하고자 하는 자극이 전혀 없다.
> 조선의 화폐 시스템에서는 정직한 거래가 불가능하다 (중략) 일본이 한국을 완전히 지배하면 대한제국의 황제는 권력을 남용하여
> 국민을 착취하지 못하며, 양반도 더 이상 백성을 착취하지 못하게 될 것이다. 합병이 되면 대한제국은 사라지지만,
> 일본의 지배하에서 현대적 행정 시스템의 도움을 받는 것이 신민의 이익에 도움이 될 것이다."[1]

일제가 한반도에서 권리를 빼앗고 탄압한 것은 분명한 사실이지만, 구한말과 비교하면 일제시대에 발전이 있었던 것도 부인할 수 없습니다. 일제시대를 수탈의 시기로만 보면, 대한민국의 발전 과정을 온전히 이해하기 어렵습니다. 이 시기는 수탈과 근대화가 공존한 시기로, 일본의 근대화가 강압적으로 이식되며 조선이 전통사회의 굴레에서 벗어나는 계기가 되기도 했습니다.[2] 이는 식민지 통치를 정당화하려는 것이 아니라, 역사적 사실을 있는 그대로 보려는 것입니다. 이제 일제시대 35년 동안 조선이 어떻게 바뀌었는지 살펴보겠습니다.

1. 평균 수명 및 인구의 증가: 구한말 조선은 위생 개념조차 없는 전근대적이고 부패한 사회였습니다. 의료는 미신에 의존했고, 전염병으로 많은 이들이 희생되었습니다. 당시 외국인들도 조선의 열악한 위생 현실을 두고 이렇게 평가했습니다.

○ 안중근(1879~1910): 1909년 하얼빈역에서 이토 히로부미를 저격한 대한제국의 독립운동가입니다. 그는 재판과 유언을 통해 조선의 독립을 주장하며 1910년 순국했습니다.

○ 윤봉길(1908~1932): 1932년 중국 상하이 홍커우공원에서 열린 일본 군대의 전승 기념식에 폭탄을 던져 일본군 주요 인사들을 처단한 독립운동가입니다. 그는 같은 해 12월 19일 일본 법정에서 사형을 선고받고 순국했습니다.

○ 주기철(1897~1944): 일제시대 신사참배를 거부하며 한국 교회를 지킨 목회자로, 1944년 경성형무소에서 순교하여 한국 교회에 깊은 영향을 남겼습니다.

① 우리나라가 해방된 것은 결국 미국 때문입니다. 물론 독립운동가들의 헌신과 활동은 모두 존경받아 마땅하지만, 그들의 노력만으로는 독립을 이루기 어려웠을 것입니다.

---

1) 최성락, *100년 전 영국 언론은 조선을 어떻게 봤을까?:* 『이코노미스트』가 본 근대 조선 (서울: 페이퍼로드, 2019).

2) 류석춘, "[류석춘 칼럼] 김병헌의 '빨간 수요일'⋯ 그리고 '발전사회학'." 뉴데일리, 2021년 9월 6일. https://www.newdaily.co.kr/site/data/html/2021/09/05/2021090500066.html.

“부산의 거리는 좁고 불결했으며, 가옥은 낮고 볼품이 없었다. 사방에서 악취가 풍겼으며, 문밖에는 집에서 버린 쓰레기가 쌓여 있었다.
여기저기에 말라붙은 하수도가 있는데, 끈적끈적한 바닥에서 온갖 종류의 오물들이 썩어가고 있었다.”[3]

“해부를 금지하고 있으니 의학이 발전할 리가 없으며 해부학의 기초가 전혀 없는 상태다… 코리아의 천연두환자들은 위생주의 조치에 아랑곳하지 않고
길에 나돌아 다닌다. 천연두로 아이들이 한꺼번에 죽어가는데, 미신 때문에 시체를 매장하지 않고 짚과 광목으로 싸서 성문 앞에 있는 나무에 걸어둔다.
황태자비의 병을 70여 명의 의사들이 치료했으나 결국 병사했는데 그들 가운데 어느 정도 의학 지식을 갖춘 사람은 단 한 사람뿐이었다.”[4]

조선 말기 양반 남성의 기대수명은 32.58세로, 일반 백성은 더 낮았을 것입니다.[5] 하지만 일제시대 들어 위생 교육, 예방접종, 현대식 병원 도입, 식량 생산 확대 등
이 이루어지면서 사망률이 줄고 평균수명이 45세로 늘고, 인구도 1,600만(1910년)에서 2,400만(1940년)으로 증가합니다.[6]

2. 신분제 철폐: 15~17세기 조선의 인구 중 약 40%는 노비로, 이들은 성도 없고 호적에도 오르지 못한 사실상 해방 불가능한 존재였습니다. 1894년 ○ 갑오개혁으로 신분
제가 폐지되지만, 그 잔재는 여전했습니다. ② 모든 사람은 왕이나 양반에게 예속되어 있고, 인간의 가장 기본 된 권리가 보장되지 않았습니다. 그런데 1909년 일제가
호적을 만들면서 노비들도 성을 가지게 되고, ③ 1912년 민법 시행으로 생명권·재산권 등 법적 권리가 일부 보장되며 법 앞의 평등이 서서히 자리 잡기 시작합니다.

3. 경제 성장: 지난 60년간 국사 교과서는 일제시대를 ‘수탈’ 중심으로 가르쳐 왔는데, 대표적으로 ④ ‘쌀 수탈’을 강조해 왔습니다. ⑤ 물론 생산된 쌀의 절반이 일본으로
간 것은 맞지만, 이는 ‘수탈’보다는 ‘수출(○ 이출)’에 가까웠습니다. 구한말 조선은 자연재해와 무능한 행정으로 쌀 생산이 크게 위축되지만, ⑥ 일본이 도입한 새로운
볍씨와 농업 기술로 쌀 생산량이 두 배로 늘고, 일본에 높은 가격으로 쌀을 팔아 소득과 생활 수준이 향상됩니다.[7] 산업구조도 농업 중심에서 공업 중심으로 바뀌면
서 경제가 성장하고, 일본과 조선이 하나의 단일 시장으로 통합되면서 일본의 시장이 조선의 경제 성장을 이끕니다.[8] ⑦ 해방 후 미군정은 한반도에 남겨진 일본인
소유 재산(귀속 재산)을 몰수하여, 신생 대한민국 정부에 이양함으로써 초기 경제 기반을 마련해 줍니다.

4. 교육의 기회: 조선 말기 서당 교육은 양반의 특권으로, 기초교육을 받은 인구는 극소수였습니다. 하지만 일제가 기초교육을 보편화하고 전문학교와 고등교육을 실시
하면서, 근대 교육을 받은 인재들이 처음으로 등장하게 됩니다.

5. 교통망과 통신망의 확충: 전근대적 조선에 일제는 학교와 병원은 물론, 우체국과 전화국 등 전국적 통신망을 구축하고, 수백 개의 기차역과 철도망을 조성하여 교통
인프라를 확충합니다. 일제시대는 아픈 역사이지만, 한반도의 근대화와 삶의 질 향상에 일정 부분 기여한 측면도 있습니다.

식민지근대화론 ‘식민지근대화론’은 한국이 일제의 식민 지배를 받는 과정에서 근대화가 이루어졌다고 보는 역사 해석입니다. 이에 대해 우리나라 좌파들은 일
제 식민지배를 미화한다고 비판하지만, 이는 ‘일제 덕분에 감사해야 한다’는 의미가 아니라, 단지 일제시대에 한국이 근대사회로 변모했다는 역
사적 사실을 말하는 것입니다. 물론 스스로 근대화를 이루었으면 더 좋았겠지만, 현실은 그렇지 않았고, 일본의 의도와 무관하게 그 시기에 근대화가 이루어진 것은 부
정할 수 없습니다.

○ 갑오개혁(甲午改革): 1894~1896년 일본의 영향 아래 조선의 개
화파가 추진한 근대화 개혁입니다. 신분제·과거제·노비제 폐지, 인신
매매 금지, 과부 재가 허용, 조세의 현물 납부 폐지, 경무청·군국기무
처 설치 등 다양한 제도 개혁이 이루어졌습니다. 근대 국가를 지향했
으나, 일본의 간섭과 실행력 부족으로 혼란을 겪었고, 1896년 고종
의 러시아 공사관 피신과 함께 중단되었습니다.

② 조선왕조는 성리학의 혈연 원리에 따라 왕이 하늘을 대신하여
백성을 다스린다고 보았고, 백성은 왕에게 충성해야 질서가 유지된
다고 여겼습니다. 하지만 이러한 정치 체계는 백성의 기본 권리를 보
장하지 않았습니다.

③ 1912년 시행된 일본의 민법은 사유재산 제도를 도입하여 조선
인의 재산권을 보장했고, 이는 저축과 투자를 촉진하며 경제 성장의
기반이 되었습니다.

④ 엥겔 법칙(Engel's Law)에 따르면, 가계 소득이 늘어날수록 전
체 지출에서 식료품비가 차지하는 비중이 감소합니다. 쌀 수탈론은
쌀 소비량 감소를 근거로 쌀 수탈을 주장하지만, 쌀 소비량 감소는
쌀 생산량 변화, 쌀 외 다른 작물 소비 증가, 소득 수준 변화 등 다양
한 요인에 의해 발생할 수 있으며, 쌀 수탈론의 근거로 단정짓기 어
렵습니다.

⑤ 제1차 세계대전 후 공업화로 농촌 인력이 줄어든 일본은 쌀 부
족을 해결하기 위해 질 좋고 저렴한 한국 쌀을 대량 수입했습니다.

○ 이출(移出)): 같은 국가 내에서의 물자가 이동하는 것을 의미합
니다. 당시 일본과 식민지 조선은 하나의 국가로 간주되어 ‘수출’이
아닌 ‘이출’이라고 불렸습니다.

⑥ 1900년대 초 일본인 사키사카 키사부로가 한반도의 기후와 토
양에 적합한 벼 품종을 개발하여, 당시 온대 지역에서만 가능한 줄로
여겨졌던 벼농사가 북위 50도선까지 가능해졌습니다.

⑦ 1946년 연합군최고사령부(GHQ)는 한반도 내 일본 귀속재산을
총 52억 4,650만 달러로 추산했으며, 이 중 남한은 22억 7천만 달러,
북한은 중화학 중심으로 29억 7천만 달러에 달했습니다.

정혜연, “[특집 / 戰後 70年] 한국 경제가 이룬 성과–이영훈 전 서울대 교수.” 월
간조선, 2023년 7월. https://m.monthly.chosun.com/client/news/viw.asp?c
tcd=&nNewsNumb=202307100020.

3) William Daniel August Ason Grebst, *I Korea*(1912).

4) Gertrud Claussen-Wunsch, *Arzt in Ostasien*(1976).

5) 계명대학교 한국학연구원, 한국족보의 특성과 동아시아에서의 위상(2013).

6) 교과서포럼, 한국 근·현대사(서울: 기파랑, 2008), 95.

7) “인구의 증가와 도시의 변화.” 우리역사넷. https://contents.history.go.kr/mobile/ta/view.do?levelId=ta_h71_0060_0050_0020_0050.

8) 김영옥, “[JERI 리포트] 일제 식민지 근대화론 vs 수탈론.” 중앙일보, 2006년 7월 9일. https://www.joongang.co.kr/article/16967.

오늘날 많은 한국인의 인식과 달리, 일제는 한반도 주민들의 먹고사는 문제에 많은 투자를 했습니다. 하지만 35년 동안 일제가 어떻게 우리나라 백성들의 권리를 빼앗고, 국가성을 지우고, 탄압을 가했는지도 정확히 알아야 합니다.

⇩
일제 下 강제동원, 식민사관, 황국신민화

1. 남녀동원

오늘날 대중의 인식에 일제시대의 가장 큰 문제는 조선 남성의 노동자 및 군인 강제동원과 여성의 위안부 강제동원입니다. 물론 조선인 노동자, 군인, 위안부가 존재한 것은 사실이지만, '강제 동원성'을 둘러싼 몇 가지 잘못된 정보를 우선 짚고 넘어가야 합니다. 감정에 매몰된 역사관은 현재와 미래를 정확히 인식하는 데 큰 장애물이 되기 때문입니다.

징용/징병 문제

오늘날 많은 이들은 일제가 35년간 조선의 젊은 남자들을 강제로 ° 징용하고 ° 징병한 것으로 인식합니다. 하지만 실제 징용은 태평양전쟁의 마지막 9개월 동안 이루어졌으며, 그전까지는 많은 이들이 돈을 벌기 위해 자발적인 계약에 따라 해외에 노동자로 나갔습니다.[9] 당시 가난한 식민지 조선 남자들에게 일본 기업 취업은 경제적 기회였습니다. 군인 징집도 본인이 원해서 '육군특별지원병'이나 '학도지원병'으로 자발적 지원하지 않는 한, 군국주의 국가였던 일제는 식민지 남성들을 차별하여 군대에 징집하지 않았습니다. 오히려 당시 일본 육군특별지원병 1만 6500명 정원 중 조선인 80만 3000명이 몰릴 정도로 경쟁률(49:1)이 치열했습니다.[10]

위안부 문제

오늘날 많은 이들은 일본군이 조선의 젊은 여성들을 군 위안부로 강제로 끌고 갔다고 인식하지만, 실제로 확인되지 않은 주장도 많습니다. 위안부는 일본군의 성욕 해소를 위해 민간 업자가 운영하던 위안소에 배치된 여성들을 가리키며, 오늘날 기준으로는 명백한 인권 침해이자 반인륜적 제도입니다. 하지만 당시에는 매춘이 합법이었고, ⑧ 자발적으로 지원하거나 ⑨ 부모나 모집업자의 공모에 의해 팔려간 경우가 많았습니다. ⑩ 당시 위안부가 되기 위해서는 부모와 업자 간 계약이 필요했고, 여성은 채무를 갚거나 계약이 끝나야 귀향할 수 있었습니다.[11] [12] 위안소는 점령지 내 강간과 성병 확산을 막기 위한 수단으로 설치되어, ⑪ 군의 관리 아래 위안부들에게 정기적인 위생 검진을 실시하고 수익도 업자와 분배했지만, 실제로는 대부분 착취당하고, 외출이 제한되었으며, 하루에도 수십 명을 상대해야 하는 고통을 겪었습니다.[13] [14]

필자의 생각

그렇다면 우리는 위안부 문제를 어떻게 소화해야 할까요? 이에 대해 우리나라 좌파들은 누구를 탓할지를 먼저 찾지만, 과연 매춘을 허용한 국가, 딸을 판 부모, 위안소를 운영한 업자 중 누구에게 책임을 물을 수 있을까요? 필자는 이 비극이 결국 식민지의 가난과 주권 상실 때문에 벌어진 일이라고 생각합니다. 위안부 문제는 당시 우리나라가 주권을 잃은 한계 안에서 겪어야 했던 아픔 중 하나로, 어느 식민지든 공통적으로 벌어진 일이었습니다. 필자 또한 여성으로 처음에는 감정적으로 일본만을 비난했지만, 감정에 매몰된 역사관은 어떤 교훈도 주지 못했습니다. 역사를 있는 그대로 바라볼 때에야, 다시는 같은 아픔을 반복하지 않도록 현재를 정확히 인식하고 미래를 준비할 수 있습니다. 이것이야말로 식민지 조선의 위안부들이 진정으로 바란 것이 아닐까요?

---

9) 니시오카 쓰토무, 날조한, 징용공 없는 징용공 문제(서울: 미디어워치, 2020), 154-155.

10) 오문영, "일본 육군특별지원병제에 몰려든 조선인, 경쟁률 49 대 1 달했다." 미디어워치, 2019년 1월 8일. https://mediawatch.kr/news/article.html?no=253803.

11) 주익종, 일본군 위안부 인사이드 아웃(서울: 이승만북스, 2023), 470.

12) 존 마크 램자이어, 하버드대학 교수가 들려주는 위안부 문제의 진실: 태평양전쟁에서의 매춘 계약(서울: 미디어워치, 2024), 329.

13) 주익종, 일본군 위안부 인사이드 아웃(서울: 이승만북스, 2023), 470.

14) 이영훈, 대한민국 이야기(서울: 기파랑, 2007), 130-131.

사이드바

○ 징용(徵用): 국가가 전시나 비상시에 국민을 강제로 특정 직무나 노동에 동원하는 제도입니다.

○ 징병(徵兵): 국가가 국민에게 병역의무를 부과하여군 복무를 강제로 수행하게 하는 제도이며, 징병제 또는 징집이라고도 합니다.

⑧ 군 위안소 설치 수십 년 전부터 일본과 조선 여성들은 매춘을 위해 해외로 나갔습니다. 1930년 상하이에는 일본인 712명, 조선인 1,173명의 매춘부가 있었고, 1940년 만주국에는 중국인 19,059명, 일본인 2,264명, 조선인 3,586명이 있었습니다.

존 마크 램자이어, 하버드대학 교수가 들려주는 위안부 문제의 진실: 태평양전쟁에서의 매춘 계약(서울: 미디어워치, 2024), 323.

⑨ 여성가족부에 등록된 위안부 피해자 240명 중 일본군에 의해 '강제 동원'된 사례는 공식적으로 확인되지 않았습니다. 김학순은 양아버지에게 팔려갔고, 김복동은 인신매매범에게 속았으며, 길원옥은 기생학교 친구와 돈을 벌러 갔고, 이용수는 유혹에 따라 나선 것으로 알려져 있습니다. 하지만 윤미향은 저서 『25년간의 수요일』에서 이들이 모두 일본군에 의해 강제로 끌려간 것처럼 서술했습니다. 다만 일본군의 공식적 강제 모집은 없었지만, 개인 차원의 불법 행위는 존재했습니다. 1956년 전범 재판에서 스즈키 히라쿠 일본 중장은 일부 조선인과 중국인 여성을 유괴하여 위안부로 삼았다고 증언했습니다. 또 1938년 일본군 사령부는 위안부 모집 과정에서 알선업자의 부적절한 행태를 지적하며, 군의 위신을 위해 시정하라는 성명을 발표하기도 했습니다.

김병헌, 30년간의 위안부 왜곡: 빨간 수요일(서울: 미래사, 2021), 54.

⑩ 위안부로 취업하려면 거주지 경찰서의 신분증명서, 부모의 허가서와 승낙서, 호적등본, 인감증명 등 여러 서류가 필요했습니다. 하지만 군의 폭력적 강제연행은 이러한 절차가 불가능하므로, 위안부 동원의 주된 방식일 수는 없었을 것입니다.

⑪ 위안소 입구에는 이용수칙과 요금이 안내되어 있었으며, 병사·하사관·장교에 따라 이용시간과 요금이 달랐습니다. 위안소 내에서는 음주와 소란이 금지되었고, 피임 도구 사용이 의무였습니다. 일본군 병참부는 위안부 착취를 막기 위해 업주를 단속했지만, 개인 차원의 부당 행위는 여전히 존재했습니다.

2. 식민사관

일제는 우리 민족의 역사를 지우기 위해, 일제 식민통치를 정당화하는 ⑫ 식민사관을 퍼뜨립니다. 이에 따르면 조선은 자립 능력이 없어 일본의 지배가 필요하다는 논리였습니다. 영국의 역사학자 아놀드 토인비는 *"어떤 민족을 멸망시키기 위해서는 먼저 그 나라의 역사를 말살하는 것이 식민주의자들의 철학이다."*[15]라고 말한 바 있습니다. 어느 민족이든 역사의 올바른 기록과 전수가 사라질 때, 제 나라를 지킬 힘을 잃는다는 뜻입니다.

3. 황국신민화(황민화)

3.1 운동 후 무단통치의 한계를 느낀 일제는 1920년대에는 문화통치, 1930년대부터는 민족말살정책을 시행합니다. 이때 대표적으로 추진된 정책이 '황민화(皇民化) 정책'입니다. 이는 '내선일체(內鮮一體, 조선과 일본은 하나)'라는 구호 아래 한국인을 일본 천황의 신민(臣民, 신하 된 백성)으로 만들기 위한 일종의 민족말살정책이었습니다. 구체적으로, 천황의 신하와 백성임을 맹세하는 '황국신민서사'를 암송하고, 일상생활에서 일본어를 사용하고, 성과 이름을 일본식으로 창씨개명하고, 학교와 교회 및 성당에서 신사참배를 강요받고, 거부 시 교육·식량 배급·생계가 제한되었으며, 심한 경우 투옥까지 당했습니다. 신사참배를 거부하다 옥사한 대표적인 인물이 주기철 목사님입니다.

주기철 목사

1897년 11월 25일 경상남도 웅천군에서 4남 3녀 중 4남으로 태어난 주기철 목사님은 28세에 목회를 시작하여, 39세에 당시 조선에서 규모가 가장 큰 평양 산정현교회에 부임합니다. 일제가 황민화 정책의 일부로 교회 예배당에 신단 ○ '가미다나'를 설치하고 천황에게 충성을 맹세하는 동방요배를 강요하자, 주기철 목사님은 십계명에 어긋난다며 불복합니다. 총회조차도 총 206명이 일제의 권력 앞에 굴복하여 신사참배를 결의하지만, 주기철 목사님은 끝까지 반대하다가 결국 총회로부터 목사직에서 파면되고 투옥당합니다. 주기철 목사님은 뾰족한 못 판 위를 걷는 고문, 고춧가루를 탄 물을 코와 입에 붓고 배가 부풀어 오르면 의자로 눌러 짓는 등 잔혹한 고문을 당해 몸이 찢기고 손발톱이 빠졌으며, 하루에도 수차례 기절하곤 했습니다. 그럼에도 불구하고 그는 감방에서 단 하루도 찬송을 그치지 않았습니다. 주기철 목사님의 아내 오정모 사모님 역시 남편 못지않은 애국자였습니다. 그녀는 죽어가는 남편과의 면회에서 오히려 강하게 격려했습니다.

"당신은 꼭 승리하셔야 합니다. 살아서는 이곳을 못 나오십니다."[16]

이에 주기철 목사님은 이렇게 답했습니다.

"내 살아서 이 붉은 벽돌문 밖을 나가리라 기대하지 않소. 나를 위해 기도해 주시오. 나는 오래지 않아 주님 앞으로 갑니다. 어머니와 어린 자식을 잘 부탁합니다. 하나님 나라에 가서 산정현교회와 조선의 모든 교회를 위해 기도하겠소. 나의 죽음이 한 알의 밀알이 되기를 원합니다."[17]

약 7년간의 긴 수감 생활과 잔혹한 고문 끝에, 주기철 목사님은 오정모 사모님과의 마지막 면회 5시간 후 47세로 순교합니다. 그는 생전에 '다섯 가지 나의 기원'이라는 제목으로 다음과 같은 기도를 남겼습니다. 주기철 목사님의 순교는 오늘날 대한민국과 한국 교회의 밑거름이 되었습니다.

다섯 가지 나의 기원[18]
첫째, 죽음의 권세를 이기게 하여 주시옵소서.
둘째, 장기간의 고난을 견디게 하여 주시옵소서.

⑫ '식민사관(植民史觀)'은 조선이 자립할 수 없어 일본 지배가 필요했다는 주장이고, '민족사관(民族史觀)'은 조선이 자력으로 근대화할 수 있었지만 일본 침략으로 좌절되었다고 봅니다.

○ 가미다나(神棚, かみだな): 일본 신토(일본의 고유 종교)에서 신을 모시는 신단 또는 제단입니다.

15) 박래현, "아놀드 토인비와 한국." 한국소통저널, 2024년 10월 14일. https://www.kcjournal.kr/news/articleView.html?idxno=1263.

16) 박윤식, *대한민국 근현대사 시리즈 1: 구한말-일제강점기*(서울: 휘선, 2011), 137.

17) 박윤식, *대한민국 근현대사 시리즈 1: 구한말-일제강점기*(서울: 휘선, 2011), 137.

18) "주기철 목사의 마지막 설교 '5종목의 나의 기원'." CTS기독교TV. 2020년 5월 26일. https://www.cts.tv/news/view_card?ncate=THMNWS18&dpid=264289.

셋째, 노모와 처자와 교우를 주님께 부탁합니다.
넷째, 의에 살고 의에 죽게 하여 주시옵소서.
다섯째, 내 영혼을 주님께 부탁합니다.

일제시대의 35년은 한편으로는 발전이 있었지만, 주권을 잃은 민족이 겪어야 했던 깊은 아픔과 치욕의 시대였습니다. 이 두 측면을 균형 있게 바라보며, 인정할 것은 인정하고 비판할 것은 비판할 때 우리는 다시는 나라를 빼앗기지 않을 수 있습니다.

반일 선동의 3대 거짓말

일제시대가 끝난 지 100년이 지난 지금도 일부 정치 세력은 정치적 이득을 위해 반일 감정을 부추기고 있습니다. 하지만 감정에 매몰된 반일 교육은 올바른 역사 인식을 가로막고, 결국 국민과 국가에도 해롭습니다. 이런 교육을 바로잡기 위해서는 반일 선동의 3대 거짓말을 알고 논리적으로 반박할 수 있어야 합니다.

1. 강제동원 인정 X?

1993년 고노 일본 관방장관은 일본군의 위안부 문제에 대한 사죄와 반성의 뜻을 담은 '고노담화'를 발표합니다. 하지만 고노담화가 발표된 데는 명확한 역사적 근거보다는 당시의 사회적 분위기의 영향이 컸습니다.

정대협

위안부 '강제동원' 논란은 1990년 '한국정신대문제대책협의회(정대협)'의 발족과 함께 본격적으로 확산됩니다. 정대협은 위안부들에게 '신고 시 보상'을 약속하며 증언을 공개하고, 이를 영상과 출판물로 대중에 널리 퍼뜨립니다. 그 배경에는 1983년 일본 공산당원 요시다 세이지가 출간한 저서 『나의 전쟁범죄』가 있었는데, 그는 과거 자신이 조선인 여성들을 강제로 연행했다고 증언합니다. 이로부터 약 10년 뒤인 1992년 아사히 신문은 요시다의 증언을 집중 보도하고, 같은 해 8월 요시다는 방한하여 *"나는 일본 정부의 명령으로 한국인 종군위안부를 강제송출한 노예사냥꾼이었다"*며, *"만일 일본 정부가 이를 부인하면 천벌을 받을 것"*이라고 주장합니다.[19] 이로 인해 국제사회에서는 일본의 만행을 규탄하는 분위기가 급속히 확산되고, 이러한 흐름 속에서 1993년 고노 담화가 발표됩니다. 하지만 요시다 세이지의 증언은 시간이 지날수록 신빙성을 잃습니다. 1989년 제주신문은 요시다가 강제동원을 했다는 제주도 성산포 현장을 취재하여 주민 증언을 확인하지만, 모두 요시다의 주장과 일치하지 않았습니다. 결국 2014년 아사히신문은 자체 조사단을 제주도에 파견한 끝에 요시다의 증언이 거짓임을 확인하고, 8월 5일 공식 사과와 함께 관련 기사 16건을 삭제하고, 아사히신문 회장은 사과하고 편집국장은 물러납니다. 이후 2017년 요시다의 아들은 고인이 된 아버지의 허위 증언을 대신 반성하는 책을 출간하기도 합니다.

2. 사과 X?

1995년 무라야마 총리는 무라야마 담화를 통해 현직 총리로서 처음으로 식민지배를 사과하고, 1998년 오부치 총리는 김대중 대통령과의 정상회담에서 '김대중-오부치 선언'을 통해 공식 사과를 표하고, 2015년 하토야마 전 총리는 서대문형무소에서 무릎을 꿇고 *"일본인의 한 사람으로서 많은 분들이 투옥돼 가혹한 일을 겪은 데 대해 진심으로 사죄한다."*고 말했습니다.[20] 여러 차례의 사과에도 불구하고 우리나라 국민들이 여전히 반일 선동에 쉽게 걸려드는 이유는 언론에서 이를 잘 보도하지 않기 때문입니다. 정작 한국인들은 사과를 한 줄도 모르는데, 계속해서 사과를 할 수밖에 없는 현실을 일본은 '한국 피로증'이라고 말하기도 한답니다.

3. 배상 X?

과거의 아픔을 완전히 배상하는 것이란 불가능하지만, 일본의 배상은 대한민국이 세계 강국으로 성장하는 데 중요한 원동력이 되었습니다.

1. 1965년 한일기본조약: 일본은 한일 국교 정상화와 보상 문제의 해결을 위해 °1965년 한일기본조약을 체결하고, ⑬ 식민지 지배에 대한 포괄적 보상으로 무상 3억 달

○ 한일기본조약(韓日基本條約): 1965년 6월 22일 대한민국과 일본이 국교를 정상화하고 전후 보상 문제를 해결하기 위해 체결한 조약입니다. 공식 명칭은 '대한민국과 일본국 간의 기본관계에 관한 조약(Treaty on Basic Relations between Japan and the Republic of Korea)'입니다.

⑬ 당시 아프리카 가나의 국민소득이 179달러였던 점을 감안하면, 국민소득이 82달러에 불과했던 우리나라에 8억 달러는 매우 큰 금액이었습니다.

---

19) 이우연, "위안부는 성노예가 아닌 성노동자였다는 램자이어 교수가 옳다." 미디어워치, 2021년 2월 28일. https://www.mediawatch.kr/mobile/article.html?no=255389.

20) 서희연, "'한국에 사죄' 3년 뒤 돌변한 일본…'이게 좋은 친구인가'." 한국경제, 2022년 8월 13일. https://www.hankyung.com/article/202208098421i.

러, 유상 2억 달러, 상업 차관 3억 달러 등 총 8억 달러를 °대일청구권 자금으로 제공합니다. 이는 당시 우리나라 GDP(31.21억 달러)의 25%를 넘는 막대한 금액으로, ⑭ °경부고속도로와 °포항제철 건설에 각각 17.8%, 23.9%가 투입되어 경제 성장의 기반이 됩니다.[21] 이듬해 경제성장률은 7.2%에서 12%로 급등하고, ⑮ '한강의 기적'이 시작됩니다. 당시 포항제철 설립을 이끈 °박태준은 임직원들에게 늘 이런 각오를 다졌다고 전해집니다.

"목숨을 걸자. 조상의 핏값(대일 청구권)으로 짓는 것이다.
실패하면 우리 모두 사무실에서 똑바로 걸어 나와 ⑯ 우향우 한 다음 영일만 앞바다에 몸을 던져야 한다."[22]

2. 1993년 여성을 위한 아시아 평화 국민 기금(아시아여성기금): 일본은 위안부 문제에 정치적 및 도덕적 책임을 지기 위해 재단을 설립하고 피해자들에게 금전과 복지 지원을 합니다. 하지만 일부 여성 단체들은 "그 돈을 받으면 진짜 매춘부 되는 겁니다"라며 기금을 받지 못하도록 막고, 기금을 받은 할머니들을 위안부 기림비(기념비) 명단에서 배제하기까지 합니다.[23] ⑰ 특정 정치인은 위안부 기부금을 사적으로 유용하기도 했습니다.[24]

반일몰이의 3대 주장은 모두 거짓입니다. 그렇다면 거짓말을 하면서까지 반일감정을 부추기는 이유가 무엇일까요? 바로 한미일 동맹을 파기하기 위함입니다.

한미일 동맹의 중요성   한미일 동맹을 이해하는 데는 세 가지 사실을 알아야 합니다.

1. 첫째, 일본은 헌법상 자국 방어만 허용되고, 타국 침략은 불가능합니다. 1945년 태평양 전쟁에서 패전한 후, 일본은 침략전쟁을 포기하고 헌법을 개정합니다. 개정된 헌법에 따르면, 일본은 스스로 방어할 수 있는 °자위대는 허용되지만 ⑱ 정식 군대나 선제공격권은 금지됩니다. 반면, 우리나라와 맞닿은 중국은 언제든지 침략을 할 수 있는 나라입니다. 그렇다면 우리는 누구와 손잡아야 할까요?

2. 둘째, 일본은 군사적으로 우리나라에 필수적인 나라입니다. 대표적인 예시로, 미국 항모 전단이 태평양을 건너 우리나라를 지원하려 할 때 한국 앞바다는 상륙하기에 너무 좁고 얕습니다. 북한·중국·러시아의 영토와 바다를 사용할 수 없으므로, 미국이 마음 놓고 쓸 수 있는 유일한 바다는 일본 앞바다입니다. 전쟁 시 일본은 지리적으로 가장 신속하게 대응할 수 있는 전략적 거점입니다.

3. 셋째, 일본은 미국과 함께 북한·중국·러시아의 공산주의 세력을 견제할 수 있는 나라입니다. 우리나라와 땅으로 이어진 모든 나라들(북한·중국·러시아)은 전부 공산주의 국가이기 때문에 우리나라는 바다를 통한 동맹(해양 동맹)이 필수입니다. 한미일 동맹이 없으면, 우리나라는 핵을 보유한 공산국가들의 위협에 고립될 수밖에 없습니다.

앞으로 대한민국은 어떤 나라와 협력하고, 어떤 나라를 경계해야 할까요? 자유민주주의와 자유시장경제의 시대에 우리가 경계해야 할 대상은 더 이상 일본이 아닌 북한·중국·러시아입니다.

결단하기   일제시대의 35년간 조선은 자유와 정체성을 잃었지만, 동시에 뒤늦게나마 근대화의 흐름에 편승하기도 했습니다. 요약하면, 우리나라의 일제시대는 종

21) 대일청구권자금의 산업자금화(1965), 행정안전부 국가기록원, 2007.12.01.
22) 온라인 중앙일보, "한국의 기업가정신을 찾아서 (8): 제철보국으로 애국한 한국의 철강왕." 중앙일보, 2016년 11월 13일. https://syngmanrhee.kr/45/?bmode=view&idx=287525.
23) 김태성, "[단독]정대협과 갈등 故 박복순 할머니도 기림비에 없어." 동아일보, 2020년 5월 21일. https://www.donga.com/news/Society/article/all/20200521/101148119/1.
24) 정혜영, "[속보] '후원금 횡령' 윤미향…대법, 징역형 집행유예 확정." 중앙일보, 2024년 11월 14일. https://www.joongang.co.kr/article/25291953.

○ 대일청구권(對日請求權): 일제강점기 동안 한국인이 겪은 억압과 피해에 대해 일본에 배상을 요구하는 민사상의 청구권으로, 1965년 한일기본조약 체결을 통해 합의되었습니다. 이에 따라 일본은 조선 내 자산과 일본인 재산권을 모두 포기하고, 무상 3억 달러, 유상 2억 달러, 상업 차관 3억 달러 등 총 8억 달러를 한국에 제공했습니다.

⑭ 우리나라 최초의 제철소인 포항제철은 가동 첫해부터 흑자를 낸 세계 유일의 제철소로, 오늘날 세계 최고 수준에 올랐습니다. 이는 일본이 대일청구권 자금뿐 아니라 당시 세계 3위 수준의 기술까지 제공했기 때문입니다.

○ 경부고속도로(京釜高速道路, 고속국도 제1호선): 경부고속도로(고속국도 제1호선)는 1968년 2월 1일 착공하여 2년 5개월 만인 1970년 7월 7일 완공된 대한민국 최장 거리의 고속도로로, 서울과 부산을 잇는 데서 이름이 유래했습니다.

○ 포항제철(浦項製鐵): 1968년 4월 1일 박태준이 창립한 대한민국의 철강기업으로, 현재는 'POSCO(Pohang Iron & Steel Company)'라는 약칭으로 불립니다. 세계 철강 전문 기관 WSD(World-Class Steelmaker Rankings)에 따르면, 포스코는 14년 연속 '세계에서 가장 경쟁력 있는 철강사' 1위에 올랐습니다.

"포스코, 14년 연속 '세계에서 가장 경쟁력 있는 철강사' 선정." 포스코그룹 뉴스룸, 2023년 12월 21일. https://newsroom.posco.com/kr/포스코-14년-연속-세계에서-가장-경쟁력-있는-철강사/.

⑮ 한강의 기적을 이끈 박정희 대통령은 모든 국민이 피땀 흘려 일군 성과를 어떻게 '기적'이라 부를 수 있느냐며 생전에 '한강의 기적'이라는 표현을 싫어했다고 합니다.

○ 박태준(朴泰俊): 포항제철(현 포스코)을 설립하고 제32대 국무총리와 국회의원(11, 13~15대)을 지낸 군인 출신 기업인이자 정치인입니다. 6.25전쟁 후 장교가 된 박태준은 부정부패를 단호히 거부하여 박정희 사령관의 눈에 들었고, 이후 비서실장으로 활동하며 경제개발 계획과 포항제철 설립에 핵심 역할을 했습니다. 그는 '제철보국'을 사명으로 삼고 철강 산업을 통한 국가 발전을 강조했습니다. 사람들은 그를 '한국의 철강왕'이라고 불렀지만, 그는 "박정희 대통령이 작곡하신 곡을 제가 지휘했을 뿐"이라며 공을 박정희 대통령에게 돌렸습니다. 결국 두 사람의 만남은 세계적인 철강 기업 포스코의 탄생으로 이어졌습니다.

⑯ 박태준의 '우향우 정신'은 포항제철이 실패하면 영일만 바다에 몸을 던지겠다는 결연한 각오에서 비롯된 말입니다. 이는 실패를 용납하지 않는 책임감과 집념을 상징합니다.
실제로, 박태준은 하루 3시간만 자며 현장을 지켰고, 부실 시공이 발견되면 즉각 작업을 중단시키고 책임자를 질책했습니다. 한 번은 콘크리트 파일이 무너지는 사고가 발생했는데, 그는 지휘봉으로 책임자의 안전모를 내리쳐 지휘봉이 두 번이나 부러질 정도로 단호히 대응했습니다. 이런 철저한 자세 덕분에 보통 4~5년 걸리는 제철소 건설을 단 3년 3개월 만에 완공할 수 있었습니다.

주국 대 식민국 사이에서 식민국이 주권을 잃었다는 한계로부터 당시 사람들이 겪어야 했던 시대의 아픔이었습니다. *"용서하라, 그러나 기억하라(Forgive, but remember)."* 홀로코스트의 희생자들을 추모하는 이스라엘의 '야드 바셈(יד ושם)' 국립 기념관에 새겨진 문구처럼, 우리는 감정에 매몰되지 않고 아픈 역사를 딛고 미래를 향해 나아가야 합니다. 우리나라의 일반 국민은 일제시대가 역사적 비극인 것과 동시에 중요한 교훈이라는 양면성을 인정하지만, 여전히 자신들의 정치적 이익을 위해 반일 감정을 부추기는 일부 정치 세력이 있습니다. 이것은 너무도 안타까운 대한민국의 현실입니다. 이제 여러분은 한미일 동맹의 회복과 수호는 정치인만의 몫이 아니라 국민 여러분의 책임임을 기억하고, 그 동맹을 굳건히 지켜나가기를 바랍니다.

참 전쟁 행

⑰ 윤미향은 2020년 정대협 대표 시절, 후원금 수천만 원을 포함하여 기부금 및 정부 보조금을 개인적으로 유용한 혐의로 2024년 11월 징역 1년 6개월, 집행유예 3년을 선고받았습니다.

○ 자위대(自衛隊, Japan Self-Defense Forces; JSDF): 일본 방위성 소속의 국방 조직으로, 육·해·공 3군으로 구성된 준군사조직입니다.

⑱ 일본 헌법 제9조(전쟁포기조항)는 일본은 침략 전쟁과 무력 행사를 영구히 포기하며, 군대와 교전권을 보유하지 않는다고 명시합니다. 다만 자위권은 인정되어, 무력공격 등 요건이 충족되면 자위대의 무력행사가 가능합니다.

5 [북쪽에서 일어난 일] 소련과 북로당 김일성

질문 1: 한반도 분단의 책임은 38선을 그은 미국에게 있다?

소련	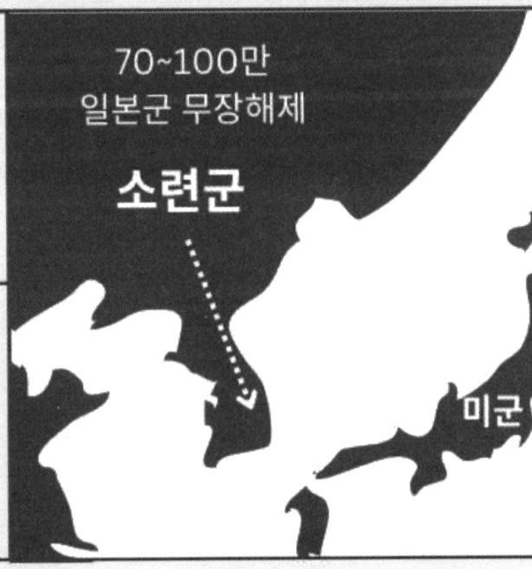
미국	미국 ≠ 소련 '통일국가 건국' / '한반도 공산화' 남하 속도·이북 봉쇄·약탈 ⚠ 결국 1945년 8월 11일, 38군사분계선을 긋습니다.

생각해 보기
만약 38선을 긋지 않았다면, 일본에 있던 미군이 남하하는 소련군보다 더 빠르게 한반도 북부를 차지할 수 있었을까요? 현실적으로 불가능했습니다.

한반도 분단의 책임은 미국이 아닌 소련에 있습니다. 38선은 분단을 위한 것이 아니라, 소련의 남하를 저지하고 남한을 보호하기 위해 설정된 방어선이었습니다. 만약 38선을 긋지 않았다면 한반도 전체가 공산화되어 오늘날의 대한민국은 존재하지 않았을 것입니다.

질문 2: 한반도 분단의 책임은 단독정부를 먼저 세운 이승만에게 있다?

	김일성	이승만
	1945.10 1. 지도자(김일성) 2. 행정기관(북조선 5도행정국) **1946.2 3. 북조선인민위원회(정부 수립)** 4. 토지개혁, 국유화 → 소군정 철수 1948.2 5. 군대(조선인민군 창건) 1948.8 6. 헌법·국기·국가 **1948.9.9 '조선민주주의인민공화국' 정부 수립 발표**	1946.6.3 정읍 발언(남방만의 임시정부) **1948.8.15 대한민국 정부 수립**(건국)

생각해 보기
북한은 이미 1946년 2월 사실상 단독정부를 수립했지만, 1948년 9월 9일에서야 정부 수립을 공식 발표합니다. 이는 분단의 책임을 남한과 이승만에게 돌리기 위함이었습니다.

한반도 분단의 책임은 소련과 북한의 김일성에 있습니다.

5. [북쪽에서 일어난 일] 소련과 북로당 김일성

오늘도 힘찬 구호로 역사공부를 시작해 봅시다: 이승만/역사교실, 자유통일/이룩하자, 와!

복습하기

일제시대의 35년간 조선은 자유와 정체성을 잃었지만, 동시에 뒤늦게나마 근대화의 흐름에 편승하기도 했습니다. 요약하면, 우리나라의 일제시대는 종주국 대 식민국 사이에서 식민국이 주권을 잃었다는 한계로부터 당시 사람들이 겪어야 했던 시대의 아픔이었습니다. 이제는 일제시대의 양면성을 인정하고, 감정에 매몰되어 있는 것이 아니라 뼈아픈 역사를 딛고 일어나 미래를 개척해 나가야 합니다.

서론

1945년 8월 6일, 9일 미국이 일본 히로시마와 나가사키에 원자폭탄을 투하한 뒤, 8월 15일 일본이 항복하면서 우리나라는 35년 만에 해방을 맞습니다. 하지만 해방의 기쁨도 잠시, 한반도는 새로운 위기에 직면합니다. 바로 8월 9일 뒤늦게 태평양 전쟁에 참전한 소련에 의해 시작된 한반도의 체제전쟁입니다. 이 체제전쟁의 배경에는 북쪽에서 일어난 일, 남쪽에서 일어난 일, 국제적으로 일어난 일 등 복합적인 요소들이 작용했습니다. 오늘은 남북 분단을 둘러싼 두 가지 잘못된 주장에 반박하며, 해방 전후 북쪽에서 일어난 일에 대해 살펴보겠습니다.

질문 1: 한반도 분단의 원인은 미국이다?

1945년 2월 얄타 회담에서 소련은 독일의 항복으로부터 2~3개월 후 태평양 전쟁에 참전할 것을 합의합니다. ① 같은 해 5월 9일 독일의 항복 이후, 소련은 약속대로 8월 9일 전쟁에 참전합니다. 같은 시기 미국은 8월 6일, 9일 히로시마와 나가사키에 원자폭탄을 투하하고, 당시 만주와 한반도 이북에 주둔한 70~100만 일본군(관동군)의 무장해제를 소련에 맡깁니다. 미국은 한반도 전체를 하나의 정치적 단위로 여겨 통일국가를 세우고자 했지만, 소련의 생각은 달랐습니다. 2차 세계대전 전후로, 소련은 세계 공산화를 목표로 주변국을 º 위성국으로 만드는 º 팽창주의 정책을 펼쳤고, ② 해방된 한반도는 이에 있어 절호의 기회였습니다.

소련의 한반도 공산화

소련의 참전 목적이 애초부터 한반도 공산화였음을 보여주는 세 가지 사실이 있습니다. 첫째, 소련군의 엄청난 남하 속도입니다. 1945년 8월 9일부터 15일까지 불과 일주일 만에 70~100만 일본군을 무장해제 시키고, 8월 24일 평양과 38선 부근까지 남하합니다. 둘째, 소련군의 이북 봉쇄입니다. 군사경계선이 설정되자마자, 소련은 통신과 물자 등을 차단하여 이북을 이남으로부터 철저히 단절시킵니다. 셋째, 소련군의 약탈입니다. 소련군은 당시 아시아에서 제일 큰 수풍댐의 발전기를 비롯한 각종 기계들을 해체하여 물자를 약탈하고, 은행의 현금과 주민들의 귀중품 등을 약탈하고, 부녀자들을 강간하기까지 합니다. 이들은 해방군이 아니라, 공산 약탈꾼들이었습니다.

북위 38선 (군사분계선)

당시 미국은 소련에 유화적인 입장이었지만, 소련군이 한반도 전역을 점령할 우려가 커지자 1945년 8월 11일 북위 38선을 군사분계선으로 긋습니다. 일부는 이를 두고 분단의 책임을 미국에 돌리지만, 제안하지 않았을 경우 미국이 소련보다 먼저 한반도 이북 지역을 점령할 수 있었을까요? 아래 타임라인을 구체적으로 살펴봅시다.

- 1945년 8월 15일: 일본의 항복
- 1945년 8월 15일: 소련의 함경북도 청진시 점령
- 1945년 8월 21일: 소련의 강원도 원산 점령
- 1945년 8월 24일: 소련의 평양 점령
- 1945년 8월 26일: ③ 소련의 일방적 38선 공식 봉쇄

- 1945년 9월 8일: 미국의 인천 상륙
- 1945년 9월 9일: 미국의 삼팔선 이남 관할

소련군이 이미 한반도에 진입했을 당시, 미군은 1,000km나 떨어진 일본 오키나와에 있었습니다. 미국이 사전에 38선을 제안하지 않았다면, 9월 8일 미국이 인천에 상륙하기도 이전에 소련은 빠른 속도로 남하하여 이미 한반도 전역을 점령했을 가능성이 높습니다. 일본 전역조차 무장해제하지 못한 상황에서 미국이 소련보다 더 빠른 속도로 한반도 이북을 점령하는 것은 현실적으로 불가능했습니다. 당시 미국의 제54대 국무장관 러스크(David Dean Rusk) 대령은 *"우리는 38도선을 권고했다. 비록 그것도 소련이 동의하지 않을 경우 미군이 현실적으로 진주할 수 있는 것보다 훨씬 북쪽이기는 하지만 우리는 미군의 책임지역 안에 한국의 수도를 포함시키는 것이 중요하다고 했기 때문에 그렇게 했다.*"라고 말했습니다. [1]

답 1: 한반도 분단의 책임은 미국이 아닌 소련에 있습니다. 38선은 분단을 위한 것이 아니라, 소련의 남하를 저지하고 남한을 보호하기 위해 설정된 방어선이었습니다. 만약 38선을 긋지 않았다면 한반도 전체가 공산화되어 오늘날의 대한민국은 존재하지 않았을 것입니다.

질문 2: 한반도 분단의 원인은 이승만이다?

오늘날 대한민국 근현대사를 왜곡하는 사람들은 남북 분단의 책임을 이승만의 ④ 1946년 6월 3일 '정읍 발언(선언)'에 돌립니다. 하지만 이승만이 *"남방만의 임시정부"*를 언급하기 전, 사실상 단독정부를 먼저 수립한 쪽은 북한입니다.

북한의 단독정부

북한(조선민주주의인민공화국)이 탄생한 배후에는 소련이 있습니다. 1945년 10월 14일 스탈린은 자신에게 충실한 33살의 소련군 대위 김일성을 북한의 지도자로 내세워 북한 주민들에게 그를 *"민족의 영웅 김일성 장군"*으로 소개합니다. 이어 같은 해 10월 28일 '북조선 5도 행정국'이라는 행정기관을 설치하고, 1946년 2월 8일 '북조선인민위원회'를 세워 토지개혁과 국유화 등 국가 수준의 개혁을 실시합니다. ⑤ 이는 사실상 1946년 2월부터 북한이 단독정부 체제를 갖추었음을 의미하며, 실제로 같은 해 2월 15일 소련군정도 철수합니다. 이후 1948년 2월 군대(인민군)를 창설하고, 8월 국기·국가·헌법을 제정하여 국가 체계를 완성합니다. '임시'라는 명칭만 붙였을 뿐, 북한은 이미 실질적 국가였습니다.

북로당 김일성, 그는 누구인가?

1912년 4월 15일 평양에서 태어난 김일성은 중학교 때 ⑥ 부모님을 따라 만주로 이주합니다. 항일운동에 관심이 많았던 그는 동북항일연합군(중국연합군)에 가담하고, 이후 일제의 강력한 토벌 작전으로 소련으로 도피하고, 그곳에서 1945년 8월 15일 해방을 맞습니다. 이후 한반도는 38선을 기준으로 미국과 소련이 각각 점령하고, 북한에서는 다양한 정치 세력이 주도권을 두고 경쟁합니다. 소련은 자신들의 요구에 순응할 수 있는 지도자를 원했고, 소련 내에서 활동해 온 김일성을 지지하며 권력을 잡도록 지원합니다. 이후 1946년 8월 28일 북한은 김일성을 중심으로 ⑦ '북로당(북조선노동당)'을 결성합니다.

결론적으로 북한은 1946년 2월 8일 단독정부를 수립했으며, 이는 이승만의 정읍 발언(1946년 6월 3일)보다 4개월, 대한민국 건국(1948년 8월 15일)보다 2년이나 앞선 일이었습니다. 그런데 왜 북한은 대한민국의 건국을 기다렸다가 1948년 9월 9일에 정부 수립을 발표했을까요? 이는 분단의 책임을 대한민국과 이승만에게 전가하기 위함입니다. 당시 이승만은 북한의 상황을 간파하고, 우선 남한에 자유민주주의 정부를 세운 뒤 이후 북한에서 소련을 몰아내어 진정한 통일을 이루고자 했습니다. 그럼에도 일부 좌편향 교과서는 분단의 책임을 이승만의 정읍 발언에 돌리며, 역사적 사실을 왜곡하거나 올바로 이해하지 못하고 있습니다.

④ 당시 미소공동위원회가 결렬되어 통일 정부 수립이 어려워지자, 이승만은 1946년 6월 3일 전북 정읍에서 *"남한만이라도 임시정부를 수립하자"*고 제안했습니다. 이를 '정읍 발언(선언)'이라고 부릅니다.

⑤ 1946년 2월 8일 북조선임시인민위원회 성립 경축 대회의 현수막에는 *"임시인민위원회는 우리의 정부이다"*라는 문구가 걸려 있었습니다. 이는 북한이 스스로 단독정부 수립을 선언한 것입니다.

⑥ 김일성의 본명은 김성주입니다. 아버지 김형직은 의학 교육 없이 민간 의료로 생계를 유지했고, 어머니 강반석은 기독교와는 거리가 먼 제7일안식교 신자였습니다. 아버지 사망과 어머니 재가 후, 그는 중학교 3학년 때 조선공산청년회에 가입해 공산주의 활동을 시작했습니다. 이후 일제 수배를 피해 만주로 건너가 동북항일연군에서 활동하다가 1940년경 소련으로 넘어가 소련 국적을 취득하고 군 장교가 되었습니다. 해방 후 소련군과 함께 북한에 들어와 '해방군'을 자처했으나, 약탈과 부녀자 추행 등 범죄도 저질렀습니다. 그는 실존 항일 유격대장 김일성의 이름과 전과를 도용하여 영웅 이미지를 조작 및 우상화했으며, 대표적으로 1937년 보천보 전투는 북괴 김일성이 아닌 동명이인이 지휘한 것이었습니다.

⑦ 해방 후 공산 세력은 1946년 8월 28일 북쪽에서 김일성을 중심으로 '북로당(북조선로동당)'을, 같은 해 11월 23일 남쪽에서 박헌영을 중심으로 '남로당(남조선로동당)'을 결성했습니다. 이후 1949년 6월 두 당은 합당하여 '조선로동당'이 되었고, 김일성이 실권을 장악하면서 박헌영 등 남로당계 인사들은 차례로 숙청당했습니다.

---

[1] United States Department of State, "Draft Memorandum to the Joint Chiefs of Staff." *Foreign Relations of the United States : diplomatic papers, 1945. The British Commonwealth, the Far East Volume VI*(1969).

결단하기

오늘날 역사 왜곡의 주된 목적은 국민이 미국을 멀리하고 이승만을 부정하게 만들려는 데 있습니다. 왜일까요? 미국과의 동맹에는 대한민국의 번영이, 이승만의 정신에는 대한민국의 뿌리가 담겨 있기 때문입니다. 이제 여러분은 남북 분단의 책임이 미국이나 이승만에게 있지 않음을 분명히 알고, 이승만과 대한민국을 둘러싼 모든 거짓을 바로잡기를 바랍니다.

6 [남쪽에서 일어난 일] 남한 공산주의의 시작, 남로당 박헌영

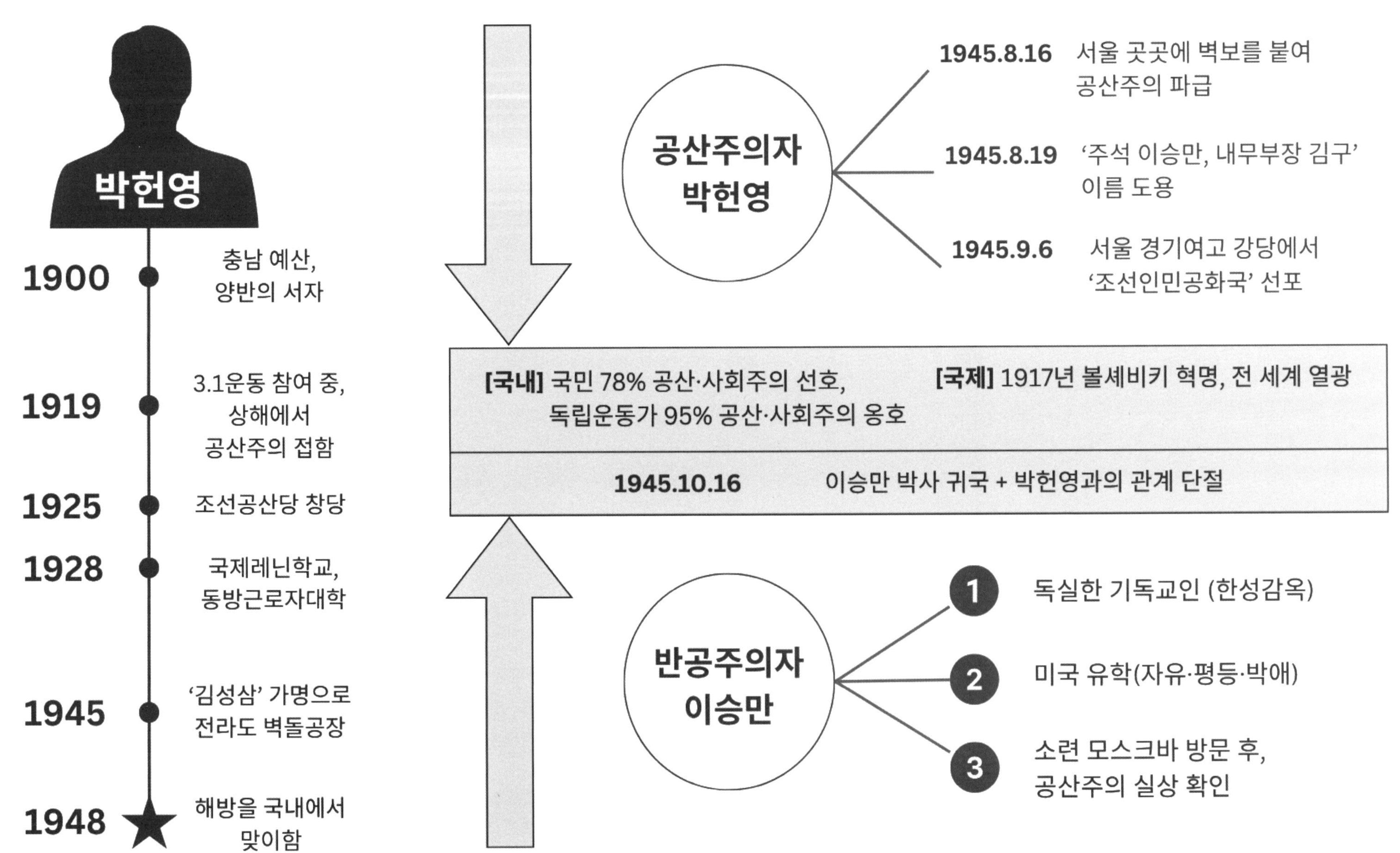

6. [남쪽에서 일어난 일] 남한 공산주의의 시작, 남로당 박헌영

오늘도 힘찬 구호로 역사공부를 시작해 봅시다: 이승만/역사교실, 자유통일/이룩하자, 와!

복습하기

1945년 8월 6일, 9일 미국이 일본 히로시마와 나가사키에 원자폭탄을 투하한 뒤, 8월 15일 일본이 항복하면서 우리나라는 35년 만에 해방을 맞습니다. 하지만 해방의 기쁨도 잠시, 한반도는 새로운 위기에 직면합니다. 1945년 8월 9일 뒤늦게 참전한 소련은 만주 지역의 일본군 무장해제를 맡은 뒤, 공산화 야욕을 품고 빠르게 남하하여 38선까지 진출합니다. 이에 미국은 남한 방어를 위해 북위 38선을 군사 경계선으로 설정합니다. 소련은 곧 북한을 비밀리에 지원하여 1946년 2월 8일 사실상의 단독정부를 수립하게 하고, 이후 철수합니다. 이는 이승만의 정읍 발언(1946년 6월)보다 4개월, 대한민국 건국(1948년 8월 15일)보다 2년 앞선 일입니다. 결국 남북 분단의 책임은 미국이나 이승만이 아니라, 한반도 적화를 목표로 단독정부를 먼저 세운 소련과 북한에 있습니다.

서론

해방 직후, 한반도에서 체제 전쟁이 일어난 배경에는 북쪽에서 일어난 일, 남쪽에서 일어난 일, 국제적으로 일어난 일 등 복합적인 요소들이 작용했습니다. 오늘은 남한 공산화를 주도한 박헌영과 남로당(① 조선공산당의 후신)을 중심으로, 남쪽에서 일어난 일에 대해 살펴보겠습니다.

박헌영

박헌영은 1900년 충남 예산에서 몰락한 양반의 서자로 태어납니다. 어릴 적부터 영특했던 그는 경성고등보통학교(현 경기고등학교)에 진학하고, 1919년 졸업을 며칠 앞둔 채 3.1 운동이 일어나면서 일본에 대한 적개심을 품어 미국 유학을 꿈꾸게 됩니다. 하지만 유학비를 마련하지 못하자, 밀항선을 타고 중국 상해로 건너가게 됩니다. 그곳에서 박헌영은 공산주의를 접하게 되고, °1917년 볼셰비키 혁명에 참여했던 고려인 간첩 °김만겸에게 포섭되어 사상교육을 받고, 3백만 엔의 자금을 받아 공산당을 확대 조직하기 위해 남한에 잠입합니다. ② 일제시대에는 공산 활동이 불법이었기 때문에 박헌영은 여러 차례 투옥됩니다. 1925년 조선공산당을 창당한 뒤 7개월 만에 체포되어 투옥되지만, ③ 감옥에서 정신병자 행세를 하여 2년 만에 석방됩니다. 이후 모스크바로 건너가 국제 공산주의 엘리트들만 들어간다는 모스크바 °국제레닌학교와 °동방근로자대학에 진학합니다. 그곳에서 박헌영은 공산당 이론과 경험을 쌓고, 베트남의 °호치민 등 국제공산당 리더들과 교류합니다. 그 후 상해에서 활동하던 중 일본 경찰에 체포되어 국내로 송환된 뒤에도 수감과 탈옥을 반복하고, 전라도의 벽돌공장에서 '김성삼'이라는 가명으로 숨어 지내다 1945년 8월 15일 광복을 맞습니다.

1919년 상해 임시정부

대한민국 임시정부는 1919년 3.1 운동을 계기로 수립되어 1945년까지 27년 동안 독립국가 설립을 위해 활동합니다. 활동지는 시기별로 '상해 시기'(1919-1932), '이동 시기'(1932-1940), '충칭 시기'(1940-1945)로 나뉩니다. 상해 시기의 많은 독립운동가들은 1917년 볼셰비키 혁명으로 인해 공산주의 영향을 받습니다. 이후 이들은 °1919년 위임통치 청원을 계기로 이승만을 초대 대통령직에서 탄핵시키고, 임시정부는 점차 세력이 약화되어 유명무실해집니다.

해방 직후

대부분의 지도자들이 해외에서 해방을 맞이한 반면, 박헌영은 국내에서 해방을 맞습니다. 박헌영은 해방 직후의 혼란을 틈을 타 남한에 공산주의를 급속도로 확산시킵니다. 해방 다음 날인 1945년 8월 16일 박헌영은 서울 시내 곳곳에 벽보를 붙입니다. *"위대한 지도자 박헌영 선생은 어서 나와 우리를 지도해 달라! 박헌영 만세!"*[1] 이어 이승만과 김구의 이름을 도용하면서 자신에게 먼저 나라를 세워놓으라고 부탁했다는 거짓말을 퍼뜨리고, 같은 해 9월 6일 서울 경기여고 강당에서 조선인민공화국을 선포합니다.

---

1) 박윤식, *대한민국 근현대사 시리즈 2: 1948년 제주 4.3사건*(서울: 휘선, 2011), 31.

---

① 조선공산당은 1925년 4월 17일 박헌영이 창당한 공산주의 정당입니다. 남조선노동당(남로당)은 1946년 11월 23일 박헌영의 조선공산당, 여운형의 조선인민당, 백남운의 남조선신민당이 합당하여 만들어졌습니다. 당시 당원 수는 조선공산당 약 60만 명, 인민당 1만 명, 신민당 7천 명이었습니다. 형식상 3당 합당이었지만, 실질적으로는 조선공산당의 이름만 바뀐 셈이었습니다. 이 책에서는 조선공산당(1925~1946)과 남로당(1946~1949)을 동일한 정체로 보고, 모두 '남로당'으로 통일하여 표기합니다.

○ 볼셰비키 혁명(Bolshevik Revolution, October Revolution): 1917년 레닌을 중심으로 러시아에서 일어난 세계 최초의 사회주의 혁명으로, 러시아어로 '다수파'를 뜻하는 '볼셰비키'에서 이름을 땄습니다. 1917년에는 '2월 혁명'과 '10월 혁명'이 있었으며, 이 중 볼셰비키 혁명은 10월 혁명을 가리킵니다.

○ 김만겸(金萬謙): 함경북도 경원군 출신으로, 러시아에서 조선인 소학교와 중등학교를 졸업한 뒤 1905년 러시아 혁명에 참여했습니다. 이후 대한민국민의회에서 활동하고, 1921년 상하이와 소련 지역을 중심으로 한 고려공산당을 조직하며 독립운동에 참여했습니다. 2005년 노무현 정부 시절 건국훈장을 받았습니다.

② 당시 일본은 공산주의 사상이 독립운동으로 이어질 가능성 등 여러 이유로, 일본 본토와 식민지 조선 모두에서 공산 활동을 불법화했습니다.

③ 박헌영은 감옥에서 두 차례 목을 매고, 대변을 벽에 바르고 먹는 등 극단적인 행동을 보였습니다. 이를 두고 일부 학자들은 그가 실제로 정신이상자였다고 주장합니다. 물론 정확한 진상을 알 수는 없지만, 석방 직후 모스크바로 건너가 국제레닌학교에 진학한 것을 보며 정신질환을 앓고 있었다고 보기는 어렵습니다.

○ 국제레닌학교: 1926년 소련 모스크바에 설립된 공산주의 운동가 교육 기관으로, 1938년까지 전 세계에서 온 약 3,000명의 운동가를 교육했습니다.

○ 동방근로자대학(동방노력자공산대학): 1921년 소련 모스크바에 설립된 공산주의 운동가 교육 기관입니다. 국제레닌학교와 유사하지만, 식민지 피지배국 출신 운동가들을 중심으로 교육했다는 점에서 차별화됩니다.

○ 호치민(응우옌신꿍): 베트남 독립운동 지도자이자 북베트남 초대 주석인 그는 프랑스와 미국에 맞서 독립과 통일을 이룬 인물로 평

반공주의자
이승만

중국 만주와 상해에서 유학을 한 대다수의 독립운동가와 달리, 선교사들의 도움으로 미국에서 유학을 한 이승만은 자유민주주의, 자유시장경제, 한미동맹, 기독교입국론으로 나라를 건국하고자 했습니다. 1945년 10월 16일 귀국한 이승만은 박헌영을 만나지만, 그가 제안한 조선인민공화국의 주석직을 거부하고, 1945년 12월 17일 '공산당에 대하여 나의 입장'이라는 성명을 발표합니다.

"온 세계를 파괴하는 자도 공산당이요, 조선을 파괴하는 자도 공산주의자이다."[2]

이후 박헌영은 평생 이승만에 대해 '민족반역자'와 '친일파의 수령'이라고 맹렬히 비난합니다. 하지만 진정한 반역자는 누구일까요? 민족의 자유를 지킨 이승만인가요? 아니면 6.25 전쟁을 일으켜 민족을 죽음으로 몰아넣은 박헌영인가요? 오늘날에도 이승만을 향해 이러한 수식어를 사용하는 사람들이 있는데, 그 시작이 어디서부터 비롯되었는지 분명히 알아야 합니다.

반공주의자 이승만은 국내적으로나 국제적으로나 공산주의와의 외로운 싸움을 이어갑니다. 당시 국내적으로는, ④ 국민의 78%가 공산·사회주의 사상을 찬성했습니다.[3] 이는 높은 문맹률로 개념을 제대로 이해하지 못하거나, 선동에 의해 노동자 및 농민을 위한 이념이라 믿었기 때문입니다. 당시 국내 지도자들도 만주나 상해에서 활동한 독립운동가들이 많아 공산주의에 호의적이었습니다. 국제적으로도, 공산주의는 좋은 것으로 여겨졌습니다. 1917년 러시아에서 볼셰비키 공산주의 혁명이 일어나자, 전 세계 지식인들은 "사람 위에 사람 없고 사람 밑에 사람 없다. 토지는 밭 갈이 하는 농민에게, 공장은 피땀 흘려 일하는 노동자들에게, 만국의 노동자여 단결하라! 우리가 얻을 것은 무계급 만민평등 세계의 공산화요, 우리가 잃을 것은 억압과 압제의 쇠사슬이다!"라는 구호에 열광했습니다.[4] ⑤ 하지만 볼셰비키 혁명이 일어난 지 불과 열흘 만에 공산주의는 반드시 망한다는 인류 최초의 반공 연설을 한 사람이 바로 식민지 조선의 독립운동가 이승만이었습니다.

"(공산주의는) 원래 자유롭게 되기를 원하는 인간의 본성을 거역해 가며
국민을 지배하려는 사상체계이기 때문에 결국은 멸망할 수밖에 없다."[5]

이승만은 대한민국은 공산주의와 공존할 수 없으며, 대한민국의 정부는 반드시 반공이어야 한다고 평생 주장했습니다. 그렇다면 국내외적으로 많은 사람들이 공산주의를 지지하던 시절, 어떻게 이승만은 홀로 반공을 외칠 수 있었을까요? 그 이유는 세 가지입니다.

1. 독실한 기독교인

첫째, 이승만은 독실한 기독교인이었습니다. 1899년 한성감옥에 투옥되어 사형선고를 받은 이승만은 그곳에서 예수 그리스도를 영접하게 됩니다. 기독교인이었던 그에게 성경을 불태우고 교회를 파괴하고 역사상 기독교인을 가장 많이 처형시킨 공산주의는 결코 용납할 수 없는 사상이었습니다. 그의 반공 의식은 기독교 신앙에서 비롯된 것이었으며, 이것이 그를 반공 투사로 이끈 가장 결정적인 이유였습니다.

"그리스도께서 우리를 자유롭게 하려고 자유를 주셨으니
그러므로 굳건하게 서서 다시는 종의 멍에를 메지 말라."

가받기도 하지만, 전쟁 중 반대세력·지주·종교인·남베트남 협력자를 처형하고, 전쟁 이후에는 수십만 명을 수용소에 수감하여 강제노동과 정치 세뇌를 강요했습니다. 이로 인해 많은 난민이 바다로 탈출했지만, 굶주림·익사·해적 피해로 목숨을 잃었습니다. 이들을 '보트피플(boat people)'이라고 부릅니다.

○ 위임통치 청원 사건: 1919년 파리강화회의에서 이승만이 조선의 완전 독립을 전제로, 한시적 위임통치를 제안한 사건입니다. 당시 일본은 승전국으로 미국과 같은 편이었기 때문에 윌슨 대통령이 주장한 민족자결주의를 조선에 직접 적용하기는 어려운 상황이었습니다. 이에 이승만은 조선을 일정 기간 강대국들의 위임통치 아래 두고 점진적 독립을 이루자는 청원서를 제출했습니다. 당시 무장 독립운동가들은 이를 '매국 행위'로 간주하고 임시정부 국무총리 이동휘는 이승만을 '썩은 대가리'라며 강하게 비난했지만, 이승만의 제안은 국제 정세를 고려한 '현실적 차선책'이었습니다. 즉각적 독립이 불가능했던 당시 상황에서 이승만은 국내의 독립 의지를 지키면서도 외교를 통해 독립을 추구하고자 했습니다.

④ 1946년 8월 13일, 동아일보는 미군정이 실시한 30항목 설문조사 결과를 보도했습니다. '귀하가 찬성하는 것은?'이라는 질문에 자본주의 14%(1,189명), 사회주의 70%(6,037명), 공산주의 7%(574명), 모름 8%(653명)로 나타났습니다. 이를 근거로 일부 학자들은 해방 직후 한국 사회에 좌파 또는 중도 성향이 우세했다고 주장합니다. 하지만 당시 국민 다수는 이승만 등 우파 인사를 지지했고, 신탁통치 반대에 적극 참여하는 등 정치적으로는 우익 성향을 보였습니다. 이에 대해 박명수 교수는 해방 후 한국인은 정치적으로는 우파, 경제적으로는 좌파 성향을 가졌다고 설명합니다. 당시 한국인이 선호한 사회주의는 공산주의가 아닌, 개인의 자유와 사유재산을 인정하면서 국가의 개입을 제한적으로 허용하는 서구식 사회민주주의를 의미한 것입니다.

⑤ 이승만은 1917년 볼셰비키 혁명 이후 세계와 국내 독립운동가들까지 공산주의에 열광하던 시기, 1923년 태평양 잡지에 '공산당의 당부당'이라는 글을 기고했습니다. 그는 이 글에서 공산주의의 문제점을 다음 다섯 가지로 지적했습니다.
1. 재산을 나누자 → 게으른 가난뱅이가 늘어난다.
2. 자본가를 없애자 → 지혜와 산업 발전이 멈춘다.
3. 지식인을 없애자 → 모두 우매해진다.
4. 종교를 없애자 → 도덕과 정의가 무너진다.
5. 국가 체제를 없애고 소련만 믿자 → 결국 배신당한다.
실제로 소련은 이러한 문제들로 인해 1989년 붕괴했으며, 이승만은 이를 무려 66년 앞서 내다본 것입니다.

류석춘, 이승만 시간을 달린 지도자 1: 성장부터 해방까지 1875~1945(서울: 북앤피플, 2024), 235.

---

2) 박윤식, 대한민국 근현대사 시리즈 2: 1948년 제주 4.3사건(서울: 휘선, 2011), 36.

3) 김명수, "1946년 미군정의 여론조사에 나타난 한국인의 사회인식." 한국정치외교사논총 40집 1호(2018): 65.

4) "April Thesis." Wikipedia. https://en.m.wikipedia.org/wiki/April_Theses.

5) 이인수, 대한민국의 건국(서울: 촛불, 2001), 131.

2. 미국 유학

둘째, 이승만은 미국 유학 시절 유럽 문명을 이끈 자유·평등·박애의 가치를 배우며, 영국과 미국처럼 발전하려면 자유민주주의가 필수임을 깨달았습니다.

3. 소련 모스크바 방문

셋째, 이승만은 직접 소련을 방문한 경험이 있었습니다. 이승만은 조선의 독립을 두고 국제여론에 호소하기 위해 시간이 날 때마다 여러 국가들을 방문하며 독립운동을 벌였습니다. 그중 소련의 수도 모스크바를 방문하게 되는데, ⑥ '인민의 지상낙원'이라고 선전하는 소련 전역에 굶어 죽은 농민들의 시체가 널려 있는 것을 보고 듣게 됩니다. 이를 통해, 원래도 공산주의를 싫어했던 이승만은 더 확신을 갖게 됩니다. 생각해 보면, 지금도 인민의 평등을 선전하는 북한은 모순적으로 세계에서 빈부격차가 가장 극심한 곳입니다. 당 간부들은 최고 수준의 사치를 즐기는 반면, 국민들은 당의 배급만 믿고 기다리다가 굶어 죽어가고 있습니다. 가장 대표적인 예시가 1990년대 중후반 ° '고난의 행군' 당시 ⑦ 약 300만 명의 아사자가 발생한 것입니다. 공산주의는 부자를 더 부자 되게 하고, 가난한 자를 더 가난하게 만든다는 것이 역사의 교훈입니다.

결단하기

1945년 8월 15일 해방 직후, 박헌영은 경제적 궁핍과 사회 혼란을 틈타 남한에 공산주의를 급속히 확산시켰습니다. 당시 국민의 78%가 사회주의와 공산주의에 찬성했고, 많은 지도자들 역시 이를 옹호했습니다. 전 세계적으로도 1917년 러시아 볼셰비키 혁명 이후 공산주의에 대한 열광이 이어졌습니다. 이 와중에 공산주의의 본질을 정확히 간파한 유일한 인물이 바로 이승만입니다. 그는 독실한 기독교 신앙, 미국 유학을 통한 자유·평등·박애에 대한 이해, 그리고 소련 모스크바 방문을 통해 공산주의의 실체를 더더욱 알았습니다. 오늘날 남한과 북한 청년을 비교해 보면, 같은 민족임에도 남한 청년의 키는 더 크고, 북한 청년의 체중은 남한 초등학생 수준에도 못 미칩니다. 무엇이 이렇게 사람의 몸까지 바꿔놓았을까요? 바로 이념입니다. 우리가 김정은의 독재가 아닌 자유의 나라 대한민국을 누릴 수 있게 된 것은 인류 최초의 반공 투사였던 이승만이 우리나라의 지도자가 되었기 때문입니다. 이제 여러분은 한 나라의 운명을 바꾸는 것은 결국 '지도자 한 사람'이라는 것을 기억하고, 대한민국의 미래를 이끌 지도자를 신중하게 선택하기를 바랍니다.

⑥ 이승만은 파리 국제연맹 회의 참석 이후, 일제의 압박을 견제하기 위해 소련 모스크바를 방문합니다. 일본의 방해로 하루 만에 추방당했지만, 짧은 체류 동안 공산주의의 실상을 목격하고 다음과 같이 기록합니다. '내가 모스크바에서 보고 느낀 점은 오스트리아, 헝가리 등 유럽 농가와 비교했을 때 러시아 농가가 가장 빈약하다는 점이다. 기차에서 만난 미국인들은 러시아 길거리에서 굶어 죽은 사람을 자주 보았다고 하였다.' '건국의 어머니'로 불리던 김성수도 이보다 1~2년 앞서 소련을 방문하여 비슷한 인상을 남겼습니다. '평등을 강조하면서도 실제로는 계급 차이가 극심할 뿐 아니라 빈부 격차가 심하여 참다운 사회주의가 정착할 것 같지 않다. 당 지도자들이 즐기는 호화, 사치 생활 풍조가 도를 넘는다. 노동자의 천국이라는 소련에서 노동자들이 굶어 죽어 길가에 나뒹군다.'

"이승만은 친미파가 아니라 미국과 투쟁했다." 미디어펜, 2017년 3월 27일. https://www.mediapen.com/news/view/69891.

○ 고난의 행군: 1994~1999년 북한에서 발생한 최악의 식량난을 말합니다. 명칭은 김일성이 이끈 항일유격대가 일본군을 피해 백일간 강행군한 데서 따온 것으로, 극심한 경제난 극복을 위한 당의 구호로 사용되었습니다. 북한에는 세 차례의 고난의 행군이 있었으며, 일반적으로는 1990년대 중후반의 세 번째 고난의 행군을 가리킵니다. 이 시기 약 300만 명의 아사자가 발생한 것으로 추정됩니다.

⑦ 북한은 1990년대 중후반에 약 22만 명의 아사자가 발생했다고 합니다. 하지만 1997년 2월 한국으로 망명한 황장엽은 북한의 통계기관의 내부 보고서를 언급하면서 대략 300만 명의 아사자가 발생했다고 했습니다. 이와 비슷하게, 국제사회도 약 300만 명의 아사자를 추산하고 있습니다. 대한민국의 정보기관은 1999년 2월 보고서에 약 250-300만 명을 추산했습니다.

"북한의 식량위기와 지원." 행정안전부, 국가기록원. https://www.archives.go.kr/next/newsearch/listSubjectDescription.do?id=002950&pageFlag=&sitePage=.

7 [국제적으로 일어난 일] 공산의 유혹, 좌우합작

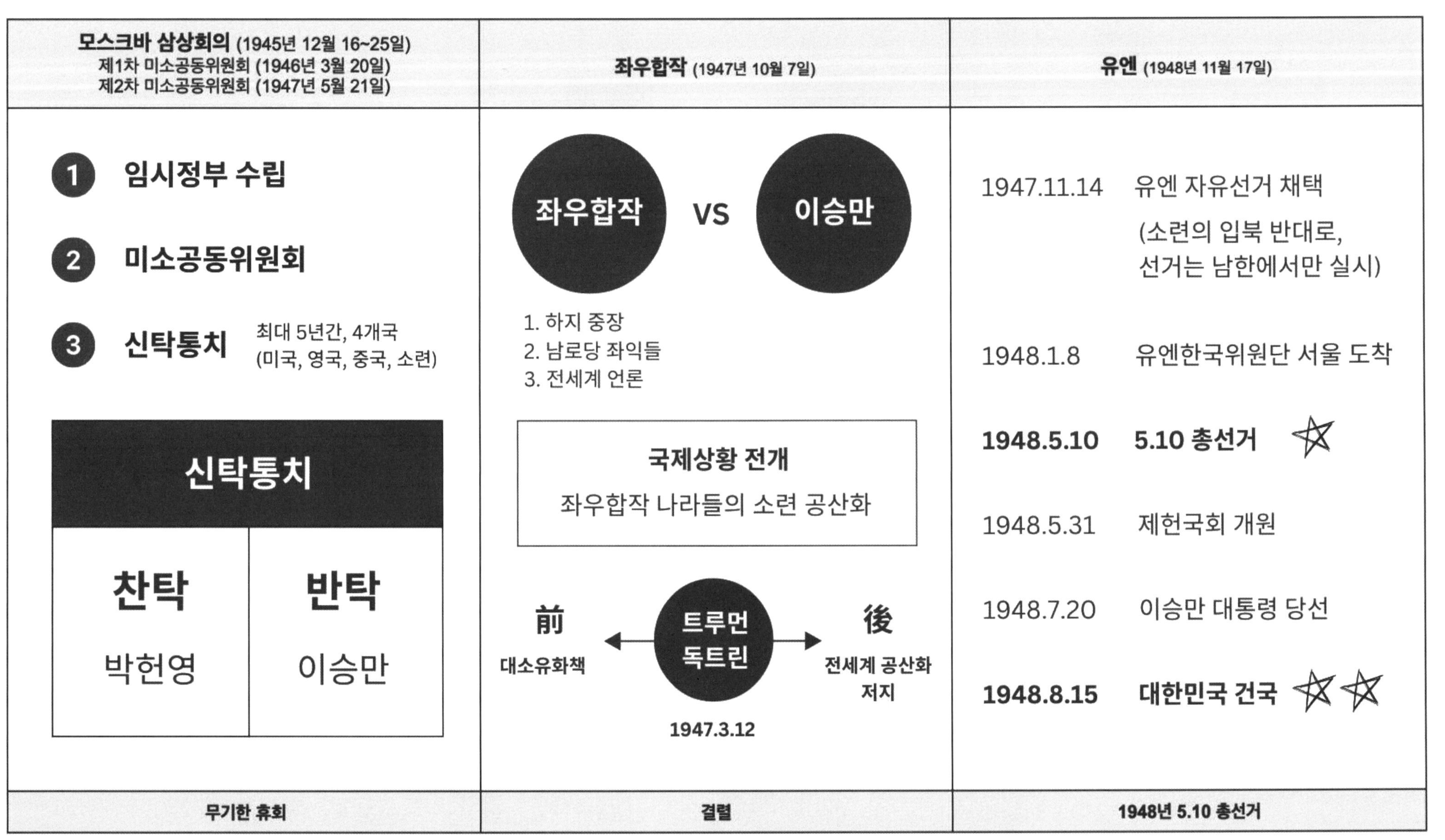

7. [국제적으로 일어난 일] 공산의 유혹, 좌우합작

오늘도 힘찬 구호로 역사공부를 시작해 봅시다: 이승만/역사교실, 자유통일/이룩하자, 와!

복습하기 1945년 8월 15일 우리나라는 광복의 기쁨도 잠시 소련과 북한에 의해 한반도가 분단되고, 남한에서는 박헌영의 등장으로 극심한 체제전쟁이 시작됩니다. 대부분의 민족 지도자들과 달리 국내에서 해방을 맞이한 박헌영은 경제적 궁핍과 사회 혼란을 틈타 남한에 공산주의를 급속히 확산시킵니다. 당시 국민의 78%가 공산·사회주의에 찬성했고, 많은 지도자들 역시 이를 지지했습니다. 전 세계적으로도 1917년 러시아 볼셰비키 혁명 이후 공산주의에 대한 열광이 이어졌습니다. 이 와중에 공산주의의 실체를 간파한 유일한 인물이 바로 이승만입니다. 우리가 김정은의 독재가 아닌 자유의 나라 대한민국에 살 수 있는 것은 인류 최초의 반공 투사였던 이승만이 우리나라의 지도자가 되었기 때문입니다.

서론 해방 직후, 한반도에서 체제 전쟁이 일어난 배경에는 북쪽에서 일어난 일, 남쪽에서 일어난 일, 국제적으로 일어난 일 등 복합적인 요소들이 작용했습니다. 오늘은 해방 직후, 한반도를 둘러싼 국제적으로 일어난 일에 대해 살펴보겠습니다.

모스크바 삼상회의 1945년 12월 16~25일 소련 모스크바에서 '미소영 3국 외상 회의(삼상회의)'가 개최됩니다. 모스크바 삼상회의는 한국에 민주적인 임시정부를 수립하기 위한 미소공동위원회를 설치하고, 한국이 통일된 독립국가로 나아가기까지 최고 5년간 4개국(미국, 영국, 중국, 소련)이 한반도를 분할하여 ○ '신탁통치'를 하자고 제안합니다. 하지만 신탁통치에 대한 반응은 찬탁과 반탁으로 극심하게 갈립니다. 박헌영은 처음에는 반탁을 주장하지만 소련 지령에 의해 신탁통치로 선회하고, 이승만은 처음부터 독립정부의 수립을 위한 반탁 운동을 전국적으로 전개합니다. 이렇게 공산주의 진영에서는 찬탁을, 자유민주주의 진영에서는 반탁을 전개하는 등 극심한 좌우 대립이 일어나자, 결국 1946년 3월 20일 제1차 미소공동위원회는 아무런 성과 없이 끝납니다.

> ○ 신탁통치(信託統治): 독립 능력이 부족한 국가를 대신하여 강대국이 일정 기간 동안 통치하는 제도입니다.

좌우합작 제1차 회담이 무기한 휴회로 들어가자, 미국은 중도 노선으로 선회하여 1947년 10월 7일 중도파 여운형과 김규식을 중심으로 좌우합작위원회를 결성합니다. 여기서 '좌우합작'은 공산주의와 자유민주주의가 공존하는 통일정부를 뜻합니다. 하지만 이승만은 공산주의와의 공존은 불가능하다며 좌우합작에 강하게 반대합니다. 당시 그의 반공 투쟁 대상은 국내외를 막론하고 수없이 많았습니다.

1. 첫째, 미국의 하지 중장입니다.

이승만이 신탁통치에 이어 좌우합작에도 협조하지 않자, 화가 난 하지 중장은 공개적으로 압박합니다. *"내가 보기에 이 박사는 한국 정치가들 중에 거의 유일하다고 할 만큼 위대한 정치가입니다. 하지만 공산주의에 대한 공격을 중지하지 않는 한, 그는 새로운 한국정부에서 어떤 자리도 맡지 못할 것입니다."*[1] 이승만이 반공 정책을 포기하지 않는 한 대통령은커녕 어떤 자리도 줄 수 없다는 엄포였습니다. 이에 대해 이승만은 단호히 답합니다. *"내가 어떻게 하라는 겁니까? 이제와서 개인적인 자리에 연연하여 한국을 러시아에 넘길 공모를 하라고요? 그건 노예의 길입니다. 나를 잘못 보았습니다. 소련의 침략을 막을 나라는 미국 뿐인데 이런 식이라면 미국이 가장 많은 시련을 겪게 될 것입니다."*[2] 이승만의 아내 프란체스카 여사도 *"내가 조국을 위해 하는 일이 끝장이라면 우리는 언제라도 시골 가서 닭장이나 돌봐야지요."*라고 말합니다.[3] 이렇듯 이들은 권력이 아닌 오로지 조국을 위해 반공 투쟁을 이어갑니다. 이후 하지 중장은 가택연금·우편물 차단·라디오 및 전화선 절단 등 각

1) 인보길, "이승만 건국사(42) 미국 "이승만을 은퇴시켜라"…좌우합작 강행." 뉴데일리, 2023년 5월 30일. https://www.newdaily.co.kr/site/data/html/2023/05/30/2023053000189.html.

2) 김은주, "美, 이승만 귀국 방해 두차례, 가택연금도." 뉴데일리, 2010년 8월 12일. http://xn--zb0bnwy6egumoslu1g.com/bbs/board.php?bo_table=column&wr_id=15.

3) 김은주, "美, 이승만 귀국 방해 두차례, 가택연금도." 뉴데일리, 2010년 8월 12일. https://www.newdaily.co.kr/site/data/html/2010/08/12/2010081200060.html.

종 조치로 이승만을 탄압하고 협박하지만, 이승만은 끝까지 굴복하지 않습니다.

2. 둘째, 박헌영의 남로당을 비롯한 좌익들입니다.

남로당 세력은 이승만을 암살하기 위해 이승만의 부엌에 시한폭탄을 설치하고, 차량 이동 중인 이승만을 향해 권총을 쏘는 등 여러 차례 암살을 시도하지만, 이승만은 모두 극복하고 살아남습니다.

3. 셋째, 전 세계 언론입니다.

당시 언론은 통일정부 수립에 반대하는 이승만을 향해 전쟁을 원하느냐며 그를 '전쟁광', '수구꼴통', '극우세력'이라고 맹렬히 비난합니다.

하지만 그 사이에 미국의 예상과 달리 국제정세는 뜻밖의 방향으로 흘러갑니다.

① 소비에트 사회주의 공화국 연방(1922~1991), 유고슬라비아 사회주의 연방 공화국(1943~1992), 불가리아 인민공화국(1946~1990), 체코슬로바키아 인민 공화국(1948~1960), 헝가리 인민공화국(1949~1989), 폴란드 인민공화국(1952~1989), 루마니아 사회주의 공화국(1965~1989) 등이 있습니다.

○ 트루먼 독트린(Truman Doctrine): 1947년 3월 12일 미국 트루먼 대통령이 발표한 외교 정책으로, 공산주의 확산을 막기 위해 전쟁으로 황폐해진 자유주의 국가에 군사·경제적 지원을 제공하겠다는 원칙입니다.

② 1947년 11월 14일 유엔 총회는 찬성 43표, 반대 0표, 기권 6표로 '한국독립문제(The Problem of the Independence of Korea)' 결의안을 채택했습니다.

국제상황 전개

제2차 세계대전 이후, 미국은 전쟁으로 황폐해진 소련을 쉽게 제어할 수 있다고 여겨 '대소 유화책'을 펼칩니다. 그런데 예상과 달리, ① 동유럽을 비롯한 전 세계 곳곳에서 소련 주도의 공산화가 진행됩니다. 해방된 식민지 국가들은 유행처럼 좌우합작 정부를 수립하지만, 얼마 가지 않아 우파는 물론 소련파를 제외한 좌파 인사들까지 제거되면서 공산 독재국가로 전락합니다. 실제로, 공산화된 대부분의 국가들은 처음부터 공산당이 집권한 것이 아니라, 좌우합작이라는 미명 아래 공산화된 경우가 많습니다.

트루먼 독트린

이때 투철한 반공주의자였던 미국의 트루먼 대통령은 위대한 결단을 내립니다. 이전까지 고립주의에 머물던 미국 외교를 바꾸고, 공산주의의 확산을 막기 위해 자본주의 국가들을 지원하겠다는 1947년 3월 12일 ○ '트루먼 독트린'을 발표합니다. 이 선언은 미국 외교정책의 대전환이자, 소련과의 냉전이 본격화되는 출발점이 됩니다.

"전체주의 체제의 씨앗은 고통과 재난을 자양분 삼아 자라납니다. 가난과 분규라는 악의 토양에서 퍼지고 성장합니다.
보다 나은 삶을 바라는 사람들의 희망이 사라질 때 극성을 부립니다. 우리는 그 희망이 살아있도록 지켜야만 합니다.
세계 자유시민들은 자신의 자유를 위한 지원을 바라며 미국을 바라보고 있습니다."[4]

(The seeds of totalitarian regimes are nurtured by misery and want. They spread and grow in the evil soil of poverty and strife.
They reach their full growth when the hope of a people for a better life has died. We must keep that hope alive.)

트루먼 독트린 발표로 미국의 외교정책은 반공으로 전환되고, 좌우합작은 실패로 끝납니다. 미국은 이승만의 노선이 옳았음을 인정하고, 남한 내 공산 세력을 진압한 뒤 이승만이 대한민국을 반공 국가로 세우는 데 지원합니다. 당시 소련은 한반도의 100배에 달하는 국력으로 40여 개 국가를 공산화하지만, 그 흐름을 막아낸 유일한 나라가 바로 대한민국입니다.

유엔

제1차·2차 미소공동위원회와 좌우합작 모두 실패로 끝나자, 미국은 한반도 문제를 유엔에 상정합니다. ② 1947년 11월 14일 유엔은 찬성 43표, 반대 0표, 기권 6표로 한반도 내 자유선거를 통한 남북통일정부를 수립하기로 채택하지만, 이미 북한에 친소 정권을 수립한 소련은 *"외세의 의한 내정 간섭"*이

---

4)　Harry S. Truman, "Truman Doctrine (1947)." National Archives, 1947년 3월 12일. https://www.archives.gov/milestone-documents/truman-doctrine.

라고 주장하며 강하게 반대합니다.[5] 결국 소련의 입북 반대로, 선거는 남한에서만 실시됩니다. 1948년 1월 8일 유엔한국위원단은 서울에 도착하고, 좌익들의 숱한 방해공작에도 불구하고, 같은 해 5월 10일 남한의 제1대 국회의원 선거 (5.10 총선거)를 실시하고, 5월 31일 제헌국회가 개원합니다. 이후 7월 20일 간접선거를 통해 이승만이 전체 196표 중 180표를 얻어 초대 대통령에 선출됩니다. 마침내 1948년 8월 15일 온 국민이 염원하던 대한민국이 건국됩니다.

| 결단하기 |

해방 이후, 1948년 8월 15일 대한민국이 건국되기까지 숱한 위기들이 있었습니다. 북쪽에서는 소련과 북한의 개입으로 분단이 이루어졌고, 남쪽에서는 박헌영이 공산주의를 급속히 확산시켰으며, 국제적으로는 신탁통치와 좌우합작을 통해 공산화 위기가 닥쳤습니다. 이러한 사방의 압박 속에서 자유대한민국이 탄생한 것은 기적입니다. 그 중심에는 초대 대통령 이승만이 있었습니다. 이제 여러분은 과거의 교훈을 되새기는 데 그치지 않고, 이승만 대통령이 세운 대한민국을 지키고 널리 발전시키기를 바랍니다.

---

[5] 우리역사넷, "미·소공동위원회의 최종적 결렬과 한국문제의 유엔 이관." https://contents.history.go.kr/mobile/nh/view.do?levelId=nh_052_0050_0010_0010_0010.

8 김구에 대한 불편한 진실

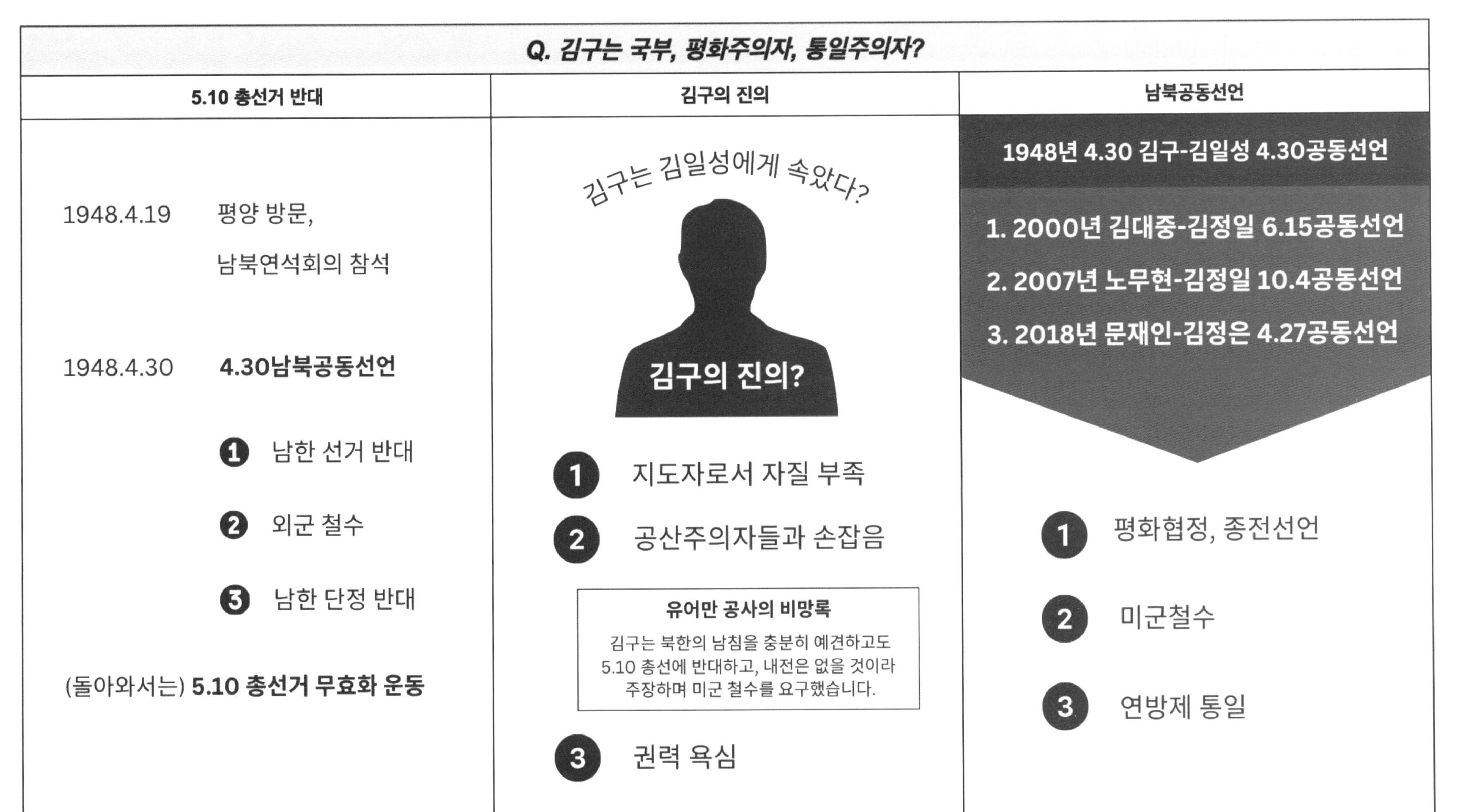

8. 김구에 대한 불편한 진실

오늘도 힘찬 구호로 역사공부를 시작해 봅시다: 이승만/역사교실, 자유통일/이룩하자, 와!

| **복습하기** | 해방 이후, 1948년 8월 15일 대한민국이 건국되기까지 숱한 위기들이 있었습니다. 북쪽에서는 소련과 북한의 개입으로 한반도가 분단되고, 남쪽에서는 박헌영을 중심으로 공산주의가 급속히 확산되었습니다. 국제적으로는 신탁통치와 좌우합작 논의가 이어지며 공산화 위기에 직면하기도 했습니다. 이처럼 사방에서 조여 오는 체제전쟁 속에서도 대한민국이 기적처럼 탄생할 수 있었던 것은 그 중심에 초대 대통령 이승만이 있었기 때문입니다. |

| **서론** | 이승만이 없었다면 오늘날의 대한민국은 없었습니다. 그럼에도 그를 독재자라며 국부로 인정하지 않는 사람들이 있습니다. 놀랍게도 이들이 공통적으로 대한민국의 국부로 칭송하는 인물이 있는데, 바로 김구입니다. '국부(國父)'란 나라를 세운 데 큰 공이 있어 국민의 존경을 받는 위대한 지도자를 뜻합니다. 그렇다면 김구는 과연 국부로 불릴 자격이 있었을까요? 오늘은 김구에 대한 불편한 진실을 함께 살펴보겠습니다. |

김구와 김규식 1948년 4월 19일 김구와 김규식은 남북통일정부 수립을 위한 남북연석회의에 참석하기 위해 평양을 방문합니다. 실제로는 1947년 11월 김일성이 남파 간첩 ○ 성시백과 ○ 서영해에게 이들을 포섭하여 회의에 참석시키도록 지시한 것이었습니다.[1] 이는 마치 남북이 합의하여 통일정부를 세우는 듯한 거짓 명분을 만들기 위한 시도였습니다. 김구는 초대 대통령으로 추대하겠다는 제안에 이끌려, 이승만 등 다수의 지도자들의 반대에도 불구하고 평양에 가서 4월 30일 남북공동선언에 서명합니다.

4.30 남북 공동선언 4.30 남북공동선언의 조항은 다음과 같습니다. 첫째, 남한의 단독정부가 수립되지 않도록 5.10 총선거를 반대한다. 둘째, 외군이 철수해도 내전이 발생하지 않을 테니 미군을 철수시킨다. 셋째, 남북통일정부를 지향하므로 남한의 단독정부를 반대한다. 김구와 김규식은 이 조항들에 동의하며 서명하고, 남한에 돌아와서는 5.10 총선거 무효화 운동을 벌입니다. 대한민국 건국의 출발점인 총선을 부정한 것입니다. 대한민국이 건국된 1948년 8월 15일에도 김구가 남긴 말을 보면, 그가 끝까지 소련과 북한의 편에 서서 대한민국을 부정했음을 알 수 있습니다.

> "비분과 실망이 있을 뿐이다. 새로운 결심과 용기를 가지고 강력한 통일운동을 추진해야 되겠다."[2]

김구의 진의? 오늘날 김구를 옹호하는 사람들은 통일을 원했던 김구가 소련과 김일성에게 속았을 뿐이라며 그를 감싸줍니다. 또 김구가 평화주의자였기 때문에 전쟁을 원하지 않았다고 말합니다. 하지만 그의 진의는 무엇이었을까요?

1. 지도자 자질 부족 첫째, 김구는 이승만보다는 국가 지도자로서의 자질이 부족한 사람이었습니다. 이승만 대통령의 정치고문 로버트 올리버(Robert T. Oliver) 박사는 그를 이렇게 평가했습니다.

> "이승만은 김구의 용기와 애국심은 크게 존경했지만 그의 상황 판단력에는 심각한 우려를 갖고 있었다. 영어를 알지 못하는 김구는 세계정세에는 어두웠다. 그는 미국이 중대한 국제문제에 당면해 있으며 한국문제 해결도 그들의 세계전략에 맞추어 서서히 풀어갈 것이라는 이승만의 주장을 납득하지 못했다.

○ 성시백(1905~1950): 황해도 출신의 김일성 직속 거물급 남파 간첩입니다. 1920년대 국내에서 공산주의 활동을 하다 중국으로 건너가 1930년대 중국공산당원이 되고, 이 과정에서 임시정부 인사들과도 교류했습니다. 해방 후인 1946년 2월 평양으로 넘어가 북조선공산당 간부이자 김일성 직속 대남공작부서인 연락실 부책임자를 맡았으며, 이후 남북을 오가며 공작 활동을 벌이다 6·25전쟁 중인 1950년에 사형당했습니다.

○ 서영해(1902~1949): 북한의 남파 간첩으로, 상하이 임시정부 시절 파리 주재원으로 활동하며 김구의 측근들과 가까웠습니다. 그는 김구를 찾아가 "나는 북조선의 기관에서 요직을 맡고 있습니다. 김 주석께서 유엔의 단독선거를 거부하고 김일성 위원장에게 남북 총선거를 제의하신다면, 김 위원장은 김 주석을 대통령으로 모실 준비가 되어 있습니다."라며 남북 총선거를 제안하도록 회유했습니다.

1) 류석춘, "북로당 간첩 성시백·서영해 공작으로 김구·김규식 남북협상 참여." 자유일보, 2024년 3월 3일. https://www.jayupress.com/news/articleView.html?idxno=26785.

2) 강휘중, *Korea Inside Out*: 역사편(서울: 가랑비, 2022), 88.

김구는 거시적 안목이 부족했고, 미국의 세계전략에 따라 한국문제가 영향받을 이유가 없다고 생각했다."[3]

2. 공산주의자와 손 잡음

둘째, 김구는 공산주의자들과 손을 잡은 사람이었습니다. 김구는 북한 인민군이 오래지 않아 남침하여 조선인민공화국을 선포할 것을 충분히 예견하고도, 남한에 돌아와서는 5.10 총선거를 반대하고 내전은 없을 것이라며 미군 철수를 주장했습니다.

유어만 공사의 비망록

공산주의자들과 손잡은 김구의 심리를 이해하는 데 결정적인 사료가 있습니다. 바로 1948년 7월 11일 김구와 유엔 한국위원회 중국 대표 유어만 공사의 대화 비망록입니다. 당시 유어만은 이 대화를 영문으로 요약하여 이승만에게 전달했고, 현재까지 이화장에 보존되어 있습니다. 비망록에는 김구가 남북연석회의에 참석한 배경과 그의 진의가 담겨 있습니다.

"내가 남북한 지도자 회의에 참석한 동기 중 하나는 북한에서 실제 일어나고 있는 일들을 알아보려는 것이었습니다. 공산주의자들이 앞으로 북한군의 확장을 3년간 중지한다고 하더라도, 그 사이 남한에서 무슨 노력을 하더라도 공산군의 현재 수준에 대응할 만한 군대를 건설하기란 불가능합니다. 소련인들은 비난받을 새도 없이 손쉽게 남한을 급습하는 일에 그것(북한군)을 투입시킬 것이고, 지금 잠시 여기(남한)에 어떤 정부가 서고 있지만 (곧 소련에 의한) 인민공화국이 선포될 것입니다."[4]

3. 권력 욕심

셋째, 김구는 권력욕이 있는 사람이었습니다. 김구가 북한을 두둔한 것은 복합적인 이유가 있겠지만, 그의 강한 권력욕이 크게 작용했을 가능성이 큽니다. ① 일제시대 때 김구는 사람을 살해한 혐의로 도피생활을 시작했고, ② 해방 후에는 장덕수 암살 사건의 용의자로 미군정에 지목되기도 했습니다.[5] 그는 반공과 친공을 오가며 끝내 김일성의 노선에 동조했고, ③ 끝내 안두희에게 암살당합니다.

결국 김구는 대한민국 건국을 방해하고, 소련과 북한의 남침을 예상하고도 침묵하여 수많은 국민을 위험에 빠뜨렸습니다. 이런 인물을 과연 국부, 평화주의자, 통일주의자라고 부를 수 있을까요?

남북공동선언

안타깝게도 김구와 김일성의 1948년 4.30 공동선언은 21세기까지 이어지고 있습니다. 김대중과 김정일의 2000년 6.15 공동선언, 노무현과 김정일의 2007년 10.4 공동선언, 문재인과 김정은의 2018년 4.27 공동선언은 모두 그 연장선에 있습니다. 특히 4.27 선언에서는 (첫째) 평화협정을 통해 전쟁을 종식하고, (둘째) 외국군 철수, (셋째) 낮은 단계의 연방제 추진이 주요 내용으로 담겨 있습니다. 이는 김구가 서명한 3대 조항과 본질적으로 같습니다. 왜 이런 일이 100년 가까이 반복될까요? 역사를 모르기 때문입니다.

1. **종전선언, 평화협정**: 과연 평화협정은 전쟁을 끝내고 진정한 평화를 가져올까요? ④ 평화협정은 평화를 보장하지 않습니다. ⑤ 국제정치사를 보면, 평화협정을 맺은 나라들이 오히려 맺지 않은 나라들보다 전쟁을 벌일 확률이 높습니다.[6] 우리는 역사를 통해 북한의 평화협정 제스처는 겉만 번지르르하지 우리나라의 존재 자체를 위협할 수 있음을 분별해야 합니다.

[3] 로버트 올리버, *이승만-신화에 가린 인물*(서울: 건국대학교 출판부, 2002), 257.

[4] 유석재, "1948년 7월 김구의 예측 "북한군 남침, 南은 망할 것." 조선일보, 2024년 2월 15일. https://www.chosun.com/culture-life/relion-academia/2024/01/26/NLMCZY22ERF67NG2SLHBCCJKRM/.

[5] 정안기, *테러리스트 김구*(서울: 미래사, 2024), 366-405.

[6] 이춘근, "'평화협정'으로 평화를 이룩할 순 없다." 펜앤드마이크, 2018년 1월 16일. https://www.pennmike.com/news/articleView.html?idxno=1067.

---

① 1896년 3월 9일 김구는 황해도 안악군 치하포의 한 주막에서 일본인 약장수 쓰치다 조스케를 살해합니다. 그는 자서전 『백범일지』에서는 피해자가 일본 육군 중위였기 때문에 죽였다고 썼지만, 실제로는 소지품을 뒤진 뒤에야 그 사실을 알았다고 기록하여, 결국 일본인이라는 이유로 살해한 셈입니다. 당시 김구의 잔인성을 보여주는 정안기의 『테러리스트 김구』에는 김구가 피해자를 난도질하고, 그 피를 마시고 얼굴에 바른 뒤 방 안으로 들어가 호통쳤다는 생생한 묘사가 나옵니다.

정안기, *테러리스트 김구*(서울: 미래사, 2024), 42.

② 1947년 12월 2일 한민당 정치부장 장덕수는 5.10 총선 대책을 논의하던 중 청년 두 명에게 총격을 받고 사망합니다. 단독정부 지지 입장이 이유였습니다. 장덕수는 황해도 재령 출신으로, 와세다대 졸업 후 공산주의 운동에 가담했지만, 1923년 미국 유학을 계기로 전향하고 컬럼비아에서 정치학 박사 학위를 받았습니다. 해방 후 한민당 외무부장으로 활동하며 이승만을 도와 단독정부 수립에 기여했고, 깊은 신뢰를 받았습니다. 이틀 뒤 경찰은 범인 두 명과 공모자 세 명을 체포하는데, 모두 김구가 총재였던 '대한학생총연맹' 간부들이었습니다. 이들은 김구의 지시로 범행했다고 자백합니다. 이에 김구는 재판에 증인으로 출석하여, 다리를 꼰 채 자신은 장덕수 암살을 지시한 적이 없으며, 자신의 이름이 거론되는 것은 모략이라고 일축합니다. 결국 김구는 심증은 있었지만 물증이 없어 무혐의 처분을 받고, 이 사건으로 정치적 신뢰에 큰 타격을 입습니다. 그리고 1948년 3월 12일 '모략을 받았다'고 주장한 바로 그날 남한 단독선거 불참을 선언합니다. 어쩌면 이 사건에 연루된 순간부터 4월 19일 남북연석회의 참석은 이미 예고된 일이었는지도 모릅니다.

전봉관, "나는 왜놈 이외에는 죽이라고 명령하지 않았소'." 조선일보, 2024년 10월 21일. https://www.chosun.com/national/weekend/2024/10/19/IS333SBG2ZDNXFBO257WNXLEYM/.

③ 안두희는 육군 포병 소위로, 김구의 정치 노선에 회의감을 느낀 인물이었습니다. 그는 김구의 총선거 반대, 공산당과의 협력, 미군 철수 주장, 미국 원조 반대, 북한 찬양 등을 문제 삼아 결국 김구를 사살했습니다.

④ 로마의 베게티우스(Flavius Vegetius Renatus)는 '평화를 원한다면 전쟁을 준비하라'고 말했습니다. 전쟁을 각오한 나라만이 평화를 지킬 수 있다는 것이 역사의 교훈입니다. 평화와 전쟁은 반대 개념이 아닙니다. 따라서 '평화가 좋으냐, 전쟁이 좋으냐'는 질문 자체가 잘못된 것입니다.

⑤ 영국의 체임벌린 총리(Neville Chamberlain)는 히틀러와 평화협정을 맺은 뒤 *"이것이 이 시대의 평화올시다"*라고 자부했지만, 불과 몇 년 만에 제2차 세계 대전이 발발했습니다.

2. **미군철수**: 평화협정의 궁극적 목표는 미군을 철수시키는 것입니다. 전쟁이 끝나면 미군이 한반도에 주둔할 명목이 사라지기 때문입니다. 그래서 북한이 끊임없이 외세의 도움 없이 우리끼리 자주통일을 이루자고 손짓해 왔습니다. 하지만 6.25 전쟁은 미군 철수 후 1년도 안 되어 발발했습니다. 이는 미군 철수가 곧 북한의 적화통일을 가능하게 하는 지름길임을 보여줍니다.

3. **연방제 통일**: '연방제 통일'은 '1민족 1국가 2체제 2정부'를 유지하다 점차 하나의 국가(1민족 1국가 1체제 1정부)로 통일하자는 방식입니다. 말만 거창하지, 결국 한반도 전체를 적화하기 위한 수단에 불과합니다. 처음 김일성은 국보법 폐지와 미군 철수를 전제로 한 고려연방제(높은 단계 연방제)를 주장했지만, 남한이 이를 수용하지 않자 표현을 순화하여 제안한 것이 '낮은 단계 연방제'입니다. 서로 다른 체제가 공존하는 것은 불가능하며, 결국 이념이 강한 쪽이 약한 쪽을 흡수하게 됩니다. 연방제 통일은 결국 공산화로 이어질 수밖에 없습니다.

결단하기 오늘날 대한민국의 국부는 김구였어야 한다고 주장하는 사람들이 있습니다. 2020년 7월 23일 문재인 정부의 통일부 장관 후보자였던 친북 성향의 전국대학생대표자협의회(전대협) 1기 의장 출신 이인영은 국회 인사청문회에서 이렇게 말했습니다.

> "이승만 대통령이 국부라는 주장에 대해서 다르게 생각합니다
> (중략) 우리의 국부는 김구 주석이 되는 것이 더 마땅했다는 역사인식을 가지고 있습니다."[7]

과연 공산주의자들과 손잡고 대한민국의 건국을 부정한 사람을 국부라고 할 수 있을까요? 북한의 국민이라면 몰라도, 대한민국 국민이라면 쉽게 받아들이기 어렵습니다. 민주적 절차로 선출된 초대 대통령을 부정하는 것은 곧 대한민국의 민주주의와 헌법 자체를 부정하는 심각한 문제입니다. 그럼에도 이런 역사관을 가진 사람이 대한민국의 통일부 장관으로 임명되고 있는 사실은 우리가 얼마나 심각한 역사 인식의 위기에 처해 있는지를 보여줍니다. 결국 모든 역사전쟁의 쟁점은 대한민국과 이승만을 인정하느냐 혹은 부정하느냐에 달려있습니다. 그렇다면 굳이 공산주의와 손잡은 김구를 국부라고 치켜세우는 이유가 무엇일까요? 바로 이승만 대통령을 부정하기 위함입니다. 이제 여러분은 이승만 대통령이 대한민국을 건국한 가치와 발전시킨 과정을 올바르게 배우고, 이승만 대통령을 재조명함으로써 대한민국을 세워가는 데 크게 기여하기를 바랍니다.

---

[7] 조준혁, "이인영 "우리의 국부 김구가 됐어야 했다는 생각 갖고 있어." 한국경제, 2020년 7월 23일. https://www.hankyung.com/article/2020072306347.

(1~8강) 역사 스케치

지금까지 배운 내용을 바탕으로, 1~8강의 핵심 내용을 자신만의 방식으로 정리해 보세요.

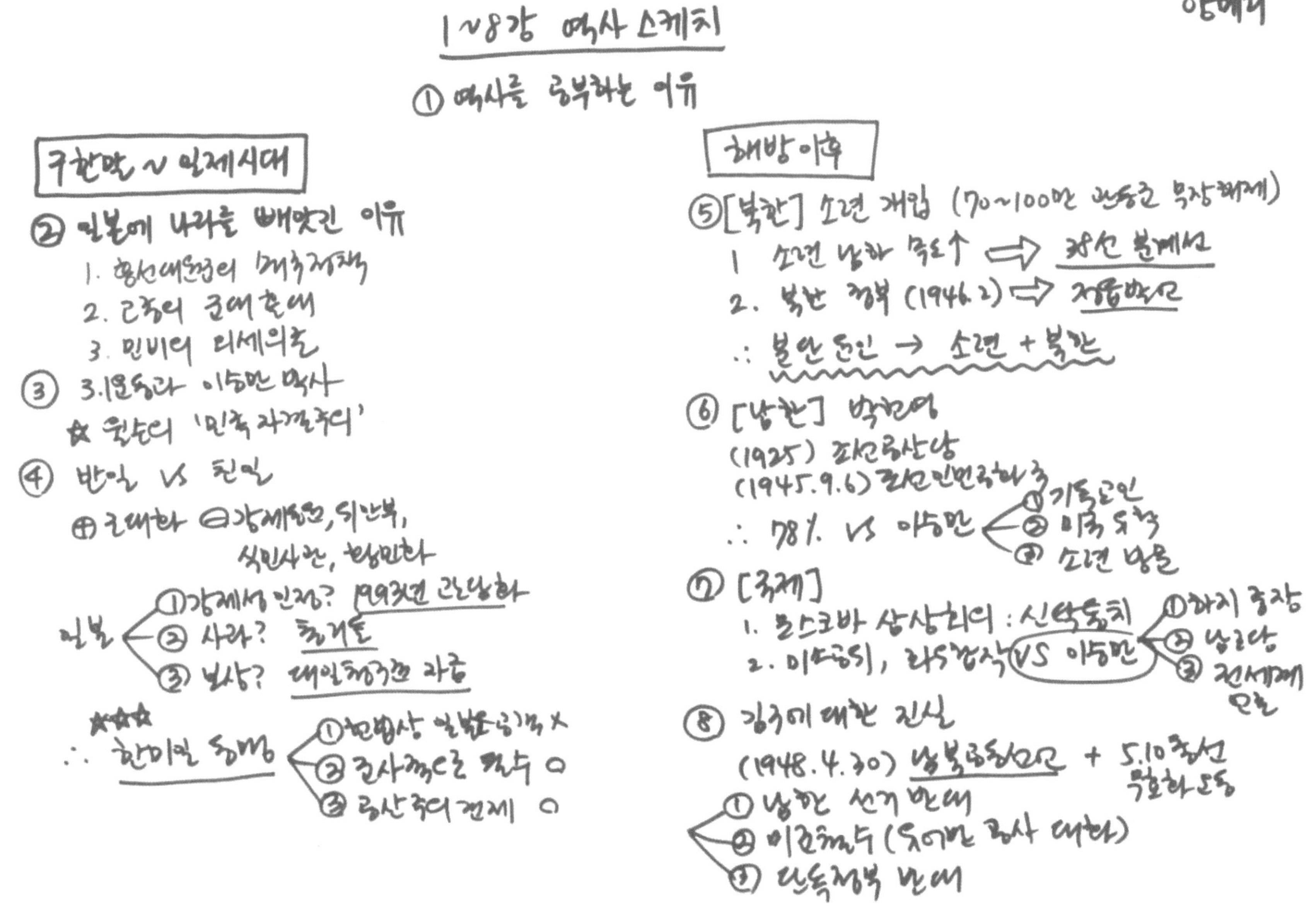

9 조선공산당의 위조지폐 사건

① **목적** = 공산정권 수립

② **방법** = 무장폭동, 반란

생각해 보기

일부 학자들은 1차 체제전쟁을 공산주의 반란이 아닌 시민들의 100% 자연발생적 민중항쟁이라 주장합니다. 하지만 <스티코프 비망록>은 남한에서 일어난 1차 체제전쟁에 박헌영의 남로당과 북한 소군정이 깊이 관여했음을 분명히 보여줍니다.

1차 체제전쟁

(1945~1948)

前 대미협조전술

미군정에 전반적으로 동조; 직접적 비판 X, 물리적 충돌 X

★ 1946.5 정판사 사건

남한 공산정권 수립을 위해 일제 총독부 조폐공장 인수해서 위조지폐 발행 (약 1200만)

(1) 국민 반응
(2) 공산당 불법화

後 1946.7 신전술 채택

스티코프의 비망록

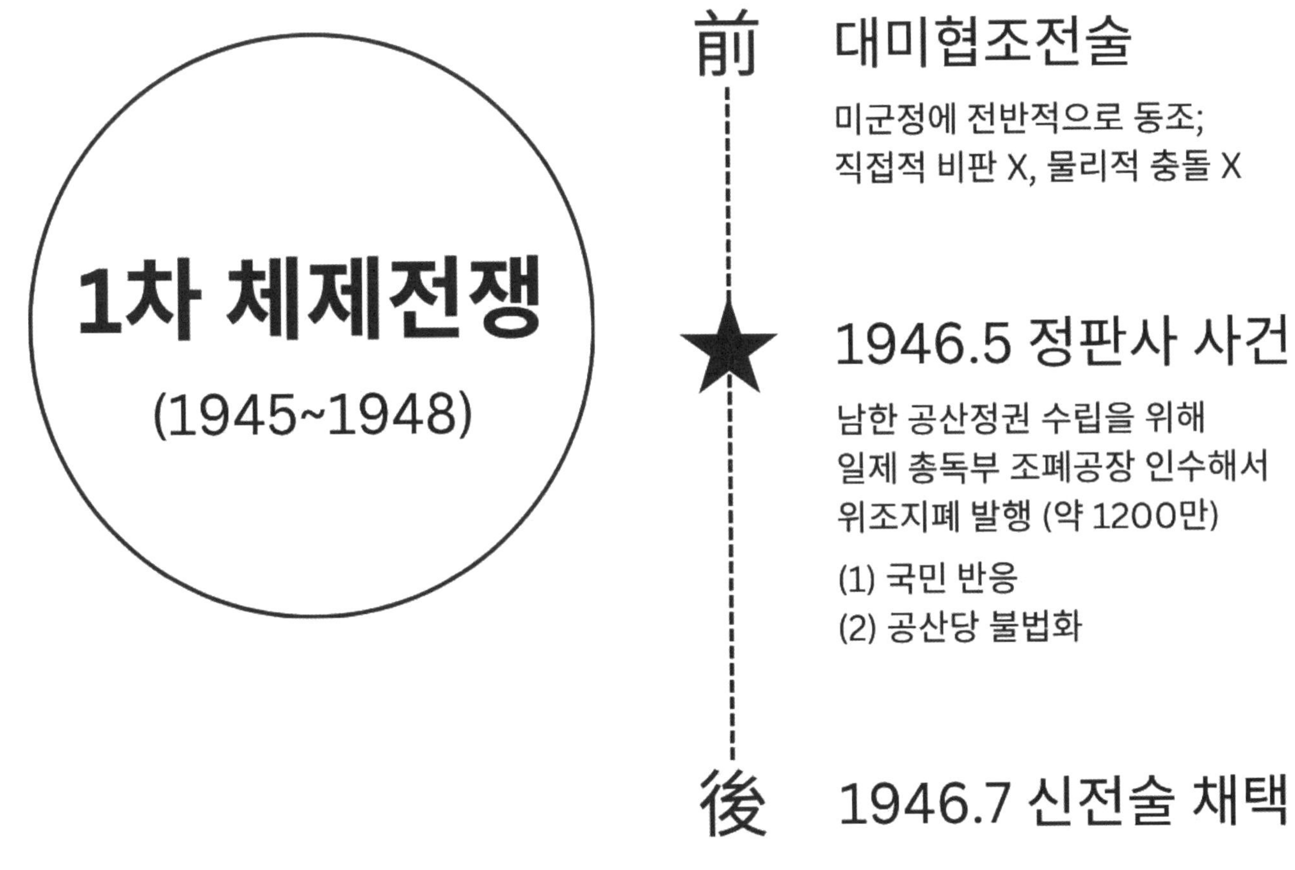

① 지령

② 지침

③ 자금

9. 조선공산당의 위조지폐 사건

[오늘도 힘찬 구호로 역사공부를 시작해 봅시다] 이승만/역사교실, 자유통일/이룩하자, 와!

복습하기 1945년 8월 15일 광복의 기쁨도 잠시 북쪽에서는 소련과 북한에 의해 한반도가 분단되고, 남쪽에서는 박헌영의 등장으로 극심한 체제 전쟁이 시작되고, 국제적으로는 공산주의 열풍이 일어납니다. 이때 유일하게 반공을 외친 사람이 이승만입니다. 이승만은 독실한 기독교인이었고, 미국 유학을 통해 유럽의 자유·평등·박애를 배웠고, 소련 모스크바 방문을 통해 공산주의의 실체를 정확히 파악했습니다. 반면, 김구는 평양을 방문하여 4.30 남북공동선언에 서명하고, 5.10 총선거를 반대했습니다. 그럼에도 불구하고, 오늘날까지 김구를 국부라고 추켜세우는 사람들이 있습니다. 이는 결국 이승만을 깎아내리기 위함입니다. 이제는 왜곡된 역사 인식을 바로잡고, 이승만에 대한 진실을 올바르게 재조명해야 합니다.

서론 해방 직후, 우리나라는 1945~1948년 박헌영과 남로당에 의해 '1차 체제전쟁'이 벌어집니다. 박헌영은 대한민국의 건국을 방해하기 위해 공산주의자들과 합작하여 수차례의 공산폭동을 일으킵니다. 오늘날 교과서는 이를 100% 자연발생적 '민중항쟁'이라고 부르지만, 과연 그럴까요? 오늘은 1차 체제전쟁의 배경을 살펴보겠습니다.

**1. 목적:
공산정권 수립** 이제까지 일부 학자들은 1차 체제전쟁의 사건들(9월 총파업, 대구 10.1, 제주 4.3, 여순 10.19 등)을 공산주의자들의 ○ 반란이 아니라, 시민들의 100% 자연발생적 민중항쟁이라고 주장해 왔습니다. 과연 그럴까요?

> ○ 반란((叛亂): 특정 집단이 기존의 권력과 국가를 전복할 목적으로 벌이는 행위입니다.
>
> ○ 보리스 옐친(1931~2007): 소련 붕괴 후 출범한 러시아 연방의 초대 대통령으로, 1991년부터 1999년까지 재임했습니다.

**스티코프의
비망록** 1차 체제전쟁이 체제 전복을 목적으로 한 반란이었음을 입증하는 가장 확실한 자료는 '스티코프의 비망록'입니다. 소련 붕괴 후 ○ 옐친(Boris Yeltsin) 대통령이 공개한 이 문서는 북한 정권 수립기에 실권자였던 소련의 스티코프(Terentiǐ Fomich Shtykov)가 남긴 일기 형식 기록으로, 남로당 박헌영과 북한 소군정의 개입 정황이 담겨 있습니다. 1946년 9월 9일 박헌영은 스티코프에게 사회단체 지도 방안을 문의하고, 스티코프는 *"테러와 압제에 반대하는 대중적인 시위를 벌이고 항의집회를 개최하라."*고 지시합니다.[1][2] 이 지령은 9월 11일과 16일 두 차례에 걸쳐 내려졌으며, 소군정은 9월 총파업과 대구 10.1 사건에 각각 200만 엔, 300만 엔을 지원하고 구체적 행동 지침도 전달합니다.[3] 이는 1차 체제전쟁이 자연발생적 민중항쟁이 아니라, 남로당과 북한 소군정이 체제를 전복하고 공산정권을 수립하려는 시도였음을 보여줍니다.

**2. 방법:
무장폭동** 해방 후 조선공산당(남로당의 전신)은 미군정에 협조하는 '대미협조전술'을 채택하지만, 미소공위와 좌우합작이 결렬되고, 1946년 5월 정판사 사건(또는 조선공산당 위조지폐 사건)으로 궁지에 몰리자, '무장폭동'이라는 신전술(새로운 전술)을 채택합니다.

**정판사 사건
1946.5** 1945~1946년 초까지 조선공산당은 공산정권 수립을 위한 자금을 조달하기 위해, 일제 총독부가 운영하던 '조선정판사'라는 인쇄소를 인수하여 약 1,200만 원의 위조지폐를 비밀리에 발행합니다. 이는 당시 신문기자 1,700년 치 월급, 오늘날 가치로 약 400억 원에 해당하는 금액입니다. 이는 한국 근현대사 최대의 위조지폐 사건으로, 남한에 극심한 인플레이션을 초래합니다. 결국 조선공산당은 미군정 수사 결과 유죄로 확정되어

---

1) 박윤식, *대한민국 근현대사 시리즈 2: 1948년 제주 4.3사건*(서울: 휘선, 2011), 84.

2) 박윤식, *대한민국 근현대사 시리즈 2: 1948년 제주 4.3사건*(서울: 휘선, 2011), 84.

3) 류석춘, *이승만 시간을 달린 지도자 2: 미군정과의 대립과 UN 1945~1948*(서울: 북앤피플, 2024), 74.

불법화되고, 충격을 받은 국민들은 공산당에 등을 돌립니다.

| 한경직 목사 | 정판사 사건 발각에 결정적 역할을 한 인물이 영락교회의 한경직 목사님입니다. 한경직 목사님은 신앙심만큼 국가관과 애국심이 투철한 사람이었습니다. 1902년 평양에서 태어난 한경직 목사님은 해방 후 북한에서 기독교민주당을 창당하여 김일성과 맞서지만, 극심한 박해로 월남하여 1945년 베다니전도교회(현 영락교회)를 설립합니다. 교인 대부분은 북한에서 공산 박해를 피해 내려온 북한 출신 기독교인들이었고, 그중 청년들은 ○ 서북청년단을 결성하여 남로당 세력 약화에 큰 기여를 합니다. 이후 한경직 목사님은 남한에서 기독사회당을 창당하고, ○ 오제도 검사에게 박헌영 체포를 촉구하며 정판사 사건 발각에 핵심적인 역할을 합니다.

신전술 채택
1946.7

정판사 사건으로 미군정은 박헌영에 대한 체포령을 내리고, 공산당 주요 간부들을 체포하고, 좌익 신문들을 중지시키고, 조선공산당 자체를 불법화합니다. ① 궁지에 몰린 박헌영은 월북하여, 1946년 7월 비합법투쟁도 불사하는 신전술이 필요하다며 '무장폭동'을 채택합니다. 그는 무장폭동의 정당성을 다음과 같이 설명했습니다. *"지금까지 미군정과 그 비호하의 반동들의 테러에 대하여 그저 맞고만 있었으나 지금부터는 맞고만 있을 것이 아니라 정당방위의 역공세로 나가자. 테러는 테러로써, 피는 피로써 갚자."*[4] 상식적으로, *"정당방위의 역공세"*는 어불성설입니다. 그들은 지폐위조의 범죄를 저질렀기 때문에 미군정에 의한 합법적 조치를 받은 것입니다. 그런데 반성하기는커녕, 이에 대해 불만을 품고 무력으로 뜻을 이루겠다고 선언한 것입니다.

결단하기

해방 후 1945년부터 1948년까지 남한에서 벌어진 1차 체제전쟁은 남로당, 북한, 소군정이 일으킨 무장 반란이었으며, 이는 역사적 사료가 증언하는 사실입니다. 하지만 오늘날까지 좌파들은 이를 100% 자연발생적 '민중항쟁'이라 주장하며, 많은 국민들을 속이고 있습니다. 오늘날 좌파가 활개 치는 근본 원인은 국민들이 1차 체제전쟁의 역사를 모르기 때문입니다. 이제 여러분은 1차 체제전쟁의 역사를 바로 알고, 대한민국 국민을 깨우는 데 크게 기여하기를 바랍니다.

○ 서북청년단(西北靑年團): 주로 북한 평안도 출신 월남 청년들로, 영락교회 청년들이 주축이었습니다. 강한 반공 정신으로 1948년 제주 4.3 진압 토벌군에도 참여했습니다.

○ 오제도 검사: 평안남도 출신의 공안 검사이자 영락교회 장로입니다. 그는 1949년 한때 37만 명 규모였던 남로당이 붕괴하자 좌익 전향자 계몽·지도를 위해 반공단체 '국민보도연맹'을 조직했습니다. 1950년 6.25전쟁 중 수감 중이던 죄질이 나쁜 전향자들이 북한에 동조할 조짐을 보이자 일부를 처형하고 후퇴하는데, 이를 '국민보도연맹 사건'이라고 합니다. 오늘날 역사교과서는 이를 민간인 학살로 규정하며 이승만 대통령을 비판하지만, 당시 보도연맹원 중 상당수가 반공 인사 및 시민 학살에 앞장섰던 사실은 거의 언급하지 않습니다. 무고한 희생은 안타까운 일이지만, 이는 공산 세력에 의한 국가 전복 위기 속에서 더 많은 국민을 지키기 위한 불가피한 조치였습니다.

① 박헌영은 미군정의 감시를 피해 상여에 실린 관 속에 숨어 월북합니다. 스티코프 비망록은 그의 월북 과정을 다음과 같이 기록합니다.
"1946년 10월 6일 박헌영이 남한을 탈출해 북한에 도착했다. 박헌영은 9월 29일부터 산악을 헤매며 방황했는데 그를 관에 넣어 옮겼다. 박헌영이 휴식을 취하도록 지시했다(10월 7일)."

박윤식, 대한민국 근현대사 시리즈 2: 참혹했던 비극의 역사 1948년 제주 4.3 사건(서울: 휘선, 2011), 50-51.

---

4) 박일원, 남로당의 조직과 전술(서울: 세계, 1984), 31-32.

10 폭동의 전초전, 9월 총파업

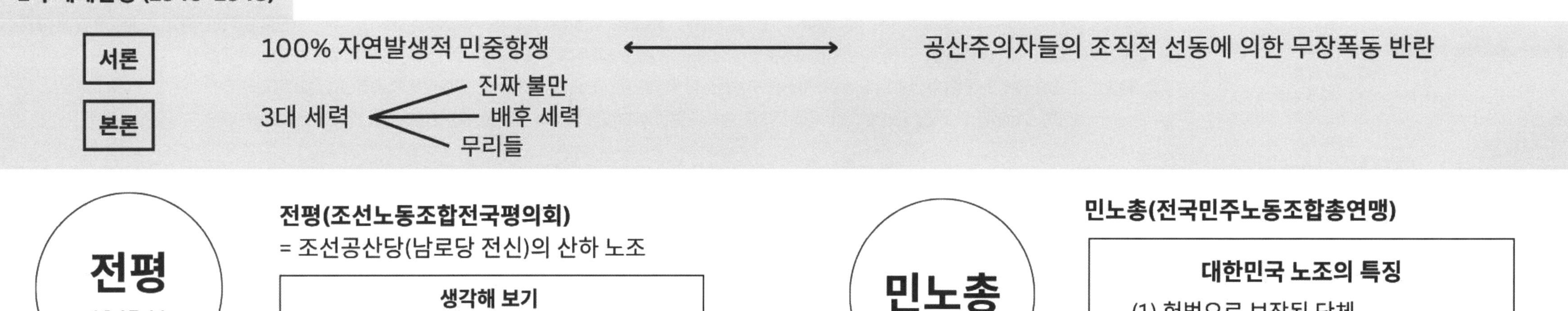

10. 폭동의 전초전, 9월 총파업

오늘도 힘찬 구호로 역사공부를 시작해 봅시다: 이승만/역사교실, 자유통일/이룩하자, 와!

복습하기 해방 직후, 우리나라는 1945~1948년 박헌영과 남로당에 의해 '1차 체제전쟁'이 벌어집니다. 오늘날 교과서는 이를 100% 자연발생적 민중항쟁이라고 부르지만, 박헌영은 반란을 일으키기 위해 북한의 소군정 스티코프와 여러 차례 교류하며 지시와 지침과 자금을 받았고, 정판사 사건을 계기로 무장폭동을 신전술로 채택합니다. 1차 체제전쟁의 목적은 남로당·북한·소군정에 의한 무장 반란이었으며, 이는 스티코프의 비망록이 증언하는 사실입니다.

서론: 100% 자연발생적 민중항쟁인가? 아니면 공산당의 조직적 선동에 의한 무장폭동 반란인가?

서론 해방 이후, 박헌영의 남로당은 남한을 적화시키기 위해 1945년부터 1948년까지 반란(무장폭동)을 일으킵니다. 이를 가리켜 '1차 체제전쟁'이라고 합니다. 이 책은 1차 체제전쟁을 보다 쉽게 이해하기 위해 '서론→본론→결론'의 구조를 사용하여 설명합니다.

1. (서론) '1차 체제전쟁의 해당 사건은 100% 자연발생적 민중항쟁인가? 아니면 공산당의 조직적 선동에 의한 무장폭동 반란인가?'
2. (본론) '1차 체제전쟁의 모든 사건에는 3대 세력이 있습니다. 첫째, 진짜 불만을 가진 사람들입니다. 둘째, 정치적 목적(공산정권 수립을 위한 반란)을 위해 선동하는 배후 세력(남로당)입니다. 셋째, 선동에 넘어가는 무리들입니다.'
3. (결론) '좌익들은 모든 사건에 대하여 7단계 전술을 사용합니다(선전선동·조직·계기·대중시위·유혈사태·무장폭동·내전).'

이제 여러분은 이 구조를 잘 활용하여, 1차 체제전쟁에 대한 왜곡된 정보를 정확하게 반박하기를 바랍니다. 오늘은 1차 체제전쟁의 첫 번째 사건, 9월 총파업에 대해 살펴보겠습니다.

본론: 3대 세력(진짜 불만·배후·무리들)

전평 해방 후 1945년 11월 박헌영은 노동자에 대한 영향력을 행사하기 위해 조선노동조합전국평의회(전평)를 조직합니다. 전평은 명목적으로는 노동조합연맹이었지만, 실제로는 조선공산당(남로당의 전신)의 산하 노조였습니다.

'노조'란 무엇인가? 노조는 '노동조합'의 줄임말로, 노동자들의 권리를 보호할 목적으로 설립된 노동단체를 말합니다. 하지만 70여 년 전이나 오늘날이나 우리나라의 다수 노조는 표면적으로는 노동자들을 위하는 듯 보이지만, 실제로는 정치적 의도를 지닌 경우가 많습니다. 물론 순수한 노조도 있지만, 그들의 수는 극히 적고 영향력은 작습니다. ① 당시 전평의 행동강령만 봐도, 이들이 노동조합이 아닌 공산정권 수립을 위한 정치집단이었음을 알 수 있습니다. 예컨대 13항에는 '조선인민공화국을 지지하자', 14항에는 '조선의 자주독립 만세'라는 내용이 명시되어 있습니다.

① 전평의 행동강령은 다음과 같습니다.
1. 노동자의 일반적 생활을 보장할 최저임금제를 확립하라.
2. 8시간 노동제를 실시하라.
3. 7일 1휴가제와 연 1개월 간의 유급휴가제를 실시하라.
4. 부인 노동자의 산전 산후 2개월 간 유급휴가제를 실시하라.
5. 유해위험작업은 7시간제를 실시하라.
6. 14세 미만 유년노동을 금지하라.
7. 노동자를 위한 주택, 탁아소, 음악실, 도서관, 의료기관을 설치하라.
8. 노동자의 이익을 위한 단체계약권을 확립하라.
9. 해고와 실업을 절대 반대한다.
10. 일본제국주의의 매국적 민족반역자 및 친일파의 일체기업을 공장위원회에서 보관, 관리하라.
11. 실업, 상병, 노폐노동자와 사망한 노동자의 유족 생활을 보장하는 사회보험제를 실시하라.
12. 농민운동을 절대 지지하자.
13. 조선인민공화국을 지지하자.
14. 조선의 자주독립 만세!
15. 세계노동계급 단결 만세!

| **9월 총파업** | 조선공산당은 해방 후 1945년 11월 전평을 조직하고, 1946년 7월 신전술로 전환합니다. 이후 미군정에 대한 대규모 대중투쟁을 위해 북한 주둔 소군정 |

조선공산당은 해방 후 1945년 11월 전평을 조직하고, 1946년 7월 신전술로 전환합니다. 이후 미군정에 대한 대규모 대중투쟁을 위해 북한 주둔 소군정으로부터 *"추수기 10월에 노동자 총파업을 일으키라"*라는 구체적인 행동지침과 투쟁자금 200만 엔을 받습니다.[1] 그러던 중 1946년 식량부족 사태가 발생하면서, 조선공산당에게 총파업을 일으킬 절호의 기회가 찾아옵니다.

#1 진짜 불만

해방 후 일본군과 일본인들이 철수하면서, 우리나라 경제의 80% 이상을 차지하던 생산자와 소비자가 대거 빠져나갑니다.[2] 이때 일본 공장과 기술도 대거 철수되고, 좋지 않은 날씨가 맞물리면서, 한반도 전체의 미곡 생산량이 급격히 저하됩니다. 설상가상으로, 일본에 있던 전재민들이 조국으로 돌아오면서 쌀 소비 인구는 급증하고, 당시 해방으로 자유로워진 쌀 소비에 미곡상들은 매점매석을 일삼으며, 결과적으로 쌀값이 5~6배나 오릅니다.[3] 사실 식량부족 사태를 해결하기 위해서는 미곡의 생산량을 증가시키는 방법밖에 없지만, 미군정은 1946년 1월 25일부터 가정마다 소비량 외에 쌀을 의무적으로 판매해야 하는 '미곡 수집령'을 시행합니다. 이는 매점매석을 막고 쌀을 균등하게 배급하기 위한 조치였지만, 시행 당시 이미 농가는 대부분의 쌀을 판매한 뒤였고, 수집 가격도 낮아 농민들이 협조하지 않았습니다. 결국 목표 551만 석 중 69만 4천 석을 수집하는 데 그치는데, 수집 과정에서 경찰과 농민 간 충돌이 발생하면서 미군정에 대한 농민들의 반감이 확산됩니다.

#2 배후

미군정의 실패한 미곡 수집령을 계기로, 전평이 미군정에게 ② 요구한 주요 사항은 다음과 같습니다.[4]

1. 쌀을 배급해 달라.
2. 실업자에게 일, 집, 쌀을 제공해 달라.
3. 북한과 같은 노동법을 실시해 달라.
4. 어떤 노동운동이든지 자유를 달라.
5. 우리를 향한 테러, 공격, 무력적 행동을 배격해 달라.
6. 투쟁인사 체포를 금지해 달라.
7. (정판사 사건을 계기로) 정지시킨 신문을 다시 간행할 수 있게 해 달라.

전평이 미군정에 제시한 요구는 노동 문제라기보다 공산주의적 성격이 강합니다. 특히 4~7항(좌익 공산당의 정치적 자유 보장, 공산주의자 수배 철회, 수감 중인 좌익 석방, 좌익 언론 제재 취소 등)은 오늘날로 치면 국가보안법 철폐와 같은 수준으로, 노동과 직접적 관련이 없는 내용입니다. 미군정은 전평의 요구를 거부하지만, 조선공산당과 전평은 물러서지 않습니다. 오히려 혼란스러운 사회 분위기를 이용하여 총파업을 9월로 앞당기고, 공산주의 투쟁을 '쌀'이라는 먹고사는 문제를 위한 순수한 항쟁으로 포장하여 백성들을 선동합니다.

스티코프의 비망록

③ 스티코프 비망록에는 1946년 9월 총파업 직전, 조선공산당 박헌영과 북한 소군정 최고 책임자 스티코프가 주고받은 대화 내용이 기록되어 있습니다. 1946년 9월 9일 박헌영은 스티코프에게 사회단체 지도 방안을 문의하고, 스티코프는 *"테러와 압제에 반대하는 대중적*

---

② 당시 전평이 미군정에게 요구한 사항은 다음과 같습니다.

1. 쌀을 달라. 노동자와 사무원 모든 시민에게 3홉 이상 배급하라.
2. 물가등귀에 따라 임금을 인상하라.
3. 전재민·실업자에게 일과 집과 쌀을 달라.
4. 공장 폐쇄, 해고 절대 반대.
5. 노동운동의 절대 자유.
6. 일체 반동테러 배격.
7. 북조선과 같은 민주주의적 노동법령을 즉시 실시하라.
8. 민주주의운동의 지도자에 대한 지명수배와 체포를 즉시 철회하라.
9. 검거 투옥 중인 민주주의 운동자를 즉시 석방하라.
10. 언론·출판·집회·결사·시위·파업의 자유를 보장하라.
11. 학문의 자유를 무시하는 국립대학안을 즉시 철회하라.
12. 해방일보·인민보·현대일보 기타 정간 중인 신문을 즉시 복간시키고, 그 사원을 석방하라.

③ 소련 붕괴 후 옐친 대통령이 공개한 이 문서는 북한 정권 수립기에 실권자였던 소련의 스티코프가 남긴 일기 형식 기록으로, 남로당 박헌영과 북한 소군정의 개입 정황이 담겨 있습니다.

---

[1] 류석춘, *이승만 시간을 달린 지도자 2: 미군정과의 대립과 UN 1945~1948*(서울: 북앤피플, 2024), 74.

[2] "경제적 혼란." 우리역사넷. https://contents.history.go.kr/mobile/nh/view.do?levelId=nh_052_0040_0010_0010_0010.

[3] 서울시정개발연구원, "서울시민의 가계지출의 변화(1960년대-2000년." 9.

[4] 자료 총파업선언서, *전국노동자신문*(1946년 11월 22일).

인 *시위를 벌이고 항의집회를 개최하라.*"고 지시합니다.[5)6)] 이 지령은 9월 11일과 16일 두 차례에 걸쳐 내려지고, 소군정은 9월 총파업에 200만 엔을 지원하고 파업폭동에 대한 구체적 행동 지침까지 전달합니다.[7)] 스티코프 비망록은 9월 총파업이 결코 자연발생적 사건이 아니며, 그 배후에 박헌영의 조선공산당과 북한 소군정이 깊이 관여했음을 분명히 보여줍니다.

#3 무리들 박헌영과 조선공산당은 전평에 예속된 노동자들을 총동원하여 시내에서 ○적기가를 부르고 파업을 선동합니다. 그 결과 1946년 9월 23일 부산 철도 노동자 7,000명을 시작으로 전국에서 4만여 명이 참가하는데, 대부분이 전평 소속 노동자들이었습니다. 파업은 9월 30일 경찰·우익 노동자·청년단체의 진압으로 일주일 만에 종료되지만, 그 과정에서 사망자가 발생합니다. 결국 노동자들은 파업을 통해 실질적으로 얻은 권리나 이득은 하나도 없는 채, 조선공산당의 정치적 목적을 위해 이용만 당한 꼴이 된 것입니다. 이후 조선공산당은 9월 총파업을 시작으로, 전국 각지에서 대대적인 무장폭동(대구 10.1, 제주 4.3, 여순 10.19)을 일으키고, 수많은 희생자를 초래합니다.

"조선공산당은 이번 대구 10.1 폭동은 자기들과는 무관한 일이라고 발뺌을 했으나, 폭동지령문과 각종의 증거가 당국에 무수히 압수되자 할 말이 없었다.

이번 폭동사건에 가장 무서웠던 것은 양민들이 공산주의가 무엇인지를 도무지 몰랐다는 것이다.

군중이 와 하고 움직이면 덩달아서 따라가는 것이 도민들의 한결같은 마음가짐이었다. 폭동에 가담하였던 사람 중에는 양민도 없지않아 있는 것이다.

이들이 모두 8.15의 해방된 감격과 민족의 걸어 나갈 방향을 미처 정립하지 못한 때를 공산주의자들은 교묘히 이용한 것이다.

이번 폭동을 처음부터 끝까지 기획하고 조종했던 호성탁은 조선공산당의 총 두목 박헌영에게 불리어갔다."[8)]

민노총 지금 대한민국에는 전평과 유사한 조직이 여전히 많습니다. 과거에는 조선공산당의 전평이 있었다면, 오늘날에는 가장 대표적으로 전국민주노동조합총연맹(민주노총)이 있습니다. 현재 우리나라에서 가장 큰 노조는 ④ 민주노총과 ○한국노동조합총연맹(한국노총)입니다.

대한민국 노조 우선, 우리나라 노조에 대한 몇 가지 배경지식을 알아야 합니다.

1. 첫째, 노조는 우리나라 헌법으로 보장되는 단체입니다.

1953년 제정된 노동조합법은 헌법에 근거하여 노동자에게 노동 3권을 보장합니다. 노동 3권은 단결권(노조를 결성할 권리), 단체교섭권(임금 인상 등을 요구할 권리), 단체행동권(파업할 권리)입니다. 이는 노동자가 기업과 개별적으로 맞서기 어렵기 때문입니다.

2. 둘째, 과거와 현재의 노동환경은 크게 다릅니다.

1960~1970년대만 해도 노동환경은 매우 열악했지만, ⑤ 지금은 장시간 노동이 줄고 근무 여건도 크게 개선되었습니다.

3. 셋째, 우리나라 노조는 외국 노조에 비해 막강한 권한을 소유하고 있습니다.

선진국 독일·프랑스·영국 등은 파업 시 기업이 손해배상을 청구하거나 대체인력을 투입할 수 있는 법적 권한이 보장됩니다. 하지만 우리나라는 손해배상 청구가 어렵고, 대체근로도 법으로 금지되어 있어 기업의 방어권이 사실상 없습니다. 그 결과 파업이 발생하면 기업은 물론 시민들도 피해를 고스란히 감당해야 합니다. 지하철

○ 적기가(赤旗歌, Red Flag): 말 그대로 '붉은 깃발'을 뜻하며, 19세기 후반부터 사회주의 혁명의 대표적 상징으로 사용되었습니다.

④ 대한민국 고용노동부의 2022년 전국 노동조합 조직현황에 따르면, 민주노총은 조합원 1,099,805명과 225개 소속 노조, 한국노총은 조합원 1,121,819명과 2,325개 소속 노조가 가입되어 있습니다.

나상현, "유령노조 삭제하니…13년 만에 조합원 첫 감소." 중앙일보, 2024년 1월 24일. https://www.joongang.co.kr/article/25224093.

○ 한국노동조합총연맹(한국노총): 1946년 조직된, 대한민국에서 가장 오래된 노동조합 총연합단체입니다.

⑤ 노동법에 따라 근로계약서를 작성해야 일할 수 있습니다. 근무 중에는 휴게시간을 보장받아야 하며(4시간 이상 근무 시 30분, 8시간 이상 근무 시 1시간), 최저임금 이상을 지급받아야 합니다. 주당 근로시간이 15시간 이상이고 규정된 근무일수를 채우면 유급 주휴일도 보장됩니다.

5) 박윤식, *대한민국 근현대사 시리즈 2: 1948년 제주 4.3사건*(서울: 휘선, 2011), 84.

6) 박윤식, *대한민국 근현대사 시리즈 2: 1948년 제주 4.3사건*(서울: 휘선, 2011), 84.

7) 류석춘, *이승만 시간을 달린 지도자 2: 미군정과의 대립과 UN 1945~1948*(서울: 북앤피플, 2024), 74.

8) 송효순, *붉은 대학살*(서울:갑자문화사, 1979), 85.

파업 시 시민들이 속수무책으로 불편을 겪는 것이 대표적 사례입니다. 노조의 권한이 얼마나 막강하면 °'귀족노조'라는 말이 생기고, ⑥ 우리나라 노동자들만 고용을 자식에게까지 물려주려고 하겠습니까?

민노총 같은 좌익 노조들은 표면적으로는 노동자들을 위하는 듯하지만, 실제로는 분명한 정치적 의도가 있습니다. 시대만 바뀌었지, 이들이 내세우는 3대 구호는 조선공산당의 전평이 70여 년 전 외치던 구호와 크게 다르지 않습니다.

국가보안법(National Security Act)은 1948년 12월 1일 이승만 대통령이 대한민국의 자유민주적 기본질서를 위태롭게 하는 반국가 단체의 활동을 규제하기 위해 제정한 법입니다. 국가보안법 폐지는 곧 반국가 활동의 자유를 보장하겠다는 뜻입니다. 도대체 노동자의 권리 상승이 국가보안법 폐지와 무슨 관련이 있나요?

한미연합훈련은 1954년 시작된 한미 간 연합훈련으로, 70년간 전쟁 억제와 한미동맹 강화를 담당해 온 대한민국 안보의 핵심입니다. 그런데 왜 평화와 자유를 지키는 이 훈련을 중단하려는 것일까요? 노동자의 권리와는 전혀 무관할 뿐만 아니라, 미군 주둔은 일자리를 창출하고 외국 투자자에게 안정감을 줍니다. ⑦ 외국 자본이 우리나라에 투자하는 이유는 대한민국 자체보다 우리나라에 주둔하고 있는 미군을 믿기 때문입니다. 미군 철수 여론이 나올 때마다 외국 투자가 빠져나간다는 사실을 알고 있나요?

반미·반일 감정은 결국 한미일 동맹을 파기하겠다는 뜻입니다. 우리나라는 땅으로 이어진 모든 주변국들(북한·중국·러시아)이 공산주의 국가들입니다. 실제로, 이들은 전부 우리나라를 침략하려고 했던 역사가 있습니다. 하지만 이들에 의해 공산화될 뻔한 우리나라를 지켜준 나라가 바로 미국입니다. 역사는 우리에게 육지가 아닌 바다를 통한 해양 동맹이 필요함을 보여줍니다. 일본은 과거 35년간의 식민 지배라는 아픈 역사가 있지만, 오늘날에는 자유민주주의 국가이자 헌법상 침략 전쟁이 불가능한 나라입니다. 북한·중국·러시아의 공산주의 구도를 견제할 수 있는 유일한 방법은 한미일 동맹의 수호입니다. 동맹이 없다면 우리는 핵무장한 북한의 위협과 러시아·중국의 공산화 압박에 무너질 수밖에 없습니다. 그나저나 노동자의 권리 상승이 한미일 동맹 파기와 도대체 무슨 관련이 있나요?

좌익 노조들의 3대 목표는 누가 가장 원하는 바일까요? 바로 대한민국의 좌파들, 종북 주사파들, 그리고 그 누구보다도 북한의 김정은일 것입니다.

2023년 5월 전직 민주노총 간부 4명이 노조를 빙자한 간첩활동 혐의로 구속되었습니다. 이들은 2017년부터 캄보디아에서 북한 공작원들과 여러 차례 접선하여, 90여 건에 달하는 북한 지령문을 받고, 노조활동을 빙자한 정권 퇴진·반미 운동을 주도했습니다. "민노총은 북한 간첩의 본거지"라는 말은 이제 더 이상 유언비어가 아닙니다. 북한은 과거 1960년대 무려 933건의 무장공비 및 간첩 침투 도발을 감행했지만, 오늘날에는 남한 내 종북 세력이 간첩보다 더 열심히 활동하여 북한이 굳이 간첩을 파견할 필요조차 없게 되었습니다.[9] 2023년 6월 자유민주연구원이 공개한 '창원 간첩단' 하부망 지도만 봐도 지역 전체가 붉게 표시될 정도입니다.[10] 만약 대한민국 내 종북 좌파 및 간첩 단체를 모두 표시한다면, 대한민국은 사실상 붉은색으로 덮일 것입니다. 그럼에도 문재인 정권은 국정원의 °대공수사권을 폐지했습니다. 간첩을 잡는 국정원을 무력화하는 것은 자살 행위입니다.

결론: 좌익들의 7단계 전술(선전선동·조직·계기·대중시위·유혈사태·무장폭동·내전)

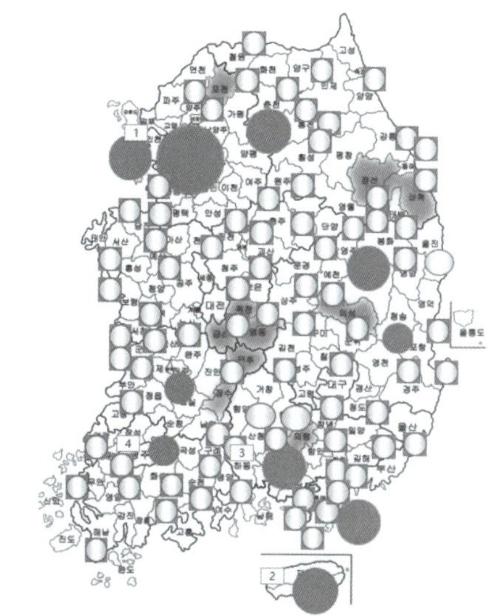

사진 출처: [펜앤마이크] https://www.pennmike.com/news/articleView.html?idxno=64760.

---

9) 이운규, "북한의 도발사례 분석," 軍史 第91號(2014): 76.

10) 조문정, "창원간첩단 하부조직, 전국에 68개… 강남·송파 등 서울에도 5개 있다." 뉴데일리, 2023년 6월 8일. https://www.newdaily.co.kr/site/data/html/2023/06/08/2023060800215.html.

| 결단하기 | 21세기 대한민국에 간첩이 포진되어 있다는 것은 우리나라 국민 빼고 모두가 아는 사실입니다. 70여 년 전에 박헌영과 조선공산당은 전평을 앞세워, 국민의 불만을 선동하여 대대적인 총파업을 일으켰고, 대부분

의 사람들은 자신들이 공산주의자들에게 나라를 넘겨주고 있다는 사실조차 모른 채 참여했습니다. 하지만 역사를 겪은 우리는 더 이상 속으면 안 됩니다. 아무리 이승만과 같은 훌륭한 지도자가 대한민국을 위기에서 구해내고, 우리의 선조들이 자유를 지키기 위해 전쟁터에서 목숨을 바쳤다 하더라도, 그 후손들이 깨어있지 않으면 그들의 희생은 헛된 것이 되고 맙니다. 우리가 깨어 있을 때에만 그들의 피와 헌신에 응답하며 대한민국을 더욱 발전시킬 수 있습니다.

해방 후 좌익들은 '선전·선동 → 조직 → 계기 → 대중시위 → 유혈사태 → 무장폭동 → 내전'이라는 7단계 전술을 반복해 왔습니다. 따라서 우리는 올바른 역사 교육과 조직을 통해 국민이 분별력을 갖추게 하여, 진짜 불만의 계기가 생겼을 때 시위나 폭동으로 번지지 않도록 선제적으로 대응해야 합니다. 이제 여러분은 나라를 지키는 힘은 국민에게 달려 있음을 명심하고, 대한민국을 자유통일의 길로 이끌어가기를 바랍니다.

11 대구 10.1 사건

(1946.9.23) 9월 총파업
(1946.9.30) 대구로 확산

경북전평 — 시청 / 경북도청 / 역 광장   + 유혈 사태

대구 10.1
1946.10.1

(진짜 불만) 경찰의 발포로 사망자 1명

> 시위가 격해지자 출동한 경찰은 공포탄을 쏘지만,
> 시위대가 돌을 던지고 구타하자 놀란 경찰은 발포하여
> 사망자 1명이 발생합니다.

(배후) 조선공산당(남로당의 전신), 전평 노동자들, 좌익 학생들의 선전선동

> 남로당은 비상대책회의를 열어 10월 2일 노동자 총동원 대규모 집회를 선동하고,
> 좌익 의대생들은 콜레라로 숨진 시체를 이용하여 '어제 경찰에 의해 죽은
> 노동자의 시체'라고 속이며 학생과 시민들을 선동합니다.

(무리들) 경찰반감, 대구 10.2부터 40일 유혈사태 전국 확산

> 경찰은 일제시대 때 친일 경찰 출신이 많았고,
> 시위 진압의 주체이기도 했기에 대중의 반감을 사기 쉬웠습니다.

대구 10.2
무장폭동

1 경찰서 무기고 **탈취**
좌익 죄수 **석방**

2 경찰, 우익인사 + 가족들 **학살**
평소 원한 있던 지역 유지/지주들 **학살**

좌익 시위대들의 학살 수법
1. 총으로 쏘아 죽임
2. 죽창과 도검으로 마구 찔러 죽임
3. 집에 가두고 불을 질러 생화장하여 죽임
4. 곡괭이, 쇠망치, 낫, 몽둥이 등 사용해 죽임
5. 목을 옭아 자동차에 매달아 끌고 다니어 죽임
6. 나무에 매달아 때려 죽임
7. 몸에 큰 돌을 달아 물에 던져 수장하여 죽임
8. 부녀자들의 사지를 찢거나 잘라서 죽임
9. 살려 달라는 어린이를 죽창으로 찔러 죽임
10. 얼굴에 석유를 뿌린 후 불을 질러 죽임

3 의사들의 **치료 거부**
(1) 히포크라테스 선서
(2) 경찰 발포 이유

대구 10.1 사건은 불과 1년 만에 공산주의가 얼마나 빠르게 확산되었는지,
또 그들의 잔혹성이 어느 정도인지를 분명히 보여주는 사건이었습니다.

결론   좌익들의 7단계 전술:
1. 선전선동 2. 조직 3. 계기 4. 대중시위 5. 유혈사태 6. 무장폭동 7. 내전

11. 대구 10.1 사건

오늘도 힘찬 구호로 역사공부를 시작해 봅시다: 이승만/역사교실, 자유통일/이룩하자, 와!

복습하기

1945년 해방 직후 박헌영은 조선공산당(남로당 전신) 산하 노조 '전평'을 조직하여, 겉으로는 노동자를 위하는 듯했지만 실제로는 공산정권 수립을 위한 정치집단으로 활용했습니다. 1946년 미곡 생산 감소와 미군정의 미곡 수집령 실패로 식량난이 심해지자, 전평은 이를 계기로 총파업을 일으킵니다. 그 배후에는 추수기에 총파업을 일으키라는 지시와 투쟁자금 200만 엔을 지원한 북한 주둔 소군정이 있었습니다. 오늘날 교과서는 1946년 9월 총파업을 자연발생적 민중항쟁으로 묘사하지만, 그 배후에는 남로당·북한·소군정이 있었으며, 이는 스티코프의 비망록이 증언하는 사실입니다.

서론: 100% 자연발생적 민중항쟁인가? 아니면 공산당의 조직적 선동에 의한 무장폭동 반란인가?

서론

해방 이후, 박헌영의 남로당은 남한을 적화시키기 위해 1945년부터 1948년까지 반란(무장폭동)을 일으킵니다. 이를 가리켜 '1차 체제전쟁'이라고 합니다. 이 책은 1차 체제전쟁을 보다 쉽게 이해하기 위해 '서론→본론→결론'의 구조를 사용하여 설명합니다.

이 책은 이번 강의를 보다 쉽게 설명하기 위해서 '서론-본론-결론'의 구조를 사용합니다.

1. (서론) '1차 체제전쟁의 해당 사건은 100% 자연발생적 민중항쟁인가? 아니면 공산당의 조직적 선동에 의한 무장폭동 반란인가?'
2. (본론) '1차 체제전쟁의 모든 사건에는 3대 세력이 있습니다. 첫째, 진짜 불만을 가진 사람들입니다. 둘째, 정치적 목적(공산정권 수립을 위한 반란)을 위해 선동하는 배후 세력(남로당)입니다. 셋째, 선동에 넘어가는 무리들입니다.'
3. (결론) '좌익들은 모든 사건에 대하여 7단계 전술을 사용합니다(선전선동·조직·계기·대중시위·유혈사태·무장폭동·내전).'

이제 여러분은 이 구조를 잘 활용하여, 1차 체제전쟁에 대한 왜곡된 정보를 정확하게 반박하기를 바랍니다. 오늘은 1차 체제전쟁의 두 번째 사건, 대구 10.1 사건에 대해 살펴보겠습니다.

본론: 3대 세력(진짜 불만·배후·무리들)

대구 10.1

1946년 9월 23일 전평 노동자들을 중심으로 9월 총파업이 일어나지만, 1946년 9월 30일 경찰·우익 노동자·청년단체의 진압으로 일주일 만에 진압됩니다. 하지만 꺼진 듯했던 불씨는 10월 1일 대구에서 경북 전평 주도로 다시 번져 약 40일간 전국적인 무장폭동과 유혈사태로 확산됩니다.

#1 진짜 불만

1946년 10월 1일 조선공산당은 미군정이 쌀을 배급해 준다고 부녀자 1,000여 명을 선동하여 대구시청 앞에 집결시킵니다. 시위대는 현관과 유리창을 부수고 큰 소동을 벌인 뒤, 선동자들의 주도로 10분 거리인 경북도청으로 몰려가 시위를 이어갑니다. 동시에 대구역 광장에서는 경북 전평 노동자들을 중심으로 수천 명의 시위대들이 경계를 서고 있는 80여 명의 경찰을 향해 "경찰 저놈들 죽여라!"라는 고함소리와 함께 철봉과 돌로 공격합니다.[1] 경찰은 증원 병력 150명을 투입하여 방어하지만 역부족이었습니다. ① 결국 경찰은 위협발포를 가하고, 이 과정에 시위대 한 명이 총에 맞아 사망합니다. 실제로 죽은 사람은

① 오늘까지 많은 사람들은 경찰의 사격으로 김용태와 황말룡, 두 사람이 사망했다고 알고 있습니다. 하지만 당시 화학노조 서기였던 공산주의자 이일제의 증언에 따르면, 실제 희생자는 대팔 연탄공장 근로자 황말룡 한 명뿐이었습니다. 당시 사망자 명단에도 김용태의 이름은 없었습니다.

---

1)   송효순, 붉은 대학살(서울:갑자문화사, 1979), 57.

한 명인데, 시위대는 "경찰이 사람들을 죽였다"고 부풀려 대구 전역에 경찰에 대한 시민들의 반감을 확산시킵니다.

② 조갑제가 2007년에 출간한 박정희 전기 『제1권 군인의 길』에는 대구사범 학생으로 대구 10.1 폭동에 가담했던 김계철의 증언이 다음과 같이 기록되어 있습니다.

"1946년 9월 하순 한 좌익 선배가 쪽지를 봉투에 넣어 주면서 대구의대 학생 대표에게 갖다주라고 했다. 김계철은 봉투를 들고 가다가 쪽지를 펴 보았다. '시체 네 구를 준비하라'로 시작되는 메모였다. 쪽지를 전달받은 학생 대표는 읽어보더니 옆에 있는 학생에게 '되는가'하고 물었다. 그 학생이 김계철을 데리고 해부실로 가더니 약물에 담겨 있는 시체와 봉대에 감겨있는 송장들을 보여주면서 '본 대로 전하라'고 했다. (중략) 다음날(10월 2일) 흰 가운을 입은 대구의대 학생들이 들것에 시체를 들고나와 시위를 선동하는데 써먹은 시체는 전날 경찰의 총격을 받은 사람이 아니었다. 김계철이 보았던 해부실 시체였다."

조갑제, 군인의 길(2007), 273-274.

#2 배후　　대구 10.1 경찰의 발포 이후, 조선공산당 간부들은 비상대책회의를 열어 10월 2일 노동자 총동원 대규모 집회를 계획합니다. 10월 2일 당일날, 조선공산당·좌익 노조·부녀자·청년들은 일반 시민과 학생들에게 경찰이 무고한 시민을 학살하고 있다는 허위 선전을 퍼뜨립니다. 또한 대구의대(현 경북의대) 총학생회장을 비롯한 좌익 의대생들은 경찰의 발포와 무관하게 ② 콜레라로 사망한 시체를 들것에 실어 *"어제 경찰에 의해 죽은 노동자의 시체"*라고 거짓말을 하며 시내 곳곳을 행진하고, 이에 수만여 명이 대구경찰서 앞에 몰려듭니다.

스티코프의 비망록　　스티코프 비망록에는 조선공산당이 대구 10.1을 일으키기 전, 조선공산당 박헌영과 북한 소군정 최고 책임자 스티코프가 주고받은 대화 내용이 기록되어 있습니다. 1946년 9월 9일 박헌영은 스티코프에게 사회단체 지도 방안을 문의하고, 스티코프는 *"테러와 압제에 반대하는 대중적인 시위를 벌이고 항의집회를 개최하라."*고 지시합니다.[2) 3)] 이 지령은 9월 11일과 16일 두 차례에 걸쳐 내려졌고, 소군정은 대구 10.1 사건에 300만 엔을 3차례에 걸쳐 지원하고 파업폭동에 대한 행동지침까지 세세히 보내줍니다.[4)] 스티코프 비망록은 대구 10.1 사건이 결코 자연발생적 사건이 아니었으며, 그 배후에 박헌영의 조선공산당과 북한 소군정이 깊이 관여했음을 명확히 보여줍니다.

#3 무리들　　경찰이 무고한 시민들을 살해하고 있다는 허위선전과 사실 확인도 되지 않은 콜레라 시체에 수만여 명의 무리들은 대구경찰서 앞에 모입니다. 조선공산당이 이렇게까지 많은 사람을 선동할 수 있었던 이유는 당시 경찰에 대한 반감이 컸기 때문입니다. 경찰은 일제시대 때 친일 경찰 출신이 많았고, 미군정의 미곡 수집 과정에서 농민들과 자주 충돌했으며, 시위 진압의 주체이기도 했습니다. 결국 이러한 반감 속에 조선공산당의 선동에 넘어간 이들은 대구 10.2 무장폭동에까지 가담하게 됩니다.

대구 10.2　　1946년 10월 2일부터 시작된 무장폭동은 40일 동안 전국적으로 확산됩니다. 이제 이들이 저지른 참혹한 만행을 살펴봅시다.

경찰서 무기고 탈취, 좌익 죄수 석방　　1946년 10월 2일 수만여 명의 좌익 세력과 일반 시민 및 학생들은 대구경찰서 경찰 50명을 포위합니다. 조선공산당은 경찰이 먼저 무장해제를 하면 군중을 해산시키겠다고 약속하지만, 정작 경찰서장이 이를 명령하자 약속을 깨고 유리창을 부수며 무기고를 탈취하고, 100명의 좌익 죄수들을 석방시키고, 경찰들을 무차별 살상합니다.

경찰, 우익인사 및 가족, 지역 유지/지주들 학살　　경찰서에서 탈취한 무기로 무장한 시위대는 100명씩 조를 지어 시내를 활보하며 경찰과 우익인사 및 그 가족, 그리고 평소에 원한을 품었던 지역 유지와 지주들을 잔인무도하게 살해합니다.

1. 경찰과 그 가족들을 잔인하게 학살합니다.

- *"수백 명의 폭도들은 (중략) 지나가는 트럭을 불러 세워 운전사를 협박하고 삼덕동 경찰관 집에 당도했다. (중략) '쾅' 하고 트럭이 20여 평의 조그마한 한옥을 폭 받았다. 폭도들의 고함소리에 놀라 집안에서 안방 한 구석에 모여 있던 5인 가족이 집 밖으로 끌려 나왔다. '지금부터 인민재판을 시작한다.' '재판은 무슨 재판이야! 즉시처분이지…' 하면서 폭도 중 성미 급한 녀석이 뛰어나와 경찰관의 부인을 칼로 복부를 찔러 죽였다. 하고 세 자녀가 한꺼번에 쓰러진 어머니에게 데려간다. "이 조무래기 전부 반동의 새끼들이라…' 폭도들 중 쇠 파이프를 가진 녀석이 세 자녀의 뒷 머리를 차례차례 후려쳤다. 피가 하늘로 뻗쳤다. (중략) 이윽고 경찰관의 모친인 60 노인이 끌려왔다. (중략) 20대의 협수룩한 사나이가 몽둥이를 들고 군중 틈에서 튀어나온다. '에잇, 에잇.' 참나무 몽둥이가 허공에서 큰 원을 두*

2)　박윤식, 대한민국 근현대사 시리즈 2: 1948년 제주 4.3사건(서울: 휘선, 2011), 84.

3)　박윤식, 대한민국 근현대사 시리즈 2: 1948년 제주 4.3사건(서울: 휘선, 2011), 84.

4)　류석춘, 이승만 시간을 달린 지도자 2: 미군정과의 대립과 UN 1945~1948(서울: 북앤피플, 2024), 74.

번 그리면서 노인에게 내리쳐졌다. '으악' 하면서 노인은 금세 쓰러진다. '밟아라.' 폭도들이 우르르 몰려 노인을 내리밟는다. 노인의 시체는 마치 소금에 절인 배추처럼 시들해져, 원래의 모습을 찾을 수 없었다."[5]

- '10월 2일 밤 미군순찰대가 달성공원에서 7구의 경찰관 시체를 발견했는데, 두 명은 목숨은 부지하고 있었으나 사지가 제대로 붙어 있는 것이 없었고, 일부 경찰관은 거세를 당했다. 폭도들은 경찰의 얼굴과 신체를 칼과 도끼로 난자하여 살해했고, 손을 등 뒤로 묶고 피를 흘려 쓰러질 때까지 날카로운 돌을 던졌으며, 큰 돌을 머리에 짓이기는 방법으로 살해했다."[6]

2. 우익인사와 그 가족들을 잔인하게 학살합니다.

- "폭도들의 다음 행선지는 정부인사 서 모 씨의 동생 집. 서 모 씨는 수정천변의 큰 방직공장을 하는 사람으로 대구에서는 유력한 지방인사였다. 자택은 명륜동이다. 서 씨는 대구에 국방경비대(국군의 전신)가 주둔하게 되자 여러 가지 협조를 아끼지 않았다. (중략) 서 씨의 가족이 숨은 곳은 다음 골목인 서 씨 운전사의 집. (중략) 폭도들은 우익계 인사의 가족들에게 입에 담을 수 없는 욕지거리를 퍼붓는다. (중략) 폭도들은 서 씨 가족 7명의 머리, 가슴, 얼굴 등을 닥치는 대로 때렸다. 눈알이 튀어나오고, 콕 문 드려지더니 큰소리 한 번 쳐보지 못하고 그 자리에서 숨져갔다. (중략) 서 씨 부인과 큰 딸의 시체는 구식 일제 도요다 승용차의 뒷 밤바에 새끼줄로 매어졌다. (중략) 무고한 서 씨 부인과 장녀의 처참한 시체를 한 시간 30분 동안이나 대구 시내를 끌고 다닌 것이다."[7]

3. 평소에 원한을 품었던 지역 유지와 지주들을 잔인하게 학살합니다.

- "대구 교외 고모라는 곳은 사과 밭으로 유명하다. 배홍수(당시 61세) 노인은 선조 때부터 사과농장을 경영해 온 사람으로 기타의 재산도 많았다. 아들들이 모두 성장하여 서울에서 살고 있다. 배 노인은 군내의 일이라면 항상 발 벗고 나서는 근면 파다. 이 노인에게도 화가 미쳤다. 농민동맹에서 배 노인의 집 안팎을 완전 포위했다. '영감쟁이, 농민들을 얼마나 착취했길래 이 많은 재산을 모았나? 죽일 놈 같으니라고…' 이 집에는 양곡이 많아 방화는 하지 않았다. 아니 약탈이 끝나면 행할지도 모른다. 눈이 큰 농민동맹의 한 녀석이 낫으로 배 노인의 면상을 후려쳤다. 온 가족이 우르르 달려나오자, '오늘부터 이 집은 우리가 주인이다. 동무들, 저 반동들의 시체를 사과 움막에 갖다 버리시오!' 대학살이 끝나자 폭도들은 집 안에 있는 닭을 잡아 배불리 먹었다. 그리고 돼지의 기름을 낫, 도끼, 곡괭이에 듬뿍 발랐다. 앞으로 더 많은 학살을 위해서 꼭 필요했던 모양이다."[8]

<table><tr><td>좌익들의 학살 수법</td></tr></table> 이 밖에도 좌익 시위대가 저지른 끔찍한 학살 수법은 다음과 같습니다.[9]

1. 총살
2. 죽창과 도검으로 무차별적으로 찌름
3. 집 안에 가둔 뒤 불을 질러 생화장
4. 곡괭이, 쇠망치, 낫, 몽둥이 등 농기구를 이용해 살해
5. 양민을 학살하기 전후에 새끼줄로 목을 묶어 자동차에 매단 채 거리로 끌고 다님
6. 나무에 매달아 때려죽임
7. 생사람의 몸에 큰 돌을 달아 물에 던져 수장시킴
8. 부녀자의 옷을 벗겨 사지를 찢거나 절단하여 살해
9. 살려달라 애원하는 어린이를 총검과 죽창으로 무자비하게 찌름
10. 죽은 사람 얼굴에 석유를 뿌린 뒤 불을 질러 시신을 알아볼 수 없도록 만듦

<table><tr><td>생각해보기</td></tr></table> 미군정의 정책 실패와 경찰에 대한 반감이 있었다 해도, 어떻게 사람을 이렇게 잔인무도하게 살해할 수 있나요? 대구 10.1 무장폭동 당시 좌익 공산주의자들의 잔인무도한 만행은 누군가의 조직적 선동 없이는 일어나기 어려운 일입니다.

5) 송효순, 붉은 대학살(서울:갑자문화사, 1979), 62-64.
6) 이승만기념관, "[6.25관련 진실] 국민보도연맹 사건의 진상과 평가". http://xn--zb0bnwy6egumoslu1g.com/bbs/board.php?bo_table=tiath&wr_id=19.
7) 송효순, 붉은 대학살(서울:갑자문화사, 1979), 64-65.
8) 송효순, 붉은 대학살(서울:갑자문화사, 1979), 67-68.
9) 송효순, 붉은 대학살(서울:갑자문화사, 1979), 87-88.

 부상당한 경찰과 우익 인사들은 치료를 받기 위해 병원으로 이송되지만, ③ 대구의사회는 치료 거부 성명서를 발표하면서 치료를 거부합니다. 결국 이들은 병원 앞에서 폭도들에게 생죽음을 당합니다.

- "병원 앞까지 실려 왔으나 환자가 밀려 미처 치료받지 못한 채 살려달라고 울부짖던 부상경관들의 모습을 잊을 수 없다. 때마침 동인로터리 쪽에서 트럭 한 대가 도착해 한 떼의 부상경관을 하차시켰다. 그러자 구경꾼들 속에서 폭도인 듯한 젊은 사람 대여섯 명이 뛰쳐나와 목총 같은 걸로 부상경관들을 마구 구타하는 것이 아닌가. 부상경관의 머리통을 어찌나 호되게 때렸는지 뻑뻑 소리가 길 건너 교정에서 바라보고 있는 내게까지 들릴 정도였다. 그 구타 기세가 너무나 살기를 띠어 아무도 말릴 엄두를 내지 못했다."[10]

- "도립병원 정문 앞 원형화단 둘레에서 끔찍한 살인극이 벌어지고 있었다. 어디서 호송해 왔는지 빈사상태의 경관들이 늘어져 있었는데 그 중 몇 사람이 고통으로 몸부림치거나 죽음 직전의 경련으로 몸을 떨자, '저놈들 아직 덜 죽었다'라고 소리치며 둘레의 청년 7~8명이 몽둥이로 확인 타살하는 것이었다. 아무리 원한이 깊다고 해도 반송장이 되어 병원에 실려 온 중환자에게까지 저럴 수가 있을까."[11]

- "어떤 부상한 경찰관이 살려달라고 병원의 계단을 올라가는데 폭도들이 그 사람을 끄집어내려고 했다. 그 경관은 계단의 모서리를 쥐고 안 내려오려고 하는데 위에서 그 병원의 의사가 떠밀었다. 참으로 비인간적인 일이었다. 아래로 굴러 떨어진 경관의 머리를 폭도들이 돌을 번쩍 들어 내리쳤다. 머리는 박살이 나고 흰 것이 튀어나왔다."[12]

 대구의사회 일부는 폭도들의 협박과 공포적인 사회 분위기에 의해 치료를 거부했지만, 경찰의 발포에 대한 반감으로 인해 가담한 자들도 있었습니다.[13]

1. 히포크라테스 선서
   ○ 히포크라테스 선서에 따르면, 의사는 환자의 건강과 생명을 첫째로 생각해야 하며, 인종·종교·국적·정당정파·사회적 지위 여하를 초월하여 오직 환자에게 대한 의사의 의무를 지켜야 합니다. 하지만 대구의사회는 본인들의 정치적 성향에 따라서 환자를 차별했고, 이는 의사의 본분을 저버린 무책임한 행동이었습니다.

2. 경찰 발포 이유
   아무리 순간적인 판단의 실수일지라도, 사람을 죽이는 것은 어떤 이유로도 정당화될 수 없습니다. 하지만 애초에 경찰이 사격한 이유는 단순한 시위 진압이 아니라, 공산정권을 수립하려는 좌익 공산주의자들의 무장폭동을 진압하기 위함이었습니다. 만약 시위대를 진압하지 않았다면, 오늘날 대한민국은 존재할 수 있었을까요? 경찰의 실수로 사망자 1명이 발생했지만, 좌익 공산주의자들로 인해 수많은 경찰들과 그 가족들은 잔인무도하게 살해를 당했습니다. 아무리 경찰의 발포가 부당했다 해도, 개인적 원한만으로 경찰과 그 가족들을 무자비하게 학살한 행위가 정당화될 수 있을까요?

 대구 10.1 무장폭동은 약 40일 동안 대구를 비롯하여 ④ 전국 131개 군 중에서 56개 군으로 확산됩니다.[14] 결국 미군정이 대구지역에 계엄령을 선포하고, 미군, 경비대, 경찰, 우익 청년단 등이 동원되어 시위대를 진압하지만, 인명피해는 심각했습니다. 대구시내에서만 경찰 38명, 공무원 163명, 민간인

---

③ 당시 경찰과 우익 인사들은 의료진은 물론, 노동자·교수진·공무원 등 사회 전반에서 고립되어 있었습니다.

○ 히포크라테스 선서(Hippocratic Oath): 의사의 윤리를 규정한 선서로, 기원전 5~3세기 그리스 의사 히포크라테스가 처음 작성했습니다. 1948년 세계의사회가 이를 제네바 선언으로 개정했으며, 오늘날에도 의대 졸업식에서 선서로 이어지고 있습니다.

④ 대구 10.1 사건 당시 무장폭동이 일어나지 않은 지역은 우익 세력이 강하고 경찰의 경계 태세가 강화된 곳이었습니다.

---

10) 박윤식, *대한민국 근현대사 시리즈 2: 1948년 제주 4.3사건*(서울: 휘선, 2011), 80.

11) 박윤식, *대한민국 근현대사 시리즈 2: 1948년 제주 4.3사건*(서울: 휘선, 2011), 80.

12) 박윤식, *대한민국 근현대사 시리즈 2: 1948년 제주 4.3사건*(서울: 휘선, 2011), 80-81.

13) 정해구, "10월 인민항쟁의 전개과정과 성격에 관한 연구 – 경북지역을 중심으로." (1987): 34-35.

14) 강휘중, *Korea Inside Out: 역사편*(서울: 가랑비, 2022), 119.

73명이 사망하고, 부상자 1천 명, 행방불명자 30명, 시위 혐의자 7,400명이 발생합니다.[15] 대구에서만 그 정도였으니, 전국적으로는 피해가 얼마나 더 심각했을까요? 대구 10.1 사건은 공산주의가 불과 1년 만에 얼마나 빠르게 퍼졌는지, 또 공산주의자들이 얼마나 잔혹했는지를 보여주는 대표적인 사건입니다.

결론: 좌익들의 7단계 전술(선전선동·조직·계기·대중시위·유혈사태·무장폭동·내전)

결단하기 오늘날까지 일부 학자들은 대구 10.1을 자연발생적 민중항쟁이라고 주장하며, 그 명칭도 '10월 항쟁'이라고 부릅니다. 물론 경찰에 대한 진짜 불만이 있었던 것은 사실이지만, 이를 계기로 대규모 무장폭동을 일으킨 주체는 일반 시민이 아니라 좌익 공산주의 세력이었습니다. 아무리 경찰에 대한 개인적 원한이 있어도 얼굴을 도끼로 난자하거나, 큰 돌과 죽창과 낫으로 살해하는 행위는 상식적으로 불가능합니다. 이런 잔혹한 만행은 누군가의 조직적 선동 없이는 일어날 수 없으며, 박헌영의 조선공산당과 북한의 소군정이 대구 10.1 사건에 깊숙이 개입했음은 이미 스티코프의 비망록을 통해 드러난 사실입니다.

해방 후 좌익들은 '선전·선동 → 조직 → 계기 → 대중시위 → 유혈사태 → 무장폭동 → 내전'이라는 7단계 전술을 반복해 왔습니다. 따라서 우리는 올바른 역사 교육과 조직을 통해 국민이 분별력을 갖추게 하여, 진짜 불만의 계기가 생겼을 때 시위나 폭동으로 번지지 않도록 선제적으로 대응해야 합니다. 이제 여러분은 나라를 지키는 힘은 국민에게 달려 있다는 사실을 명심하고, 대한민국을 자유통일의 길로 이끌어가기를 바랍니다.

---

15) 강휘중, *Korea Inside Out: 역사편*(서울: 가랑비, 2022), 120.

12 제주 4.3 사건 (1)

(1945.12.9) 남로당 제주도당

생각해 보기
10배가 운동으로 제주 인구의 10%가 남로당에 가입하면서 제주도는 사실상 인민위원회가 지배하는 세상이 되었습니다.

1947년 3.1 발포사건

3.1 기념식 [남로당 중앙당 지령문]

1. 제주경찰서에서 경찰 발포
2. 도립병원에서 경찰 발포

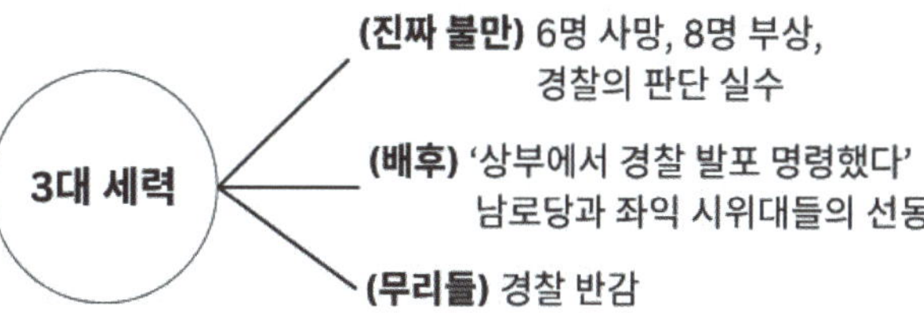

생각해 보기
물론 순간적 실수로 발포해 사람을 죽인 것은 잘못이었지만, 대구 10.1을 겪은 이들에게 몰려드는 군중은 두려움의 대상이었습니다.

1948년 2.7 사건

1948.1 유엔한국위원단 입국

남로당원 30만 명은 5.10 총선을 반대하며, 제주도를 시작으로 전국에서 2주간 무장폭동을 벌였습니다.

- 경찰, 공무원, 우익 및 양민 살상
- 기관차, 노선 파괴
- 통신기구 파괴
- 행정기관 파괴
- 동맹휴학, 파업

생각해 보기
2.7 사건의 배후에는 남로당 중앙당이 있었습니다. 제주도인민위원회가 받은 지령문에는 폭동 시기, 경찰 살해와 무기 탈취, 인민공화국 수립 등 구체적인 지침이 담겨 있었습니다.

1948년 4.3 사건

(1947년 가을) 무장 유격대 400명
(1948.4.3) 12개 경찰지서 습격하여

1. 12개 경찰지서 무기고 **탈취**
2. 경찰, 우익인사 + 가족들 **학살** / 평소 불만이었던 지주 유지들 **학살**
3. 기독교인들 **학살**
4. 5.10총선 선관위, 지지자들 **학살**

= 2개 선거구 무효화 (제헌국회 198/200명)

생각해 보기
많은 병력을 두고도 토벌에 실패한 것은 군 내부에 남로당과 내통한 간첩이 있었기 때문이며, 진압 과정에서 무고한 희생이 컸던 것은 좌익들이 마을 사람들 속에 숨어 인질극을 벌였기 때문입니다.

결론

좌익들의 7단계 전술:
1. 선전선동 2. 조직 3. 계기 4. 대중시위 5. 유혈사태 6. 무장폭동 7. 내전

12. 제주 4.3 사건 (1)

오늘도 힘찬 구호로 역사공부를 시작해 봅시다: 이승만/역사교실, 자유통일/이룩하자, 와!

복습하기　1946년 9월 북한 소군정의 지침에 따라 전평 노동자들은 총파업을 일으킵니다. 이는 1주일 만에 경찰·우익 노동자·청년단들에 의해 진압되지만, 같은 해 10월 1일 경북 전평의 주도로 대구에서 다시 번져 약 40일간 전국적으로 무장폭동과 유혈사태가 발생합니다. 그 배후에는 역시 조선공산당(남로당의 전신)·북한·소군정이 있었습니다. 경찰의 발포로 사망자 1명이 발생하자, 남로당 간부들은 비상대책회의를 열어 대규모 무장폭동을 계획하고, 대구 의대생들은 콜레라로 죽은 시체를 들것에 실어 *"경찰에 의해 죽은 노동자의 시체"*라며 일반 시민들을 선동합니다. 결국 10월 2일 시위대들은 대구경찰서를 포위하여 무기고를 탈취하고, 좌익 죄수를 풀어주고, 경찰과 우익 인사 그리고 그 가족들을 잔인무도하게 학살합니다. 또 대구의사회는 부상당한 경찰과 우익 인사들의 치료를 거부하여, 이들은 병원 앞에서 생 죽임을 당하기도 합니다. 대구 10.1 사건은 공산주의가 불과 1년 만에 얼마나 빠르게 퍼졌는지, 또 공산주의자들이 얼마나 잔혹했는지를 보여주는 대표적인 사건입니다.

서론: 100% 자연발생적 민중항쟁인가? 아니면 공산당의 조직적 선동에 의한 무장폭동 반란인가?

서론　해방 이후, 박헌영의 남로당은 남한을 적화시키기 위해 1945년부터 1948년까지 반란(무장폭동)을 일으킵니다. 이를 가리켜 '1차 체제전쟁'이라고 합니다. 이 책은 1차 체제전쟁을 보다 쉽게 이해하기 위해 '서론→본론→결론'의 구조를 사용하여 설명합니다.

1. (서론) '1차 체제전쟁의 해당 사건은 100% 자연발생적 민중항쟁인가? 아니면 공산당의 조직적 선동에 의한 무장폭동 반란인가?'
2. (본론) '1차 체제전쟁의 모든 사건에는 3대 세력이 있습니다. 첫째, 진짜 불만을 가진 사람들입니다. 둘째, 정치적 목적(공산정권 수립을 위한 반란)을 위해 선동하는 배후 세력(남로당)입니다. 셋째, 선동에 넘어가는 무리들입니다.'
3. (결론) '좌익들은 모든 사건에 대하여 7단계 전술을 사용합니다(선전선동·조직·계기·대중시위·유혈사태·무장폭동·내전).'

이제 여러분은 이 구조를 잘 활용하여, 1차 체제전쟁에 대한 왜곡된 정보를 정확하게 반박하기를 바랍니다. 오늘은 1차 체제전쟁의 세 번째 사건, 제주 4.3 사건을 살펴보겠습니다.

본론: 3대 세력(진짜 불만·배후·무리들)

제주도　극심한 좌우 대립으로 미소공위와 좌우합작이 결렬되자, 국제사회는 한반도 문제를 유엔에 상정하고, 1947년 11월 14일 유엔은 한반도 내 자유선거를 통한 남북통일정부를 수립하기로 결의합니다. 하지만 소련의 완강한 입북 반대로 남한에서만 선거를 실시하게 되고, 1948년 1월 8일 유엔한국위원단은 선거를 감독하기 위해 서울에 도착합니다. 이에 남로당은 5.10 총선거를 방해하기 위해 제주도를 핵심 거점으로 삼고, 그 이유는 크게 두 가지였습니다.

1. 구조적 빈곤

당시 육지는 식량부족과 콜레라 등으로 인해 빈곤이 심각했지만, 제주도는 상황이 더욱 열악했습니다. 섬이라는 구조적 한계로 자급자족이 어려웠고, ① 인구의 약 25%가 일본에서 일하다가 해방 후 귀향하면서 대규모 실직자가 발생했습니다. 이를 기회로 삼아, 남로당은 제주도의 구조적 빈곤을 미군정의 탓으로 돌리며, 이를 해결할 수 있는 유일한 방법은 공산주의라며 제주도민들을 쉽게 선동할 수 있었습니다.

① 해방 이후 제주도 인구는 22만 명에서 27만 명으로 급증하는 등 약 5만 6천 명이 단기간에 유입되었습니다.

2. 지리적 특성

제주도는 우리나라 최남단에 고립되어 있는 섬으로, 가장 가까운 육지인 목포와는 160km, 부산과는 300km 떨어져 있습니다. 바로 이러한 지리적 특수성 때문에 시위가 발생하더라도 빨리 진압하기가 어려워 남로당은 제주도 전역에서 마음껏 활동할 수 있었습니다. 해방 후 1945년 12월 9일 남로당은 제주도 인민위원회를 결성하여 10배가 운동을 벌입니다. 남로당은 인구 27만 명 중 약 20%를 확보하여 당원을 6만 명까지 늘리고 제주도민 상당수를 좌경화시킵니다. 당시 미군정 보고서에는 "제주도민 6만 내지 7만 명이 남로당에 가입한 것으로 추산된다. 그들 대부분은 무지하고 못 배운 농민과 어민들로, 전쟁과 전후 생활고에 시달리고 있었기 때문에, ② 경제 상황을 해결해 주겠다는 남로당의 제안에 쉽게 넘어갔다."라고 기록되어 있습니다.[1] 이들 중에는 일본에서 노동자나 군인으로 일했던 자들뿐만 아니라, 중국에서 의용군으로 활동한 좌익 공산주의자들도 많았습니다.

당시 상당수의 제주도민들은 좌익과 우익에 대한 개념 없이, 단순히 목숨을 부지하기 위해 남로당에 가입했습니다. 당시 서귀포 신예리에 거주하던 할머니에 대해 박경찬 씨는 이렇게 말했습니다. "할머니는 모두들 주변에서 남로당에 가입하라고 했지만 처음 몇 번은 그냥 무심코 지나갔습니다. 그런데 어느 날 밤에 사람들을 모아 놓고 가입 안 한 사람들을 한쪽에 세우더니 몰살을 시키는 끔찍한 장면을 다 지켜보시고는 '이거 가입 안 하면 정말 죽겠구나' 싶어 그 자리에서 당 가입 서류에 서명을 하였습니다. 순진한 할머니는 언제든지 위협을 당하면 보여 주기 위해 외출할 때마다 그 서류를 항상 들고 다녔습니다. 그 이후로 어느 날 좌익분자 색출을 위한 경찰의 소집령이 있었는데, 이념에 대해 아무런 분별이 없으셨던 할머니가 그저 목숨을 부지할 일념으로 자신의 남로당 가입 서류를 가지고 가서 내보이려 하자, 이때 곁에 있던 이웃 사람이 깜짝 놀라 빨리 그것을 감추라고 손짓하여 주는 바람에 겨우 살아났습니다."[2] 그렇게 제주도는 삽시간에 온통 남로당의 세상이 되었습니다.

제주 4.3 사건이 어떻게 일어났는지를 이해하려면, 그 발단 과정을 먼저 알아야 합니다. 지금부터 1947년 3.1 발포사건, 1948년 2.7사건, 그리고 1948년 4.3사건을 차례로 살펴봅시다.

<table>
<tr><td>1947년
3.1 발포사건</td><td>1947년 3월 1일 3.1절 28주년 기념식이 전국에서 열립니다. 서울은 좌익과 우익이 각각 따로 행사를 치르지만, 좌익이 우세했던 제주도는 좌익 주도로만 진행됩니다. 당시 미군정은 시가행진을 하지 않는 조건으로 행사를 허락하지만, 남로당은 이를 어기고 거리로 나와 불법 시위를 벌입니다. 남로당 제주도당이 중앙당으로부터 받은 네 차례의 지령서를 보면, 이들은 애초부터 3.1절을 국민의례로 기념할 의도가 없었습니다. 그중 첫 두 지령의 내용은 다</td></tr>
</table>

음과 같습니다.

- (제 1차 지령서) "1947년 2월 16일 남로당 제주도당은 3.1운동기념투쟁 방침을 하달하고, 선전활동을 비롯한 투쟁방침을 제시한다. 당일 복장은 전투식으로, 집회 장소에 인민위원회 기를 들고, 구호는 '인민위원회로의 정권 양도, 박헌영 체포령 철회, 인민항쟁관계자 석방, 입법의원 타도, 삼상회의 결정 즉시 실천, 남로당의 깃발 아래로의 인민의 결집' 등으로 할 것을 제시한다."[3]

- (제 2차 지령서) "1947년 2월 20일 남조선노동당제주도위원회에 서한으로 3.1운동기념투쟁방법을 하달한다. 투쟁의 목표에 있어서는 "우리들은 사대주의를 배격하고, 미군정과 타협하여 우리 민주진영을 분열, 파괴, 약화시키는 기회주의자들에게 속지 말고 인민투쟁의 피투성이 속에서 나온 남조선노동당을 지지하고, 그 지도하에 쉬지 않는 투쟁을 전개함으로써 또 사회노동당을 위시한 일체의 기만적 회색분자들을 소탕하며, 우익이라 칭하는 반동분자들을 철저히 숙청함으로써만이 우리의 승리를 기대할 수가 있

---

1) 한국사데이터베이스, "제주 사태의 원인과 영향(Causes and Effects of Cheju Outbreak)." 국사편찬위원회. https://db.history.go.kr/id/husa_003r_0040_0030_0090.

2) 박윤식, 대한민국 근현대사 시리즈 2: 1948년 제주 4.3사건(서울: 휘선, 2011), 96.

3) 박윤식, 대한민국 근현대사 시리즈 2: 1948년 제주 4.3사건(서울: 휘선, 2011), 99.

다"라고 지령을 내린다."[4]

남로당 중앙당의 박헌영의 지령에 따라, 남로당 제주도당·제주도 인민위원회·노동자·부녀동맹·청년단 등은 총력을 다하여 1947년 3월 1일 당일날 제주도 인구의 10%(약 2만 5천 명)에 해당하는 엄청난 인원을 동원합니다. 이 과정에서 두 차례 발포 사건이 발생하는데, 이를 1947년 '3.1 발포사건'이라고 부릅니다.

#1 진짜 불만　첫 번째 발포 사건은 제주경찰서 앞에서 발생합니다. 기마경찰관 임영관 경위가 군중 사이를 지나 경찰서로 향하던 중, ③ 골목에서 갑자기 어린 아이가 튀어나와 말에 부딪혀 쓰러집니다. 이를 모른 채 경찰은 계속 말을 몰고, 군중은 경찰이 아이를 쳤다며 고함을 지르고 돌을 던지기 시작합니다. 놀란 말은 경찰을 태운 채 경찰서로 달려 들어가고, 흥분한 군중이 뒤따르자 겁에 질린 보초 경찰들은 순간적으로 발포하여 6명이 사망하고 6명이 부상당합니다. 두 번째 발포 사건은 도립병원에서 발생합니다. 경찰서에서 발생한 사상자들이 급히 병원으로 들이닥치자, 피투성이 환자들에 놀란 보초 경찰은 순간적으로 발포하여 지나가던 행인 2명이 부상당합니다.

생각해 보기　왜 경찰은 순간적으로 발포했을까요? 당시 제주경찰서와 도립병원 보초 경찰은 육지에서 파견된 ○ 응원 경찰로, 대구 10.1 무장폭동을 진압한 경험이 있는 자들이었습니다. 이들은 대구 10.1 당시 폭도들에 의해 동료들이 잔인무도하게 살해된 것을 목격하거나 전해 들은 자들이었습니다. 순간적 판단의 실수로 발포하여 인명을 살상한 것은 옳지 않지만, 수만 명의 군중 앞에서 불과 430명의 병력으로 맞서야 했던 이들에게 군중은 두려움의 대상이 될 수밖에 없었습니다.

#2 배후　애초부터 3.1절 가두행진은 불법 시위였습니다. 그럼에도 남로당은 경찰이 자기 방어 과정에서 일어난 돌발적인 상황을 부풀려서, 마치 상부에서 계획적으로 발포 명령을 내린 것처럼 꾸며 경찰에 대한 반감을 더욱 선동합니다.

#3 무리들　무지한 무리들은 남로당의 선동에 그대로 휘말립니다.

1948년 2.7 사건　오늘날 교과서는 1947년 3.1 발포사건만 다루고 곧바로 1948년 제주 4·3 사건으로 넘어갑니다. 왜 그럴까요? 그 사이에 발생한 2.7 사건을 건너뛸 때만 좌익이 원하는 논리, 즉 '3.1 발포사건 → 경찰의 탄압 → 제주 4.3 민중항쟁'이라는 서술이 가능하기 때문입니다. 하지만 이는 사실이 아닙니다. 3.1 발포사건, 2.7 사건, 4.3 사건은 모두 좌익 공산주의자들이 대한민국 건국을 방해하기 위해 일으킨 연속적 사건이지, 3.1 발포사건이 제주 4.3을 직접적으로 일으킨 것이 아닙니다. 그렇다면 1948년 2.7 사건에 대해 살펴보겠습니다.

해방 후 극심한 좌우 대립으로 미소공위와 좌우합작이 결렬되자, 국제사회는 한반도 문제를 유엔에 상정합니다. 1947년 11월 14일 유엔은 한반도 내 자유선거를 통한 남북통일 정부를 수립하기로 결의하고, 소련의 완강한 입북 반대로 북한을 배제하고 1948년 5월 10일 남한에서만 실시하기로 결정합니다. 그러자 박헌영은 이를 방해하기 위한 첫 무력 투쟁을 지령하는데, 그것이 바로 1948년 2.7 사건입니다.

1948년 2월 7일 박헌영은 남로당 30만 명을 동원하여, 약 2주 동안 전국적으로 무장폭동을 일으킵니다. 경찰서를 습격하여 살상과 방화를 일으키고, 기관차를 파괴하고, 다리를 폭파시키고, 전선을 끊고, 노동자와 학생들로 하여금 파업과 동맹휴학을 일으켜 국민의 생명과 재산에 막대한 피해를 끼칩니다. 이러한 참극을 두고 과연 '구국투쟁(救國鬪爭)'이라고 부를 수 있을까요? 이들이 말하는 구국의 '국(國)'은 대한민국인가요, 아니면 북한인가요? 당시 전국적으로 집계된 2.7 사건의 피해 규모는 다음과 같습니다.

③ 당시 알려진 바와 달리, 사망자 명단에 기록된 가장 어린 희생자는 여섯 살이 아닌 15세 소년 '허두용'이었습니다.

○ 응원경찰(應援警察): 당시 제주도에서 채용된 지역 경찰이 아니라, 육지에서 파견되어 내려온 경찰입니다.

---

4)　박윤식, *대한민국 근현대사 시리즈 2: 1948년 제주 4.3사건*(서울: 휘선, 2011), 100.

2.7 사건의 피해 집계 (1948년 2월 7~20일)[5]

사망: 경찰 15명, 선거공무원 15명, 후보의원 2명, 공무원 11명, 양민 107명 등 총 230명
부상: 경찰 23명, 공무원 12명, 우익 인사 63명, 시위자 35명
파업 30건, 동맹휴교 60건, 충돌 55건, 시위 103건, 봉화 204건, 경찰피습 26건, 무기약탈 12건, 검거 인원 8,479명, 참가 인원 30만 명

| 생각해 보기 |

2.7 사건의 배후에는 남로당 중앙당의 박헌영이 있었습니다. 제주 경찰은 제주도인민위원회가 남로당 중앙당으로부터 폭동 지령을 받은 정보를 입수하여, ④ 1948년 1월 22일 남로당 제주도당 회의장을 급습하여 지령문을 압수하고 221명을 검거합니다. 지령문에는 폭동 시기, 경찰 살해 및 무기 탈취, 인민공화국 수립 등 구체적인 행동지침이 적혀 있었습니다.

| **1948년 4.3 사건** |

1947년 가을부터 남로당은 제주 한라산에서 ○ 김달삼의 지휘 아래 약 400여 명의 ○ 무장유격대를 편성하여, 5.10 총선거를 방해하기 위한 전면적인 무장공격을 준비합니다. 이들은 봉화불을 신호로 정하고 동굴과 숲에 잠복하다가, 1948년 4월 3일 새벽 2시 한라산 정상에 봉화가 오르자, 총·죽창·곤봉 등으로 무장하여 마을들을 기습합니다. 이들은 단독선거와 단독정부를 반대한다는 명분으로 끔찍한 만행들을 저지릅니다.

| **12개 경찰서 무기고 탈취** |

1948년 4월 3일 무장유격대는 12개 경찰지서를 습격하여, 무기고를 탈취합니다. 이들은 탈취한 무기로 무장하고, 마을마다 돌아다니며 무차별 학살을 벌입니다.

| **경찰과 우익인사, 지역 지주 유지 및 가족들 학살** |

무장유격대는 12개 경찰지서를 습격하여, 경찰들과 그들의 가족까지 학살합니다. 또, 우익 인사, 지주 유지들 그리고 그들의 가족까지 잔인무도하게 학살합니다.

- (1948년 6월 9일 조병옥 경무부장의 4.3 사건 진상발표가 대동신문에 보도되는데, 그 기록은 다음과 같았습니다.)
"4월 18일, 신촌에서 폭도들이 육순이 넘은 경찰관 부모의 목을 자르고 수족을 각기 절단합니다. 또 임신 6개월인 대동청년단 지부장의 아내를 처참히 죽입니다. 4월 20일, 임신 중인 경찰관 부인의 배를 갈라서 죽입니다. 4월 25일, 경찰관의 노부모를 총살한 뒤 수족을 절단합니다. 또 임신 7개월 된 경찰관의 누이를 산 채로 매장합니다."[6]

- (당시 제주도의 몇 안 되는 우익 성향 마을 중 하나가 구엄 마을이었습니다. 무장유격대는 세 시간 동안 마을에 머물면서 구엄 마을의 우인인사들의 집을 습격합니다. 이때 이들이 가장 먼저 습격한 곳이 문영백의 집이었습니다.)
"무장대는 4-5개 조로 나누어 우익들을 살상하고 불을 질렀다. 문영백의 집은 두 채였다. 그날 안채에는 문영백과 처, 두 딸 숙자(14세), 정자(10세), 그리고 두 살짜리 막내아들이 있었으며, 바깥채에는 농업학교에 재학 중이던 큰아들 천우(17세)와 둘째 아들 홍우(12세)가 있었다. 무장대는 먼저 안채를 덮쳤는데, 그 와중에 문영백은 다른 문으로 급히 피신했고, 마침 부엌에 있던 그의 처도 몸을 숨겨 위기를 모면했다. 그러나 큰딸 문숙자와 둘째 딸 문정자가 살해되고 말았다. 시위자들이 두 딸을 마당으로 끌어내고 '저것들을 죽여라!'라고 소리치자 큰딸 숙자가 동생을 더욱 바싹 안고 '살려 주세요!'라고 울부짖었으나, 10명이 칼과 죽창, 낫으로 잠옷 차림의 두 소녀를 처참하게 찔러 죽였다. 시위자들의 '와 와!'하는 소리에 잠을 깬 큰 아들 천우는 무장 세력에 붙잡혀 나오다 주위를 살펴 도주했고, 둘째 홍우는 굴묵(방에 불을

④ 1948년 1월 22일 제주 경찰은 남로당 제주도당 회의장을 급습하여 106명을 검거하고, 1월 26일 추가로 115명을 검거했습니다. 이후 남로당 제주도당은 2월 15일부터 3월 5일까지 삐라를 배포하며 산발적 소요를 일으키고, 2월 25일 김달삼을 군사부장에 임명했습니다.

○ 김달삼(1923~1950): 제주 대정읍 출신으로, 제주 인민유격대의 초대 사령관입니다. 본명은 이승진이지만, 장인인 강문석이 사용하던 가명으로 활동하여 '김달삼'으로 알려져 있습니다. 일본 육군예비사관학교를 졸업하여 소위로 복무하던 중 공산주의에 물들었고, 해방 후 조선공산당 활동에 참여하며 대구 10.1 폭동에도 관여했습니다. 이후 경찰의 추적을 피해 제주도로 돌아와 사회교사로 일하며 학생들에게 공산주의를 주입했습니다. 남로당 제주도당 선전부장, 인민유격대 총사령관으로 제주 4.3 사건을 지휘하고, 1948년 8월 월북하여 해주 남조선인민대표자대회 대의원으로 선출되어, 4.3 공로로 김일성에게 국기훈장 2급을 받았습니다. 이후 태백산지구 사령관으로 남파되었다가 1950년 3월 국군과 교전 중 사살되어, 현재 그의 묘는 평양 애국열사릉에 있습니다.

이덕구(1920~1949): 제주 조천면 출신으로, 김달삼을 이어 인민유격대 2대 사령관이 됩니다. 일본 유학 후 학도병으로 자원입대하여 관동군 소위로 복무했으며, 해방 후 귀향해 역사와 체육 교사로 일하며 학생들에게 공산주의를 주입했습니다. 이후 김달삼 밑에서 활동하다가, 1948년 8월 김달삼이 월북한 뒤 총사령관을 맡습니다. 1949년 6월 지리산으로 도주하던 중 경찰에 포위되어 사살되어, 북한은 그에게 국기훈장 3급을 추서했습니다. 그의 묘는 현재 평양 애국열사릉에 있습니다.

○ 무장유격대(武裝遊擊隊): 게릴라 전술을 통해 적을 기습·교란하는 소규모 부대를 의미합니다.

5) 박윤식, 대한민국 근현대사 시리즈 2: 1948년 제주 4.3 사건(서울: 휘선, 2011), 120-121.
6) 박윤식, 대한민국 근현대사 시리즈 2: 1948년 제주 4.3사건(서울: 휘선, 2011), 133-137.

때게 만든 아궁이) 속으로 몸을 숨겨 무사했다.[7]

기독교인 학살 무장유격대는 기독교인들까지 학살합니다. 제주도 1호 목사이자 독립운동가였던 이도종 목사를 납치하여 *"미 제국주의의 스파이"*라는 혐의로 생매장합니다. 이도종 목사는 기독교 불모지인 제주도에서 16년 동안 10개 교회를 개척하고, 일제시대에는 독립운동가로도 활약한 사람이었습니다. 그들은 왜 성직자이며 독립운동가인 그를 생매장했을까요? ⑤ 공산주의자들에게 기독교인은 가장 큰 장애물이자 적이기 때문입니다.

5.10 총선거 선관위 및 지지자들 학살 무장유격대는 5.10 총선거 지지자들을 학살하고, 투표용지와 투표함에 불을 지르는 등 선거를 무산시킵니다.

• *"5월 1일 새벽 1시, 선거관리위원장 이원백(57세)의 집을 습격하여 죽창과 낫과 도끼로 그의 몸을 만신창이로 만들어 죽였습니다. 같은 날 새벽, 제주읍 도평리 우익 청년 박형종(25세)의 집을 기습, 떼거리로 달려들어 죽창으로 찔러 죽였습니다. 5월 5일 새벽 2시, 제주읍 화북 마을 임형권(61세)의 집을 기습, 자고 있던 그를 죽창과 낫, 도끼 등으로 사정없이 찔러 죽였습니다.*"[8]

• *"투표 당일(5월 10일) 오전 7시, (중략) 그들은 즉시 투표소를 포위, 선거인명부를 압수하고 투표함을 박살 냈습니다. (중략) 5월 10일 오후, 중문면 상예 2리에서 선거를 지지한다는 이유로 대청단장 김봉일 부부와 국민회 상예회장 오대호 등 3명을 납치해 소나무에 묶어 놓고 대창으로 찔러 학살하였습니다.*"[9]

1948년 5.10 총선거에서 제주도의 3개 선거구 중 2곳은 남로당의 방해로 투표율이 미달되어 무효 처리됩니다. 이에 따라 제헌국회는 정원 200명에서 198명으로 출범합니다. 그리고 남로당은 같은 해 8월 25일 지하 ° 흑백투표를 실시하여, ⑥ 9월 9일 김일성을 수상, 박헌영을 부수상으로 하는 조선민주주의인민공화국 수립을 선포합니다.

제주 4.3 결과 제주 4.3은 1948년 4월 3일 시작되어, 1949년 6월 7일 1,500여 명의 무장유격대가 100명가량으로 진압되고, ⑦ 1957년 4월 2일 마지막 공비가 잡히면서 끝납니다. 진압까지 무려 9년이 걸렸고, 인명 피해는 무려 1만 명이 넘었습니다. 무장유격대가 이토록 장기전을 할 수 있었던 이유는 두 가지였습니다.

1. 내부의 적
당시 미군정은 경찰만으로 제주 4.3을 진압할 수 없자 군을 투입합니다. 그런데 군대 내 남로당의 간첩들로 인해 작전계획이 사전에 유출되고, 무기고까지 쉽게 털리는 등 많은 병력을 가지고도 적절한 토벌작전을 펼치지 못했습니다.

2. 제주도민 인질
당시 무장유격대는 제주도민 속에 숨어 지내며 양민을 사실상 인질로 삼았습니다. 이러한 인질극 때문에 군경은 무장유격대와 일반 시민을 구분하기가 어려웠고, 이로 인해 무고하게 희생되는 사람들이 많았습니다.

결론: 좌익들의 7단계 전술(선전선동·조직·계기·대중시위·유혈사태·무장폭동·내전)

⑤ 기독교는 신의 존재와 절대적 진리를 인정하지만, 공산주의는 무신론을 바탕으로 인간 사회와 물질만을 유일한 현실로 보기 때문에 기독교를 배척합니다.

○ 흑백투표(黑白投票): 어떤 안건에 대해 찬성과 반대를 표시할 때 흰색 용지는 찬성, 검은색 용지는 반대를 의미하며, 각각 다른 투표함에 넣어 의사를 표시하는 방식입니다.

⑥ 북한은 1948년 9월 9일 지하선거를 통해 정부를 수립하지만, 사실상 단독정부는 이미 1946년 2월에 출범했습니다. 1946년 2월 8일 '북조선인민위원회'를 세우고 사회개혁·토지개혁·국유화 등 국가적 기능을 수행했기 때문입니다. 따라서 북한은 1946년부터 사실상 단독 정부를 갖춘 셈이었습니다.

⑦ 1957년 제주 마지막 무장공비였던 오원권은 제주시 구좌읍 송당리에서 체포되었습니다.

7) 박윤식, *대한민국 근현대사 시리즈 2: 1948년 제주 4.3사건*(서울: 휘선, 2011), 133-134.

8) 박윤식, *대한민국 근현대사 시리즈 2: 1948년 제주 4.3사건*(서울: 휘선, 2011), 138-139.

9) 박윤식, *대한민국 근현대사 시리즈 2: 1948년 제주 4.3사건*(서울: 휘선, 2011), 139-140.

오늘날 교과서는 제주 4.3을 3.1 발포사건에 따른 자연발생적 민중항쟁으로 설명합니다. 하지만 이는 사실과 다릅니다. 경찰에 대한 불만이 존재했던 것은 사실이지만, 순간적 공포심에 의한 발포를 상부 지시로 꾸며 선동하고 무장폭동을 주도한 세력은 남로당 좌익 공산주의자들이었습니다. 3.1 발포사건으로 경찰에 대한 반감이 커져 일부 시민 참여가 늘어난 것은 사실이지만, 제주 4.3의 원인이 된 것은 아닙니다. 3.1 발포사건, 2.7 사건, 4.3 사건은 모두 공산 세력이 대한민국 건국을 방해하기 위해 일으킨 일련의 사건들이기 때문입니다.

해방 후 좌익들은 '선전·선동 → 조직 → 계기 → 대중시위 → 유혈사태 → 무장폭동 → 내전'이라는 7단계 전술을 반복해 왔습니다. 따라서 우리는 올바른 역사 교육과 조직을 통해 국민이 분별력을 갖추게 하여, 진짜 불만의 계기가 생겼을 때 시위나 폭동으로 번지지 않도록 선제적으로 대응해야 합니다. 이제 여러분은 나라를 지키는 힘은 국민에게 달려 있다는 사실을 명심하고, 대한민국을 자유통일로 길로 이끌어가기를 바랍니다.

12 제주 4.3 역사전쟁 (2)

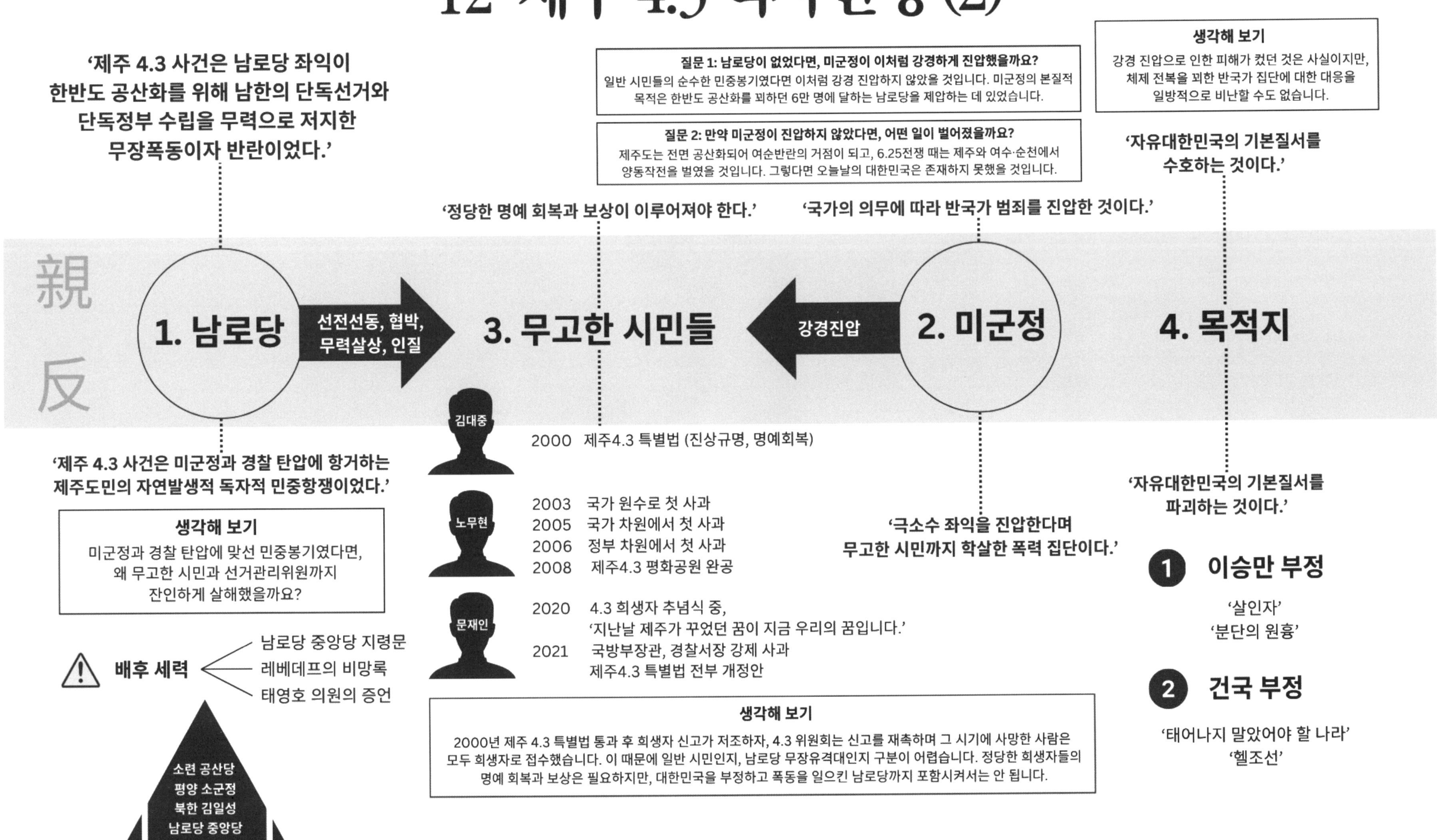

12. 제주 4.3 역사전쟁 (2)

오늘도 힘찬 구호로 역사공부를 시작해 봅시다: 이승만/역사교실, 자유통일/이룩하자, 와!

복습하기 오늘날 교과서는 제주 4.3을 제주 3.1 발포사건에서 비롯된 자연발생적 민중항쟁이라고 서술합니다. 하지만 실제로는 남로당 좌익 세력이 경찰 발포를 상부 지시로 꾸며 시민을 선동하여 무장폭동을 주도한 것이었습니다. 3.1 발포사건, 2.7 사건, 4.3 사건은 모두 대한민국 건국을 방해하려 한 좌익 공산주의자들의 연속적 사건이지, 어느 하나가 다른 하나를 직접 일으킨 것이 아닙니다.

서론 오늘날 제주 4.3의 진실은 특정 세력의 정치적 이익에 가려져 있습니다. 이는 1차 체제전쟁의 다른 사건들도 마찬가지입니다. 나라에 대한 국민의 애정과 자부심은 올바른 역사 인식에서 출발하는데, 많은 국민이 왜곡된 교육으로 진실을 구별하지 못하고 있습니다. 이를 '역사전쟁'이라고 하며, 이 책은 이를 '친(親) 대한민국'과 '반(反) 대한민국' 역사관의 충돌로 정의합니다. 오늘은 제주 4.3을 둘러싼 이 두 역사관을 살펴보겠습니다.

친 대한민국 친(親) 대한민국 역사관은 사실에 근거하며, 자유대한민국의 기본질서를 지키는 역사관입니다. 그렇다면 제주 4.3의 진실은 무엇일까요? 지금부터 함께 살펴보겠습니다.

1. 남로당 남로당은 한반도 공산화를 위해 대한민국의 탄생을 방해하며 대대적인 무장폭동을 일으켰던 세력입니다. 제주 4.3은 그들이 5.10 총선을 방해하기 위해 일으킨 무장폭동 사건으로, 일부 시민이 선동에 가담했지만 본질은 남로당·북한·소군정이 주도한 반란입니다.

2. 미군정 제주 4.3을 진압한 미군정과 군경은 국가의 명령에 따라 반국가적 범죄를 진압한 것입니다. 군경의 의무는 사회질서가 무너지고 나라가 위태로워질 때 질서를 회복하고, 법에 따라 범법자를 처벌하는 것입니다. 당시 미군정은 계엄령을 선포하여 교통을 제한하고, 우편과 잡지를 검열하고, 교육기관을 검사하고, 폭동을 강경하게 진압했습니다. 이 과정에서 무고한 시민이 희생된 것도 사실입니다. 그렇다면 우리는 이 양면성을 어떻게 이해해야 할까요?

생각해 보기 여기서 우리는 두 가지 질문을 던져야 합니다.

1. 남로당이 없었다면, 미국이 이처럼 강경하게 진압했을까?
   미군정과 군경이 진압에 나선 근본 이유는 한반도 전체를 공산화하려는 남로당 때문이었습니다. 남로당은 대한민국의 건국과 선거를 방해하기 위해 경찰서와 투표소를 습격하고 시민을 살상했습니다. 만약 제주 4.3이 일반 시민들의 순수한 민중봉기였다면, 미군정과 군경이 이처럼 강경하게 진압했을까요?

2. 만약 미군정이 제주 4.3을 진압하지 않았다면, 어떤 일이 벌어졌을까?
   제주도는 온통 남로당의 세상이 되었을 것입니다. 이후 남로당은 제주도를 거점으로 삼아, 여순 10.19 사건(여수 14연대 반란) 때 무장유격대들을 총동원 시키고, 1950년 6.25 전쟁 때 북쪽에서 쳐들어오는 인민군과 합세하여 양동 작전을 벌였을 것입니다. 그렇다면 오늘날의 대한민국은 존재할 수 있었을까요?

   제주 4.3 진압 과정에서 인명 피해가 발생한 것은 부인할 수 없지만, 진압 자체만을 비난해서는 안 됩니다. 미군정의 강경한 진압으로 무고한 시민들이 희생된 것도 사실이지만, 반국가 세력을 제대로 진압하지 못했다면 6.25전쟁 때 대한민국은 더 큰 위기를 맞이했을지도 모릅니다. 이런 사실들을 정확하게 인지할 때, 우리는 같은 비극이 일어나지 않도록 막을 수 있습니다.

3. 무고한 시민들 남로당 무장유격대와 군경의 충돌 속에서 많은 양민들이 희생되었으며, 이들에 대한 명예회복과 보상은 반드시 이루어져야 합니다. 하지만 이렇게 희생자가 늘어난 데에는 남로당의 교란전술이 큰 영향을 끼쳤습니다. 이들은 경찰서를 습격하여 군경의 옷으로 갈아입고, 군경을 사칭하여 마을을 약탈·방화하며 진압 과정을 혼란에 빠뜨렸습니다.

4. 목적지

친(親) 대한민국 역사관의 궁극적 목표는 역사를 사실대로 가르쳐 자유대한민국의 기본 질서를 지키는 것입니다.

반 대한민국

반(反) 대한민국 역사관은 정치적 이해관계를 위해 사실을 왜곡하며 자유대한민국의 기본 질서를 파괴하는 역사관입니다. 우리는 잘못된 역사관도 학습하여 정확히 반박할 수 있어야 합니다. 그렇다면 오늘날 교과서가 가르치는 제주 4.3의 왜곡된 부분은 무엇일까요?

1. 남로당

반(反) 대한민국 역사관을 가진 사람들은 제주 4.3을 남로당의 무장폭동이 아니라, 미군정과 경찰의 탄압에 맞선 제주도민의 독자적 민중항쟁으로 규정합니다. 대표적인 인물이 박원순 전 서울시장으로, 그는 2003년 노무현 정부의 '제주 4.3 진상보고서' 발간 당시 기획단장을 맡아 보고서에서 제주 4.3을 다음과 같이 정리했습니다.

- "남로당 중앙당은 제주도 무장투쟁에 직접 개입하지 않았다는 단서가 되고 있다. 따라서 4.3 사건은 제주도의 특수한 여건과 3.1절 발포사건 이후 비롯된 경찰 및 서청과 제주도민과의 갈등, 그로 인해 빚어진 긴장상황을 남로당 제주도당이 5.10 단독선거 반대투쟁과 접목시켜 일으킨 사건으로 판단할 수 있다."[1]

2021년 문재인 정부가 통과시킨 제주 4.3 특별법 전부개정안 제2조는 제주 4.3을 이렇게 규정하고 있습니다.

- "제주 4.3 사건이란 1947년 3월 1일을 기점으로 1948년 4월 3일 발생한 소요사태 및 1954년 9월 21일까지 제주도에서 발생한 무력충돌과 그 진압과정에서 주민들이 희생당한 사건을 말한다."[2]

2003년과 2021년 대한민국 정부의 제주 4.3 정의를 비교해 보면, 시간이 지날수록 사건의 주모자였던 남로당에 대한 언급은 사라지고, 사건의 피해자들에게만 집중되고 있습니다.

생각해 보기

만약 제주 4.3이 미군정과 경찰 탄압에 항거하는 민중봉기였다면, 왜 무고한 시민과 선거관리위원까지 잔인무도하게 학살했을까요? 제주 4.3은 단순한 탄압의 결과가 아니라, 남로당 중앙당의 지령을 받은 제주도당이 주민들을 선동하여 일으킨 체제전복 반란이었습니다. 이는 남로당 지령문, 소련 레베데프 비망록, 그리고 전 국회의원 태영호의 증언에서도 확인됩니다.

아래는 남로당 중앙당이 남로당 제주도당에 하달한 지령문의 내용입니다.

- "2월 15일부터 3월 5일 사이에 제주도 전역에서 폭동을 시작하라. 경찰간부와 고위관리들을 암살하고 경찰무기를 노획하라. 유엔 (한국)위원단과 총선거, 군정을 반대하라, 인민공화국을 수립하라."[3]

아래는 1948년 1월 21일 소군정 ° 레베데프 장군이 ° 스티코프와 전화 통화한 내용을 기록한 비망록 내용입니다.

- "스티코프의 지시. 민전의 전환 계획을 준비할 것. 전환. (유엔한국임시위원단을) 보이코트할 것. 선거에 반대할 것. 테러를 이유로 댈 것."[4]

아래는 2023년 2월 15일 국회의원 ° 태영호가 국회기자회견에서 발언한 내용입니다.

- "일각에서 주장하시는 것처럼 4.3 사건 관련 정부 진상 보고서에는 그 어디에도 김일성의 지시로 4.3 사건이 촉발되었다는 내용은 없습니다. 남로당 제주도당이 조직적 반 경찰 활동을 전개했다면서도, 남로당 중앙당의 직접적 지시가 있었다는 자료는 발견되지 않고 있다고 명시하고 있습니다. 바로 이 부분이 제가

○ 니콜라이 레베데프(Nikolai Georgiyevich Lebedev): 평양 소련군정 25군 군사위원으로, 김일성 정권 수립에 핵심적 역할을 했습니다. 스티코프의 지시를 받아 무명에 가까웠던 김일성을 북한 지도자로 만들기 위한 우상화 공작 등 평양의 정치 현안을 실제로 지휘한 책임자였습니다.

○ 테렌티 스티코프(Terentiï Fomich Shtykov): 제1극동전선군의 군사위원으로, 북한의 정치·법·행정을 총괄하며 김일성 정권 수립에 핵심적 역할을 한 인물입니다.

○ 태영호(1962~): 북한 외교관으로 근무하다가, 북한체제에 잘못됨을 느끼고 2016년 8월 대한민국으로 망명한 탈북자이자 대한민국의 21대 국회의원입니다.

1) 제주 4.3 사건 진상 규명 및 희생자 명예 회복 위원회, 제주4.3사건 진상조사보고서(서울: 선인, 2003), 165.

2) "제주4·3사건의 정의." 행정부 과거사관련업무지원단, 2018년 1월 16일. https://www.pasthistory.go.kr/cms/CmsPageLink.do?link=/jeju43/info1.do.

3) 박윤식, 대한민국 근현대사 시리즈 2: 1948년 제주 4.3사건(서울: 휘선, 2011), 218.

4) 양대영, "제주4·3은 남로당 중앙당과 전남도당 지령에 의해서 제주도당이 일으킨 사건." 뉴스라인제주, 2023년 12월 15일. http://www.newslinejeju.com/news/articleView.html?idxno=139755.

반대 의견을 제시한 부분입니다. 이 보고서의 부분을 보면, 남로당의 무장폭동을 조직적 반 경찰 활동으로 명시했습니다. 김대중 대통령도 공산주의자들의 무장폭동이라고 했고, 노무현 대통령 때도 진상 조사에서 남로당 제주도당의 폭동이라는 점은 인정했습니다. 남로당의 무장폭동을 조직적 반 경찰 활동으로 명시한 것이 제가 제일 반대했던 부분입니다. 이것은 역사 왜곡입니다. 다음으로 규명해야 할 문제는 제주 4.3 사건의 중앙당의 직접적 지시가 있었느냐 일 것입니다. 당시의 역사적 진실을 얘기한다면, 박헌영 등 남로당의 지도자들은 미군정의 체포를 피해, 평양으로 들어간 상태이고, 소련공산당의 지시로 남로당에 대한 직접적인 지휘권은 김일성의 평양 중앙으로 이관된 상태였습니다. 김일성은 유엔 남북총선거와 5.10 단선 반대를 당 결정으로 채택하고, 평양 라디오 방송은 매일 구국적인 투쟁으로 나서라고 선동했습니다. 따라서, 남로당 중앙의 직접적 지시가 없었다는 주장은 너무나 터무니없는 주장입니다. 4.3 사건은 명백히 평양 중앙의 지시에 의한 남로당 제주도당의 결정으로 일어났습니다. 이것이 진실입니다. 다음으로 공산당의 운영 방식을 보아도 김일성의 개입은 너무나도 명백합니다. 공산당은 중앙당 유일관리제로 운영됩니다. 유일관리제란 중앙당이 내린 결정을 집행하지 않아도 처벌받고, 중앙당의 지시가 없는 문제를 자의대로 결정해도 처벌받는 강철 같은 당 운영 방식입니다. 제가 백 번 양보하여, 일각에서 주장하는 것처럼 당시 제주도당의 일부 지도자들이 중앙당의 당론과 대치되게 무장폭동을 결정했다가, 후에 김일성의 허가를 받지 못했다면 도중에 중단하고 배를 타고 북한으로 도주해야 했습니다. 그리고 폭동이 그렇게 오래 장기화될 수도 없습니다. 무고한 주민들의 인명피해가 생길 것이 뻔한 무장폭동을 김일성이 이끄는 평양 중앙의 지시나 허가 없이 제주도당의 결정만으로 밀어붙였다는 것은 공산당의 작동 원리에 맞지도 않습니다. (중략) 이러한 역사적 사실도 부인하고, 오직 자기주장만을 절대화하고 다른 사람의 주장을 망언으로 극우색깔론으로 악마화하는 것은 역사적 진실에 대한 지성적 태도가 아닙니다. 역사적 사실 앞에서 후퇴란 있을 수 없습니다."[5]

결국 제주 4.3을 비롯한 1차 체제전쟁의 모든 사건은 남로당 제주도당·중앙당, 북한 김일성, 평양 소군정, 그리고 소련 공산당의 지휘 체계 아래에서 일어난 것입니다.

2. 미군정 반(反) 대한민국 역사관을 가진 사람들은 제주 4.3을 진압한 군경을 오로지 폭력집단으로만 규정합니다. 이런 역사관을 가지고 있는 대표적인 사람이 ○ 도올입니다.

아래는 2019년 3월 16일 KBS 1TV 프로그램 '도올아인 오방 간다'에 출연한 도올의 발언 내용입니다.
- "이승만이 제주도민들의 제헌국회 총선 보이콧에 격분해 제주도민을 학살했다… 여수에 주둔한 14연대를 제주도에 투입해 보이는 대로 쏴 죽일 것을 명령했다."[6]

아래는 도올의 저서 『우린 너무 몰랐다 - 해방, 제주 4.3과 여순민중항쟁』에서 발췌한 내용입니다.
- "여수 순천 사태 당시 어린아이들까지 다 죽이라고 명령했다."[7]

이외에도 주류 미디어는 군경이 6만 명에 육박하는 남로당을 토벌한 사실은 외면한 채, 극소수 좌익들을 과잉진압하는 과정에서 무고한 시민들까지 대량 학살했다고만 보도합니다. 오늘날 언론은 국가의 명령에 따라 목숨을 바쳐 싸운 군경을 나라의 역적으로 바꾸어 놓았습니다.

3. 무고한 시민들 제주 4.3은 대한민국 정부 수립을 방해하기 위해 남로당이 일으킨 무장폭동을 진압하는 과정에서 수많은 민간인 희생자가 발생한 현대사의 비극입니다. 이때 강경한 진압으로 억울하게 죽은 민간인 희생자들에 대해서는 국가가 마땅한 명예회복과 보상을 해 주어야 합니다. 하지만 반(反) 대한민국 역사관을 가진 세력은 이를 빌미로 정치적 ○ 카르텔을 형성해 왔습니다.

1. 김대중(제15대, 1998~2003)

○ 도올(김용옥, 1948~): 대한민국의 철학자이자 사상가로, 김정일을 '대단한 사상가'로 칭송한 반면, 이승만 대통령은 미국의 '괴뢰'로 지칭하고 국립묘지에서 파내야 한다고 주장하여 논란을 일으킨 인물입니다. 그럼에도 불구하고 그의 공영방송 활동은 중단되지 않았고, 해당 발언 이후에도 EBS 교양 프로그램 등에서 꾸준히 활동을 이어갔습니다.

○ 카르텔(cartel): 원래 경제 용어로, 기업들이 이익을 위해 가격이나 생산량을 담합해 시장을 독점하는 행위를 뜻합니다. 하지만 이 개념은 경제 외에도 정치·언론·법조계·마약 등 다양한 분야에 확장하여 쓰입니다. 특히 정치 카르텔은 특정 정당이나 세력이 권력을 독점하고 자원을 불공정하게 분배하는 구조를 말하며, 우리나라에서는 주로 특정 파벌이나 조직의 결집·이권 구조를 지칭하는 용도로 사용됩니다.

---

[5] "국민의힘 태영호 의원 '제주 4·3 사건, 이것이 진실'…민주, 의원직 사퇴 요구." KBS News, 2023년 2월 16일, 동영상, https://www.youtube.com/watch?v=eDS4PAZXePU.

[6] 김주환, "이승만 전 대통령 양자, 도올 김용옥 '사자명예훼손' 고소." 연합뉴스, 2019년 6월 26일. https://www.yna.co.kr/view/AKR20190625157200004.

[7] 이재은, "이승만 유족, 도올 김용옥 '사자 명예훼손' 고소." 조선일보, 2019년 6월 26일. https://www.chosun.com/site/data/html_dir/2019/06/26/2019062600480.html.

2000년 김대중 정부는 [○] 제주 4.3 특별법을 제정하여 진상규명 활동을 시작합니다. 희생자 신고가 저조하자 4.3 위원회는 제주도 읍·면 단위로 할당을 배분하는 등 신고를 재촉하고, 동네 이장들이 당시 사망자를 무조건 4.3 희생자로 신고하는 사례도 발생합니다. 그 결과 실제 희생자뿐 아니라 제주 4.3과 무관한 인물이나 남로당 무장대까지 포함된 허위 희생자 논란이 제기됩니다. 2000년 신고 접수 시작 이후, 2002년 1,715명이 공식 희생자로 결정되고, 이후 추가 접수로 현재 숫자는 14,822명입니다.[8]

2. 노무현(제16대, 2003~2008)
2003년 노무현 정부는 '제주 4.3 진상 보고서'에서 남로당 중앙당의 자취를 지워버립니다. 이어 대통령으로서 처음으로 제주 4.3에 대해 사과하고, 2005년에는 국가 차원에서, 2006년에는 정부 차원에서 최초로 사과합니다. 2008년에는 592억 원의 세금이 투입된 ① 제주 4.3 평화공원(기념관)을 완공합니다.[9]

3. 문재인(제19대, 2017~2022)
2020년 문재인 전 대통령은 제주 4.3 희생자 추념식에서 "지난날 제주가 꾸었던 꿈이 지금 우리의 꿈입니다."라고 발언합니다.[10] 하지만 제주 4.3을 일으킨 남로당이 꾸었던 꿈은 무엇인가요? 대한민국의 정부를 부정하고 한반도 전체에 공산정권을 세우는 것이었습니다. 이날, 문재인은 이승만 정권의 국가 폭력만을 강조할 뿐, 남로당과 북한은 거론조차 하지 않습니다. 같은 해 천안함 폭침 추모 행사와 현충일 기념사에도 책임 주체인 북한을 단 한 번도 언급하지 않은 것을 보면, 그의 역사관이 어떠한지 짐작할 수 있습니다. 이어 2021년 제주 4.3 추념식에는 국방부장관과 경찰청장을 세워 사과하도록 했는데, 이는 제주 4.3의 책임을 사건의 주모자인 남로당이 아닌 미군정과 이승만 정권에 전가하기 위한 정치적 심리전술이었습니다. 같은 해 문재인은 제주 4.3 특별법 전부개정안을 통과시켜, 직접적인 피해자가 아니더라도 당시 가족의 죽음을 목격하여 트라우마를 겪었다는 사람이나 뒤늦게 피해 사실을 주장하는 유가족까지 희생자로 인정해 줍니다. 또 이들에게 유족증을 발급하여 공영주차장·국내선 항공·장례식장 비용 50% 감면 등 각종 혜택을 제공합니다.

생각해 보기

제주 4.3 특별법으로 약 1만 4,500여 명이 보상받은 금액은 총 1,936억으로, 이는 전부 국민의 세금으로 충당되었습니다.[11] 정당한 희생자들에 대한 명예 회복과 보상은 반드시 이루어져야 하지만, 그 대상에 대한민국의 건국을 부정하고 무장폭동을 일으켜 수많은 무고한 생명을 잔인무도하게 앗아간 남로당 좌익 세력까지 포함시킬 수는 없습니다.

4. 목적지

반(反) 대한민국 역사관의 궁극적 목표는 역사를 왜곡하여 자유대한민국의 기본질서를 흔들고 파괴하는 것입니다.

결단하기

오늘날 제주 4.3의 진실은 특정 세력의 정치적 이익에 가려져 있습니다. 이들은 무고한 시민들의 억울한 희생만을 강조할 뿐, 정작 제주 4.3이 누구에 의해 일어났으며 왜 진압이 불가피했는지는 가르치지 않습니다. 또 이승만과 대한민국에 대한 반감을 조장하여, 대한민국을 '부끄러운 국가', '태어나지 말았어야 할 나라'로 만들고 있습니다. 진정한 제주 4.3의 화해와 평화는 제주 4.3에 대한 정확한 인식에서부터 출발합니다. 이제 여러분은 역사전쟁 속에서 올바른 역사관을 바로 세우고, 이를 널리 전파하는 데 앞장서기를 바랍니다.

○ 특별법(特別法): 일반법(보통법)보다 한정된 사람·장소·사안에 적용되는 법을 말합니다. 오늘날 우리나라에서는 특별법이 과도하게 제정되고 있는데, 이는 입법 절차가 상대적으로 간편하여 정치적 이득을 챙기기 쉽기 때문입니다.

① 제주 4.3 평화공원(기념관)은 세금 592억 원을 들여 건립되었고, 일각에서는 이를 '좌파들의 이념교육장'이라고 부릅니다. 실제로 많은 교사들이 학생들을 이곳으로 데려가 교육 현장으로 활용하고 있으며, 아이들은 전시와 문구에 영향을 받아 '살인자 이승만' 같은 소감문을 남기는 경우도 있었습니다. 하지만 억울한 희생만을 강조하고, 사건이 누구에 의해 일어났으며 왜 진압이 필요했는지 가르치지 않는 것은 역사 왜곡입니다. 제주 4.3을 제대로 기념하기 위해서는 사건의 주체와 진압의 목적, 그리고 대한민국에 미친 영향을 명확히 교육하여, 다시는 같은 비극이 반복되지 않도록 후세가 올바른 판단을 내릴 수 있도록 해야 합니다.

8) 제주4.3평화재단, "피해실태." https://jeju43peace.or.kr/kor/sub01_01_02.do.
9) 온종림, "제주 4.3공원, 혈세 592억원 들인 좌파 이념교육장." 뉴데일리, 2009년 9월 1일. https://www.newdaily.co.kr/site/data/html/2009/09/01/2009090100050.html.
10) "제 72주년 제주4.3희생자 추념식 문재인 대통령 '제주 4.3 희생자 유가족 실질적 배보상 실현 시킬것'." 스튜디오 제주MBC, 2020년 4월 3일, 동영상, https://www.youtube.com/watch?v=8qLoGC7pl3k.
11) 김정호, "尹정부 행안부, 첫 내년 예산안에 제주4·3 보상금 1936억원 편성." 제주의 소리, 2022년 8월 30일. https://www.jejusori.net/news/articleView.html?idxno=407169.

13 여순 10.19 사건 (여수 14연대 반란)

서론 100% 자연발생적 민중항쟁 ⟷ 공산주의자들의 조직적 선동에 의한 무장폭동 반란

본론 3대 세력
- 진짜 불만
- 배후 세력
- 무리들

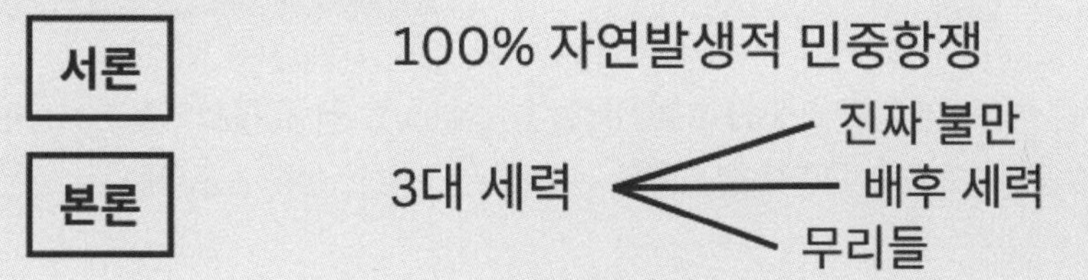

여순 10.19
1948.10.19

(진짜 불만) 경찰과 경비대 간의 갈등

> 초기 국방경비대는 경찰 보조기관 성격이 강했고 준비도 미흡해 경찰의 무시를 받으며 갈등이 심화되었습니다. 그러다 1947년 6월 1일 영암사건이 발생했고, 광주 4연대 소속 군인들이 여수 14연대로 차출되면서 남로당은 이들의 불만을 계기로 경찰에 대한 반감을 부추기고 반란까지 선동할 수 있었습니다.

(배후) 남로당의 군내 침투 공작

1. 국방경비대 (신체검사, 구도시험) = 정치적 피난처
2. 제주4.3 진압 출동 명령 누설
3. 여수 14연대 선동 (3,000명)
   - 장교 사살, 무기고 탈취
   - 제주도 출동 거부
   - 인민공화국 수립
4. 남로당 여수인민위원회 (23명)

(무리들) 10.19~27 여수, 10.20~23 순천 무장폭동

1. 경찰서 무기고 **탈취**, 좌익 죄수 **석방**
2. 경찰, 우익인사, 청년단 간부 및 가족 **학살**
3. 인민위원회 **실시**
4. 방송시청 **금지**
5. 좌익 학생들 **가담**
6. 여학생들 **가담**

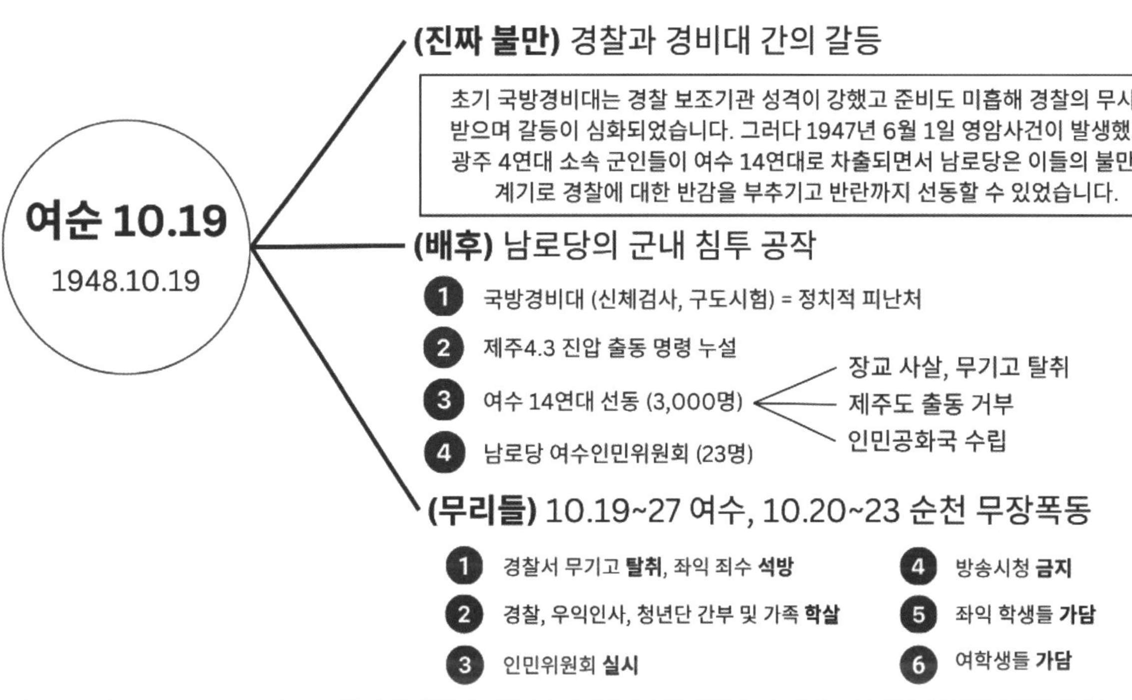

생각해 보기

모순적이게도, 제주 4.3과 여순 10.19가 없었다면 대한민국은 존재하지 못했을지도 모릅니다. 무장폭동과 반란에 가담할 인물들이 이때 대거 드러나면서 간첩과 좌익 세력의 존재가 밝혀졌기 때문입니다.

Did you know? **여순반란 때 두 아들을 잃은 손양원 목사**

일제 신사참배를 끝까지 거부한 독립운동가로 알려진 손양원 목사님은 해방 이후, 1차 체제전쟁 속 여순 10.19 반란으로 두 아들을 잃었습니다. 그는 장례식에서 '열 가지 감사문'을 고백하며, 두 아들을 죽인 원수를 용서하고 그를 양자로 삼았습니다. 이후 6.25전쟁 때에도 피난을 거부하고 나환자들과 함께 남아 있다가 북한군에게 학살당해 48세의 나이로 순교했습니다.

'열 가지 감사문'

첫째, 나 같은 죄인의 혈통에서 순교의 자식들이 나오게 했으니 감사.

둘째, 허다한 많은 성도들 중에 어찌 이런 보배들을 주께서 하필 내게 맡겨 주셨으니 감사.

셋째, 3남 3녀 중에서도 가장 아름다운 두 아들 장자와 차자를 바치게 된 나의 축복을 감사.

넷째, 한 아들의 순교도 귀하다 하거늘 하물며 두 아들의 순교이리요? 감사.

다섯째, 예수 믿다가 누워 죽는 것도 큰 복이라 하거늘 하물며 전도하다 총살 순교 당함이리요? 감사.

여섯째, 미국 유학을 가려고 준비하던 내 아들(큰아들-성악, 작은아들-신학), 미국보다 더 좋은 천국에 갔으니 내 마음 안심되어 감사.

일곱째, 나의 사랑하는 두 아들을 총살한 원수를 회개시켜 내 아들 삼고자 하는 사랑의 마음을 주신 하나님께 감사.

여덟째, 내 두 아들의 순교로 말미암아 무수한 천국의 아들들이 생길 것이 믿어지니 감사.

아홉째, 이 같은 역경 중에서 이상 여덟 가지 진리와 하나님의 사랑을 찾는 기쁜 마음, 여유 있는 믿음 주신 우리 주께 감사.

끝으로, 나에게 분수에 넘치는 과분한 큰 복을 내려 주신 하나님께 모든 영광을 돌립니다. 이 일들이 옛날 내 부모님이 새벽마다 부르짖던 수십 년간의 눈물로 된 기도의 결실이요, 나의 사랑하는 나환자 형제, 자매들이 23년간 나와 내 가족을 위해 기도해 준 그 성의의 열매로 믿어 의심치 않으며, 여러분들께도 감사드립니다.

결론 **좌익들의 7단계 전술:**
1. 선전선동 2. 조직 3. 계기 4. 대중시위 5. 유혈사태 6. 무장폭동 7. 내전

13. 여순 10.19 사건 (여수 14연대 반란)

오늘도 힘찬 구호로 역사공부를 시작해 봅시다: 이승만/역사교실, 자유통일/이룩하자, 와!

복습하기 제주 4.3의 진실은 특정 세력의 정치적 이익을 위해 가려져 왔습니다. 이는 1차 체제전쟁의 다른 사건들도 마찬가지입니다. 나라에 대한 국민의 애정과 자부심은 올바른 역사 인식에서 출발하는데, 많은 국민이 왜곡된 교육으로 진실을 구별하지 못하고 있습니다. 이를 가리켜 '역사전쟁'이라고 합니다. '반(反) 대한민국' 역사관을 가진 세력은 제주 4.3을 좌편향적으로 해석하여 정치적·경제적 이익을 챙겨 왔으며, 그중 가장 큰 효과는 이승만과 대한민국에 대한 반감을 퍼뜨린 것입니다. 이들은 무고한 시민들의 억울한 희생만을 강조할 뿐, 정작 제주 4.3이 누구에 의해 일어났으며 왜 진압이 불가피했는지는 가르치지 않습니다. 진정한 제주 4.3의 화해와 평화는 제주 4.3에 대한 정확한 인식에서부터 출발합니다.

서론: 100% 자연발생적 민중항쟁인가? 아니면 공산당의 조직적 선동에 의한 무장폭동 반란인가?

서론 해방 이후, 박헌영의 남로당은 남한을 적화시키기 위해 1945년부터 1948년까지 반란(무장폭동)을 일으킵니다. 이를 가리켜 '1차 체제전쟁'이라고 합니다. 이 책은 1차 체제전쟁을 보다 쉽게 이해하기 위해 '서론→본론→결론'의 구조를 사용하여 설명합니다.

1. (서론) '1차 체제전쟁의 해당 사건은 100% 자연발생적 민중항쟁인가? 아니면 공산당의 조직적 선동에 의한 무장폭동 반란인가?'
2. (본론) '1차 체제전쟁의 모든 사건에는 3대 세력이 있습니다. 첫째, 진짜 불만을 가진 사람들입니다. 둘째, 정치적 목적(공산정권 수립을 위한 반란)을 위해 선동하는 배후 세력(남로당)입니다. 셋째, 선동에 넘어가는 무리들입니다.'
3. (결론) '좌익들은 모든 사건에 대하여 7단계 전술을 사용합니다(선전선동·조직·계기·대중시위·유혈사태·무장폭동·내전).'

이제 여러분은 이 구조를 잘 활용하여, 1차 체제전쟁에 대한 왜곡된 정보를 정확하게 반박하기를 바랍니다. 오늘은 1차 체제전쟁의 네 번째 사건, ① 여순 10.19(여수 14 연대 반란)을 살펴보겠습니다.

본론: 3대 세력(진짜 불만·배후·무리들)

여순 10.19 (여수 14연대 반란) 대한민국 건국 과정에서 박헌영의 남로당을 비롯한 북한과 소련은 9월 총파업, 대구 10.1, 제주 4.3 등을 공작하여 수많은 희생자를 초래했습니다. 그럼에도 대한민국은 숱한 위기를 헤쳐내고 마침내 1948년 8월 15일 건국되는데, 불과 두 달 뒤 전쟁을 방불한 반란이 전라남도 여수에서 일어납니다. 이것이 1차 체제전쟁의 네 번째 사건인 여순 10.19(여수 14연대 반란)입니다.

#1 진짜 불만 ② 해방 후 미 주둔군 사령관 하지(John R. Hodge) 중장은 남한의 경찰력과 미군의 경비력만으로는 남한의 치안 유지가 어렵다고 판단하여, 1946년 1월 15일 ③ 국방경비대를 창설합니다. 국방경비대는 훗날 대한민국의 육군으로 발전하지만, 당시에는 정식 군대보다는 경찰을 보조하는 예비대 성격이 강했고, 장비와 복장 등 여러 면에서 미흡했습니다. 예를 들어, 경찰은 미군 군복과 M1 소총을 사용했지만, 국방경비대는 일본군 군복과 38식·99식 소총을 사용했습니다. 계급장도 정식 표시가 아닌 단추 개수로 구분할 정도였습니다. 이런 차이 때문에 국방경비대는 경찰로부터 무시받는 경우가 많았고, 양측의 갈등은

① 학계에서는 보통 '여순 10.19'가 아닌 '여수 14연대 반란'이라는 표현을 씁니다. 이는 사건이 여수와 순천 시민이 아닌 여수 14연대 군인들에 의해 발생했기 때문입니다. 다만, 이 책에서는 앞선 대구 10.1, 제주 4.3과 통일된 표기 방식을 위해 '여순 10.19'라는 명칭을 사용합니다.

② 경찰은 내부 치안과 사회 질서 유지가 임무라면, 군인은 국가 방위와 전쟁 수행에서의 승리가 임무입니다.

③ 국방경비대는 1946년 1월 15일 '남조선 국방경비대'로 창설되어, 같은 해 6월 15일 '조선경비대'로 개칭되었습니다. 미국은 처음부터 군대식 조직을 원했지만, 소련과의 마찰을 피하기 위해 경찰예비대 성격으로 출범시켰습니다. 하지만 1948년 건국 후 미국의 대소련 정책이 바뀌면서, 9월 1일 국방부 산하로 편입되고 9월 5일 대한민국 육군으로 정식 개칭되었습니다.

더욱 깊어졌습니다. 그러다 1947년 6월 1일 국방경비대와 경찰 간 갈등이 폭발하여 ○ 영암사건이 발생합니다. 경찰이 국방경비대의 무궁화 계급장을 일본 '사쿠라(벚꽃)' 같다고 비아냥대자 마찰이 생겨, 광주 주둔 제4연대와 경찰 간 총격전으로 국방경비대 6명이 사망하고 10여 명이 부상당합니다. 이후 광주 제4연대 소속 병력 다수가 차출되어 여수 14연대를 구성하게 되고, 남로당은 이들의 경찰에 대한 불만을 계기로 삼아 여수 14연대 반란에 가담하도록 선동합니다.

| #2 배후 |

1948년 5.10 총선거 과정에서 무장폭동을 일으킨 남로당원들이 대거 검거되고 국방경비대가 점차 정규 군대의 모습을 갖추기 시작하자, 남로당의 박헌영은 새로운 전술을 꾀합니다. 바로 군내 침투 공작입니다.

| 1. 군내 침투 공작 |

박헌영은 경찰의 수배를 피하기 위해 군대가 가장 안전하다고 판단했습니다. 당시 국방경비대는 인력 부족으로 신병을 모집할 때 신상조사나 사상 검토 없이 신체검사와 구두시험만으로 선발했기 때문에 남로당 좌익들이 손쉽게 입대할 수 있었습니다. ④ 남로당은 군 침투 공작에서 장교와 사병의 전략을 달리했습니다. 장교는 남로당 중앙당 군사부가 관리하고 사병은 각 지방 도당에서 관리하는 등 이원적 체제로 보안성을 철저하게 유지했습니다. 이렇게 대거 침투한 남로당 좌익들은 밤이면 밤마다 공산주의 사상을 학습하고, 결국 여수 14연대 반란을 일으키는 데 결정적인 원인이 됩니다.

| 2. 제주 4.3 출동명령 누설 |

1948년 10월 15일 육군본부는 여수 14연대에 제주 4.3 진압 출동 명령을 내립니다. "14연대 1개 대대는 1948년 10월 19일 20시에 여수항을 출발하여 제주도 폭동을 진압하라."[1] 하지만 당시 국방경비대는 창설된 지 얼마 되지 않아 자체 통신시설이 없어, 불가피하게 일반 우체국을 통해 명령을 하달합니다. 이 과정에서 극비 명령은 여수 우체국에 근무하던 남로당원에 유출되고, 이를 알게 된 남로당은 즉시 여수 14연대 내 침투 조직에 반란을 지령합니다. "이미 여수, 여천 일대의 민청, 민애청, 인민위원회 간부들과 내통이 되어 있으니, 반란 직후 이들을 무장시켜 주는 동시에 장교는 이용가치가 있으면 가두고 나머지는 모두 사살해 버리라. (중략) 반란을 선동할 때 먼저 경찰이 습격해 온 것처럼 가장하여 세력을 규합하고, 민간인들에게는 북조선 인민군이 지금 38선을 넘어오고 있는 것처럼 선전하라."[2]

| 3. 여수 14연대 선동 |

10월 19일 출동 당일 저녁, 여수 14연대에 잠입한 남로당원 50여 명은 제주도 출동을 앞두고 환송회 중이던 장교들을 기습하여 무차별적으로 총격을 가하며 살해합니다. 당시 상황은 참혹했습니다. 한 장교가 집단 구타를 당하던 중, 이를 말리려던 다른 장교가 "이놈들아, 어째서 장교를 구타하느냐"라고 외치자, 반란군은 "야, 뒤에 한 마리 또 왔다"라고 말하며 그의 복부를 총검으로 찔러 등 뒤까지 관통합니다.[3] 이들은 사전에 계획한 대로 장교들을 전부 사살하고, 무기고를 탈취하고, 비상나팔을 불어 사병들을 연병장에 집합시킵니다. 당시 사병들은 이를 제주도 출동을 위한 출발신호인 줄 알고 연병장에 모여 실탄 지급을 기다리는데, 이때 남로당원 ○ 지창수 상사는 연단에 올라 "여수 경찰이 연대를 포위하여 습격하려 한다", "이승만 정권과 미군이 학살하려 한다", "제주도에서 경찰이 도민을 학살하고 있다", "북조선 인민군이 남진 중이다" 등 허위 사실을 퍼뜨리며 반란을 선동하고, 반란 가담을 거부하는 사병과 하사관 40여 명을 현장에서 즉시 사살합니다.[4] 이러한 공포적 분위기 속에서 지휘 체계가 붕괴된 14연대 3,000여 명은 결국 남로당 주도 아래 ⑤ 반란군이 되고 맙니다.

| 4. 남로당 여수 인민위원회 |

저녁 8시경 여수 14연대 정문 앞에서 대기하던 남로당 여수군당(여수인민위원회) 소속 23명은 반란 성공 소식을 듣고 영내로 들어와 무

○ 영암사건(영암 군경 충돌 사건): 1947년 6월 1일 전남 영암에서 경찰에 연행된 국방경비대 하사를 두고 군경 간 발생한 충돌입니다. 이 갈등은 다음 날 총격전으로 번져 제4연대에서 6명 사망, 10명 부상자가 발생하고, 경찰은 1명 사망했습니다.

④ 장교는 개인적 능력, 유력 인사의 추천, 사관학교 직원 매수, 기존 장교 포섭, 인맥 활용 등을 통해 침투했고, 사병은 당성이 강한 인물들을 선별하여 적극적으로 입대시켰습니다.

○ 지창수(1906~1950): 여수 14연대의 인사계 육군 상사로, 여순 14연대 반란사건의 핵심 주동자입니다.

⑤ 남로당원들은 10월 20일 '제주토벌 출동거부 병사위원회'라는 이름으로 성명서를 발표하며 제주도 출동 거부, 미군 철수, 인민공화국 수립 등을 주장했습니다.

---

1) 강휘중, *Korea Inside Out: 역사편*(서울: 가랑비, 2022), 142.

2) 박윤식, *대한민국 근현대사 시리즈 3: 1948년 10월 19일 여수 순천 사건*(서울: 휘선, 2011), 25-26.

3) 박윤식, *대한민국 근현대사 시리즈 3: 1948년 10월 19일 여수 순천 사건*(서울: 휘선, 2011), 28.

4) 강휘중, *Korea Inside Out: 역사편*(서울: 가랑비, 2022), 142.

장반란에 합세합니다. 이들이 정문 앞에서 미리 대기하고 있었다는 사실은 남로당이 여수 14연대 반란이 남로당의 사전 지령에 따른 계획적 행동이었음을 보여줍니다.

#3 무리들

10월 19일 밤 11시 30분경 남로당원들을 중심으로 한 여수 14연대는 여수를 장악하고, 이어 10월 20일 새벽에는 순천까지 장악합니다. 이들이 여수와 순천에서 저지른 끔찍한 만행들을 살펴봅시다.

경찰서 무기고 탈취, 좌익 죄수 석방

남로당원들을 중심으로 한 여수 14연대는 경찰서를 습격하여 무기고를 탈취하고, 유치장에 있던 좌익 죄수들을 석방합니다.

"이들은 반도에 의해 풀려나자마자 자기가 원한이 있는 집부터 찾아가서 귀중품 약탈, 부녀자 강간, 기물 파손, 방화 등을 자행하고, 그 후에는 반도들에 가담하여 제 세상을 만난 것처럼 날뛰었다."[5]

경찰, 우익인사, 청년단 간부 및 가족 학살

남로당원들을 중심으로 한 여수 14연대는 경찰, 우익인사, 우익 청년단 간부 및 그 가족들까지 무자비하게 학살합니다.

"한 경찰관이 반도들에게 끌려가고 있었는데, 아이들과 놀고 있던 경찰관의 아들(8세)이 이를 보고 '아저씨, 우리 아버지 살려 주세요.'하고 울부짖었다. 반도들은 계속 바짓가랑이를 붙잡고 애원하는 여덟 살 난 아이에게 기관단총을 난사해 죽였다. 아들의 죽음을 본 아버지가 걷지 못하고 땅바닥에 쓰러지자 그에게 기관단총을 퍼부었다. 처음 5-6발을 맞고 비틀거리는 경찰관에게 다시 7-8발의 총탄을 쏘았다."[6]

"경찰서 지하실에는 아직 처형되지 않은 경찰관 가족 30여 명이 있었는데, 휘발유를 뿌려 전원 태워 죽였다. 한 경찰관 부인을 강제로 옷을 벗겨 국부를 총검으로 찔러 학살한 채 길바닥에 버렸다."[7]

"여수 경찰서 소속 여경 국막래(24세)를 붙잡아, 대낮에 군중 앞에서 발가벗긴 채 차마 눈뜨고 볼 수 없는 부분에 총 두 발을 쏘아 죽였다. 같은 여수 경찰서 소속 여경 정현자는 폭도들이 옷을 갈기갈기 찢고는 목에 쇠사슬을 매어 가지고 시내를 1시간 동안 일주하고, 다시 경찰서로 돌아와 총탄 2발을 쏘아 죽였다. 이렇게 폭도들은 야수처럼 천인공노할 만행을 저질렀다."[8]

인민위원회 실시

10월 20일 오후 1시 여수 시내에서 열린 인민위원회 대회에서 여수시 남로당 위원장 이용기는 다음과 같이 연설합니다.

"지난밤부터 여수에는 인민해방군이 상륙하여 우리를 해방시키고 순천으로 북상하여 이를 점령하고 북으로 북상 중에 있다. 또한 이북의 인민군대가 38선을 돌파하여 서울을 점령하고 남진 중에 있으며, 남조선의 전체 해방은 목전에 도달하고 있다. 이북의 인민군대가 38선을 돌파하였기 때문에 이승만 대통령도 오늘 아침에 일본으로 도망쳤다. 따라서 우리 인민은 총궐기하여 남조선을 완전히 해방시키는 데 앞장을 서야 한다."[9]

이어서 여수 14연대 육군 인사계 상사 지창수는 다음과 같이 연설합니다.

"존경하는 여수 인민 여러분! 저는 14연대 인민해방군 사령관 지창수입니다. (중략) 어젯밤 우리는 북조선 인민군과 미리 짜놓은 계획대로 동족상잔의 제주파병을 거부하고 우리 인민의 적인 경찰을 처부수고 여수 인민을 해방시켰습니다. (중략) 인민군도 이 순간 38선을 뚫고 노도와 같이 밀고 내려오고 있습니다... 우리가 남쪽에서 밀고 올라가고 북쪽에서 인민군이 밀고 내려오다가 마주치는 그 순간이 바로 조국이 통일되는 순간입니다. (중략) 무엇보다도 이승만 일당의 주구 노릇을 하던 경찰과 친일파 그리고 모리간상배 등 반동분자들을 철저히 소탕해야 합니다... 땅을 파는 농군이 땅 임자가 되고 천대받는 머슴들이 주인이 될 수 있는 올바른 세상이 올 것입니다."[10]

5) 송효순, 붉은 대학살(서울:갑자문화사, 1979), 127-128.

6) 박윤식, 대한민국 근현대사 시리즈 3: 1948년 10월 19일 여수 순천 사건(서울: 휘선, 2011), 44.

7) 박윤식, 대한민국 근현대사 시리즈 3: 1948년 10월 19일 여수 순천 사건(서울: 휘선, 2011), 45.

8) 송효순, 붉은 대학살(서울:갑자문화사, 1979), 123-124.

9) 박윤식, 대한민국 근현대사 시리즈 3: 1948년 10월 19일 여수 순천 사건(서울: 휘선, 2011), 42.

10) 박윤식, 대한민국 근현대사 시리즈 3: 1948년 10월 19일 여수 순천 사건(서울: 휘선, 2011), 43.

이때 여수 인민위원회는 아래 6개 항목의 결의문을 채택합니다. 그 내용은 다음과 같습니다. [11]

1. 인민위원회의 여수 행정기구 접수를 인정한다.
2. 조선민주주의인민공화국에 대한 수호와 충성을 맹세한다.
3. 대한민국 분쇄를 맹세한다.
4. 남한 정부의 모든 법령은 무효로 선언한다.
5. 친일파, 민족반역자, 경찰관 등을 철저히 소탕한다.
6. 무상몰수, 무상분배의 토지개혁을 실시한다.

이로써 여수 인민위원회는 스스로 법을 만들고 정부처럼 행동합니다. 은행예금을 동결하여 시민들이 돈을 인출하지 못하도록 하고, 재산을 몰수하고, 인구와 적산가옥을 조사한 뒤, 하루도 쉬지 않고 '반동분자들'의 인민재판을 열어 몽둥이·죽창·총검 등으로 현장에서 처형합니다.

"20일, 풍덕천 제방에서 또 하나의 만행이 저질러지는데, 반란군과 지방 시위대들이 경찰을 숨겨 줬다는 혐의로 각각 30세, 25세 정도의 남녀를 끌어다 옷을 벗긴다. 이들은 지방 시위자들이 평소 자신들의 사적 감정을 보복하기 위해 거짓말로 모략하여 반란군에 잡히게 한 사람들이다. 반란군은 총검으로 이들의 옷을 찢는데 살결까지 찢겨 피투성이가 된다. 대낮에 군중들이 보는 가운데 속옷까지 찢겨 알몸이 되고, 자꾸 쓰러지는 그들을 총검으로 일으켜 세워 남녀를 서로 마주보게 하고 등을 찔러 죽인다."[12]

| 방송청취 금지 | 여수 인민위원회는 일체의 방송을 청취하는 자는 총살하겠다고 공포합니다. 이로 인해, 여수 시민들은 사태가 일어난 지 4일이 지나서야 여순 10.19가 여수 14연대에 침투한 남로당이 일으킨 반란이었다는 사실을 알게 됩니다.

| 좌익 학생들 가담 | 반란에는 남로당원과 여수 14연대 사병들뿐만 아니라 학생들도 다수 가담합니다. 이들은 일반 학생이라면 감히 할 수 없는 끔찍한 만행들까지 저지릅니다.

"좌익 학생들은 학교 선배와 자신을 가르쳐 준 스승 등을 찾아다녔다. 스승이 없으면 스승의 부인과 가족들을 경찰서로 끌고 갔다. 심지어 50대 어느 교장 부인을 자식들이 보는 데서 거꾸로 매달아 몽둥이로 때려죽였다."[13]

| 여학생들 가담 | 여학생들도 적잖게 가담합니다. 이들 중에는 남로당원에게 강압적으로 끌려가 반란군을 위해 부역하는 경우도 있었지만, 또 학교 교장과 교사들에 의해 공산주의 사상에 물들어 국군을 환영하는 척하며 권총으로 사살하는 경우도 있었습니다. [14]

| 일반주민들 가담 | 일반 주민들도 남로당원들에게 부역과 먹거리를 제공하며 가담합니다. 하지만 이는 대부분 공산주의에 동조해서가 아니라, 남로당원들의 잔혹한 살해를 피하기 위한 불가피한 선택이었습니다.

| **여순 10.19 결과** | 여순 10.19로 인한 인명 피해는 막대했습니다. 남로당원과 진압군 사이에 끼여 희생된 사망자는 약 2,500명, 행방불명자는 약 4,300명에 달했습니다. [15] 결국 여수는 10월 19~27일 약 8일 만에, 순천은 10월 20~23일 3일 만에 탈환됩니다. 진압이 늦어진 이유는 광주 4연대·대구 6연대·마산 15연대 등 파견된 부대들에서 연쇄적으로 반란이 일어났기 때문입니다. 결국 10월 28일 반란은 진압되고 여수 14연대는 영구

11) 강휘중, *Korea Inside Out: 역사편*(서울: 가랑비, 2022), 144.
12) 박윤식, *대한민국 근현대사 시리즈 3: 1948년 10월 19일 여수 순천 사건*(서울: 휘선, 2011), 48.
13) 박윤식, *대한민국 근현대사 시리즈 3: 1948년 10월 19일 여수 순천 사건*(서울: 휘선, 2011), 54.
14) 송효순, *붉은 대학살*(서울:갑자문화사, 1979), 136.
15) 박윤식, *대한민국 근현대사 시리즈 3: 1948년 10월 19일 여수 순천 사건*(서울: 휘선, 2011), 64.

해체되지만, 상당수 반란군은 지리산으로 도주하여 지리산 빨치산을 이루게 됩니다.

모순적으로, 제주 4.3과 여순 10.19는 남한 내 공산주의자들을 색출하여, 6.25 전쟁 때 더 큰 위기를 방지하는 결과를 낳았습니다. 반란을 일으킬 만한 좌익 공산주의자들은 대다수 제주 4.3과 여순 10.19 때 일어났고, 이때 군대 내 남로당원들의 존재가 많이 드러났습니다. 그 덕분에 이승만 대통령은 국가보안법을 제정하는 등 ⑥ 1년 동안 숙군 작업을 펼칠 수 있었고, 이는 6.25 전쟁 당시 우리나라 육군이 그나마 버틸 수 있는 결정적인 뒷받침이 되어 주었습니다. 만약 제주 4.3과 여순 10.19가 이때 일어나지 않고 6.25 전쟁 때 합세하여 일어났다면, 제주도와 여수·순천에서 양동작전이 벌어져 낙동강 방어선조차 지켜 내지 못했을 것입니다.

손양원 목사님이 일제의 신사참배 강요에 끝까지 맞서 투쟁한 독립운동가였다는 사실은 널리 알려져 있습니다. 그런데 해방 후 1차 체제전쟁 때 두 아들의 목숨을 남로당 좌익들에게 잃은 사실을 알고 있었나요? 전남 여수 애양원에서 나환자 600명을 돌보던 손양원 목사님이 신사참배 거부로 6년간 옥고를 치르는 동안, 두 아들은 생계를 위해 늦게 학업을 이어갑니다. 그러던 중 1948년 여순 10.19가 터지자, 기독학생회장이던 큰아들 동인은 좌익 학생들에게 가장 먼저 붙잡히고, 곧 동생 동신도 잡혀갑니다. 형제는 친미 기독 청년으로 몰려 구타와 고문을 당한 뒤 총살되고, 마지막 순간까지 *"내가 죽고 난 후에라도 너희들은 회개하고 예수를 믿어라. 나는 천국으로 간다마는 너희는 무서운 지옥의 형벌을 어떻게 면하겠느냐?"* 라며 전도합니다.[16] 두 아들은 같은 날, 24세와 19세의 나이로 함께 순교합니다. 손양원 목사님은 두 아들의 장례식에서 '열 가지 감사문'을 남깁니다. 그 내용은 다음과 같습니다.

열 가지 감사문[17]

첫째, 나 같은 죄인의 혈통에서 순교의 자식들이 나오게 했으니 감사.

둘째, 허다한 많은 성도들 중에 어찌 이런 보배들을 주께서 하필 내게 맡겨 주셨으니 감사.

셋째, 3남 3녀 중에서도 가장 아름다운 두 아들 장자와 차자를 바치게 된 나의 축복을 감사.

넷째, 한 아들의 순교도 귀하다 하거늘 하물며 두 아들의 순교이리요? 감사.

다섯째, 예수 믿다가 누워 죽는 것도 큰 복이라 하거늘 하물며 전도하다 총살 순교 당함이리요? 감사.

여섯째, 미국 유학을 가려고 준비하던 내 아들(큰아들-성악, 작은아들-신학), 미국보다 더 좋은 천국에 갔으니 내 마음 안심되어 감사.

일곱째, 나의 사랑하는 두 아들을 총살한 원수를 회개시켜 내 아들 삼고자 하는 사랑의 마음을 주신 하나님께 감사.

여덟째, 내 두 아들의 순교로 말미암아 무수한 천국의 아들들이 생길 것이 믿어지니 감사.

아홉째, 이 같은 역경 중에서 이상 여덟 가지 진리와 하나님의 사랑을 찾는 기쁜 마음, 여유 있는 믿음 주신 우리 주께 감사.

끝으로, 나에게 분수에 넘치는 과분한 큰 복을 내려 주신 하나님께 모든 영광을 돌립니다.

이 일들이 옛날 내 부모님이 새벽마다 부르짖던 수십 년간의 눈물로 된 기도의 결실이요, 나의 사랑하는 나환자 형제, 자매들이

23년간 나와 내 가족을 위해 기도해 준 그 성의의 열매로 믿어 의심치 않으며, 여러분들께도 감사드립니다.

---

16) 박윤식, *대한민국 근현대사 시리즈 3: 1948년 10월 19일 여수 순천 사건*(서울: 휘선, 2011), 67.

17) 박윤식, *대한민국 근현대사 시리즈 3: 1948년 10월 19일 여수 순천 사건*(서울: 휘선, 2011), 68-69.

손양원 목사님은 두 아들을 죽인 범인 안재선을 용서할 뿐 아니라, 그를 회개시켜 양자로 삼고 신학 공부까지 시킵니다. 모든 식구들이 반대했지만, 그는 좌익에 의해 두 아들을 잃은 아픔보다 조국이 좌우로 분열된 아픔이 크다며 끝까지 애국애족의 길을 걷습니다. *"여러분, 다른 민족이라도 구원해야 할 터인데 동족끼리의 골육상잔은 민족의 비극이요, 국가의 참사입니다. 보복행사가 반드시 있을 것이니 이 민족, 이 동포가 이래 죽고 저래 죽으면 그 누가 남겠습니까? 그런즉 내 곧 사람을 보내 두 아들을 죽인 범인을 용서토록 하고 그를 양아들로 삼겠습니다."*[18] 이후 손양원 목사님은 6.25 전쟁 때 피난을 거부하고 애양원에 남아 남환자들을 돌보다가, 결국 북한 인민군에 의해 학살당하여 48세의 나이로 순교합니다.

결론: 좌익들의 7단계 전술(선전선동·조직·계기·대중시위·유혈사태·무장폭동·내전)

| 결단하기 | 1948년 8월 15일 건국 두 달 만에, 박헌영의 남로당은 군 내부에 침투하여 평소 경찰에 불만이 있던 여수 14연대 사병들을 강압적으로 선동하여 여수와 순천에서 전쟁에 버금가는 반란을 일으켰습니다. 군대는 국가의 최후 보루이지만, 사상이 분열된 군대는 오히려 국민에게 위협이 될 수 있습니다. 여순 10.19(여수 14연대 반란)는 그 대표적인 사례로, 군 지도부가 무너졌을 때 군대가 어떻게 국가 전체를 혼란에 빠뜨릴 수 있는지를 보여주는 뼈아픈 교훈입니다.

해방 후 좌익들은 '선전·선동 → 조직 → 계기 → 대중시위 → 유혈사태 → 무장폭동 → 내전'이라는 7단계 전술을 반복해 왔습니다. 따라서 우리는 올바른 역사 교육과 조직을 통해 국민이 분별력을 갖추게 하여, 진짜 불만의 계기가 생겼을 때 시위나 폭동으로 번지지 않도록 선제적으로 대응해야 합니다. 이제 여러분은 나라를 지키는 힘은 국민에게 달려 있다는 사실을 명심하고, 대한민국을 자유통일로 길로 이끌어가기를 바랍니다.

---

18) 박윤식, *대한민국 근현대사 시리즈 3: 1948년 10월 19일 여수 순천 사건* (서울: 휘선, 2011), 70.

14 1948년 5월 10일, 5.10 총선거

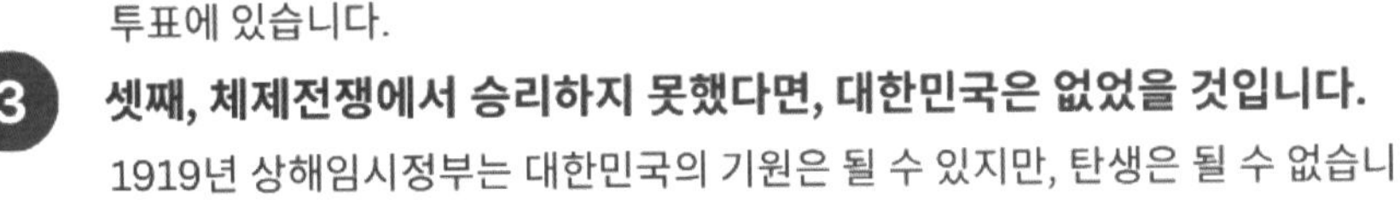

5.10 총선
1948.5.10

- 전국민 투표권
- 1948.5.31 제헌국회

헌법
1948.7.17

- 기본법 + 최고법
- 기독교 배경
- 개헌?

건국
1948.8.15

- 1919 VS 1948
- 대한민국 = '유일한 합법 정부'
  VS 북한 = '불법 점거 집단'

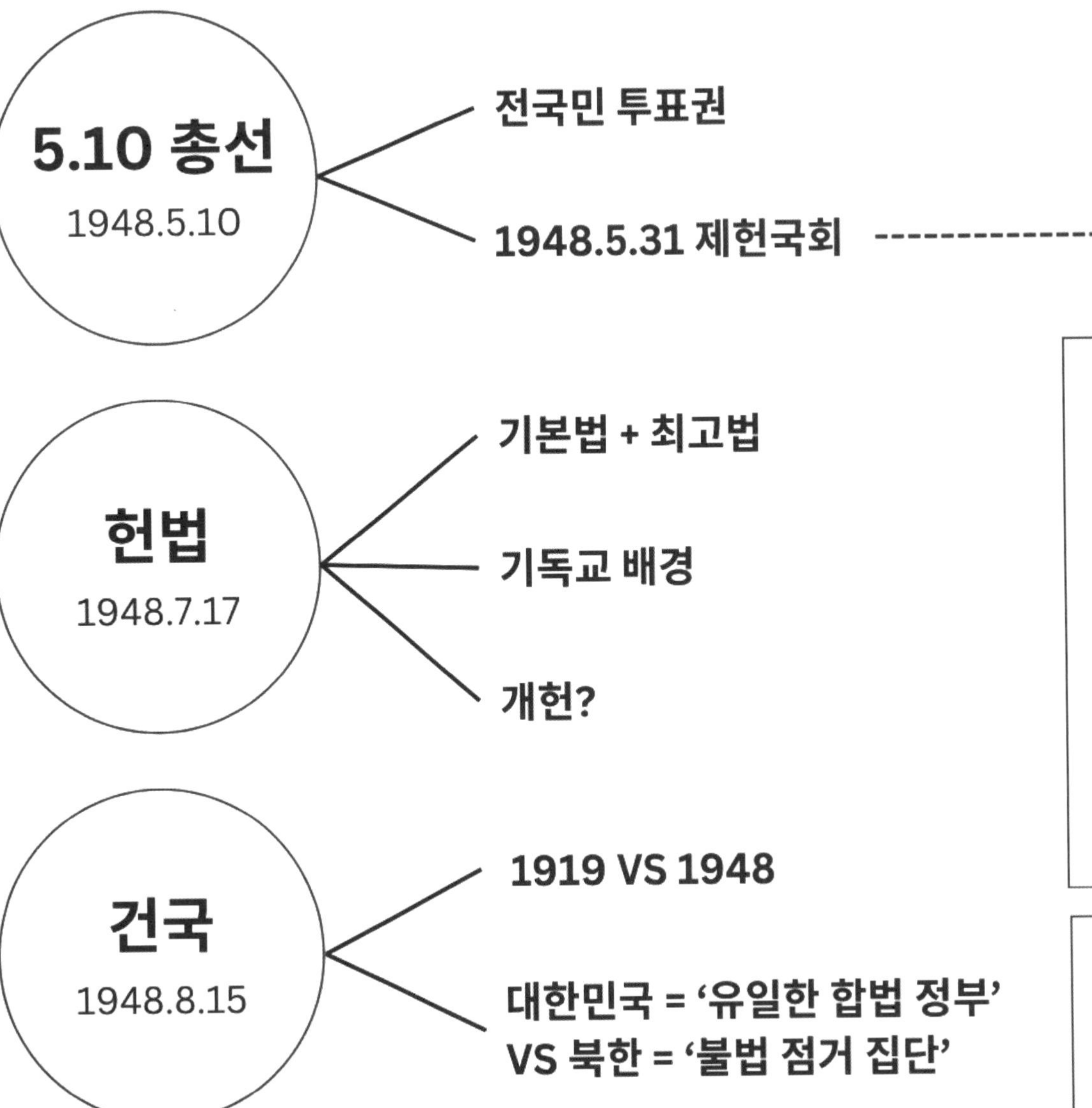

1919년 상해임시정부가 건국이 될 수 없는 이유

'1948년 8월 15일은 대한민국의 건국이 아니라 정부수립이었다.'
'상해임시정부가 1919.4.11 수립되었으니, 건국은 이미 이루어진 것이다.'

1 첫째, 국가의 3대 요소(국민·영토·주권)가 없었습니다.

1919년 당시 조선인은 일본의 식민지 백성이었고, 국토는 일본 식민지였으며, 주권은 일본 천황이 가지고 있었습니다.

2 둘째, 국제적인 승인이 없었습니다.

1948년 12월 12일 유엔은 자유선거로 출범한 대한민국을 한반도의 유일한 합법 정부로 인정했습니다. 건국의 정당성은 임시정부의 계승이 아니라 국민의 정당한 투표에 있습니다.

3 셋째, 체제전쟁에서 승리하지 못했다면, 대한민국은 없었을 것입니다.

1919년 상해임시정부는 대한민국의 기원은 될 수 있지만, 탄생은 될 수 없습니다.

생각해 보기

좌익들의 목적은 건국일을 1919년으로 할지 1948년으로 할지가 아닙니다. 그들의 진짜 목표는 건국 대통령 이승만을 부정하는 것입니다. 자유민주주의, 시장경제, 한미동맹 등 좌익이 싫어하는 자유를 가능케 한 인물이 바로 이승만이기 때문입니다. 대한민국을 지키는 길은 건국일 1948년 8월 15일과 건국 대통령 이승만을 바로 세우는 데 있습니다.

14. 1948년 5월 10일, 5.10 총선거

오늘도 힘찬 구호로 역사공부를 시작해 봅시다: 이승만/역사교실, 자유통일/이룩하자, 와!

복습하기 1948년 8월 15일 대한민국이 건국된 지 두 달 만에, 박헌영의 남로당은 군 내부에 침투하여 경찰에 불만을 가진 여수 14연대 사병들을 선동하여 여수·순천에서 전쟁에 버금가는 반란을 일으켰습니다. 아무리 강력한 무기를 가진 군대라도, 내부가 사상적으로 분열되고 지휘 체계가 무너진다면 그 존재 가치는 무의미합니다. 여순 10.19가 바로 그 대표적인 사례입니다.

서론 우리나라는 해방부터 건국까지 숱한 위기들을 겪었습니다. 박헌영의 남로당은 대한민국의 건국을 방해하기 위해 1945년부터 1948년까지 대대적인 무장폭동과 반란을 일으켜 수많은 희생자를 초래했습니다. 하지만 남로당의 방해 공작에도 불구하고, 대한민국은 1948년 8월 15일 마침내 건국되었습니다. 오늘은 대한민국 건국의 첫 발걸음이자 남로당이 대한민국의 건국 과정에서 가장 거세게 저항한 5.10 총선거와 그 의의를 살펴보겠습니다.

5.10 총선거 1948.5.10 남로당의 거센 방해에도 불구하고, 1948년 5.10 총선거는 전체 선거 등록인 7,840,871명 중 7,487,649명(95.5%)이 참여하여 성공적으로 치러집니다. 5.10 총선거가 지닌 의의는 크게 두 가지로 정리할 수 있습니다.

1. 전 국민의 투표권 5.10 총선거는 한반도 역사상 최초로 전 국민이 지도자를 뽑은 사건이었습니다. 영국은 174년, 스위스는 123년, 프랑스는 97년이나 걸려 전 국민이 보통선거권을 얻었지만, 우리나라는 해방 후 불과 3년 만에 만 21세 이상 모든 남녀에게 투표권이 주어졌습니다. 이는 전쟁이나 장기간 투쟁이 아니라, 자유민주주의와 기독교 정신을 바탕으로 건국을 이끈 이승만 대통령의 의지가 만든 결과였습니다.

생각해보기 아브라함 링컨은 노예 해방의 상징으로 전 세계인의 존경을 받지만, ① 실제 흑인들에게 투표권이 보장된 것은 100년 뒤인 1965년입니다. 그럼에도 미국 워싱턴 D.C.에는 여전히 링컨을 기리는 거대한 동상 있습니다. 반면, 이승만 대통령은 해방 직후 첫 선거에서 남녀 모두에게 투표권을 부여하고, 무상 초등교육을 실시하고, 농지개혁으로 농민들에게 땅을 나누어 주었습니다. 하지만 오늘날 대한민국에서는 이승만을 기리는 기념비조차 없으며, 이를 세우려는 시도조차 거센 반발과 비난을 받습니다. 이승만을 부정하는 것은 곧 대한민국의 건국과 발전, 그리고 미래까지 부정하는 일입니다.

2. 제헌국회 1948.5.31 5.10 총선거로 ② 198명의 국회의원이 선출되고, 1948년 5월 31일 초대 국회가 개원합니다. 기도로 시작된 ③ 제헌국회는 당시 인구의 5%도 안 되던 기독교인이 198명 중 50명(25%)을 차지했습니다. 그중 목회자는 무려 4명이었습니다.[1] [2] 국회의장으로 선출된 이승만을 비롯하여 건국의 주역 다수가 독실한 기독교인이었기 때문에 대한민국은 기독교 정신 위에 세워질 수 있었습니다.

당시 국회의장 이승만은 개회사에서 이렇게 말했습니다.

"대한민국 독립민주국 제1차 회의를 여기서 열게 된 것을 우리가 하나님에게 감사해야 할 것입니다. 종교, 사상 무엇을 가지고 있든지,

① 1963년 당시 미국 흑인 중 투표권을 가진 이는 고작 7%에 불과했습니다. 즉, 1863년 노예해방이 선언된 지 100년이 지나도록 흑인의 93%는 여전히 투표권을 갖지 못했습니다.

② 제주도 3개 선거구 중 2곳은 남로당의 방해로 투표율이 미달하여 무효 처리되었습니다. 결국 제헌국회는 정원 200명에서 2명이 빠진 198명으로 출범하게 되었습니다.

③ 초대 국회를 '제헌국회'라고 부르는 것은 우리나라 헌법을 제정한 국회이기 때문입니다.

---

1) 이호, "이승만의 기독교입국론." 이승만 기념관. http://xn--zb0bnwy6egumoslu1g.com/bbs/board.php?bo_table=Christian&wr_id=9.

2) 김인애, "기독교 시작한 제헌국회." CTS기독교TV, 2013년 7월 17일. https://www.cts.tv/news/view?ncate=CATTV&dpid=158065.

누구나 오늘을 당해 가지고 사람의 힘으로만 된 것이라고 우리가 자랑할 수 없을 것입니다. 그러므로 하나님에게 감사를 드리지 않을 수 없습니다. 나는 먼저 우리가 다 성심으로 일어서서 하나님에게 우리가 감사를 드릴 터인데 이윤영 의원 나오셔서 간단한 말씀으로 하나님에게 기도를 올려주시기를 바랍니다.”[3]

이어 국회의원 이윤영 목사는 다음과 같이 대표 기도를 드렸습니다.

“이 우주와 만물을 창조하시고 인간의 역사를 섭리하시는 하나님이시여, 이 민족을 돌아보시고 이 땅에 축복하셔서 감사에 넘치는 오늘이 있게 하심을 주님께 저희들은 성심으로 감사하나이다. 오랜 세월 동안 이 민족의 고통과 호소를 들으시고 정의의 칼을 빼서 일제의 폭력을 굽히시사 하나님은 이제 세계만방의 양심을 움직이시고 또한 우리 민족의 염원을 들으심으로 이 기쁜 역사적 날을 이 시간에 우리에게 오게 하심은 하나님의 섭리가 세계만방에 현시하신 것으로 믿나이다. 하나님이시여, 이로부터 남북이 둘로 갈리어진 이 민족의 어려운 고통과 수치를 신원하여 주시고 우리 민족, 우리 동포가 손을 같이 잡고 웃으며 노래 부르는 날이 우리 앞에 속히 오기를 기도하나이다. 하나님이시여, 원치 아니한 민생의 도탄은 길면 길수록 이 땅에 악마의 권세가 확대되나 하나님의 거룩하신 영광은 이 땅에 오지 않을 수 없을 줄 저희들은 생각하나이다. 원컨대, 우리 조선독립과 함께 남북통일을 주시옵고 또한 민생의 복락과 아울러 세계평화를 허락하여 주시옵소서. 거룩하신 하나님의 뜻에 의지하여 저희들은 성스럽게 택함을 입어 가지고 글자 그대로 민족의 대표가 되었습니다. 그러하오나 우리들의 책임이 중차대한 것을 저희들은 느끼고 우리 자신이 진실로 무력한 것을 생각할 때 지와 인과 용과 모든 덕의 근원 되시는 하나님께 이러한 요소를 저희들이 간구하나이다. 이제 이로부터 국회가 성립되어서 우리 민족의 염원이 되는 모든 세계만방이 주시하고 기다리는 우리의 모든 문제가 원만히 해결되며 또한 이로부터 우리의 완전 자주독립이 이 땅에 오며 자손만대에 빛나고 푸르른 역사를 저희들이 정하는 이 사업을 완수하게 하여 주시옵소서. 하나님, 이 회의를 사회하시는 의장으로부터 모든 우리 의원 일동에게 건강을 주시옵고, 또한 여기서 양심의 정의와 위신을 가지고 이 업무를 완수하게 도와주시옵기를 기도하나이다. 역사의 첫걸음을 가는 오늘의 우리가 환희와 감격에 넘치는 이 민족적 기쁨을 다 하나님에게 영광과 감사를 올리나이다. 이 모든 말씀을 주 예수 그리스도 이름 받들어 기도하나이다. 아멘.”[4]

이들은 건국에 한 걸음 더 나아간 것에 감사하며, 역사의 주권자 되시는 하나님께 기도를 드린 것입니다.

삼권분립:
국회란 무엇인가?

이승만은 미국에서 공부한 유럽 인류사와 미국의 발전사를 토대로 대한민국을 건국했습니다. 그 결과 미국처럼 권력을 입법·행정·사법의 세 조직으로 나누어 서로 견제와 균형을 이루는 삼권분립(separation of powers) 제도를 도입합니다. 삼권분립의 세 기관은 다음과 같습니다.

1. 입법부(국회): 법을 제정 및 개정하며, ○ 대의민주제에 따라 국민이 선출한 국회의원들이 국민을 대표하여 구성합니다.
2. 행정부(내각): 법을 정책으로 실행하며, 대통령, 국무총리, 각 부처 ④ 장관으로 구성됩니다.
3. 사법부(법원): 법의 적용과 재판을 담당하며, ⑤ 대법원, 고등법원, 지방법원, 특허법원, 가정법원, 행정법원 등으로 이루어져 있습니다.

제헌헌법
1948.7.17

제헌국회 개원 다음 날 1948년 6월 1일 헌법초안을 만들기 시작하여, 7월 12일 헌법은 본회의를 통과하고, 드디어 1948년 7월 17일 대한민국의 헌법이

○ 대의민주제(代理民主義): 국민이 직접 정치에 참여하는 대신, 선거 등을 통해 대표자를 뽑아 그들을 통해 간접적으로 정치에 참여하는 민주주의 제도입니다. ‘간접민주제(間接民主義)’라고도 불립니다.

④ 대한민국의 장관은 총 19명입니다. 기획재정부 장관, 교육부 장관, 과학기술정보통신부 장관, 외교부 장관, 통일부 장관, 법무부 장관, 국방부 장관, 행정안전부 장관, 문화체육관광부 장관, 농림축산식품부 장관, 산업통상자원부 장관, 보건복지부 장관, 환경부 장관, 고용노동부 장관, 여성가족부 장관, 국토교통부 장관, 해양수산부 장관, 중소벤처기업부 장관, 국가보훈부 장관입니다.

⑤ 지방법원·고등법원·대법원은 기본적인 3심 구조를 이룹니다. 지방법원이 1심, 고등법원이 2심, 대법원이 3심 역할을 합니다. 1심 판결에 불복해 2심으로 가는 것을 ‘항소’, 2심 판결에 불복해 3심으로 가는 것을 ‘상고’라고 합니다.

3)　강휘중, *Korea Inside Out: 역사편*(서울: 가랑비, 2022), 93.

4)　강휘중, *Korea Inside Out: 역사편*(서울: 가랑비, 2022), 93.

공포됩니다. 우리는 이 날을 매년 7월 17일 '제헌절(制憲節)'로 기립니다.

| 뜻 | 헌법은 국가의 기본법이자 최고법입니다. 기본법은 국가의 기초를 세우는 규범으로, 국가 설립의 정당성, 국민의 기본권, 권력의 기본 구조 등

국가의 근본 질서를 담고 있습니다. 최고법은 어떤 법도 헌법을 뛰어넘을 수 없다는 의미로, 헌법과 충돌하는 모든 법은 효력을 상실합니다. 대한민국 헌법은 본조 130개 조항과 부칙 6개 조항으로 구성되어 있으며, 그중 첫 4개 조항은 국가의 근본 원리를 규정하고 있습니다.[5]

1. 제1조: (1항) 대한민국은 민주공화국이다. (2항) 대한민국의 주권은 국민에게 있고, 모든 권력은 국민으로부터 나온다.
2. 제2조: (1항) 대한민국의 국민이 되는 요건은 법률로 정한다. (2항) 국가는 법률이 정하는 바에 의하여 재외국민을 보호할 의무를 진다.
3. 제3조: 대한민국의 영토는 한반도와 그 부속도서로 한다.
4. 제4조: 대한민국은 통일을 지향하며, 자유민주적 기본질서에 입각한 평화적 통일정책을 수립하고 이를 추진한다.

국민의 주권을 인정하는 헌법이 국가의 기본법이자 최고법이기 때문에 '국민이 주인이다'라는 말이 성립합니다. 이를 ○ '국민주권주의'라고 합니다.

| 배경 | 제헌헌법·제헌국회·삼권분립 등 대한민국의 건국 과정은 기독교의 많은 영향을 받았습니다. 대한민국 건국의 바탕이 된 자유·평등·박애의 가치는 19세기말 미국 선교사들에 의해 우리나라에 처음 소개되었고, 이승만 대통령은 이를 미국 선교사들이 설립한 배재학당에서 배웠습니다.

| 개헌? | 개헌은 헌법의 내용을 삭제·수정·추가하는 것을 의미합니다. 그래서 집권자나 특정 세력이 법을 악용하지 못하도록 쉽게 이루어지지 않도록 되어 있습니다.

○ 국민주권주의(國民主權主義): 국가의 주권은 국민에게 있으며, 최종 결정권도 국민이 가진다는 원칙입니다. 지도자를 선출하는 선거와 국가정책에 반대하는 시위 모두 국민주권주의의 표현입니다.

⑥ 대한민국 초대 대통령 선거는 국민의 직접선거가 아닌, 국회의원에 의한 간접선거로 치러졌습니다. 이는 정치적 안정을 위해 신속한 지도자 선출이 필요했고, 전국 단위 직접선거를 치를 사회적 인프라가 부족했으며, 민주주의가 정착 중이던 상황에서 간소한 방식이 요구되었기 때문입니다.

대한민국 건국
1948.8.15

⑥ 1948년 7월 20일 정부통령 선거는 제헌국회의 간접선거로 실시되어, 이승만이 92.30%(198명 중 180명)로 대통령으로 당선됩니다. 김구는 6.67%(198명 중 13명)를 얻는 데 그치고, 부통령 선거에서는 이시영이 선출됩니다. 이어 같은 해 8월 15일 이승만 대통령은 중앙청에서 대한민국 정부 수립을 선포합니다. 1910년 8월 29일 조선이 멸망한 지 38년 만에, 1945년 해방과 3년간의 미군정을 거쳐 마침내 주권국가 대한민국이 탄생한 것입니다. 대한민국 만세!

1919년
VS
1948년

매년 8월 15일마다 건국절 논란이 생깁니다. 이는 우리나라에서만 일어나는 기이한 현상입니다. 대한민국의 건국일은 1948년 8월 15일입니다. 하지만 좌익 진영은 1948년은 건국이 아닌 정부수립이었으며, 1919년 상해임시정부를 건국으로 주장합니다. 그 대표적인 사람이 문재인 전 대통령입니다. 그는 2019년 3.1절 100주년 기념식에서 *"2019년은 대한민국 건국과 임시정부 수립 100주년이 되는 뜻깊은 해입니다."*라고 발언했습니다.[6] 이에 대해 우리는 어떻게 반박해야 할까요? 1919년 상해임시정부가 건국이 될 수 없는 세 가지 이유를 살펴보겠습니다.

1. 첫째, 국가의 3대 요소(국민·영토·주권)가 없었습니다.
   국가의 3대 요소는 국민·영토·주권입니다. 1919년 당시 조선인은 일본의 식민지 백성이었고, 국토는 일본의 식민지였으며, 주권은 일본 천황이 가지고 있었습니다.

2. 둘째, 국제적인 승인이 없었습니다.

---

5)   "대한민국헌법." 국가법령정보센터. https://www.law.go.kr/LSW/lsInfoP.do?lsiSeq=53087#0000.

6)   최신, "文대통령 "2019년은 대한민국 건국100년"…'건국절 논란' 종지부." 연합뉴스, 2017년 8월 15일. https://www.yna.co.kr/view/AKR20170815034200001.

1948년 12월 12일 유엔은 자유선거를 통해 출범한 대한민국 정부를 한반도의 유일한 합법정부로 인정합니다. 건국의 정당성은 임시정부의 계승이 아니라, 국민의 정당한 투표에 있습니다.

3. 셋째, 해방 후 3년(1945~1948) 간의 체제전쟁에서 자유 진영이 승리하지 못했다면, 오늘날의 대한민국도, 진정한 독립의 의미도 없었을 것입니다.
해방 이후, 3년 동안 소련, 북한, 그리고 남한의 공산주의자들은 대한민국의 탄생을 막기 위해 온갖 범죄를 지릅니다. 이들에 맞서 투쟁한 이승만과 자유투사들이 있었기 때문에 우리나라는 1948년 8월 15일 건국될 수 있었습니다. 1945년부터 1948년까지 이들의 투쟁과 희생이 없었다면, 오늘날의 대한민국도 없고 진정한 독립의 의미도 없는 것입니다. 이에 대해 좌익 진영에서는 "그러면 일제시대 때 우리 민족이 존재하지 않았다는 거냐"라며 감정적으로 몰아가지만, 이는 역사를 감성적으로 왜곡하는 태도일 뿐입니다. 당시 우리는 일본에 주권을 빼앗겨 법적으로 식민지였습니다. 이 사실을 인정해야 나라를 잃은 원인을 깨닫고, 다시는 같은 실수를 반복하지 않을 수 있습니다.

정리하면, 1919년 상해임시정부는 ⑦ 대한민국의 기원은 될 수 있지만 탄생은 될 수는 없습니다.

생각해 보기

좌익 진영이 건국절을 1919년으로 주장하는 이유는 단순히 연도 문제가 아닙니다. 이들의 목적은 자유대한민국을 세운 이승만 대통령을 부정하는 데 있습니다. 자유민주주의·자유시장경제·한미동맹·기독교입국론을 가능하게 한 인물이 바로 이승만이기 때문입니다. 그래서 이들은 끊임없이 역사를 왜곡하며 이승만을 지워왔습니다. 하지만 1919년을 건국으로 본다 해도 당시 임시정부의 대통령은 이승만이었습니다. 이승만 대통령은 대한민국의 해방과 건국 과정에서 떼려야 뗄 수 없는 인물입니다. 이승만 없는 대한민국은 모래 위에 세운 집과 같아 쉽게 무너질 수밖에 없습니다.

대한민국은 합법 정부
VS
북한은 불법점거 집단

대한민국이 건국된 지 70여 년이 지났지만, 대부분의 국민이 간과하는 한 가지 사실이 있습니다. 바로 한반도의 유일한 합법 정부는 대한민국이며, 북한은 불법점거 집단이라는 사실입니다. ⑧ 1948년 12월 유엔은 대한민국이 총선거 실시·국회 구성·헌법 제정·정부 수립 등 민주적 절차를 거쳐 수립된 국가임을 인정하고, 대한민국 정부를 한반도 내 유일한 합법적 정부로 승인했습니다. 반면, 북한은 9월 9일 정부 수립을 선언하지만, 어떠한 민주적 절차도 없이 38선을 이북으로 불법 점거한 단체에 불과합니다. 이 사실을 분명히 알아야 대한민국을 지키고 자유통일까지 이룰 수 있습니다.

결단하기

1945년부터 1948년까지 대한민국의 건국을 방해하기 위한 남로당의 방해 공작에도 불구하고, 우리나라는 끝내 1948년 8월 15일 건국되고, 5.10 총선거·제헌국회 개회·제헌헌법 등을 성공적으로 실행했습니다. 이 모든 과정에는 이승만의 희생과 노력이 있었습니다. 그럼에도 좌익 진영은 끊임없는 역사 왜곡으로 '이승만 지우기'를 시도하여 국민의 자긍심을 무너뜨리려고 하고 있습니다. 이제 여러분은 대한민국의 첫 선거, 국회, 헌법, 그리고 건국의 의미를 올바로 이해함으로써 대한민국 탄생의 참된 뜻을 마음에 새겨 조국 수호에 앞장서기를 바랍니다.

⑦ 2023년 7월 17일, 우남네트워크가 발표한 성명서 '대한민국 임시정부와 대한민국의 관계, 그리고 광복절(해방 78주년·건국 75주년)을 앞두고 윤석열 정부에 드리는 제안'는 다음과 같이 설명했습니다.
"대한민국 임시정부와 오늘의 대한민국의 관계는 임신과 출산의 관계로 설명할 수 있다. 1919년 대한민국은 자유민주주의의 유전자를 갖고 임신하였고, 1948년 대한민국은 그 유전자가 성장하여 탄생하였다. 1919년은 대한민국의 기원은 될 수 있지만, 탄생은 될 수 없다."
최생긍. "우남네트워크, 광복절(해방 78주년, 건국 75주년) 앞두고 '대한민국 임시정부와 대한민국의 관계' 성명 발표." 코리아드림뉴스. 2023년 7월 15일. https://www.kdntv.kr/news/articleView.html?idxno=15812.

⑧ 유엔총회 결의 제195호(III)는 대한민국 정부를 '한반도의 유일한 합법 정부(this is the only such Government in Korea)'로 인정했습니다.

15 1948년 8월 15일, 대한민국 건국

지도자	체제	친구	종교

이승만

자유민주주의 Liberal Democracy

= 자유주의 + 민주주의

1. 종교의 자유
2. 양심의 자유
3. 표현의 자유
4. 집회와 결사의 자유

자유시장경제 Free Market Economy

= 자발적 시장(소극적 정부)

1. 질적 향상
2. 가격 인하
3. 창의성, 혁신 향상

"경제적 자유 없이는 정치적 자유도 없다." (프리드리히)
경제발전이 없는 민주주의는 허상입니다.
경제 발전이 있기 때문에 민주주의가 가능한 것입니다.

한미동맹 US-ROK Alliance

= 미국

1. 동일한 사상과 가치관
2. 미국과 한반도의 역사

미국 선교사들은 우리에게 가장 필요했던 교육과 의료를 도왔고, 한국의 해방과 건국에 큰 영향을 주었으며, 6.25 전쟁 때는 함께 싸웠습니다.

기독교 입국론 Christianity-based Nation-building

= 기독교 근간의 국가

1. 기독교식 국가의식
2. 기독교인 등용
3. 기독교식 제도
4. 기독교와 반공

김일성

공산주의 사회주의 Communism Socialism

= 폭력혁명으로 불평등 해결

사회통제경제 Planned Economy

= 국가주도 시장(적극적 정부)

1. 질적 저하
2. 가격 인상
3. 창의성, 혁신 저하

"정부는 우리의 문제에 대한 해결책이 아닙니다. 정부 자체가 문제입니다." (로널드 레이건)
완전한 정부는 존재하지 않으므로,
사회통제경제는 허상입니다.

조중동맹 PRC-DPRK Alliance

= 중국

1. 동일한 사상과 가치관
2. 중국과 한반도의 역사

6·25 전쟁 당시 한반도가 자유민주주의로 통일될 기회를 가로막은 것은 중국이었습니다. 중국과 손을 잡아서는 결코 자유통일을 이룰 수 없습니다.

김일성 주체사상 Juche Ideology

= 자체 모순

조지 오웰의 <동물농장>
7번. '모든 동물은 평등하다.
하지만 어떤 동물은 다른 동물보다 더 평등하다.'

70년이 흐른 지금, 대한민국은 세계 6대 강국이 되었고 북한은 거지 나라가 되었습니다.

15. 1948년 8월 15일, 대한민국 건국

오늘도 힘찬 구호로 역사공부를 시작해 봅시다: 이승만/역사교실, 자유통일/이룩하자, 와!

복습하기 1945년부터 1948년까지 남로당의 방해 공작에도 불구하고, 대한민국은 1948년 8월 15일 마침내 건국되었습니다. 그 첫걸음은 1948년 5.10 총선거였고, 이는 5월 31일 제헌국회 개원, 7월 17일 헌법 공포로 이어졌습니다. 이후 8월 15일 해방 3주년을 맞아 이승만 대통령은 중앙청에서 대한민국 건국을 선포했습니다. 좌익 진영은 1948년은 건국이 아니라 정부 수립이며, 1919년 상해임시정부를 건국으로 봐야 한다고 주장합니다. 하지만 상해임시정부는 국가의 3요소(국민·영토·주권)와 국제적 승인이 결여되어 있었으므로, 대한민국의 기원은 될 수는 있어도 탄생은 될 수 없습니다. 이에 대해 좌파들은 '그러면 일제시대 때 우리 민족이 존재하지 않았다는 거냐'라며 감정적으로 몰아가지만, 당시 우리는 주권을 일본에 빼앗긴 식민지였음을 인정해야 나라를 잃은 이유를 깨닫고 교훈을 얻을 수 있습니다.

서론 한국에서 15년간 기자생활을 한 영국의 마이클 브린은 1999년 ① 『한국인을 말한다(The Koreans)』에서 정작 한국인들은 모르는 한국인의 우수성을 조명하고 있습니다.[1]

1. 평균 IQ 105를 넘는 유일한 나라
2. 문맹률 1% 미만인 유일한 나라
3. 원조받던 나라에서 원조하는 나라로 유일하게 탈바꿈한 나라
4. 가장 단기간에 IMF를 극복한 경제발전 1위 나라
5. 세계 각국 우수대학의 우등생 1위 나라 (2위 이스라엘, 3위 독일)
6. 인터넷, TV, 초고속 통신망 1위 나라
7. 지하철 평가 세계 1위 나라
8. 일하는 시간 세계 2위지만 평균 노는 시간 세계 3위인 '잠이 없는 나라'
9. 세계 봉사국 4위 나라
10. 음악 수준이 가장 빠르게 발전한 나라

70여 년 전 우리나라는 세계 최빈국으로, 문맹률이 78%에 달할 정도로 전근대적인 나라였습니다. 하지만 건국된 지 불과 70년 만에, ② 대한민국은 세계 6대 강국이 되었고, 이를 흔히 '한강의 기적'이라고 표현합니다. 반면, 북한은 같은 70년이 흘렀음에도, 세계에서 가장 가난하고 인권이 유린된 나라가 되었습니다. 무엇이 이 엄청난 차이를 만들었을까요? 바로 건국이념입니다. 오늘은 대한민국과 북한의 건국이념을 비교해 보겠습니다.

나라의 4가지 조건 나라가 잘 되는 데는 4가지 조건이 있습니다. 첫째, 지도자입니다. 자유민주주의를 선택할 것인가, 공산주의를 선택할 것인가? 둘째, 체제입니다. 이승만을 선택할 것인가, 김일성을 선택할 것인가? 셋째, 친구(동맹)입니다. 미국을 선택할 것인가, 소련과 중국을 선택할 것인가? 넷째, 종교입니다. 기독교를 선택할 것인가, 김일성 주체사상을 선택할 것인가? 세계 최빈국이던 우리나라가 70여 년 만에 강국으로 도약할 수 있었던 근본 이유는 건국 대통령 이승만이 국가의 기초 공사를 제대로 설계했기 때문입니다. 우리는 이승만을 선택하여 자유민주주의, 자유시장경제, 한미동맹, 기독교 입국론이라는 건국 기둥 위에 무궁한 발

① 1999년 마이클 브린이 저술한 『한국인을 말한다(The Koreans)』는 오늘날 한국에 부임하는 외신 특파원들의 필독서로 꼽힙니다.

② 우리나라는 군사력·경제력·외교력 등을 종합 평가한 '2022년 세계에서 가장 강력한 국가(The Planet's Most Powerful Countries)' 조사에서 6위를 차지했습니다.

---

[1] 마이클 브린, 한국인을 말한다(서울: 홍익, 1999).

전을 이루었습니다. 반면, 북한은 김일성을 선택하여 공산주의, 사회통제경제, 소련·중국 동맹, 주체사상을 기둥으로 삼아 인권 유린과 빈곤의 길을 걸었습니다. 이제 두 지도자가 선택한 건국이념을 자세히 살펴봅시다.

<table>
<tr><td>대한민국의
4대 건국 기둥</td></tr>
</table>

이승만은 배재학당, 한성감옥, 그리고 미국 유학 시절 유럽 인류사의 ③ 자유·평등·박애 정신을 배우고 이를 대한민국 건국 정신으로 구체화했습니다. 미국에서의 기나긴 독립 투쟁 끝에 해방을 맞이한 이승만은 1945년 10월 16일 귀국하여 3년 동안 건국을 준비하고, 숱한 위기 가운데 1948년 8월 15일 대한민국을 건국합니다. 이때 그가 선택한 대한민국의 4대 건국 기둥은 자유민주주의, 자유시장경제, 한미동맹, 기독교 입국론이었습니다.

1. 자유민주주의

지구상에는 수많은 체제의 종류가 존재하지만, 인류 역사상 가장 건강하고 건실한 정치 체제는 자유민주주의입니다. 자유민주주의(Liberal Democracy)는 ○ 자유주의와 ○ 민주주의가 결합된 정치 체제입니다. 따라서, 자유민주주의는 개인의 자유와 권리를 보장하기 위해 민주적 절차를 통해 권력을 통제하고 견제하고 분산하는 정치 체제입니다. ④ 대한민국 헌법 전문 역시 이러한 정신을 담고 있으며, 특히 대표적인 네 가지 자유를 강조합니다.

1. 종교의 자유: 원하는 종교를 자유롭게 믿을 수 있는 권리입니다. 예를 들어, 사이비 종교의 전도를 거부하거나 비판할 수는 있지만, 그들의 신앙을 강제로 억압할 수는 없습니다.
2. 양심의 자유: 개인이 스스로 옳다고 믿는 사상이나 신념을 가질 수 있는 권리입니다. 예를 들어, 공산주의나 사회주의 사상을 비판할 수는 있어도, 그것을 이유로 탄압해서는 안 됩니다.
3. 표현의 자유: 자신의 생각과 신념을 글이나 방송 등으로 표현할 수 있는 권리입니다. 예를 들어, 누군가 제우스 신앙에 관한 책을 출간해도 그 표현의 자유는 보장되어야 합니다.
4. 집회와 결사의 자유: 같은 뜻을 가진 사람들과 모이거나 반대 의견을 공개적으로 표현할 권리입니다. 예를 들어, 교회가 동성애 반대 집회를 하거나, 동성애자들이 집회를 열더라도 서로의 권리를 억압할 수는 없습니다.

<table>
<tr><td>자유와 하나님</td></tr>
</table>

인류 역사에서 '자유'라는 개념은 어디서부터 시작되었을까요? ⑤ 바로 하나님입니다. 하나님이 인간에게 주신 자유를 인정하는 체제가 바로 자유민주주의입니다. 따라서 자유민주주의를 지키는 것은 단순히 서양의 정치 이념을 지키는 것이 아니라, 하나님의 가치를 지키는 것입니다.

2. 자유시장경제

대한민국의 정체성이 정치적으로 자유민주주의라면, 경제적으로는 자유시장경제입니다. 자유시장경제(Free Market Economy)는 정부의 계획에 의해서 경제활동이 이루어지는 것이 아니라, 각 개인의 자율적 선택에 따라 경제활동이 이루어지는 체제입니다. 즉, 누가, 언제, 어디서, 무엇을, 얼마나 생산하고 소비할지 정부가 아닌 개인이 결정합니다. 완전한 자유시장경제를 실현하기 위해서는 정부가 점점 더 작아져야 합니다. 이를 가리켜 '제한된 정부(Limited Government)'라고 부릅니다. 자유시장경제 안에서는 사람들이 더 많은 돈을 벌기 위해 상품의 질을 높이고 가격을 낮추는 과정에서 창의성과 혁신이 향상되고, 수요와 공급에 따라 가격이 자연스럽게 형성됩니다. 그 결과 소비자들은 합리적인 가격에 질 좋은 상품을 누릴 수 있게 됩니다. 대한민국은 지난 70여 년 동안 자유시장경제를 바탕으로, 노력한 만큼 보상받는 창의적이고 역동적인 사회를 만들어 왔습니다.

<table>
<tr><td>생각해 보기</td></tr>
</table>

앞서 살펴본 것처럼 정치와 경제는 밀접하게 연결되어 있습니다. 영국 경제학자 ○ 프리드리히 하이에크는 "경제적 자유 없이는 정치적 자유도 없다"고 말했습니다.[2] 경제는 국가 발전의 토대이며, 먹고사는 문제가 가장 중요하다는 말입니다. 빵조차 없는 상황에서 자유를

---

③ 자유·평등·박애는 1789년 프랑스 혁명 이후, 민주주의의 보편적인 기본이념으로 자리잡았습니다.

○ 자유주의(自由主義, Liberalism): 자유를 최상의 가치로 두고, 개인의 권리와 자유로운 활동을 보장하는 정치사상입니다.

○ 민주주의(民主主義, Democracy): 국가의 주권이 국민에게 있으며, 국민이 정치 권력을 행사하는 제도이자 정치 사상입니다.

④ 대한민국 헌법 제12조부터 제23조까지는 국민의 자유권적 기본권을 보장하고 있습니다.
12~13조: 신체의 자유
14조: 거주-이전의 자유
15조: 직업선택의 자유
16조: 주거의 자유
17조: 사생활의 비밀과 자유
18조: 통신의 비밀과 자유
19조: 양심의 자유
20조: 종교의 자유
21조: 언론-출판, 집회-결사의 자유
22조: 학문과 예술의 자유
23조: 재산권

⑤ 하나님은 아담을 창조하실 때, 스스로 선택하고 결정할 수 있는 존재로 만드셨습니다. 선악과를 먹지 말라고 명령하셨지만(창 2:16~17), 아담이 먹기로 선택했을 때 그 결정을 막지 않으셨습니다. 하나님이 아담에게 선택권과 결정권을 주셨기 때문입니다. 자유의 본질은 선택과 결정이며, 하나님은 아담이 스스로 행동하도록 허용하심으로 그를 자유로운 존재로 창조하셨습니다. 아담은 인류의 대표이므로, 모든 인간은 자유를 가진 존재로 창조된 것입니다.

○ 프리드리히 하이에크(Friedrich Hayek, 1899~1992): 오스트리아 출신 경제학자이자 정치철학자로, 자유주의의 대표적 옹호자였습니다. 그는 계획경제가 정치적 자유를 위협한다고 비판하며, 저서 <노예의 길(The Road to Serfdom, 1944)>에서 이를 상세히 설명했습니다. 그의 사상은 1980년대 로널드 레이건과 마거릿 대처 같은 신자유주의 지도자들에게 큰 영향을 주었고, 1974년 노벨 경제학상을 수상하며 업적을 인정받았습니다.

---

[2] 프리드리히 A. 하이에크, 김이석 엮음, 노예의 길: 사회주의 계획경제의 진실(서울: 자유기업원, 2018), 48.

논할 수 있을까요? 경제적 자유가 보장되지 않으면 정치적 자유도 존재할 수 없습니다. 경제 발전 없이는 민주주의도 공허한 구호에 불과합니다. 우리나라 역시 1960~70년대 박정희 대통령의 경제 성장 덕분에 오늘날의 민주주의가 가능해진 것입니다.

3. 한미동맹

국제사회는 개인전이 아니라 단체전입니다. 동맹은 같은 사상과 가치관을 공유하는 나라끼리 손을 잡고 같은 목적을 추구하는 것을 의미합니다. 해방 이후, 우리나라에 어떤 정부를 세워야 할지 결정을 내려야 할 때 이승만 대통령은 한미동맹(US-ROK Alliance)을 기반으로 대한민국을 세웠습니다. 그는 미국의 건국 과정을 공부하면서, 미국식 민주정치가 미국을 강대국으로 만든 원동력임을 깨달았기 때문입니다. 아래는 20대 초반 한성감옥에 갇혀 있던 이승만이 저술한 『독립정신』중 일부 발췌된 내용입니다.

"이 선언문(미국의 독립선언문)은 구절구절이 통분하고 격절하여 장부의 혈기를 저절로 격동시키는데, 그중 가장 중요한 의미는 "모든 사람이 다 동등하게 태어났다"라고 한 것이다.
이 한 구절로 말미암아 다른 모든 조목의 근본이 생겨난 것이다. 이 때문에 사람마다 내게도 남과 같은 권리가 있음을 깨닫고, 그 권리를 목숨보다 소중하게 여긴 결과 이렇듯 보배로운 기초를 세우게 된 것이다.
그러므로 미국은 정치제도를 순전히 이런 뜻으로 만들었고, 위에 기록한 백성들의 권리 구별이 다 여기에서 생겨난 것이다."[3]

미국과 한반도 역사

우리나라 건국에는 미국 선교사들의 절대적인 도움이 있었습니다. 알렌·언더우드·아펜젤러·윌리엄 스크랜턴·메리 스크랜턴·마포삼열·베어드 부부 등 미국 선교사들은 우리가 가장 필요하고 빈약했던 교육과 의료에 절대적인 도움을 주었습니다. 또 배재학당에서 이승만을 가르치고, 한성감옥에서도 그에게 도움을 주고, 미국 유학길을 열어준 것도 선교사들이었습니다. 그뿐만 아니라, 미국은 1945년 원자폭탄 투하로 일본의 항복과 우리나라의 해방을 이끌어냈고, 6.25전쟁 때는 4만 7천여 명의 젊은이들을 바쳐 우리나라를 지켜주었습니다. 전쟁 이후에는 밀가루·고무신·재봉틀·설탕 등 구호물자를 보내주고, 1960년대 경제개발 시기에는 한국 제품에 무관세 혜택을 주었습니다. 특히 1953년 10월 1일 체결된 한미상호방위조약은 지난 70여 년간 한반도의 평화를 지켜주었고, 그 덕분에 대한민국은 놀라운 성장을 이룰 수 있었습니다. 따라서 미국은 단순한 동맹을 넘어, 오늘의 대한민국을 있게 한 혈맹국가입니다.

4. 기독교 입국론

이승만 대통령은 대한민국의 마지막 건국 기둥으로 기독교 입국론을 선택합니다. 기독교 입국론(Christianity-based Nation-building)은 그의 저서 『독립정신』에서 주장한 사상으로, 서구 열강이 기독교를 바탕으로 문명을 발전시킨 것처럼 우리나라도 기독교를 근본으로 삼아 국가를 건설해야 한다는 의미입니다. 아래는 20대 초반 한성감옥에 갇혀 있던 이승만이 저술한 『독립정신』중 일부 발췌된 내용입니다.

"이것이 지금 세계에서 상등 문명국의 우등 문명한 사람들이 기독교의 가르침을 인류사회의 근본으로 삼아서 나라와 백성이 다 같이 높은 도덕적 수준에 이르게 된 이유다.
지금 우리나라가 쓰러진 데서 일어나려 하고 썩은 데서 싹이 나게 하려고 한다면 기독교를 근본으로 삼아야 한다. 그렇지 않으면, 세계와 상통하여도 참된 이익을 얻지 못할 것이며,
신학문을 열심히 배워도 그 효력을 얻지 못할 것이며, 외교를 힘써도 돈독한 관계를 맺지 못할 것이며, 국권을 중하게 여기더라도 서양의 앞선 나라들과 참으로 동등한 지위에 이르지 못할 것이며,
정의를 숭상하더라도 사회 기풍이 한결같을 수 없을 것이며, 자유권리를 중하게 하려고 해도 균등한 자유의 한계를 알지 못할 것이다. 마땅히 우리는 기독교를 모든 일의 근원으로 삼아
각가 나의 몸을 잊어버리고 남을 위하여 일하는 사람이 되고, 나라를 한마음으로 받들어 영국-미국 등 각국과 동등한 나라가 되도록 최선을 다해야 한다. 이후 천국에서 가서 다 같이 만납시다."[4]

20대 초반 한성감옥에 갇힌 이승만의 꿈은 '동양 최초의 기독교 국가 건설'이었습니다. 그가 말한 기독교 국가는 국교로서의 기독교가 아니라, 국민 전체가 기독교의 자유정신으로 계몽된 국가였습니다. 아무리 신학문을 배우고 외교에 힘써도, 기독교를 근본으로 삼지 않으면 미국과 영국처럼 발전할 수 없다고 믿었습니다. 그는 국가 전체가 기독교를 근본으로 삼아야만 백성들이 감화되어 나라 전체가 하나님의 통제를 받아 스스로 바로 설 수 있다고 생각했습니다. 1945년 10월 5일 귀국길에 오른 이승만은 이렇게 다짐했습니다. *"나 한 사람은 오든지 가든지, 죽든지 살든지 일평생 지켜오는 한 가지 목적으로 끝까지 갈 것이다."*[5] 그 한가지 목적은 기독교 정신에 기반한 민주주의 국가를 세우는 일이었고, 결국 그는 대한민국을 세계 유일의 기독교 입국론 국가로 세웠습니다.

3) 이승만(오영섭), 우남 이승만 전집 1: 독립정신(서울: 연세대학교 대학출판문화원, 태화북스, 2019), 133-134.

4) 이승만(오영섭), 우남 이승만 전집 1: 독립정신(서울: 연세대학교 대학출판문화원, 태화북스, 2019), 416.

5) 이호, "이승만의 기독교입국론." 이승만기념관. http://xn--zb0bnwy6egumoslu1g.com/bbs/board.php?bo_table=Christian&wr_id=9.

"정치는 항상 본의로서 딸려나는 고로 교회에서 감화한 사람이 많이 생길수록 정치의 근본이 스스로 바로잡히나니

이럼으로 교화로써 나라를 변혁하는 것이 제일 순편하고 순리된 바로다. 이것을 생각지 않고 다만 정치만 고치고자 하면

정치를 바로잡을 많나 사람도 없으려니와 설령 우연히 발 잡는다 할지라도 썩은 백성 위에 맑은 정부가 어찌 일을 할 수 있으리오.

반드시 백성을 감화시켜 새 사람이 되게 한 후에야 정부가 스스로 맑아질지니 이 어찌 교회가 정부의 근원이 아니리요."[6]

| 기독교식 국가의식 | 이승만은 공적 영역에서도 하나님을 언급하고 기도의 기회를 마련했습니다. 3.1운동 이후 자신을 대통령으로 섬긴 한성임시정부의 임시 |

헌법 전문에는 "하나님과 인간의 뜻의 일치로 세워진 국가"라는 문구가 담겨 있습니다.[7] 또 임시정부가 발행한 첫 번째 공식 외교문서 '미국을 향한 호소문'에는 "미국 국민은 자유와 민주주의를 위하여 투쟁하였고, 기독교와 인도주의를 받들고 있다. 우리의 주장은 하나님이나 사람의 율법 앞에서 떳떳한 것이며, 우리의 목표는 일본의 압박을 면하고, 자유를 회복하는 것이며, 우리의 목적은 아시아의 민주화이며, 우리의 소망은 기독교의 전 세계적인 보급이다."라는 대목도 있습니다.[8] 이외에도 이승만은 성경에 손을 얹고 선서하는 등 기독교식 의전을 도입했고, 공적인 자리에서 하나님께 기도하는 전통을 만들었습니다. 1948년 5월 30일 제헌국회 개회식에서 이승만은 "대한민국 독립민주국 제1차 회의를 여기서 열게 된 것을 우리가 하나님에게 감사해야 할 것입니다. 종교, 사상 무엇을 가지고 있든지, 누구나 오늘을 당해 가지고 사람의 힘으로만 된 것이라고 우리가 자랑할 수 없을 것입니다. 그러므로 하나님에게 감사를 드리지 않을 수 없습니다. 나는 먼저 우리가 다 성심으로 일어서서 하나님에게 우리가 감사를 드릴 터인데 이윤영 의원 나오셔서 간단한 말씀으로 하나님에게 기도를 올려주시기를 바랍니다."라며 모두에게 기도를 권했습니다.[9] 이러한 그의 모든 노력들은 기독교가 대한민국에 확산되는 데 큰 영향을 끼쳤습니다.

| 기독교인 등용 | 건국 당시 우리나라 기독교인은 전체 인구의 5%도 되지 않았습니다. 하지만 이승만 대통령 시절, 장관급 고위직의 47.7%가 기독교인이 |

었습니다.[10] 당시 기독교인들은 미국 선교사들의 도움으로 높은 수준의 교육을 받고, 독립운동에 앞장선 인재들이었습니다. 교회는 인재들을 배출하는 요람의 역할을 하기도 했고, 그 결과 건국의 주역들의 독실한 신앙을 바탕으로 대한민국은 기독교 정신에 입각하여 세워질 수 있었습니다.

| 기독교식 제도 | 이 외에도 이승만은 한국 복음화를 위해 군종제도(군대 내 전도사), 군목제도(군대 내 목사), 형목제도(형무소 내 목사), 기독교 신문과 방송 등 여러 제도를 도입합니다. 그 결과 1954년 전체 군 장병의 20%가 기독교인이 되고, 건국 시 74만 명이던 기독교 인구는 1960년 |

114만 명으로 크게 늡니다.[11]

| 기독교와 반공 | 이승만의 반공정신은 그의 기독교 신앙에서 비롯되었습니다. 기독교인이었던 그에게 성경을 불태우고, 교회를 파괴하고, 역사상 가장 많은 기독교인을 학살한 공산주의는 용납할 수 없는 사상이었습니다. 이후 반공은 한국교회의 오랜 전통이 되었고, 오늘날까지 한국교회는 |

탈북자 구출과 북한 자유화를 위한 사역에 앞장서고 있습니다.

오늘날 대한민국이 기독교 국가가 된 데는 이승만 대통령의 기독교 입국론이 절대적인 영향을 끼쳤습니다. 그는 이를 건국이념으로 삼았을 뿐 아니라, 기독교가 뿌리내릴 수 있도록 다양한 제도를 도입했습니다. 대통령, 교회, 정치인, 그리고 많은 국민들이 합심한 결과, ⑥ 대한민국은 아시아 최초의 기독교 국가가 되었습니다. 이는 매일 아침 이승만

⑥ 대한민국은 한때 많은 선교사의 도움을 받던 나라에서 이제는 미국 다음으로 가장 많은 선교사를 파송하는 나라가 되었습니다. 인구 대비로는 세계 1위 선교국가입니다. 한국세계선교협의회(KWMA)와 한국선교연구원(KRIM)의 2023년 집계에 따르면, 우리나라는 174개국에 2만 1,917명의 장기 선교사, 451명의 단기 선교사, 950명의 외국 국적 선교사를 파송했습니다.

"2023 한국 선교 현황(2023년말 기준)." 한국선교연구원, 2024년 3월 7일. https://krim.org/2023-korean-mission-statistics/.

6) 류석춘, 이승만 시간을 달린 지도자 1: 성장부터 해방까지 1875~1945(서울: 북앤피플, 2024), 66.

7) 홍성철, "대한민국 임시정부, 하나님 나라 건설의 기초." 코람데오닷컴, 2019년 2월 21일. https://www.kscoramdeo.com/news/articleView.html?idxno=14513.

8) 김국헌, 대한민국 건국사(서울: 거대넷, 2016), 35.

9) 강휘중, Korea Inside Out: 역사편(서울: 가랑비, 2022), 93.

10) 이호, "이승만의 기독교입국론." 이승만 기념관, http://xn--zb0bnwy6egumoslu1g.com/bbs/board.php?bo_table=Christian&wr_id=9.

11) James H. Grayson, Early Buddhism and Christianity in Korea(Leiden, Netherlands: E. J. Brill, 1985), 126.

대통령이 "주여, 100만의 성도를 주시옵소서!"라는 기도의 응답이었습니다.

북한의
4대 체제유지 기둥

이승만의 4대 건국 기둥 위에서 70여 년을 살아온 결과, 대한민국은 세계 6대 강국이 되었습니다. 하지만 같은 기간 북한은 세상에서 가장 가난하고 인권이 유린된 나라가 되었습니다. 무엇이 북한을 이렇게 만들었을까요? 바로 김일성이 선택한 나라의 4대 '체제유지' 기둥인 공산주의, 사회통제경제, 조중동맹, 김일성 주체사상)입니다.

1. 공산주의·
사회주의

공산주의(Communism)와 사회주의(Socialism)를 이해하려면 먼저 마르크스의 '유물론(Materialism)'을 알아야 합니다. 이는 헤겔의 '관념론(Idealism)'과 정반대에 있습니다. 헤겔은 역사의 원동력을 '절대정신(Absoluter Geist)'에서 찾으며 인간의 정신 활동이 역사를 발전시킨다고 보았습니다. 반면, 마르크스는 역사의 원동력이 물질, 곧 경제활동이라고 주장했습니다. 그에 따르면 종교·문화·예술·사상 같은 정신 영역은 '상부구조'이며, ⑦ 그 기반에는 생산력과 생산관계로 이루어진 '하부구조'가 있습니다. 마르크스는 상부구조(정신)가 아닌 하부구조(물질적 생산)가 역사를 이끈다고 보았고, 종교조차 경제적 산물에 불과하다며 무신론으로 나아갔습니다. ⑧ 마르크스는 유물사관에 따라 역사를 물질적 불균형에서 비롯된 계급투쟁으로 이해하며, ⑨ 노동자 계급의 폭력혁명을 통해 불평등을 해소하고 궁극적으로 ⑩ '유토피아(Utopia)' 사회를 건설할 수 있다고 믿었습니다. 마르크스주의(Marxism)에서 공산주의는 인류 역사 발전의 최종 단계이자 유토피아로 여겨집니다. 마르크스는 역사가 '원시 공동사회 → 고대 노예제 → 중세 봉건제 → 근대 ⑪ 자본주의 → 공산사회'로 발전한다고 보았으며, 이를 '역사 발전 5단계'라고 불렀습니다. ⑫ 사회주의는 여러 형태가 있지만, 마르크스가 말한 사회주의는 공산주의의 전 단계로, 국가 주도로 급격한 경제발전을 이루려는 체제입니다. 하지만 모든 공산 국가는 이 단계에서 실패했습니다. ⑬ 그런데 흥미롭게도, 국가 주도형 경제개발로 단기간 경제 성장을 이룬 유일한 나라가 바로 대한민국입니다.

대한민국 VS 중국

박정희 대통령의 경제개발 계획은 순수한 자본주의적 시장경제가 아니라, 국가가 특정 산업에 단계적으로 투자하여 발전을 이끈 '국가 주도 자본주의'입니다. 이 모델은 중국도 참고하지만, 두 나라의 결과는 달랐습니다. 박정희 대통령은 국가주도로 경제를 끌어올린 뒤 일정 시점에서 이를 민간주도로 전환시킵니다. 대표적인 사례가 ○ 금융실명제와 ○ 부가가치세의 도입으로, 부정부패를 차단하고 건강한 시장경제 질서를 세운 것입니다. ⑭ 반면, 중국은 경제가 성장한 뒤에도 자신들의 일당독재를 유지하기 위해 국민이 원하는 민간주도 경제 체제를 거부하고 국가주도를 고집합니다. ⑮ 그 결과, 시장 원리에 어긋나는 과잉 공급이 발생하여 인구 10억 명의 수요에 비해 30억 명을 수용할 수 있을 만큼의 아파트들이 지어지고 있습니다.[12] 이는 분양 실패와 부동산 폭락으로 이어지고 있습니다. 결국 국가주도 경제 개발은 단기 성장에는 효과적이지만, 장기적으로는 극단적 비효율과 자원 낭비를 초래합니다.

공산주의의 모순

공산주의의 가장 큰 모순은 '무오류 당' 개념입니다. 사회주의와 공산주의는 최종적으로 유토피아를 지향하지만, 이 세상에 절대 무결한 권력은 존재하지 않습니다.

좌익 VS 우익

⑯ 무엇이 좌익과 우익을 구분하는 것일까요? 좌익과 우익의 가장 근본적 차이는 인간의 한계성을 인정하느냐 마느냐입니다. 좌익들은 인간이 노력하면 유토피아(이상적인 국가)를 만들 수 있다고 생각합니다. 반면, 우익들은 인간의 불완전성과 한계를 인정합니다. 그래서 불완전한 인간은 완전하신 하나님께 의지할 수밖에 없다고 믿는 기독교인들이 대부분 우익에 속합니다. 이것이 기독교와 공산주의가 절대 공존할 수 없는 이유이기도 합니다. 좌익 지도자는 "정의 사회를 구현하고 모든 사람이 평등하게 잘 먹고 잘 사는 세상을 만들겠다"라고 말합니다. 이는 인간의 성향 자체가 선하고 이상적 사회를 실현할 수 있다는 '낙관론'입니다. 하지만 역사는 그 누구도 완전한 유토피아를 실현하지 못했음을 보여줍니다. 반면, 우익 지도

⑦ 생산력은 생산을 가능하게 하는 힘으로, 기계, 기술, 삽, 바퀴 등 생산을 가능하게 하는 모든 물질적 수단을 말합니다. 생산관계는 생산을 위해 인간과 인간이 맺는 관계를 뜻합니다. 같은 생산력을 가지고 있더라도 어떤 생산관계를 맺느냐에 따라 생산의 결과는 달라질 수 있습니다.

⑧ 1848년 독일 철학자 마르크스와 엥겔스는 『공산당 선언』에서 정치·경제·사회·문화·예술·교육·종교 등 모든 현상은 물질적 생산 양식에서 비롯된다고 설명했습니다. 이 생산 양식은 땅·기계·사람이라는 세 가지 요소의 균형으로 이루어지는데, 자본가들이 생산수단(땅·기계)을 독점하면서 경제적 불균형이 발생했다고 주장했습니다.

⑨ 공산주의 유물사관을 알면, 남로당이 왜 양심의 가책 없이 살상을 저질렀는지 어느 정도 이해할 수 있습니다. 첫째, 공산주의자들에게 개인은 단체의 목적을 위한 수단일 뿐입니다. 즉, 방해가 되는 사람이나 물질은 희생되어도 된다고 여깁니다. 둘째, 이들은 죄의식·도덕·종교를 자본가의 착취 도구로 보고, 기독교가 죄책감을 심어 자유를 빼앗는다고 생각합니다. 셋째, 이들의 궁극적 적은 하나님입니다. 인본주의를 세우기 위해 신본주의를 무너뜨려야 한다고 보고, 회개와 신앙을 차단하기 위해 기독교를 탄압합니다. 실제로 레닌은 약 2만 명의 성직자를 처형했고, 베트남도 기독교인을 대규모 숙청했습니다. 그러므로 공산주의를 넘어설 수 있는 사상은 오직 기독교입니다.

⑩ '유토피아(Utopia)'는 1516년 영국 사상가 토머스 모어의 저작에서 처음 사용된 말로, 그리스어 'ού(없다)'와 'τόπος(장소)'가 합쳐져 '어디에도 없는 이상사회'를 뜻합니다. 그의 책은 주인공 모어가 늙은 선원 라파엘을 만나 가상의 섬나라 유토피아에 대해 듣고 항해하는 이야기입니다. 유토피아에서는 선거를 통한 공화정 체제가 운영되지만, 사유재산이 존재하지 않고 재화는 공동분배됩니다. 모든 시민은 일정 시간 노동에 참여하며, 노동시간은 짧아 높은 생산성과 여가가 보장됩니다. 하지만 종교, 결혼, 형벌 등에서 오늘날 기준으로는 전체주의적이거나 비현실적인 제도가 섞여 있어, 이상사회가 가진 아이러니와 한계를 드러냅니다.

⑪ 자본주의는 사적 소유와 이윤 추구를 기반으로 한 경제 체제이며, 자유시장경제는 시장 참여자들의 자율적 선택과 경쟁을 중심으로 운영되는 방식입니다.

⑫ 사회주의는 사회민주주의, 유럽식 사회주의 등 다양한 형태가 존재합니다.
1. 사회민주주의는 독일 정치인 베른슈타인이 발전시킨 사상으로, 마르크스주의와 달리 계급투쟁과 폭력혁명이 아닌 자유민주적 절차를 통해 의회 권력을 획득하고 사회주의 정책을 추진하려는 노선입니다. 마르크스주의자들은 이를 '개량주의' 또는 '수정주의'라고 비판했습니다.
2. 유럽식 사회주의는 의회민주주의를 유지하면서 고도의 복지국가를 이루는 노선으로, 스웨덴·핀란드 등 북유럽 국가들에서 볼 수 있습니다. 하지만 국민 소득의 절반가량과 기업 이익의 상당 부분을 세금으로 거두는 제도로 빈부격차는 줄지만 기업 활동은 크게 위축되어, 스웨덴의 대표 기업 이케아(IKEA)처럼 많은 대기업이 해외

12) 현문학, "[돈되는 중국경제]6억 동 건축 경기와 금융 재정 리스크." 매일경제, 2023년 2월 27일. https://www.mk.co.kr/news/economy/10660020.

자는 "나는 절대 정의로운 사회를 만들 수 없지만, 지금보다는 조금 더 정의롭고 평등한 세상을 만들어보겠다"라고 말합니다. 이는 인간의 성향 자체가 악하고 온 세상과 자신마저도 파괴할 수 있다는 '비관론'입니다. 역사는 이쪽에 더 가까움을 증명합니다.

2. 사회통제경제

사회통제경제(계획경제, Planned Economy)는 정부가 생산, 소비, 자원의 분배를 철저히 계획하고 통제하는 국가 주도의 경제 체제입니다. 자유시장경제가 제한된 정부를 강조하는 것과 달리, 적극적인 정부 개입을 특징으로 합니다. 겉으로는 평등해 보이지만, 결국 배급 중심의 사회가 되어 사람들이 노력하지 않는 사회를 만듭니다. ⑰ 그 결과, 돈을 벌기 위해 물건의 질을 높이거나 가격을 낮출 필요가 없어지고, 사회는 점차 게을러지고 가난해지며 창의성마저 사라져 결국 쇠퇴하게 됩니다.

생각해 보기

완전한 사회통제경제가 실현되기 위해서는 정부가 사리사욕 없는 신과 같은 존재여야 합니다. 과연 이것이 가능할까요? 미국의 40대 대통령 ○ 로널드 레이건(Ronald Reagan)은 "정부는 우리의 문제에 대한 해결책이 아닙니다. 정부 자체가 문제입니다."(Government is not the solution to our problem, the government is the problem.)라고 말했습니다. [13] 영국의 경제학자 프리드리히(Friedrich Hayek)도 "자신이 무엇을 모르는지 조차 모르는 인간들 개인이 가지고 있는 지식은 오류투성이다. (중략) 인간 이성은 본질적으로 불완전하다. 무지한 인간이 세우는 완벽한 계획이란 있을 수 없다. 따라서 인위적으로 사회 경제를 조종 통제하려는 생각은 이성 남용이다."라고 말했습니다. [14] 즉, 전지전능하고 완전무결한 정부는 존재하지 않기 때문에 사회통제경제는 허상에 불과하다는 것입니다.

사회주의 경제를 지향하는 좌파 정치인들은 자본주의와 시장경제를 두고 '부익부 빈익빈'을 강조하며, 정부에 의한 배급주의 정책을 선전합니다. 하지만 자유민주주의 국가에서 양극화는 자연스러운 현상입니다. ⑱ 더 노력한 사람이 더 많은 보상을 받는 것이 공정하기 때문입니다. 더 맛있는 식당이 성공하고, 더 열심히 공부한 학생이 좋은 성적을 받는 것은 당연한 일입니다. 오히려 똑같은 대우를 받는 것이 불평등이 아닌가요? ⑲ 자본주의는 풍요의 불평등이지만, 사회주의는 가난의 평등입니다. [15] 지구상에서 '부익부 빈익부'가 가장 극심한 곳은 다름이 아닌 북한입니다. ○ 북한 꽃제비가 사업에 성공하여 평양에서 산다는 이야기를 들어본 적 있나요? 진짜 '헬조선'은 북한입니다.

연필공장

공산주의자들은 오늘날까지 자본가와 노동자 대립 구도를 만들어 계급투쟁을 선전해 왔습니다. 이들은 자본가가 생산수단을 소유하는 것이 불평등하다고 주장합니다. 하지만 과연 불평등할까요? 이를 설명하기 위해 '연필공장'의 이야기를 들려드리겠습니다. 한 연필공장에 불만 많은 노동자가 있었습니다. 그는 하루 종일 오전부터 오후까지 땀 흘려 연필을 만들지만, 사장은 사무실 의자에 앉아 있기만 해도 거액을 벌어가는 것이 불만이었습니다. 그는 '사장이 아무리 많은 원자재를 사들이고 최신 기계를 들여놔도, 나 같은 노동자가 없다면 결국 나무와 고무 더미에 불과하지 않겠는가?'라고 생각했습니다. 이때 여러분은 그에게 어떤 말을 해주겠습니까?

연필공장 사장이 노동자보다 더 많은 돈을 버는 데는 크게 두 가지 이유가 있습니다.

1. 첫째, 더 많은 투자(Invest)를 했기 때문입니다.

자본은 쉽게 말해 '돈'입니다. 돈은 땅에서 자라지 않습니다. 돈은 한 때 노동 혹은 노동의 산물과 거래되었기 때문에 가치가 있는 것입니다. 연필공장의 사장이 기계를 샀다는 것은 한 때 그 기계를 구매하기 위해 노동을 투자했다는 것입니다. 또 부모로부터 돈을 물려받았다고 해도, 그 돈 역시 부모가 노동을 투자하여

---

13) 박동운, "레이건, 링컨 누르고 인기 1위 차지한 이유는?." 월간조선, 2014년 9월 17일. https://monthly.chosun.com/client/mcol/column_view.asp?idx=522&Newsnumb=20140915609.

14) "[주머니 속의 자유주의자] 하이에크(Friedrich v. Hayek)." 자유기업원, 2005년 12월 20일. https://www.cfe.org/20051220_10659.

15) 김상민, "'사회주의자 조국'을 계기로 사회주의를 생각한다(2) - 계급사회와 권력세습의 일상화." 시사포커스, 2019년 9월 10일. https://www.sisafocus.co.kr/news/articleView.html?idxno=220695.

로 이전하는 결과를 낳았습니다.

3. 마르크스가 말한 본래의 사회주의는 공산주의로 가는 과도기, 즉 전 단계입니다.

⑬ 『제3세계의 경제발전론』이라는 좌파 이론 중에서 가장 모범적인 국가형태로 꼽히는 나라가 대한민국입니다.

○ 금융실명제(金融實名制, Real-Name Financial System): 금융기관에서 실명이 확인된 경우에만 금융거래가 이루어지도록 하는 제도입니다. 과거에는 자신의 권력이나 지위를 사용하여 무기명으로 거액의 돈을 빌리는 등 부정부패가 있었습니다.

○ 부가가치세(附加價值稅, Value-Added Tax): 재화나 용역의 거래 과정에서 각 단계마다 새로 창출된 부가가치(이윤)에 부과되는 세금입니다. 예를 들어, 한 제과점이 밀가루(1만 원)를 사서 빵을 만들어 2만 원에 판매하면, 이 제과점이 새로 만들어낸 부가가치는 1만 원(2만 원-1만 원)입니다. 따라서 부가가치세는 이 1만 원의 부가가치에 대해 과세되는 것입니다.

⑭ 중국 경제가 성장하면서 국민들은 민주화와 정치개혁을 요구했고, 그 대표적 사건이 1989년 천안문 사태(Tiananmen Square Massacre)였습니다. 만약 당시 중국공산당이 일당독재 대신 개혁을 선택했다면, 오늘날의 중국은 전혀 다른 모습이었을지도 모릅니다.

⑮ 중국의 주택과 아파트 등 건물 수는 약 6억 동으로, 이는 인구 10억 명의 세 배인 약 30억 명이 거주할 수 있는 규모입니다. 결국 수요를 크게 초과한 공급이 이루어졌고, 이로 인해 심각한 부동산 과잉 문제가 발생했습니다.

현문학, "[돈되는 중국경제]6억 동 건축 경기와 금융 재정 리스크." 매일경제, 2023년 2월 27일. https://www.mk.co.kr/news/economy/10660020.

⑯ 이 책은 '보수·진보' 대신 '우익·좌익' 또는 '우파·좌파'라는 표현을 사용합니다. '진보(進步)'는 지금보다 나아지거나 높아진다는 긍정적 의미를 갖지만, '보수(保守)'는 변화를 거부하고 전통을 고수한다는 다소 부정적 의미를 줍니다. 좌파는 이러한 언어적 특성을 일찍이 이용하여 용어 혼란 전술을 펼쳐 왔습니다. 실제로, 1980년대까지 주사파와 좌익들은 자신들을 '혁명세력'이라고 불렀습니다. 하지만 '혁명'이 주는 과격한 이미지 때문에 이후 스스로를 '진보세력' 또 '개혁세력'이라고 부르기 시작했습니다. 그 결과 우익은 '보수'로 규정되어, 진보의 반대 개념이자 뒤처지는 이미지를 갖게 된 것입니다. '보수·진보'라는 명칭이 굳어질수록 좌익이 유리해집니다. 앞으로는 '우익·좌익' 또는 '우파·좌파'라는 표현을 사용하여 이 같은 언어 전술을 극복해야 합니다.

⑰ 소련은 1922년 12월 30일 건국되어 1991년 12월 26일 붕괴한 나라로, 서구 국가들의 자유시장경제와 달리 계획경제 체제를 택했습니다. 국가는 생산품의 양과 가격은 물론, 시민들의 임금과 배급까지 결정했습니다. 겉보기에는 공정하고 효율적이지만, 계획경제는 수요를 공급이 따라가지 못해 결국 제대로 작동하지 못했습니다.

○ 로널드 레이건(1911~2004): 미국 제40대 대통령으로, 소련을

거래한 대가입니다. 심지어 기계 판매자도 기계를 발명한 사람의 기술을 사기 위해 자신이 노동하여 얻은 대가로 지불했을 것입니다. 모든 것이 그렇습니다. 그렇다면 연필공장의 기계를 구매하고, 장소를 임대하고, 노동 생산성을 높이는 데 수억 원을 투자한 사장과 단순히 흑연을 기계에 넣는 노동자가 동일한 보상을 받는 것이 과연 평등일까요?

2. 둘째, 더 많은 위험(Risk)을 감수하기 때문입니다.
연필공장이 부도나면, 노동자는 실직하지만 빚더미를 짊어지지는 않습니다. 하지만 사장은 큰돈을 벌 수 있는 만큼, 한순간에 수천억을 잃을 수도 있습니다. 300만 원을 잃는 것과 3000억 원을 잃는 것 중에 누가 더 많은 위험을 감수할까요? 바로 이러한 위험을 감수하는 사람이 있기 때문에 노동자들이 일을 할 수 있고, 그 노동 또한 가치를 가질 수 있는 것입니다.

사람들은 ○언더도그마의 심리를 따라, 약자는 무조건 선하고 강자는 무조건 악하다고 여기는 경향이 있습니다. 이는 힘의 차이만으로 선악을 판단하려는 인간의 오류입니다. 일부 정치 세력은 자신들의 이익을 위해 이런 심리를 자극하며 '흙수저'와 '금수저'라는 표현을 남발합니다. 하지만 우리가 분명히 기억해야 할 사실이 있습니다. 대한민국이야말로, 흙수저와 금수저의 구도를 깨버린 대표적인 나라입니다. 대한민국은 최빈국의 흙수저로 시작해서, 오늘날 세계 6대 강국의 금수저가 되었습니다. 나라 자체가 그 가능성을 증명하고 있는 것입니다.

<table>
<tr><td>3. 조중동맹</td></tr>
</table>

동맹은 같은 사상과 가치관을 가지고 있는 국가들끼리 손을 잡고 같은 목적을 추구하는 것이라고 앞서 설명했습니다. 대한민국은 자유민주주의와 자유시장경제의 미국을 선택한 반면, 북한은 공산주의와 사회주의의 중국을 선택했습니다.

<table>
<tr><td>중국과 한반도 역사</td></tr>
</table>

6.25 전쟁 당시 유엔 맥아더 장군의 인천상륙작전이 1/5000의 확률로 성공하면서, 국군과 유엔군은 북진하여 1950년 9월 28일 서울을 탈환하고, 10월 1일 38도선을 넘어 10월 19일 평양을 점령하고, 이후 압록강과 두만강까지 진격합니다. 이는 역사상 한반도가 자유민주주의로 완전히 통일될 수 있던 절호의 기회였습니다. 하지만 이 역사적인 순간에 한반도의 통일을 방해한 것이 중국입니다. 중국의 대규모 파병으로 국군과 유엔군은 속수무책으로 후퇴하고, 결국 38선에서 전선은 고착됩니다. 이처럼 중국은 북한의 혈맹국입니다. 그럼에도 아직까지 중국과 손을 잡아야 한다고 주장하는 사람들이 있습니다. 그 대표적인 사람이 문재인 전 대통령입니다. 2017년 중국의 베이징대학을 방문한 문재인은 "중국은 높은 산봉우리가 같은 국가"이며, "(한국은) 중국몽과 함께하겠다"고 연설했습니다.[16] 하지만 역사는 우리에게 정반대의 교훈을 주고 있습니다. 해방 이후, 소련·중국·북한이 한반도를 공산화하려고 할 때 우리의 자유를 위해 싸워준 것은 미국입니다. 대한민국이 세계 6대 강국에 들어설 수 있었던 것 역시 미국의 도움이 있었기 때문입니다. 주변국이 모두 공산 국가인 상황에서 우리나라는 육지가 아닌 바다를 통한 해양 동맹을 맺어야 합니다.

<table>
<tr><td>4. 김일성 주체사상</td></tr>
</table>

'주체사상(Juche Ideology)'은 만물의 주인이자 혁명의 주체가 인민 대중이라는 인간 중심 철학이며, '주체사상파(주사파)'는 이를 추종하는 자들을 일컫는 말입니다. 여기서 '김일성 주체사상'은 북한의 독재 체제를 유지하기 위한 공산주의·사회주의의 여러 가지 요소를 가져온 소위 '잡탕' 주체사상입니다.

<table>
<tr><td>조지 오웰의
『동물농장』</td></tr>
</table>

주체사상은 당이 무오류하다는 전제 하에 성립합니다. 하지만 과연 그런 당이 존재할까요? 단언컨대 없습니다. 결국 유물론·주체사상·공산주의는 모두 구조적으로 모순을 가질 수밖에 없습니다. 이를 가장 잘 나타내는 것이 ⑳ 조지 오웰의 소설 『동물농장(Animal Farm, 1945)』입니다. 소설에는 농장주 존스 씨와 동물들이 등장합니다. 술에 취하여 먹이를 제대로 주지 않고 수확물마저 빼앗는 주인에게 불

<hr>

'악의 제국'이라 규정하고 강력한 대(對)소련 압박 정책을 추진하여 냉전 종식의 기반을 마련하고 소련 붕괴를 촉진했습니다.

⑱ 사람들은 흔히 경쟁을 냉혹하다고 생각합니다. 하지만 경쟁이 있어야 사람도 성장하고, 자유시장도 힘을 얻습니다. 실패가 없는 것이 행복이 아니라, 실패 속에서 노력과 창의성을 키우고 끝내 목표를 이루는 것이 진정한 행복이 아닐까요?

⑲ 윈스턴 처칠(Winston Churchill)은 사회주의에 대해 "자본주의의 폐해는 풍요의 불평등한 분배지만, 사회주의의 미덕은 가난의 평등한 분배다."라고 말했습니다.

○ 꽃제비: 1990년대 고난의 행군 등으로 인해 부모나 가족을 잃고, 거처 없이 먹을 것을 찾아 거리를 떠돌아다니는 부랑 아동을 뜻합니다.

○ 언더도그마(Underdogma): 언더독(underdog)과 도그마(dogma)의 합성어로, 약자는 무조건 선하고 강자는 무조건 악하다는 독단적 신념을 뜻합니다. 힘이 약하다는 이유만으로 약자를 도덕적으로 우위에 두고, 강하다는 이유만으로 강자를 비난하는 사고방식입니다.

⑳ 조지 오웰의 소설 『동물농장(Animal Farm, 1945)』은 러시아 혁명을 통해 권력을 잡은 스탈린이 오히려 혁명 이전의 군주제보다 국민을 착취하고 독재하는 소련의 전체주의에 대해 풍자하는 우화소설입니다.

<hr>

16)　노효동, 이상헌, "中 바짝 껴안는 文대통령…'높은 산봉우리' '중국몽, 모두의 꿈'." 연합뉴스, 2017년 12월 15일. https://www.yna.co.kr/view/AKR20171215070100001.

만을 품은 동물들은 반란을 일으켜 존스를 몰아냅니다. 그들은 농장의 이름을 '동물농장'으로 바꾸고, 평등한 사회를 만들겠다며 돼지들의 주도로 일곱 계명을 세웁니다. 하지만 시간이 지나자 돼지들은 권력을 남용하고 인간처럼 행동하기 시작합니다. 그때마다 자신들이 어긴 계명은 교묘히 삭제하거나 바꾸어 버립니다. 아래는 일곱 계명의 원문과 수정된 내용입니다.[17]

1. 무엇이건 두 발로 걷는 것은 적이다. ⇨ (수정) 네 다리는 좋고 두 다리는 더 좋다.

2. 무엇이건 네 발로 걷거나 날개를 가진 것은 친구이다. ⇨ (삭제)

3. 어떤 동물도 옷을 입어서는 안 된다. ⇨ (삭제)

4. 어떤 동물도 침대에서 자서는 안 된다. ⇨ (수정) 어떤 동물도 침대에서 시트를 깔고 자면 안 된다. (돼지들은 자신들이 까는 것은 시트가 아니라 담요라고 말합니다.)

5. 어떤 동물도 술을 마시면 안 된다. ⇨ (수정) 어떤 동물도 술을 지나치게 많이 마시면 안 된다.

6. 어떤 동물도 다른 동물을 죽여선 안 된다. ⇨ 어떤 동물도 이유 없이 다른 동물을 죽이면 안 된다.

7. 모든 동물은 평등하다. ⇨ 하지만 어떤 동물은 다른 동물보다 더욱 평등하다.

이것이 북한의 실상입니다. 북한은 평등을 말하지만, 그 속에는 '더욱 평등'이라는 모순이 존재합니다. 유토피아를 실현한다는 명분의 폭력혁명은 당과 수령의 지도를 전제로 하며, 당이 무오류라는 조건 아래 진행되기 때문에 결국 어떤 잘못도 비판할 수 없는 일당 독재로 귀결될 수밖에 없습니다.

김일성 신격화 김일성 주체사상은 단순한 사상을 넘어 세계 10대 종교 중 하나가 되었습니다. 오늘날 북한의 주체사상 추종자는 약 1,900만 명에 달합니다. 이는 수십 년간 이어진 김일성 신격화의 결과입니다.

1. 우상화 작업: 김 씨 일가는 책·동상·초상화·영화 등 다양한 방식으로 김일성을 신격화해 왔습니다. 8권으로 된 『김일성 회고록』에서는 그를 죄와 실수가 없는 완전한 사람과 인민을 사랑하는 '어버이'로 묘사합니다. 하지만 350만 명을 굶겨 죽이고 인권을 유린한 사실은 전혀 언급되지 않습니다. 북한은 최고 미술가와 특수 자금을 동원하여 약 4만 개의 김일성 동상을 세웠습니다. 이 동상들은 날마다 닦이고 조명을 받지만, 인민들은 굶주림에 허덕입니다. ㉑ 모든 가정에는 김일성 초상화가 걸려 있고, 모든 주민은 가슴에 '김일성 배지'를 달아야 합니다. ㉒ 초상화를 소홀히 다루면 즉시 감옥에 갑니다. 김일성 부자의 우상화와 공산주의 찬양을 위해 수많은 영화도 제작됩니다. 미국의 일간지 『크리스천 사이언스 모니터(The Christian Science Monitor)』에 따르면, 북한은 국가 예산의 약 40%를 우상화 작업에 쓰고 있는데, 이는 주민들이 1년 반 동안 먹을 곡물을 살 수 있는 막대한 금액입니다.[18] 북한 주민들은 아사 직전인데 우상화 작업에 이렇게까지 돈을 쏟아붓는 이유는 무엇일까요? 우상화 없이는 본인들의 독재 체제를 유지할 수 없기 때문입니다.

2. 기독교 배격: 김 씨 일가는 목사·선교사·성경을 배격하고 기독교인들을 처형해 왔습니다. 성경책이 발견되면 기독교인을 광장에 세워 공개처형을 해 왔습니다. 그럼에도 불구하고, 오늘날 북한에는 약 14만에서 40만 명으로 추정되는 지하교회 성도들이 있습니다.[19] 앞으로 자유통일을 이루려면, 70여 년간 북한에 뿌리내린 김일성 신격화를 철저히 무너뜨리고, 수만 개의 동상을 헐어버리고, 수천만 개의 초상화를 제거해야 합니다.

㉑ 북한에서는 집에 불이 나도 가장 먼저 김일성 초상화를 지켜야 합니다. 실제로 바다에서 풍랑을 만나 죽어가면서도 초상화를 감싸 다 숨긴 사람은 영웅이 되었고, 백두산 화재 때 혁명 구호가 적힌 나무를 지키다가 불에 타 죽은 7명의 청년도 모두 영웅으로 추앙받았습니다.

㉒ 2017년 전 세계를 충격에 빠뜨린 '오토 웜비어 사건'이 있었습니다. 당시 21세 대학생이던 오토 웜비어는 2015년 말 북한을 여행하다가 호텔의 정치 선전 포스터를 훔친 혐의로 체포되었습니다. 그는 17개월 동안 고문을 당한 뒤 식물인간 상태로 미국에 송환되었지만, 귀국 직후인 2017년 6월 19일 사망했습니다. 사망 후 두개골 스캔에서는 아랫니가 외력으로 변형된 흔적이 확인되었습니다. 북한은 식중독으로 인한 사망이라고 주장했지만, 미국 법원은 전기충격·펜치 고문 등으로 인한 사망이라고 판결했습니다.

---

17) George Orwell, *Animal Farm*(New York: Harcourt Brace & Company, 1945).

18) "오늘의 뉴스 모음 – 01/03." 자유아시아방송(Radio Free Asia), 2007년 1월 3일. https://www.rfa.org/korean/news/dailynews2-20070103.html.

19) "북한지하교회 성도 14만명에서 최대 40만명." 복음기도신문, 2010년 10월 17일. https://gpnews.org/archives/18230.

| 결단하기 |

대한민국은 5천 년 역사 동안 900번 넘는 침략을 받고, 6.25 전쟁 후 세계에서 두 번째로 가난한 나라로 전락했지만, 결국 한강의 기적을 이루었습니다. 이는 선택의 결과였습니다. 대한민국은 이승만을 선택했고, 북한은 김일성을 선택했습니다. 대한민국은 자유민주주의, 자유시장경제, 한미동맹, 기독교 입국론을 선택했고, 북한은 공산주의, 사회통제경제, 조중동맹, 주체사상을 선택했습니다. 그로부터 70년이 흐른 지금, 대한민국은 세계 6대 강국이 되었고 ㉓ 북한은 거지 나라가 되었습니다. 경쟁의 결과는 이미 끝난 것입니다. 하지만 오늘날 교과서에는 대한민국의 건국이념과 건국 대통령에 대한 최소한의 성찰조차 없습니다. 건국의 뿌리를 모르는 국민은 나라를 지킬 힘이 없습니다. 오늘날 우리는 다시 선택의 기로에 서 있습니다. 대한민국을 지킬 것인가, 아니면 대한민국을 주사파 세력에 넘길 것인가? 우리는 또 한 번 대한민국을 선택해야 합니다. 이제 여러분은 올바른 역사 인식과 전수를 통해 전 국민의 애국심을 일깨우고, 대한민국을 자유통일의 길로 이끄는 데 크게 기여하기를 바랍니다.

㉓ 아래는 31개월간 북한에 억류되었다가 2017년 8월 석방된 한국계 캐나디안 임현수 목사님이 저서 『내가 누구를 두려워하리요 (2019)』에 기록한 북한의 실체에 관한 대목입니다.

"나는 북한처럼 고아가 많은 나라를 아직 못 보았다. 1997년부터 고아원 지원 사업을 시작했는데 그때만 해도 고아들이 그렇게 많지는 않았다. 사리원, 원산, 해주 고아원 아이들도 원래 몇백 명 정도였는데 요즘에는 한 고아원에 2,000~3,000명 가까운 아이들이 머문다. 아무리 생각해도 이해할 수 없다. (중략) 우리가 가는 곳마다 고아들이 가득했다. 그런데 우리가 방문할 때면 병들고 죽어가는 아이들은 숨겨놓는다. 자기들이 보기에도 너무 민망하기 때문이다. 해주 고아원에 갔을 때 일행 중 한 명이 3층에 숨겨진 아이들이 있는 것을 보고 카메라에 몇 장의 사진을 담았다. 그 아이들의 상태는 최악이었다. 뼈만 남은 아이, 머리와 온몸에 부스럼이 가득한 아이, 뇌 손상을 입고 멍한 아이, 콩팥이 상해서 복수가 가득 찬 아이, 힘이 없어 걷지 못하는 아이, 앉아서 울고 있는 아이... 말로 형용하기 힘든 비참한 모습이었다."

임현수, 내가 누구를 두려워하리요(서울: 규장, 2019), 245-246.

16 1948년 12월 1일, 국가보안법

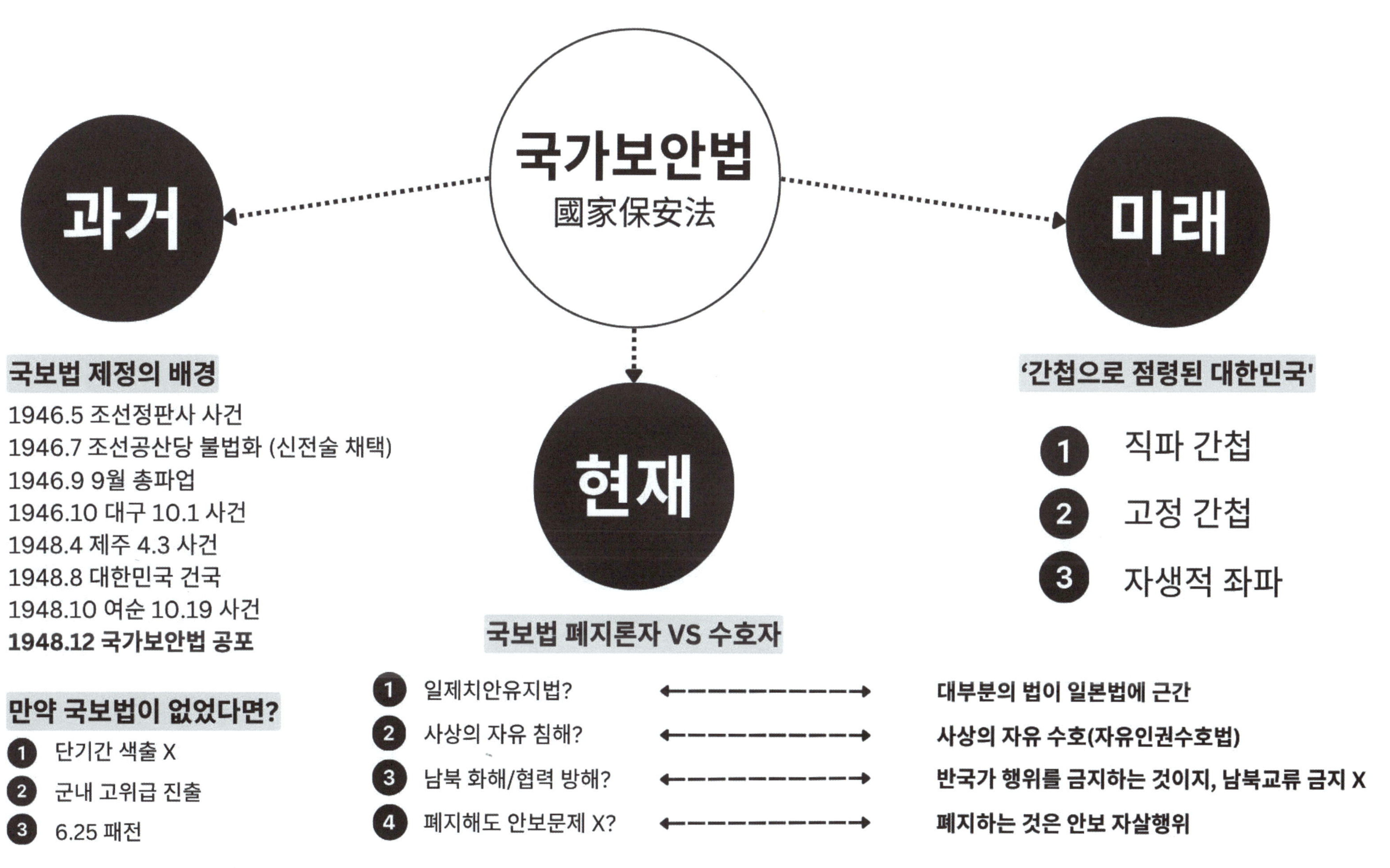

16. 1948년 12월 1일, 국가보안법

오늘도 힘찬 구호로 역사공부를 시작해 봅시다: 이승만/역사교실, 자유통일/이룩하자, 와!

복습하기 6.25 전쟁 이후, 대한민국은 세계에서 두 번째로 가장 가난한 나라였지만, 건국된 지 70여 년도 되지 않아 세계 6대 강국으로 성장했습니다. 반면, 북한은 오늘날 전 세계에서 가장 인권이 유린되고 가난한 나라로 전락했습니다. 무엇이 이 엄청난 차이를 만들었을까요? 바로 건국 이념입니다. 이승만은 자유민주주의, 자유시장경제, 한미동맹, 기독교입국론을 선택했고, 김일성은 공산주의, 사회통제경제, 조중동맹, 김일성 주체사상을 선택했습니다. 모든 경쟁은 이미 끝났습니다. 그럼에도 오늘날 교과서에는 우리나라가 누구에 의해 세워졌고 어떤 건국이념으로 세워졌는지에 대한 최소한의 성찰도 결여되어 있습니다. 제 나라의 건국 대통령과 건국 이념을 제대로 알지 못하는 국민은 나라를 지킬 수 있는 힘이 없습니다. 올바른 역사 인식과 전수만이 전 국민을 애국심으로 깨울 수 있으며, 대한민국을 자유통일의 길로 인도할 수 있습니다.

서론 건국 두 달 만인 1948년 10월 19일 전쟁을 방불한 남로당 좌익들의 여순 10.19 사건이 일어나자, 이승만 대통령은 12월 1일 국가보안법(國家保安法, National Security Act)을 제정합니다. 오늘은 국가보안법의 역사와 역할, 그리고 그 의의를 살펴보겠습니다.

국가보안법 국가보안법(국보법)은 대한민국의 자유민주적 기본질서를 위협하는 반국가 단체의 활동을 제한하기 위해 제정된 법입니다. 그 목적은 제1조에 명시되어 있습니다. *"이 법은 국가의 안전을 위태롭게 하는 반국가활동을 규제함으로써 국가의 안전과 국민의 생존 및 자유를 확보함을 목적으로 한다."*[1] 즉, 국보법은 국가의 안전을 지키는 '보안법'이자 국민의 자유를 보장하는 '자유인권수호법'입니다. 제2조는 북한에 대한 우리의 입장을 분명히 밝히고 있습니다. *"이 법에서 '반국가 단체'라 함은 '정부를 참칭하거나 국가를 변란 할 것을 목적으로 하는 국내외의 결사 또는 집단으로서, 지휘통솔체제를 갖춘 단체를 말한다."*[2] 여기서 *"정부를 참칭한다"*는 것은 정부가 아님에도 스스로 정부라 자처하는 집단을 의미합니다. 한반도에서 유일하게 해당되는 존재는 북한입니다. 따라서 북한은 합법 국가가 아니라 불법 점거 집단으로 보아야 합니다.

1. 과거 국보법이 제정된 배경을 간단히 살펴보면, 1945년~1948년 박헌영과 남로당은 1차 체제전쟁의 대대적인 무장폭동 및 반란을 일으킵니다. 1946년 5월 조선정판사 위조지폐 사건으로 조선공산당이 불법화되자, 1946년 7월 박헌영은 신전술(무장폭동)을 채택하고, 1946년 9월 총파업, 대구 10.1, 1948년 제주 4.3을 일으킵니다. 하지만 남로당의 숱한 방해공작에도 불구하고, 1948년 5.10 총선거를 성공적으로 치고, 1948년 8월 15일 대한민국은 마침내 건국됩니다. 하지만 두 달 뒤, 남로당은 여수 14연대를 장악하여 여순 10.19(여수 14연대 반란)를 일으킵니다. 이에 충격을 받은 이승만 대통령은 1948년 12월 1일 국보법을 공포합니다.

생각해보기 국보법은 건국을 조직적으로 방해하던 남로당 좌익을 처벌하여, 국가와 국민을 위협하는 행위를 막기 위한 강력한 대책이었습니다. 국보법이 제정된 지 불과 1년 만에 약 11만 8천여 명이 입건되고 132개의 정당과 사회단체가 해산되었습니다. 특히 군 내부에 침투해 있던 좌익 세력 10,317명(숙청 4,749명, 탈영 5,568명)을 정리할 수 있었는데, 이는 육군의 무려 10%에 해당하는 규모였습니다.[3] 당시 ○ 숙군을 둘러싼 논란도 있지만, 만약 국보법이 없었다면 어떻게 되었을까요? 첫째, 짧은 시간 안에 좌익 공산주의자들을 색출해 낼 수 없었을 것입니다. 둘째, 군 내부에 침투한 남로당 간부들이 고위급 장교까지 승진했을

○ 숙군(肅軍): 군 기강을 확립하기 위해 내부의 불순분자를 인사 조치하거나 숙청하는 것을 말합니다.

1) "국가보안법", 국가법령정보센터. https://www.law.go.kr/LSW/lsInfoP.do?ef=&lsiSeq=116750#0000.

2) "국가보안법", 국가법령정보센터. https://www.law.go.kr/LSW/lsInfoP.do?ef=&lsiSeq=116750#0000.

3) 김현중, *대한민국 사회 교과서*(서울: 양문, 2024), 195.

것입니다. 셋째, 6.25 전쟁 발발 시 이들은 지휘부를 총살하고 국군을 인민군으로 흡수시켜, 우리나라 군대는 순식간에 붕괴되고 대한민국은 손쓸 틈도 없이 북한에 넘어갔을 것입니다.

○ 반민족행위특별조사위원회(反民族行爲特別調査委員會, 반민특위): 해방 후 일제에 협력한 친일반민족행위자들을 조사하고 처벌하기 위해 설립된 특별위원회입니다.

① 연방제는 북한이 1960년부터 주장해 온 통일 방안으로, '1민족 1국가 2체제 2정부'를 의미합니다. 북한은 1980년까지 국보법 폐지와 미군 철수 등을 포함한 '고려연방제(높은 단계 연방제)'를 제안했지만, 2000년부터 이를 순화한 '낮은 단계 연방제'를 주장하고 있습니다.

반민특위　　이승만 대통령은 강경한 민족주의자이자 독립운동가였지만, 좌익 공산주의자들로 인해 나라의 안보가 위태로워지자, 1949년 친일 반역자를 처벌하는 ○ 반민족행위특별조사위원회(반민특위)를 해체합니다. 이를 두고 박헌영은 그를 "*친일파*"라고 비판하며, 남로당 세력은 대한민국을 "'*반민족 세력이 세운 나라*"라고 매도했습니다. 오늘날까지 좌파 세력이 이승만 대통령을 "*친일파*"라고 비난하는 것도 이 연장선입니다. 당시 반민특위는 친일파 청산을 통한 '민족정기' 회복이 우선이라며, 일제 출신 군인과 경찰에 대한 무차별적 체포와 조사를 가했습니다. 하지만 이승만 대통령은 1948년 제주 4.3 사건과 여순 10.19 사건 등 신생정부를 전복하려는 좌익 세력의 무장폭동 및 반란이 극에 달하자, 친일파 숙청보다는 공산세력 진압이 더 시급하다고 판단했습니다. 혼란기에 군경을 무너뜨리는 것은 국가 안보를 근본적으로 위태롭게 한다고 보았기 때문입니다. 따라서 반민특위 해체를 두고 이승만 대통령을 비난하는 것은 결과적으로 대한민국이 공산화되었어도 상관없다는 주장과 크게 다르지 않습니다.

2. 현재　　이승만 대통령 시절 제정된 국보법은 70여 년간 대한민국의 자유민주적 기본질서를 위태롭게 하는 반국가 세력으로부터 국민과 국가를 지켜왔습니다. 그럼에도 오늘날 국보법 폐지를 주장하는 사람들이 있습니다. 그렇다면 이들이 폐지를 주장하는 근거는 무엇이며, 이를 어떻게 반박할 수 있는지 간단히 살펴봅시다.

1. 일제치안유지법?　　건국 초기에 우리나라는 일본법의 조례를 따온 법들이 많았습니다. 실제로, 우리나라 법체계의 근간이 되는 대부분의 법은 일제시대에 뿌리를 두고 있습니다.[4] 그런데 단순히 일제시대에 뿌리를 두고 있다고 해서 이 법들을 폐지해야 할까요? 칼의 비유처럼, 중요한 것은 누가 어떤 목적에 쓰느냐이지 칼 자체가 악한 것은 아닙니다. 국보법이 과거에는 독립군을 잡던 일제 치안유지법에 근간하고 있어도, 지금은 대한민국에서 반국가 세력들을 잡는 데 쓰이고 있다면 나라의 존립을 위한 필수적인 장치인 것입니다.

2. 사상의 자유 침해?　　국보법은 사상의 자유를 침해하는 것이 아니라, 오히려 사상의 자유를 지켜주는 '자유수호인권법'입니다. 모든 사상을 허용하지만, 북한을 지지하는 사상·신념·찬양 등을 불허할 뿐입니다. 이는 자유를 억압하는 것이 아니라, 자유를 파괴할 그 어떠한 자유도 허용하지 않는 것입니다. 국보법은 남북 분단이라는 특수한 상황 속에서 체제 전복적 사상을 제한함으로써, 자유민주주의 체제를 수호하고 국민의 자유와 인권을 보호하기 위한 불가피하고 필수적인 법적 장치입니다. 그럼에도 폐지론자들은 국보법으로 인해 "*민주주의가 질식하고 있다*"고 주장하지만, 오히려 국보법이 없어지면 민주주의 자체가 위협받습니다. 따라서 국보법 폐지는 자유민주적 체제를 전복하려는 세력의 국가반역을 합법화하는 것과 다름없습니다.

3. 남북 화해·협력 방해?　　국보법은 대한민국의 자유민주적 체제를 해체하려는 반국가 활동을 금하는 법이지, 남북 교류 자체를 금하는 법이 아닙니다. 통일을 위한 교류는 국보법이 아닌 '헌법 제4조(평화통일 조항)'에 근거합니다. "*대한민국은 통일을 지향하며, 자유민주적 기본질서에 입각한 평화적 통일 정책을 수립하고 이를 추진한다.*"[5] 여기서 핵심은 단순한 평화통일이 아닌 "*자유민주적 기본질서에 입각한*" 평화통일입니다. ① 그럼에도 불구하고 김대중·노무현·문재인 전 대통령들은 북한의 '연방제 통일'에 대한 국민적 경계심을 무너뜨려왔습니다. 이들은 김구·김일성의 1948년 4.30 남북공동선언부터 2000년 6.15, 2007년 10.4, 2018년 4.27 남북공동선언으로 이어지는 연방제 논리를 따르며, '낮은 단계 연방제'를 주장해 왔습니다. 현 더불어민주당도 이와 유사한 통일정책을 정강에 명시

---

[4]　허영란, "해방 이후 식민지 법률의 정리와 탈식민화구법령." 제2기 한일역사공동연구보고서 제5권(2019), 13-40.

[5]　"대한민국헌법", 국가법령정보센터. https://www.law.go.kr/lsEfInfoP.do?lsiSeq=61603#.

하고 있고, 이재명은 저서 『이재명, 대한민국 혁명하라』에서 낮은 단계 연방제를 실현해야 한다고 주장하고 있습니다.[6) 7)] 하지만 낮은 단계 연방제는 '1민족 1국가 2체제 2정부'에서 출발하여 결국 '1민족 1국가 1체제 1정부'로 가는 과정으로, 한반도 전체를 적화하려는 수단에 불과합니다. 체제가 다른 남북이 공존하는 것은 불가능하며, 결국 더 강한 이념이 약한 쪽을 흡수하게 됩니다. 따라서 연방제는 공산통일로 귀결될 수밖에 없습니다. 대한민국의 통일은 오직 자유민주적 기본질서에 입각한 통일뿐입니다.

4. 폐지해도 안보문제 X?

국보법 폐지는 곧 안보 자살행위입니다. 그 이유는 크게 두 가지입니다. 첫째, 국보안은 '반국가 행위'를 명확히 규정합니다. 국보법이 폐지된다면, 폭력적 행위는 내란죄로 처벌할 수 있지만 친북 간첩 활동, 공산당 창당·주체사상 전파·인공기 게양·주체사상 서적 판매·북한 사이트 접속·북한 방송 시청 등 비폭력적 반국가 행위는 처벌할 수 없게 됩니다. 더군다나 국민의식 수준을 고려한다면, 이는 엄청난 사회적 혼란을 일으킬 것입니다. 둘째, 국보법은 북한 형법과의 형평성을 유지합니다. ② 북한의 반국가 활동 규제는 우리나라와 비교할 수 없을 정도로 형량도 처벌도 혹독합니다. 실제로 2024년 7월 10일 대북전단 속 USB로 한국 드라마를 시청했다는 죄목으로 북한 중학생 30여 명이 공개처형을 당했습니다.[8] 북한에서는 이러한 일들이 얼마나 비일비재할까요? 북한은 갈수록 대남 적대감을 강화하며 가혹한 처벌을 이어가고 있습니다. 이런 상황에서 우리가 국보법을 포기한다는 것은 자살행위입니다. 국보법 폐지가 가능해지는 조건은 단 하나, 북한이 먼저 형법을 폐지하거나 자유통일이 이루어지는 것뿐입니다.

생각해보기

여러분은 국보법 때문에 살기 힘든가요? 대부분의 국민들은 국보법의 존재조차 모르고 살아갑니다. 그런데 일부는 억압받는다며 폐지를 외칩니다. 왜일까요? 불법적 행위를 하고 싶기 때문이 아닐까요? 이는 마치 살인자가 살인죄의 형벌을 의식하며 살아가지만, 일반 국민은 전혀 신경 쓰지 않는 것과 같습니다. 대한민국의 체제와 헌법을 인정하는 국민에게 국보법의 존재는 사상과 양심의 자유를 제한하는 것으로 느껴지지 않습니다.

3. 미래

오늘날 대한민국은 간첩으로 점령되었습니다. 2023년 6월 자유민주연구원은 북한 지령문에 언급된 '창원간첩단'의 하부망 지도를 공개했는데, 단 한 개의 간첩단만 표시했음에도 지도가 온통 붉게 물들었습니다.[9] 여기에 민주노총, 한국노총, 전교조, 좌파 시민단체, 종북 주사파 세력까지 합친다면, 대한민국은 사실상 빨간색으로 뒤덮일 것입니다. 그럼에도 불구하고, 문재인 정권은 국정원의 ○ 대공수사권을 폐지했습니다. 수십 년간 간첩이 활개 쳐 온 현실에서 간첩을 잡는 국정원을 무력화하는 것은 자살행위입니다. 이제 더 이상 북한을 추종하는 정치인이나 이익 집단에 나라를 맡길 수 없습니다. 결국 나라를 지킬 의무는 국민에게 달려 있습니다. 그러므로 이제는 모든 국민이 '간첩의 구조'와 '간첩 식별법'을 익혀 스스로 제 나라를 지켜야 합니다.

간첩의 구조

북한의 조직 체계를 보면, 노동당 통일전선부 산하에 있는 '문화교류국'이 있습니다. 이는 대한민국 내부에 침투하여 비밀지하조직(지하당)을 구축하고 간첩을 관리하는 북한식 국정원 역할을 합니다. 여기서 간첩의 구조는 세 가지로 나뉩니다.[10]

1. 직파 간첩(Direct spy): 북한에서 교육받고 직접 투입된 간첩으로, 현재 약 1만 명으로 추산됩니다.[11]
2. 고정 간첩(Fixed spy): 직파 간첩에게 포섭된 남한 사람으로, 현재 약 50만 명에 이르는 것으로 추산됩니다.[12]

② 북한에는 국가보안법은 없지만, 형법 제3장(반국가 및 반민족 범죄)이 그에 해당하는 안보 법령입니다.

○ 대공수사권(對共搜査權): 간첩 등 국가보안법 위반 범죄를 수사할 수 있는 권한입니다.

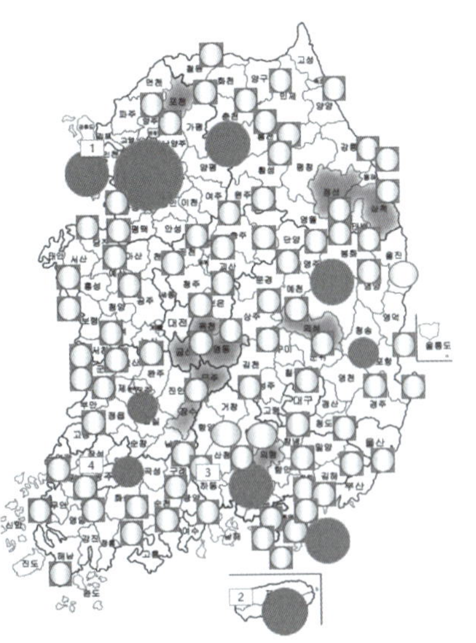

사진 출처: [펜앤마이크] https://www.pennmike.com/news/articleView.html?idxno=64760.

---

6) "강령·당헌·당규·윤리규범." 더불어민주당. https://theminjoo.kr/main/sub/introduce/rule.php.

7) 이재명, 이재명, 대한민국 혁명하라(서울: 메디치미디어, 2017), 146.

8) 문지연, "USB 주워 한국 드라마 본 죄… 北, 중학생들 공개 총살." 조선일보, https://www.chosun.com/politics/north_korea/2024/07/11/BKQME75ENZFC3NOTHH5VWOTSPQ/.

9) 조문정, "'창원간첩단 하부조직, 전국에 68개… 강남·송파 등 서울에도 5개 있다'." 뉴데일리, 2023년 6월 8일. https://www.newdaily.co.kr/site/data/html/2023/06/08/2023060800215.html.

10) "간첩으로 점령된 대한민국 주사파를 척결하자." 대한민국바로세우기본부(대국본), 2023.

11) 김문수, 간첩이 점령한 대한민국(서울: 생각하는 갈대, 2024), 281쪽

12) 김문수, 간첩이 점령한 대한민국(서울: 생각하는 갈대, 2024), 281쪽

3. 자생적 좌파(Autogenous Left wing): 직파·고정 간첩의 영향을 받아(배우자·부모·자식·선생·회사 동료 등), 간첩과 동일한 사상을 지니지만 스스로는 간첩이라 인식
하지 않는 이들입니다.
(아직도 간첩의 존재이 믿기지 않는다면, 독일 통일 후 동독이 서독에 심어둔 간첩 4만여 명이 발각된 사례를 기억해 봅시다.)

| 간첩 식별법 | 문재인 정권은 2024년 1월 1일부로 국정원의 대공수사권을 폐지하고 그 권한을 경찰에 이관했습니다. 하지만 예상대로 이미 많은 문제점들이 드러나고 있습니다. 첫째, 인력 부족입니다. 경찰이 안보수사국을 신설했지만 인력은 142명에 불과했습니다.[13] 둘째, 경험 부족입니다. 안보수사국 책임자는 대공수사를 지휘한 경험이 전혀 없고, 수사 지휘 간부 절반가량은 간첩 수사 경력이 3년도 되지 않습니다. 이런 상황에서 경찰이 과연 민간인이나 현직 정치인을 대상으로 한 대공수사를 제대로 수행할 수 있을까요? 도대체 대공수사권의 폐지 및 국정원의 무력화는 누구를 위한 것인가요? 대한민국을 위한 것인가요? 북한을 위한 것인가요? 이제는 간첩을 고발고 응징할 책임은 국민에게 있습니다. 그렇다면 간첩을 어떻게 식별할 수 있는 몇 가지 주요 특징을 살펴봅시다.[14]

1. 북한의 3대 세습을 정당하게 여기는 사람
2. 주사파, 주체사상을 신봉하는 사람
3. 주한미군 철수를 주장하는 사람
4. 국가보안법 철폐를 주장하는 사람
5. 낮은 단계 연방제 통일을 주장하는 사람
6. 북한의 핵무기를 정당하게 여기는 사람
7. 대한민국보다 북한을 더 좋아하는 사람
8. 북한의 김일성 김정일 김정은을 비판하지 못하는 사람
9. 6.25의 남침설을 부정하는 사람
10. 대공 수사기관의 해체를 주장하는 사람
11. 남북 분단이 미국 책임이라고 주장하는 사람
12. 우리 민족끼리, 민족 공조를 주장하는 사람
13. 국민이 아닌 인민, 민중을 사용하는 사람
14. 사람이 먼저다를 주장하는 사람

이 14가지 중 하나라도 해당된다면 충분히 의심해야 합니다. 잘못된 가르침으로 이러한 생각을 가지게 된 사람이라면 올바른 역사관을 심어줘야 합니다. 하지만 북한에 대한 생각과 말을 실제 반국가적 행동으로 옮기는 경우에는 반드시 해당 지역의 °자유마을 대표에게 신속히 알리기 바랍니다.

○ 자유마을: 자유통일과 주사파 척결을 위해 전국 3,500여 개 읍·면·동에 설치되는 대한민국 우파 마을 조직입니다. (1544-5556)

| 결단하기 | 국가보안법은 남북 분단 현실 속에서 체제 전복적 사상을 제한하여 자유민주주의와 국민의 자유 및 인권을 지키는 필수적 장치입니다. 하지만 종북 좌익은 폐지를 주장하며, 일부는 역사 인식 부족으로 이에 동조하고 있습니다. 국보법이 폐지된다면, 자유민주주의 체제를 전복하려는 세력을 제재할 수 없어 극심한 사회 혼란과 안보 위기를 초래할 것입니다. 이제 여러분은 국보법의 중요성을 정확히 인식하고, 이를 지켜 대한민국의 자유민주적 기본질서를 수호하기를 바랍니다.

---

13)   윤보람, "국정원 대공수사권 경찰로 완전 이관…안보공백 우려 씻을까." 연합뉴스, 2023년 12월 31일. https://www.yna.co.kr/view/AKR20231229141100004.

14)   "간첩으로 점령된 대한민국 주사파를 척결하자." 대한민국바로세우기본부(대국본), 2023.

(9~16강) 역사 스케치

지금까지 배운 내용을 바탕으로, 9~16강의 핵심 내용을 자신만의 방식으로 정리해 보세요.

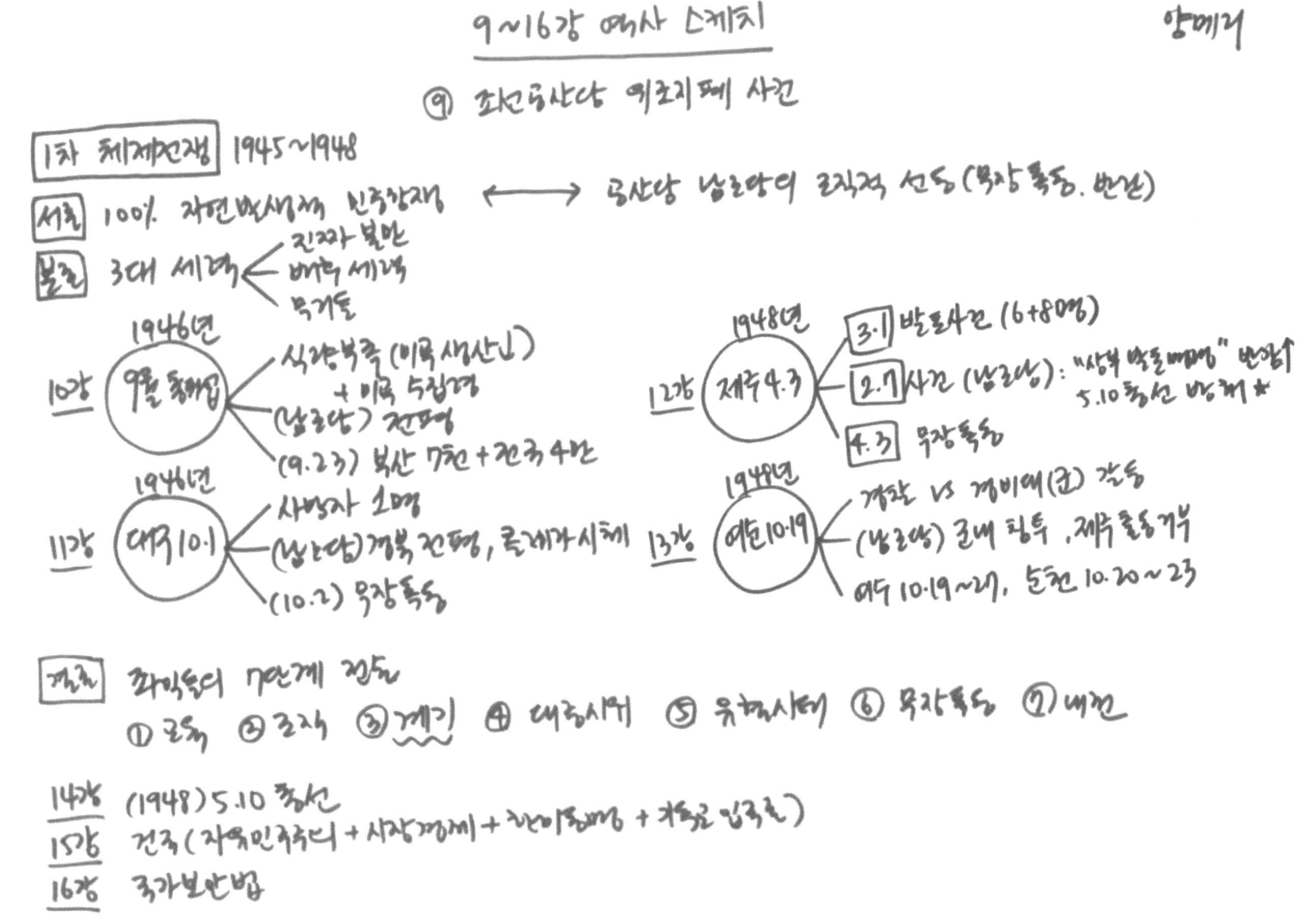

17 6.25전쟁의 배경 (1)

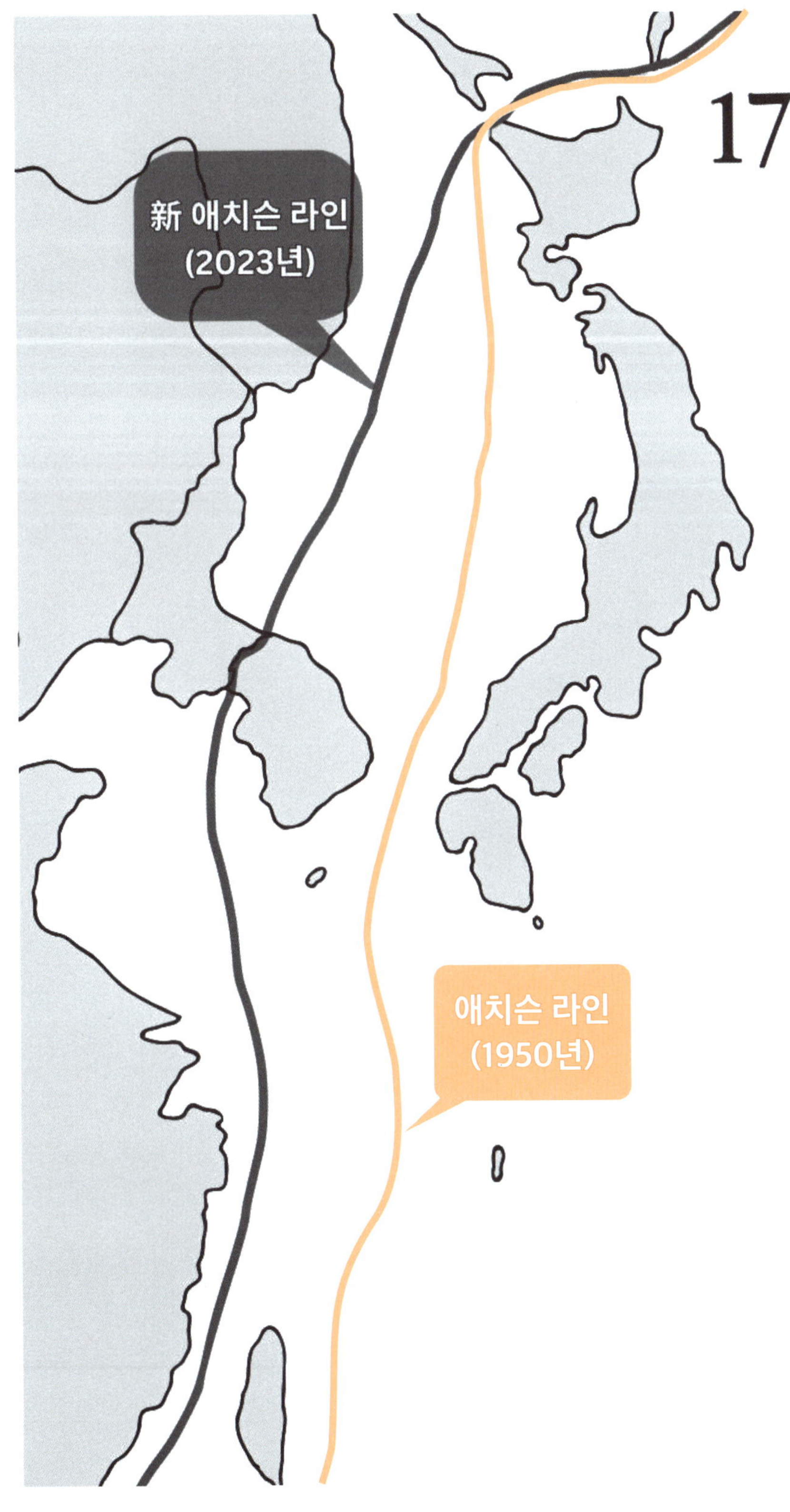

| 6.25전쟁 | = | 스탈린 | + | 김일성 |

"스탈린이 각본을 쓰고, 김일성이 주연을 맡고, 마오쩌둥이 조연을 맡았다."

박헌영 건의
1948.4 월북

인민군 남진,
남로당 봉기

1 숙군 작업, 신원보증제 도입
2 남로당 33만 명 자수 및 전향
3 (1949.6.21) 농지개혁

미군 철수
1948.9.15
~1949.6.30

1 건국, 육군 창설
2 국회프락치 사건 (성시백)
3 (1950.1.12) 애치슨 라인

**소련과
중국 지원**
1949.3.5

1 소련의 스탈린
2 중국의 마오쩌둥

17. 6.25전쟁의 배경 (1)

오늘도 힘찬 구호로 역사공부를 시작해 봅시다: 이승만/역사교실, 자유통일/이룩하자, 와!

복습하기 해방 이후, 박헌영의 남로당은 1946년 9월 총파업, 대구 10.1 사건, 1948년 제주 4.3 사건, 1948년 여순 10.19 사건 등 대대적인 무장폭동과 반란을 일으킵니다. 건국 두 달 만에 여순 10.19 사건으로 나라가 전복될 위기에 처하자, 이승만 대통령은 1948년 12월 1일 국가보안법을 제정합니다. 국가보안법은 건국을 조직적으로 방해하던 남로당 좌익을 처벌하여, 국가와 국민을 위협하는 행위를 막기 위한 강력한 대책이었습니다. 이를 통해 단기간에 좌익 공산주의자들을 색출하고, 군 내부에 침투한 남로당 세력(당시 육군의 10%)을 정리하여, 6.25전쟁이 발발했을 때 육군이 버틸 수 있는 기반을 만들 수 있었습니다. 만약 국가보안법이 없었다면, 국군은 남로당 좌익들에게 흡수되어 손쓸 새도 없이 붕괴되었을 것입니다.

서론 1950년 6월 25일 새벽 4시 북한의 김일성은 선전포고도 없이 기습 남침을 감행하여 6.25전쟁을 일으킵니다. 3년 1개월 2일 동안 이어진 6.25전쟁의 피해는 막대했습니다. 6.25전쟁으로 발생한 전사·부상·실종자는 한국 및 유엔군 77만, 북한 및 중공군 203만, 민간인 250만 등 총 500만 명에 달했습니다. 이재민 370만, 전쟁 과부 30만, 고아 10만, 이산가족 1,000만 등 1,900만 명이 피해를 입었고, 가옥 60%, 철도 47%, 국도 54%, 전력 80%가 파괴되었습니다.[1] 전쟁으로 수많은 아이들이 고아가 되고, 여성들은 과부가 되었으며, 국가는 ① 1인당 국민총소득(GNI) 67달러의 최빈국으로 전락했습니다.[2] 실로, 6.25전쟁은 우리나라 역사상 최대의 비극입니다. 하지만 70년이 지난 지금, 6.25전쟁은 점점 잊혀지고 있습니다. ② 젊은 세대는 발발 연도조차 모르거나, 왜곡된 역사 교육으로 남침인지 북침인지조차 헷갈려 합니다. 과거를 기억하지 못하는 민족은 또다시 과거의 비극을 되풀이할 수밖에 없습니다. 오늘은 6.25전쟁을 공부하는 첫 번째 시간으로, 6.25전쟁이 일어난 배경을 살펴보겠습니다.

김일성·스탈린의 적화야욕 모든 전쟁에는 동기가 있습니다. 6.25전쟁의 동기는 한반도 전체를 공산화하려는 김일성과 스탈린의 적화야욕이었습니다. 여기서 스탈린을 함께 언급하는 데는 중요한 이유가 있습니다. 만약 김일성만을 원인으로 본다면, 6.25전쟁은 '내전'에 불과합니다. ③ 내전은 민족자결주의 원칙에 따라 당사국이 스스로 해결해야 하므로, 유엔군의 참전이 정당화될 수 없습니다. 하지만 실제로 6.25전쟁은 '국제전'의 성격을 띠었기 때문에 국제기구인 유엔 참전이 가능했습니다. 6.25전쟁은 김일성만의 적화야욕으로 일어날 수 없었으며, 결국 최종 결정권은 소련의 스탈린에게 있었습니다. 그래서 어떤 역사학자들은 6.25전쟁을 두고 이런 표현을 사용하기도 합니다.

"스탈린이 각본을 쓰고, 김일성이 주연을 맡고, 마오쩌둥이 조연을 맡았다."[3]

1949년 초부터 김일성은 소련 스탈린에게 남침전쟁을 허락받기 위해 평양에서 모스크바까지 기차로 수십일은 걸리는 거리를 총 48번 방문합니다. 이에 스탈린은 1950년 2월 9일 전쟁을 승인합니다. 이때 스탈린이 6.25전쟁을 승인한 데는 크게 세 가지 이유가 있었습니다. 첫째, 스탈린은 애초부터 한반도에 대한 적화야욕이 있었습니다. 2차 세계대전 전후 소련은 주변국을 위성국으로 만들려는 팽창주의를 추진했고, 실제 조선의 해방 후 소련군은 관동군 진압을 명분으로 엄청난 속도로 남하하여 일방적으로 38선을 봉쇄

---

① 국민총소득(Gross National Income, GNI): 한 나라 국민이 일정 기간 동안 국내외에서 벌어들인 소득의 합계로, 국민총생산(Gross National Product, GNP)과 동일합니다. 이 수치가 클수록 국민의 생산 활동이 활발함을 의미합니다.
국내총생산(Gross Domestic Product, GDP): 일정 기간 동안 한 나라 안에서 생산된 모든 재화와 서비스의 총액입니다. 예를 들어, 농사·공장 생산·음식 판매 등으로 1년 벌어들인 돈의 합계입니다. 수치가 클수록 경제가 활발하다는 뜻이며, 쉽게 말해 한 나라 사람들이 1년 동안 얼마나 일하고 돈을 벌었는지를 보여줍니다.

② 2020년 표적집단심층면접(FGI) 조사에 따르면, 10대 중 7명 가운데 1명만이 6.25 전쟁 발발 연도를 1950년이라고 정확히 답했습니다.
이철재, 박용한, 이근평, "'6·25 전쟁 일어난 해는 1950년' 10대 7명중 1명만 맞췄다." 중앙일보, 2024년 6월 24일. https://www.joongang.co.kr/article/23808929.

③ 1953년 10월 1일 한미상호방위조약 체결 이후, 한반도에서 내전이 발생해도 미군은 개입할 수 있습니다. 주한미군이 상주하고 있어 공격을 받게 되면 참전 명분이 되기 때문입니다.

---

1) 전쟁기념관, "끝나지 않은 이야기, 정전 70주년 기획." https://www.warmemo.or.kr:8443/assets/webzine/202303/special2.html.

2) 이세원, "[국민소득 3만불시대] 전쟁폐허 속 '67달러' 최빈국서 선진국대열로." 연합뉴스, 2019년 3월 5일. https://www.yna.co.kr/view/AKR20190305073900002.

3) 송종환, "[6·25전쟁 70주년 연속기획 I] 스탈린, 1950년 2~3월부터 6·25 남침전쟁 대북군사지원 본격화." 미래한국, 2020년 7월 2일. https://www.futurekorea.co.kr/news/articleView.html?idxno=136050.

했습니다. 둘째, 스탈린은 유럽에 대한 미국의 영향력을 약화시키고 싶었습니다. 1946년 초부터 소련이 동유럽과 발칸반도를 위성국으로 만드는 등 적극적인 팽창주의를 추진하자, 미국은 이를 저지하기 위해 유럽의 재건을 위한 ° 마셜 플랜을 통과시키고 ° 북대서양조약기구(NATO)를 결성합니다. 그 결과 미국은 유럽에 대한 지대한 영향력을 가지게 되었고, 스탈린은 이 같은 미국의 힘을 분산시키기 위한 전쟁이 필요했습니다. 셋째, 스탈린은 당시 새로 부상한 중국을 소련에 예속시키고 싶었습니다. 만약 중국이 미국과 가까워지면 소련에 위협이 되기 때문에 ④ 한반도 전쟁을 통해 미국과 중국을 적대 관계로 만들고 동시에 중국의 전력을 약화시키고자 했습니다.

| 1. 남로당 박헌영의 건의 | 김일성과 스탈린의 적화야욕을 바탕으로, 6.25전쟁이 일어난 배경에는 세 가지 원인이 있습니다. 첫째, 남로당 박헌영의 건의입니다. 1948년 4월 박헌영은 ° 남북연석회의 참석을 위해 월북하고, 같은 해 8월 21일 북한 해주에서 ° '남조선 인민대표자대회'가 열립니다. 이때 제주 4.3 사건을 주동한 김달삼도 남한 유권자 투표수 ⑤ 52,350개를 가지고 월북합니다. [4] 이어 8월 25일 ° '북한 최고인민회의 대의원 선거'가 실시되어 ⑥ 남북 대표 572명이 선출되고, 9월 9일 김일성은 조선민주주의인민공화국 수립을 선포합니다. 이 과정에서 박헌영은 김일성에게 자신 있게 한 가지를 건의합니다.

⑦ "인민군이 서울만 점령하게 되면, 지하에 잠적한 20만 남로당원이 들고일어나고 인민들이 봉기하여 남한의 잔여지역을 해방시킬 것이다. 그 이후의 인민군의 진격은 해방된 지역을 향한 승리의 행진이 될 것이다." [5]

이에 김일성이 증거를 요구하자, 그는 1948년 8월 25일 북한 최고인민회의 대의원 선거 당시 남한에서 북한으로 넘어간 투표수를 근거로 내세웁니다. 이 건의는 김일성의 적화야욕에 또 하나의 동기를 제공하고, 결국 1950년 6월 25일 새벽 4시 김일성은 선전포고도 없이 기습 남침을 감행하여 6.25전쟁을 일으킵니다. 하지만 문제가 발생합니다. 오전 9시 44분 개성을 점령하고, 다음 날 오전 8시 문산을 점령하고, 드디어 3일 만에 서울까지 함락하지만, 박헌영의 말과 달리 그 어떠한 봉기도 일어나지 않습니다. 왜 남로당의 봉기가 일어나지 않았을까요? 그 이유는 크게 세 가지입니다.

| 1. 숙군 작업 및 신원보증제 | 첫째, 대대적인 숙군 작업 때문입니다. 당시 군 병력의 약 10% 숙청하고, 신병 모집 과정에서도 신체검사·구두시험만 보던 방식에서 ° 신원보증제를 도입하여 지원자의 신원과 사상 배경을 확인합니다. 그 결과 군 내부의 반국가 세력을 정리할 수 있었고, 6.25전쟁 발발 시 내부 배신으로 총을 맞는 상황을 막을 수 있었습니다. 만약 숙군 작업과 신원 보증제가 제때 이루어지지 않았다면, 우리는 내부의 적 때문에 전쟁에서 패배했을지도 모릅니다.

| 2. 남로당원 자수 및 전향 | 둘째, 대대적인 숙군 작업으로 남로당원들이 자수하고 전향했기 때문입니다. 1948년 여순 10.19 사건을 계기로 국가보안법이 제정되고, 1949~1950년 약 1년 동안 군 내부에 침투한 남로당원들은 대거 색출됩니다. 또한 오제도 검사의 지휘로 ° 김삼룡, ° 이주하, ° 홍민표 등 핵심 간부들이 체포됩니다. 이주하는 남로당 조직체계를 밝히고, 홍민표는 서울시 경찰청 기자회견에서 자수·전향하고, 홍민효는 박헌영의 암호를 해독하던 핵심 당원들까지 전향시킵니다. 그 결과 약 1년 동안 전국에서 33만 명의 남로당원이 자수하여, 1950년 6.25전쟁 발발 당시 북한군에 호응할 세력이 사실상 사라지게 된 것입니다.

| 국민보도연맹 사건 | 당시 좌익 전향자들 중 죄질이 나쁜 이들은 감옥에 수감되어 있었는데, 1950년 6.25전쟁이 발발하자 북한에 동조할 기미가 보여 이들 중 일부를 제거하고 후퇴합니다. 이를 가리켜 '국민보도연맹 사건'이라고 합니다. 오늘날 교과서는 이를 민간 학살로 규정하며 이승만 대통령을 비판하지만, 보도연맹에 가입했던 자들이 반공 인사와 무고한 시민까지 학살했다는 사실은 언급되지 않습니다. 당시 북한군은 전향자들에게 죄를 씻기 위

○ 마셜플랜(Marshall Plan): 공식 명칭은 '유럽 부흥 프로그램(European Recovery Program, ERP)'으로, 1947년 6월 마셜 미 국무장관이 제2차 세계대전 후 황폐해진 유럽의 재건과 공산주의 확산을 막기 위해 시행한 대규모 경제 원조 계획입니다. 당시 유럽의 신생 자유국들은 소련 공산권을 견제할 힘이 부족했고, 미국은 유럽의 재건과 경제 발전을 지원해 공산권 팽창을 막고자 했습니다. 소련과 동유럽에도 참여 기회가 주어졌지만, 소련은 이를 거부하고 동유럽 국가들의 참여를 차단했습니다. 결과적으로 마셜플랜은 서유럽에 집중되었고, 유럽은 전쟁 전 수준을 넘어 장기적 번영을 이루게 되었습니다. 마셜플랜은 서유럽에 자유민주주의를 정착시키고 20세기 미국 패권의 기반을 다진 정책으로 평가됩니다. 마셜 장관은 이 공로로 1953년 노벨 평화상을 받았습니다.

○ 북대서양조약기구(NATO, North Atlantic Treaty Organization): 1949년 유럽과 북미 12개국이 창설한 정치·군사 동맹으로, 현재는 31개국으로 확대되었습니다. 초기 회원국 대부분은 1947년 마셜플랜의 지원으로 경제를 재건한 나라들이었고, 이 때문에 6.25 전쟁 당시 미국과 함께 대한민국을 지원했습니다.

④ 국공내전(國共內戰, 1927.8~1950.5) 이후, 중국은 기술과 전략적 지원이 필요했고, 소련은 6.25 전쟁 참전을 조건으로 지원을 약속했습니다. 하지만 소련은 약속을 지키지 않았고, 그로 인해 중소관계는 1960년 중소분열 후 금이 가기 시작했습니다.

○ 남북연석회의(南北連席會議): '남북 정당·사회단체 대표자 연석회의'의 준말로, 1948년 4월 19~23일 평양에서 남북의 정당과 사회단체 대표자들이 한 자리에 모여 남한의 단독 총선거를 반대하기 위해 토의한 회의입니다. 당시 북한은 한반도 전역에서 총선거를 실시하라는 유엔의 결의에 반대하며 유엔한국임시위원단의 입북을 거부하는 한편, 스스로는 단독 정부 수립을 추진했습니다.

○ 남조선 인민대표자대회: 1948년 8월 21~26일 북한 해주에서 최고인민회의 대의원 선거를 위해 열린 회의입니다. 북한은 같은 해 6월 남북에서 최고인민회의 대의원 지하선거를 실시했습니다. 남한에서 선출된 대표 1,080명 중 78명은 체포되거나 도주하여, 약 1,002명이 북한 해주 남조선 인민대표자회의에 참석했습니다.

⑤ 김달삼이 월북하며 북한에 가져간 남한 유권자 투표 수는 52,350표로 집계되었지만, 북한은 남한 유권자 850만 명 중 700만 명(80%)이 참여했다고 주장했습니다. 이는 북한의 주장에 따른 것으로, 실제 수치는 정확히 알기 어렵습니다.

○ 북한 최고인민회의의 대의원 선거: 1948년 8월 25일 실시된 초대 최고인민위원회 선거로, 북한 지역 212명과 남한 지역 360명으로, 총 572명이 초대 최고인민위원회 위원으로 선출되었습니다. 이후 북한은 헌법을 채택하고 9월 9일 김일성을 수상으로 하는 정권을 수립했습니다.

---

[4] "[제주4.3] 김달삼의 해주인민대표자대회 연설문 내용." 뉴스라인제주, 2023년 11월 1일. http://www.newslinejeju.com/news/articleView.html?idxno=138669#:~:text=%EA%B9%80%EB%8B%AC%EC%82%BC.

[5] 공보처, 실증자료로 본 한국전쟁(1990), 43.

해 학살을 강요했고, 이들의 잔혹성은 이승만 정권이 보도연맹원들을 경계하게 된 주요 요인이 되었습니다.[6] 국민보도연맹 사건 당시 무고한 민간인 희생은 안타까운 일이지만, 공산주의 세력에 의해 나라 전체가 전복될 위기 속에서 더 많은 국민들을 지키기 위한 불가피한 조치였습니다.

3. 이승만의 농지개혁

셋째, 1949년 6월 21일 이승만 대통령이 공포한 '농지개혁법(農地改革法)' 때문입니다. 해방 당시 남한 인구의 70%가 농업에 종사했는데, 그 가운데 순수 ○ 자작농은 14%에 불과하고 ○ 소작농이 83%를 차지했습니다.[7] 농지개혁법에 따라, 1950년 3~5월 농지의 약 70~80%가 국민들에게 분배됩니다. 이는 땅을 가져본 적 없는 대다수 국민에게 지켜야 할 소중한 것을 주었습니다. 만약 전쟁 전에 농지개혁이 이루어지지 않았다면, 아마 대부분의 국민들은 공산주의에 현혹되어 북한군에 동조하거나, 최소한 자신의 것을 버리고 부산으로 도망쳤을 것입니다. 하지만 자신의 땅을 소유하게 되자, 국민은 그것을 버리고 북한이나 부산으로 갈 수 없었습니다. 훗날 농지개혁은 전쟁 이후에 국민들이 부지런히 농사를 지어 자녀 교육에 힘쓰게 하고, 박정희의 경제개발 기반이 되는 데 큰 역할을 합니다.

결국 이 세 가지 이유로 박헌영이 장담했던 남로당의 폭동은 일어나지 않고, 전쟁 후 김일성은 그에게 패전 책임을 물어 숙청합니다.

2. 미군 철수

6.25전쟁의 두 번째 원인은 미군 철수입니다. 1949년 3월 5일 김일성이 소련을 방문하여 최초로 남침 의사를 밝혔을 때 스탈린은 *"38선은 미국과의 합의에 의해 그어진 국제적 성격을 갖는 국경선이라는 점, 북한군이 남한에 대해서 절대적으로 군사적 우위를 확보하지 못하는 한 공격을 해서는 안 된다."*라고 답합니다.[8] 그만큼 주한미군의 존재는 강력한 전쟁 억제력이었습니다. 하지만 1948년 9월 15일부터 1949년 6월 30일까지 미국은 주한미군 4만 5천 명을 철수시키고, ○ 군사고문단(KMAG) 487명만 남깁니다. 이 철수는 김일성 남침의 결정적 도화선이 되었고, 미군 철수 후 1년도 지나지 않아 6.25전쟁이 발발합니다. 그렇다면 미국은 왜 남한에서 미군을 철수했을까요?

1. 대한민국 건국 및 육군 창설

첫째, 대한민국의 건국과 육군 창설입니다. 미국은 제2차 세계대전 후 감군과 국방예산의 감축으로 인해 지상 병력이 부족하다는 이유로, 1947년 5월부터 주한미군 철수를 검토했습니다. 당시 한반도로 파병된 미군은 계속된 전쟁으로 몇 년째 쉬지 못하고 복무하고 있었습니다. 그러던 중 1948년 8월 15일 대한민국이 건국되고, 국방경비대가 정식 육군으로 재편되는 등 우리나라가 스스로의 병력을 갖추기 시작하자, 미국은 이를 철수의 적절한 시점으로 판단했습니다.

2. 북로당 성시백의 국회프락치 사건

둘째, 북로당 성시백의 국회프락치 사건입니다. 1948년 12월 1일 국가보안법이 공포되자, 남로당은 합법적 투쟁을 위해 신생 정부에 침투를 시도합니다. 그 결과 1949년 5월 국회 내 북한 간첩들에 의해 포섭된 의원들이 대거 검거되는 ○ '국회프락치 사건'이 발생합니다. 이 사건의 중심에는 북한의 거물급 간첩인 ○ 성시백이 있었습니다. 그는 1948년 가을부터 국회 내 반미 성향의 의원 수십 명을 포섭하여 미군 철수를 추진하도록 시켰습니다.

3. 애치슨 라인

셋째, 애치슨 라인입니다. 1950년 1월 12일 애치슨(Dean Acheson) 미국 국무장관은 동북아 방위선을 ⑧ 대한민국을 제외하고 일본에서 필리핀까지로 설정합니다. 라인 안의 국가는 유엔 승인 없이도 미군 개입이 가능하지만, 라인 밖 국가는 침략을 당할 경우 유엔의 허가가 필요합니다. 미군 철수에 이어 애치슨 라인까지 설정되자, 김일성은 남한에 대한 군사적 우위를 확보했다고 오판하고, 미군이 돌아오기 전에 서울을 3일 만에 점령하는 등 속전속결로 남한을 장악하려고 했습니다.

---

6) 한국반탁, 반공학생운동 기념사업회, 한국학생건국운동사(서울: 한국반탁, 반공학생운동 기념사업회 출판국, 1986), 517.

7) 김현중, 대한민국 사회 교과서(서울: 양문, 2024), 146.

8) 박윤식, 대한민국 근현대사 시리즈 4: 잊을 수 없는 6.25전쟁(서울: 휘선, 2011), 27.

⑥ 오늘날까지 북한은 남한 정부를 남한 유권자만으로 세운 불법 정부라 하고, 자신들은 남북 유권자 전체가 참여해 세운 합법 정부라고 주장합니다. 하지만 이는 터무니없는 주장입니다.

⑦ 북한의 군대 공식 명칭은 '조선인민군'이지만, 우리는 북한을 정식 국가로 인정하지 않으므로 '인민군' 대신 '북한군'이라고 부릅니다.

○ 신원보증제(身元保證制): 신용을 중시하는 미국사회의 추천서처럼 누군가 이 사람을 보증해 주는 제도입니다. 이 사람이 어디에서 태어났고, 어떤 부모 밑에서 자랐고, 사상적으로 좌익 활동을 했는지 등 신원을 보다 정확하게 확인하기 위함입니다.

○ 김삼룡(?~?): 남로당 지하당 총책으로, 1950년 3월 27일 체포되었습니다.

○ 이주하(1905~1950): 남로당 총책 김삼룡의 고문격 인물로, 1950년 3월 27일 체포되었습니다.

○ 홍민표(?~?): 서울 남조선노동당 총책으로, 1949년 9월 17일 체포되었습니다.

○ 자작농(自作農): 자기 땅에서 직접 농사짓는 농가입니다.

○ 소작농(小作農): 남의 땅을 빌려 소작료를 내고 농사짓는 농가입니다.

○ 주한 미군 군사고문단(KMAG, Korean Military Advisory Group): 대한민국 국군에 군사 원조와 자문을 제공한 군사고문단으로, 오늘날 주한 미군 합동군사업무단으로 통합되어 그 역할이 이어지고 있습니다.

○ 국회프락치 사건: 1949년 5월 국회부의장 김약수 등 13명의 국회의원이 남로당과 내통하여 미군 철수를 요구하고 김일성의 평화통일 방안을 통과시키려 한 혐의로 검거된 사건입니다. 일부는 이 사건을 두고 *"이승만 대통령이 친일파 청산을 방해하려고 반민특위 의원들을 간첩 혐의로 체포한 것"*이라고 주장하지만, 이는 사실이 아닙니다. 1997년 5월 26일자 로동신문에서도 국회 프락치 사건이 성시백의 비밀공작에 의한 것임을 북한 당국이 공식 확인했습니다. 또한 이승만 대통령이 반민특위를 해체한 이유는 1948년 제주 4.3 사건과 여순 10.19 사건으로 신생 정부 전복을 노리던 좌익 세력이 극에 달했기 때문에 친일파 숙청보다 공산 세력 진압이 더 시급하다고 판단했기 때문입니다.

○ 성시백(1905~1950): 북한 황해도 출신으로, 김일성 계열의 거물급 남파 간첩입니다. 1920년대 국내에서 공산주의자로 활동하다가 중국으로 건너가 1930년대 중국공산당원이 되었고, 이 과정에서 임시정부 주요 인사들과도 교류했습니다. 해방 후 1946년 2월 평양으로 건너가 북조선 공산당 중견간부이자 김일성 직속 대남공작 부서인

미국 트루먼 대통령

세계대전 때 늦은 대응의 대가를 본 미국 트루먼 대통령은 6.25전쟁 발발 시 신속 대응의 필요성을 느꼈습니다. 6.25전쟁이 발발한 지 7시간 6분 만에 주한미군 대사 존 무초(John Muccio)는 전문을 보내 12시 30분 국무장관 애치슨에게 보고하고, 보고를 받은 트루먼 대통령은 "무슨 수를 써서라도 그 망할 놈들을 막아야 한다"며 유엔을 소집하고 워싱턴 D.C.로 향합니다.[9] 1950년 6월 27일 미국은 해상 작전을 지시하고, 6월 28일 ○유엔 안보리가 전쟁 참전을 가결하면서, 1950년 7월 1일부터 미국 육군을 비롯한 유엔 참전국들이 순차적으로 상륙합니다.

빌리 그레이엄 목사

트루먼 대통령이 이처럼 신속한 결정을 내리는 데 기여한 인물이 있습니다. 바로 미국의 복음주의 운동에 큰 영향을 끼친 남침례교회 목사 ○빌리 그레이엄(Billy Graham)입니다. 그는 라디오 설교를 통해 전 국민적 영향력을 가진 부흥사였습니다. 6.25전쟁 발발 소식을 들은 빌리 그레이엄은 트루먼 대통령에게 미군의 신속한 참전을 촉구하는 전통문을 보냅니다. "한국에 약 50만 명의 기독교인이 있으며, 미군이 돕지 않으면 그들이 모두 죽임을 당할 것"이라고 호소합니다.[10] 그가 한국에 특별한 관심을 가진 것은 중국에서 태어나 평양에서 자란 아내 루스 그레이엄(Ruth Graham)의 영향이 컸습니다.[11] 결국 트루먼 대통령이 유엔 안보리를 긴급 소집하고 참전을 결정하는 배경에는 빌리·루스 그레이엄 부부와 같은 미국 기독교인들의 역할이 있었습니다. 미군이 다시 돌아온 이유는 다름 아닌 한국 교회 때문이었습니다. 하지만 이를 모르기 때문에 교회는 늘 핍박받아 왔습니다. 이제는 한국 교회가 대한민국에 끼친 영향을 전 국민에게 알리고, 오늘의 1,200만 성도와 한국 교회가 나라를 지켜낸 주역임을 기억해야 합니다.

6.25전쟁은 우연히 일어난 것이 아니라, 이러한 조건들이 맞아떨어졌기 때문에 발생한 것입니다.

3. 소련과 중국의 지원

6.25전쟁이 일어난 세 번째 원인은 소련과 중국의 지원입니다. 1994년 6월 2일 김영삼 대통령은 모스크바 방문 시 러시아의 보리스 옐친 대통령으로부터 검은 서류 상자 하나를 건네받습니다. 상자 속에는 1949년 1월부터 1953년 8월까지 김일성의 남침 계획과 스탈린의 남침 승인 등 총 548쪽에 해당되는 기밀문서들이 포함되어 있었습니다. 이 문서 공개로 6.25전쟁이 북한 김일성의 주도 아래 철저히 준비된 남침이었으며, 소련과 중국의 지원이 있었다는 사실이 드러납니다.

소련 스탈린의 지원

1949년 3월 5일부터 북한 김일성은 스탈린에게 남침 승인을 받기 위해, 무려 40여 차례 소련을 방문합니다. 결국 스탈린은 미군 철수 이후인 1950년 2월 9일 전쟁을 승인하고, ⑨ 각종 무기·전투기·병력 등을 지원합니다.

중국 마오쩌둥의 지원

스탈린의 승인을 받은 김일성은 1950년 5월 13일 중국의 마오쩌둥을 만나 파병·무기·물자 등을 지원해 달라고 요청합니다. 마오쩌둥은 스탈린에게 연락하여 그가 승인한 사실을 확인한 후에 남침전쟁을 승인합니다. "만약 미군이 참전하면 중국이 병력을 파견하겠다. 둘째, 소련은 ⑩ 미국과의 관계 때문에 한국전에 참전이 곤란하나, 중국은 미국에 대하여 자유롭다."[12] 마오쩌둥이 중국의 참전을 결정한 데는 크게 두 가지 동기가 있었습니다. 첫째, ⑪ '입술이 없어지면 이가 시리다'[13]는 말처럼, 한반도가 미국과 가까워지면 중국이 직접 미국을 견제해야 했기 때문입니다. 둘째, 비록 중국 공산당이 ○국공내전에서 승리했지만, 아직 불안한 내부 정치 기반을 강화할 계기가 필요했기 때문입니다. 중국도 이득이 없었다면 전쟁에 참전하지 않았을 것입니다.

연락실 부책임자를 맡았습니다. 이어 남북을 오가며 공작 활동을 벌이다가 1950년 6.25 전쟁 중 사형당했습니다.

⑧ 당시 미국은 안보 중요도 평가에서 한국을 16개국 중 13위로 두었습니다. 38선을 지키는 것보다 일본 방위가 더 효율적이고 비용도 적게 든다고 판단하여, 한국을 극동 방위선에서 제외한 것입니다.

○ 유엔 안전보장이사회(United Nations Security Council, UNSC): 유엔 회원국의 평화와 안보를 담당하는 기구로, 우리나라에서는 줄여서 '안보리'라고 부릅니다.

○ 빌리 그레이엄(Billy Graham, 1918~2018): 미국 남침례회 목사로, 미국을 비롯한 개신교 복음주의 운동에 큰 영향을 끼친 인물입니다.

⑨ 소련은 참전 사실을 숨기기 위해 조종사들에게 중국군 제복을 입히고, 무선 교신에서 러시아어 사용을 금지했습니다.
⑩ 제2차 세계대전 당시 미국과 소련은 연합국의 일원이었습니다.

⑪ 순망치한(脣亡齒寒): '입술이 없으면 이가 시리다'라는 뜻으로, 서로에게 반드시 필요한 밀접한 관계를 말합니다.

○ 국공내전(1927.8~1950.5): 중국 대륙의 패권을 두고 국민혁명군과 인민해방군이 벌인 전쟁입니다.

9) 김현중, *대한민국 사회 교과서*(서울: 양문, 2024), 224.

10) 전호진, "빌리 그래함의 반공 메시지가 한국을 구했다." 미래한국, 2017년 6월 19일. https://www.futurekorea.co.kr/news/articleView.html?idxno=41242.

11) 김용삼, "미국의 6.25 참전 도운 매카시 의원, 빌리 그레이엄 목사." 미래한국, 2015년 6월 25일. https://www.futurekorea.co.kr/news/articleView.html?idxno=28510.

12) 박윤식, *대한민국 근현대사 시리즈 4: 잊을 수 없는 6.25전쟁*(서울: 휘선, 2011), 30.

13) 교과서포럼, *한국 근·현대사*(서울: 기파랑, 2008), 154.

모든 전쟁에는 동기가 있습니다. 6.25전쟁의 동기는 한반도를 공산화하려는 김일성과 스탈린의 적화야욕이었습니다. 이 전쟁은 김일성 혼자만의 결정으로는 불가능했으며, 스탈린의 승인과 마오쩌둥의 군사 지원이 필요했습니다. 우리 역사상 최대 비극인 6.25전쟁을 일으킨 주범은 북한·소련·중국입니다. 오늘날까지 이 세 나라는 동맹을 유지하며 군사·기술 지원을 이어가고 있습니다. 하지만 정작 피해자인 대한민국은 친북·친중 세력, 나아가 대통령들까지 북한에 막대한 자금을 지원해 왔습니다. 대표적으로 김대중(2조 7,028억 원), 노무현(5조 6,777억 원), 문재인(⑫ 측정 불가) 전 대통령들입니다. 북한은 지난 70여 년간 적화야욕을 단 한 번도 포기한 적이 없으며, ⑬ 한반도는 여전히 전쟁 중입니다. 역사를 기억하지 못하는 민족은 비극을 반복할 수밖에 없습니다. 이제 여러분은 6.25전쟁의 교훈을 머리로 알고 마음으로 새겨, 개인·가정·교회·국가 전체를 지켜내기를 바랍니다.

⑫ 문재인 정부(2017~2022)는 정부와 민간 차원을 합쳐 약 383억 원을 북한에 송금했습니다. 하지만 측정 불가한 지원까지 포함하면 규모는 훨씬 더 큽니다. 대표 사례는 다음과 같습니다.

1. 최대 민간지원 단체는 북한 주민에게 생필품을 전달하겠다며 수억 원의 지자체 보조금을 받았지만, 실제 전달 여부는 확인되지 않았습니다. 최근 3년간 1만 2,000여 민간단체에 지급된 국고보조금 6조 8,000억 원 중 1,865건에서 부정과 비리가 적발되었습니다.

2. 문재인 대통령은 재임 중 4,305억 원의 남북협력기금을 북한에 지원했습니다. 명목은 '통일정책·사회문화 교류·인도적 지원·개성공단' 등이었지만, 실제 사용처는 확인되지 않았습니다. 특히 173억 원 혈세로 지은 남북공동연락사무소는 2020년 김정은에 의해 폭파되었습니다.

3. '겨레말큰사전 남북공동편찬사업회'는 문재인 정부 5년간 144억 원, 노무현 정부부터 총 470억 원을 지원받았지만 19년째 책이 나오지 않았습니다.

4. 폐쇄된 지 7년이 지난 개성공단에도 문재인 정부는 5년간 432억 원을 지원했습니다.

조문정, "北 주민 지원하겠다던 대북지원단체, 수억원 유용 정황." 뉴데일리, 2023년 6월 5일. https://www.newdaily.co.kr/site/data/html/2023/06/05/2023060500150.html.

⑬ 1953년 7월 27일 체결된 휴전협정은 6.25 전쟁을 끝낸 것이 아니라, 잠시 멈춘 것일 뿐입니다. 우리는 북한과 70여 년째 휴전 중일 뿐, 아직 전쟁 상태에 있습니다.

17 6.25전쟁의 전개 (2)

[1] 북한의 불법 남침기 (1950.6.25~9.15)

1 북한군의 남침 (1950.6.25~)

남한 무장해제
- (D-15) 대규모 인사이동
- (D-5) 대규모 부대이동
- (D-1) 비상경계령 해제

2 서울 점령 (1950.6.28)

3 낙동강 방어선 (~1950.9.15)

[2] 유엔군 반격 (1950.9.15~10.25)

4 인천상륙작전 (1950.9.15)

1/5000
상륙불가 해안조건,
녹색·적색·청색 해안

5 국군, 서울 수복 (1950.9.28)
38선 돌파 (1950.10.1)
평양 점령 (1950.10.19)
압록강 도착 (1950.10.26)

[3] 중공군 개입 (1950.10.19~1951.6.23)

6 중공군 참전 (1950.10.19)

중공군 특징
- 산악지대 야간행군
- 나팔·피리·꽹과리 및 최신식 무기
- 자루 전법

7 흥남철수작전 (1950.12.15~24)

장진호 전투	흥남철수작전 (메러디스 빅토리호)

8 1.4후퇴 (1951.1.4)

[4] 전선교착, 휴전협상기 (1951.6.23~1953.7.27)

9 휴전협상 ON & OFF

10 고지쟁탈전 백마고지 전투 (1952.10.8)

11 반공포로 석방사건 (1953.6.18)

한미상호방위조약 (1953.10.1)

12 정전협정(1953.7.27)

17. 6.25전쟁의 전개 (2)

오늘도 힘찬 구호로 역사공부를 시작해 봅시다: 이승만/역사교실, 자유통일/이룩하자, 와!

| 복습하기 | 1950년 6월 25일 새벽 4시 북한의 김일성은 선전포고도 없이 기습적으로 남침하여 6.25전쟁을 일으킵니다. 모든 전쟁은 동기가 있습니다. 6.25전쟁이 일어난 동기는 한반도 전체를 공산화하려는 김일성과 스탈린의 적화야욕이었습니다. 6.25전쟁은 김일성만의 결정으로 일어날 수 없었으며, 스탈린의 최종 결정권과 마오쩌둥의 지원이 반드시 필요했습니다. 여기에 박헌영의 건의와, 미군 철수, 그리고 소련과 중국의 지원이 맞물리면서, 북한은 6.25전쟁을 일으킬 수 있었던 것입니다.

| 서론 | 1950년 6월 25일 새벽 4시 북한의 김일성은 선전포고도 없이 기습 남침을 감행하여 6.25전쟁을 일으킵니다. 3년 1개월 2일 동안 이어진 6.25전쟁의 피해는 막대했습니다. 6.25전쟁으로 발생한 전사, 부상, 실종자는 한국 및 유엔군 77만, 북한 및 중공군 203만, 민간인 250만 등 총 500만 명에 달했습니다. 이재민 370만, 전쟁 과부 30만, 고아 10만, 이산가족 1,000만 등 1,900만 명이 피해를 입었고, 가옥 60%, 철도 47%, 국도 54%, 전력 80%가 파괴되었습니다.[1] 전쟁으로 수많은 아이들이 고아가 되고, 여성들은 과부가 되었으며, 국가는 1인당 국민총소득(GNI) 67달러의 최빈국으로 전락했습니다.[2] 실로, 6.25전쟁은 우리나라 역사상 최대의 비극입니다. 하지만 70년이 지난 지금, 6.25전쟁은 점점 잊혀지고 있습니다. 젊은 세대는 발발 연도조차 모르거나, 왜곡된 역사 교육으로 남침인지 북침인지조차 헷갈려 합니다. 과거를 기억하지 못하는 민족은 또다시 과거의 비극을 되풀이할 수밖에 없습니다. 오늘은 6.25전쟁을 공부하는 두 번째 시간으로, 6.25전쟁의 전개 과정을 살펴보겠습니다.

[1] 북한의 불법 남침 (1950.6.25~9.15, 약 2개월 20일)

| 1. 북한군의 남침 1950.6.25 | 북한은 전면적인 남침 준비를 갖추고 전쟁 직전까지 남침계획을 철저히 숨긴 채 무기와 병력을 체계적으로 준비했습니다. 반면, 남한은 전쟁 수행이 불가능한 무장해제 상태였습니다.

1. 첫째, 1950년 6월 10일 전쟁 15일 전 군 내에서 대규모 인사이동이 있었습니다. 이는 전쟁 위기설이 확산되자 전투력을 끌어올리기 위해 유능한 지휘관들을 전방에 배치하려는 조치였지만, 고위 지휘관들의 대거 이동은 오히려 지휘 체계의 혼란을 초래했습니다.

2. 둘째, 1950년 6월 13~20일 전쟁 5일 전에는 대규모 부대 이동이 있었습니다. 치안 유지와 빨치산 토벌 중심의 기존 편성을 개편하려고 했지만, 동시에 너무 많은 부대를 교체하면서 군의 경계 태세가 약화되었습니다.

3. 셋째, 1950년 6월 23일 전쟁 하루 전에는 비상경계령이 해제되고 전 장병의 절반이 휴가·외출을 허가받았습니다. 38선 충돌로 인해 4월부터 여러 차례 비상경계령이 발동되면서 전투력과 군량미가 고갈되자, 육군본부는 잠시 휴식을 주고 농번기에 일손을 돕게 하려고 했던 것입니다. 그런데 불행히도, 그날이 전쟁 전날이었습니다. 결과적으로, 대한민국은 병력의 절반만 유지한 상태에서 6.25전쟁을 맞이하게 되었습니다.

---

[1] 전쟁기념관, "끝나지 않은 이야기, 정전 70주년 기획." https://www.warmemo.or.kr:8443/assets/webzine/202303/special2.html.

[2] 이세원, "[국민소득 3만불시대] 전쟁폐허 속 '67달러' 최빈국서 선진국대열로." 연합뉴스, 2019년 3월 5일. https://www.yna.co.kr/view/AKR20190305073900002.

사실 6.25전쟁이 일어나기 전까지 수많은 징후들이 있었습니다. ○ 하인리히의 법칙에 따르면, 한 가지의 큰 사건이 일어나기 전에는 29번의 경미한 사건과 300번의 징후가 나타난다고 합니다. 1949년 12월 전쟁 6개월 전, 육군본부 정보국 전투정보과는 북한의 움직임이 심상치 않음을 보고 북한의 남침 공격을 대비해야 한다는 ① 공식 보고서를 제출하기도 합니다. 이처럼 6.25전쟁이 발발하기 전까지 북한의 남침 첩보는 무려 417회나 보고되었지만, 당시 육군참모총장 채병덕은 이를 묵살하여 우리나라는 대비할 기회를 잃고 말았습니다. ② 이를 두고 일부 역사학자들은 채병덕을 '간첩'이라고 주장하기도 합니다. 확실한 증거는 부족하지만, 그의 부사관들이 실제 간첩으로 확인된 점을 고려할 때 가능성을 완전히 배제할 수는 없습니다. 결국 1950년 6월 25일 일요일 새벽 3시 김일성은 비상회의를 열어 *"오늘 새벽 1시에 남조선 국방군이 38선을 넘어 공화국을 침공하였다"*는 거짓말 명분을 내세우며, *"6월 25일 04시 국방군을 반격하라"*는 명령을 내립니다.[3]

2. 서울 점령
1950.6.28

6.25전쟁 발발 당시 육군참모총장 채병덕은 잠을 자고 있었고, 이승만 대통령은 창경궁 연못에서 낚시를 하고 있었습니다. 반면, 북한군은 전면적인 남침 준비를 갖추고, 불과 3일 만에 서울을 점령합니다. 이후 6월 25일부터 9월 28일까지 북한군이 서울을 점령한 3개월 동안 민간인 9,500명이 사살되고 4,300명이 강제납북됩니다.

3. 낙동강 방어선
~ 1950.9.15

서울 점령 후 남로당 봉기가 일어나지 않자, 김일성은 7월 1일 북한군에 8월 15일까지 부산을 점령하라고 명령합니다. ③ 국군은 이날 참전한 미군과 함께 한강 방어선을 저지하지만 결국 수원으로 철수하고, 8월 4일 낙동강까지 밀려납니다. 남한 영토 90%가 북한군 수중으로 넘어간 이때, 미 8군 사령관 워커(Walton H. Walker) 장군은 최후 방어선인 ○ '낙동강 방어선(워커 라인, Walker Line)'을 설정합니다. 이곳에서 국군·유엔군과 북한군은 8월 초부터 9월 중순까지 '낙동강 방어선 전투'를 치열하게 벌입니다. 북한군은 8월 15일 광복절까지 부산 점령을 노렸고, 국군과 유엔군은 방어선이 무너지면 더 이상 전쟁을 이어갈 수 없는 상황이었습니다. 당시 워커 장군은 전선에서 직접 병사들을 지휘하며, 우리나라 역사에 길이 남을 명령을 내립니다.

"우리는 절대 물러설 수 없다. 물러설 곳도 없고 물러서서도 안 된다. 낙동강 방어선은 무조건 지켜야 한다.
무슨 일이 있어도 결코 후퇴는 있을 수 없다. 지키느냐 아니면 죽느냐(Stand or die)."[4]

낙동강 방어선 전투에는 여러 전투가 포함되는데, 그중 가장 대표적인 것이 1950년 8월 3일부터 29일까지 벌어진 '다부동 전투'입니다. 대구 북방 22km 지점에 있는 다부동은 낙동강 전선에서 굉장히 중요한 장소였습니다. 만약 다부동이 적에게 뚫리면, 당시 대구에 위치한 임시정부가 위협받고, 국군과 유엔군은 전방과 후방이 동시에 노출되고, 전체 병력이 해상으로 몰려 더 이상 기지를 구축할 수 없었습니다. 이때 다부동 전투를 지휘한 1사단장 백선엽 장군은 우리나라 역사에 길이 남을 명령을 병사들에게 내립니다.

"지금까지 정말 잘 싸웠다. 그러나 이제 우리는 물러설 곳이 없다. 여기서 밀린다면 우리는 바다에 빠져야 한다. 저 아래 미군들이 있다. 우리가 밀리면
저들도 철수한다. 그러면 대한민국은 끝이다. 내가 앞장서겠다. 내가 두려움에 밀려 후퇴하면 너희가 나를 쏴라. 나를 믿고 앞으로 나가서 싸우자."[5]

④ 당시 국군의 전력은 북한군에 비해 절대적으로 열세했습니다. 다부동 전선에는 시체가 산더미로 쌓이고, 강물은 핏물로 변해갔습니다. 훗날 백선엽 장군은 *"매일 주저앉아 울고 싶을 정도의 피해를 입었다"*라고 회고했습니다.[6] ⑤ 그럼에도 워커 장군과 백선엽 장군 같은 지도자들, 그리고 그들을 따라 목숨 바쳐 싸운 국군과 미군 덕분에 우리는 끝내 다부동과 낙동강 전선을 지켜낼 수 있었습니다. ⑥ 만약 낙동강 방어선을 지켜내지 못했다면, 6.25전쟁의 전세를 역전시킨 세기의 도박이었던 인천상륙작전도 없고 오늘의

○ 하인리히의 법칙(Heinrich's Law): 큰 사건이 일어나기 전에는 29번의 작은 사고와 300번의 징후가 나타난다는 통계적 법칙으로, '1:29:300 법칙'이라고도 합니다.

① 1950년 12월 '연말종합적정판단서'라는 보고서를 작성한 이는 당시 육군본부 정보국 전투정보과 제1과장이었던 훗날 대한민국 제2대 대통령이 된 박정희였습니다.

② 채병덕은 부산에서 전사하여 정확한 확인은 불가능하지만, 그의 부관 나엄광 육군 중위가 남로당 간첩이었습니다.

[노년의 고통소리] 채병덕 참모총장 부관이 간첩이었다.." 하동뉴스, 2021년 6월 8일. http://www.hadongnews.co.kr/news/articleView.html?idxno=7745.

③ 1950년 7월 1일 참전한 미군은 유엔군 가운데 가장 먼저 참전한 군대였습니다.

○ 낙동강 방어선(洛東江 防禦線): 미 8군 사령관 워커 장군이 설정한 최후의 방어선입니다.

④ 당시 북한군은 3개 사단, 약 2만 1,500명의 병력에 T-34 전차 20여 대와 화기 670문을 보유하고 있었습니다. 반면, 국군은 7,600명에 화포 172문이 전부였습니다.

⑤ 낙동강 전선을 지킬 수 있었던 데에는 북한군의 실수도 있었습니다. 북한군은 38선에서 300km 이상 늘어난 보급로 때문에 식량·탄약·무기 보급이 원활하지 않았고, 미군 폭격으로 병력이 손실되면서 사기가 급격히 떨어졌습니다. 결국 해상 보급로 확보를 위해 낙동강 전선 공격을 이틀간 중단하고 병력을 목포와 여수로 이동시켰습니다. 만약 그때 계속 진격했다면, 미군 병력이 아직 배치되지 않았던 전선은 뚫렸을 것입니다.

⑥ 당시 미국은 낙동강 방어선이 뚫릴 위기에 처하자 대한민국 망명정부를 계획했습니다. 국군 중 가장 신뢰할 수 있는 2개 사단과 주요 인사 10만 명을 해외로 피신시켜 정부를 세우려고 했습니다. 만약 방어선이 무너졌다면, 오늘 우리가 아는 대한민국은 존재하지 않았을 것입니다.

[3] 박윤식, *대한민국 근현대사 시리즈 4: 잊을 수 없는 6.25전쟁*(서울: 휘선, 2011), 58.

[4] 전산부, "이달의 호국인물." 대한민국재향군인회, 2012년 12월 4일. https://www.korva.or.kr/sub0704_view.asp?tables=k_b_doc&category=&keyword=&id=144&gotopage=.

[5] 이임광, "Book | 전쟁의 기억." 월간중앙, 2010년 8월 13일. https://www.m-joongang.com/news/articleView.html?idxno=284764.

[6] 정순태, "白善燁 앨범·육성 秘話 – 최고의 野戰사령관에 배우는 實戰 리더십 『리더십의 原點은 배움과 至誠과 率先垂範이다』." 월간조선. https://monthly.chosun.com/client/news/viw.asp?nNewsNumb=200302100078.

대한민국도 없었을 것입니다.

[2] 유엔군 반격 (1950.9.15~11.25, 약 2개월 10일)

⑦ 1950년 6월 28일 유엔 안보리는 8시간의 회의 끝에 6.25전쟁 파병 결의안을 가결합니다. 이때 미국(178만 9,000명)을 비롯하여, 영국(5만 6,000명), 호주(8,407명), 네덜란드(5,322명), 캐나다(25,687명), 프랑스(3,421명), 뉴질랜드(3,794명), 필리핀(7,420명), 터키(14,936명), 태국(6,326명), 남아공화국(826명), 그리스(4,992명), 벨기에(3,498명), 룩셈부르크(83명), 에티오피아(3,518명), 콜롬비아(5,100명) 16개국이 총 195만 7,816명의 병력을 파병합니다. ⑧ 또 40개국이 물자를, ⑨ 12개국이 의료와 복구 지원을 제공합니다.

4. 인천상륙작전
1950.9.15

유엔군 총사령관 ○ 맥아더 장군(Douglas MacArthur)은 전황이 불리할수록 적의 후방을 타격해야 한다며 인천상륙작전을 제안합니다. 그러나 미 합동참모부는 인천항이 대규모 상륙작전에 부적합하다며 강하게 반대합니다. 첫째, 인천은 진입 수로가 하나뿐이고 너무 좁아 대형 함정의 상륙이 어려웠습니다. ⑩ 둘째, 조수 간만의 차가 세계에서 두 번째로 심하여, ⑪ 상륙 가능한 시기가 한 달에 3~4일에 불과했고, 선발대가 상륙해도 썰물이 빠지면 최소 9시간을 기다려야 다음 지원군이 상륙할 수 있었습니다. 셋째, 썰물 때 드러나는 광활한 갯벌은 은폐할 지형물이 없어 적에게 노출되기 쉬웠고 신속하게 진격하기 어려웠습니다. ⑫ 이러한 이유로 작전 성공 확률은 1/5000에 불과하다고 평가되었습니다. 하지만 맥아더는 오히려 이 악조건이 기습의 성공 요인이 될 것이라고 확신하며, 반대하는 참모들에게 45분간 즉석연설로 맞섭니다. ⑬ 결국 맥아더의 단호한 태도에 따라 미 합동참모부와 해군본부는 인천이 불가능할 경우 군산 상륙을 조건으로 작전을 승인하고, 인천상륙작전(Operation Chromite)은 1950년 9월 15일로 확정됩니다.

> "나는 우리 인류의 정의와 자유가 아직도 확고하다는 것을 믿습니다. 그리고 이 신념을 한국의 수도 서울에서 입증해 보이기 위해 이 모험을 단행하려는 것입니다. 북한군은 병참선이 과도가혹 신장하여 서울에서 신속히 차단할 수 있으며, 모든 전투부대는 낙동강 일대에 투입되어 있어 서울 방어에 전력할 수 없어서 신속한 인천상륙작전으로 미 제8군은 망치가, 제10군단은 모루(철침)가 될 것입니다. 또한 북한군이 인천을 지리적 곤란성 때문에 상륙 불가능 지역으로 생각하고 있다는 점을 역이용하여 기습을 달성할 수 있습니다. 우리는 인천에 상륙해야만 합니다. 나는 적을 분쇄하고야 말겠습니다. 우리 장병 10만 명의 목숨을 살릴 수 있는 이 계획을 어찌 바꿀 수 있겠습니까."[7]

1950년 9월 15일 인천상륙작전은 세 곳에서 전개됩니다. 첫째, '녹색해안(그린비치)'에서는 월미도와 소월미도의 해안포와 동굴 진지를 제압합니다. 둘째, '적색해안(레드비치)'에서는 인천항을 확보하기 위해 미 해병대 베테랑들이 투입됩니다. 셋째, '청색해안(블루비치)'에서는 후방을 차단하여 북한군을 고립시키고 지원군을 막습니다. ⑭ 결국 성공 확률 1/5000이라던 작전은 성공하고, ⑮ 국군·유엔군 222명과 북한군 1,350명이 전사합니다. 만약 미국과 같은 우방과 맥아더 장군 같은 지도자가 없었다면, 오늘의 대한민국은 존재하지 않았을 것입니다.

5. 국군 압록강 도착
1950.10.26

인천상륙작전의 성공으로, 전쟁의 주도권은 국군과 유엔군이 쥐게 됩니다. 후방이 뚫리자, 북한군은 낙동강 전선에서 후퇴하고 38선으로 패주합니다. 이와 동시에 인천과 낙동강 전선에서 싸우던 국군 및 유엔군도 일제히 북진하여, 1950년 9월 28일 3개월 동안 공산정권 치하에 있던 서울을 수복합니다. 전쟁 이전의 상태로 국토를 원상 탈환한 이후, 이제 최대의 관심사는 38선을 돌파하느냐 마느냐였습니다. 트루먼 대통령은 북진이 소련

---

7) 박윤식, 대한민국 근현대사 시리즈 4: 잊을 수 없는 6.25전쟁(서울: 휘선, 2012), 154.

---

⑦ 당시 유엔군 참전국 대부분은 서유럽 국가들이었고, 이들은 미국과의 긴밀한 관계 속에서 참전했습니다. 이들 중 상당수는 1948~1952년 미국이 서유럽 16개국에 130억 달러를 무상 원조한 '마셜 플랜'의 수혜국이기도 했습니다.

⑧ 6.25전쟁에 물자를 지원한 40개 국가는 과테말라, 니카라과, 대만, 도미니카 공화국, 독일, 레바논, 라이베리아, 멕시코, 모나코, 미얀마, 베네수엘라, 베트남, 볼리비아, 브라질, 사우디아라비아, 스위스, 시리아, 아르헨티나, 아이슬란드, 아이티, 에콰도르, 엘살바도르, 오스트리아, 온두라스, 우루과이, 이란, 이스라엘, 이집트, 인도네시아, 일본, 자메이카, 칠레, 캄보디아, 코스타리카, 쿠바, 파나마, 파라과이, 파키스탄, 페루, 헝가리입니다.

⑨ 6.25전쟁에서 의료 지원을 한 국가는 스웨덴, 인도, 덴마크, 노르웨이, 이탈리아, 독일이며, 복구사업을 지원한 국가는 교황청, 스페인, 리히텐슈타인, 아일랜드, 이라크, 포르투갈입니다.

○ 더글러스 맥아더(Douglas MacArthur, 1880~1964): 미국의 군인으로 제2차 세계대전에서 태평양 전쟁을 승리로 이끌었으며, 6.25전쟁 당시 유엔군 총사령관으로 인천상륙작전을 지휘해 전세를 뒤집은 인물입니다.

⑩ 조수(潮水) 간만의 차는 바닷물이 가장 높이 차오르는 만조(滿潮)와 가장 낮게 빠지는 간조(干潮) 사이의 수위 차이를 말합니다. 쉽게 말해, 밀물과 썰물의 높이 차이입니다.

⑪ 인천 상륙 가능일은 9월 15~18일 단 한 차례뿐이었고, 이를 놓치면 10월 11일까지 기다려야 했습니다.

⑫ 미 극동군 해군사령관 찰스 터너 조이(C. Turner Joy)는 인천상륙작전의 성공 확률을 1/5000에도 못 미친다고 평가했습니다.

⑬ 1950년 8월 28일 미 합동참모본부와 해군본부는 인천상륙작전을 승인하고, 9월 9일 트루먼 대통령이 최종 승인했습니다.

⑭ 인천상륙작전의 성공에는 국군·유엔군의 활약 외에도 몇 가지 이유가 있었습니다.
1. 첫째, 장사상륙작전입니다.
1950년 9월 14일 평균 17세 학도병 772명은 두 주간의 짧은 훈련을 마치고 장사리에 상륙했습니다. 태풍과 식량 부족, 북한군의 집중사격 속에서도 이들은 북한군 270명을 사살하고 방어시설과 교량·도로를 파괴했습니다. 이 기만작전으로 북한군의 주의가 분산되어 인천상륙작전과 낙동강 전선 반격이 가능해졌습니다.

과 중국의 개입을 불러와 전쟁이 확대될 것을 우려했지만, 맥아더 장군은 진격을 멈추면 북한이 재정비하여 또다시 침략할 것이라며 북진을 주장합니다. 이승만 대통령은 국군 3사단 23연대 백골부대에 독자적으로 북진 명령을 내려 ⑯ 결국 1950년 10월 1일 국군은 최초로 38선을 돌파하고, 10월 9일 유엔군과 합류하여 10월 19일 평양을 점령, 10월 26일 압록강 부근까지 진격합니다.

<table>
<tr><td>후퇴하는 북한군의
학살과 만행</td><td>1950년 9월 15일 인천상륙작전이 성공하자, 북한군은 낙동강 전선에서 후퇴하고 38선으로 패주합니다. 이때 후퇴하는 북한군과 남한의 좌익들은 합세하여 마을마다 인민재판을 열어 우익인사·지주·공무원·기독교인과 그 가족들을 무참히 학살합니다. ⑰ 이때 가장 많은 피해를 입은 지역이 전라도였습니다. 전남 영광군 염산면 '염산교회'에서는 하루에 77명, '야월교회'에서는 65명이 집단 학살되고, 전주교도소에서</td></tr>
</table>

1,000명, 대전교도소에서는 6,000명의 민간인을 학살당합니다. ⑱ 전쟁 당시 북한군과 남한 좌익에게 살해된 사람은 총 12만 8,000여 명, ⑲ 강제 납북된 사람은 8만 3,000여 명에 달했습니다.[8]

[3] 중공군 개입 (1950.10.19~1951.6.23, 약 8개월)

파죽지세로 북진하여 마침내 압록강에 도착한 병사들은 자유민주주의의 통일의 꿈에 감격하여 눈물을 흘렸습니다. 하지만 기쁨의 눈물도 잠시, 중공군의 참전으로 남북통일의 기회는 무너지고 말았습니다.

<table>
<tr><td>6. 중공군 참전
1950.10.19</td><td>1949년 3월 18일 체결된 내용에 따라, 1950년 10월 19일 마오쩌둥은 31만 명의 중공군을 6.25전쟁에 참전시킵니다. 이때 참전한 중공군은 대부분 국공내전에 참전한 자들로서, 전쟁 경험이 많은 베테랑들이었습니다. 첫째, 중공군은 일반 교통망 대신 산악지대를 따라 야간행군을 하며, 국군·유엔군의 동향은 파악하되 자신의 위치는 철저히 숨겼습니다. 둘째, 중공군은 나팔·피리·꽹과리 등으로 적에게는 공포를 주고 아군에게는 사기를 높</td></tr>
</table>

이고, 그 외에도 소련 장갑차 등 최신식 무기를 소유했습니다. 셋째, 중공군은 적을 포위하여 퇴로를 차단하는 ○ '자루전법'에 탁월했습니다. 이러한 중공군의 기세에 국군과 유엔군은 후퇴할 수밖에 없었습니다.

<table>
<tr><td>7. 흥남철수작전
1950.12.15~24</td><td>국군과 유엔군이 중공군에 밀린 이유는 크게 두 가지입니다. 첫째, 중공군에 대한 과소평가입니다. 국군과 유엔군은 중공군의 개입은 파악했지만 이들의 전체 병력 수를 파악할 수가 없었습니다. 당시 우리 예측은 3만 명이었지만, 실제 투입된 중공군의 병력은 30만 명이었습니다. 둘째, 잘못된 전략입니다. 병력 규모를 잘못 파악한 탓에 30만 명에 대한 방어가 아니라 3만 명 패잔병을 추격하는 전략을 세워 결국 포위당하고 후퇴하게 되었</td></tr>
</table>

습니다. 이때 대표적인 전투가 바로 '장진호 전투'입니다.

<table>
<tr><td>장진호 전투
1950.11.26~12.13</td><td>국군과 유엔군이 압록강에 가까워지자, 미 합동참모본부와 트루먼 대통령은 중공군의 개입을 우려하여, 맥아더 장군에게 북진을 멈추고 방어태세로 전환하라고 지시합니다. ⑳ 하지만 맥아더 장군은 이를 무시하고, 1950년 11월 말까지 전쟁을 끝내겠다며 '크리스마스 공세'를 명령합니다. 당시 수만 명의 중공군은 이미 장진호에서 매복 준비를 마친 상태였습니다. 1950년 11월 14일 미 해병대 제1사단은 장진호에 도착하고, 11월 27</td></tr>
</table>

일 중공군은 이들을 포위하고 공격을 개시합니다. 당시 미 해병대 제1사단은 2만 5천 명에 불과했고, 중공군은 6개의 사단으로 12만 명에 육박했습니다. 결국 미 해병대는 중공군에게 후방이 잘려 완전히 포위당하고, ㉑ 4천여 명의 전사자가 발생합니다. 더 안타까운 것은 혹한으로 인해 양측 모두 전사자보다 동사자가 더 많았다는 점입

8)　통일부, "전시납북자." https://www.unikorea.go.kr/unikorea/business/abducted/overview/abductee/.

2. 둘째, 김일성의 오판입니다.
중국의 마오쩌둥과 린뱌오는 유엔군이 인천에 상륙할 가능성을 경고했지만, 전쟁 경험이 부족한 김일성은 인천은 상륙이 불가능하다고 판단했습니다. 그는 방어시설을 갖추지 않은 채 병력과 물자를 모두 낙동강 전선에 집중시켰고, 심지어 인천 방어 병력마저 9월 초에 낙동강으로 이동시켰습니다.

⑮　만약 상륙작전이 아니라 지상작전을 택했다면, 양측에서 약 10만 명의 인명피해가 발생했을 것입니다.

⑯　이 일을 기려 우리나라는 매년 10월 1일을 '국군의 날'로 기념합니다.

⑰　1955년 내무부 통계국이 발간한 <대한민국 통계연감>에 따르면, 전국 학살 피해자 12만 8,936명 가운데 전라남도 지역 피해자는 6만 9,787명으로 전체의 54%를 차지합니다.

하태민, "전남도, 한국전쟁 전후 민간인 희생자 첫 전수조사." 뉴스탑. 2022년 5월 25일. https://www.dbltv.com/news/articleView.html?idxno=20520.

⑱　6.25전쟁 당시 민간인 사망 24만 명, 학살로 인한 사망 12만 8,000명, 부상 22만 명, 실종 30만 명 등 총 99만여 명의 인명 피해가 발생했습니다.

⑲　전시 납북자의 98.2%가 남성이었고, 그중 85%가 10대 후반에서 35세 사이였습니다. 남편과 아내, 부모와 자식이 생이별을 당했습니다. 당시 서울에서 북한으로 넘어가는 길목인 미아리 고개에서는 수많은 양민이 학살당하고 가족들이 흩어졌습니다. 이 참상을 담은 곡이 바로 '단장의 미아리고개'입니다. 간절히 기다린 가족들의 바람에도 불구하고, 납북자들은 아직 단 한 명도 공식적으로 송환되지 못했습니다.

○　자루전법: 자루에 쓸어 담듯 적을 우회하여, 후방을 차단하고 전방과 후방에서 동시에 공격하여 포위하는 전술입니다. 이 때문에 종종 '인해전술'로 오해되기도 합니다.

⑳　맥아더 장군은 1951년 4월 11일 유엔군 사령관직에서 해임되었습니다. 트루먼 대통령은 중국과의 협상을 준비하며 38선 돌파를 금지하지만, 맥아더 장군은 독단적으로 3월 24일 38선을 돌파했습니다. 이어 4월 5일 공화당 원내대표를 통해 민주당 대통령인 트루먼을 공개 비판하는 서신을 의회에서 발표했습니다. 이로써 그의 정치적 생명은 사실상 끝이 났습니다.

㉑　미 해병대 2만 5천여 명이 참전하여 4천여 명이 전사하고, 중공군 12만 명 중 5만여 명이 사상했습니다.

"6.25전쟁 구국의 3대 전투." 행정안전부 국가기록원. https://archives.go.kr/next/newsearch/listSubjectDescription.do?id=009670&pageFlag=&sitePage=.

니다. 혹독한 추위와 치열한 격전 끝에 미 1해병사단은 12월 1일부터 본격적으로 후퇴를 시작합니다.

흥남철수작전
1950.12.15~24

북한 함경도 전역이 중공군의 수중으로 넘어가면서 미군 10군단과 대한민국 육군 1군단은 남쪽으로 내려갈 퇴로가 전부 차단됩니다. 이때 유엔군 사령부는 가장 가까운 함흥 흥남으로 후퇴하여 해상으로 탈출하는 작전을 지시합니다. 이를 '흥남철수작전'이라고 부릅니다. 장진호에서 미 1해병사단이 중공군을 묶어둔 덕분에 미 10군단 병력은 12월 15일부터 흥남항에 도착하여 철수작전을 전개할 수 있었습니다. 하지만 이때 한 가지 문제가 발생합니다. ㉒ 후퇴하는 군을 따라 흥남항에 집결한 약 10만 명의 북한 피난민이었습니다. 이들은 철수하지 못하면 중공군과 북한군에 붙잡혀 학살당할 수밖에 없는 처지였습니다. 미 10군단 사령관 알몬드 장군(Edward Mallory Ned Almond)은 ㉓ 피난민 3천 명만 수송 가능하다고 말하지만, 알몬드 장군의 민사고문이었던 현봉학 박사와 김백일 장군 등 ㉔ 국군 지휘관들의 간곡한 요청 끝에 결국 피난민 9만 1천 명과 10군단 전체 병력 10만 5천 명, 차량 1만 7,500대, 전투물자 35만 톤을 철수시키는 대규모 작전을 성공시킵니다.

메러디스 빅토리호

흥남철수작전의 마지막 상선 중 하나는 라루 선장(Leonard P. LaRue)이 지휘한 '메러디스 빅토리호(SS Meredith Victory)'였습니다. ㉕ 이 배는 원래 2차 세계대전 당시 장비를 운반하는 화물선으로, 정원이 60명에 불과했습니다. ㉖ 선원 47명을 제외하면 승선 가능 인원은 13명뿐이었지만, 라루 선장은 배에 실려있던 무기와 화물을 모두 바다에 버리고 피난민 1만 4,500명을 태웁니다. 훗날 그는 이 사건을 회고하며 이렇게 말했습니다.

"나는 쌍안경으로 비참한 광경을 봤다. 피난민들은 이거나 지거나 끌 수 있는 모든 것을 가지고 항구로 몰려들었고, 그들 옆에 닭과 겁에 질린 아이들이 있었다. (중략) 때때로 그 항해에 대해 생각한다. 어떻게 그렇게 작은 배가 그렇게 많은 사람들을 태울 수 있었는지, 그리고 어떻게 한 사람도 잃지 않고 그 끝없는 위험들을 극복할 수 있었는지 (중략) 그 해 크리스마스에 황량하고 차가운 한국의 바다 위에 하나님의 손길이 우리 배의 키를 잡고 계셨다는 명확하고 틀림없는 메시지가 내게 와 있었다."[9]

오늘날까지 메러디스 빅토리호는 단일 선박으로 가장 큰 규모의 구조작전으로 기네스 세계 기록에 남아있습니다. 28시간의 위험한 항해 동안 사망자는 단 한 명도 없었고, ㉗ 오히려 다섯 명의 아이가 태어납니다. ㉘ 배는 12월 24일 크리스마스이브에 거제도에 무사히 도착하고, 이를 보고받은 트루먼 대통령은 가장 좋은 크리스마스 선물이라며 이 사건을 "크리스마스의 기적(Miracle of Christmas)"이라고 불렀습니다.

마지막 배가 흥남 부두를 떠날 즈음, 항구에는 배에 오른 사람만큼이나 많은 피란민이 남겨져 있었습니다. ㉙ 이들은 떠나는 배를 향해 울부짖으며 바다에 몸을 던지기도 했고, 이후 흥남항이 폭파될 때 대부분 목숨을 잃거나 중공군에게 붙잡혀 학살당했습니다.

8. 1.4후퇴
1951.1.4

1951년 1월 1일 중공군은 맹렬한 기세로 남진하여, 1월 4일 서울을 점령합니다. 이에 국군과 유엔군은 후퇴하고, 이를 '1.4후퇴'라고 부릅니다. 하지만 중공군은 이를 유인작전이라고 판단하여 1월 8일 추격을 중단하고, 그 틈을 타 국군과 유엔군은 1월 25일 반격을 시작하여 3월 14일 서울을 수복하고, 3월 24일 38도선을 재돌파합니다.

---

9) 김인영, "눈물의 흥남철수…크리스마스의 기적." 오피니언뉴스, 2018년 12월 14일. https://www.opinionnews.co.kr/news/articleView.html?idxno=12483.

[4] 전선교착, 휴전협상기 (1951.6.23~1953.7.27, 2년 1개월)

9. 휴전협상 ON & OFF

미국은 중국·소련과의 전면전쟁을 피하기 위해 6.25전쟁을 중단하자며 휴전을 제안합니다. 미국은 당시 소련이 전투기와 조종사를 지원하며 참전한 사실을 알았지만, 미국 내 전쟁 여론 확산을 우려한 트루먼 대통령은 이를 비밀에 부칩니다. 1951년 5월 23일 소련이 처음 휴전을 제안하면서 협상이 시작되지만, 실제 휴전은 1953년 7월 27일에야 성사됩니다. 2년이나 걸린 이유는 스탈린의 계산 때문이었습니다. 그는 미국을 한반도에 묶어두어 서유럽에 힘을 쓰지 못하게 하려고 했고, 휴전이 지연되더라도 인적·물적 자원은 북한과 중국이 감당했기 때문에 큰 피해가 없었습니다. ㉚ 하지만 1953년 3월 스탈린이 뇌졸중으로 사망(향년 75세)하면서 휴전협상은 본격적으로 진행되어, ㉛ 같은 해 7월 10일 첫 회담이 열리고 7월 26일 최종 합의가 이루어집니다.

10. 고지쟁탈전

당시 공산 측은 군사력 재정비가 필요할 때마다 고의적으로 협상을 중단하고, 전력을 회복한 뒤 협상을 자신들에게 유리하게 이끌려고 했습니다. 이렇게 2년 동안 휴회와 회담 재개가 반복되는 동안, 전쟁터에서는 유리한 지형을 확보하기 위한 고지쟁탈전이 벌어집니다. 그중 가장 대표적인 쟁탈전이 1952년 10월 6일부터 15일까지 벌어진 '백마고지 전투'입니다.

11. 반공포로 석방사건 1953.6.18~19

스탈린의 사망으로 휴전협상이 본격적으로 시작되면서, 양측은 포로송환 문제에 대해 크게 부딪힙니다. 당시 북한군 포로 중 상당수는 강제 징집을 당한 남한 사람들이 많았고, 공산 측 포로들 중에는 휴전이 되어도 북한과 중국으로 돌아가기를 원하지 않는 사람들이 많았습니다. ㉜ 공산군은 국적에 따라 무조건 송환하는 '강제송환'을 주장하지만, 유엔군은 본인의 의사에 따라 선택할 수 있는 '자유송환'을 요구합니다. 이때 한 편으로는 자유송환을 지지하고 다른 한 편으로는 휴전을 반대한 이승만 대통령은 1953년 6월 18일 '반공포로 석방사건'을 감행합니다.

휴전을 반대한 이유

이승만 대통령이 휴전에 반대한 이유는 크게 세 가지였습니다. 첫째, 휴전 시 북한 괴뢰정부를 완전히 제거할 수 없다는 점, 둘째, 남북통일의 가능성이 사라진다는 점, 셋째, 다시 전쟁이 발발해도 미국의 지원을 확신할 수 없다는 점이었습니다. 그는 우리 힘만으로 북진통일이 어렵다는 현실을 알고 있었기 때문에 반드시 휴전 전 미국과 '한미상호방위조약'을 체결해야 한다고 판단했습니다. ㉝ 하지만 아이젠하워(Dwight D. Eisenhower) 대통령이 묵묵부답으로 일관하자, '반공포로 석방사건'이라는 거대한 도박을 감행합니다.

포로송환 협정 체결 2일 전, 1953년 6월 6일 이승만 대통령은 국군 헌병 총사령관 원용덕 장군에게 포로송환 문제를 해결할 수 있는 방안이 있는지 묻습니다.[10] 원용덕 장군은 제네바협정에 따르면, 포로 관리권은 유엔군 총사령관에게 있지만 대한민국은 교전 당사국으로서 영토적 주권을 행사할 수 있다고 보고합니다. 이에 이승만은 반공포로 석방을 명령하고, 1953년 6월 18일 부산·마산·영천·광주·논산 등 7개 수용소에 비밀리에 명령을 하달하여, 18일부터 19일까지 3만 5,400명의 반공포로 중 무려 2만 7,000여 명을 석방시킵니다.

한미상호방위조약 1953.10.1

반공포로 석방 사건은 세 가지 중요한 의의를 갖습니다. 첫째, 이 사건은 당시 진행 중이던 휴전협상을 뒤흔들며 자유진영 국가들에 큰 충격을 주었습니다. 아이젠하워 대통령은 임기 8년을 회고하며 자다가 벌떡 일어난 적은 이때가 유일하며, *"미국은 우방을 잃은 대신에 적을 얻었다"*라고까지 표현했습니다.[11] 또 미 국무장관 덜레스(John Foster Dulles)는 반공포로 석방을 "등에 칼 꽂는 짓"이라며 강하게 비판했습니다.[12] 둘째, 이 사건을 통해 이승만 대통령은 모든 국군이 유엔군 사령관의 지휘 아래 있을지라도, 대한민국의 대통령으로서 휴전협상을 얼마든지 뒤흔들 수 있다는 가능성을 보여주었습니다. 셋째, 이 사건을 통해 미국은 이승만에게 휴전에 대한 동의를 얻으려면, 그가 끊임없이 요구해 온 한미 상호방위조약을 체결할 수밖에 없다는

㉚ 스탈린의 사망으로 당시 소련은 권력 기반이 혼란스러워졌습니다.

㉛ 1953년 7월 26일 휴전협상에서 의제는 다섯 가지로 정해졌습니다.
1. 협상 의제 채택
2. 군사분계선 설정
3. 휴전 감시 방법 및 기구 설치
4. 포로교환 협정
5. 당사국 정부에 대한 건의

㉜ 북한은 자유송환을 실시하면 많은 포로들이 자유진영을 선택할 것이라고 예상했습니다.

㉝ 당시 아이젠하워 대통령은 '6.25 전쟁 종식'을 공약으로 당선된 인물이었고, 미국 내에서는 정전협정을 통해 더 이상 청년들이 희생되지 않기를 바랐습니다. 한때 그는 끝까지 휴전을 반대하는 이승만 대통령을 제거하기 위해 '에버레디 작전(Plan Everready)'까지 준비했지만, 대체할 지도자가 없고 대통령 없는 국군을 통제하기 어려워 실행에 옮기지 못했습니다.

10) 박윤식, *대한민국 근현대사 시리즈 4: 잊을 수 없는 6.25전쟁*(서울: 휘선, 2011), 216.

11) "[사진으로 보는 6·25한국전쟁과 근현대사] 11. 끝나지 않은 전쟁." 강원도일보, 2019년 6월 29일. https://www.kado.net/news/articleView.html?idxno=975334.

12) 인보길, "반공포로 석방 = 수용소는 '김일성의 도살장." 뉴데일리, 2024년 8월 4일. https://www.newdaily.co.kr/site/data/html/2024/08/04/2024080400026.html.

사실을 깨달았습니다. 실제로, 이승만은 한국에 대한 미국의 원조와 병력 증강이 보장되어야만 휴전협정에 동의하겠다고 밝혔고, ㉞ 결국 미국은 이승만 대통령의 뜻대로, 1953년 10월 1일 한미상호방위조약을 체결하는 조건으로 그의 휴전 동의를 얻어냅니다. 반공포로 석방은 공산주의로 돌아가기를 거부한 포로들의 자유의지를 존중하고, 동시에 한미동맹을 확보하기 위한 이승만의 전략적 결단이었습니다. 그보다 앞서 1953년 6월 8일 유엔군과 공산군은 자유송환 원칙에 따라 포로송환 협정을 체결하지만, 유엔군 측이 협정대로 전원을 자유송환한 반면에 공산군은 이를 제대로 이행하지 않았습니다.

반공포로 석방사건은 이승만 대통령에게 결코 쉬운 결정이 아니었습니다. 당시 미국이 이승만의 뜻대로 한미상호방위조약을 체결해 줄지, 아니면 대한민국을 포기할지는 누구도 알 수 없었기 때문입니다. 하지만 이승만은 미국이 지금까지 지켜 온 대한민국을 버리지 않을 것이라는 외교적 혜안과 굳은 신념이 있었습니다. 이승만은 이대로 미군과 유엔군이 철수한다면, 지난 3년간의 인명 희생·시간·물자 등이 전부 헛것으로 돌아갈 것을 알고 있었습니다. 결국 국군과 유엔군의 희생, 전쟁 지도자들의 결단, 그리고 국가와 국민을 최우선으로 생각했던 이승만 대통령의 탁월한 외교력과 용기가 오늘날의 '한미동맹'을 가능케 한 것입니다. 우리나라는 6.25전쟁으로 인해 극심한 피해를 입었지만, 동시에 그 무엇과도 바꿀 수 없는 선물을 얻었습니다. 지금도 미국은 한미상호방위조약에 따라 2만 8천여 명의 주한미군을 우리나라에 주둔시키고 있으며, 북한 침략에 대한 전쟁억제수단이 되어주고 있습니다. 조국의 미래를 70여 년 전부터 내다본 이승만은 대통령은 1953년 8월 8일 서울에서 한미상호방위조약이 ° 가조인된 이후 이런 말을 남겼습니다.

"우리는 앞으로 여러 세대에 걸쳐 이 조약으로 인해 많은 혜택을 받게 될 것이며, 이 조약은 앞으로 우리를 번영케 할 것입니다.
한국과 미국의 이번 공동 조치는 외부 침략으로부터 우리를 보호함으로써 우리의 안보를 확보해 줄 것입니다."[13]

12. 정전협정 **1953.7.27**

1953년 7월 27일 마침내 휴전협정(정전협정)이 체결되면서, 약 3년 1개월 2일(1,127일) 동안 이어진 6.25전쟁은 중단됩니다. 같은 날 미국 워싱턴에서는 6.25 참전국 16개국이 전쟁 재발 시 재참전을 약속하는 '워싱턴 선언(Washington Declaration)'을 발표합니다. 정전협정 문서를 보면 유엔군 총사령관 마크 클라크, 조선인민군 최고사령관 김일성, 중국인민군 사령원 펑더화이의 서명은 있지만, 이승만 대통령의 서명은 없습니다. 정전에 끝까지 반대한 이승만 대통령은 회의에 불참했을 뿐 아니라 협정 서명도 거부했습니다. 아래는 당시 한국 정부의 입장이었습니다.

"한국 측 대표는 협정에 서명을 하지 않았는데, 그 이유는 우리 정부 스스로가 협정에 직접 서명하기를 거부했기 때문이다.
이승만 대통령은 북한의 불법 남침으로 시작된 전쟁을 막대한 인명, 재산 손실만 남긴 채 그냥 끝내는 것이 정의에 부합하지 않는다고 생각했으며,
어떤 식으로든 불법 남침으로 민족적 참화를 불러온 북한 정권에 책임을 물어야 한다는 것이 이 대통령의 생각이었는데,
한국군 대표가 협정에 직접 서명하지 않음으로써 불법 남침으로 전쟁을 시작한 북한 정권의 책임을 지적한 것이었다."[14]

결단하기

1950년 6월 25일 미군 철수 후 1년도 되지 않아 북한은 기습 남침을 감행했고, 우리나라는 극심한 피해를 입었습니다. 하지만 동시에 우리는 그 무엇과도 바꿀 수 없는 한미동맹을 얻었습니다. 오늘날의 한미동맹은 국군과 유엔군의 희생, 전쟁 지도자들의 결단, 그리고 국가와 국민을 우선시한 이승만 대통령의 외교력과 50년에 걸친 노력의 결실입니다. 오늘날까지도 미국은 이를 근거로 2만 8천여 명의 미군을 주둔시키며 북한의 재침략을 억제하고 있습니다. 전쟁을 통해 우리는 국가 소속감과 애국심을 굳게 다졌고, 공산주의의 실체와 자유민주주의·한미동맹의 가치를 절실히 깨달았습니다. 하지만 70년이 지난 지금, 그 교훈과 중요성은 점차 잊혀지고 있습니다. 일부 정치인과 세력들은 미군 철수와 평화협정까지 주장하고 있습니다. 북한은 70여 년간 적화 야욕을 단 한 번도 포기한 적이 없습니다. 우리나라는 전쟁이 일시적으로 중단된 '정전' 상태지, '종결'된 상태가 아닙니다. 이제 여러분은 6.25전쟁의 교훈을 머리로 알고 마음으로 새겨, 개인·가정·교회·국가 전체를 지켜내기를 바랍니다.

㉞ 한미상호방위조약의 주요 5가지 사항은 다음과 같습니다.
1. 휴전 후 한미간의 상호방위조약을 체결한다.
2. 미국은 한국에 장기적인 경제 원조를 실시하며, 그의 일환으로 우선 2억 달러를 제공한다.
3. 한국과 미국은 휴전 후 개최하기로 한 공산 측과의 정치회담이 90일이 경과하여도 하등의 실질적인 성과가 없으면, 이를 거부한다.
4. 한국군의 증강을 계획대로 진행한다.
5. 정치적인 회의가 열리기 전에 공동목적에 관한 한미간의 회의를 개최한다.

○ 가조인(假調印): 조약 체결을 위한 교섭에서 합의가 이루어졌음을 임시로 확인하는 절차로, 체약국 주권자의 비준 전에 이루어집니다. 비유하자면 가조인은 약혼식, 조인(체결)은 결혼식에 해당합니다.

---

13) 배진영, "한미동맹 쟁취한 이승만, '미-영-러의 안전보장 각서' 한 장 믿다가 패망하게 된 우크라이나." 월간조선, 2022년 2월 23일. https://m.monthly.chosun.com/client/mdaily/daily_view.asp?idx=14706&Newsnumb=20220214706.

14) 박윤식, *대한민국 근현대사 시리즈 4: 잊을 수 없는 6.25전쟁*(서울: 휘선, 2011), 223.

17 6.25전쟁에 대한 거짓말 (3)

1994년 6월 보리스 옐친, (1949.1~1953.8) 극비문서 548쪽 공개

1 **소련의 남침 승인** + 무기 지원

(1949.3) 김일성의 남침 제안
(1950.2) 스탈린의 최종 승인

2 **중국의 남침 승인** + 병력 지원

(1950.5) 마오쩌둥의 승인

3 **김일성과 박헌영** + 남침 발언

(1948.9) 북한 헌법
(1950.5) 박헌영

4 **남북 군사력 비교**

1. 무기
2. 병력
3. 남진 속도

1 **도망?**

전쟁의 축소판이라 불리는 체스 게임에서도 왕(King)은 전선 앞에 세우지 않습니다.

2 **라디오 방송?**

국방부의 왜곡된 보도가 철회되지 않은 상태에서 이승만 대통령의 육성 방송이 이어지자, 이는 곧 '서울 사수'로 해석되었습니다.

3 **한강교 폭파?**

한강교 폭파는 채병덕 육군참모총장의 명령으로, 책임 소재의 문제입니다. 더군다나 확인된 민간인 사상자는 없었고 경찰 70명이 희생되었습니다.

17. 6.25전쟁에 대한 거짓말 (3)

오늘도 힘찬 구호로 역사공부를 시작해 봅시다: 이승만/역사교실, 자유통일/이룩하자, 와!

복습하기 6.25전쟁 발발 당시 북한은 철저히 남침을 준비한 반면, 남한은 전쟁 수행이 거의 불가능한 상태였습니다. 북한군은 불과 3일 만에 서울을 점령하고, 국군과 유엔군은 낙동강 전선까지 밀립니다. 맥아더 장군은 전황이 불리해질수록 적의 후방을 강타해야 한다며, 성공 확률이 1/5000도 되지 않는 인천상륙작전을 감행하여 성공시킵니다. 그 결과 북한군은 낙동강 전선에서 후퇴하여 38선으로 패주하고, 낙동강 전선에서 싸우던 국군과 유엔군도 일제히 북진하여 서울을 수복하고 압록강 부근까지 도착합니다. 남북이 통일될 수 있던 절호의 기회에 마오쩌둥은 중공군을 참전시킵니다. 결국 중공군의 기세에 국군과 유엔군은 1.4 후퇴를 감행합니다. 이후 전선은 2년간 교착 상태에 빠지고, 휴전협상이 진행됩니다. 하지만 한미상호방위조약을 체결하지 않는 한, 휴전 후에도 북한 위협이 반복될 수밖에 없다는 것을 안 이승만 대통령은 반공포로 석방사건을 일으킵니다. 결국 미국은 이승만의 요구를 수용하여 조약을 체결하고, 이는 오늘날까지 이어지는 한미동맹의 기반이 되었습니다. 지금도 약 2만 8천 명의 미군이 주둔하며 북한의 침략을 억제하고 있습니다. 우리나라는 전쟁을 잠시 중단한 것이지 아직까지도 전쟁 중인 상태이며, 북한은 지난 70여 년 동안 적화야욕을 단 한 번도 포기한 적이 없습니다. 우리나라를 또 한 번의 전쟁으로부터 지켜낼 수 있는 유일한 방법은 지나간 역사를 기억하고 한미동맹을 더욱이 강화하는 것입니다.

서론 1950년 6월 25일 새벽 4시 북한의 김일성은 선전포고도 없이 기습 남침을 감행하여 6.25전쟁을 일으킵니다. 3년 1개월 2일 동안 이어진 6.25전쟁의 피해는 막대했습니다. 6.25전쟁으로 발생한 전사, 부상, 실종자는 한국 및 유엔군 77만, 북한 및 중공군 203만, 민간인 250만 등 총 500만 명에 달했습니다. 이재민 370만, 전쟁 과부 30만, 고아 10만, 이산가족 1,000만 등 1,900만 명이 피해를 입었고, 가옥 60%, 철도 47%, 국도 54%, 전력 80%가 파괴되었습니다.[1] 전쟁으로 수많은 아이들이 고아가 되고, 여성들은 과부가 되었으며, 국가는 1인당 국민총소득(GNI) 67달러의 최빈국으로 전락했습니다.[2] 실로, 6.25전쟁은 우리나라 역사상 최대의 비극입니다. 하지만 70년이 지난 지금, 6.25전쟁은 점점 잊혀지고 있습니다. 젊은 세대는 발발 연도조차 모르거나, 왜곡된 역사 교육으로 남침인지 북침인지조차 헷갈려합니다. 과거를 기억하지 못하는 민족은 또다시 과거의 비극을 되풀이할 수밖에 없습니다. 오늘은 6.25전쟁을 공부하는 세 번째 시간으로, 6.25전쟁에 대한 세 가지 거짓말을 살펴보겠습니다.

1. 북침설 첫 번째 거짓말은 *"6.25전쟁은 남한이 북한을 침략했다"*는 주장, 즉 '북침설'입니다. 북침설의 기원은 김일성입니다. 1950년 6월 24일 일요일 새벽 3시 김일성은 비상회의를 열어 *"오늘 새벽 1시에 남조선 국방군이 38선을 넘어 공화국을 침공하였다"*는 거짓말을 명분으로, *"6월 25일 04시 국방군을 반격하라"*라고 명령합니다.[3] 오전 11시 북한군이 남침에 성공하자, 김일성은 남침 사실을 은폐하기 위해 평양방송을 통해 *"남한이 북침 했다"*며 전쟁의 책임을 남한에 떠넘기는 거짓 선동을 벌입니다. 하지만 1994년 러시아 대통령 보리스 옐친이 공개한 소련 극비문서에 의해 이 거짓말은 완전히 사장되었습니다.

용어 혼란 오늘날 6.25전쟁이 북한이 남한을 침략한 전쟁이라는 것을 알면서도 '북침'이라고 말하는 사람들이 있습니다. 이는 *"북한이 침략했으니 북침"*이라는 식의 용어 혼란에서 비롯된 것으로, 좌파 세력이 자주 쓰는 수법입니다. 레닌 역시 공산화 전략에서 '용어 혼란 전술'을 강조했으며, 이는 오늘날까지 좌익들이 사용하는 전략입니다. 북한은 6.25전쟁을 '조국해방전쟁'이라고 부릅니다. 이는 남조선의 인민들을 자본주의에서 해방시키기 위한 전쟁이라는 뜻을 가지고 있습니다. 비록 거짓이지만, 목적과 의미를 이름에 담은 것입니다. 반면, 대한민국에서 6.25전쟁은 단순히 날짜로만 이해될 뿐, 전쟁의 본질이 드러나지 않습니다. 그러므로 역사적 교훈을 잊지 않기 위해 '6.25 남침전쟁'이라고 분명히 표기할 필요가 있습니다.

---

1)   전쟁기념관, "끝나지 않은 이야기, 정전 70주년 기획." https://www.warmemo.or.kr:8443/assets/webzine/202303/special2.html.

2)   이세원, "[국민소득 3만불시대] 전쟁폐허 속 '67달러' 최빈국서 선진국대열로." 연합뉴스, 2019년 3월 5일. https://www.yna.co.kr/view/AKR20190305073900002.

3)   박윤식, *대한민국 근현대사 시리즈 4: 잊을 수 없는 6.25전쟁*(서울: 휘선, 2011), 58.

2. 남침유도설 두 번째 거짓말은 *"6.25전쟁은 미국이 북한의 남침을 유도하여 일으킨 전쟁이다"*라는 '남침유도설'입니다. 1994년 러시아 대통령 보리스 옐친이 소련 극비문서를 공개하면서 북침설이 힘을 잃자, 일부는 남침유도설을 내세우기 시작합니다. 이는 미국이 애치슨 라인을 그을 때 한반도를 제외함으로써 김일성의 남침을 유도했기 때문에 6.25전쟁의 책임이 미국에 있다는 주장입니다. 하지만 이는 사실이 아닙니다. 당시 미국은 한국을 안보 우선순위 16개국 중 13위로 평가했고, 일본 방위가 더 효율적이며 비용도 적게 든다고 보았습니다. 또 대한민국과 대만은 자주독립국으로 자체 군대를 보유한 점도 영향이 컸습니다. 애치슨 라인은 미국이 반드시 지켜야 할 마지노선일 뿐, 그 밖의 국가들을 버리겠다는 뜻이 아니었습니다. 애치슨 라인으로 인해 김일성이 오판했을 수는 있지만, 미국이 전쟁 자체를 유도했다는 주장은 사실 무근이며, 남침유도설은 침략자 북한의 책임을 덜어주는 음모론에 불과합니다.

(#1, #2) 반박

1994년 6월 2일 김영삼 대통령은 모스크바 방문 중 러시아의 보리스 옐친 대통령으로부터 검은 서류 상자 하나를 받습니다. 그 안에는 1949년 1월부터 1953년 8월까지 김일성의 남침 계획과 스탈린의 남침 승인 등 총 548쪽에 해당되는 기밀문서들이 포함되어 있었습니다. 이 극비문서 공개로 6.25전쟁은 미국이나 남한이 아닌, 소련·중국·북한이 주도한 남침전쟁이라는 사실이 드러납니다. 이를 입증하는 몇 가지 중요한 증거들을 살펴봅시다.

1. 소련의 남침 승인(+무기 지원): 1949년 3월 5일부터 김일성은 스탈린의 남침 승인을 받기 위해 무려 40여 차례 넘게 소련을 방문합니다. 하지만 스탈린은 *"북한군이 남한에 대해서 절대적인 군사적 우위를 확보하지 못하는 한 공격을 해서는 안 된다."*라며 거절합니다.[4] 아직 중국이 공산화되지 않았고, 미군이 남한에서 전부 철수하지 않은 점을 고려하여, 남침전쟁을 허락하지 않은 것입니다. 이후 미군이 남한에서 전부 철수한 뒤, 1949년 8월 김일성은 *"남한에서 미군이 철수한 후 38선은 이미 그 의미를 상실했다."*고 보고하고, 1950년 2월 9일 스탈린은 남침전쟁을 최종 승인합니다.[5] 소련은 당시 북한에 2억 1,200만 루블의 차관과 탱크·무기·군수 물자를 대량으로 지원합니다.

2. 중국의 남침 승인(+병력 지원): 스탈린의 승인을 받은 김일성은 1950년 5월 13일 중국의 마오쩌둥을 만나 남침전쟁 지원을 요청합니다. 마오쩌둥은 스탈린에게 연락하여 그가 승인한 사실을 확인한 후 남침전쟁에 동의하며, *"만약 미군이 참전하면 중국이 병력을 파견하겠다. 둘째, 소련은 ① 미국과의 관계 때문에 한국전에 참전이 곤란하나, 중국은 미국에 대하여 자유롭다."*라고 답합니다.[6] 마오쩌둥이 중국의 참전을 결정한 이유는 크게 두 가지였습니다. 첫째, 한반도가 미국과 가까워질 경우 중국이 미국까지 견제해야 했기 때문입니다. 둘째, 비록 중국 공산당이 국공내전에서 승리했지만, 불안정한 내부 정치 기반을 확고하게 만들 계기가 필요했기 때문입니다.

3. 김일성과 박헌영(+남침 발언): 1948년 9월 헌법 제정 당시부터 북한은 수도를 서울로 정하는 등 남한에 대한 적화야욕을 드러냈습니다. 1950년 5월 17일 박헌영은 북한군이 조금만 남진해도 남한 내 20만 명이 폭동을 일으켜 전쟁 없이도 남한 정부가 스스로 전복될 것이라고 제안합니다.

4. 남북 군사력 비교: 6.25전쟁 발발 당시 북한은 철저히 남침을 준비한 반면, 남한은 전쟁 수행이 불가능한 상태였습니다. 첫째, 무기 차이가 컸습니다. 북한은 T-34 전

① 제2차 세계대전 당시 미국과 소련은 연합국의 일원이었습니다.

---

[4] 박윤식, *대한민국 근현대사 시리즈 4: 잊을 수 없는 6.25전쟁*(서울: 휘선, 2011), 27.

[5] 송종환, "스탈린은 6·25 전쟁을 기획하고 연출한 총감독이었다." 월간조선. https://monthly.chosun.com/client/news/viw.asp?nNewsNumb=199911100045.

[6] 박윤식, *대한민국 근현대사 시리즈 4: 잊을 수 없는 6.25전쟁*(서울: 휘선, 2011), 30.

차 242대, 소련식 전투기 211대, 76mm °곡사포 380문, 122mm 곡사포 172문을 보유했지만, 남한은 전차 0대, 연습기 22대, 105mm 곡사포 88문뿐이었습니다. 둘째, 병력에서도 열세였습니다. 북한은 19만 8,380명이었으나, 남한은 휴가·외출 인원을 제외하면 10만 5,752명에 불과했습니다. 셋째, 남진 속도였습니다. 공격 측이 유리한 전쟁 초반 특성상 북한군은 준비된 병력으로 단 3일 만에 서울을 점령했습니다. 따라서 남한이 북한을 침략했다는 주장은 전혀 근거가 없습니다.

<table>
<tr><td>3. 런승만</td></tr>
</table>

세 번째 거짓말은 *"이승만은 한강 다리를 폭파하고 본인 혼자만 도망갔다"*는 주장, 즉 '런승만설'입니다. 이승만 대통령이 서울을 사수하라는 라디오 방송을 육성을 내보내 서울 시민들의 발을 묶어두고, 자신만 몰래 빠져나가려고 한강 다리를 폭파했다는 것입니다. 하지만 이 주장에는 세 가지 거짓이 있습니다. 첫째로 이승만 대통령이 도망갔다는 것, 둘째로 이승만 대통령이 육성 라디오 방송으로 서울 사수를 지시했다는 것, 셋째로 이승만 대통령이 본인만 빠져나가려 한강교를 폭파했다는 것입니다. 지금부터 이 세 가지를 하나씩 반박해 봅시다.

○ 곡사포(曲射砲): 포탄을 곡선 궤도로 발사해 장애물 뒤 목표물을 공격하는 대포로, 주로 산악지형의 후방을 포격할 때 사용됩니다.

② 6.25전쟁은 워낙 급박하게 전개되어 1950년 6.28 서울 함락 때는 이승만 대통령이 국가 원수로서 먼저 피신했습니다. 하지만 1951년 1.4 후퇴 때는 서울 시민 140만 명을 한강 이남으로 무사히 피난시킨 뒤 가장 늦게 피신했습니다. 또한 전쟁 초기의 긴급한 상황 속에서도 경무대 호위 병력 증강을 요구한 적이 단 한 번도 없었습니다.

(#3) 반박

1. 도망?

오늘날 전쟁이 발발하면 가장 먼저 피신되는 사람이 대통령입니다. 대통령이 적에게 생포되거나 사살되면 그날로 그 나라는 끝이기 때문입니다. 이를 잘 보여주는 예가 '체스(chess)' 게임입니다. 전쟁의 축소판이라고 불리는 체스는 상대 왕을 쓰러뜨려야 이길 수 있기 때문에 왕은 결코 앞에 세우지 않고 보호 속에 둡니다. 왕이 전선에 선다고 전쟁에서 이기는 것이 아니라, 오히려 패망의 지름길이 됩니다. 6.25전쟁도 마찬가지입니다. 만약 당시 이승만 대통령이 전선에서 앞장섰다면, 대한민국이 과연 무사했을까요? 서울이 폭격을 당하는 상황에서 대통령이 총을 들고 앞장을 서야 했을까요? 이승만 대통령의 이동은 도망이 아닌 국가 원수로서의 '피신'이라고 표현하는 것이 정확합니다. 그럼에도 불구하고, 이승만 대통령은 27일 새벽 3시 참모들의 강권에 못 이겨서야 비로소 피신했고, 심지어 참모들이 그를 피신시키기 위해 *"북한군 탱크가 청량리까지 왔다"*는 거짓말까지 했습니다. ② 이승만 대통령은 피신하여 대구에 도착하지만, 서울로 돌아갈 것을 계속 고집하여 결국 다시 대전으로 올라갔습니다.

2. 라디오 방송?

1950년 6월 27일 대전에 피신해 있던 이승만 대통령은 무초(John J. Muccio) 주한 미국 대사로부터 미국의 지원 약속을 받습니다. 그날 저녁 9시 그는 이 소식을 국민에게 전하고 병사들의 사기를 높이기 위해 육성 라디오 방송을 합니다.

"지난 몇 달간 나는 미군의 군사 원조가 곧 올 것임을 단언한 바 있습니다. 하지만 민주주의 국가가 그러한 원조를 실현하는 데에는 상당한 시간이 듭니다.

그리고 마침내, 적군은 전차, 전투기와 전함으로 서울에 다가오고 있는데, 우리 국군은 맞서 싸울 수단이 없다시피 합니다.

이 암울한 상황에 직면하여 나는 도쿄와 워싱턴에 전화하여 상황을 설명했습니다. 마침내 나는 오후에 맥아더 장군에게서 전보를 받게 되었습니다.

맥아더 장군은 우리에게 수많은 유능한 장교들과 군수 물자를 보내는 중입니다. 이는 빠른 시일 내에 도착할 것입니다.

나는 이 좋은 소식을 국민에게 전하고자 오늘 밤 이렇게 방송을 드리는 것입니다. 우리는 공산주의와 싸우기 위한 우리의 용기와 투지를 증명해 보였습니다.

모든 우방이 우리를 지지하고 있습니다. 나는 전선에서 싸우고 있는 모든 용감한 군경들에게 감사를 표합니다.

나는 공산주의자들이 과거의 실수를 바로잡고 대한민국에 대한 충성을 맹세한다면 용서받을 수 있다는 사실을 그들에게 일깨워주고자 다시 한번 말합니다.

그렇지 않으면 머지않아 처벌을 당하게 될 것입니다. 우리 국민 모두가 그들을 민국의 충성스러운 시민이 되도록 가르치고 이끌어야 할 것입니다.”[7]

당시 이승만 대통령은 국군이 밀리고 있는 상황에서 미군이 참전한다는 희망의 소식을 알리고자 했습니다. 이승만 대통령의 라디오 내용 자체에는 거짓된 내용이 없었으며, ③ “국민 여러분 안심하십시오”라는 말도 없었습니다. 문제는 그전에 국방부가 잘못된 보도를 내보낸 것이었습니다. ④ 국방부는 오후 1시 의정부 전투에서 국군이 승리했다고 발표했지만 사실이 아니었고, ⑤ 이러한 오보들이 정정되지 않은 상태에서 이승만 대통령의 라디오 방송이 이어지자, 시민들은 서울을 사수한다고 해석할 수밖에 없었습니다. 그 결과, 서울이 북한군에 점령되었을 때 국민들은 이승만 대통령과 대한민국 정부에 배신감을 느끼게 되었습니다.

3. 한강교 폭파?

이승만 대통령의 육성 라디오 방송이 나간 지 4~5시간 이후, 1950년 6월 28일 새벽 2시 한강교가 폭파됩니다. 이를 두고 이승만 대통령이 혼자 도망가기 위해 다리를 끊었다는 유언비어가 퍼졌지만, 한강교 폭파를 지시한 사람은 이승만 대통령이 아닌 육군 참모총장 채병덕이었습니다. 결국 이는 책임소재의 문제였습니다. 당시 국군 수뇌부는 서울이 함락될 위기에 처하자, 한강교를 폭파시켜 북한군을 고립시키고 한강 이남에서 방어선을 구축할 시간을 벌고자 했습니다. 실제로, 한강교 폭파는 북한군의 남진을 늦추는 데 중요한 역할을 했습니다. 이때 경찰과 군은 한강교에 진입하는 피난민들을 통제하고 있어, 막상 한강교가 폭발하는 순간 다리 위에서는 ⑥ 민간인 사망자가 한 명도 발생하지 않았습니다.[8] 그럼에도 불구하고, 일부 정치인들은 이승만 대통령이 다리를 폭파하고 도망간 ⑦ ‘쓰레기같은 인간’이라며 왜곡된 선동을 이어가고 있습니다.[9]

결단하기

오늘날 6.25전쟁에 대한 거짓말들은 마치 사실처럼 위장되어 가르쳐지고 있습니다. 여기에는 다음 세대의 무관심도 있겠지만, 우리나라 교육 시스템의 문제도 있습니다. 대학입시 수능시험에 6.25전쟁 관련 문제가 출제되지 않다 보니, 교사들도 이를 깊이 가르치지 않고, 그 결과 젊은 세대는 6.25전쟁이 중요하지 않다고 인식하게 된 것입니다. 이제 여러분은 6.25전쟁에 대한 관심을 회복하고, 무너진 교육 시스템을 바로 세우는 데 힘쓰기를 바랍니다.

③ 오늘날까지 좌파들은 이승만 대통령을 비하하기 위해 “국민 여러분 안심하십시오”라는 말을 했다고 선동하지만, 그는 라디오 방송에서 그런 표현을 사용한 적이 없습니다.

④ 국방부는 6월 27일 오후 1시 의정부를 탈환했다고 발표하지만, 이는 사실이 아니었습니다. 오보가 나온 이유는 이전부터 잦은 충돌로 6.25전쟁을 대규모 남침으로 인식하지 못했거나, 북한군을 반격할 수 있다고 판단했기 때문이었을 것입니다.

⑤ 전시 상황에서 계속 이동하던 이승만 대통령이 라디오 보도 내용을 일일이 검토하고 철회하기는 어려웠을 것입니다.

⑥ 종로 경찰 소속 경찰관 70여 명이 전사하지만, 민간인 사망자는 단 한 명도 없었습니다.

⑦ 2015년 10월 13일 당시 성남시장이던 이재명은 자신의 트위터에 이승만 대통령 관련 기사를 공유하며 다음과 같이 글을 올렸습니다.
“서울사수 거짓방송하고 한강철교 폭파 후 대구까지 도망갔다가 대전으로 돌아온… 한마디로 쓰레기 같은 인간.”

7) CIA 해외방송정보국(Foreign Broadcast Information Service, FBIS), “이승만 대통령 대전 라디오 연설 복원본.” 움직이는 현대사, 1950년 6월 27일. https://archive.much.go.kr/archive/userrecordimage/recordImageView.do.

8) 류석춘, *시간을 달린 지도자 이승만*, 3권(서울: 북앤피플, 2025), 104-134.

9) 국민의힘 원내대표실, “이재명 망언집(이재명의 138가지 그림자),” 2025, 109.

(17강) 역사 스케치

지금까지 배운 내용을 바탕으로, 17강의 핵심 내용을 자신만의 방식으로 정리해 보세요.

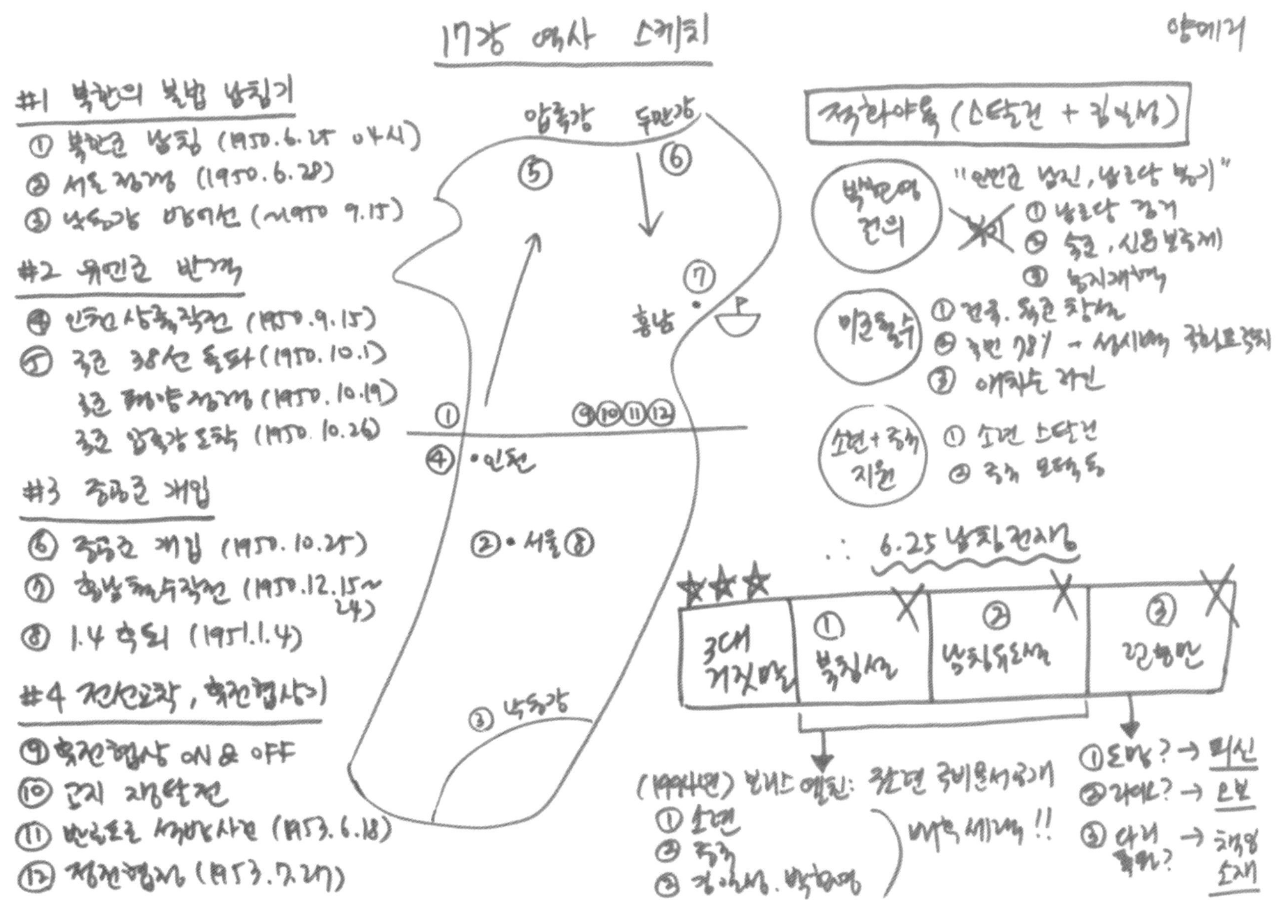

18 이승만과 4.19 혁명

한미동맹	농지개혁	교육혁명	산업화의 초석

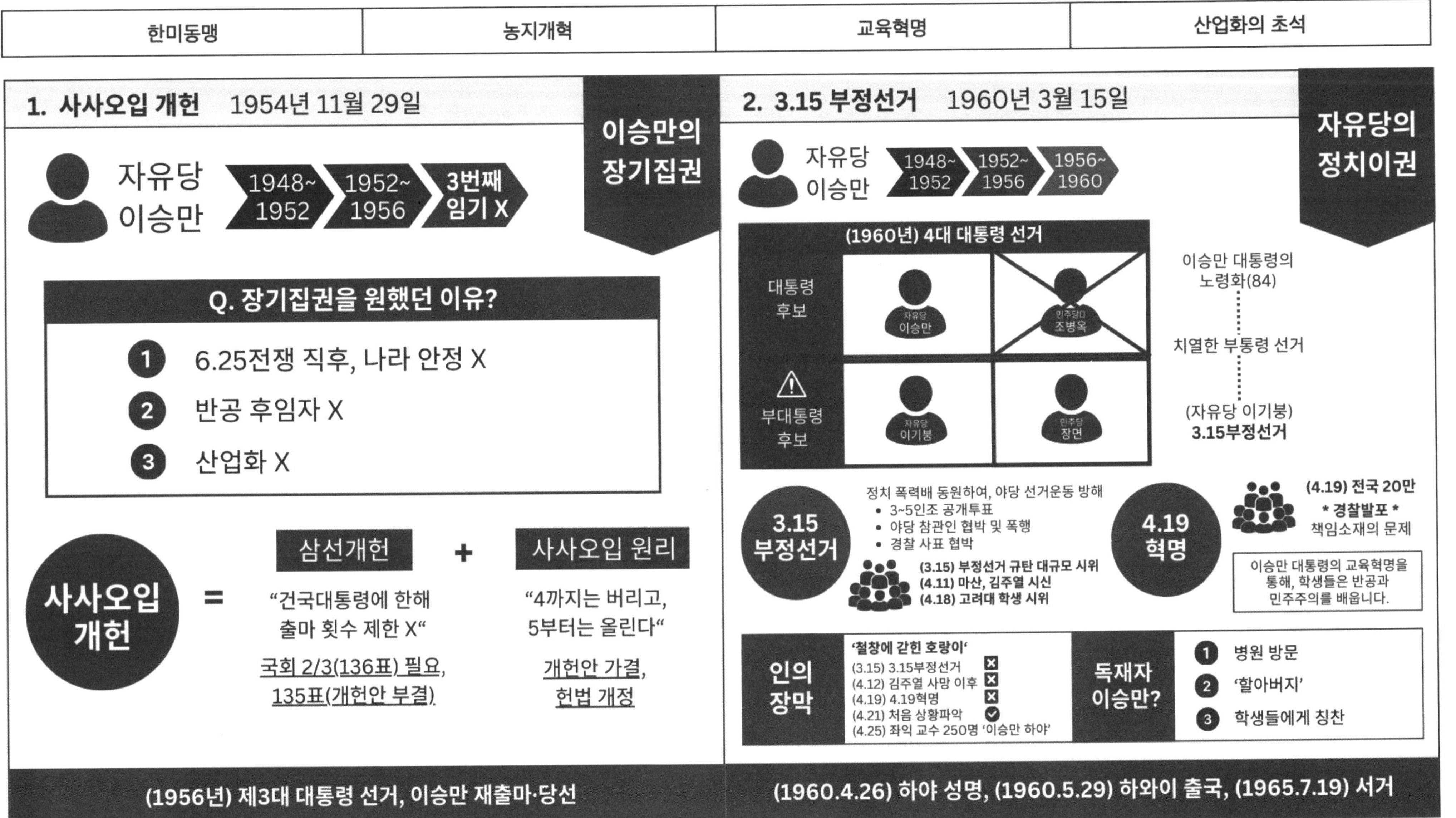

18. 이승만과 4.19 혁명

오늘도 힘찬 구호로 역사공부를 시작해 봅시다: 이승만/역사교실, 자유통일/이룩하자, 와!

복습하기 1950년 6월 25일 새벽 4시 북한의 김일성은 선전포고도 없이 기습 남침을 감행하여 6.25전쟁을 일으킵니다. 3년 1개월 2일 동안 이어진 6.25전쟁의 피해는 막대했습니다. 6.25전쟁으로 발생한 전사·부상·실종자는 한국 및 유엔군 77만, 북한 및 중공군 203만, 민간인 250만 등 총 500만 명에 달했습니다. 이재민 370만, 전쟁 과부 30만, 고아 10만, 이산가족 1,000만 등 1,900만 명이 피해를 입었고, 가옥 60%, 철도 47%, 국도 54%, 전력 80%가 파괴되었습니다.[1] 하지만 70년이 지난 지금, 6.25전쟁은 점점 잊혀지고 있습니다. 젊은 세대는 발발 연도조차 모르거나, 왜곡된 역사 교육으로 남침인지 북침인지조차 헷갈려합니다. 과거를 기억하지 못하는 민족은 또다시 과거의 비극을 되풀이할 수밖에 없습니다. 그러므로 우리는 다시는 전쟁이 일어나지 않도록, 그 역사를 반드시 기억해야 합니다.

서론 1950년 6.25전쟁 이후, 우리나라는 1인당 국민총소득(GNI) 67달러에 불과한 최빈국이었습니다.[2] 하지만 불과 70여 년 만에 세계 6대 강국으로 성장할 수 있었던 것은 위대한 지도자 덕분이었습니다. 오늘은 전쟁으로 폐허가 된 대한민국을 재건한 이승만 대통령의 4대 재건사업과 그를 둘러싼 1960년 3.15 부정선거와 4.19 혁명의 진실을 살펴보겠습니다.

이승만의 4대 재건사업 이승만 대통령은 전쟁으로 폐허가 된 대한민국을 재건하기 위해 여러 사업을 추진합니다. 그중 가장 대표적인 것이 한미동맹, 농지개혁, 교육혁명 그리고 산업화의 초석 마련입니다.

1. 한미동맹 1953.10.1 이승만 대통령은 휴전협상 성사 전에 반드시 한미상호방위조약을 맺어야 전쟁이 또다시 발발할 경우, 미국의 재참전을 확신할 수 있다고 보았습니다. 하지만 트루먼 대통령이 묵묵부답으로 일관하자, 이승만은 반공포로 석방 사건으로 미국을 압박하여, 결국 1953년 10월 1일 한미상호방위조약이 체결됩니다. 이를 근거로 미국은 오늘날까지 2만 8천여 명의 주한미군을 우리나라에 주둔시키고 있으며, 북한이 또다시 침략하지 못하도록 전쟁억제수단이 되어주고 있습니다. ① 그뿐만 아니라, 1950년대 미국은 한국 경제 재건을 위해 우리나라 총수입의 85%를 차지할 정도로 막대한 원조를 제공해 줍니다.[3] 조국의 미래를 70여 년 전부터 내다본 이승만 대통령은 1953년 8월 8일 서울에서 한미상호방위조약이 가조인된 후 이런 말을 남겼습니다.

> "우리는 앞으로 여러 세대에 걸쳐 이 조약으로 인해 많은 혜택을 받게 될 것이며, 이 조약은 앞으로 우리를 번영케 할 것입니다. 한국과 미국의 이번 공동 조치는 외부 침략으로부터 우리를 보호함으로써 우리의 안보를 확보해 줄 것입니다."[4]

2. 농지개혁 1949.6.21 조선은 5천 년 동안 신분제 사회였습니다. 15~17세기 인구의 약 40%가 노비였으며, 부모가 노비이면 자식도 노비가 되는 구조로 사실상 계급 상승의 길이 막혀 있었습니다. 물론 1894년 ○ 갑오개혁으로 신분제가 공식적으로 폐지되지만, 신분제의 잔재는 여전히 남아 있었습니다. 이승만 대통령은 한성감옥에서의 청년시절부터 조선의 양반·상놈 제도를 철폐해야 한다고 생각했습니다. 그가 한성감옥에서 저술한 『독립정신 』에

---

1) 전쟁기념관, "끝나지 않은 이야기, 정전 70주년 기획." https://www.warmemo.or.kr:8443/assets/webzine/202303/special2.html.

2) 이세원, "[국민소득 3만불시대] 전쟁폐허 속 '67달러' 최빈국서 선진국대열로." 연합뉴스, 2019년 3월 5일. https://www.yna.co.kr/view/AKR20190305073900002.

3) 김현중, 대한민국 사회 교과서(서울: 양문, 2024), 270.

4) 배진영, "한미동맹 쟁취한 이승만, '미-영-러의 안전보장 각서' 한 장 믿다가 패망하게 된 우크라이나." 월간조선, 2022년 2월 23일. https://m.monthly.chosun.com/client/mdaily/daily_view.asp?idx=14706&Newsnumb=20220214706

도 이러한 말이 있습니다.

“전국을 통틀어 양반은 1000분의 1도 못된다. 나머지 999는 모두 그 양반들을 위해 사는 사람들이다.
그러니 실로 나라에서는 1000분의 999는 다 잃어버리고 앉아있는 것이나 마찬가지다.”[5]

신분제를 철폐하기 위해 평생을 연구한 이승만은 1948년 대한민국 정부 수립 직전, ② 미국의 친구에게 *“이제 실시할 개혁이 전세계를 깜짝 놀라게 할 것”*이라며 의미 심장한 편지를 보냅니다. 그 개혁이 바로 ‘농지개혁’입니다. 그런데 ‘신분제’라는 정치적 제도와 ‘농지개혁’이라는 경제적 제도가 무슨 상관이 있을까요? 당시 우리나라 국민의 90%가 농사로 생계를 이어갔는데, 땅 주인이 모두 양반인 구조에서는 평등을 실현할 수 없었습니다. 상민들이 아무리 평등을 외쳐도, 양반이 *“오늘부터 농사짓지 말라”*고 하면 상놈들은 끼니조차 해결할 수 없었기 때문입니다. 이승만 대통령은 상놈을 해방시키기 위해서는 양반의 눈치를 보지 않고서도 먹고살 수 있도록 해야 한다고 생각했습니다. 아무리 정치적 제도로 차별을 철폐해도, 먹고사는 경제적 문제가 해결되지 않으면 법의 효력이 없기 때문입니다. 이것은 놀라운 혜안입니다. 이전까지 서양에서는 민주주의를 정치적 관점으로만 이해했다면, 이승만은 민주주의를 경제적 관점에서도 이해한 것입니다. 당시 농림부 장관 윤영선은 다음과 같이 증언했습니다.

“대통령은 전쟁 수행으로 다른 일을 돌볼 틈이 없었지만 농지개혁만은 예외여서 기회 있을 때마다 ‘공산당을 막으려면 농지개혁을 빨리 해야 해’라고
말했습니다. 대통령이 전쟁의 북새통 속에서도 개혁을 서두른 것은 농지개혁은 공산당만 할 수 있다는 선동을 봉쇄하고,
영세 소작인의 반공정신을 일깨우는 것, 피난 지주의 생계를 돕는 것, 그리고 군량미 조달의 뜻이 있었습니다.”[6]

1948년 7월 17일 이승만 대통령은 제헌헌법 제86조에 “농지는 농민에게 분배하며 그 분배의 방법, 소유의 한도, 소유권의 내용과 한계는 법률로써 정한다.”라고 규정하고, 1948년 12월 4일 라디오 연설에서 농지개혁에 대해 이렇게 말했습니다.[7]

“원래 하나님이 세상을 창조하실 적에 양반과 상놈을 구별하거나 부자와 빈민을 인쳐서 낸 것이 아닙니다. (중략) 부자는 대대로 부자요 양반은 대대로
양반으로 지냈으니, 이와 같이 불공평하고 부조리한 일은 다시없을 것입니다. (중략) 지금 우리가 주장하는 민주 정체의 주의는 반상(양반과 상민)이라
귀천이라 하는 등분이 다 없고 모든 인민이 평등 자유로 천연한 복리를 다 같이 누리게 하는 것입니다. 이 주장을 세우기 위하여
그 근본적 병통을 먼저 교정하여야만 모든 폐단이 차서로 바로잡힐 것이므로, 토지 개혁법이 유일한 근본적 해결책이라는 것입니다.”[8]

대부분의 ○ 한민당 국회의원들은 ○ 지주 출신이었기 때문에 이승만 대통령의 농지개혁에 극렬히 반대합니다. 이후 어쩔 수 없이 개혁 자체에는 동의하지만, ③ ○ 농지대금 문제를 두고 끝까지 반발합니다. 이때 이승만 대통령을 도운 세력이 우파 반공 농민조직인 ‘농민총연맹’입니다. 이들은 국민과 국가를 생각하지 않는 국회의원들을 상대로 낙선 운동을 벌이겠다며 압박하고, 결국 국회는 농지대금을 150%로 통과시킵니다. 1949년 6월 21일 농지개혁법이 제정되면서, 우리나라 농지의 95.7%는 자작 농지로 바뀝니다. 5천 년 만에 평생을 고생해도 제대로 된 쌀밥을 지어먹어보지 못한 농민들에게 자기 땅을 가진다는 것은 기적 그 자체였습니다.

5) “이승만 어록.” 이승만대통령기념관. https://rheesyngmanfoundation.or.kr/user/03_smrhee/06_analects.do.

6) 김현중, *대한민국 사회 교과서*(서울: 양문, 2024), 208.

7) “대한민국헌법[시행 1948.7.17.] [헌법 제1호, 194.7.17., 제정].” 국가법령정보센터, 1948년 7월 17일. https://www.law.go.kr/lsInfoP.do?lsiSeq=53081#0000.

8) 이승만, “대통령, ‘토지개혁문제’라는 제목으로 방송연설.” 한국사데이터베이스, 1948년 12월 4일. https://db.history.go.kr/contemp/level.do?levelId=dh_009_1948_12_04_0140.

“이승만 박사 덕분에 우리 농사꾼들은 처음으로 쌀밥을 먹어보게 되었습니다.”[9]

“오늘이야말로 진정한 우리 대한민국의 전국적인 해방의 날이다.”[10]

“아버지가 머슴으로 가난하고 글자를 읽을 줄 아나 평생 멸시당하고 천대받고 그랬던 분이 땅이 생기니까,
비가 내리는데도 집에 안 들어오시고 자기 땅에서 주무셨습니다. ‘아버지 비 오니까 안으로 들어오셔서 주무시죠.’라고 말씀드렸더니,
이렇게 대답하시는 것입니다. ‘이야 내 땅에 누워있으니 비를 맞아도 좋구나.’”[11]

농지개혁은 단순히 땅을 소유하게 하는 데 그치지 않고, 여러 중요한 결과를 낳았습니다. 1950년 3월~5월 농지의 약 70~80%가 국민들에게 분배되면서, 6.25전쟁 발발 당시 국민들에게 인민군과 맞서 싸울 이유를 주었습니다. 전쟁 후에는 국민들이 자기 땅에서 농사지으며 자식들을 공부시켜, 근대화에 필요한 인재 양성의 토대가 되었습니다. 세계은행(World Bank)은 2006년 ‘세계경제발전보고서(World Development Report)’에서 이를 다음과 같이 높이 평가했습니다.

“20세기 어떤 나라는 경제가 발전하고 어떤 나라는 경제가 쇠퇴한다. 중요한 이유가 무엇인가 추적해 보았더니 (중략) 농지개혁과 관련이 있다는 것이다.
대한민국처럼 농지개혁을 잘해서 골고루 분배가 되면, 내가 열심히 일해서 거둔 것이 내 것이 되고 내 가족의 것이 된다.
그러면 국민들이 다 같이 열심히 일한다. 그러니 국가 경제 전체가 성장하게 된다.”[12]

오늘날 좌파들은 이승만 대통령을 기득권 세력으로 몰아가지만, 그는 누구보다 농민들을 위해 앞장선 사람이었습니다. 북한 김일성의 ④ 무상몰수·무상분배 토지개혁이 400만 농민을 굶겨 죽인 것과 달리, 이승만 대통령의 농지개혁은 국민들에게 정치·경제적 자유를 주고, 먹고사는 문제를 해결해 주고, 6.25전쟁 때 나라를 지켜주고, 경제개발의 기반까지 마련해 주었습니다.

3. 교육혁명
1949.12.31

이승만 대통령의 세 번째 재건사업은 교육혁명입니다. 조선시대의 교육은 양반만이 누릴 수 있는 특권이었습니다. 하지만 이승만 대통령은 교육을 전 국민에게 제공하여 모두를 ‘양반’으로 만들고자 했습니다. 청년 시절 한성감옥에서부터 신분제와 남녀 차별을 철폐하고 전 국민에게 교육을 제공하겠다는 꿈을 품었던 그는 ⑤ 독립운동가로 활동하며 그 꿈을 실천해 나갔습니다. 1913년 일제의 핍박을 피해 하와이에 도착한 이승만이 가장 먼저 한 일도 학교 설립이었습니다. 그는 나라를 되찾기 위해 반드시 교육이 필요하다고 믿었고, 1915년 ‘한인여학원’을 세운 뒤 1918년 이를 개명하여 우리나라 최초의 남녀공학 교육기관인 ‘한인기독학원’을 설립했습니다. 이 과정에서 그는 다음과 같은 글을 남겼습니다.

“조선에서 가장 불쌍한 것이 계집아이들이다. 그래서 이들이 배워야 하고 성장해야 한다.”[13]

당시 하와이에는 길에 버려진 조선 여자아이들이 많았습니다. 이는 조국에서 하던 습관대로, 딸을 낳으면 쓸모가 없다고 버린 것이었습니다. 이승만은 그렇게 버려진 아이들을 전부 거두어서 남녀 차별 없이 평등하게 교육을 제공합니다. 오늘날 우리나라의 페미니스트들이 기억해야 할 한 가지 사실이 있습니다. 우리나라의 여성들이 투표할 권리를 받은 것조차도 스스로의 노력과 인권 운동 때문이 아니라, 대한민국의 초대 대통령 이승만 때문입니다. 해방 후 조선사회가 여성 참정권을 고려조차 하지

④ 이승만의 농지개혁은 유상분배로 소유권을 나누어 준 반면, 북한의 토지개혁은 무상이지만 경작권만 나누어 주었습니다. 당시 농민들은 이 차이를 몰라 좌익의 ‘무상몰수·무상분배’ 구호에 쉽게 흔들리기도 했습니다.

⑤ 해방 후 이승만 대통령의 여권 직업란에 ‘교육자’라고 적혀있던 사실을 아시나요?

⑥ 영국은 174년, 스위스는 123년, 프랑스는 97년이나 걸려 전 국민이 보통선거권을 얻었습니다. 하지만 우리나라는 해방 후 불과 3년 만에 만 21세 이상 모든 남녀에게 투표권이 주어졌습니다. 이는 전쟁이나 장기간 투쟁이 아니라, 자유민주주의와 기독교 정신을 바탕으로 건국을 이끈 이승만 대통령의 의지가 만든 결과였습니다.

9) 김현중, *대한민국 사회 교과서*(서울: 양문, 2024), 208.

10) 김현중, *대한민국 사회 교과서*(서울: 양문, 2024), 208.

11) 이호, “#6. 건국대통령 이승만 농지개혁(이호 목사).” TNJ TV, 2017년 4월 3일, 동영상. https://www.youtube.com/watch?v=NS5FBox6tbw.

12) The World Bank, World Development Report 2006: Equity and Development(DC: The World Bank, NY: Oxford University Press, 2005), 163.

13) 김광주, “이승만과 대한민국 건국사 다룬 영화 ‘건국전쟁’ 시사회.” 월간조선, 2024년 1월 9일. https://m.monthly.chosun.com/client/mdaily/daily_view.asp?idx=18994&Newsnumb=20240118994.

못하던 때, ⑥ 이를 밀어붙여서 통과시킨 사람이 이승만이었습니다. 양반은 양반끼리, 상놈은 상놈끼리 독립운동을 펼칠 때도, 신분과 성별 구별 없이 모든 사람과 함께 독립운동을 한 사람이 이승만이었습니다. 6.25전쟁 이후에도 이승만 대통령은 교육이 국가의 미래를 연다고 믿고 국방비 다음으로 많은 예산을 교육에 투입했습니다.[14]

1. 첫째, 무상 초등교육 의무제를 도입합니다.

이승만 대통령은 헌법에 "모든 국민은 균등하게 교육을 받을 권리가 있다. 적어도 초등교육은 의무적이며 무상으로 한다."라고 규정하고[15], 1949년 무상 초등교육 의무제 교육법을 제정합니다. 이에 따라 모든 국민은 자녀가 만 6세가 되면 반드시 초등학교에 보내야 했습니다. 그 결과 초등학교의 수는 3,443개(1948년)에서 4,653개(1960년)로 늘고[16], 입학 비율은 14%(1948년)에서 96%(1960년)까지 증가하고, ○ 문맹률은 80%(1948년)에서 22.1%(1959년)로 크게 낮아집니다.[17]

2. 둘째, 대학생을 배출합니다.

1947년 우리나라 15세 이상 인구 중 대학교 졸업자는 0.6%에 불과하고, 대학 및 전문학교도 19개에 불과했습니다.[18] 이승만 대통령은 더 많은 대학생을 배출하기 위해 6.25전쟁 중에도 대학생 징집을 연기하면서까지 대학생들이 계속 공부할 수 있도록 돕습니다. 이에 반발하는 국회의원들에게 그는 "전쟁은 언젠가 끝나지만, 나라를 세울 인재는 지금 길러야 한다. 아무리 욕을 먹어도 이것만은 양보할 수 없다."라고 말했습니다.[19] 결국 이승만 대통령의 노력으로 1960년 대학생 수는 10만 명에 가까워졌고, 대학 및 전문학교도 19개에서 63개로 늘어납니다.[20] 학생들은 전쟁통에서도 야외에서 학습을 이어갔고, 이를 목격한 뉴욕타임스 기자는 감탄의 글을 남겼습니다.

3. 셋째, 해외 유학 및 연수를 통해 미래 인재를 양성합니다.

6.25전쟁으로 나라가 한순간에 빈곤에 빠지지만, 이승만 대통령은 탁월한 외교력으로 미국의 지원을 이끌어내어 유학생들의 장학금과 생활비를 보장받고, ⑧ 1950년대 매년 600명 이상을 미국을 비롯한 선진국으로 보냅니다. ⑦ 그 결과, 1956년 기준 미국 내 외국인 유학생 수에서 한국은 3위를 차지합니다. 이 유학생들은 학생·기술자·각계 지도자·⑨ 국군 장교 및 부사관으로 다양했고, 그중 한 명이 군인 박정희였습니다. 이때 이승만 대통령이 유학 및 연수를 보낸 학생들은 훗날 박정희의 경제개발의 토대가 되어 '한강의 기적'을 가능케 했습니다. 따라서 '한강의 기적'은 인재를 잘 길러낸 이승만 대통령과 인재를 잘 지휘한 박정희 대통령의 공동 업적입니다.

4 산업화의 초석

이승만 대통령의 네 번째 재건사업은 산업화의 초석을 마련한 것입니다. 6.25전쟁 이후, 이승만 대통령은 우리나라의 자체적인 공업 생산력을

○ 문맹률(文盲率, illiteracy rate): 글을 읽지 못하는 사람의 비율입니다. 반대로 글을 읽을 수 있는 비율은 '문해율(文解率, literacy rate)'이라고 말합니다.

⑧ 1951~1959년 해외 유학생 5,021명 중 4,468명이 미국으로 갔습니다.

김현중, *대한민국 사회 교과서*(서울: 양문, 2024), 287.

⑦ 1위는 캐나다, 2위는 대만이었습니다.

⑨ 6.25전쟁 후 국군은 67만 명 규모로 확대되었습니다. 이승만 대통령은 사관학교와 각종 군 관련 교육기관을 설립하고, 1951~1960년 무려 장교·지휘관 1만 1,595명을 미국에 유학 보냈습니다. 이는 같은 기간 미국으로 유학 간 유학생 민간인 5,423명을 훨씬 웃도는 숫자입니다.

김현중, *대한민국 사회 교과서*(서울: 양문, 2024), 289.

[14] 김현중, *대한민국 사회 교과서*(서울: 양문, 2024), 258.
[15] 대한민국헌법(제헌헌법), 제16조. 1948년 7월 17일. law.go.kr/법령/대한민국헌법/(19480717,00001,19480717)/제1조.
[16] 교과서포럼, *한국 근·현대사*(서울: 기파랑, 2008), 285.
[17] "제12편 - 교육개혁과 인재양성." 이승만기념관, 2018년 5월 25일. http://xn--zb0bnwy6egumoslu1g.com/bbs/board.php?bo_table=study&wr_id=16.
[18] 교과서포럼, *한국 근·현대사*(서울: 기파랑, 2008), 169.
[19] "이승만 어록." 이승만대통령 기념재단. https://rheesyngmanfoundation.or.kr/user/03_smrhee/06_analects.do.
[20] "제12편 - 교육개혁과 인재양성." 이승만기념관, 2018년 5월 25일. http://xn--zb0bnwy6egumoslu1g.com/bbs/board.php?bo_table=study&wr_id=16.
[21] 법무부 출입국·외국인정책본부, "생(生)을 만나다." 공존 *2015*, no.038 (2015): 21-22.

갖추고 싶었습니다. 하지만 미국은 당장 먹을 쌀도 없는데 공장을 짓겠다는 이승만의 말에 반대했습니다. 당시 미국은 대한민국에 원조를 주고, 그 원조로 일본 상품을 수입하여 두 국가가 함께 성장하기를 원했습니다. 하지만 이승만은 이를 거부하고 직접 공장을 세웁니다. 이때 세워진 대표적인 공장들이 충주 비료·인천 제철·인천 판유리·문경 시멘트 공장 등입니다. 그 외에도 미국의 원조를 활용하여 ° 삼백산업을 발전시키고, '미국 잉여 농산물 협정'을 통과시켜 미국의 잉여 농산물로 식량 문제를 해결합니다. 그중 가장 획기적인 업적은 원자력 발전의 시작이었습니다.

○ 삼백산업(三白産業): 1950년대 미국 원조로 성장한 제분(밀가루)·제당(설탕)·면방직(면) 산업으로, 세 재료가 흰색이라 '삼백산업'이라고 불립니다.

○ 시슬러(Walker Lee Cisler, 1897~1994): 1897년 미국 오하이오 주 출신으로 코넬대에서 기계공학을 전공한 엔지니어입니다. 훗날 세계에너지 회장을 지내며 미국 에너지계 핵심 인사가 되었고, 마셜플랜에도 참여한 전력·복구 전문가였습니다.

⑩ 이승만 대통령이 원자력에 투자한 가장 큰 이유는 남한의 심각한 전력난 때문이었습니다. 일제시대 당시 발전시설의 86%가 북한에 있었기 때문에 남한은 북한의 전력을 의존했습니다. 하지만 1948년 5월 14일 북한이 5.10총선을 방해하기 위해 전력 공급을 완전히 끊어버리는 '5.14 단전'을 일으킨 뒤, 남한은 미군정의 도움으로 화력발전소를 구축하기 시작했습니다.

○ 원자력(原子力, atomic energy): 원자핵이 중성자와 충돌하여 두 개의 원자핵으로 쪼개지는 핵분열 과정에서 생기는 에너지입니다. 원자력 발전소는 이 에너지를 이용하여 전기를 생산합니다. 1938년 오토 한, 프리츠 슈트라스만, 리제 마이트너가 핵분열을 발견했으며, 오토 한은 이 공로로 1944년 노벨화학상을 받았습니다.

⑪ 2024년 현재 대한민국은 6곳의 원자력 발전소에서 24기의 원자로를 가동 중이며, 발전량 기준 세계 6위, 원자력 발전회사 단위로는 '한국수력원자력'이 세계 2위를 차지합니다. 하지만 문재인 대통령은 2017년 6월 19일 탈원전을 선언하며 원전 중심 발전 정책을 폐기했습니다. 그는 후쿠시마 원전 사고로 1,368명이 사망했다고 주장했지만, 실제 직접 사망자는 없었고 2018년 기준 방사능 피폭으로 인정된 사망자는 1명이었습니다. 그럼에도 월성 원전 1호기 조기 폐쇄와 신규 원전 백지화가 추진되었고, 원전업체들이 줄줄이 파산했습니다. 그 결과 한전은 단가가 원전보다 5배 비싼 LNG로 대체하며 47조 원 적자를 기록했고, 전기요금은 약 17.9%(2022년 기준) 인상되었습니다.

박성명, "'수령에 빠뜨린' 원자력발전산업 [문재인 쓰나미⑧]." 뉴데일리, 2023년 9월 13일. https://www.newdaily.co.kr/site/data/html/2023/09/13/2023091300070.html.

○ 원자로(原子爐, nuclear reactor): 핵분열을 안정적으로 제어하여 지속적으로 일어나도록 하는 장치입니다.

시슬러 박사　1958년 이승만 대통령은 당시 세계 에너지 회장 ° 시슬러(Walker Lee Cisler) 박사를 만납니다. ⑩ 시슬러는 에너지난을 걱정하던 이승만 대통령에게 나무상자 속 우라늄을 보여주며 *"우라늄 1g은 석탄·석유보다 수십 배 많은 에너지를 낸다. 한국처럼 자원이 부족한 나라는 땅에서가 아니라 사람의 머리에서 에너지를 캐야 한다."*라고 조언합니다.[22] 이것이 바로 ° '원자력(nuclear power)'입니다. 시슬러 박사는 *"지금부터 인재를 키우면 20년 후 원자력으로 전국에 불을 밝힐 수 있다."*며 원자력 사업을 시작할 것을 권유합니다.[23] 이에 이승만 대통령은 1958년 원자력법을 통과시키고, 1959년 원자력연구소 설립과 장학금 제도를 통해 인재 양성을 시작합니다. 이 초석 위에 박정희 대통령은 1971년 우리나라 첫 원자력발전소를 건설합니다. 당시 국민소득은 55달러에 불과했지만, 국가 예산의 4배가 넘는 비용을 투자합니다. 결국 미래를 내다본 두 지도자 덕분에 우리나라는 시슬러 박사의 말처럼 20년 만에 원자력의 시대를 맞게 되었고, ⑪ 오늘날 발전량 기준 세계 6위의 원자력 강국이 되었습니다.[24]

원자력의 원리　집을 환히 밝혀주고, 생활을 편리하게 하는 전기는 풍력·화력·수력·원자력 등 여러 가지 방법으로 생산됩니다. 이 중 원자력 발전소를 통해 전기가 만들어지는 원리는 무엇일까요? 원자력은 원자의 핵분열(nuclear fission)을 이용해서 발전합니다. 한 개의 원자가 감전되면 많은 에너지를 방출하면서, 이상의 핵으로 분열됩니다. 이 같은 핵분열이 가능한 원소 중 하나가 우라늄입니다. 이렇게 핵분열에서 파생된 에너지는 높은 열을 만들어서 ° 원자로 용기 속에 흐르는 물을 아주 뜨겁게 만들고, 물에서 올라오는 고압 수증기는 터빈을 돌려 전기를 생산합니다. 화력발전소도 물을 끓여 전기를 만드는 방식은 같지만, 원자력은 많은 양의 석탄과 석유가 필요한 화력발전소에 비해 적은 양의 연료로도 대량의 전력 생산이 가능하여 생산 비용이 훨씬 저렴합니다.

결국 이승만 대통령의 4대 재건사업은 우리나라가 세계에서 유일하게 원조받는 나라에서 원조하는 나라로 탈바꿈할 수 있는 토대를 마련해 주었습니다.

#1 사사오입 개헌　대한민국의 탄생·건국·발전은 그 어느 것 하나 이승만 대통령 없이는 불가능했습니다. 그는 일찍이 국제 정세에 눈을 뜬 정치·외교가로, 위기마다 뛰어난 혜안으로 나라를 지켜내고 애국심을 일깨우고, 국민의 먹고사는 문제를 해결한 지도자였습니다. 그럼에도 오늘날 좌파들은 이승만 대통령의 업적은 언급조차 하지 않고, 그를 '독재자'라고 폄하합니다. 이들이 이렇게 주장하는 이유는 이승만 대통령의 말로에 일어난 두 가지 사건 때문입니다. 1954년 사사오입 개헌과 1960년 3.15 부정선거입니다. 그렇다면 먼저 1954년 사사오입 개헌의 진실부터 살펴봅시다.

이유: 이승만의 장기집권　이승만 대통령은 자유당 시절 1948~1952년, 1952~1956년 두 차례 임기를 마칩니다. 당시 제헌헌법은 대통령 3선을 금지했기 때문에 세 번째 임기는 불가능했습니다. 하지만 이승만 대통령은 더 집권하기를 원했습니다. 이를 두고 우리나라의 좌파들은 이승만 대통령을 권력욕에 사로잡힌 독재자라고 비난하지만, 그가 장기집권을 원했던 데에는 나름의 이유가 있었습니다.

22)　김홍재, "우라늄 1g이 석탄 300만배 에너지 일으켜." 파이낸셜뉴스, 2008년 3월 5일. https://www.fnnews.com/news/200803052217456657.

23)　권혁주, "'20년 뒤' 보고 인재 투자한 81세 대통령…K원전 신화의 시작." 중앙일보, 2025년 7월 7일. https://www.joongang.co.kr/article/25349500.

24)　"원자력 사업개요." 한국전력공사. https://home.kepco.co.kr/kepco/KE/I/htmlView/KEIAHP00106.do?.

1. 첫째, 우리나라는 당시 6.25전쟁이 끝난 지 고작 1년밖에 지나지 않아, 정치·경제·사회 모든 면에서 불안정했습니다.

2. 둘째, 북한의 공산 세력에 맞설 투철한 반공정신의 ⑫ 후임자가 없었습니다. 당시 유력한 후임자로 거론되던 남로당 출신 조봉암은 전향했지만, 1956년 제3대 대선에서 북한의 김일성에게 자금을 받아 처단되었고, 다른 후보자들은 모두 서거했습니다.

3. 셋째, 산업화의 초석을 닦을 지도자가 마땅치 않았습니다. 실제로 이승만 대통령의 세 번째 임기 때 원자력을 비롯한 주요 산업 기반이 마련되었습니다.

| 사사오입 개헌
(1954.11.29) |

이러한 복합적인 이유로, 이승만 대통령은 3선 집권을 위해 '사사오입 개헌'을 선택합니다. 자유당은 건국 대통령에 한해 출마 횟수를 제한하지 않는 ⑬ '삼선개헌' 헌법 개헌안을 발의합니다. 당시 개헌에 필요한 ○ 정족수는 203명의 3분의 2인 136명(135.333)이었는데, 개표 결과 203명 중 135명의 찬성으로 개정안은 부결됩니다. 하지만 자유당은 ○ '사사오입'의 반올림 원리를 적용하여 개정안을 무리하게 통과시킵니다. 그 결과 헌법은 개정되고, 이승만 대통령은 1956년 제3대 대선에 재출마하여 당선됩니다. 우리나라 좌파들은 이를 두고 이승만 대통령을 비판하지만, 당시에는 이에 대해 국민들이 크게 반발하거나 대대적으로 시위하지 않았습니다. 오히려 대부분의 국민들은 이승만 대통령을 인정하고 지지했습니다.

사사오입 개헌은 이승만 대통령이 장기집권을 하기 위한 과정 속에서 발생한 사건입니다. 장기집권을 위해 이를 묵인함으로써 승인한 것은 잘못되었지만, 당시 6.25전쟁 직후라는 특수한 상황 속에서 이승만 대통령은 장기집권을 해야 하는 여러 이유가 있었습니다. 대부분의 국민들도 이승만 대통령의 지도력이 여전히 필요하다고 느꼈습니다.

| #2 3.15 부정선거 |

우리나라 좌파들이 이승만 대통령을 '독재자'라고 폄하하는 두 번째 이유는 3.15 부정선거 때문입니다. 그렇다면 1960년 3.15 부정선거의 진실은 무엇일까요?

| 이유: 자유당의
정치이권 |

1948~1960년 세 번의 임기를 마친 이승만 대통령은 1960년 제4대 대통령 선거를 앞두고 있었습니다. 자유당에서는 대통령 후보로 이승만, 부통령 후보로 ⑭ 이기붕을 내세웠고, 민주당에서는 대통령 후보로 조병옥, 부통령 후보로 장면을 출마시킵니다. 하지만 특이하게도, 제4대 대통령 선거는 대통령보다 부통령이 초미의 관심사였습니다. 건국 대통령으로서 이미 국민들의 압도적 지지를 받고 있던 이승만 대통령은 선거 한 달 전 민주당 후보 조병옥이 위 종양으로 서거하면서 단독 후보였습니다. 그러므로 이승만 대통령은 대통령에 당선되기 위해 부정선거를 저지를 이유가 없었습니다. 또 그는 세 번째 임기 때 민주당의 장면과 함께 국정을 운영한 경험이 있었기 때문에 자유당의 이기붕이든 민주당의 장면이든 부정선거를 저지르면서까지 특정 인물을 당선시킬 필요가 없었습니다. 하지만 자유당 국회의원들은 84세 고령의 이승만이 서거하면, 그 자리는 부통령이 승계하게 되니 어떻게 해서든 부통령 선거에서 이겨야만 했습니다. 따라서 3.15 부정선거는 고령의 대통령이 서거한 이후에도 정권을 유지하려는 자유당 국회의원들이 자행한 사건이었습니다.

| 3.15 부정선거
(1960.3.15) |

자유당 국회의원들은 1960년 제4대 대통령 선거에서 부통령 후보 이기붕을 당선시키기 위해 수단과 방법을 가리지 않습니다. 이들은 사전투표함에 약 40%의 표를 미리 넣어두고, 삼인조와 오인조를 조직하여 유권자들을 감시·압박하고, 자유당 완장을 찬 사람들을 투표소 주변에 배치하고, 전국의 경찰들에게는 미리 사표를 받아내어 관할 구역에서 자유당의 표가 적게 나오면 해고할 것을 협박하고, 민주당 참관인들을 매수·납치하고, 정치 깡패들을 동원하여 민주당 지지자들을 폭행하는 등 다양한 방식의 부정을 저지릅니다. 그 결과 1960년 3월 15일 제4대 대통령 선거에서 이기붕은 79%라는 압도적인 득표율로 당선되지만, 선거 당일 전국적으로 10여 명이 사망하고 70여 명이 부상을 입는 참극이 벌어집니다. 이에 마산에서는 부정선거를 규탄하는 대규모 시위가 일어나는데, 4월 11일 마산 앞바다에서 행방불명되었던 중학생 김주열의 시신이 눈에 최루탄이 박힌 채 발견되자 시위는 전국적인 항쟁으로 번져 나갑니다. 확산된 시위 열풍 속에서 4월 18일 고려대학교 학생들까지 시위에 참여하지만, 자유당은 정치 깡패들을 동원하여 학생들을 무자비하게 구타합니다. 그 결과, 학생 1명이 사망하고 여러 명의 부상자가 발생합니다.

⑫ 은퇴 권유를 받았을 때 이승만 대통령은 "그렇게 하고 싶다. 그러나 내가 은퇴하면 장면이나 조병옥이 대통령이 될 텐데 그들은 지도력을 갖고 있지 않다."라고 답했습니다. 이에 대해 외교고문 로버트 올리버(Robert T. Oliver) 박사는 "이 박사의 이러한 판단은 정확했다고 본다. 설사 이 판단이 잘못된 것이었다고 해도 이는 이 박사 혼자만 저지른 유별난 실수가 아니다. 루스벨트·처칠·장개석·모택동 등 세계 각국의 저명한 지도자들 역시 장기 집권을 획책했기 때문이다."라고 회고했습니다.

로버트 올리버, 「왜 한국인은 자기나라 위대한 지도자를 모를까?」 뉴데일리. https://www.newdaily.co.kr/site/data/html/2014/08/13/2014081300046.html.

⑬ 제헌헌법 55조 1항은 대통령·부통령의 임기를 4년으로 하되 1차 중임만 허용한다고 규정했습니다. 하지만 자유당은 부칙에 '헌법 공포 당시의 대통령은 이 제한을 적용하지 않는다.'는 조항을 넣어 개정안을 발의했습니다.

○ 정족수(定足數): 의사 결정이나 법률 제정을 위해 필요한 최소 출석 인원입니다.

○ 사사오입(四捨五入): '4는 버리고, 5는 올린다'는 뜻으로, 오늘날의 반올림과 같습니다. 자유당은 정족수 135.333…명에서 소수점을 반올림하면 135명이 되므로, 135명의 찬성으로도 개헌안이 가결된다고 억지로 주장했습니다.

⑭ 이기붕은 이승만 정부에서 국회의장과 자유당 부총재로 핵심적 위치를 차지했습니다. 고령으로 국정에서 멀어진 이승만 대통령을 대신하여 장관들을 이끌며 국정을 운영했지만, 민주당 장면을 이길 가능성은 희박했습니다. 결국 1956년 부통령 선거에서 장면에게 패했습니다.

⑮ 이기붕과 그의 가족은 자택에서 동반 자살하며 생을 마감했습니다. 이에 대해 여러 해석이 있지만, 가장 유력한 견해는 장남 이강석이 가족들을 총살한 뒤 스스로 목숨을 끊었다는 것입니다. 이외에도 3.15 부정선거를 주도한 주요 인사들은 체포되어 사형되었습니다.

4.19 혁명
(1960.4.19)

결국 4월 18일 폭력 사태를 계기로, 부정선거 규탄 시위는 전국적으로 약 20만 명까지 확산되어 이른바 '4.19 혁명'이 일어납니다. 학생들을 중심으로 한 대규모 시위대는 *"부정선거 다시 하자!"* 라는 구호를 외치며 ⑮ 이기붕의 자택으로 돌진하고, 일부는 대통령의 관저인 경무대로 향합니다. 이에 정부는 오후 3시 서울 지역에 비상계엄령을 선포하고, 계엄군을 출동시켜 시위를 무력 진압합니다. 이날 전국적으로 시위대와 경찰 115명이 사망하고, 727명의 부상자가 발생합니다.[25] 4.19 혁명 당시 경찰의 발포와 강경 진압은 이승만 대통령의 지시가 아니라, 경호실장 곽영주의 독단적 명령이자 월권 행위였습니다. 하지만 우리나라 좌파들은 4.19 혁명 때 학생들을 무자비하게 총살한 것이 이승만 대통령이라고 주장합니다. 이는 사실과 다르며, 책임소재의 문제입니다.

학생들

4.19 혁명에 앞장선 자들은 다름 아닌 학생들이었는데, 그 많은 학생들이 부정선거를 보고 규탄할 수 있도록 누가 교육시켰을까요? 역설적으로, 이승만 대통령입니다. 1945년 해방 당시 우리나라 대학생 수는 고작 7천 명이었습니다. 하지만 이승만 대통령의 초등교육 의무제가 시행된 지 10년도 채 되지 않아, 1960년에는 학령기 아동의 96%가 초등학교에 입학하고, 대학생 수도 10만 명으로 급증합니다.[26] 이승만 정권 시기 학교에서 학생들에게 무엇을 가장 먼저 가르쳤을까요? 바로 반공과 민주주의였습니다. 학생들은 민주주의를 단순히 교과서로 배우는 데 그치지 않고, 반장선거 투표 등을 통해 자신들의 손으로 지도자를 선출하는 경험을 합니다. 이러한 학습과 경험은 학생들로 하여금 잘못된 정치를 비판하고 저항할 수 있는 힘을 길러주었습니다. 결국 4.19 혁명은 단순한 학생 시위가 아니라, 이승만 대통령의 교육혁명이 짧은 시기에 얼마나 큰 성과를 거두었는지를 보여주는 사건입니다. 역설적으로, 4.19 혁명이 가능할 수 있었던 이유는 이승만 대통령 때문이었습니다.

좌익 교수들

당시 시위대는 부정선거를 다시 치르라는 것일 뿐, 이승만 대통령이 물러나야 한다고 외치는 사람은 없었습니다. 하지만 4월 25일 서울대 교수들을 중심으로 전국 27개 대학의 교수 258명이 시국선언을 발표하면서 상황은 달라집니다. 교수들의 시국선언과 시가행진으로 시위의 주제는 '이승만 하야'로 바뀝니다. 이때 처음으로 *"이승만 대통령 하야하라"* 라는 구호가 달린 플래카드가 등장하고, 파고다 공원에 있던 이승만 대통령의 동상이 철거되고 그 자리에 김구의 동상이 세워집니다. 어떻게 단지 258명의 교수진에 의해 4.19 혁명의 전체 메시지가 단번에 바뀔 수 있었을까요? 오늘날도 그렇지만, 특히 그 시절 교수라는 존재는 막대한 사회적 책임과 권위를 가진 지식인이었습니다. 실제로 당시 교수들의 시위에는 경찰조차 특별한 제재를 가하지 않았습니다.

인의 장막

3.15 부정선거와 4.19 혁명으로 나라가 혼란에 빠질 때까지 이승만 대통령은 무엇을 하고 있었을까요? 당시 84세의 고령이었던 그는 자연스럽게 '인의 장막' 속에 둘러싸여 있었습니다. 인의 장막이란 사람으로 장막을 친다는 표현으로, 주로 측근들이 둘러싸 권력자를 외부와 단절시키는 현상을 뜻합니다. 당시 이승만 대통령은 스스로를 *"철창에 갇힌 호랑이"* 에 비유하는 등 자신이 인의 장막에 둘러싸인 것을 어느 정도 인식하고 있었지만, 그가 딱히 할 수 있는 것은 없었습니다. 바깥에서 시위 소리가 들리자, 이승만 대통령은 자유당 인사들에게 이유를 물어보지만, 이들은 *"자유당이 선거에서 압승하니 불만 세력이 괜히 소란을 피우는 것"* 이라는 식의 거짓 보고를 올립니다. 자유당은 자신들의 정치적 이권을 지키기 위해 끝까지 사실을 숨기고 왜곡합니다. 결국 사태가 걷잡을 수 없을 만큼 커지자, 자유당 지도부는 4월 21일에야 비로소 이승만 대통령에게 이실직고하고 전원 사표를 냅니다.

아래는 당시 국무회의록에 근거하여, 이승만 대통령이 3.15 부정선거와 4.19 혁명을 인지하게 된 과정을 정리한 시간표입니다.[27]

[25] 국립4.19민주묘지, "전개과정." 국가보훈부. https://www.mpva.go.kr/419/contents.do?key=300.

[26] "제12편 – 교육개혁과 인재양성." 이승만기념관, 2018년 5월 25일. http://xn--zb0bnwy6egumoslu1g.com/bbs/board.php?bo_table=study&wr_id=16.

[27] 안보길, "이승만의 4.19 ▶ 일주일전 국무회의록을 보라 ▶ "부정을 왜 해? 불의 항거 학생들 장하다" ▶ "하야했으니 걸어가겠다"." 뉴데일리, 2025년 5월 6일. https://www.newdaily.co.kr/site/data/html/2025/05/06/2025050600075.html.

- 1960년 4월 12일: ⑯ 마산 앞바다에서 김주열 시신 발견 사실을 보고받음

  "혹시 선거가 잘못되었다고 들은 일은 없는가? (중략) 대통령을 사임하고 다시 자리를 마련하는 이 외에는 도리가 없다고 보는데…"

  (하지만 자유당 국회의원들은 공산주의자의 배후 조종이라며 거짓 보고를 합니다.)

- 1960년 4월 19일: ⑰ 이승만 정권의 마지막 국무회의 개최

  "오늘은 내가 무슨 난중에 앉아있는 것 같애. 사람들이 나를 나가라고 하는 모양인데 순수히 좋게 내주려고 해. 나는 무슨 이유인지, 무슨 까닭인지를 똑똑히 알았

  으면 해. 뭣인지 까닭을 알아야 해결할 것 아냐."

  (부정선거가 일어난 지 한 달이 되었어도, 자유당의 거짓 보고로 이승만 대통령은 여전히 원인을 알지 못했습니다.)

- 1960년 4월 21일: 자유당 지도부가 사태를 이실직고하고 전원 사퇴

- 1960년 4월 22일: 이승만 대통령의 병원 방문

- 1960년 4월 23일: 이승만 대통령과 이기붕을 압박하기 위해 부통령 장면 사퇴

- 1960년 4월 24일: 이승만 대통령의 자유당 총재직 사퇴

- 1960년 4월 25일: 전국 교수 258명, '이승만 하야' 시국선언 및 시위

- 1960년 4월 26일: 라디오 방송 통해 하야 성명 발표

- 1960년 4월 27일: 국회에 대통령 사임서 공식 제출

⑯ 이날 이승만 대통령은 "혹시 선거가 잘못되었다고 들은 일은 없는가? (중략) 대통령을 사임하고 다시 자리를 마련하는 이 외에는 도리가 없다고 보는데…"라고 말하지만, 자유당 지도부는 공산주의자들이 배후에서 조종하여 일어난 사건이라며 거짓 보고를 합니다. 사실상 하야를 처음으로 입에 올린 사람은 다름 아닌 이승만 대통령 본인이었습니다.

⑰ 이날 이승만 대통령은 "오늘은 내가 무슨 난중에 앉아있는 것 같애. 사람들이 나를 나가라고 하는 모양인데 순수히 좋게 내주려고 해. 나는 무슨 이유인지, 무슨 까닭인지를 똑똑히 알았으면 해. 뭣인지 까닭을 알아야 해결할 것 아냐."라고 말했습니다. 부정선거가 일어난 지 한 달이 지나고, 시위에 나선 학생들이 목숨을 잃는 상황에서도 이승만 대통령은 여전히 사태의 진상을 알지 못했습니다. 자유당 지도부가 마지막 국무회의에서까지도 이승만 대통령에게 거짓말을 했기 때문입니다.

독재자 이승만? 우리나라 좌파들은 역사적 사실과 관계없이 이승만 대통령을 '독재자'라고 비난합니다. 하지만 이승만 대통령이 4월 21일 사태의 진상을 알게 된 직후에 취한 행동을 보면, 그는 독재자가 아니었음을 알 수 있습니다. 첫째, 이승만 대통령은 바로 다음 날인 4월 22일 부상당한 학생들이 입원해 있는 병원을 직접 방문합니다. 과연 어느 독재자가 자신을 규탄한 자들을 찾아갈까요? 둘째, 병원을 방문한 이승만 대통령을 본 학생들은 그를 향하여 '독재자'가 아닌 '할아버지'라고 외치며 눈물을 흘립니다. 만약 그가 정말 독재자였다면, 학생들로부터 이러한 말을 들을 수 있었을까요? 학생들은 3.15 부정선거에 대한 분노는 있었지만, 나라를 세워준 이승만 대통령에 대한 애정과 존경이 있었습니다. 셋째, 이승만 대통령은 부상당한 학생들을 꾸짖는 대신에 눈물을 흘리며 칭찬합니다. "학생들이 왜 이렇게 되었어? 부정을 왜 해? 암, 부정을 보고 일어서지 않은 백성은 죽은 백성이지! 이 젊은 학생들은 참으로 장하다!"[28] 과연 어느 독재자가 자신을 향해 항의한 자들에게 '장하다'며 칭찬할 수 있을까요?

이승만 대통령과 무려 23년간 가까이 지낸 외교고문 로버트 올리버(Robert T. Oliver) 박사는 훗날 이승만 대통령에 대해 다음과 같은 평가를 남겼습니다.

"이승만은 독재자였나? 한국에는 이승만 박사를 악한 사람이라고 비난하는 사람이 많다. 부패한 독재자라고 부르는 사람 또한 적지 않다. (중략) 하지만 비판자들이 놓치고 있는 가장 중요한 것은 이 박사의 애국심이다."[29]

이승만 하야 (1960.4.26) 1960년 4월 26일 이승만 대통령은 방송을 통해 "국민이 원한다면 대통령은 물러나야 한다"며 하야 성명서를 발표하고, 다음 날인 4월 27일 국회에 사임서를 제출하며 공식적으로 대통령직에서 물러납니다. 당시 중국 대만의 장개석 총통은 이승만 대통령에게 위로의 편지를 보내는데, 이승만 대통령은 오히려 "내가 왜 장 총통에게 위로를 받아야 하는가? 이 편지를 돌려보내고 싶다. 불의를 보고 방관하지 않는 100만 학도가 있고 국민들이 있으니, 나는

28) 이주영, ""不正을 왜 해? 내가 그만둬야 사람 안 다치지." 뉴데일리, 2010년 8월 12일. https://www.newdaily.co.kr/site/data/html/2010/08/12/2010081200077.html.

29) 로버트 올리버, "왜 한국인은 자기나라 위대한 지도자를 모를까." 뉴데일리, 2014년 8월 13일. https://www.newdaily.co.kr/site/data/html/2014/08/13/2014081300046.html.

얼마나 행복한가. 이런 위로 편지를 받을 이유가 전혀 없노라."라고 회신합니다.[30] 이는 권력에서 물러나는 순간조차도, 학생과 국민을 자랑스러워하는 이승만 대통령의 모습을 보여주는 대목입니다.

| 하와이 출국, 서거 (1960.5.29~ 1960.7.19) |

사임서를 제출한 이승만 대통령은 ○ 경무대에서 이화장까지 대통령 전용 차량이 아닌 민간인 신분으로 직접 지팡이를 짚고 걸어갑니다. 하지만 고령의 대통령의 건강을 걱정한 주변 인사들의 만류로 결국 차량에 올라 이화장으로 이동합니다. 이때 수많은 시민들이 길가에 나와 건국대통령을 배웅하고, 이화장 담벼락에는 "만수무강하소서"와 "할아버지 만세"라는 벽보들이 붙어있었습니다. 당시 이승만 대통령의 하야 장면을 지켜본 사람들은 그 순간의 심정을 다음과 같이 회고했습니다.

"그래도 이 박사가 없었던 나라를 되찾아줬고 전쟁 때문에 망할 뻔한 나라를 지켜주었고 세계에서 제일 가난한 아프리카보다 못 살았는데
미국에서 그 많은 구호물자를 얻어다가 국민들을 다 먹여 살려줬으니, 이 박사가 없으면 나라도 없었고 국민들은 다 굶어 죽었을 겁니다.
비록 마지막에 잘못은 하셨지만 그분에 대한 존경심과 애정을 가질 수밖에 없습니다."[31]

이승만 대통령은 이화장에서 한 달간 머문 뒤, 1960년 5월 29일 [19] 측근들의 권유로 하와이로 짧은 여행을 떠납니다. 그는 김포공항으로 향하는 차 안에서도 들판을 바라보며 "풍년이 들어서 우리 국민들이 다 배부르게 행복하게 살소서"라는 시를 지으며, 끝까지 국민들을 생각했습니다. 하와이에 도착하여 세관 검사를 받을 때 이승만 대통령과 프란체스카 여사의 짐은 옷이 든 트렁크 두 개, 고물 타자기 한 대, 그날 먹던 점심 도시락, 그리고 약품뿐이었습니다. 여권의 유효기간도 고작 30일에 불과했습니다. 당초 계획은 3주 남짓한 짧은 여행이었지만, [20] 측근들의 귀국 불허로 이승만 대통령은 1965년 7월 19일 서거하기까지 끝내 조국에 돌아오지 못했습니다. 우리나라 좌파들은 이승만 대통령의 하와이행을 '망명(亡命)'이라고 표현하지만, 이는 정확하지 않은 표현입니다. 망명은 주로 정치적인 이유 때문에 외국으로 자발적으로 피신하는 것을 의미합니다. 하지만 이승만 대통령은 자발적으로 떠난 것이 아니라, 주변의 권유와 제지로 귀국하지 못한 채 하와이에 머물 수밖에 없었던 것입니다. 이후 극도로 낙심한 이승만 대통령은 걷지 못할 정도로 건강이 악화되어, 끝내 요양원으로 옮겨져 여생을 마감하게 됩니다.

| 이승만 대통령의 나라사랑 |

머나먼 타국에서 쇠약해진 몸의 이승만 대통령은 자나 깨나 조국에 대한 생각뿐이었습니다. 그는 늘 양자 ○ 이인수 박사에게 "지금 우리나라에서 남북통일을 하려는 이가 있나?"라고 물었다고 합니다.[32] 이에 이인수 박사는 고령의 이승만 대통령의 심기를 편하게 해 드리기 위해 "우리 국민의 소원이니 모두가 통일을 생각하고 있습니다."라고 대답했다고 합니다.[33] 하지만 이 말을 들은 이승만 대통령은 오히려 버럭 화를 내며 이렇게 말했습니다.

"그까짓 생각만 해서 뭐 해? 아, 이승만이가 한바탕 했으면 또 누가 나서서 해야 하잖아. 내 소원은 백두산까지 걸어가는 게야."[34]

| 이승만 대통령의 마지막 유언 |

5년 2개월의 긴 요양 생활 끝에, 이승만 대통령은 1965년 7월 19일 향년 90세에 임종합니다. 그의 유해는 하와이에서 영결식을 치른 뒤, [21] 미군 수송기에 실려 이화장으로 옮겨집니다. 이후 7월 27일 이승만 대통령이 평소 출석하던 정동제일감리교회에서 영결예배가 거행되고, 운구는

30) 김효선, "하야 이승만 '나는 행복! 위로 필요없다'." 뉴데일리, 2011년 4월 20일. https://www.newdaily.co.kr/site/data/html/2011/04/20/2011042000090.html.

31) 이호, "#10. 건국대통령 이승만 하와이 유폐(이호 목사)." TNJ TV, 2017년 4월 15일, 동영상. https://www.youtube.com/watch?v=PZtnclMnIro&list=PLJLwsZ28Vi_Tt1r3xG8Q_628An_8JT-Jw&index=10.

32) "거대한 생애의 마지막 기도." 이승만 기념관. http://xn--zb0bnwy6egumoslu1g.com/bbs/board.php?bo_table=Christian&wr_id=17.

33) "거대한 생애의 마지막 기도." 이승만 기념관. http://xn--zb0bnwy6egumoslu1g.com/bbs/board.php?bo_table=Christian&wr_id=17.

34) "거대한 생애의 마지막 기도." 이승만 기념관. http://xn--zb0bnwy6egumoslu1g.com/bbs/board.php?bo_table=Christian&wr_id=17.

동작동 국립서울현충원으로 향합니다. 당시 전직 대통령으로서 국가장을 치러야 했지만, 4.19 세력의 반대로 가족장이 대신 치러집니다. 그럼에도 광화문 광장부터 국립서울현충원까지 수많은 인파가 거리로 나와 건국 대통령의 마지막 길을 배웅합니다. 이들은 눈물을 흘리며, 지금의 대한민국이 있게 해 준 위대한 건국 대통령 이승만을 여전히 기억하고 사랑했습니다.

이토록 조국을 위해 일생을 바친 이승만 대통령이 대한민국의 후세에게 남긴 마지막 유언은 무엇이었을까요? 이승만 대통령은 양자 이인수 박사를 통해 국민들에게 다음과 같은 유언을 남겼습니다.

"잃었던 나라의 독립을 다시 찾는 일이 얼마나 어렵고 힘들었는지 우리 국민은 알아야 하며 불행했던 과거사를 거울삼아 다시는 어떤 종류의 것이든 노예의 멍에를 메지 않도록 해야 한다. 이것이 내가 우리 민족에게 주는 유언이다."[35]

그리고 임종 직전 의식을 잃기 전에 이승만 대통령은 생애 마지막 식사 기도를 다음과 같이 드렸습니다.

"이제 저의 천명이 다하여감에 아버지께서 저에게 주셨던 사명을 감당치 못하겠나이다. 몸과 마음이 너무 늙어버렸습니다. 바라옵건대, 우리 민족의 앞날에 주님의 은총과 축복이 함께 하시옵소서. 우리 민족을 오직 주님께 맡기고 가겠습니다. 우리 민족이 굳게 서서 국방에서나 경제에서나 다시는 종의 멍에를 메지 않게 하여 주시옵소서."[36]

아래는 이승만 대통령이 평소에 늘 좋아했던 성경구절입니다.

"그리스도께서 우리를 자유롭게 하려고 자유를 주셨으니 그러므로 굳건하게 서서 다시는 종의 멍에를 메지 말라." (갈라디아서 5장 1절)

결단하기 오늘날 ㉒ 한국갤럽의 역대 대통령 선호도 조사에서 이승만 대통령은 늘 1% 안팎에 머물고 있습니다. 이는 우리나라 좌파들이 이승만 대통령의 공헌을 의도적으로 언급하지 않고, 그의 과오마저 왜곡해 왔기 때문입니다. 실제로 일부 교사들은 이승만 대통령에 대해 ㉓ "우리에게 나쁜 선례를 보여준 인물", "역사적으로 정말 잘한 게 하나도 없는, 국가로 보나 개인적으로나 보나 부끄러운 대통령"이라고 가르치고 있습니다. 하지만 사람이라면 누구나 잘할 때도 있고, 못할 때도 있습니다. 이승만 대통령은 말로에 장기집권을 위해 사사오입 개헌을 묵인함으로써 승인했고, 고령화와 인의 장막으로 인한 인사 실패 때문에 3.15 부정선거에 제대로 대처하지 못했습니다. 하지만 이러한 과오만으로 덮어 버리기에는 그의 공헌은 너무도 많습니다. 1950년 당시 세계에서 가장 낙후된 대한민국이 오늘날 세계 6대 강국으로 발전할 수 있었던 것은 지도자 이승만 대통령을 잘 만났기 때문입니다. 그는 가난한 나라의 지도자였지만, 그 어려운 시절에 한 인간이 할 수 있는 그 이상을 하여 후손들이 살아갈 수 있는 터전을 만들어 주었습니다. 이승만 대통령은 애국의 교과서이며, 우리는 그를 통해 애국의 길을 배워야 합니다. 오늘날의 심각한 역사 왜곡을 바로잡지 못한다면, 앞으로 대한민국을 이끌어갈 후세들은 나라에 대한 애국심이나 자부심을 가질 수 없습니다. 이제 여러분은 잊혀진 건국 대통령을 널리 알리고, 어려운 시국일수록 건국 대통령의 정신을 계승하여 자유통일을 위해 힘쓰기를 바랍니다.

㉒ 2019년 한국갤럽 조사에서 이승만 대통령의 역대 대통령 선호도는 0.9%에 불과했습니다.

"한국인이 좋아하는 40가지 [사람편] - 스포츠선수/가수/탤런트/영화배우/예능방송인·코미디언/소설가/역대대통령/기업인/존경하는인물 (2004-2019)." 한국갤럽, 2019년 5월 25일. https://www.gallup.co.kr/gallupdb/reportContent.asp?seqNo=1057.

㉓ 이 문구들은 2012년 11월 고등학교에서 20년간 한국사 현대사를 가르친 교사 김씨가 임시정부 사적지 연구회 홈페이지에 올린 '이승만에게 보내는 항의 편지'에서 발췌한 것입니다. 글이 논란이 되자 그는 2013년 2월 18일 삭제했습니다. 이는 오늘날 역사 왜곡이 얼마나 심각한지 보여주는 대표적인 사례입니다.

"100년 편지-우남 이승만 대통령에게 보내는 항의 편지." 대한민국사랑회, 2013년 2월 18일. http://www.loverokorea.org/cafebbs/view.html?gid=main&bid=ucc&cate=&pid=4944.

---

35) "거대한 생애의 마지막 기도." 이승만 기념관. http://xn--zb0bnwy6egumoslu1g.com/bbs/board.php?bo_table=Christian&wr_id=17.

36) "거대한 생애의 마지막 기도." 이승만 기념관. http://xn--zb0bnwy6egumoslu1g.com/bbs/board.php?bo_table=Christian&wr_id=17.

19 박정희와 5.16 혁명

1. 일제 초등교사·군인

생각해 보기: 친일파 박정희?
독립군이 아닌 중공군 무장해제

- 1917년 출생
- 만주군관학교(수석), 일본 육사(3등)
- 만주군 소위·중위 진급

2. 남로당원

생각해 보기: 빨갱이 박정희?
바로 전향·적극 협조·프락치 증거 없음 (골수 공산주의 X)

- 1946년 귀국, 조선경비사관학교(3등)
- (1946.10.1) 형 박상희 죽음
- (이재복) 물심양면, 남로당 가입 권유
- (박정희) 남로당 군내침투조직 총책
- (1948.10.19) 숙군작업, 체포/사형선고

3. 6.25전쟁 장교

Did you know?
6.25전쟁 6개월 전, 북한의 남침 공격을 대비해야 한다는 공식 보고서를 제출한 사람이 육군본부 정보국 전투정보과 제1과장 박정희였습니다.

- (민간인 신분) 육군전투정보과, 육사 8기생들
- (1950.6.25) 장교 복귀
- (미국 유학) 자주국방 의지, 귀국 후 근무

생각해 보기: 박정희가 승진욕심으로 5.16 군사혁명을 일으켰다?
대령 박태준에게 '실패하면 가족을 책임져 달라'며 거사 명단에서 제외;
제1공화국의 부패와 제2공화국의 무능 때문에 혼란해진 사회를 타개할 만한 세력 X;
박정희를 비롯한 군인들은 6.25전쟁을 겪어본 철저한 반공주의자들

생각해 보기: 독재자 박정희?
'안보위기'라는 당시의 시대적 배경; 1969년 닐슨 독트린으로 주한미군
2만 명을 시작으로 전부 철수 계획; 1972년 미중관계 완화되기 시작;
국민도 안보를 지킬 수 있는 지도자를 원했음

제1공화국 부패

+

제2공화국 무능

(1960.3.15) 부정선거
자유민주주의 X

(4대 대통령) 윤보선, (부통령) 장면
내부 갈등으로 무능

1. 3.15부정선거 숙청 X
2. 군내 질서 X
3. 지지 세력 X

공산주의 급격 확산

5.16 군사혁명
(1961.5.16) 05시

제3공화국
제5대·6대

3선 개헌
(1969.9.14)

제7·8대

10월 유신
(1972.10.17)

제4공화국
제9대

'낡은 제도를 고쳐 새롭게'
유신헌법 제정
유신체제

(1979.10.26) 김재규 암살

생각해 보기: 박정희 대통령은 경제성장은 이루었지만, 민주주의는 말살했다?
답: 경제발전이 돼야, 민주주의 가능!

① (선) 민주주의, (후) 경제성장 ② (동시) 민주주의, 경제성장 ③ (선) 경제성장, (후) 민주주의
⚠ **공통점: 권위주의 정부**

---

❶ 수출·중공업 중심 경제개발	❷ 서독 파견 광부·간호사	❸ 1965년 한일기본조약	❹ 경부고속도로· 포항제철	❺ 베트남전 파병	❻ 새마을 운동
수출주도산업화·중화학공업	상업차관	대일청구권 8억 달러	'철강왕 박태준'	미국의 경제·군사장비 지원	근면·자조·협동 농촌·국민 계몽운동

19. 박정희와 5.16 혁명

오늘도 힘찬 구호로 역사공부를 시작해 봅시다: 이승만/역사교실, 자유통일/이룩하자, 와!

복습하기 1950년대 세계에서 가장 낙후된 대한민국이 오늘날 세계 6대 강국으로 발전할 수 있었던 것은 이승만 대통령이라는 지도자를 잘 만났기 때문입니다. 그는 가난한 나라의 지도자였지만, 그 어려운 시절에 한 개인이 할 수 있는 그 이상을 하여 후손들이 살아갈 터전을 마련해 주었습니다. 물론 말년에 장기집권을 위해 사사오입 개헌을 묵인함으로써 승인하고, 고령화와 인의 장막으로 인한 인사 실패 때문에 3.15 부정선거에 제대로 대처하지 못했습니다. 그럼에도 이러한 과오만으로 덮어 버리기에는 그의 공헌은 너무도 많습니다. 우리나라의 좌파들은 이승만 대통령의 공헌은 언급조차 하지 않고, 그의 과오마저 왜곡합니다. 이러한 심각한 역사 왜곡을 바로잡지 못한다면, 앞으로 대한민국을 이끌어갈 후세들은 나라에 대한 애국심이나 자부심을 가질 수 없습니다. 잊혀진 건국 대통령을 널리 알리고, 어려운 시국일수록 건국 대통령의 정신을 계승할 때에만 우리는 자유통일의 길을 열 수 있습니다.

서론 1950년 6.25전쟁 이후, 우리나라는 1인당 국민총소득(GNI) 67달러에 불과한 최빈국이었습니다.[1] 하지만 불과 70여 년 만에 세계 6대 강국으로 성장할 수 있었던 것은 위대한 지도자들 덕분이었습니다. 1960년 3.15 부정선거와 이승만 대통령의 하야로 급격히 혼란해진 사회는 나라를 공산주의의 위협으로부터 지켜내고 빛나는 성장을 이룩할 지도자가 필요했습니다. 이때 등장한 인물이 1961년 5.16 군사혁명을 이끈 박정희였습니다. 오늘은 박정희 대통령의 5.16 혁명·3선 개헌·10월 유신, 그리고 한강의 기적을 가능케 한 그의 6대 사업을 살펴보겠습니다.

박정희 1917년 경북 선산군에서 가난한 농부의 아들로 태어난 박정희 대통령은 한 나라의 국가원수가 되기까지 크게 세 가지 시기를 거쳤습니다.

1. 일제 초등교사·군인 첫째, 박정희는 일제시대 초등교사와 군인이었습니다. 그가 태어난 1917년은 이미 한일병합으로 조선이 일본의 식민지가 된 지 7년이 지난 시점이었습니다. 당시 우리 민족은 태어날 때부터 일본 국적을 가진 식민지 백성으로 살아야 했습니다. 1932년 4월 대구사범대에 합격한 박정희는 1937년 문경공립보통학교에 초등교사로 부임합니다. 하지만 그는 단순히 일본인으로서의 삶에 순응하며 살지는 않았습니다. 조선 아이들이 조선말을 잊지 않도록, 수업 시간마다 학생 한 명을 복도에 세워 망을 보게 하여, 그 틈에 한글과 조선의 역사, 위인전을 가르쳤습니다. 또 아이들에게 *"공부를 해야 멸시나 서러움을 당하지 않는다"*며 학문의 중요성을 늘 강조했습니다. 비록 그는 일제의 교사였지만, 그의 마음 깊은 곳에는 조선인으로서의 정체성과 울분이 늘 있었습니다.

이후, 박정희는 교사의 길을 뒤로하고, ① 어린 시절부터 꿈이었던 군인이 되기로 결심합니다. 하지만 당시 그의 나이는 만 22세로, 일본 육군사관학교 입학 규정(16~19세)에 맞지 않아 거절당합니다. 이에 그는 *"진충보국 멸사봉공(盡忠報國 滅私奉公, 충성을 다하여 나라에 보답하고 목숨을 바쳐 국가를 받들겠습니다).*"[2] 이라는 충성을 맹세하는 혈서를 쓰고, 이는 만주신문에 실립니다. 결국 대구사범대 ° 교련 주임 아리카와 게이치와 고향 선배이자 만주군관학교 시험관인 강재호의 도움으로, 연령 제한을 넘어 입학시험을 보게 됩니다. 그 결과 박정희는 만주군관학교 2기생으로 입학하여 450명 중 ° 수석으로 졸업하고, 이후 일본 육사에 진학하여 57기 졸업생 300명 중 ② 3등의 성적으로 졸업합니다.[3] 이후 1944년 7월 1일 박정희는 만주군 소위로 임관하고, 1945년 7월 1일 만주군 중위로 진급합니다. 하지만 중위로 진급한 지 불과 한 달 뒤인 1945년 8월 15일 해방을 맞게 됩니다.

① 박정희 대통령은 어린 시절, 자신과 비슷한 삶을 산 나폴레옹에 대한 이야기를 접하면서, 군인에 대한 동경심을 가지게 되었습니다. 나폴레옹은 가난한 시골 귀족 출신으로, 군에서 출세하여 1789년 프랑스 혁명의 혼란 속에서 혁명 전쟁을 승리로 이끌었습니다. 이후 1799년 브뤼메르 18일 쿠데타를 통해 프랑스 제1공화국의 통령으로 집권했습니다.

○ 교련(敎鍊): 고등학교 이상의 교육기관에 재학 중인 일반 학생들을 대상으로, 일제가 실시한 군사 관련 교육 훈련 과목입니다.

○ 수석(水石): 어떤 집단·시험·졸업 등에서 가장 우수한 성적(1등)을 거둔 사람을 가리키는 단어입니다.

② 과거 대구사범대에서는 성적이 평범했지만, 군관학교에서는 항상 최상위권을 차지했습니다. 이를 보면 그가 군인으로서의 자질과 실력이 매우 뛰어났음을 알 수 있습니다.

1) 이세원, "[국민소득 3만불시대] 전쟁폐허 속 '67달러' 최빈국서 선진국대열로". 연합뉴스, 2019년 3월 5일. https://www.yna.co.kr/view/AKR20190305073900002.

2) 강휘중, "[청년칼럼] 잠자는 대한민국을 깨워 일으킨 나팔수, 박정희." 뉴데일리, 2021년 3월 11일. https://www.newdaily.co.kr/site/data/html/2021/03/11/2021031100225.html.

3) 박윤식, 대한민국 근현대사 시리즈 3: 1948년 10월 19일 여수 순천 사건(서울: 휘선, 2011), 220.

친일파 박정희? 우리나라 좌파들은 박정희가 일본군에 복무했다는 이유만으로 그를 친일파로 규정합니다. 하지만 그가 교육을 마치고 정식 임관한 시점은 1944년입니다. 이미 1940년대 중반의 중국 만주는 대부분의 조선 독립군이 소멸된 상태였습니다. 더구나 박정희는 실제 전투를 지휘하는 보직 장교가 아니었고, 그의 부대가 상대하던 대상은 독립군이 아닌 중공군이었습니다.

2. 남로당원

둘째, 박정희는 해방 이후 1차 체제전쟁(1945~1948년) 시기에 박헌영의 남로당에 입당한 남로당원이었습니다. 중국 만주에서 해방을 맞은 그는 1946년 귀국하여 ○ 조선경비사관학교 2기로 입학한 뒤 소위로 임관합니다. 하지만 조선경비사관학교에서 교육을 받던 중, 그가 가장 아끼던 셋째 형 ○ 박상희가 1946년 대구 10.1 무장폭동에 가담했다가 경찰의 총에 맞아 죽습니다. 형의 죽음에 크게 상심한 박정희에게 접근한 사람이 이재복입니다. 이재복은 일제시대 평양에서 신학교를 졸업한 목사였지만, 공산주의에 물들어 남로당 군사부 총책을 맡은 사람이었습니다. 이재복은 박상희의 장례비용을 전부 부담하고 그의 가족들을 물심양면으로 돌봅니다. 이에 감동한 박정희에게 그는 남로당 입당을 권유합니다. 이재복에게 가난한 농부 출신과 형의 죽음에 대한 원한이 있는 박정희는 포섭하기 쉬운 대상이었습니다. 이재복은 박정희에게 *"자기와 함께 일하면 형의 원수를 갚을 수 있다"*며 끊임없이 설득했고, 결국 박정희는 남로당에 가입하여 군대 내 침투한 남로당 조직을 총괄하는 군사 총책을 맡는 등 한순간에 남로당원이 됩니다.

빨갱이 박정희? 우리나라의 좌파들은 박정희가 남로당에 입당한 이유만으로 그를 '빨갱이'라고 규정합니다. 하지만 체포 후 그가 보인 태도는 그가 골수 공산주의자가 아니었음을 분명히 보여줍니다. 1948년 여순 10.19(여수 14연대 반란)로 군내 숙군 작업이 시작되면서, 같은 해 11월 11일 박정희 역시 체포되어 서대문 형무소에 수감됩니다. 이때 그는 조사 과정에서 즉각 용서를 구하며 전향합니다. 또 자신이 알고 있는 남로당 조직과 배경을 전부 실토하는 등 수사에 적극 협조합니다. 이는 그가 애초부터 이념보다 친분 때문에 남로당에 입당했기 때문입니다. 그는 군사총책이라는 직책을 맡고 있었지만, 실제로 남로당 활동이나 포섭 행위를 하지 않았습니다. 당시 박정희가 골수 공산주의자가 아니라며 그의 구명에 가장 큰 영향을 끼친 사람이 ③ 백선엽 장군입니다. 그 결과 박정희는 1949년 1월 좌익 혐의로 사형선고를 받았다가 무기징역으로 감형되고, 이후 형 집행 정지로 석방됩니다.

3. 6.25전쟁 장교

셋째, 박정희는 6.25전쟁 때 장교였습니다. 좌익 혐의로 군에서 파면되지만, 백선엽 장군의 추천으로 민간인 공무원 신분으로 복귀하여 육군전투정보과의 작전정보국 제1과장으로 근무합니다. 여기서 박정희는 훗날 5.16 군사혁명의 주축 세력이 되는 육사 8기생들을 만납니다.

Did You Know? 박정희는 1949년 12월 6.25전쟁 발발 6개월 전, 연말종합적성판단서를 작성합니다. 그는 북한이 1950년 3월 남침을 계획할 것이지만, 중국이 국공내전 참전으로 인해 북한군 병력 편입이 늦어질 경우 6월로 연기될 것이라고 전망합니다. 또한 북한이 동두천·의정부·서울을 신속히 공격하여 미군이 개입하기 전에 빠른 속도로 점령할 것이며, 소련은 직접적으로 개입하지 않지만 중국은 참전할 가능성이 있다고 정확하게 예견합니다.

예견대로 1950년 6월 25일 전쟁이 발발하자, 박정희는 육군본부의 명령으로 현역 장교로 복직합니다. 이후 1950년 9월 중령으로, 1951년 4월 대령으로 진급하고, 휴전협정 체결 이후인 1953년 11월 준장으로 진급하여 별을 답니다. 이후 1954년 6개월간 미국으로 유학을 떠납니다. 당시 미국 유학은 아무나 갈 수 없었지만, 이승만 대통령의 교육혁명 정책에 힘입어 수천 명의 대학생·기술자·군인들이 국가의 지원으로 미국에서 공부할 수 있었습니다. 박정희에게 미국 유학은 큰 충격을 주었습니다. 그는 미국과 한국을 '천국'과 '지옥'에 비유하며, 비참한 조국의 현실에 울분을 느끼고 나라를 반드시 개혁하겠다는 다짐을 합니다. 이 경험은 훗날 박정희가 ④ 우리나라의 자주성을 강조하는 데 중요한 계기가 됩니다. 이후 미국 유학에서 돌아온 그는 다시 육군에서 근무하며 군인의 길을 이어갑니다.

제1공화국의 부패, 제2공화국의 무능 박정희가 군 내부에서 진급을 거듭하던 시기, 대한민국은 제1공화국의 부패와 제2공화국의 무능으로 점점 혼란에 빠져들고 있었습니다. 1960년 3월 15일 부정선거가 일어나자, 분노한 학생들과 시민들은 4.19 혁명을 일으키고 이승만 대통령은 하야합니다. 그로부터 3개월 뒤인 7월 29일 총선

○ 조선경비사관학교(朝鮮警備士官學校): 오늘날 육군사관학교의 전신으로, 신생 대한민국의 군 장교를 양성한 교육 기관입니다. 당시 생도의 상당수는 일본군이나 만주군 출신들이었습니다.

○ 박상희(1905~1946): 박정희의 셋째 형으로, 그의 정신적 지주이자 박정희가 가장 따르고 존경했던 인물입니다. 1946년 대구 10.1 사건에 가담했다가 경찰의 총격으로 사망했습니다.

③ 당시 정보국장이었던 백선엽은 박정희처럼 만주군 출신이었습니다. 박정희는 자신의 구명 과정에서 가장 많은 도움을 준 백선엽 장군을 기억하고, 훗날 대통령으로 집권할 때 그에게 장관·대사·국영 기업체 사장 등 요직을 맡겼습니다.

④ 박정희는 이념적인 반미주의자가 아니라, 급변하는 국제 정세 속에서 안보를 지키기 위해서는 무엇보다 자주적인 자세가 필요하다고 생각했습니다. 실제로, 그의 집권 시절에 미국은 닉슨 독트린을 발표하면서 주한미군 철수를 주장하고 중국과 '핑퐁 외교'를 펼쳤습니다. 당시 우리나라가 이러한 아찔한 안보 위기를 넘길 수 있었던 것은 박정희 대통령이 자체적인 무기 개발과 국방력 강화에 힘썼기 때문입니다. 그 결과 오늘날 대한민국은 세계 10대 무기 수출국이 되었습니다.

에서 민주당은 압승을 거두고, 이어 8월 12일 재실시된 제5대 대선에서 윤보선 대통령과 장면 국무총리가 선출되면서 제2공화국이 출범합니다. 하지만 국민들의 기대와 달리, 제2공화국은 곧 무능한 정부로 전락합니다. 윤보선과 장면은 내부 갈등으로 인해 국민들이 바라던 나라의 안정과 발전을 이끌어내지 못합니다. 한편, 6.25전쟁 이후 급격히 커진 군대는 인사 적체에 시달리는데, 정부가 국군을 감축하여 그 재원을 경제 정책에 돌리려고 하자, 군 내부의 불만은 커져갑니다. 우수한 학력과 경력을 갖춘 장교들조차 가족을 제대로 부양할 수 없게 되자, 군 내부에서는 뇌물과 물자 횡령 등 부정부패가 확산되기 시작합니다. 결국 제2공화국의 무능은 극심한 사회 혼란을 초래하고, 바로 이 혼란이 박정희의 5.16 군사혁명을 낳게 됩니다. 5.16 군사혁명은 제1공화국의 부패와 제2공화국의 무능 때문에 등장할 수 있었습니다.

5.16 군사혁명
1961.5.16

제2공화국 10개월 동안 전국에서 벌어진 가두 데모는 무려 2,000여 건, 참가 인원은 100만 명에 달했습니다.[4] 서울만 해도 하루 평균 7~8건의 데모가 시내를 누비고, 급기야 *"데모로 해가 뜨고 데모로 해가 진다"*는 말까지 나올 정도였습니다.[5] 이처럼 무능한 정부로 사회가 혼란해지자, 좌익 세력은 *"인민공화국 만세"*, *"김일성 만세"* 등을 외치기 시작하고, 각종 지하조직을 만드는 등 공산주의를 빠른 속도로 파급합니다. 심지어 1960년 8월에는 북한의 김일성이 ⑤ 남북 연방제를 제안하며 공산주의 흡수통일을 노골적으로 추진하기까지 합니다. 이에 대해 1961년 3월 주한미국파견단의 부단장 팔리(Hugh D. Farley)는 '팔리 보고서'에서 *"한국은 병든 사회라며 모든 기관들이 부정부패로 관통되어 있고, 이 같은 문제들을 방치할 경우, 분명 공산혁명이 일어날 것"*이라고 경고합니다.[6] 이때 혼란한 사회를 바로 잡기 위해 일어난 사건이 박정희의 5.16 군사혁명입니다.

5.16 군사혁명의
6대 공약

1961년 4월 7일 박정희는 육사 8기생들을 중심으로 혁명을 결의하고 5월 14일 서울 약수동 김종필의 자택에서 마지막 회의를 엽니다. 그리고 5월 16일 당일 새벽, 박정희는 해병대 1개 여단을 주력으로 3,600여 명의 병력을 이끌고 한강을 건넙니다. 이들은 육군본부·청와대·치안국·중앙전화국·마포형무소 등 국가 주요 시설을 신속히 장악하고, 새벽 5시 KBS 라디오를 점령하여 5시 뉴스를 통해 혁명을 선언하고 6대 공약을 발표합니다.

당시 ○ 군사혁명위원회가 결의한 6대 공약은 다음과 같았습니다.[7] 여기에는 박정희가 5.16 혁명을 한 이유가 잘 드러납니다.

1. 반공을 국시의 제일의로 삼고 지금까지 형식적이고 구호에만 그친 반공태세를 재정비 강화한다.
2. 유엔헌장을 준수하고 국제협약을 충실히 이행할 것이며 미국을 위시한 자유우방국과의 유대를 더욱 공고히 한다.
3. 이 나라 사회의 모든 부패와 구악을 일소하고 퇴폐한 국민도의와 민족정기를 바로잡기 위해 청렴한 기품을 진작(떨쳐 일어남) 시킨다.
4. 절망과 기아선상에서 허덕이는 민생고를 시급히 해결하고 국가자주경제 재건에 총력을 경주한다.
5. 민족의 숙원인 국토통일을 위해 공산주의와 대결할 수 있는 실력배양에 전력을 집중한다.
6. 이와 같은 우리의 과업이 성취되면 참신하고도 양심적인 정치인들에게 언제든지 정권을 이양하고 우리들은 본연의 임무에 복귀할 준비를 갖춘다.

박정희의 5.16 군사혁명은 최초의 무혈혁명으로 큰 승리를 거두지만, 이들은 전부 목숨을 걸고 혁명에 참여했습니다. 혁명을 앞두고 박정희는 대령 ○ 박태준에게 *"만약 거사가 실패하면 가족을 부탁한다"*며 그를 거사 명단에서 제외하기도 했습니다. 실패하면 곧바로 목숨을 잃을 수밖에 없기 때문입니다. 혁명 당일 집을 나서기 전, 육영수 여사는 마지막 순간일지도 모른다는 마음으로 남편에게 9살 장녀 박근혜(훗날 대통령)의 숙제를 봐달라고 부탁합니다. 그러자 박정희는 묶던 군화 끈을 풀고, 잠시 딸의 숙제를 봐주었다고 합니다. 그리고 혁명 당일 새벽, 박정희는 서울 진입을 위해 한강교에서 헌병들과의 총격전을 벌일 때도 *"어차피 총알은 피할 수 없다"*며 태연히

⑤ 북한의 연방제 통일 방안은 1960년 '남북 연방제', 1973년 '고려 연방제', 1980년 '고려민주 연방제', 1991년 '낮은 단계 연방제'로, 이름만 달라졌을 뿐 본질은 동일합니다. 모두 '2체제 2정부'로 시작하여 점차 하나의 국가로 통일하자는 구상입니다. 역사는 언제나 이념이 강한 쪽이 약한 쪽을 흡수해 왔음을 보여주는데, 결국 연방제 통일은 공산화로 귀결될 수밖에 없습니다.

○ 군사혁명위원회(軍事革命委員會): 박정희가 주도한 5.16 군사혁명 세력을 지칭하는 말로, 혁명 직후 국가 권력을 장악한 기구로 기능했습니다. 같은 해 5월 22일 '국가재건최고회의'로 개편되었고, 박정희가 의장에 선출되었습니다.

○ 박태준(1927~2011): 대한민국의 군인 출신 기업인이자 정치인으로, 포항제철(현 포스코)를 설립하고, 제32대 국무총리와 제11·13·14·15대 국회의원을 역임했습니다. 1948년 육군사관학교에 입학한 그는 부정부패와 타협하지 않는 성격으로 유명했습니다. 대표적인 사례로, 군 내 상관들의 압력에도 굴하지 않고 부정을 저지른 고춧가루 납품업자를 색출하여 처벌했습니다. 그의 청렴성과 정직성은 당시 사령관이었던 박정희에게도 보고되었고, 훗날 집권한 박정희 대통령은 그를 비서실장으로 발탁하고 포항제철 건설을 전적으로 맡겼습니다.

[4] 김현중, *대한민국 사회 교과서*(서울: 양문, 2024), 299.
[5] 김현중, *대한민국 사회 교과서*(서울: 양문, 2024), 299.
[6] Hugh D. Farley, "The Situation in Korea, February 1961." https://db.history.go.kr/contemp/level.do?levelId=frus_012r_0010_0020.
[7] "5·16 군사 정변시 내세운 혁명 공약." 국사편찬위원회. https://contents.history.go.kr/front/hm/view.do?levelId=hm_150_0010.

한강교를 태연히 걸어간 유명한 일화도 있습니다.

박정희의 승진욕심? 박정희가 5.16 군사혁명을 일으킨 이유는 공산주의를 막고 자유민주주의를 수호하기 위함이었습니다. ○ 신현확 전 국무총리는 자신의 회고록 『신현확의 증언』에서 당시 자신이 3.15 부정선거에 연루되었다는 혐의로 수감되었을 때 함께 투옥된 간첩들이 *"남한의 공산화가 머지않았다"* 며 자축했다고 증언합니다.[8] 그런데 박정희의 5.16 군사혁명이 터지자, 일반 죄수들이 모두 *"적화를 면했다"* 며 만세를 불렀다고 합니다. 이는 만약 박정희의 5.16 군사혁명이 없었다면, 대한민국이 머지않아 공산화되었을 가능성을 보여주는 중요한 대목입니다. 하지만 우리나라 좌파들은 박정희가 단순히 승진욕심으로 5.16 군사혁명을 일으켰다고 거짓말합니다. 이는 사실이 아닙니다. 당시 제2공화국의 무능으로 인한 사회혼란을 타개할 만한 정치세력은 존재하지 않았습니다. 실제로, 주한 미국대사관은 1961년 6월 9일 '한국의 군사혁명의 원인(The Causes of the Military Revolution in Korea, Seoul)'이라는 보고서에서 장면 정부의 무능, 정치와 언론의 부패, 실업률과 빈곤 등으로 공산화의 위험이 커지고 있다며, 쿠데타를 통한 새로운 정권의 출현을 긍정적으로 평가했습니다. 1961년 3월 주한 독일대사 뷩거(Karl Bunger)는 현재 한국 사회에서 정치적으로 그나마 청렴한 세력은 6.25전쟁 때 자유민주주의를 지켜낸 군부 세력이라고 평가했습니다.[9] 박정희와 군인들은 6.25전쟁을 직접 겪으며 그 누구보다 공산주의의 위협을 잘 알고 있던 세력이었습니다. 또한 박정희가 이후 남긴 어록과 집권 시절의 행보는 그가 진정으로 나라를 사랑한 애국자였음을 분명히 보여줍니다.

"나는 물론 인간인 이상 나라를 다스리는데 시행착오가 없지 않았다. 그러나 나는 당대의 인기를 얻기 위해서 일하지 않았고, 후세 사가들이 어떻게 기록할 것인가를 항상 염두에 두고 일해 왔다. 그리고 "어떻게 하면 우리도 다른 나라 부럽지 않게 잘 살 수 있을까?"하는 생각이 머리에서 떠난 일이 없다."[10]

박정희의 5.16 군사혁명 세력이 국가 주요 시설들과 기관을 장악하자, 당시 제2공화국의 ⑥ 실권자였던 국무총리 장면은 미국 대사관으로 도피합니다. 하지만 대사관에서 문을 열어주지 않자, 그는 혜화동에 있는 수녀원으로 숨어들어 55시간 동안 잠적합니다. 제4대 대통령 윤보선은 ⑦ 미국의 진압 지원 제안을 거절하고 스스로 사임합니다. 결국 1961년 5월 18일 군사혁명 세력이 모든 권력을 장악한 뒤에야 국무총리 장면은 모습을 드러내 내각 총사퇴를 발표하고, 윤보선 대통령도 이를 공인합니다. 이로써 제2공화국은 9개월 만에 막을 내리고, 정권은 박정희의 군사혁명위원회에 이양됩니다. 이후 5월 22일 군사혁명위원회는 ○ '국가재건최고회의'로 이름을 바꾸고, 박정희를 의장으로 세워 입법·사법·행정을 모두 장악합니다. 그럼에도 국민들의 시위나 저항은 일어나지 않았습니다. 이는 제2공화국이 얼마나 무능했고, 또 얼마나 많은 국민들이 변화를 원하고 있었는지를 잘 보여줍니다. 박정희의 5.16 군사세력은 일반 정권으로는 불가능한 ⑧ 강력한 조치들을 단숨에 밀어붙이고, 제1공화국의 부패와 제2공화국의 무능을 신속하게 청산합니다.

3선 개헌 1969.9.14 1961년 8월 12일 박정희는 사회가 안정되면 민간인 지도자에게 정권을 이양하겠다고 국민들에게 약속하지만, 점차 심각해지는 ⑨ 안보위기 때문에 이를 번복하고 합법적인 집권을 위해 선거 준비에 나섭니다. 1962년 헌법을 개정하고(⑩ 제3공화국 출범), 1963년 2월 26일 민주공화당을 창당하고, 8월 31일 군에서 전역한 뒤 대선 출마를 공식 선언합니다. 이어 10월 15일 제5대 대통령 선거에서 불과 15만 표(1.55%) 차이로 당선되고, 11월 27일 총선에서 민주공화당이 압승하면서 12월 17일 박정희 정권이 출범합니다. 이후 1967년 7월 1일 제6대 대통령 선거에서는 압도적인 차이로 재선에 성공합니다. 우리나라는 헌법상 대통령의 3선이 제한되어 있지만, 박정희 대통령은 1969년 1월 국회에 3선 개헌안을 상정하고, 같은 해 9월 민주공화당이 국회 의석 과반수를 차지하면서 개헌안은 통과됩니다. 당시 야당 신민당과 일부 여당 인사들이 반대하고, 대학가에서도 시위가 일어나지만, 10월 17일 국민투표에서 65.1%의 찬성을 얻어 개헌안은 확정됩니다. 그 결과 박정희는 1971년 4월 27일 제7대 대통령 선거에 출마하여 신민당의 김영삼·김대중·이철승을 상대로 치열한 경쟁 끝에 당선됩니다.

---

8) 신현확, *신현확의 증언*(서울: 메디치미디어, 2017).

9) 권오중, "5.16 군사정변의 원인." 자유기업원, 2018년 12월 24일. https://www.cfe.org/20181224_11313.

10) 좌승희, "[특별기고/좌승희 이사장] 박정희의 재발견." 펜앤드마이크, 2025년 2월 5일. https://www.pennmike.com/news/articleView.html?idxno=27979.

○ 신현확(1920~2007): 대한민국 제13대 국무총리로, 대한민국의 10대 대통령 최규하에 의해 임명되었습니다.

⑥ 제2공화국은 의원내각제 체제로 운영되어, 실질적인 권한은 윤보선 대통령이 아닌 내각의 수반인 장면 국무총리에게 있었습니다.

⑦ 당시 미국은 5.16 군사혁명을 반란으로 규정하고, 이 사건이 자칫 내란으로 번질 경우 북한에게 제2의 6.25 남침 기회를 제공할 수 있다는 우려가 있었습니다. 따라서 만약 윤보선 대통령이 적극적으로 상황 수습에 나섰다면, 미국은 진압을 지원했을 것이고, 이는 박정희의 혁명정부가 들어서는 데 큰 장애물이 되었을 것입니다. 하지만 내각의 실권자인 장면 국무총리가 잠적하자, 윤보선 대통령은 사임함으로써 5.16 군사혁명을 암묵적으로 승인했습니다. 오히려 혁명 소식을 처음 들은 그가 "올 것이 왔구나"라고 말한 일화도 전해집니다. 어쩌면 그는 장면 내각 아래에서 허수아비 대통령으로 전락한 것에 대한 불만과 혼란한 정국을 자신들만의 힘으로는 수습할 수 없음을 자각했던 것일지도 모릅니다.

○ 국가재건최고회의(國家再建最高會議): 1961년 5.16 군사혁명 이후, 박정희를 중심으로 1961년 5월 18일부터 1963년 12월 16일까지 입법·사법·행정 전권을 장악한 통치기구입니다. 군사혁명위원회의 후신입니다.

⑧ 국가재건최고회의는 출범 직후, 사회정화 조치를 강력히 시행했습니다. 정치 깡패들을 대거 검거하고, 부정축재자들의 재산을 환수하여 국고에 귀속시키고, 성매매 포주를 단속하여 4천 명이 넘는 성매매 여성을 구제했습니다. 또한 반공법을 정식으로 제정하여 반공 체제를 강화했습니다.

⑨ 1969년 7월 25일 미국의 리처드 닉슨(Richard Nixon) 대통령은 닉슨 독트린을 발표하며, 아시아 동맹국들에게 *"핵전쟁을 제외한 내란이나 침략은 스스로 협력하여 대처하라"*는 입장을 천명합니다. 이는 곧 북한이 핵을 사용하지 않고 제2의 6.25전쟁을 일으킬 경우, 한국은 미국의 도움 없이 스스로 방어해야 한다는 의미였습니다. 하지만 당시 우리나라는 협력할 우방국이 없었습니다. 이어 1971년 2월 6일 닉슨 대통령은 주한미군 2만 명을 철수시키고, 5년 안에 전원 철수시키겠다고 공표합니다. 더 나아가 1972년 2월 28일 미중 관계의 정상화를 위해 중국을 방문합니다. 이를 통해 미중 관계는 완화되지만, 우리나라는 심각한 안보 위기에 직면하게 됩니다.

⑩ 새로운 공화국이 출범하는 기준은 일반적으로 대통령제에서 의원내각제로의 전환, 대통령 선출 방식의 변경, 또는 헌법의 전면 개정과 같이 국가 체제가 새롭게 바뀌는 시점입니다.

**10월 유신
1972.10.17**

박정희 대통령은 국회와 국민투표를 통해 3선 개헌에 성공하여 제7대 대통령 선거에 출마하여 당선되지만, 이에 대한 야당과 일부 국민의 비판은 갈수록 거세졌습니다. 실제로 1971년 4월 27일 치러진 제7대 대통령 선거에서 박정희는 53.2%, 김대중은 45.3%를 득표하며 이전보다 격차가 크게 좁혀졌습니다. 총선에서도 여당이 승리하지만, ⑪ 야당과의 의석 차이가 상당히 좁혀집니다. 그럼에도 박정희 대통령은 고조되는 경제·사회·안보 위기를 타개하기 위해서는 12년 집권으로 부족하다고 판단했습니다. 이에 1972년 10월 17일 전국 비상계엄령을 선포하고 '유신헌법'을 공포합니다. 유신은 '낡은 제도를 고쳐 새롭게 함'의 뜻으로, 주요 내용은 대통령 직선제를 국회의원 간선제로 변경, 대통령 임기를 4년에서 6년으로 연장, 국회의원 1/3을 대통령 추천으로 선출, 국회의 국정감사권 폐지 등 사실상 삼권분립을 초월하는 조항들을 담고 있었습니다. 박정희 정권은 유신체제의 당위성을 설명하는 대대적인 캠페인을 벌이고, 그 결과 국회투표 91.9%, 국민투표 91.5%의 높은 찬성률을 얻어 유신헌법은 통과됩니다. ⁱⁱ 이로써 제4공화국이 출범하고, 박정희 대통령은 1972년 12월 23일 제8대 대통령, 1978년 7월 6일 제9대 대통령에 단독 출마하여 당선됩니다.

독재자 박정희?

당시 유신헌법은 국민의 자유를 제한하고 대통령에게 막강한 권한을 부여하여, 독재로 이어질 가능성이 크다는 비판을 받았습니다. 우리나라 좌파들 역시 박정희 대통령을 "권력욕에 눈먼 독재자"라고 비난합니다. 하지만 그가 유신체제를 실행한 데는 당시 우리나라가 처한 시대적 배경이 있었습니다. 바로 '안보위기'입니다. 1969년 7월 25일 미국의 ° 리처드 닉슨 대통령은 아시아 동맹국들에게 핵전쟁을 제외한 내란 및 침략은 스스로 방어하라는 '닉슨 독트린(Nixon Doctrine)'을 발표합니다. 이후 1971년 2월 6일 주한미군 2만 명을 철수시키고, 5년 안에 전원 철수를 공표합니다. 또 1972년 2월 28일 미중관계의 개선을 위해 중국을 방문하면서 미중관계는 완화되지만, 우리나라는 심각한 안보 위기에 놓이게 됩니다. 닉슨 독트린이 발표될 당시 북한의 군사력은 이미 두 배로 증가된 상태였고, 대한민국에는 °1.21 김신조 사태, ° 울진·삼척 무장공비 침투사건, ° 이승복 어린이 사건 등 북한의 무장공비 및 첩보원들이 연이어 발각되고 있었습니다. 과거 남베트남이 미군의 철수와 동시에 공산화되는 모습을 지켜보았던 박정희 대통령은 3선 개헌과 10월 유신이라는 강력한 조치를 단행할 수밖에 없었습니다. 당시 국민투표의 높은 찬성률은 국민들이 안보를 지켜낼 강한 정부를 원하고 있었음을 보여줍니다.

**박정희 서거
1979.10.26**

하지만 박정희 대통령의 유신체제는 7년 만에 막을 내리게 됩니다. 1979년 10월 26일 박정희 대통령은 중앙정보부장 김재규에게 암살을 당합니다. 김재규는 박정희 대통령과 차지철 경호실장과의 식사 도중, 갑자기 일어나 권총을 꺼내 차지철의 오른팔을 쏩니다. 놀란 박정희 대통령이 "뭐 하는 짓이야"라고 외치자, 김재규는 곧바로 그의 가슴을 쏩니다. 치명상을 입은 박정희 대통령은 그대로 쓰러집니다. 권총이 고장 나자 김재규는 밖으로 나가 다른 권총을 받아 다시 돌아옵니다. 그 사이 차지철은 화장실로 도망치지만, 복도에서 김재규와 마주쳐 복부에 총탄을 맞고 쓰러집니다. 이후 방으로 돌아온 김재규는 아직 의식이 남아 있던 박정희 대통령의 머리를 향해 확인사살합니다. 김재규의 암살 동기를 두고는 여러 의견이 엇갈립니다. ° 10월 부마사태 등 반(反) 유신 사회적 분위기 속에서 그가 민주화에 대한 열망이 있었다는 주장도 있지만, 가장 유력한 이유는 ⑬ 당시 실세였던 차지철과의 갈등 끝에 차지철을 죽이는 과정에서 박정희 대통령까지 살해했다는 것입니다. 이렇게 1961~1979년 박정희 대통령의 18년 집권은 막을 내리게 됩니다.

**경제성장은 이루었지만,
민주주의는 말살했다?**

우리나라 좌파들은 박정희 대통령을 두고 "경제성장은 이루었지만, 민주주의는 말살했다"고 비난합니다. 하지만 경제적 토대가 마련되지 않은 상태에서 민주주의만을 추구했다면, 오늘날 우리가 누리는 경제성장과 민주주의가 가능했을까요? 미국의 저명한 하버드대 거시경제학자인 로버트 배로(Robert J. Barro)는 제2차 세계대전 후 신생 독립국들을 분석하면서, 경제성장과 민주주의 중 무엇을 먼저 선택하느냐에 따라 결과가 달라진다는 것을 알게 되었습니다. ⁱ² 첫째, '선 민주주의, 후 경제성장'을 선택한 나라들입니다. 이들은 결과적으로 민주주의와 경제성장에 모두 실패했습니다. 둘째, '민주주의와 경제성장'을 동시에 선택한 나라들이었습니다. 이들 역시 두 영역 모두에서 성과를 내지 못했습니다. 셋째, '선 경제성장, 후 민주주의'를 선택한 나라들입니다. 대표적인 국가들이 대한민국·대만·싱가포르입니다. 이들은 경제성장을 통해 국민소득·평균수명·교육 수준 등이 향상되어 시간이 지날수록 민주주의가 발전하면서, 결과적으로 두 가지 모두

⑪ 1971년 5월 25일 실시된 제8대 국회의원 선거의 투표율은 73.2%로, 박정희의 민주공화당은 55.4%, 신민당은 43.6%를 기록했습니다. 이는 제7대 국회의원 선거에서 민주공화당이 73.7%, 신민당이 25.7%를 차지했던 것과 비교하면 의석 격차가 상당히 좁혀진 결과였습니다.

○ 리처드 닉슨(Richard M. Nixon, 1913~1994): 미국의 제37대 대통령으로, 베트남전 종전, 미중 관계 정상화, 닉슨 독트린 발표 등을 추진했습니다.

○ 1.21 김신조 사태(청와대 기습 사건): 1969년 1월 21일 북한의 무장공비 31명이 청와대 앞까지 침투한 기습 사건입니다. 당시 유일한 생존자로 생포된 김신조는 기자회견에서 "박정희 모가지 따러 왔수다!"라고 말하여 전 국민에게 큰 충격을 주었습니다. 이후 우리나라는 예비군 제도를 창설하여 안보 태세를 강화했습니다. 당시 청와대 앞까지 총소리가 들렸음에도, 박정희 대통령이 경부고속도로 스케치를 하고 있었다는 유명한 일화가 전해지기도 합니다.

○ 울진·삼척 무장공비 침투사건: 1968년 10월 3일부터 11월 3일까지 약 한 달 동안 북한의 무장공비 120명이 강원도 울진·삼척 지역으로 침투한 사건입니다. 이들은 남한 정보를 수집하고, 산업시설을 파괴하고, 주민들을 대검으로 찌르거나 돌로 머리를 가격하는 등 잔인하게 살해했습니다.

○ 이승복 어린이 사건: 1968년 10월 30일부터 11월 3일까지 이어진 울진·삼척 무장공비 침투사건 당시 '나는 공산당이 싫어요'라고 말한 10세 초등학생 이승복이 1968년 12월 9일 무장공비들에 의해 가족과 함께 처참히 살해된 사건입니다.

○ 10월 부마사태: 1979년 10월 16~20일 부산·마산에서 발생한 유신체제 반대 시위입니다. 부산대 구내 도서관 앞에서 약 500명의 학생들의 반정부 시위에서 점차 시민들의 대규모 시위로 발전했습니다.

⑬ 차지철은 당시 박정희 대통령의 경호실장으로, 2인자처럼 월권 행사를 자주 하여 주변인들로부터 '소통령'이라는 별명을 얻으며 반감을 샀습니다.

---

11) "10월 유신." 우리역사넷. https://contents.history.go.kr/eh_kk/teach/notebook/data/62_d18.htm.

12) 김영진, "한국 정치·경제 현황과 전망 대담 로버트 배로 미하버드대 교수 유한수 포스코경영연 소장." 매일경제, 1996년 6월 5일. https://www.mk.co.kr/news/economy/1616971.

에 성공합니다. 반면, 경제성장이 이루어지지 않은 상태에서 민주화를 시도한 나라들은 민주주의와 경제성장 중 어느 하나도 제대로 이루지 못했습니다. 그런데 흥미로운 점은 경제성장과 민주주의를 모두 이룬 국가들의 공통점이 '권위주의 정부(authoritarian government)'가 민주 정부를 대신했다는 사실입니다. 우리나라 좌파들은 박정희 대통령을 가리켜 *"반민주적 독재자"*라고 비난하지만, 지금의 기준으로 과거를 평가하는 것은 역사에 대한 이해 부족에서 비롯된 행동입니다. 그러므로 박정희 대통령 시절은 '독재 정권'이 아닌 '권위주의 체제'이며, 바로 이 체제가 훗날 민주화를 가능케 한 것입니다. 그러므로 *"경제성장은 좋지만, 독재는 아니다"*라는 평가는 상당한 모순이며, 박정희 시대의 기적 같은 경제성장이 있었기 때문에 그 위에서 오늘날 대한민국의 민주주의도 가능했던 것입니다.

"한국 민주주의 건설의 제1 공로자는 이승만, 두 번째는 박정희 대통령입니다."[13]

<table>
<tr><td>박정희의
6대 사업</td></tr>
</table>

1953년 6.25전쟁 이후, 대한민국은 세계 120여 개국 중 100위권 밖에 머무는 최빈국이었습니다. 1950년대는 미국의 원조로 연명하지만, 미국조차 재정적자가 커지자 1961년 원조 감축 계획을 통보합니다. 이때 5.16 군사혁명으로 정권을 잡은 박정희 대통령은 경제 개발을 최우선 과제로 삼고, 1962년부터 체계적인 경제 개발을 위해 ⑭ 경제개발 5개년 계획을 추진합니다. 이는 국가 주도의 경제 발전 모델이었고, 결국 대성공을 거둡니다. 1961년 이후, 우리나라 경제는 35년간 연평균 7~8%의 고도성장을 이어가고, 1인당 국민소득은 1961년 82달러에서 1995년 1만 달러를 돌파합니다.[14] 제2차 세계대전 후 수많은 나라들이 경제발전을 모색했지만, 우리나라만큼 고도성장한 나라는 없었습니다. 심지어 사회주의 혁명을 겪은 제3세계 국가들조차 한국의 경제 발전 모델을 보고 배우려고 할 정도였습니다. 당시 한국은 자본과 자원이 극히 제한적이었지만, 국가가 이를 효율적으로 투자하고 배치하여 단기간에 최고의 성과를 거둡니다. 이는 국가가 경제에 적극 개입하여 경제 발전을 이룬 세계적으로도 드문 사례였습니다. 당시 박정희 대통령을 두고, 전 세계의 지도자들은 좌우를 막론하고 다음과 같이 평가했습니다.

> ⑭ 경제개발 5개년 계획은 1962년부터 1996년까지 박정희 정부를 기점으로 총 7차례에 걸쳐 실행된 경제개발 계획입니다. 대부분의 한국인은 '경제개발 5개년 계획'을 들으면 박정희 대통령을 떠올리지만, 그 시작은 이승만 대통령 시절에 구상되었습니다. 제1차 계획은 이승만 정부 말기에 수립되지만, 1960년 4.19 혁명으로 정국이 혼란해지면서 시행되지 못하자, 이후 집권한 박정희 대통령이 이를 본떠 체계적으로 추진했습니다.

- (중국공산당의 3대 최고 지도자 및 군사전략가, 덩샤오핑) *"박정희는 나의 멘토다."*[15]

- (북한의 김정일) *"예전의 유신에 대해서 말들이 많지만 박정희는 새마을 운동을 통해서 경제를 성장시키지 않았는가? 서울을 보라. 서울은 도쿄보다도 나은 민족의 자산이다."*[16]

- (미국의 56대 국무장관, 헨리 키신저) *"19-20세기 세계적 혁명가들 5인 중 경제 발전에 기적을 이룩한 사람은 오직 박정희 한 사람이었다. 그는 산업화 후에 민주화를 이룩한, 소위 민주화의 토대를 다진 인물이라서 나는 그를 존경한다."*[17]

- (미래학자, 엘빈 토플러) *"민주화는 산업화가 끝난 후에 가능하다. 이런 인물을 독재라고 말하는 것은 언어도단이다. 박정희라는 모델은 누가 뭐라고 말해도 세계가 본받고 싶어 하는 모델이다."*[18]

- (미국의 34대 대통령, 아이젠하워) *"박정희가 없었다면 공산주의 마지노선이 무너졌다."*[19]

이처럼 눈부신 경제성장을 이루기 위해 박정희 대통령은 여섯 가지 핵심 사업을 추진합니다.

13) 조갑제, "김영삼과 김대중의 다른 점." 뉴데일리, 2015년 11월 24일. https://www.newdaily.co.kr/site/data/html/2015/11/24/2015112400094.

14) 교과서포럼, 한국 근·현대사(서울: 기파랑, 2008), 180.

15) 이미숙, "덩샤오핑, 中 발전전략 '박정희 모델' 모방." 문화일보, 2011년 5월 31일. https://munhwa.com/news/view.html?no=2011053101030632307002.

16) 이효준, "김정일마저 칭찬한 박정희 대통령을 비난하다니…" 크리스천투데이, 2022년 2월 14일. https://www.christiantoday.co.kr/news/345630.

17) 윤덕우, "(7)세계가 칭찬한 박정희 대통령...각국 지도자들, 시대·이념 초월 "박정희는 나의 모델." 대구신문, 2024년 9월 12일. https://www.idaegu.co.kr/news/articleView.html?idxno=475147.

18) 박정기, "무엇이 문제인가 (4)." 경남매일, 2023년 4월 24일. http://www.gnmaeil.com/news/articleView.html?idxno=517567.

19) 최영열, "<경상데스크> 철부지 같은 역사인식 이젠 그만." 경상매일신문, 2023년 2월 21일. http://www.ksmnews.co.kr/news/view.php?idx=414935.

| 1. 수출·중공업 중심 경제개발 |

첫째, 경제개발 전략을 ⑮ ˚ '수입대체산업화'에서 ˚ '수출주도산업화'로 전환한 것입니다. 박정희 대통령은 가난을 극복하기 위해서는 "수출만이 살길"이라며 수출을 최우선 과제로 삼았습니다. 하지만 당시 원조에 의존하던 우리나라는 처음부터 원자재를 수입하여 물건을 만들어 팔 형편이 아니었습니다. 그래서 초기에는 쌀·꽁치·머리카락·다람쥐·은행잎 등 돈이 되는 것은 무엇이든 수출합니다. 그중 대표적인 것이 쥐가죽 수출, 이른바 '코리안 밍크'입니다. 쥐가죽은 여성용 코트·핸드백·모자 등에 쓰였고, 정부는 각 도별로 쥐 잡기 할당량까지 내려 쥐꼬리를 보건소에 제출하면 마리당 5원씩 보상받는 등 전국적으로 쥐잡기 운동을 확산시킵니다.

| 중화학공업 |

하지만 박정희 대통령은 언제까지나 단순 품목들만 수출할 수 없다고 판단했습니다. 그는 당시 농업에 주력하라는 미국의 말을 따르지 않고, 1973년 우리나라의 운명을 바꿀 대전환, 곧 ⑯ '중화학공업'을 선언합니다. 수출입국을 달성하기 위해서는 철강·기계·화학 등 중화학공업의 육성과 정착이 반드시 필요했기 때문입니다. 결국 우리나라는 중화학공업화를 통해 철강·시멘트·비료·조선 산업이 본격적으로 성장하여, 1977년 수출 100억 달러를 돌파하고, 2011년 '무역 1조달러 클럽'에 아홉 번째 나라로 가입됩니다.[20] ⑰ 오늘날 대한민국은 중국과 대만에 이어 세 번째로 큰 반도체 제조 시설을 가지고 있으며, 반도체는 2022년 기준 한국 전체 수출의 18.9% 비중을 차지하는 국가 최대 수출품목 중 하나가 되었습니다.[21] 코리안 밍크(쥐가죽)에서 최첨단 ˚ 반도체에 이른 과정을 떠올리면, 눈물이 나지 않을 수가 없습니다.

| 김대중의 대중경제론 |

박정희 대통령의 수출주도형 중화학공업화는 당시 국내외에서 거센 반발을 불러일으켰습니다. 미국도 찬성하지 않고, 세계은행도 자금 공여를 거부하고, 국내 야당 정치인들까지 맹비난을 퍼부었습니다. "수입대체산업으로도 충분히 먹고살 수 있는데, 왜 굳이 거액의 외자를 도입하여 외국에 종속될 위험을 감수하느냐"는 것이었습니다. 그중에서도 가장 거세게 반대했던 인물이 김대중입니다. 하지만 김대중이 제7대 대선에서 내세운 공약을 보면, 그가 추구한 것들이 지금의 대한민국과 얼마나 동떨어져 있었는지를 알 수 있습니다. 그는 안보와 경제성장을 강조한 박정희와 달리, ⑱ 예비군 폐지, ⑲ 경부고속도로 건설 반대, ⑳ 수입대체산업화(내수시장 중시), ㉑ 농촌주도산업화, ㉒ 대중경제론, ㉓ 노사공동위원회, ㉔ 미일 중소 4대국안정보장론(친미 노선 이탈) 등 시대에 뒤떨어진 정책들을 주장했습니다. 만약 당시 김대중이 당선되었다면, 어떻게 되었을까요? 88올림픽 개최, 주한미군 주둔, 오늘날의 '한강의 기적 등이 가능했을까요?

| 삼성 이건희· 현대 정주영 |

우리나라가 세계에서 9번째로 무역 1조 달러를 달성한 데는 박정희 대통령의 리더십뿐 아니라, 두 기업인의 도전 정신이 있었습니다. 바로 국민들이 가장 존경하는 기업인, 삼성전자의 이건희 회장과 현대그룹의 정주영 회장입니다. 이건희 회장은 1974년 30대 초반의 나이에 재산을 털어 한국반도체를 인수하고, 40여 년간 기술 전쟁에 몰두합니다. 그는 직원들에게 늘 "일본을 철저히 배우라. 우리는 아직 배울 것이 너무 많다. 소니를 선생님으로 대하라."라고 강조했습니다.[22] 이후 삼성은 TV 시장에서 세계 1위였던 소니를 넘어섭니다.

정주영 현대그룹 회장은 1971년 영국 선박 컨설팅 회사 최고경영자를 찾아가 울산조선소 건설 차관을 요청합니다. 그는 당시 500원짜리 지폐에 그려진 거북선을 보여주며, "한국은 16세기에 철갑선을 만들었다. 영국보다 300년 빠르다. 한번 시작하면 잠재력이 분출될 것이다."라고 당당하게 말합니다.[23] 결국 그는 불가능하다는 조선소 건설을 현실화시킵니다. 당시 부하 직원들이 일이 힘들어서 포기하려 할 때마다 정주영 회장이 던진 유명한 질문은 지금도 전해집니다. "이봐, 해봤어?" ㉕ 이 말은 대한민국을 세계 조선소 상위국으로 이끈 정주영 회장의 기업정신을 상징합니다.

⑮ '산업화(産業化)'는 전체 산업에서 공업이 차지하는 비율이 높아지는 과정입니다. '공업화(工業化)'는 제조업의 생산 과정이 수작업 중심에서 기계 중심으로 확산되는 과정입니다.

○ 수입대체산업화(輸入代替産業化): 외국에서 수입하던 상품을 국내에서 직접 생산하여 자급하는 산업 구조입니다.

○ 수출주도산업화(輸出主導産業化): 외국에 상품을 수출하기 위해 생산을 확대하는 산업 구조입니다.

⑯ 중화학공업(重化學工業): '공업화(工業化)'는 제조업의 비중이 기계로 확산되는 것을 의미합니다. 여기서 제조업은 '중공업'과 '경공업'으로 나뉩니다. '중공업(重工業)'은 금속·화학·석유·철강·조선·비철 금속·기계·전자 등 무겁고 생산 과정이 복잡한 산업입니다. 그중에서 '중화학공업'은 중공업의 화학 분야로, 석유화학·농약·비료·시멘트 등을 포함합니다. '경공업(輕工業)'은 중공업에 비해 무게가 가볍고 생산과정이 단순한 산업으로, 의료용품·식품·문구·완구·플라스틱 등을 제조합니다. 이 중에서 박정희 대통령은 더 큰 돈을 벌어들일 수 있는 중공업을 중점적으로 육성했습니다.

○ 반도체(半導體): 전류가 잘 통하는 도체와 전류가 거의 통하지 않는 부도체의 중간 성질을 가진 물질입니다. 불순물의 양을 조절하여 전류가 흐르거나 차단되도록 할 수 있다는 점이 특징입니다. 반도체는 컴퓨터·스마트폰의 두뇌 역할을 하며, 데이터를 저장하거나 연산·제어 기능을 수행하는 칩으로 활용됩니다. 그 종류는 크게 두 가지로 나뉩니다. 메모리 반도체는 데이터를 저장 및 처리하는 반도체로, 대표적으로 램·낸드플래시 등이 있습니다. 시스템 반도체는 논리 연산·제어·신호 처리 등을 담당하는 반도체로, 대표적으로 CPU·AP 등이 있습니다.

⑰ 반도체는 한국 수출의 20%, 대만 수출의 40%를 차지하는 핵심 산업입니다. 두 나라 모두 중국을 최대 시장으로 삼고 있지만, 2022년 중국 반도체 수입에서 한국의 점유율은 2018년 24.4%에서 19.6%로 4.7%포인트 하락한 반면, 대만은 29.4%에서 35.5%로 6.1%포인트 상승하며 처음으로 한국을 앞질렀습니다. 그 이유는 각 국 지도자의 기업에 대한 태도 차이였습니다. 대만 정부(차이잉원 총통)는 160조 원을 투자하여 반도체 공장 20곳을 신설하고, 차세대 반도체 연구와 인재 양성에 집중했습니다. 6개 국립대에 '반도체 연구대학'을 세워 전문 인력을 체계적으로 길렀습니다. 그 결과, 대만은 반도체 전 분야에서 세계 최고 수준의 인프라를 구축하며 2년 연속 성장률 1위를 기록했습니다. 반면, 한국 정부(문재인)는 반기업 정책으로 IT 개발의 골든타임을 놓쳤습니다. 특히 삼성전자는 4년간 50여 차례 압수수색과 430여 차례 조사를 받고, 이재용 부회장이 560일 넘게 수감되는 동안 성장 동력을 잃었습니다. 반도체는 한국이 세계적 경쟁력을 지닌 몇 안 되는 분야입니다. 만약 이마저 뒤처진다면 한국의 미래는 매우 암담해질 것입니다.

송의달, "5년 내내 삼성·이재용 때린 文정부는 한국 경제의 新매국노?" 조선일보, 2023년 3월 7일. https://www.chosun.com/opinion/morning_letter/2022/.

20) 고기완, "[커버스토리] '코리안 밍크'에서 최첨단 반도체까지…세계가 부러워하는 한국 무역의 변신." 생글생글, 2021년 12월 20일. https://sgsg.hankyung.com/article/2021121746631.

21) "반도체." 인베스트코리아. https://www.investkorea.org/ik-kr/cntnts/i-117/web.do.

22) 성호철, "이건희-반도체, 정주영-조선, 박태준-철강, 구본무-2차전지." 조선비즈, 2015년 8월 17일. https://cbiz.chosun.com/svc/bulletin/bulletin_art.html?contid=2015081700418.

23) 성호철, "이건희-반도체, 정주영-조선, 박태준-철강, 구본무-2차전지." 조선비즈, 2015년 8월 17일. https://cbiz.chosun.com/svc/bulletin/bulletin_art.html?contid=2015081700418.

둘째, 서독파견 광부(신사 광부)와 간호사(코리안 엔젤)입니다. 박정희 대통령은 1962년 '1차 경제개발 5개년 계획'을 발표하지만, ㉖ 당시 미국 원조만으로는 경제개발을 추진하기에 턱없이 부족하여 외부의 자본을 확보해야만 했습니다. 이때 박정희 대통령의 눈에 들어온 나라가 독일(당시 서독)이었습니다. 서독은 우리나라처럼 분단의 아픔과 전쟁의 상처가 있음에도, '라인강의 기적'이라고 불리는 눈부신 경제성장을 이룬 나라입니다. 박정희 대통령은 이를 보며 '우리도 전쟁의 잿더미에서 한강의 기적을 이뤄 보자'라는 각오를 다집니다. 당시 독일은 눈부신 경제성장으로 노동력이 부족했고, 전쟁 직후의 우리나라는 극심한 실업난에 시달리고 있었습니다. 결국 1963년 12월 1일 박정희 대통령은 독일로부터 1억 5,000만 마르크(당시 약 3,000만 달러)의 상업차관을 얻는 대신에 12월 16일 광부와 간호사를 파견하는 협정(한국 정부의 임시고용계획에 관한 한국노동청과 독일탄광협회 간의 협정)을 체결합니다. ㉗ 1963년부터 1977년까지 독일로 건너간 인원은 광부 7,932명, 간호사 1만 226명이었습니다. 광부들은 매일같이 지하 1,000~3,000미터의 막장에서 석탄을 캐며 얼굴은 까맣게 그을렸고, 온몸은 상처투성이가 되었으며, 목숨을 잃기도 합니다. 또 간호사들은 차가운 시신을 알코올 천으로 닦으며, 조국에 한 푼이라도 더 송금하기 위해 초과근무를 자청하며 몸이 부서져라 일합니다. 1964년 12월 10일 서독광부들과 간호사들이 한국을 떠난 지 약 1년 만에 박정희 대통령은 육영수 여사와 함께 함보른 탄광회사(Lohberg Mine)를 방문합니다. 탄광에 도착하자, 현지 광부들로 구성된 밴드는 대한민국 애국가를 연주해 줍니다. 그런데 현장에 있던 누구도 따라 부르지 않았습니다. 이는 박정희 대통령을 비롯한 500여 명의 광부들이 모두 고개를 숙인 채 흐느끼고 있었기 때문입니다. 연주가 끝난 뒤, 박정희 대통령은 연단 위에 올라 이렇게 연설합니다.

> "여러분, 만리타향에서 이렇게 상봉하게 되니 감개무량합니다. 조국을 떠나 이역만리 남의 나라 땅 밑에서 얼마나 노고가 많으십니까.
> 서독 정부의 초청으로 여러 나라 사람들이 이곳에 와 일하고 있는데 그중에서도 한국 사람들이 제일 잘하고 있다고 칭찬을 받고 있음을 기쁘게 생각합니다.
> 광원 여러분, 간호원 여러분. 모국의 가족이나 고향 땅 생각에 괴로움이 많을 줄로 생각되지만 개개인이 무엇 때문에 이 먼 이국에 찾아왔던가를 명심하여
> 조국의 명예를 걸고 열심히 일합시다. 비록 우리 생전에는 이룩하지 못하더라도 후손을 위해 남들과 같은 번영의 터전만이라도 닦아 놓읍시다.
> 여러분 난 지금 몹시 부끄럽고 가슴이 아픕니다. 대한민국 대통령으로서 무엇을 했나 가슴에 손을 얹고 반성합니다. 나에게 시간을 주십시오.
> 우리 후손만큼은 결코 이렇게 타국에 팔려 나오지 않도록 하겠습니다. 반드시. 정말 반드시…"[24]

결국 박정희 대통령은 말을 잇지 못한 채 소리 내어 통곡하고, 그 자리에 함께한 서독 대통령도 눈물을 흘리고, 조국의 비참한 현실을 마주한 광부들도 흐느끼며 통곡합니다. 당시 통역을 맡았던 백영훈은 "그때 박 대통령이 광부, 간호사들과 함께 흘린 눈물이 조국 근대화의 시발점이었다."라고 회고했습니다.[25] 머나먼 타지에서 광부와 간호사들이 보낸 송금액은 1965년부터 1975년까지 총 1억 153만 달러로, 당시 우리나라 °GNP의 2%를 차지하는 막대한 액수였습니다.[26] 하지만 이후에도 대한민국은 심각한 외화 부족에 시달렸고, 그 어느 나라에서도 추가적인 상업차관을 얻지 못하는 상황이 계속되었습니다. 이에 박정희 대통령은 1964년 12월 9일 직접 서독을 다시 찾아가 서독 국회에서 대한민국의 절박한 현실을 호소하며 차관 지원을 요청하는 연설을 합니다. 이러한 박정희 대통령의 호소와 끊임없는 노력, 그리고 광부와 간호사들의 피와 땀은 훗날 대한민국이 가난을 딛고 오늘의 국가로 성장하는 밑거름이 되었습니다.

> "여러분, 만리타향에서 이렇게 상봉하게 되니 감개무량합니다. 조국을 떠나 이역만리 남의 나라 땅 밑에서 얼마나 노고가 많으십니까.
> 돈 좀 빌려주세요. 한국에 돈 좀 빌려 주세요. 여러분들의 나라처럼 한국은 공산주의와 싸우고 있습니다. 한국이 공산주의자들과 대결하여 이기려면
> 분명 경제를 일으켜야 합니다. 그 돈은 꼭 갚겠습니다. 저는 거짓말할 줄 모릅니다. 우리 대한민국 국민들은 절대로 거짓말을 할 줄 모릅니다.

---

24) 박윤식, 대한민국 근현대사 시리즈 3: 1948년 10월 19일 여수 순천 사건(서울: 휘선, 2011), 220.

25) 배진영, "朴대통령도, 陸여사도, 기자들도 함께 울었던 그날." 월간조선. https://monthly.chosun.com/client/news/viw.asp?nNewsNumb=200403100022.

26) 김학선, 홍선우, 최경숙, "파독간호사 삶의 재조명." 한국산업간호학회지(2009), no.18-2, 174.

---

⑱ 1968년 1.21 사태 후 예비군이 창설되지만, 북한의 도발은 계속되었습니다. 당시 300만 명의 예비군을 보유한 북한 앞에서 김대중의 예비군 폐지 주장은 그의 국가관을 잘 보여줍니다.

⑲ 김대중과 김영삼은 경부고속도로 건설에 반대하며 시위했습니다. 공사비는 정부 예산의 13%에 달하는 300억 원이었고, 야당은 '지역 편중'이라고 비난했습니다. 하지만 부산은 항구와 포항제철이 인접한 전략적 선택이었습니다.

⑳ '수입대체공업화'는 외국산 공산품을 자국에서 생산해 내수를 키우는 정책입니다. 하지만 자원이 부족한 한국에는 지속이 어렵고, 자급자족 경제의 한계로 발전도 제한됩니다. 1960년대 여러 나라가 시도했지만 결국 실패하며 그 한계가 드러났습니다.

㉑ 중소기업 지원을 내세운 '대중경제론'을 주장하며 서민층의 지지를 얻었습니다. 하지만 이는 어렵게 쌓은 경제 성과를 흔들 수 있는 위험한 발상이었습니다.

㉒ 『대중경제론』(1985)은 김대중이 집필한 저서로, 박정희의 수출·중화학 공업 정책을 비판하며 농업 중심 사회로의 회귀를 주장한 책입니다. 이는 좌익 경제학자 박현채의 『민족경제론』(1978)의 영향을 받았습니다. 박현채(1934~1995)는 전남 출신으로, 남로당 산하 조직에서 활동하고 6.25전쟁 때는 빨치산으로 참전했으며, 이후 인혁당 사건에도 연루되었습니다.

㉓ '노사(勞使)'는 노동자와 사용자의 관계를 뜻합니다. 김대중 정부는 IMF 외환위기 후 노사정위원회를 출범시켜 노동자의 경영 참여를 허용하지만, 이는 결과적으로 기업 규제를 강화했습니다.

㉔ 4대국안전보장론은 동서 냉전이 치열하던 당시 국제정세 속에서 현실성이 떨어지는 정책으로 평가됩니다.

㉕ 2024년 4월 기준 세계 조선소 순위는 HD현대중공업 1위, 삼성중공업 2위, 한화오션 3위입니다. 이들 세 기업은 모두 1970년대에 설립·건설되었다는 공통점을 가지고 있습니다.

㉖ 한반도에 3년간 막대한 시간과 자금을 투입했던 미국은 1960년대 들어 자국 경제 회복을 위해 국제 원조를 크게 줄였습니다. 이때 박정희 대통령은 미국의 존 F. 케네디 대통령을 만나기 위해 직접 백악관까지 찾아가지만, 케네디는 *원조를 받는 나라에는 차관을 줄 수 없다*라며 요청을 거절했습니다. 조국의 비참한 현실을 마주한 박정희는 호텔로 돌아와 짐을 싸며 서러움에 복받쳐 한동안 눈물을 흘렸다고 합니다.

㉗ 당시 정부가 파독 광부 500명을 모집할 때, 무려 4만 6천 명이 지원했습니다. 이는 극심한 실업난 속에서 가족의 생계를 책임지려는 이유도 있었지만, 조국을 돕고자 하는 애국심도 크게 작용했습니다. 당시 파독 광부의 월급은 160달러였는데, 이들은 생활비를 최소한으

우리 대한민국 국민들은 절대로 거짓말을 하지 않습니다. 공산주의자들을 이길 수 있도록 돈 좀 빌려 주세요!"[27]

3. 한일기본조약

셋째, 한일협정입니다. 6.25전쟁 이후, 미국은 한국과 일본이 국교를 정상화하기를 원했습니다. 이승만 시절부터 양국 간의 협상은 시작되지만, 일제 식민지배에 대한 청구권 문제와 ㉘ '이승만 라인'으로 인한 어업 갈등 때문에 매번 결렬됩니다. 하지만 박정희 대통령은 경제개발을 위한 자본을 마련하기 위해 한일협상을 반드시 성사시켜야 했습니다. ㉙ 결국 국민의 반대를 무릅쓰고, 1965년 6월 22일 ○ 한일기본조약을 체결합니다. 그 내용은 일본이 일제 식민지배에 대한 포괄적인 배상으로, 무상 자금 3억 달러, 유상 자금 2억 달러, 상업 차관 3억 달러, 총 8억 달러를 ○ 대일청구권 자금으로 제공한다는 것이었습니다. 당시 아프리카 가나의 국민소득이 179달러, 대한민국이 82달러였음을 감안하면, 8억 달러는 엄청난 금액이었습니다. 실제로, 이 자금은 당시 31억 달러 규모였던 우리나라 GDP의 25%를 뛰어넘는 수준이었습니다. 물론 과거의 아픔을 돈으로 완전히 배상할 수는 없지만, 이 자금은 우리나라가 경제 기반을 구축하는 데 결정적인 역할을 했습니다. 그 결과 우리나라의 경제성장률은 1965년부터 7.2%에서 1966년까지 12%까지 단숨에 상승합니다. 이 무렵부터 집집마다 자동차와 라디오가 보급되기 시작하고, 세계 최빈국이던 우리나라는 본격적으로 '한강의 기적'을 탄생시키게 되었습니다.

4 경부고속도로·포항제철

넷째, 경부고속도로와 포항제철입니다. 박정희 대통령은 *"내 무덤에 침을 뱉어라"*라는 유명한 말을 남기며, 반대 여론을 무릅쓰고 두 사업을 밀어붙입니다. 그는 대일청구권 자금의 17.8%를 경부고속도로 건설에, 23.9%를 포항제철 설립에 각각 투입합니다.[28] 그 결과 경부고속도로는 국가의 대동맥이 되고, 포항제철은 우리나라를 세계적인 철강 산업국으로 도약시키고, 두 사업은 수많은 일자리를 창출하여 한국 경제성장의 든든한 기반이 됩니다.

1. ○ 경부고속도로

1964년 12월 10일 서독 파견 광부들을 위문하기 위해 독일을 방문한 박정희 대통령은 약 일주일간(7~14일) 자동차 전용도로와 제철소를 견학합니다. 이때 그의 시선을 사로잡은 것은 세계에서 가장 빠른 도로로 알려진 독일의 고속도로 '아우토반(Autobahn)'이었습니다. 그로부터 3년 뒤, 박정희 대통령은 야당의 거센 반대에도 불구하고 일본으로부터 받은 대일청구권 자금으로 1967년 11월 7일 경부고속도로의 건설을 시작하고, 1970년 7월 7일 부산과 서울을 연결하는 우리나라 최초의 고속도로를 개통합니다. 경부고속도로는 전국을 단일 시장권으로 통합하고, 개통 후 10년 동안 화물 수송량을 무려 16배나 증가시켜 우리나라 경제성장의 동맥이 되었습니다.[29]

2. ○ 포항제철

산업화에 성공하려면 반드시 ○ 철강산업을 발전시켜야 한다는 사실을 잘 알았던 박정희 대통령은 1962년 '제1차 경제개발 5개년 계획'을 발표할 때부터 종합제철소 건설을 구상했습니다. 이후 1965년 1월 미국 피츠버그 철강 단지를 방문하여 계획을 구체화하지만, 자금 부족으로 번번이 무산됩니다. 이때 종합제철소 추진위원장이던 박태준은 자금을 조달하기 위해 미국 하와이로 건너가지만, *"한국 같은 후진국에게 종합제철소는 비현실적이다"*라는 냉담한 반응만 듣습니다. 낙심한 채로 박태준은 와이키키 해변을 거닐다가 기막힌 발상이 떠오릅니다. 그는 곧바로 박정희 대통령에게 전화를 걸어, 일본으로부터 받은 대일청구권 자금을 사용하자고 제안합니다. 이것이 그 유명한 '하와이 구상'입니다. 하지만 당시 대일청구권 자금은 전부 현금이 아니라 동등한 가치의 물자도 포함되었기 때문에 박태준은 직접 일본으로 건너가 관계자들을 설득하여 이를 자금으로 받고 기술과 인적 도움까지 얻어내는 데 성공합니다. 결국 일본의 대일청구권 자금으로, 1970년 4월 포항제철 건설을 시작하고, 1973년 7월 마침내 완공합니다. 이후 포항제철은 우리나라 중화학공업화의 매우 중요한 발판이 됩니다.

로 아껴 쓰고 대부분을 조국에 송금했습니다. 그 결과 약 10년 동안 이들이 보낸 송금액은 총 1억 164만 달러에 달했습니다.

○ 국민총생산(GNP, Gross National Product): 일정 기간 동안 한 나라의 국민이 생산한 모든 최종 생산물과 서비스의 시장 가치 합계입니다.

㉘ 1952년 1월 18일 이승만 대통령은 '평화선'을 선포하여 독도를 대한민국 영토에 포함시켰습니다. 하지만 미국과 일본은 영유권과 어선 억류 문제를 이유로 강하게 반대했습니다.

㉙ 당시 국민들은 여전히 일제 식민 지배에 대한 반감이 컸습니다. 박정희 대통령은 한일협정을 비밀리에 추진하여 1964년 타결하지만, 대규모 시위가 일어나 결국 계엄령으로 진압했습니다. 당시 좌파들은 한일협정을 '굴욕외교'라고 비난했지만, 반공 구도와 경제 협력을 고려하면 불가피한 선택이었고, 대일청구권 자금은 한국 경제개발의 밑거름이 되었습니다.

○ 한일기본조약(韓日基本條約): 공식 명칭은 '대한민국과 일본국 간의 기본관계에 관한 조약(Treaty on Basic Relations between Japan and the Republic of Korea)'으로, 1965년 6월 22일 대한민국과 일본이 국교 정상화와 전후 보상 문제 해결을 위해 체결한 조약입니다. 이 조약은 협상이 시작된 이승만 대통령 시절부터 체결되기까지 무려 14년이 걸렸습니다.

○ 대일청구권(對日請求權): 일제시대 동안 한국인들이 겪은 억압과 착취에 대한 일본의 배상을 요구하는 민사상의 권리입니다. 이는 1965년 체결된 한일기본조약에 따라 합의되었습니다. 당시 일본은 조선에 투자한 자본과 일본인의 개별 재산을 모두 포기하고, 무상 자금 3억 달러, 유상 자금 2억 달러, 상업 차관 3억 달러 등 총 8억 달러를 대일청구권 자금으로 제공했습니다.

○ 경부고속도로(京釜高速道路, 고속국도 제1호선): 1968년 2월 1일 착공되어 2년 5개월 만인 1970년 7월 7일 완공된 대한민국 최장 거리의 고속도로입니다. '경부(京釜)'라는 이름은 기점인 서울(경성)과 기점인 부산을 연결한다는 의미에서 붙여졌습니다.

○ 포항종합제철주식회사(포항제철, 浦項製鐵): 1968년 4월 1일 박태준에 의해 창립된 대한민국의 대표 철강기업으로, 오늘날에는 약자인 'POSCO(Pohang Iron & Steel Company)'라는 이름으로 널리 알려져 있습니다. 세계적인 철강 전문 분석 기관인 WSD(World Steel Dynamics)의 '세계에서 가장 경쟁력 있는 철강사(World-Class Steelmaker Rankings)' 평가에서 무려 14년 연속 종합 1위를 기록하기도 했습니다.

○ 철강산업: 건축·기계·자동차·선박·전자 등 대부분의 산업의 기초 소재를 공급하는 국가의 핵심 기반 산업입니다.

27) 박윤식, 대한민국 근현대사 시리즈 3: 1948년 10월 19일 여수 순천 사건(서울: 휘선, 2011), 230.

28) "대일청구권자금의 산업자금화(1965)." 행정안전부 국가기록원, 2007.12.01. https://www.archives.go.kr/next/newsearch/listSubjectDescription.do?id=007232&sitePage=1-2-1.

29) 김현중, 대한민국 사회 교과서(서울: 양문, 2024), 347.

철강왕 박태준

박정희 대통령은 1968년 4월 1일 포항제철을 창립하고, 박태준을 사장으로 임명했습니다. 포항제철이 세계 일류 철강기업으로 성장한 배경에는 박태준의 공로가 컸습니다. [30] 그는 일본 내 네트워크와 협상 능력을 발휘하여, 포항제철 건설에 필요한 차관을 얻는 데 큰 역할을 했습니다. 또 건설 과정에서 직원들에게 늘 ○'제철보국'을 강조하며 의지를 다지도록 했습니다. 그중에서도 박태준의 트레이드마크는 다름 아닌 [31] '우향우 정신'이었습니다. 통상적으로 4~5년 걸리는 제철소 건설을 불과 3년 3개월 만인 1973년 7월 2일 완공할 수 있었던 것도 이 정신 덕분이었습니다. 당시 일본은 기술을 가르쳐 주면서도 일부 핵심 설계는 사진 촬영을 금지했습니다. 그러자 박태준은 직원들에게 한 사람당 한 파트씩 머릿속에 외우게 하여, 끝내 전체 설계도를 완성시켰습니다. 또한 그는 제철소 작업을 하루 24시간 가동하고, 자신도 하루 세 시간만 자는 등 몸소 우향우 정신의 본보기를 보여주었습니다.

> "목숨을 걸자. 조상의 핏값(대일청구권)으로 짓는 것이다.
> 실패하면 우리 모두 사무실에서 똑바로 걸어 나와 우향우 한 다음 영일만 앞바다에 몸을 던져야 한다."[30]

훗날 중국의 최고 실세이자 군사전략가였던 덩샤오핑(Deng Xiaoping)은 일본을 방문하여 "중국에도 포항제철 같은 제철소를 지어 달라"고 요청합니다. 그러자 일본제철소 회장은 "제철소는 돈과 기술만으로 지어지는 것이 아니라, 박태준과 같은 사람이 있어야 가능하다."라고 답합니다. 그럼에도 박태준은 수많은 사람들이 자신을 '한국의 철강왕'이라고 부를 때마다 손사래를 치며, "박정희 대통령이 포항제철을 작곡하셨고, 저는 그분의 작곡에 따라 연주자들을 지휘했을 뿐입니다."라고 답했습니다. [31] 포항제철소는 지금까지도 세계 철강 역사에서 가동 첫해부터 이익을 낸 유일한 기업이며, 오늘날 세계 1위 철강회사로 성장했습니다. 하지만 아무리 큰 자금이 주어졌다고 해도, 첫 제철소가 단번에 1위를 할 수는 없습니다. 이는 당시 3위 기술국 일본이 대일청구권 자금 제공에 그치지 않고, 기술 전수와 인력 훈련까지 지원했기 때문입니다. 그리고 무엇보다 박태준을 비롯한 '우향우 정신'의 사람들이 있었기 때문에 가능했습니다.

5. 베트남전 파병

다섯째, 베트남 전쟁 파병입니다. 베트남 전쟁은 1955~1975년 공산주의 북베트남(베트콩)과 자유민주주의 남베트남(월남) 사이에서 벌어진 전쟁입니다. 박정희 대통령은 1964년 남베트남에 의무병 140명을 시작으로, 1965년 해병대와 육군 2만 명을 파견합니다. 전쟁 기간 동안 파병된 한국군은 총 31만 2,853명이며, 그중 4,624명이 전사합니다. [32] 박정희 대통령의 파병에는 두 가지 목적이 있었습니다. 첫째, 군사 안보입니다. 당시 미국은 베트남전에 병력을 집중시키기 위해 주한미군 일부를 철수하려고 했습니다. 국군의 파병은 이를 막아주었습니다. 둘째, 경제 문제입니다. 1966년 3월 박정희 대통령은 파병을 조건으로 미국에게 경제적·군사적 지원을 받는 ○'브라운 각서'를 체결합니다. 이에 따라 미국은 국군 파병 비용을 전액 부담하고, 베트남 내 건설·구호 사업에 필요한 물자와 서비스를 우선적으로 한국에서 구매합니다. 또한 실질적인 [32] 군사 장비와 [33] 경제차관까지 지원해 줍니다. 결과적으로 우리나라는 베트남 무역을 통해 2억 8,300만 달러를, 파견된 군인과 노동자들의 봉급을 합쳐 총 7억 5,000만 달러를 벌어들입니다. [33]

6. 새마을 운동

여섯째, 새마을 운동입니다. '새마을 운동'은 우리나라 스스로의 힘으로 가난을 몰아내고 잘 사는 나라를 만들자는 농촌 계몽운동이자 범국민 운동이었습니다. 이 운동은 '자조(自助)', '근면(勤勉)', '협동(協同)'이라는 3대 정신을 핵심 가치로 내세웁니다. 이는 3대 정신은 건국대학교 전 부총장이자 유대인 전문가로 알려진 ○류태영 박사가 제시한 기본 정신의 3대 요소였습니다.

> "민주주의의 발전도, 복지 국가 건설도, 평화 통일 달성도 어느 의미에서는 우리가 얼마나 빨리 이 땅에서 가난을 몰아내고

○ **제철보국(製鐵報國)**: 좋은 철을 만들어 국가와 국민에 공헌한다는 사자성어입니다.

[30] 원래 대일청구권 자금은 사용처가 사전에 정해져 있었지만, 박태준의 집요한 설득으로 일본이 손해를 감수하면서까지 일부 자금을 포항제철 건설에 투입할 수 있었습니다.

○ **제철보국(製鐵報國)**: 좋은 철을 만들어 국가와 국민에 공헌한다는 사자성어입니다.

[31] 포항제철이 위치한 영일만에서 '우향우(右向右)'를 하면 바로 앞에 동해바다가 있습니다. 그래서 '우향우 정신'은 "포항제철소 건설이 실패하면 바다에 빠져 죽자"라는 각오로, 곧 죽기를 각오하고 끝까지 해내겠다는 결연한 의지를 뜻합니다.

○ **브라운 각서(Brown Memorandum)**: 1966년 3월 7일 주한 미국 대사 윌리엄 브라운과 이동원 외무부 장관이 체결한 문서로, 한국군의 베트남 파병에 따른 미국의 지원 내용을 담았습니다. 미국은 차관 제공과 군 장비 현대화 등 17개 협조 조항을 약속했습니다.

[32] 베트남 파병은 우리 군의 장비를 현대화하는 데 결정적인 전환점이 되었습니다.

[33] 한국과학기술연구소(KIST)는 베트남전쟁 파병의 대가로 미국의 원조를 받아 1966년 설립되었습니다. 훗날 KIST가 배출한 과학 인재들은 석유화학·제철·전자 등 한국 경제 산업의 기초를 세우는 데 중추적 역할을 했습니다.

○ **류태영 박사(1936~)**: 박정희 대통령의 신임을 받아 새마을운동을 설계·확산시킨 인물입니다. 전북 임실의 가난한 농가에서 자라 건국대 진학 후 덴마크와 이스라엘로 유학해 농촌개발을 연구했습니다. 이후 새마을 담당 비서관으로 농촌 부흥을 이끌었으며, 그의 좌우명은 "내게 능력 주시는 자 안에서 내가 모든 것을 할 수 있느니라"(빌립보서 4:13)였습니다.

30) 포브스코리아, "한국의 기업가정신을 찾아서 (8) 박태준 포스코(POSCO) 창업자." 월간조선, 2016년 10월 23일. https://jmagazine.joins.com/forbes/view/313892.

31) 포브스코리아, "한국의 기업가정신을 찾아서 (8) 박태준 포스코(POSCO) 창업자." 이코노미스트, 2016년 10월 25일. https://economist.co.kr/article/view/ecn201610250009.

32) 교과서포럼, 한국 근·현대사(서울: 기파랑, 2008), 192.

33) 김현중, 대한민국 사회 교과서(서울: 양문, 2024), 340.

풍요와 번영을 이룩하느냐에 달려 있다. 중요한 것은, 우리가 남의 힘이 아닌 우리 자신의 힘으로 온 국민이 함께 노력해서 가난을 추방하고 이 땅에 잘 사는 나라를 세워야 한다는 것이다. 이것이 바로 근면, 자조, 협동의 새마을운동이다."[34]

박정희 대통령은 피폐해진 국민 정신을 바로 세우기 위해, 1970년 5월 6일 전국의 지방 장관들에게 '마을 가꾸기 사업'을 지시합니다. 농촌 환경 정비를 위해 전국 3만 3,000여 개 마을마다 시멘트 335포대씩 지원하여 주민들이 스스로 환경 개선 사업을 펼치도록 합니다. 이때 모든 마을에 똑같이 나누어 주지 않고, ㉞ 스스로 돕고 근면하며 협동하는 마을을 선별하여 지원함으로써 자연스럽게 마을 간의 경쟁을 유도합니다. 그 결과, 농촌의 낮은 초가지붕과 좁은 흙길은 현대적인 마을과 넓은 농로로 개선되고, ㉟ 마을마다 전기가 공급되고, 공동우물·공동수도 등이 설치됩니다. 또한 농가의 ㊱ 소득·생산량이 증가하면서, 우리나라는 처음으로 쌀의 자급자족을 이루고 일부는 해외에 수출하기에 이르릅니다. 새마을 운동이 시작된 지 불과 10년이 채 되지 않아, 우리나라 농촌의 모습과 농민들의 생활 의식은 엄청난 변화를 맞습니다.

새마을 운동은 농촌에만 그친 것이 아니라, 도시·기업·공장·학교·가정 등 사람이 함께 모여 사는 모든 공동체로 확산됩니다. 기업에서는 기업인과 종업인이 하나 되어 생산성을 높이고, 학교와 가정에서는 '새마음' 운동이 일어나 건전하고 따뜻한 공동체 문화를 실천합니다. 당시 박정희 대통령은 어디를 가든 새마을 운동 담당 비서를 곁에 두고 실시간 보고를 받았다고 합니다. 또 장관·국회의원·장군·대기업 회장·대학 총장·법조인 등 국가 지도급 인사들을 불러 새마을 연수 교육을 수차례 실시합니다. 이들은 직함을 내려놓은 채 일주일 동안 강의·사례 발표·조별 토의 등을 통해 한 국민으로서 조국을 위한 일이 무엇인지 진지하게 성찰하고 결심합니다. 박정희 대통령의 새마을 운동은 훗날 유엔에서 '국민 계몽 운동'의 성공 사례로 인정받고, 지금도 매년 전 세계의 사람들이 새마을중앙연수원을 방문하고 있습니다. 새마을 운동은 단순히 지붕을 높이고 마을길을 넓히는 농촌계몽운동이 아니라, 오천 년 동안 잠들어 있던 국민 전체의 의식을 깨운 범국민운동이었습니다.

결단하기

대한민국의 번영은 국민의 노력만이 아니라, 목숨 걸고 나라를 이끈 비상한 지도자들의 결단 덕분이었습니다. 또 국민의 노력조차도 하나로 끌어올려준 것이 바로 박정희 대통령의 '할 수 있다'는 새마을 정신이었습니다. 전쟁 후 폐허가 된 가난한 나라의 지도자였던 박정희 대통령은 서독의 '라인강의 기적'을 늘 선망했고, 끝내 '한강의 기적'을 이루었습니다. 오늘날 대한민국은 군사력·경제력·외교력을 종합 평가하는 '세계에서 가장 강력한 국가(The Planet's Most Powerful Countries)'에서 6위에 올랐습니다. [35] 하지만 정작 박정희 대통령은 생전에 '한강의 기적'이라는 표현을 좋아하지 않았다고 합니다. 어떻게 모든 국민이 피땀 흘려 일군 것을 기적이라고 부를 수 있느냐는 것이었습니다. 우리나라 좌파들은 18년 장기집권을 한 박정희 대통령을 두고 "반민주적 독재자"라고 비난합니다. 하지만 당시 세계에서 가장 가난한 나라의 지도자였던 그는 안보·경제성장·민주주의라는 3대 과업을 전부 이루기 위해 강력한 리더십을 선택할 수밖에 없었습니다. 이제 여러분은 대한민국이 세워지기까지 수많은 이들의 피와 땀, 눈물이 있었음을 기억하고, 사치와 방탕에 휩쓸리지 말고 '박정희 정신'을 본받아 조국의 번영에 이바지하기를 바랍니다.

㊲ < 박정희 정신 >

1. 목표를 세워라.

2. 목표를 이룰 사람을 찾아라.

3. 기한을 정하라.

4. 5%의 가능성만 있어도 시작하고 도전하라!

5. 할 수 있다, 하면 된다, 해 보자!

㉞ 박정희 정부는 마을의 자조·근면·협동 수준에 따라, '자립마을'(2,307개), '자조마을'(3,943개), '기초마을'(1만 3,943개)로 구분했습니다. 이 중 기초마을은 자조·근면·협동이 부족한 마을을 뜻했습니다.

㉟ 1970년 전체 마을의 20%에 불과하던 전기 보급률은 1978년 98%로 급증했습니다.

김현중, *대한민국 사회 교과서*(서울: 양문, 2024), 365.

㊱ 1971년 근로자 소득의 79%에 불과하던 농가 소득은 1982년 103%로 역전되었습니다.

김현중, *대한민국 사회 교과서*(서울: 양문, 2024), 365.

㊲ 박정희 대통령의 다섯 가지 정신은 그가 직접 공식적으로 발표한 구호는 아니지만, 후세들이 그의 리더십과 추진력을 압축적으로 정리하면서 만들어진 문구입니다.

34) 박윤식, *대한민국 근현대사 시리즈 3: 1948년 10월 19일 여수 순천 사건*(서울: 휘선, 2011), 231.

35) 고득관, "'세계에서 가장 강력한 국가' 일본 8위…한국은 몇등?" 매일경제, 2023년 1월 1일. https://www.mk.co.kr/news/world/10588955.

20 전두환과 광주 5.18

1950 6.25	1961 5.16	1979 10.26	1979 12.12	1980 5.17
• 1931년 출생 • 뛰어난 리더십, 조직력 • 학도병, 육사 11기 • 미국유학 • 서울대 교관	• 육사 내에서 5.16혁명 지지 시위 조직하여, 정당성 부여 • 국군보안사령관	• 합동수사본부장 1. 군 내부 정보 2. 육사 11기, 하나회	• 10.26 사태 연루자 수사 • 정승화 육군참모총장 겸 계엄사령관 체포	(5.17) 3김 가택연금, 시위 참가자 600명 연행, 전국 비상계엄령 (5.18) 대학 휴교령, 군 배치 확장, 정치활동 금지

들어가는 말

1995년 12월 19일 국회는 '5.18 민주화운동 등에 관한 특별법(5.18 특별법)'을 제정하여, 역사적 사실에 대한 허위사실의 유포만으로 형사처벌하고 있습니다. 이는 사실상 역사적 사실에 대해 국가와 다른 해석이나 사실적 주장을 억압하는 '성역화'로 지적되고 있습니다.

광주 5.18
1980.5.18

'서울의 봄'

박정희 대통령의 서거로 장기간 임기가 끝나자, 국민들은 군부 퇴진과 민주화를 놓고 시위합니다. 이를 '서울의 봄'(1979.10.26~1980.5.17)이라고 부릅니다. 5월 18일 오전 10시 전남대학교 정문에서는 학생들이 계엄군을 향해 돌을 던지는 등 폭력 시위를 벌입니다. 5월 19일 계엄군의 위협 사격에도 시위대는 해산하지 않고, 결국 계엄군과 시민군 간의 총격으로 사망자가 발생합니다. 시민군은 파출소와 무기고를 습격하여 무기를 탈취하여 무장투쟁을 벌이고, 그 결과 9일간 이어진 광주 5.18 사태는 사망자 163명, 행방불명자 166명, 부상자 3,139명이 발생합니다.

⚠️ 광주 진압의 직접적 책임자는 전두환이 아닌 당시 계엄사령관 이희성이었습니다.

의문점

생각해 보기: 독재자 전두환?

답: 안보가 지켜져야 민주주의가 번영할 수 있다.

① 국가 지도자로서의 선택 ② 이승만·박정희 정신 계승 ③ 김대중 지연

1987 6.29				
(1980.8.27) 11대 대선 (1981.2.25) 12대 대선	박종철 고문치사 사건	+	이한열 최루탄피격 사건	 6월 항쟁 (6.29선언)

① 경제 안정화	② IT 산업화	③ 자유화	④ 복지화
• 물가상승 (30% → 3%) 중산층 확대 • 중소기업 육성 ★ '한강의 기적' 실제화	• 전자산업, 전자정보통신산업 • 반도체산업 • 초고속 통신망 "산업화는 늦었지만, 정보화는 앞서가자"	• 교복·두발 자유화 • 야간 통행금지 해제 • 연좌제 폐지 • 스포츠 육성 정책 등	• 최저임금제 실시 • 주택임대차보호법 제정 • 88서울올림픽 유치 • 한강 정화 사업, 지방 지하철 개통

20. 전두환과 광주 5.18

오늘도 힘찬 구호로 역사공부를 시작해 봅시다: 이승만/역사교실, 자유통일/이룩하자, 와!

복습하기 1950년 6.25 전쟁 이후, 우리나라는 1인당 국민총소득(GNI)이 67달러에 불과한 최빈국이 되었습니다.[1] 하지만 불과 70여 년 만에 세계 6대 강국으로 성장할 수 있었던 것은 위대한 지도자들 덕분이었습니다. 1960년 3.15 부정선거와 이승만 대통령의 하야로 급격히 혼란해진 사회는 나라를 공산주의의 위협으로부터 지켜내고 빛나는 성장을 이룩할 지도자가 필요했습니다. 이때 등장한 인물이 1961년 5.16 군사혁명을 이끈 박정희 대통령입니다. 박정희 대통령은 6대 사업(수출·중공업 중심 경제개발, 서독파견 광부·간호사, 한일협정 체결, 경부고속도로·포항제철 건설, 베트남 파병, 새마을 운동) 등을 통해 '한강의 기적'의 토대를 만들어 냈습니다. 우리나라의 좌파들은 3선 개헌과 10월 유신을 통해 18년간 장기 집권한 박정희 대통령을 "반민주적 독재자"라고 비판하지만, 전쟁 직후 세계에서 가장 가난한 나라의 지도자였던 박정희 대통령은 안보·경제성장·민주주의라는 세 가지 과업을 모두 이루기 위해 강력한 리더십을 선택할 수밖에 없었습니다. 박정희 대통령 시기의 경제성장은 훗날 대한민국의 민주화를 가능하게 한 토대가 되었습니다.

서론 1979년 10월 26일 김재규의 시해로 인해 박정희 대통령의 18년 장기집권은 막을 내리게 됩니다. 갑작스러운 국가 비상사태 속에서 계엄사령부 합동수사본부장으로 임명되어 가장 핵심적인 위치에 오르게 된 인물이 있었습니다. 바로 대한민국의 ① 11·12대 대통령 전두환입니다. 당시 국군보안사령관이던 전두환 대통령은 계엄사령부 합동수사본부장에 임명되고, 1979년 12.12 사태를 통해 권력을 장악하게 됩니다. 오늘은 전두환 대통령의 배경과 광주 5.18에 대해 살펴보겠습니다.

전두환 1931년 경남 합천군에서 가난한 농부 집안의 6남 5녀 중 넷째 아들(일곱째)로 태어난 전두환은 어린 시절부터 사람들을 모아 무리를 만들고 이끄는 탁월한 리더십과 조직력이 있었습니다.[2] 그런 그가 한 나라의 국가원수가 되기까지는 크게 다섯 가지 터닝포인트가 있었습니다.

1. 1950년 6.25전쟁 첫 번째 터닝포인트는 1950년 6.25 전쟁입니다. 전두환은 경남 합천군에서 태어나, 5살 무렵 가족과 함께 대구로 이주하여 대구공업고등학교를 졸업합니다. 이후 1950년 6월 25일 전쟁이 발발하자 ○ 학도병으로 군대에 입대하고, 1951년 정규 4년제 육군사관학교(육사)의 제1기생으로 입학합니다. 하지만 전쟁 중 단기과정을 거친 ② 임시 육사 출신 장교들이 1~10기로 편입되면서, 전두환과 동기생들은 11기로 조정됩니다. 이 과정에서 11기들은 "정규 교육을 받지 않은 선배들을 인정할 수 없다"며 반발했고, 반대로 선배들은 "전쟁터에서 싸우는 동안 후방에서 훈련만 받았며"며 11기생들을 '화초 세대'라며 깎아내렸습니다. 당시 전두환은 ③ 보결로 겨우 육사 11기에 입학하여 156명 중 121등으로 졸업하지만, 육사 내에서 ○ '오성회'라는 조직을 만들며 탁월한 조직력을 보였습니다. 전쟁 후 1955년 소위로 임관한 그는 1959년 군사대국 미국에서 유학을 하고, 1961년 귀국 후 육군 대위로 ④ 서울대 교관으로 복무합니다. 그리고 바로 그해, 그의 인생을 바꿀 전환점인 박정희의 5.16 군사혁명이 일어납니다.

2. 1961년 5.16혁명 1961년 5월 16일 5.16 혁명이 일어났을 당시 전두환은 군대가 아닌 서울대에서 교관으로 복무하고 있어 직접적으로 참여할 수 없었습니다. 하지만 5월 18일 그는 모교인 육사를 찾아가 ○ 생도 800여 명이 참가하는 '5.16 혁명 지지' 시가행진을 주도합니다. 6.25 전쟁 직후, 육사는 젊고 정의로운 이미지가 강했으며, 많은 엘리트들이 모여 있어 사회적 위상이 매우 높았습니다. 당시에는 서울대를 마다하고 육사에 입학할 정도로 선

① 지금까지 살펴본 대한민국의 역대 대통령들입니다.
1. 이승만(1~3대)
2. 윤보선(4대)
3. 박정희(5~9대)
4. 최규하(10대)
5. 전두환(11~12대)

○ 학도병(學徒兵): 학생 신분으로 전쟁에 참전한 병사입니다. 이들은 병역 의무가 없음에도 불구하고, 대부분 자발적으로 전장에 나섰습니다.

② 이들 중 한 명이 육사 2기생 박정희 대통령이었습니다.

③ '보결(補缺) 합격'은 합격자가 등록을 포기하여 생긴 빈자리를 예비 순위자가 채우는 '추가 합격'을 뜻합니다.

○ 오성회(五星會): 육사 11기 장교들로 구성된 군내 사조직으로, 전두환·노태우·박병화·최성택·김복동 등 5명이 핵심 멤버였습니다. 모두 영남 출신으로 강한 결속과 엘리트 의식을 지녔으며, 이후 하나회의 중심 세력이 되었습니다.

④ 전두환은 1961년 대한민국 육군 기획과 육군 ROTC 창단 위원회로 발탁되어, 서울대학교 ROTC 학생군사교육단의 교관으로 짧게 근무합니다.

○ 생도(生徒): 군의 교육 기관, 특히 사관학교의 학생입니다.

1) 이세원, "[국민소득 3만불시대] 전쟁폐허 속 '67달러' 최빈국서 선진국대열로". 연합뉴스, 2019년 3월 5일. https://www.yna.co.kr/view/AKR20190305073900002.

2) 강준식, "[강준식의 정치비사] 대통령 이야기 전두환." 중앙일보, 2010년 9월 23일. https://www.joongang.co.kr/article/4470606.

망의 대상이었습니다. 전두환은 이러한 엘리트 생도들이 혁명을 공개 지지한다면, 국민들이 5.16의 정당성과 정통성을 인정할 것이라고 생각했습니다. 그는 빠른 상황 판단력과 뛰어난 설득력을 발휘하여 시가행진을 성사시키고, 실제로 이 시가행진은 5.16 혁명에 정당성을 부여하는 데 큰 기여를 하여 전두환이 박정희의 신임을 얻게 되는 중요한 전환점이 됩니다. 박정희는 그의 정치적 감각을 높이 평가하여, 1962년 직접 불러 국회의원 출마를 권유합니다. 하지만 전두환은 *"군대에도 충성스러운 부하가 남아있어야 하지 않겠습니까?"* 라며 거절하고, 이로 인해 박정희는 그를 더욱 신임하게 됩니다.[3] 이후 전두환은 군 내부에서 점차 주요 요직을 거치며 입지를 다져 갑니다. 그가 거친 주요 요직은 다음과 같습니다.

- 1967년 수도경비 사령부 제30대대 대대장: 청와대 경비 태세가 허술하다며 직접 박격포를 설치하는 등 방어 강화를 지휘합니다. 이후 1968년 1월 21일 김신조 사태 (청와대 기습 사건)가 일어나는데, 이때 전두환의 30대대가 조명탄을 지속적으로 발사하여 김신조 일당을 생포하는 데 결정적인 역할을 합니다.
- 1969년 육군 대령, 육군참모총장실 수석부관대리: 육사 11기 동기들 중 가장 늦게 소령으로 진급하지만, 오히려 가장 먼저 대령으로 승진합니다.
- 1973년 제1공수특전여단장, 준장 진급: 특전사의 핵심 전력을 지휘하는 여단장으로 임명되면서 준장으로 진급합니다.
- 1977년 소장 진급
- 1978년 육군 제1보병사단장: 사단장 중에서도 가장 중요한 보직으로 꼽히는 제1사단을 맡아, 북한의 남침용 땅굴을 발견하는 성과를 거둡니다.
- 1979년 국군보안사령관: 현재의 '국군 방첩사령관'에 해당하는 요직으로, 국방부 직할부대인 국군보안사령부를 지휘합니다.

전두환은 육사 11기 동기생들 가운데 가장 먼저 대령으로 진급한 후, 1970년 4월 22일 모교인 육사를 방문하여 다음과 같이 연설합니다.

"본관은 재학 중 성적이 중간에도 못 미쳤었습니다. 그렇다고 공부를 게을리했던 것은 아닙니다. 본관은 1등을 하고 싶었습니다. 그리고 그 1등의 파이널은 비단 육사를 졸업할 때의 그 순간에만 머무는 것은 아니라고 생각했습니다. 본관은 1등을 위해 육사에 입교한 그 순간부터 지금까지 20년 동안 끊임없이 공부해 왔습니다. 이러한 노력의 결실로 이제 본관은 우리 동기생들을 앞질러 1등을 한 것입니다."[4]

3. 1979년 10.26 사태

1979년 10월 26일 박정희 대통령이 피살되자, 곧바로 계엄령이 전국에 확대 선포됩니다. 이에 따라 군의 계엄사령부가 중심이 되어 설치된 것이 바로 합동수사본부(합수본)이며, 초대 본부장은 전두환 당시 보안사령관이었습니다. 그는 대통령 암살 사건을 수사하기 위해 10월 27일부터 중앙정보부 차장·검찰총장·치안본부장 등을 국군보안사령부(보안사)로 불러, 모든 정보·수사 기관을 합수본 지휘 체계 아래 예속시킵니다. 계엄사령부 합수본이 국가 정보와 치안을 사실상 장악하자, [5] 정승화 육군참모총장 겸 계엄사령관은 전두환을 비롯한 육사 11기 장교들의 인사 조치를 단행하려고 하지만, 이 시도는 전두환의 12.12 사태로 인해 무산되고 맙니다.

전두환의 2가지 무기

당시 전두환에게는 두 가지 강력한 무기가 있었습니다. 첫째, 군 내부 정보입니다. 그는 국군보안사령관으로써 군의 모든 정보를 장악하고 있었습니다. 만약 단순한 참모 보직에 머물렀다면, 12.12 사태를 일으키지 못했을 것입니다. 둘째, 조직입니다. 전두환은 육사 시절부터 오인회·오성회·칠성회·텐넘버·일심회 등 여러 모임에 참여하고, 마침내 1963년 군내 최대 사조직 ○ '하나회'를 결성합니다. 당시 전두환은 활동 자금이 생기면 혼자 착복하지 않고 회원들에게 아낌없이 나누며 신뢰를 쌓아갑니다.[5] 이러한 태도와 타고난 친화력이 사람들을 따르게 했고, 결국 하나회는 군 내부 요직을 장악하며 막강한 영향력을 행사하게 되었습니다.

⑥ 정승화는 전두환을 동해방위사령관으로 인사이동시킬 계획이었습니다.

○ 하나회(一心會, 일심회): 전두환·노태우 등 육사 11기를 중심으로 결성된 군내 엘리트 사조직입니다. 대부분 영남 출신으로, 이후 11기부터 36기까지 약 250명 규모로 확대되었습니다.

3) 김재홍, "'전 대위, 국회의원 출마 안 하겠나' 박정희의 전두환 총애, 이유 있었다." 오마이뉴스, 2021년 11월 11일. https://www.ohmynews.com/NWS_Web/view/at_pg.aspx?CNTN_CD=A0001658416&CMPT_CD=P0000.
4) 강준식, "[강준식의 정치비사] 대통령 이야기 전두환." 중앙일보, 2010년 9월 23일. https://www.joongang.co.kr/article/4470606.
5) 강준식, "[강준식의 정치비사] 대통령 이야기 전두환." 중앙일보, 2010년 9월 23일. https://www.joongang.co.kr/article/4470606.

4. 1979년 12.12 사태

1979년 12월 12일 전두환은 박정희 대통령의 시해 사건의 연루자를 밝힌다는 명분으로, 정승화 육군참모총장 겸 계엄사령관을 체포하는 12.12 사태를 일으킵니다. 전두환과 하나회 출신 장교들은 경복궁 30경비단장실에 집결하여, 수도권 무장 병력 6천여 명을 동원하여 육군본부·국방부·수방사·특전사 등 핵심 기관들을 장악합니다. 이어 김재규의 최측근으로 실권을 쥐고 있던 정승화를 체포하고, 최규하 대통령을 찾아가 체포 승인을 요구합니다. 최규하 대통령은 처음에는 노재현 국방부장관의 동의를 조건으로 내세우며 버티지만, 가족과 함께 피신 중이던 노재현 국방부장관이 결국 체포 동의안에 서명하면서 12.12 사태는 10시간 만에 막을 내립니다.

5. 1980년 5.17 전국 비상계엄

박정희 대통령 서거 이후, 유신체제에서 벗어난 야당과 재야 세력은 민주화를 강력히 요구합니다. 1980년 5월 15일 서울역 광장에만 10만 명이 넘는 대학생과 시민이 모여 비상계엄 해제, 군부 퇴진, 민주화 추진을 외칩니다. 하지만 시위가 점차 과격해지고 규모가 커지자, 계엄사령관 이희성은 1980년 5월 17일 유력한 대권주자인 3김(김영삼·김종필·김대중)을 가택연금·구속하고, 시위 참가자 600여 명을 연행합니다. 이어 자정을 기해 ⑥ 비상계엄을 전국으로 확대 선포하고, 5월 18일부터 전국 대학에 휴교령을 내리고, 군병력을 주요 도시에 배치하고, 국회를 봉쇄시키는 등 정치 활동을 전면 금지시킵니다. 그 결과 서울을 비롯한 수도권의 시위는 대부분 진정되지만, 그 불꽃은 광주로 튑니다.

책임 소재의 문제

오늘날 많은 사람들은 광주 5.18이 전두환의 5.17 비상계엄 확대 조치로 인해 발생했다고 인식합니다. 하지만 고(故) 전두환 전 대통령의 회고록에 따르면, 5.17 비상계엄 확대는 국무회의 의결을 거쳐 최규하 대통령이 공포한 조치였으며,[6] ⑦ 5.18 당시 진압 작전의 지휘 책임자는 계엄사령관 이희성으로 자신은 비극적 사태의 확대에 직접 관여하지 않았다는 취지로 서술되어 있습니다.[7] ⑧ 또한 5.18 당시 발포 명령의 실체는 아직까지도 명확하게 규명되지 않은 상태입니다.[8] [9]

광주 5.18 1980.5.18

박정희 대통령의 갑작스러운 서거로 장기집권이 막을 내리자, 국민들은 군부 퇴진과 민주화를 열망했습니다. 이 시기를 흔히 '서울의 봄(1979.10.27~1980.5.17)'이라고 부릅니다. 하지만 1980년 5월 17일 전국 비상계엄이 확대되고 호남 출신의 ⑨ 대권 후보 김대중이 체포되자, 광주 시민들은 거리로 쏟아져 나와 "전두환을 죽여라", "비상계엄 해제", "김대중 석방" 등의 구호를 외치며 도심을 장악합니다.[10] 5월 18일 오전 10시 전남대학교 정문에서는 학생들이 계엄군을 향해 돌을 던지는 등 폭력 시위를 벌입니다. 5월 19일 시위대는 해산하지 않고, 결국 시민군과 계엄군 간의 총격으로 사망자가 발생합니다. 시민군은 파출소와 무기고를 습격하여 무기를 탈취하여 무장투쟁을 벌이고, 그 결과 9일간 이어진 광주 5.18 사태는 사망자 163명, 행방불명자 166명, 부상자 3,139명이 발생합니다.[11]

의문점

광주 5.18은 군부 정부 하에서 민주주의를 향한 국민들의 열망을 나타내는 상징적인 사건입니다. 하지만 모든 역사적 사건이 그렇듯, 광주 5.18도 전체 맥락 속에서 연결해 보아야 그 내막을 보다 정확하게 파악할 수 있습니다. 서울의 봄(1979.10.26~1980.5.17) 시기의 비무장 시위들과 달리, 광주 5.18만은 무장시위였습니다. 그 과정과 양상은 1차 체제전쟁(1945~1948년)의 대구 10.1, 제주 4.3, 여순 10.19와 매우 유사한 모습을 띕니다. 단순한 분노만으로는 설명하기 어려운 발상·조직력·전투력이었습니다. 이 책은 5.18처벌법의 한계로 세부 논의를 다루지 못하지만, 보다 깊은 내용은 유튜브 '이승만 역사교실'에서

⑥ 계엄(Martial Law)은 전시나 국가비상사태에 대통령이 선포하는 비상조치입니다. 헌법 제77조에 따라 경비계엄과 비상계엄으로 나뉘며, 특히 비상계엄은 영장제도와 사법권을 제한하고 정치·언론 활동을 금지할 수 있습니다.

⑦ 이희성 전 계엄사령관은 마지막 인터뷰에서 5.18 당시 지휘권은 자신에게 있었고, 전두환은 사건과 무관하다고 주장했습니다. 또한 전두환이 책임자로 거론된 것은 이후 대통령이 되었기 때문이라고 밝혔습니다.

"5년 만에 되살린 '이희성 전 계엄사령관 마지막 인터뷰' 전두환의 '5·18쟁점과 JTBC의 선동방송." 최보식의 언론, 2021년 9월 15일. https://www.bosik.kr/news/articleView.html?idxno=1038.

⑧ 전두환 전 대통령은 자신의 회고록에서 당시 무장 시위대의 조직적 공격 속에서 이루어진 위협사격은 공수부대원들의 자위권 행사였다고 주장합니다. 자위권은 상급자가 부여하는 권한이 아니라 정당방위와 같은 생존권 방어의 권리로, 군인에게도 적용되며, 어떤 상황에서도 발포해서는 안 됐다는 주장은 결국 생명을 위협받아도 대응하지 말라는 말과 다르지 않다고 설명합니다.

전두환, 전두환 회고록 1: 혼돈의 시대 1979~1980(서울: 자작나무숲, 2017), 471-472.

⑨ 당시 김대중은 '대통령병'이라는 말이 따라다닐 만큼 유력 후보로 인정받지 못했습니다. 정상적인 절차에 따라 대권에 도전하려면 신민당에 입당하여 총재 김영삼과 겨루어야 했지만, 승산이 없다고 판단한 그는 재야 투쟁과 민중 봉기 선동을 선택했습니다.

---

6) 5.17 비상계엄선포문." 행정안전부 국가기록원. https://theme.archives.go.kr/next/518dm/page3_1_view.do?page=1&no=5.

7) 전두환, 전두환 회고록 1: 혼돈의 시대 1979~1980(서울: 자작나무숲, 2017), 387-389.

8) 최보식, "'조선일보에 게재되지 못했던' 이희성 전 계엄사령관 인터뷰." 최보식의언론, 2021년 5월 18일. https://www.bosik.kr/news/articleView.html?idxno=1018.

9) 임혜진, "원조 운동권의 '1987' 진실 재평가... 발끈한 오마이뉴스." 뉴데일리, 2018년 2월 1일. https://www.newdaily.co.kr/site/data/html/2018/02/01/2018020100046.html.

10) 강준식, "[강준식의 정치비사] 대통령 이야기 전두환." 중앙일보, 2010년 9월 23일. https://www.joongang.co.kr/article/4470606.

11) 강준식, "[강준식의 정치비사] 대통령 이야기 전두환." 중앙일보, 2010년 9월 23일. https://www.joongang.co.kr/article/4470606.

확인할 수 있습니다.

5.18 처벌법 오늘날 광주 5.18은 민주주의의 상징으로 여겨지지만, 동시에 5.18 처벌법을 통해 자유민주주의의 핵심 가치인 양심과 사상의 자유를 제약한다는 비판도 있습니다. 1995년 12월 19일 국회는 '5.18 민주화운동 등에 관한 특별법(5.18 특별법)'을 제정하여, 국가적 차원의 진상규명에 앞서 입법적으로 광주 5.18을 민주화운동으로 명명하고 보상금을 지급했습니다. 이어 2021년 12월 9일 국회는 '5.18민주화운동 등에 대한 비방행위 등의 처벌에 관한 특별법(5.18처벌법)'을 제정하여, 5.18 관련 허위사실 유포 시 7년 이하 징역 또는 7천만 원 이하의 벌금에 처하도록 했습니다. 이는 사실상 역사적 사실에 대해 국가와 다른 해석이나 사실적 주장을 억압하는 기능을 하고 있으므로, 일부 지식인들은 '5.18 ○ 성역화'라는 비판을 제기하고 있습니다. 지구상 자유민주주의 국가 가운데 지나간 역사적 사건에 대해 자유로운 발언과 해석 자체를 법으로 금지하는 사례는 대한민국이 유일합니다. 하지만 어떤 역사적 사건에 대해 다양한 질문을 던지고 의견을 제시하는 것은 민주사회에서 지극히 자연스럽고 바람직한 현상입니다. 광주 5.18이 진정한 위상을 유지하기 위해서는 특정 정치 세력의 상징 자산에서 벗어나고, 균형 잡힌 재조명을 통해 진정한 민주주의의 상징으로 거듭나야 합니다.

6.29 선언
1987.6.29 1980년 5월 31일 전두환은 '국가보위비상대책위원회(국보위)'라는 임시기구를 설치하고 상임위원장으로 취임합니다. 이후 1980년 8월 16일 최규하 대통령이 정부 교체를 명분으로 하야하자, 전두환은 같은 해 8월 27일 실시된 제11대 대선에서 당선됩니다. 그는 헌법을 개정하여 대통령 임기를 7년 단임제로 바꾸고, 1981년 2월 25일 제12대 대통령으로 취임합니다. 5공화국 출범 이후, 신군부 체제는 어느 정도 안정을 찾지만, 대학생 운동권을 중심으로 한 민주화 열망은 여전했습니다. 결국 1983년 말, 전두환 대통령은 '유화 조치'를 시행하여 학생사범·공안사범·일반형사범 다수를 특별사면합니다. 이 과정에서 가택연금 상태였던 김영삼도 23일간의 단식투쟁 끝에 풀려나고, 김영삼과 김대중은 차기 총선을 위해 운동권 조직들을 활발히 만들어갑니다. 유화 정책이 오히려 민주화운동을 더욱 확산시키는 계기가 되자, 전두환 정부는 다시 강경노선으로 돌아섭니다. 하지만 전두환의 신군부는 박정희 정부만큼 오래가지 못했습니다. 바로 1987년 6월 항쟁이 일어났기 때문입니다.

6월 항쟁
1987.6.10~7.9 1985~1986년 전두환 정부의 강경한 탄압 아래, 학생운동은 일시적으로 위축되지만 이후 더욱 격렬해집니다. 마침내 1987년 3월부터 시작된 대학생들의 시위는 빠르게 확산되어, 6월 무렵에는 전국적으로 퍼집니다. 이를 바로 '6월 항쟁'이라고 부릅니다. 당시 5공화국이 6월 항쟁을 끝내 진압하지 못한 데는 두 대학생의 죽음 때문이었습니다.

1. 박종철 고문치사 사건: 1987년 1월 14일 서울대 학생 박종철은 경찰 수사 과정에서 잔혹한 물고문 끝에 사망합니다. 당시 수사관들은 박종철의 대학문화연구회 선배이자 민주화추진위원회 지도위원으로 수배 중이던 ⑩ 박종운을 추적하기 위해 박종철을 수사하는데, 그 과정에서 박종철이 사망한 것입니다. 사건 직후, 경찰은 "책상을 '탁' 치니 '억'하고 죽었다"는 황당한 발표로 책임을 회피하려고 했지만, 부검 결과 전기고문과 물고문에 의한 사망으로 밝혀졌습니다.

2. 이한열 최루탄피격 사건: 1987년 6월 9일 연세대 학생 이한열은 시위 도중 경찰이 발사한 최루탄에 뒷머리를 맞습니다. 원래 최루탄은 살상이 아닌 시위대를 분산시키기 위해 45도 각도로 허공에 발사해야 합니다. 하지만 당일날 경찰은 이를 어기고 직격 발포를 가하자, 최루탄에 맞은 이한열은 뇌사 상태에 빠져 27일 동안 병상에 누워 있다가 7월 5일 사망합니다.

생각해 보기 두 학생의 죽음에 대한 시민들의 분노는 정의로운 일이라고 할 수 있습니다. 실제로 박종철과 이한열의 죽음 이후, 학생운동의 구호는 "종철이를 살려내라", "한열이를 살려내라"로 바뀌며 전국으로 확산되었습니다. 오늘날까지도 두 사람의 이야기는 영화 『1987』, 『화려한 휴가』, 『서울의 봄』을 통해 회자되고 있습니다. 하지만 애초에 왜 박종철이 경찰에 의해 연행되었는지, 이한열이 시위에 참여했는지에 대해서는 깊이 다뤄지지 않습니다. 박종철은 당시 학생운동권 내부의 '제헌의회 그룹'과 '대학문화연구회'라는 지하서클 소속으로, PD(민족민주) 계열 좌익 학생이었습니다. 이한열은 대학생들을 운동권으로 포섭하기 위해 만들어진 동아리인 '만화사랑'의 창립 멤버였으며, NL(민족해방·주사파) 계열의 종북 학생으로 알려져 있습니다. 정리하면, 이들이 속한 동아리와 조직들이 추구한 이념은 ° '인민민주주의'라고 보는 것이 타당합니다.

박종철과 이한열의 죽음 이후, 전두환의 신군부는 사건에 연루된 고문 경찰관 2명을 구속하고 치안본부장과 내무장관을 해임합니다. 하지만 국민적 분노는 걷잡을 수 없이 커집니다. 1987년 2월 7일 '박종철 범국민추도회'에는 전국적으로 6만 명이 참여하고, 6월 10일 국민대회는 무려 20일 동안 이어지며, 그 절정은 1987년 6월 27일 약 150만 명이 참여한 대규모 시위였습니다. 결국 6월 항쟁은 1987년 6월 29일 발표된 '6.29 선언'으로 일단락됩니다.

6.29 선언

1987년 6월 29일 민주정의당(민정당) 대통령 후보 노태우는 전두환 대통령이 물밑에서 준비한 6.29 선언을 발표합니다. 그 핵심 내용에는 대통령 직선제 개헌, 대통령 임기 5년 단임제, 김대중 사면복권, 언론 규제 철폐, 정당 활동 보장 등이 포함되었습니다. 이어 1987년 9월 21일 전두환 대통령은 대통령 선거 방식을 간접선거(간선제)에서 직접선거(직선제)로 변경하고, 대통령 임기를 7년 단임제에서 5년 단임제로 개헌합니다. 이는 민주화운동 세력의 승리였습니다. 이후 전두환 대통령은 정권을 이양하고, 1987년 12월 16일 ⑪ 제13대 대선에서 노태우가 당선됩니다.

생각해 보기

⑫ 전두환 대통령은 재임 기간 동안 격렬한 반정부 시위가 이어졌음에도 계엄령을 단 한 번도 쓰지 않고, 오직 경찰력만으로 통제했습니다. 또한 그는 ° 단임제 조항을 처음으로 헌법에 도입하고 실천한 대통령이었습니다. 비록 무력으로 권력을 장악했지만, 단임제 실천과 평화적 이양은 긍정적으로 평가받아야 될 부분입니다. 또 ° 이해관계를 배제하고 전문가들에게 전권을 위임하여 최고 효율의 내각을 구성했습니다. "내각을 전부 하나회로 도배했다"는 좌파들의 말과 달리, 실제로 그의 내각에서 군 출신 인물은 국방부 장관과 총무처 장관 두 명뿐이었습니다. 반대로, 이후의 김영삼 정부는 집권 과정에서 도움을 준 측근들에게 요직을 안겨주었고, 김대중 정부는 장관 평균 임기가 불과 10개월에 그쳤습니다.

독재자 전두환?

전두환 대통령은 오늘날까지도 한국 현대사에서 가장 논란이 많은 인물 중 한 명입니다. 그는 생전에 90세가 될 때까지 재판에 불려 다녔으며, 대부분의 한국인은 그를 "독재자", "살인자"라고 비난합니다. 하지만 역사의 모든 지도자들에게는 명암이 공존합니다. 중요한 것은 그들의 시대를 객관적으로 바라보고, 역사 속에서 공과(功過)를 균형 있게 이해하는 일입니다.

1. 첫째, 한 개인의 관점에서 보면 전두환 대통령의 무력 진압은 결코 옳지 않은 선택으로 비칠 수 있지만, 국가 지도자의 입장에서는 달리 볼 여지가 있습니다. 민주주의가 번영하려면 국가 안보가 먼저 보장되어야 하는데, 당시 혼란한 사회 분위기를 틈타려는 북한의 남침 위협은 심각했습니다. 만약 반정부 시위들을 그대로 방치했다면, 북한의 김일성이 실제로 남침을 감행했을 가능성도 배제할 수 없습니다. 그런 상황이 벌어졌다면, 오늘날의 대한민국은 존재하지 못했을 것입니다.

2. 둘째, 전두환 대통령은 이승만과 박정희의 국가 운영 철학을 계승한 인물이었습니다. 그는 무엇보다 자유민주주의, 자유시장경제, 한미동맹 그리고 투철한 반공정신을 확고한 신념으로 삼았습니다.

3. 셋째, 전두환 대통령은 결과적으로 김대중의 대통령 당선을 지연시킨 인물이었습니다. 만약 정치·경제·안보가 모두 위태로운 그 시기에 김대중이 집권했다면, 안보 위기는 더욱 심각해지고 오늘날 우리가 말하는 '한강의 기적'은 존재하기 어려웠을 것입니다. ⑬ 당시 김대중이 추구한 세상은 지금의 대한민국과 너무 다르기 때문입니다.

아웅산 테러 사건

전두환 대통령에 대한 평가는 북한의 암살 시도만 보아도 알 수 있습니다. 1983년 10월 9일 전두환 대통령은 버마(현 미얀마)를 외교 방문 중 버마의 국부 '아웅 산'을 기리는 묘소 참배에 나섭니다. 원래 오전 10시 20분에 출발할 예정이었지만, 대통령의 전용차가 고장 나 4분 늦은 10시 24분에 출발합니다. 그 사이에 이미 도착해 있던 수행 대열은 대통령이 몇 분 늦는다는 소식에 경호실장이 시범 삼아 나팔 연주를 지시합니다. 이에 사전에 폭발 테러의

○ 인민민주주의(人民民主主義, People's democracy): 공산당이 주도하면서 '인민(노동자·농민)의 참여'를 내세운 체제이지만, 실제로는 공산주의적 일당독재를 정당화한 정치형태입니다.

⑪ 제13대 대선 투표율은 89.2%였으며, 득표율은 노태우 36.6%, 김영삼 28.0%, 김대중 27.1%, 김종필 8.1%, 신정일 0.2%였습니다. 당시 민주화 세력은 김영삼(정권교체)이 아닌 노태우(정권유지)가 당선된 데 불만이 컸습니다.

⑫ 당시 경찰을 향한 시민군의 폭력은 잔혹했습니다. 예를 들어, 1989년 5월 3일 동의대학교 입시부정에 항의하던 학생들은 인근 파출소에 화염병을 던지고, 전투경찰 5명을 납치·감금·폭행하고, 구출에 나선 경찰 7명을 화재로 숨지게 했습니다.

○ 단임제(單任 制): 현직 대통령이 임기를 마친 뒤, 다시 같은 직위를 맡을 수 없는 제도입니다.
연임제(連任制): 현직 대통령이 임기를 마친 직후 다시 선거에 출마하여 당선되면, 임기를 연속하여 이어갈 수 있는 제도입니다.
중임제(重任制): 현직 대통령이 임기를 마친 뒤, 연속 여부와 관계없이 다시 대통령에 선출될 수 있는 제도입니다. 가장 대표적인 예는 미국의 중임제로, 대통령은 최대 2번, 총 8년까지 재임할 수 있고 반드시 연속일 필요는 없습니다.

○ 이해관계(利害關係): 서로의 이익과 손해가 얽혀 있는 관계입니다.

⑬ 김대중이 제7대 대선에서 내세운 공약을 보면, 그가 추구한 것들이 지금의 대한민국과 얼마나 동떨어져 있었는지를 알 수 있습니다. 그는 예비군 폐지, 경부고속도로 건설 반대, 수입대체산업화(내수시장 중시), 농촌주도산업화, 대중경제론, 노동자 경영 참여(노사공동위원회), 미일중소 4대국안정보장론(친미 노선 이탈) 등 시대에 뒤떨어진 정책들을 주장했습니다. 만약 당시 김대중이 당선되었다면 어떻게 되었을까요? 88올림픽 개최, 주한미군 주둔, 오늘날의 '한강의 기적' 등이 가능했을까요?

시점을 나팔소리에 맞춰 놓은 북한 공작원들은 폭발물을 터뜨리고, 그 자리에서 수많은 사람들이 죽습니다. 경제수석 김재익, 대통령의 주치의 민병석을 비롯한 대한민국의 주요 인사들 17명이 사망하고 14명이 부상당합니다. 이를 '아웅 산 테러 사건'이라고 부릅니다. 차량 고장과 우연한 나팔 연주가 전두환 대통령을 살린 것입니다.

전두환의 '한강의 기적'

오늘날까지 광주 5.18로 인해 전두환 대통령의 업적은 그에 마땅한 인정을 받지 못하고 있습니다. 하지만 역사를 배우는 이유는 과거의 선례를 통해 미래를 어떻게 개척할지 알기 위함입니다. 그런 점에서 전두환 대통령의 집권기 동안 대한민국이 이룩한 놀라운 경제 발전은 반드시 알아야 합니다. 실제로 '한강의 기적'이 본격적으로 현실화되고, 대한민국이 선진국으로 진입한 시기가 바로 전두환 대통령 시절이기 때문입니다.

1. 경제 안정화

전두환 대통령의 5공화국이 출범했을 당시, 우리나라의 경제 위기는 심각했습니다. 1960~70년대 박정희 대통령은 눈부신 고도성장을 이루지만, 집권 말기 찾아온 2차 °오일 쇼크로 인해 건국 이래 최악의 경제 지표를 기록했습니다. 경제성장률 -1.6%, 물가 상승률 30%, 외채 270억 달러, ⑭ 중화학 기업 파산 위기 등 근대화 성과가 한순간에 무너질 수 있는 상황이었습니다. 이때 전두환 대통령은 박정희 정부 이래 추진된 고도성장 정책을 포기하고, 국가 경제의 중심을 '성장'에서 '물가 안정'으로 전환합니다. 그는 '물가상승 10% 이하 달성'을 명령하여 전년도 수준으로 예산·공무원 임금·농민 추곡 수매 등의 °동결 등 인기 없는 정책을 강행하고, 이를 약 7년간 유지합니다. 당시 여론은 국민적 고통을 동반한 예산 동결을 거세게 비난했지만, 전두환 대통령은 인기에 연연하지 않고 국가 번영을 우선시했습니다. 그 결과, 암울한 경제 여건 속에서 출범한 전두환 정부는 불과 집권 5년 만에 놀라운 경제 성과를 거둡니다. 물가상승률 30%→3%로 안정화, 국가부채 전액 상환, °순채권국 진입, 무역흑자 100억 달러 이상 3년 연속 달성, 세계 12위 무역대국 도약, 평균 경제성장률 10% 이상 기록, °3저호황(저유가·저달러·저금리)의 시대 등을 이룹니다. 다른 나라들이 오일 쇼크의 여파로 휘청일 때, 대한민국은 경제 부활에 성공합니다. 전두환 정부의 안정화 정책은 중소기업 성장과 중산층 확대를 이끌어 °'마이카 시대'를 열고, °'개천에서 용 난다'라는 말을 현실로 만들고, 1980년대 '한강의 기적'을 완성합니다.

"예산 동결 때문에 선거에서 진다면 그런 선거는 져도 좋다."[12]

경제수석 김재익

전두환 대통령이 경제 발전을 이끌 수 있었던 이유 중 하나는 바로 5공화국 경제수석 김재익입니다. 1983년 서울 출신으로, 경기중학교를 졸업하고 최고의 명문고 경기고등학교에 입학하지만, 졸업하지 않고 검정고시에 합격합니다. 이후 서울대 문리과대학에 입학하여 정치학과·외교학과를 전공하고, 서울대에서 석사를 받고, 미국 스탠퍼드대에서 경제학 석사·박사를 취득합니다. 그는 당시 미국에서도 *"한국의 천재"*라고 불릴 만큼 대단한 인재였습니다. 귀국 후 그는 경제기획원 기획국장을 거쳐 청와대 경제수석비서관으로 발탁됩니다. 김재익은 *"내가 시키는 대로 하면 대통령의 인기에 큰 부담이 될 것"*이라며, 인기 없는 경제 정책이 전두환 대통령에게 부담이 될까 염려했지만, 전두환 대통령은 오히려 *"이제 경제는 당신이 대통령이야"*, *"모든 욕은 내가 감수하겠다, 눈치 보지 말고 소신껏 하라"*라며 전폭적인 신뢰를 보냈습니다. 이후 1983년 북한의 아웅산 테러 사건으로 45세의 젊은 나이에 세상을 떠나지만, 김재익은 불과 3년이라는 짧은 재임 기간 동안 전두환 대통령의 자유시장경제 신념을 뒷받침하며, 대한민국 경제가 자유주의적 방향으로 발전하는 토대를 마련했습니다.

2. IT 산업화

오늘날 대한민국 IT 산업의 초석을 다져놓은 인물은 다름 아닌 전두환 대통령입니다. 전두환 정부는 박정희 대통령의 중화학공업을 기반으로, 제2의 경제 성장 동력을 모색했습니다. 이때 이들이 주목한 분야는 바로 전자산업·전자정보통신산업·반도체산업이었습니다. 당시 우리나라 전자산업의 주력 업종은 가전제품이었지만, 전두환 정부는 과감히 통신 장비 개발에 눈을 돌려, °전자식 교환기(TDX) 개발, 컴퓨터 및 반도체 기술 확보에 성공하는 등 IT 산업화의 초석을 다집니다. 1986년에 개통된 TDX는 누구든지 전화기를 시장에서 구매하여, 원하는 장소에서 사용할 수 있도록 해 주었습니다. 같은 해 전두환 정부는 4대 도시에 ⑮ 광케이블을 착공하고, 초고속 통신망을 개설하면서 '정보화 시대'를 열었습니다. 전두환 대통령은 *"산업화는 늦었지만 정보화는 앞서가자"*라는 정신으로

○ 오일 쇼크(Oil shock): 1973년(1차), 1978년(2차) 석유 수급(수요와 공급) 문제로 국제 유가가 급등하여 세계 경제에 큰 타격을 준 사건입니다. 중동전쟁 등으로 산유국들이 원유 생산과 수출을 제한하면서 발생했으며, '1970년대 에너지 위기(1970s energy crisis)' 또는 '석유 파동'이라고도 불립니다.

⑭ 당시 중공업 기업들은 중복·과잉 투자로 대부분 큰 적자에 시달리고 있었습니다.

○ 동결(凍結, freezing): 원래 얼어붙음을 뜻하지만, 자금의 경우 사용이나 이동을 금하는 것을 뜻합니다.

○ 순채권국(純債權國): 외국에서 빌린 채권(빚)보다 빌려준 돈이 더 많은 국가입니다.

○ 3저호황(三低好況): '3가지 숫자가 낮아 호황을 누린 시기'를 일컫는 말로, 1986년부터 1989년까지 저유가·저달러·저금리의 '3저' 현상으로 경제가 호전된 시기입니다. 전두환 대통령은 전문가를 활용하여 이 국제적 기회를 효과적으로 살렸습니다.

○ 마이카(My-car) 시대: 1980년대 후반부터 1990년대 중후반까지 국내에서 자동차 대수가 폭발적으로 증가한 시기입니다.

○ '개천에서 용 난다': 가난하거나 평범한 집안에서 훌륭한 인물이 나온다는 우리나라 속담입니다.

○ 전전자식교환기(Time Division Exchange, TDX): 다이얼이나 버튼을 인식하여 자동으로 통화를 연결시키는 디지털 전자교환기입니다.

⑮ 우리나라의 인터넷 속도가 세계 최고 수준에 오르게 된 밑바탕 중 하나가 광케이블 착공입니다.

---

12) 조성호, "[이 한 권의 책] 그런 선거는 져도 좋다." 월간조선. https://m.monthly.chosun.com/client/news/viw.asp?ctcd=F&nNewsNumb=202204100034.

정보통신 인프라를 빠른 속도로 구축해 나갔고, 그 결과 대한민국은 훗날 세계에서 손꼽히는 인터넷 강국으로 성장할 수 있게 되었습니다.[13]

3. 자유화

오늘날 많은 한국인들은 전두환 대통령을 흔히 *"민주주의를 말살한 대통령"*으로 생각하지만, 이에 못지않게 그는 집권 기간 동안 상당히 많은 자유화 정책을 추진하기도 했습니다. 이는 흔히 ⑯ '3S 정책'이라고 불립니다.

1. 교복·두발 자유화: 1982년 전두환 정부는 중고등학생 교복·두발 자유화 정책을 시행합니다. 그 결과 학생들은 교복이 아닌 자유복을 입고, 머리의 길이나 모양 역시 학교의 통제를 받지 않게 되었습니다. 이는 1898년 배재학당 학생들이 처음으로 교복을 입기 시작한 지 무려 85년 만의 변화였습니다. 하지만 빈부격차로 인한 위화감, 경제적 부담, °교외 생활지도에 어려움이 생기자, 1986년부터는 학교장의 재량에 따라 교복 착용 여부를 결정하도록 조정되었습니다.

2. 야간 통행금지 해제: 야간 통행금지는 자정부터 새벽 4시까지 특별히 허가받은 사람을 제외한 시민들의 통행을 금지하는 제도로, 해방 이후 장기간 유지되었습니다. 1982년 전두환 정부는 이를 36년 만에 해제하고, 그 결과 국민들은 처음으로 온전한 24시간의 자유로운 이동이 가능해졌습니다. 이는 일상생활뿐 아니라, 경제·문화 활동에도 큰 변화를 가져왔습니다.

3. 연좌제 폐지: 연좌제는 범죄를 저지른 사람의 죄를 가족과 친족에게까지 책임을 묻는 제도입니다. 즉, 죄 없는 사람까지 연대책임을 묻는 것입니다. 1980년 전두환 정부는 연좌제를 폐지시킵니다.

4. 컬러 TV 금지 해제: 과거 컬러 TV는 과소비를 조장하고 계층 간 사회적 위화감을 불러일으킨다는 이유로 오랫동안 금지되었습니다. 하지만 1980년 전두환 정부는 이러한 제한을 풀고 컬러 TV 방송을 전면 허용합니다. 이는 국민들의 생활문화를 바꾸었을 뿐 아니라, 방송·전자산업 발전에도 큰 영향을 미쳤습니다.

5. 스크린 산업 제한 폐지: 과거 한국의 영화 산업은 내용이 정부 기준에 부합하지 않으면 제작 자체가 불가한 등 검열 제도가 강력했습니다. 하지만 1987년 전두환 정부는 이러한 스크린 산업에 대한 여러 규제를 폐지시키고, 이는 한국 영화 산업에 큰 영향을 미쳤습니다.

6. 스포츠 육성 정책: 전두환 대통령은 스스로를 *"스포츠 대통령"*이라고 부를 만큼 스포츠에 남다른 열정을 가진 인물이었습니다. 그는 *"체력이 곧 국력"*이라는 신념 아래, 국가 차원의 스포츠 육성을 적극 추진합니다. 1982년 프로야구를 창설하여 같은 해 세계 야구선수권 대회에서 우승하고, 1983년 프로축구를 창설하여 세계 청소년 축구대회에서 4강에 진출하고, 1984년 로스앤젤레스 올림픽에서 사상 첫 종합 10위권에 진입하고, 1986년 대한민국 최초의 국제 종합 스포츠 대회인 '서울 아시안 게임'을 개최하고, 1988년 서울올림픽 유치에 성공합니다. 이 외에도 전두환 대통령은 틈만 나면 태릉선수촌을 직접 방문하여 선수 복지를 확인하고, 국제 대회에서 좋은 성과가 나오면 선수들에게 축전을 빠짐없이 보내주었습니다. 이러한 스포츠에 대한 꾸준한 투자와 관심은 오늘날 대한민국이 세계 10대 스포츠 강국으로 자리매김하는 밑거름이 되었습니다.

4. 복지화

전두환 대통령은 단순히 돈을 찍어 배급하자는 좌파식 복지와 달리, 다양한 복지 정책을 통해 국민들의 삶의 질을 높였습니다.

1. 전 국민 의료보험 실시: 박정희 정부 시절 도입된 건강보험 제도는 큰 의미가 있었지만, 번듯한 직장에 다니지 않으면 의료보험 혜택을 받기가 힘든 등 여러 한계가 아직까지 존재했습니다. 이에 1986년 전두환 정부는 의료보험을 전 국민에게 확대할 것을 약속하고 1989년부터 이를 시행하여, 오늘날 대한민국이 보편적 의료보장 국가로 평가받는 출발점을 마련합니다.

⑯ 3S 정책: 1980년대 전두환 정부가 추진한 일련의 정책들로, '스포츠(Sports)', '섹스(Sex)', '스크린(Screen)'이라고 표현되기도 합니다. 이는 군사 독재로 인한 민심을 달래려는 수단으로 평가되기도 하지만, 스포츠 활성화와 영화산업 자유화 등 긍정적인 효과도 컸습니다. 오늘날 K리그(축구·야구·농구 등)도 이 정책에서 출발했습니다.

○ 교외지도(郊外指導): 교사가 학교 밖에서 학생들의 생활을 단속하고 지도하는 일입니다.

13) 류현정, "[정보화 리더십 탐구]① 오명 전 과기 부총리...한국 정보화의 그랜드 디자이너." 월간조선, 2016년 8월 2일. https://biz.chosun.com/site/data/html_dir/2016/06/13/2016061301328.html.

2. 국민연금 실시: 전두환 정부는 노인 인구와 빈곤 문제를 해소하는 한 가지 방안으로, 1986년 국민연금 제도를 도입합니다. 이는 국민이 일정 기간 보험료를 납부하고, 나중에 노후·장애·질병·사망 등으로 소득이 끊겼을 때 국가 연금 형태로 지원해 주는 사회보장제도입니다.

3. 최저임금 실시: 전두환 대통령은 최저임금법을 1986년 제정하고 1988년부터 시행합니다. 이는 근로자의 생활 안정을 위해 임금의 최저 수준을 보장하는 제도로, 특히 저임금에 시달리던 여성 노동자들에게 남녀 동일 기준의 최저임금을 보장해 주었습니다.

4. 주택임대차보호법(주임법) 제정: 전두환 대통령의 집권 이전까지만 해도, 부동산 거래에서는 임대인의 권리만 보장되고 임차인의 권리는 사실상 보장받지 못했습니다. 임대인이 바뀌거나 집이 경매로 넘어가면, 세입자는 보증금을 돌려받지 못하고 쫓겨나는 경우가 비일비재했습니다. 이를 해결하기 위해 전두환 정부는 1981년 주택임대차보호법을 제정하여, 임대인이 바뀌거나 집이 경매에 넘어가더라도 세입자가 보증금을 받을 수 있도록 보장했습니다. 또한 임대차 계약의 최소 의무 기간을 1년으로 정하여, 세입자들이 주거의 안정을 찾을 수 있도록 해 주었습니다. 그전까지는 집주인이 요구하면 6개월마다 보증금을 인상하거나 이사를 가야 했습니다. 오늘날 우리가 안심하고 전·월세 계약을 할 수 있는 이유도 바로 이 제도 때문입니다.

5. 사교육 학원·과외 금지: 전두환 대통령은 사교육 학원·과외를 전면 금지시키고, 내신과 학력고사를 통한 대학 진학 제도를 실시합니다. 이로 인해 일반 서민들의 사교육비 부담이 크게 줄고, 가난한 집안의 학생들도 열심히 공부만 하면 명문대에 진학할 수 있는 기회가 열립니다. 반면, 김영삼·김대중·노무현 정부 시절에는 과외 단속이 사실상 사라지면서 사교육과 사교육비는 기록적으로 증가합니다.

6. 88서울올림픽 유치: 1980년대 오일 쇼크로 경제적 위기를 맞은 우리나라는 올림픽 유치를 위한 인프라를 구축하기조차 어려운 형편이었습니다. 당시 정부 인사들과 언론들조차 올림픽 유치를 반대했습니다. 하지만 전두환 대통령은 *"무슨 일이 있어도 올림픽을 유치한다"*고 선언하며, 총력전을 벌인 끝에 88서울올림픽 유치에 성공합니다. 1988년 노태우 정부에서 개최된 서울올림픽은 국민의 자신감을 높이고, 민족 화합을 증진시키고, ⑰ 어마어마한 경제 효과를 낳았습니다. 실제로 1988년 우리나라 국내총생산(GDP)이 1972억 달러였는데, 88서울올림픽으로 인한 ° 생산유발효과는 약 4조 7000억 원에 달했습니다.

7. 한강 정화사업: 전두환 대통령 집권 이전의 한강은 오늘날 우리가 아는 한강의 모습과 매우 달랐습니다. 시궁창 냄새, 떠다니는 쥐 시체, 비가 오면 도로에 넘쳐나는 오물까지 한강의 수질은 최악의 상태였습니다. 하지만 전두환 대통령은 물을 정화하는 정수장을 건설하고, 보(洑)를 설치하고, 강바닥 모래를 파내는 등 대대적인 한강 정화사업을 시행합니다. 그 결과 오염된 한강은 점차 정화되고, 오늘날 우리가 즐기는 쾌적한 한강의 모습으로 탈바꿈하게 되었습니다.

8. 지방 지하철 개통: 전두환 정부는 박정희 정부가 추진한 국내 최초의 지하철 노선 개발을 본격적으로 시행합니다. 당시 박정희 정부가 착공한 서울 지하철 1·2호선에 이어, 수도권 외 지방 도시에도 지하철을 개통하여 교통 인프라의 균형적인 발전을 이루었습니다.

결단하기　전두환 대통령은 암울한 경제 여건 속에서도 경제 안정화·IT 산업화·자유화·복지화 등 '한강의 기적'을 완성해 냈습니다. 만약 1980년에 김영삼과 김대중이 차례대로 집권했다면, 이승만과 박정희 대통령이 남긴 성과는 무너지고, 나라의 안보마저 크게 흔들렸을 것입니다. 그들이 추구한 세상은 지금의 대한민국과 너무도 다르기 때문입니다. 하지만 전두환 대통령은 광주 5.18로 인해 오늘날까지 *"민주주의를 말살한 학살자"*로 평가받고 있습니다. 광주 진압의 책임자는 계엄사령관 이희성이었고 발포 명령의 주체는 명확히 규명되지 않았습니다. 그럼에도 전두환 대통령은 여전히 논란의 중심에 있으며, 그의 업적은 마땅한 인정을 받지 못하고 있습니다. 이승만이나 박정희나 전두환이나 모든 사람은 명암이 있습니다. 중요한 것은 그들의 시대를 객관적으로 바라보고, 역사 속에서 공과(功過)를 균형 있게 이해하는 일입니다. 사방으로 공산주의 국가들을 끼고 있는 최빈국 대한민국이 약 70여 년 만에 선진국 대열에 합류할 수 있었던 이유는 이승만·박정희·전두환의 세 시대가 있었기 때문입니다. 이제 여러분은 과거 대통령들에 대한 올바른 역사관을 세워, 대한민국을 더욱 자유롭고 번영된 나라로 이끌어가기를 바랍니다.

⑰　1988년 우리나라 국내총생산(GDP)이 1972억 달러였는데, 88서울올림픽은 16일간 동안 290만 명의 관람객 동원, 34만 명의 고용 유발, 4조 7000억 원의 생산 유발, 1조 8000억 원의 부가가치 유발 효과를 창출했습니다.

현상철, "[평창올림픽의 경제학] 88서울올림픽 6.5조원…한·일월드컵 17조원 달해." 아주경제, 2018년 1월 29일. https://www.ajunews.com/view/20180126152929327.

21 1980년대 민주화 운동과 주사파의 등장

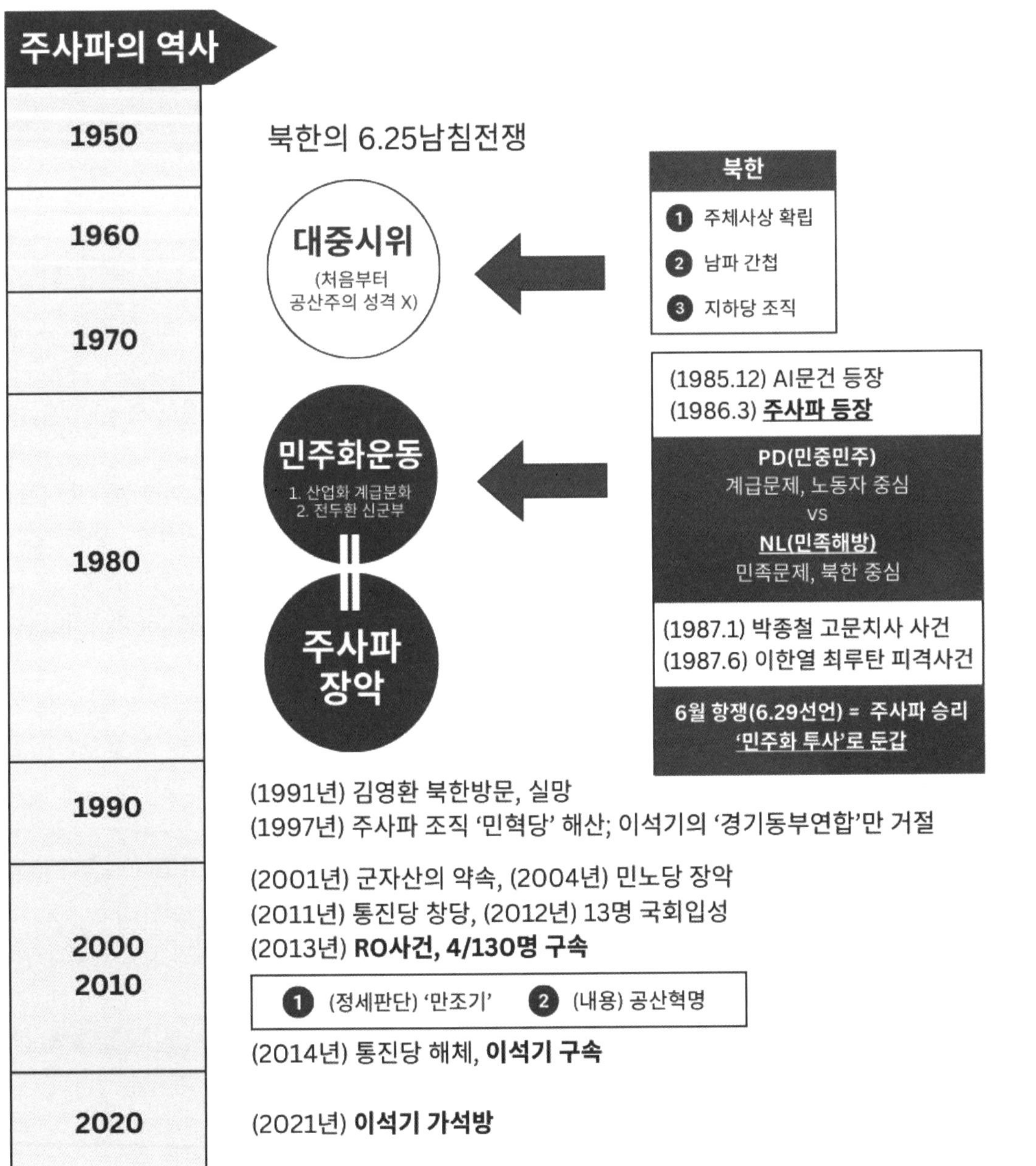

21. 1980년대 민주화운동과 주사파의 등장

오늘도 힘찬 구호로 역사공부를 시작해 봅시다: 이승만/역사교실, 자유통일/이룩하자, 와!

복습하기　　전두환 대통령은 암울한 경제 여건 속에서도 경제 안정화·IT 산업화·자유화·복지화 등 '한강의 기적'을 완성해 냈습니다. 만약 1980년에 김영삼과 김대중이 차례대로 집권했다면, 이승만과 박정희 대통령이 남긴 성과는 무너지고, 나라의 안보마저 크게 흔들렸을 것입니다. 그들이 추구한 세상은 지금의 대한민국과 너무도 다르기 때문입니다. 하지만 전두환 대통령은 광주 5.18로 인해 오늘날까지 *"민주주의를 말살한 학살자"*로 평가받고 있습니다. 광주 진압의 책임자는 계엄사령관 이희성이었고 발포 명령의 주체는 명확히 규명되지 않았습니다. 그럼에도 전두환 대통령은 여전히 논란의 중심에 있으며, 그의 업적은 마땅한 인정을 받지 못하고 있습니다. 이승만이나 박정희나 전두환이나 모든 사람은 명암이 있습니다. 중요한 것은 그들의 시대를 객관적으로 바라보고, 역사 속에서 공과(功過)를 균형 있게 이해하는 일입니다. 사방으로 공산주의 국가들을 끼고 있는 최빈국 대한민국이 약 70여 년 만에 선진국 대열에 합류할 수 있었던 이유는 이승만·박정희·전두환의 세 시대가 있었기 때문입니다.

서론　　1980년대 민주화운동은 1987년 6.29선언을 통해 군부 퇴진과 민주화에 대한 국민적 열망을 실현했습니다. 하지만 그 성과가 온전히 민주화 세력만의 결과였을까요? 오늘은 당시 민주화운동에 편승하여 '민주화 투사'로 둔갑했던 종북세력, 즉 °'주사파(주체 사상파, NL)'의 역사와 지금까지 이어지는 이들의 실체를 살펴보겠습니다.

> ○　주사파(주체 사상파, National Liberation): 1980년대 중반부터 등장한 북한의 주체사상을 신봉하는 남한의 반체제 운동 세력입니다.

주사파의 역사　　먼저 주사파의 역사부터 살펴봅시다.

1950년대　　1950년 6월 25일 북한의 불법 남침으로 6.25전쟁이 발발합니다. 1953년 7월 27일 전쟁이 휴전상태로 돌입한 이후, 우리는 남한에 친북 세력이 더 이상 없다고 생각했습니다. 하지만 정말 그럴까요?

1960~70년대　　1960~70년대 대중시위는 처음부터 공산주의 성격을 강하게 띠지 않았습니다. 부정선거 규탄에 나선 시민들의 순수한 투쟁이 주된 동력이었습니다. 하지만 같은 시기 북한은 세 가지 작업을 완성시킵니다. 첫째, 주체사상을 확립합니다. 1950년대부터 암암리에 교육된 주체사상은 1980년대 민주화운동에 이르러 주사파(주체사상을 가진 사람)를 낳았습니다. 둘째, 남한에 간첩을 보냅니다. 셋째, 남한에 지하당을 조직합니다.

통혁당과 신영복　　1961년 북한의 김일성은 *"남한의 4.19 사태를 공산혁명으로 유도하지 못한 것은 남한 내 혁명을 지도할 '혁명적 당'이 없었기 때문"*이라며 남한 내 지하당을 구축하라고 지시합니다.[1] 김일성은 6.25전쟁 직후 남한 국민들의 철저한 반공의식 때문에 북한 엘리트들을 선별하여 지하당 구축에 힘쓰고, 그중 가장 대표적인 조직이 '통일혁명당(통혁당)'입니다. 통혁당은 북한의 지령과 자금을 받아 남한에 공산정권을 세우려고 했습니다. 당 선언문을 보면, 당의 지도이념은 '김일성의 주체사상'이며, 당의 최고목적은 '사회주의·공산주의 사회 건설'로 명시되어 있습니다.[2] 이들은 남한을 '미국의 식민지'라고 규정하고, 김일성을 민족의 정통성의 상징으로 여겼습니다. 당시 지도부 김질락은 서울대 후배 신영복을 포섭하여 좌익 사상 학습을 시키고, 신영복은 조직비서와 청년학습회 지도책을 맡아 통혁당의 이론적 토대를 제공합니다. 통혁당은 정치인·지식인·종교인·문화인까지 확산되어 최대 지하조직으로 성장하지만, 1978년 8월 박정희 정부에 의해 적발되어 158명이 검거, 50명이 구속됩니다. 주동자 김종태·김질락·이문규는 사형을 당합니다. 신영복은 무기징역을 받고 20년을 복역한 뒤, 1988년 8.15 특별사면 때 사상

---

1)　유동열, *"[유동열 칼럼] 신영복이 누구길래…그의 정체는?"* 뉴데일리, 2022년 10월 16일. https://www.newdaily.co.kr/site/data/html/2022/10/16/2022101600026.html.

2)　강휘중, *Korea Inside Out: 현실편*(서울: 가랑비, 2022), 202.

전향서를 쓰고 가석방됩니다. 하지만 석방된 직후, 그는 월간지 『밀』과의 인터뷰에서 "거짓으로 전향서를 작성한 것"이라며 전향사실을 전면 부인합니다.[3] 이후 ① 성공회대 교수가 된 그는 2016년 암으로 사망합니다.

생각해 보기 통혁당 사건은 6.25전쟁 후 최대 규모의 지하당 사건으로, 국민들에게 큰 충격을 주었습니다. 하지만 오늘날에도 이 같은 북한 지하조직 출신 김일성주의자를 공개적으로 찬양하는 사람들이 있습니다. 그 대표적인 사람이 바로 문재인 전 대통령입니다. 2018년 평창동계올림픽 개회식 사전 리셉션에서 문재인 대통령은 "제가 존경하는 한국의 사상가가 신영복 선생"이라고 말했습니다.[4] 그 자리에는 북한 대표단 김영남(최고인민회의 상임위원장)과 김여정(김정은 여동생, 북로당 부부장)도 참석해 있었습니다. 이후 이튿날 그는 청와대를 방문한 북한 대표단과 함께 신영복의 글씨체로 쓰인 '通(통)' 서화를 배경으로 기념사진을 찍었습니다. 이러한 문재인의 신영복에 대한 존경은 이전부터 꾸준히 이어져 왔습니다.[5]

- (2010년 10월 23일) 이화여고 100주년 기념관에서 열린 '김제동, 신영복에게 길을 묻다' 강연 참석
- (2012년 12월 12일) 18대 대선 당시 신영복의 '어깨동무체'로 쓰인 '사람이 먼저다' 목각을 들고 기뻐하는 민주통합당 문재인 후보
- (2015년 12월 28일) 당시 민주당의 당대표 문재인을 주도로 ② '더불어민주당'으로 당명 변경
- (2017년 5월 10일) 제19대 대통령 취임 후 청와대 각 부서에 '춘풍추상(春風秋霜, 남에게는 춘풍처럼 관대하고 자기에게는 추상같이 엄격해야 한다)'이라는 신영복체 액자 배포, 집무실에 신영복 친필 ○ 족자 비치, 대통령 시계와 청와대 표지판도 신영복체로 교체
- (2018년 2월 10일) 신영복의 글씨 '通(통)'을 배경으로 북한 김여정과 악수
- (2021년 6월 4일) 신영복의 '어깨동무체'로 새긴 국정원 ○ 원훈석 제막식에서 문재인·박지원 기념촬영(간첩이었던 사람의 글씨체를 간첩 잡는 국정원의 원훈으로 쓰다니 모순이 아닐 수가 없습니다.)
- (2021년 7월 9일) 최관호 신임 서울경찰청장 취임식, 신영복의 '어깨동무체'로 쓰인 서울경찰청 비전 표어 배경

그 외에도 흥미로운 사실이 있습니다. 2006년 두산주류가 출시한 소주 이름 '처음처럼'을 문재인 부인 김정숙 여사의 고교 동창 손혜원이 신영복의 시와 글씨체를 활용하여 제작한 사실을 아시나요?[6] '처음으로 하늘을 만나는 어린 새처럼. 처음으로 땅을 밟고 일어서는 새싹처럼. 우리는 하루가 저무는 저녁 무렵에도 아침처럼, 새봄처럼, 처음처럼 다시 새날을 시작하고 있다.'[7] 여기서 신영복이 말하는 '처음처럼'은 단순한 서정적 표현이 아니라, "통혁당 가담은 양심에 따른 행동이고, 지금도 후회하지 않으며, 지금에도 처음처럼 생각한다"라는 의미를 담고 있습니다.[8] 즉, 전향을 거부하고 북한에 충성하겠다는 김일성주의자의 고백이 오늘날 대한민국의 대표적인 소주 브랜드 이름으로 활용되고 있다는 것입니다.

1980년대 1960~80년대 산업화는 공산·사회주의가 퍼지기 쉬운 환경을 만들었습니다. 마르크스·레닌주의 사상 자체가 친노동자 중심이기도 했고, 급속한 산업화로 자본가와 노동자 간 갈등이 심화되면서 노동자 불만은 커져만 갔습니다. 가장 대표적인 사건이 1970년 ③ '전태일 분신 사건'입니다. 이때 학생들은 노동자와의 연대를 강조하며 위장취업을 통해 노학연대(노동자와 학생의 연대) 운동을 주도합니다. 하지만 시위가 폭력으로 번지자, 정부는 학교에 전투경찰(전경)을

3) 유동열, "[유동열 칼럼] 신영복이 누구길래…그의 정체는?" 뉴데일리, 2022년 10월 16일. https://www.newdaily.co.kr/site/data/html/2022/10/16/2022101600026.html.

4) 유동열, "[유동열 칼럼] 신영복이 누구길래…그의 정체는?" 뉴데일리, 2022년 10월 16일. https://www.newdaily.co.kr/site/data/html/2022/10/16/2022101600026.html.

5) 강휘중, Korea Inside Out: 현실편(서울: 가랑비, 2022), 203-205.

6) 배문규, "실천적 지식인 신영복의 '어깨동무체'." 경향신문, 2016년 1월 7일. https://www.khan.co.kr/article/201601161642151?utm.

7) 이성기, "처음처럼." 한인뉴스속보. https://www.kocannews.com/column/z3j284marp9kscyec3l9y53g92s7rx.

8) 유동열, "[유동열 칼럼] 신영복이 누구길래…그의 정체는?" 뉴데일리, 2022년 10월 16일. https://www.newdaily.co.kr/site/data/html/2022/10/16/2022101600026.html.

---

① 신영복은 성공회대 교수 시절 가수 윤도현과 방송인 김제동의 스승이었습니다. 윤도현과 김제동은 각각 2002년과 2009년 성공회대 신문방송학과에 입학했습니다.

② '더불어민주당'이라는 당명은 신영복의 저서 『더불어 숲』에서 유래한 표현으로 알려져 있습니다. 한편 '더불어'라는 표현은 김일성의 회고록 『세기와 더불어』에서도 사용됩니다.

서혜림, "野 '故신영복의 추억'…"당명, "더불어숲" 되라는 고인 선물." 연합뉴스, 2016년 1월 16일. https://www.yna.co.kr/view/AKR20160116037600001.

③ '전태일 분신자살 사건'은 1970년 11월 13일 서울 평화시장의 노동자 전태일이 근로기준법 준수를 요구하며 분신자살한 사건입니다. 그의 삶을 기록한 조영래 변호사의 『전태일 평전』은 그가 평화시장의 노동현장에서 착취당하고, 주변의 여성 노동자들의 열악한 노동조건을 보고 절망감을 느껴 끝내 분신자살했다고 저술합니다. 하지만 16세에 시다로 시작한 전태일은 6년 만에 재단사가 되어 월급은 1,500원에서 2만 3천 원으로 15배 뛰었고, 연봉은 당시 1인당 GDP의 3.2배였습니다. 이것이 과연 착취일까요? 당시 근로기준법이 지켜지지 않았던 것은 시대적 한계 때문이었습니다. 법은 현실보다 앞서 있었고, 전태일의 '바보회'도 그런 현실의 벽 앞에서 무너졌습니다. 일자리는 부족했지만 일하려는 사람은 많아, 기업은 더 오래 일하겠다는 이들을 선택할 수밖에 없었습니다. 지금 기준으로 보면 열하지만, 그 시절에는 그것이 생계이자 기회의 길이었습니다.

상주시켜 진압에 나섭니다. 이에 학생들의 불만이 급격히 확산되면서 대학가를 중심으로 1980년대 민주화운동이 일어납니다. 당시 대학생 세대를 오늘날 ④ '586세대'라고 부릅니다.

민주화운동 당시 대학가에는 공산·사회주의 이론으로 무장한 선배들이 갓 입학한 후배들에게 밥을 사주면서 *"세상이 썩었다, 독재에 맞서야 한다"*는 식으로 한두 명씩 포섭하기 시작합니다. 선배들은 밥을 사주고, 수업 자료를 나눠주는 등 물심양면으로 후배들을 끌어들입니다. 실제로 당시 후배들이 '지하 서클(동아리)'에 참여한 이유는 마르크스·레닌주의가 좋아서라기보다 선배들이 좋아서였습니다. 1970년대까지만 해도 지하 서클은 이론 교육이 많지 않았지만, 1980년대부터는 공산주의 이론을 체계적으로 가르치고 강도 높은 ○의식화 교육을 실시합니다. 오늘날 대한민국 사회를 좌경화시킨 주도 세력이 바로 여기서 길러졌습니다.

주사파의 등장 1985년 12월 허접해 보이는 빨간 표지의 소책자가 학생들 사이에서 퍼지기 시작합니다. 바로 'AI(Anti-Imperialism, 반제국주의)' 문건입니다. 여기서 AI는 인공지능이 아닌 '반미(美) 제국주의'를 뜻하는 것으로, *"우리의 적은 독재세력이 아니라 미(美)제국주의"*라는 북한식 선전 내용이 담겨 있었습니다.[9] AI 문건의 등장 이후, 많은 학생운동권은 ⑤ 미국을 북한의 관점에서 바라보기 시작하고, 그 실체는 곧 주체사상이었습니다. 이후 1986년 개강과 함께 주사파는 대학가에 본격적으로 등장합니다. 이들은 하루아침에 등장한 것이 아니라, 오랫동안 준비하다가 민주화운동의 틈을 타 나타난 것이었습니다. 같은 해 3월 서울대학생 ⑥ 김영환은 자신의 저서 『강철서신』을 통해 처음으로 주체사상을 공식적으로 소개하고, 이를 학생운동권에 전파하여 주사파 조직을 형성합니다. 이로써 대학가에서는 기존 PD계열과 NL계열(주사파)의 주도권 싸움이 벌어지게 됩니다.

PD vs NL 그전까지 1980년대 학생운동의 주류 세력은 PD(People's Democratic, 민중민주) 계열이었습니다. 이들은 마르크스·레닌주의를 따르며 사회문제를 계급문제로 보고, 노동자 중심의 혁명으로 자본주의를 타도해야 한다고 주장했습니다. 반면, 신흥 세력인 NL(National Liberation, 민족해방) 계열은 북한의 주체사상을 추종하며 사회문제를 민족문제, 곧 미국의 제국주의 지배로 생각했습니다. 이를 해결하기 위해서는 미국과의 관계를 절단하고 북한을 중심으로 남북통일을 이루어야 한다고 주장했습니다. 이들은 민족 정통성은 북한에 있다고 생각하여 대한민국 자체를 부정하고, 이후 종북·반미·주한미군 철수·대남공작 등으로 활동을 이어갔습니다. NL의 등장으로 대학가에서는 'NL 주사파' 대 'PD 비주사파' 간의 사상투쟁(사투)이 벌어지는데, 결국 주사파가 승리하여 학생운동을 장악하게 됩니다. 오늘날 좌파들은 당시 주사파의 승리를 소박·겸손·용감한 품성 등의 '품성론'이나, 노동자·시민·학생까지 참여시킨 포용성에 기인한다고 주장합니다. 하지만 본질적으로는 그렇지 않습니다. 학생운동 출신들의 증언에 따르면, 남조선 해방 전략 토론에서 비주사파가 패배했기 때문입니다.[10] 1985년까지 PD 운동권의 혁명 전술은 전국적 시위와 무장폭동이었습니다. 하지만 NL 주사파는 광주 5.18을 예로 들며 *"시민군으로는 절대 정규군을 이길 수 없다"*며, 이는 비현실적인 혁명전술이라고 비판했습니다. 이때 이들이 현실적인 대안으로 제시한 것이 북한 노동당과 협력하여 북한의 무력을 동원하는 것이었습니다. 이 전략적 차이에서 결국 NL 주사파가 PD 비주사파를 이긴 것입니다.

이후 NL 주사파는 빠르게 세력을 확장하여 1986년 말 학생운동의 주도권을 장악합니다. 이때부터 대학가는 공개적으로 주체사상을 언급하고, 김정일이 쓴 주체사상 책을 공부하고, *"위수김동"*(위대한 수령 김일성 동지), *"친지김동"*(친애하는 지도자 김정일 동지)이라는 구호를 사용하고, 인공기를 게양하고, ⑦ 대학 정문 도로에 미국 성조기를 그려 학생들이 밟고 지나가게 하고, 밤새도록 대남방송을 청취하고, 학과마다 MT(Membership Training, 친목 다지기)를 꾸려 의식화 교육을 실시하는 등 주체사상을 급속도로 퍼뜨립니다.[11] 그리고 마침내 그들이 그토록 기다리던 혁명의 기회가 찾아옵니다. 바로 1987년 6월 항쟁입니다.

---

④ 586세대는 60년대에 태어나서 80학번대로, 지금의 50대를 가리키는 용어입니다. 이들은 오늘날 한국 사회의 중심 기성세대입니다.

○ 의식화(意識化): 사회 현상이나 어떤 대상에 대해 깨닫거나 비판적인 의식을 갖도록 하는 것입니다.

⑤ '반제국주의'라는 표현은 북한에서 처음 사용된 말입니다. 학생운동권의 증언에 따르면 당시 배포된 문건은 종이 질이 나쁘고, 남한에서는 쓰지 않던 표현이 많았습니다. 이후 운동권은 미국문화원 방화(1980), 부산 방화(1982), 대구 폭발(1983), 서울 점거농성(1985) 등으로 반미운동을 확산시켰습니다.

⑥ '주사파의 대부'로 불린 김영환은 주체사상을 처음 도입하여 운동권 학생들에게 신화적 존재가 되었습니다. 그는 1980년대 이전부터 남한에 퍼진 주체사상 교육을 일찍 접해 『강철서신』을 집필했으며, 1991년 북한에 밀입국해 김일성과 면담한 뒤 현실을 깨닫고 전향하여 현재는 탈북자 인권운동가로 활동하고 있습니다.

⑦ 당시 586세대 대학생들은 운동권이 아니어도 시대의 영향으로 자연스레 친북·반미·반대한민국 성향을 가지게 되었습니다.

---

9) 김문수, 간첩이 점령한 대한민국(서울: 생각하는 갈대, 2024), 132.

10) 김철홍, "주사파의 실체 폭로! 자유대한민국 지키자!" 신의한수 2023년 11월 9일, 동영상, youtube.com/watch?v=OgE-4-jpp2I&ab_channel=신의한수.

11) 이희천, 반대한민국 세력의 비밀이 드러나다(인천: 대추나무, 2021), 299.

6월 항쟁
1987.6.10~7.9

주사파가 정치·사회 전면에 등장한 계기는 1987년 6월 항쟁입니다. 6월 항쟁의 도화선은 두 대학생의 죽음이었습니다. 바로 박종철과 이한열입니다. 정부는 고문 경찰관 2명을 구속하고 치안본부장과 내무장관을 해임하지만, 국민적 분노는 걷잡을 수 없이 커집니다. 6월 항쟁의 절정인 1987년 6월 27일 전국에서 150만 명이 참여합니다. 결국 1987년 6월 29일 민정당 후보 노태우는 6.29 선언을 발표합니다. 여기에는 대통령 직선제 개헌, 5년 단임제, 김대중 사면복권, 언론 규제 철폐, 정당 활동 보장 등이 포함되었습니다. 이는 곧 민주화운동 세력의 승리였습니다.

민주화 투사?

하지만 과연 6월 항쟁은 민주화 세력만의 승리였을까요? 1980년대 민주화운동은 대학가의 영향이 컸고, 1987년의 대학가는 이미 주사파가 장악하고 있었습니다. 당시 ⑧ '한국을 움직이는 단체' 3위까지 올랐던 ⑨ '전국대학생대표자협의회(전대협)' 지도부, 서울대 총학생회장과 과대 회장들 모두가 주사파였습니다.[12] 이들은 자유민주주의를 부정하는 세력이었지만, 대통령 직선제를 요구하는 국민적 불만 속에 섞여 시위를 주도했습니다. 그 결과 1987년 6.29 선언으로 민주화 운동이 승리하자, 주사파는 국민들의 폭발적인 호응을 등에 업고 자신들을 '민주화 투사'로 포장했습니다. 따라서 6월 항쟁은 민주주의만의 승리가 아니라, 주사파의 승리이기도 했습니다. 하지만 주사파는 대한민국의 발전이나 민주주의에 기여한 바가 없습니다. 이들은 반제국주의(반미), 반유신(반정부·반체제), 민족해방(공산혁명)이라는 목표로 대한민국을 전복하고자 했을 뿐입니다. 하지만 오늘날 교과서는 여전히 이들을 '민주화 투사'로 가르치고 있습니다.

1990년대

주사파는 학생운동뿐 아니라 노동·사회문화·좌파 기독교 운동까지 장악하며 상승가도를 달립니다. 그러다가 1991년 '주사파의 대부'로 부상한 서울대생 김영환은 북한 공작원과 접선하여 반잠수정을 타고 밀입북하여 김일성을 만납니다. 하지만 북한의 낙후된 현실과 주체사상을 제대로 알지 못하는 김일성의 모습에 크게 실망합니다. 이후 그는 1992년 서울대 법대 동기들과 함께 북한 연계 지하당 ○ '민족민주혁명당(민혁당)'을 조직하지만, 1990년대 중반 북한의 고난의 행군과 ⑩ 황장엽 북한로동당 비서의 탈북을 보며 북한체제에 회의를 품고, 6년간의 고민 끝에 1997년 주사파의 가장 큰 지하조직인 민혁당을 해산합니다. 이때 끝까지 북한 충성을 고집하며 조직 해산을 거부한 세력이 있었으니, 바로 ○ 이석기의 ⑪ '경기남부위원회(현 ○ 경기동부연합)'입니다. 이들이야말로, '진짜 주사파'라고 할 수 있습니다.

이석기와
경기동부연합

이석기는 1962년 전남 목포 출신으로, 한국외국어대 용인캠퍼스를 졸업하고, 1990년대 민혁당 지도급 조직원으로 활동합니다. 민혁당은 김영환·하영옥·박모 씨를 중앙위원으로 두고, 산하에 경기남부·영남·전북위원회를 두었는데, 당시 이석기는 경기남부위원회(현 경기동부연합)의 위원장이었습니다.[13] 1997년 민혁당 해산 이후, ⑫ 잔당세력은 이석기를 중심으로 세력 규모를 확장하고, 2001년 9월 '군자산의 약속'을 결의합니다.

군자산의 약속

북한은 제도권 정당의 필요성을 절감하고, 2001년 3월 PD계열이 창당한 민노당(민주노동당) 장악을 지령합니다.[14] 같은 해 9월 NL계열의 ⑬ 민주주의민족통일전국연합(전국연합)은 충북 괴산 군자산 보람원수련원에 700여 명을 모아 '군자산의 약속(9월 테제)'을 결의합니다. 김정일의 지령으로 시작된 군자산의 약속은 3년 내 종북 정당 창당, 10년 내 종북 정권 수립, 그리고 ⑭ 연방제를 통한 적화통일을 목표로 했습니다.[15] [16]

2000~2010년대

이들은 결의한 내용대로 정확히 3년 만인 2004년 민노당 당권을 장악하고, NL계열 중에서도 가장 급진적인 이석기의 경기동부연합이 주도권을 잡습

---

⑧ 1990년 '시사저널' 여론조사에서 전대협은 여당과 야당에 이어 '한국을 움직이는 단체' 3위에 올랐습니다. 3위가 제3의 정치 정당이 아닌 학생 조직이었다는 것은 당시 전대협의 영향력이 얼마나 컸는지 보여줍니다.

⑨ 전국대학생대표자협의회(전대협)은 1987년 전국 95개 대학, 4,000여 명이 모여 결성된 총학생회 협의체입니다. 전대협은 주사파 세력의 대중조직(MO, Mass Organization) 역할을 하며 공개적인 활동을 맡았고, 비공개로 활동하던 혁명조직(RO, Revolutionary Organization)의 지휘를 받았습니다. 그 배후에는 북한 대남공작기관과 연결된 전위조직(VO, Vanguard Organization)이 있었습니다.

이희천, 반대한민국 세력의 비밀이 드러나다(인천: 대추나무, 2021), 303-304.

○ 민족민주혁명당(민혁당): 북한이 1980년대 주사파 핵심세력을 포섭하여 남한 내 지하정당을 만들기 위해 1992년 김영환 등을 중심으로 조직한 북한 연계 지하조직입니다. 이후 1999년 북한의 지령을 받아 활동한 사실이 드러나 김영환, 하영옥, 이석기 등은 국가보안법 위반으로 체포·유죄 판결을 받았습니다.

⑩ 황장엽(1923~2010): 북한 노동당 비서로, 주체사상을 체계화한 최고 이론가이자 한때 북한의 2인자였습니다. 하지만 주체사상이 독재 수단으로 변질된 현실을 깨닫고 1997년 대한민국으로 망명하여 전 세계에 큰 충격을 주었습니다. 이후 김정일 체제와 햇볕정책을 비판했고, 2010년 10월 10일 북한 노동당 창건 65주년 당일 자택에서 숨진 채 발견되었습니다. 이는 김일성의 후계자 김정일이 처음으로 공개석상에 서는 날이었습니다.

○ 이석기(1962~): 전남 목포 출신으로, 한국외국어 용인 캠퍼스에서 중국어학과를 졸업하고, 제19대 국회에서 통합진보당 비례대표 의원을 역임하던 중 2013년 내란음모 사건으로 구속되어 징역 10년을 선고받았습니다. 그는 미국 유학 중인 아들에게도 '주체사상을 공부하라'고 할 만큼 철저한 주사파였습니다.

⑪ 당시 민혁당은 '경기남부위원회(이석기 중심)', '영남위원회', '전북위원회'로 구성되어 있었으며, 핵심당원 100여 명, 준당원 400여 명, 외곽조직까지 합쳐 4천여 명 규모로 성장했습니다.

이희천, 반대한민국 세력의 비밀이 드러나다(인천: 대추나무, 2021), 318.

○ 경기동부연합: NL계열 운동권으로, 해산된 통합진보당을 실질적으로 이끌던 세력입니다. 이들은 김영환의 민혁당 출신 인사들로, 강한 친북 성향의 주사파 계열에 속합니다.

⑫ 이석기를 중심으로 한 민혁당 인사들은 전향을 거부한 채 비밀 활동을 이어갔습니다. 주로 한국외대 용인캠퍼스 출신들이었으며, 1999년 적발 후 이석기는 3년 도피 끝에 체포되어 징역 2년 6개월을 선고받았지만 5개월 복역 후 2003년 노무현 대통령의 광복절 특별 사면으로 석방되고, 2005년에는 피선거권까지 회복했습니다.

[12] 한양브리핑, "1990년 '한국을 움직이는 단체' 3위의 주인공." 한양뉴스포털, 2016년 9월 3일. https://www.newshyu.com/news/articleView.html?idxno=30103.

[13] 이희천, 반대한민국 세력의 비밀이 드러나다(인천: 대추나무, 2021), 138.

[14] 이희천, 반대한민국 세력의 비밀이 드러나다(인천: 대추나무, 2021), 321.

[15] 이희천, 반대한민국 세력의 비밀이 드러나다(인천: 대추나무, 2021), 337.

[16] 이희천, 반대한민국 세력의 비밀이 드러나다(인천: 대추나무, 2021), 337.

니다. 경기동부연합의 강령은 주체사상을 지도이념으로 삼아, 남한사회의 변혁운동을 전개하고, 남한사회의 자주·민주·통일을 실현하고, 주체사상을 연구하고 전파하는 것이었습니다.[17] 이들은 2008년 제18대 총선에서 10명(지역구 2, 비례대표 8석)의 의원을 배출하고, 2011년 민노당·국민참여당·새진보통합연대 3자 합당을 이루어 [15] '통합진보당(통진당)'을 창당하고, 2012년 제19대 총선에서 13명의 의원을 배출합니다. 이후 통진당은 제18대 대선을 앞두고 민주당과 후보 단일화를 성사시켜 공동정부를 꾀하지만, 다행히도 총선 직후 비례대표 부정투표 사실이 드러나 지지율이 10%에서 2~3%로 폭락합니다. 결국 민주당은 통진당과의 연대를 깨고 대선에 문재인을 단독 후보로 내세우고, 그는 새누리당 박근혜 후보에게 3.53%p 차이로 패합니다. 만약 부정선거가 적발되지 않았다면, 2012년 대선은 통진당이 주도하는 공동정권으로 이어졌을 가능성이 큽니다. 이후 2013년 8월 28일 '통진당 내란음모 사건'이 발각되면서 이들의 실체가 드러나게 됩니다.

RO사건

2013년 5월 통진당 의원 이석기는 [16] RO(Revolutionary Organization, 혁명조직) 조직원 130여 명을 서울 합정동에 있는 모 성당의 지하실에 모아 공산혁명 회의를 열어, 혁명의 [17] '만조기'가 왔다며 혁명적인 상황이 발생할 시 각자가 맡아야 할 역할과 임무를 정합니다. 북한 남침 시 폭탄과 무기를 어떻게 제작할지, 전신전화국·유류창고·변전소 등 국가시설들을 어떻게 폭파시킬지 등 도시게릴라전을 모의합니다.[18] 이대로 이석기와 주사파들의 계획이 실현되었다면, 오늘날의 대한민국은 존재하지 못했을 것입니다. 하지만 한 참석자가 당시 상황을 손목시계형 촬영 기기에 몰래 촬영하여 국정원에 제보하면서 RO사건은 8월 발각됩니다.[19] 2014년 12월 헌법재판소는 통진당 해산을 결정하고, [18] 이석기는 내란선동 혐의로 징역 9년을 선고받아 복역하다가 2021년 12월 문재인 정부의 크리스마스 특별사면으로 가석방됩니다. RO사건은 주사파가 국회 배지를 달고 국가를 전복하려다가 적발된 충격적인 사건이었습니다. 벼랑 끝에 놓인 대한민국이 몇 걸음만 더 걸으면 자칫 떨어질 뻔한 위기의 순간이었습니다.

2020년대

그렇다면 이석기는 출소 후 죄를 회개하면서 조용히 지내고 있을까요? 천만의 말씀입니다. 그는 오히려 혁명 활동에 더욱 박차를 가하고 있을 것입니다. 이들은 스스로를 '혁명가'라고 부르며, '남조선혁명(공산혁명을 통한 북한식 연방제통일)'을 위해 인생을 바친 자들입니다. 통진당은 빙산의 일각일 뿐, 아직 적발되지 않은 지하 간첩 조직들은 수두룩합니다. 과거 고려대 총학생회장이었던 주사파 출신 이종철은 2013년 5월 조선TV에 출연하여 대한민국 내 종북 세력에 대해 이렇게 증언했습니다.

'많은 사람들이 종북세력, 주사파의 실체를 잘 모르시는 것 같아요. 종북세력이라고 하면 북한에 어느 정도 우호적이거나 김일성에 대해 어느 정도 좋게 평가하는 사람들 정도로(생각하는 것 같아요). 그러나 종북세력, 주사파는 철저히 북한의 지령에 따라 대한민국을 전복하려고 하는 세력입니다. 대한민국을 혁명하겠다고 하는 세력이죠. 그리고 대한민국을 주체사상의 조국 북한과 같은 나라로 만드는 것입니다. 대한민국을 혁명하고 대한민국의 자유민주주의체제를 전복해서 북한의 사회주의체제를 만드는 것이고 궁극적으로 북한의 김정은을 통일대통령으로 만드는 것입니다. (중략) 저는 북한이 무너지기 전까지는 대한민국에서 주사파가 없어지지 않는다고 봅니다.'[20]

1980년대 말 좌익 운동권 학생들은 화염병으로 체제가 바뀌지 않자, 전공별로 흩어져 문화와 국민의식을 바꾸는 [19] '진지전'에 돌입했습니다. 사법대 출신은 교사, 대학원 졸업자는 교수, 법대 출신은 법조인, 경영학과 출신은 대기업 직원, 언론방송학과 출신은 언론인, 미대 출신은 화가, 신학원생은 목사로, 또 일부는 북한과 연계된 지하 조직 혁명가 등 각자의 직업 분야로 진출하여 진지를 구축해 왔습니다.[21] 또 활동하는 분야별 단체도 결성했습니다. 1988년 민변(민주사회를위한변호사모임), 1989년 전국교직원노동조합(전교조), 1990년 전국농민총연맹(전농), 1995년 조국통일범민족연합 남측본부(범민련), 1995년 전국민주노동조합총연맹(민노총) 등이 대표적 사례입니다.

[13] 민주주의민족통일전국연합(전국연합)은 1991년 전대협·전노협 등 14개 단체와 13개 지역지부가 결성한 NL계 공개조직입니다. 지하조직 민혁당이 배후에서 움직였건만, 전국연합은 공개 활동을 담당했습니다. 당시 이석기는 민혁당 경기남부위원장이자 전국연합 성남연합에서 활동했으며, 성남연합은 1997년 경기동부연합으로 확대·개편되었습니다. 전국연합은 2008년 해산되었지만, 경기동부연합 세력은 현재까지도 활동을 이어가고 있습니다.

[14] 1997년 탈북한 황장엽 전 북한로동당 비서에 따르면, 북한은 1990년대 들어 무력도발 대신 남한 내 좌파정권 수립을 통한 연방제로 통일의 방향을 수정했습니다. 이를 '연방제 통일'이라고 부릅니다.

[15] 당시 통진당의 당론은 주한미군 철수, 국가보안법 해제, 연방제 통일 등이었습니다.

[16] 당시 RO 조직의 강령은 '우리는 주체사상 지도이념으로 남한사회의 변혁운동을 전개한다', '우리는 남한사회의 자주-민주-통일 실현을 목적으로 한다', '우리는 주체사상을 심화 보급, 전파한다' 등의 내용을 포함했습니다.

[17] 혁명에는 '간조기'와 '만조기'가 있는데, 여기서 만조기는 때가 '무르익은 시기'로 공개적인 지상활동을 벌이는 것을 의미합니다. 반면, 간조기는 신분을 숨기고 지하활동을 벌이는 것을 의미합니다.

[18] 통진당의 내란음모는 무죄로, 내란선동죄는 유죄로 인정되었습니다. 통진당 의원 이석기 등 4명은 구속되지만, 나머지 의원들은 탈당이나 제명을 통해 무소속으로 남아 별다른 조치를 받지 않았습니다.

[19] 이탈리아 공산당 창시자 안토니오 그람시(Antonio Gramsci)는 자본주의를 무너뜨리려면 사람들의 '상식'을 흔들어야 한다고 주장했습니다. 모든 사람은 철학자인 만큼 세상을 보는 잣대를 바꾸면 되고, 이를 위해 사회 곳곳에 '진지'를 구축하여 적이 무너질 때까지 공격해야 한다고 말했습니다. 이를 '진지전(陣地戰, War of Position)'이라고 부릅니다.

---

17) 이희천, *대통령 탄핵과 체제전쟁*(서울: 대추나무, 2025), 46.

18) 이희천, *반대한민국 세력의 비밀이 드러나다*(인천: 대추나무, 2021), 345.

19) 조혜령, "RO 5월 합정동 모임, 손목시계 캠코더에 찍혔다." 노컷뉴스, 2013년 11월 16일. https://m.nocutnews.co.kr/news/amp/1133216.

20) 이희천, *반대한민국 세력의 비밀이 드러나다*(인천: 대추나무, 2021), 346.

21) 이희천, *반대한민국 세력의 비밀이 드러나다*(인천: 대추나무, 2021), 312.

| 주사파의 현주소 | 오늘날 이석기가 정치권의 중심에 선 데는 20여 년 전부터 물심양면 키워놓은 정치인 한 명 때문입니다. 바로 더불어민주당 이재명입니다. 이재명과 이석기의 경기동부연합은 떼려야 뗄 수 없는 불가분의 관계입니다. 지금부터 이들의 현주소를 살펴보겠습니다.

| 이재명 | 1963년 12월 8일 경북 안동에서 태어난 이재명은 1982년 중앙대 법학과에 입학합니다. 당시 대학가는 NL 주사파가 확산되던 시기였지만, 이재명이 직접적인 영향을 받았을 가능성은 크지 않습니다. 이후 그는 사법고시에 합격하여 1989년 사법연수원 18기를 마치지만, 판검사에 임용되지 못하고 같은 해 민주사회를위한변호사모임(민변)에 가입합니다. 이후 1994~2005년 10년에 걸쳐 ⑳ ○ 성남시 참여연대 집행위원장으로 시민운동을 벌이지만, 시민운동의 한계를 느끼고 2005년 열린우리당에 입당합니다. 그리고 그해 가을, 북한 평양을 방문합니다.

| 2005년 평양 방문 | 정치인도 아닌 민간인이 개인 자격으로 평양에 간다는 것은 매우 의미심장한 일입니다. 그는 이후 블로그에 당시 사진들을 공개하는데, 순안비행장·만경대·김일성 생가·체육대회·㉑ 북한 여성 안내원과의 사진 등이 포함되어 있었습니다.

| #1 성남시장 당선 2010~2018 | 방북 후 이재명은 2006년 성남시장, 2008년 제18대 총선에 도전하지만 잇따라 낙선합니다. 하지만 2010년 성남시장에 재도전하여 당선된 데는 경기동부연합의 도움이 컸습니다. 당시 경쟁자였던 경기동부연합 출신 ㉒ 김미희는 단일화에 합의하며 후보직을 사퇴하고, 이석기는 자신의 ㉓ 선거기획 광고회사 'CN커뮤니케이션즈'를 통해 선거홍보용 인쇄물 제작부터 차량까지 물심양면으로 지원합니다. 결국 경기동부연합의 도움으로 이재명은 2010년 성남시장에 당선됩니다. ㉔ 당선 후 이재명은 누구를 성남시 시장 인수위원회에 임명했을까요? ㉕ 또 성남시의 각종 이권사업을 누구에게 챙겨줬을까요? 자신을 성남시장으로 만들어준 경기동부연합이 아닐까요? 이를 계기로, 이재명과 경기동부연합은 떼려야 뗄 수 없는 ○ 공생관계로 발전하고, 경기동부연합은 이재명을 통해 거액의 자금을 확보했을 것으로 의혹이 제기됩니다. 이 관계는 이재명이 2014년 성남시장에 재선 되면서 무려 8년 간 이어집니다. 그 사이 통진당은 2012년 총선에서 이석기와 김미희를 비롯한 통진당 13명이 원내 진출에 성공하고, 얼마 있지 않아 2013년 통진당의 내란 음모 사건(RO사건)이 터집니다. 이후 2014년 통진당은 해산되지만, 이는 오히려 경기동부연합과 이재명의 관계를 더욱 강화하는 계기가 되었습니다.

| #2 경기도지사 당선 2018~2022 | 이석기가 감옥에서 복역하던 중, 이재명은 2018년 경기도지사 선거에 출마하여 당선됩니다. 이때도 누가 1등 공신을 했을까요? 경기동부연합은 성남시에서 8년간 이권사업을 통해 쌓은 경험과 노하우를 바탕으로, 더 큰 무대인 경기도로 활동을 넓힙니다. 그 과정에서 드러난 대표적 사례가 바로 이재명의 성남시장 재임 시절 일어난 '대장동 사건'입니다.

| 대장동 사건 | 대장동 사건의 핵심은 성남시가 화천대유·천화동인이라는 특정 회사들에 거액의 이익을 몰아주고, 이를 감추기 위해 법조·언론계에 ○ '50억 클럽' 로비를 했다는 의혹입니다. 2013년 성남시도시개발공사 설립 이후, 개발사업 경험이 전무한 신생회사 화천대유·천화동인은 하루 만에 민간사업자로 선정되고, 2015년 ○ '추가 이익 환수 조항'이 삭제되면서 이익이 민간업자에게 집중됩니다. 그 결과 성남도시개발공사(지분 50%)는 1830억 원, 금융권(43%)은 33억 원을 배당받지만, 화천대유(1%)와 천화동인(6%)은 각각 577억 원, 3463억 원을 챙깁니다.[22] 여기에 ○ 택지매각 수익까지 포함하면, 민간 7명이 가져간 이익은 도합 8,500억 원에 달하며, 이 중 김만배와 가족 등에게 돌아간 수익은 무려 6,500억 원입니다.[23] 우연찮게도 대장동 개발사업을 통해 가장 큰 이익을 얻은 이들은 당시 성남시장 이재명의 최측근들이었습니다. 문제의 핵심은 2015년 5월 27일 '추가 이익 환수 조항'을 누가 삭제했느냐입니다. 당시 대장동 개발의 최종 결재권자는 성남시장 이재명이었습니다. 그런데 2021년 검찰이 '대장동 게이트' 수사에 착수하자, 핵심 증인으로 지목된 이재명 측근 5명이 불과 2년 사이에 연쇄 자살하거나 자살을 시도합니다. 이로 인해 국민들은 이를 '데스(death)장동', '데스(death)노트'라고 부르기도 했습니다.

⑳ 이재명은 성남시 참여연대 집행위원장으로 역임했다고 주장했지만, 실제로는 다른 단체인 '성남차여자치시민연대'에서 활동했습니다. 그럼에도 선거 공보물에는 이를 줄여 마치 성남시 참여연대 소속인 것처럼 표기해 왔습니다.

○ 성남시 참여연대: 성남시 행정과 시의회를 감시하는 단체입니다.

㉑ 과거부터 북한은 외국 투숙객이 머무는 호텔방에 몰래카메라를 설치하여 철저히 감시한다는 사실이 전해져 오고 있습니다. 활용도가 높은 인사는 미인계를 활용하여 녹화된 영상으로 북한 당국에 협조할 것을 협박한다고 알려져 있기도 합니다. 1999년 김대중 정부 시절, 현역 의원 최초로 평양을 방문한 김경재 총재의 보고에 따르면, "당시 투숙했던 고려호텔 VIP룸에서 도청장치를 확인했고, 또 2명의 미인이 짝을 지어 서빙하러 들어온 것도 개운치 않았다. (중략) 이후 평양을 방문한 뒤, 갑자기 친북 노선으로 전향한 인물을 볼 때마다 무언가 북측에 약점을 잡힌 게 아닐까 우려한다."라고 말한 적이 있습니다.

"박지원은 왜 김경재를 두려워하는가." 한국자유총연맹, 2016년 10월 11일. https://koreaff.or.kr/news/article.html?no=5489.

㉒ 김미희(1966~): 전남 목포 출신으로 서울대 약대를 졸업했습니다. 경기동부연합 핵심 인사로, 2006년 성남시장 선거 사퇴 후 성남시 인수위원장을 맡고, 2012년 제19대 총선에서 성남 중원구 통진당 후보로 당선되었습니다.

㉓ CN커뮤니케이션즈는 2005년 이석기가 설립한 선거기획 광고회사로, 대학 총학생회와 동아리 축제 홍보를 맡아 2012년까지 운영하며 상당한 돈을 벌었습니다. 그는 이 수익을 어디에 사용했을까요?

이희천, 반대한민국 세력의 비밀이 드러나다(인천: 대추나무, 2021), 139.

㉔ 2010년 6월 성남시 인수위원회 위원장은 김미희였으며, 간사로는 남총련 출신 김현지·백승우·정진상, 대변인은 전 민중의소리 대표 윤ென선, 위원으로는 전 민노당 정책위 의장 이용대, 전 사회동향연구소 대표 조양원, 이석기의 용인외대 후배이자 전 경기동부연합 공동의장 한용진 등이 참여했습니다.

㉕ 성남시에는 막대한 이권사업이 있었고, 이재명 당선 후 경기동부연합 인사들은 회사를 세워 이를 독식했습니다. 대표적으로, 그는 이석기의 용인외대 후배이자 전 경기동부연합 공동의장 한용진이 설립한 '나눔환경'에 성남시 청소용역 특혜를 제공했습니다.

○ 공생관계(共生關係): 둘 이상의 생물이 서로간에 상생을 위해 협력하는 것입니다.

○ 50억 클럽: 대장동 개발 사업에 도움을 주는 대가로 민간사업자들에게 50억 원을 약속받은 법조계·언론계 거물들을 가리키는 표현입니다.

22) 김승재, "'대장동 1000배 수익' 설계한 유동규, 전화번호 바꾸고 잠적." 조선일보, 2021년 9월 23일. https://www.chosun.com/politics/2021/09/23/Z3L32MZ54FHNHPQN2KO2UE3XVM/.

23) 경실련, "대장동 사업의 개발이익 (추정): 김만배 일가 6,500억 수익." 슬로우 뉴스, 2021년 10월 19일. https://slownews.kr/82298.

최측근들이 연쇄적으로 사망하는 와중에도 이재명은 2022년 제20대 대선에 출마하지만, 0.73%p(24만 표) 차이로 윤석열에게 패배합니다. 하지만 이재명과 이석기의 경기동부연합은 이를 패배로 보았을까요? 오히려 '2보 전진을 위한 1보 후퇴'라고 생각했을 것입니다. 대선 패배 직후, 이재명은 더불어민주당 대표로 선출되고, 2024년 제22대 총선을 앞두고 스스로를 인재위원장으로 임명하여 공천권을 장악합니다. 본래 인재영입위원회는 외부의 새로운 인재들을 영입하기 위한 기관입니다. 하지만 본 취지는 온 데 간 데 없고, 이재명은 자신의 입맛대로 ° 공천권을 행사합니다. 이 과정에서 더불어민주당 내 비(非)명계 의원들은 줄줄이 공천에 탈락하거나 탈당합니다. 가장 대표적으로, 24년을 민주당 소속 의원으로 지낸 이낙연 전 의원은 *"민주당은 1인 정당, 방탕 정당으로 변질됐다"*라고 비판하며 탈당했습니다.[24] 그렇다면 당권을 장악한 이재명은 누구에게 공천을 주었을까요? 그동안 자신을 성남시장과 경기도지사로 만들어주고, 향후 대통령으로 만들어 줄 사람들이 아니었을까요? 2024년 제22대 총선 이후, 더불어민주당은 종북 주사파 세력으로 물갈이되었을 가능성이 상당히 높으며, 이는 곧 '이석기의 부활'을 의미합니다.

그렇다면 이재명이 공천을 준 경기동부연합 인사들은 누구일까요? 경기동부연합은 과거부터 지하조직으로 활동해 왔기 때문에 실체를 정확히 파악하기는 어렵지만, 제22대 총선에서 더불어민주당과 더불어민주연합을 통해 당선된 인사들을 보면 윤곽이 드러납니다. 2024년 3월 더불어민주당은 제22대 총선을 앞두고, 새진보연합·진보당과 '더불어민주연합'이라는 비례대표 위성정당을 만듭니다. 여기서 진보당은 2014년 내란음모 혐의로 해산된 통합진보당의 후신으로, 그 핵심에는 경기동부연합이 있는 것으로 추정됩니다. 진보당은 통진당의 가치와 정신 일부만을 계승했다고 주장하지만, 실제로는 당권파와 강령을 그대로 이어받았습니다. 이를 두고 민주당을 탈당한 이원욱 개혁신당 의원은 *"경기동부연합 등 이념 세력은 이재명이라는 정치인을 숙주로 성남시·경기도를 지나 이제는 국회까지 진출을 시도하고 있다."*라고 경고했습니다.[25] 동아일보의 김순덕 논설위원은 *"이재명이 성남시장 시절 한총련이나 경기동부 운동권과 연을 맺어온 것은 널리 알려진 사실이다. 현역 의원들을 제치고 '자객 공천'에 나서겠다는 혁신회의 사람들 중에는 종북·폭력·점거·반인권적 과거에서 자유롭지 않은 점도 없지 않다. (중략) '한총련이여 반미자주 함성으로, 가자 가자 한총련이여, 통일 조국으로' 진군가를 불렀던 한총련 출신들이 이재명과 어떤 ㉕ 제7공화국을 만들려는지도 무섭고 두렵다."*라고 지적했습니다.[26]

2024년 제22대 총선으로, 이석기는 부활했습니다. 외적으로는 민주당이지만, 내적으로는 통진당이 되어버린 셈입니다. 이후 이재명이 구속되어 정치 생명이 끝난다고 해도, 이석기와 경기동부연합은 얼마든지 이재명을 대체할 새로운 아바타를 만들어 세울 능력이 있습니다. NL 주사파는 1980년대부터 지금까지 30여 년 동안 공산혁명을 위해 자기 목숨을 내놓은 혁명가들입니다. 자유대한민국에서 모든 반국가 세력을 척결할 수 있는 유일한 방법은 ㉖ '국민 저항권'입니다. 이제 여러분은 국민저항권을 완수하여, 주사파를 척결하고 자유대한민국을 바로 세우기를 바랍니다.

○ 추가 이익 환수 조항: 민간이 예상보다 많은 이익을 얻을 경우, 그 초과분을 시가 환수하도록 한 조항으로, 민간의 과도한 이익을 막기 위한 장치입니다.

○ 택지매각(宅地賣却): 택지(건축물을 건축할 수 있는 토지)를 파는 행위입니다.

○ 공천(公薦): 선거할 때 정당에서 후보를 추천하는 일입니다.

㉕ 대한민국은 현재 제6공화국이며, '제7공화국' 창출은 곧 헌법 개정을 의미합니다.

㉖ '국민 저항권'은 자유민주주의 기본 질서를 침해하는 국가권력에 맞서 국민이 최후 수단으로 행사할 수 있는 권리입니다.

[24] 김상윤, "이낙연, 민주 탈당 '1인 방탄정당 변질...다당제 시작해야'." 조선일보, 2024년 1월 11일. https://www.chosun.com/politics/assembly/2024/01/11/GTOEZYXYENFZVJZ625AZ5KKYYE/.

[25] 김경화, "경기동부연합, 이재명을 숙주 삼아 국회 진출 시도." 조선일보, 2024년 2월 26일. https://www.chosun.com/politics/politics_general/2024/02/26/BQRSPV7O2FHDVD4WOMODOLZXBM/.

[26] 김순덕, " 제7공화국 노리는 이재명-한총련의 더 무서운 혁신." 동아일보, 2023년 11월 22일. https://www.donga.com/news/Opinion/article/all/20231122/122310081/1.

22 대한민국의 3대 좌파 대통령

노태우	김영삼	~	이명박	박근혜

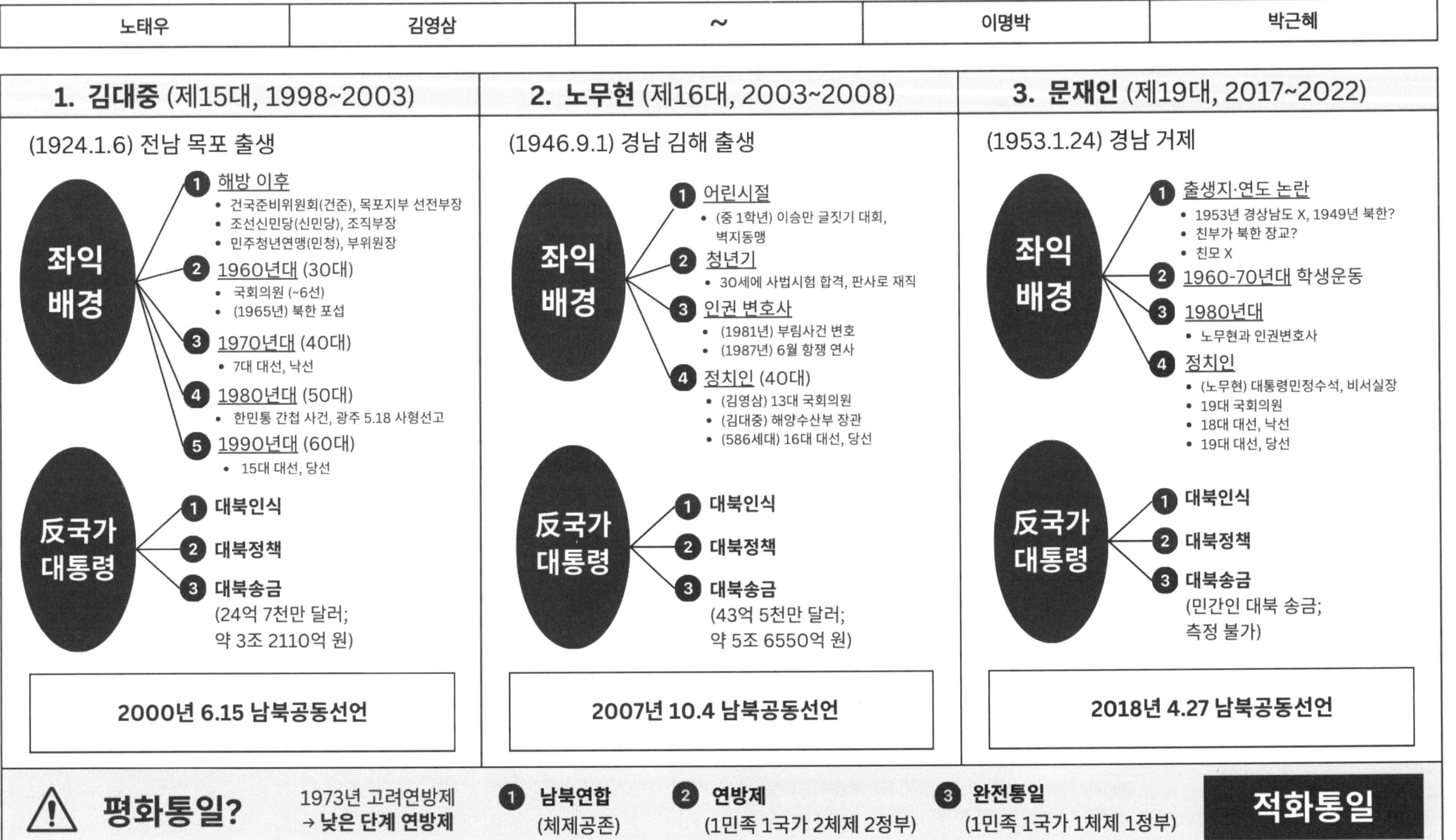

22. 대한민국의 3대 좌파 대통령

오늘도 힘찬 구호로 역사공부를 시작해 봅시다: 이승만/역사교실, 자유통일/이룩하자, 와!

복습하기　　1980년대 NL 주사파는 대학가에서 학생운동을 장악하고, 1987년 6월 항쟁을 주도합니다. 이후 일부 조직은 해산되지만, 이석기 계열의 잔당은 끝까지 북한에 충성하겠다며 활동을 이어가고, 이들은 오늘날 '경기동부연합'으로 알려져 있습니다. 경기동부연합은 2001년 '군자산의 약속'에서 결의한 내용대로 3년 안에 종북 정당을 만들어 국회에 진출합니다. 이후 2013년 RO 사건으로 통진당이 해산되자, 경기동부연합은 정치적 유대를 통해 자금과 세력을 확보해 나가고, 그 논란의 중심에 있는 인물이 바로 이재명입니다. 2024년 제22대 총선을 앞두고 스스로를 인재위원장으로 임명한 이재명은 이러한 인물들에게 공천을 주어 국회 진출의 길을 열어준 것으로 보입니다.[1] 자유대한민국에서 모든 반국가 세력을 척결할 수 있는 유일한 방법은 '국민 저항권'입니다.

서론　　1980년대 민주화 운동을 주도했던 586세대 주사파들은 이후 정치·경제·사회·문화 등 다양한 분야에서 영향력을 확대하고, 그 결과 우리나라는 심하게 좌경화되었습니다. 하지만 정작 국민들은 나라가 죽이 되든 밥이 되든 관심이 없었습니다. 그 결과 주사파 세력은 청와대와 국회 안까지 대거 침투하고, 친북 대통령까지 줄줄이 창출해 냈습니다. 이들이 바로 김대중·노무현·문재인 전 대통령들입니다. 이들은 습관적으로 민족사적 정통성을 대표하는 유일한 합법국가인 대한민국의 건국을 폄하하고, 반국가 단체인 북한 정권에 대해서는 호의적 태도를 취했습니다. 대한민국을 자유국가로, 또 세계강국으로 만든 이승만·박정희 대통령은 신랄하게 비판하고, 김일성·김정일·김정은의 인권말살에 대해서는 침묵했습니다. 그럼에도 여전히 김대중·노무현·문재인을 추앙하는 국민들이 있습니다. 3대 좌파 대통령의 거짓에서 헤어 나오지 않는 한, 자유대한민국은 지킬 수 없습니다. 오늘은 대한민국의 3대 좌파 대통령의 대북 인식·정책·송금 그리고 남북공동선언을 통해 이들의 정체를 살펴보겠습니다.

노태우·김영삼　　1987년 6월 29일 ○ 노태우는 6.29 선언을 발표하고, 같은 해 12월 16일 제13대 대통령 선거에서 '3김'(김영삼·김대중·김종필)을 제치고 당선됩니다. 노태우는 전두환의 육사 동기로, 1979년 12.12사태 당시 자신이 지휘하던 전방의 9사단 병력을 서울로 출동시켜 군권 장악에 핵심 역할을 했습니다. 이후 수경사령관·보안사령관을 거쳐 육군 대장으로 전역하고, 전두환의 신군부에서 민간인 신분으로 제12대 국회의원에 당선됩니다. 전두환 대통령 임기 말 민주화에 대한 국민적 요구가 거세지자, 전두환 대통령은 노태우를 통해 6.29 선언을 발표합니다. 이는 대통령 직선제를 수용한 역사적 선언으로, 노태우가 차기 대선에 승리하는 데 결정적인 역할을 했습니다. 결국 16년 만에 치러진 직선제 대선에서 ① 김영삼·김대중의 단일화 실패로 노태우는 집권에 성공합니다.

노태우
(제13대, 1988~1993)　　노태우 대통령은 신군부의 이미지를 벗고 '보통 사람'으로서 국민들의 호감을 얻습니다. 그는 재김 기간 △ 언론 개방화를 추진하고, △ 인신매매와 폭력배 조직들을 대부분 소탕하고, △ 여성 공직 참여를 제도적으로 보장하고, △ 최저임금제를 처음으로 시행하고, △ 국민의료보험을 확대하고, △ 사병 급여를 인상하고, △ 노동조합 자유화를 추진하고, △ 인천공항·서해안고속도로·경부고속철도·KTX 건설을 시작하고, △ 272만 호 주택 건설로 보급률을 올리고, △ 평균 8.5%의 높고 안정적인 경제성장을 기록하고, △ 1992년 남북기본합의서를 체결하여 북한을 성공적으로 압박하고, △ 1993년 대전 엑스포를 유치하고, △ 1988년 서울올림픽을 성공적으로 유치합니다. 이후 1988년 4월 26일 제13대 총선에서 노태우 대통령의 민주정의당이 125석, 김대중의 평화민주당이 70석, 김영삼의 통일민주당이 59석, 김종필의 신민공화당이 35석을 확보하자, ○ 여소야대 국회로 국정운영이 어려워진 노태우 대통령은 3김과의 합당을 제안합니다. 김대중은 이를 거절하지만, 김영삼과 김종필은 승낙합니다. 3당 합당은 비판을 받지만, 4개의 정당을 양당 체제로 바꾸면서 국정 운영이 안정되는 계기가 됩니다. 노태우 정부는 '회의 정부'라고 불릴 정도로 회의를 자주 했고, 그는 자신에 대해 *"가장 크게 어리석은 사람, 곧 큰 바보이니 여러분들이 좋은 의견*

○ 노태우(1932~2021): 대한민국 제13대 대통령입니다. 대구 출신으로, 경북고등학교를 거쳐 육사에 입교하여 전두환과 인연을 맺고, 1955년 소위로 임관했습니다. 이후 미국 유학과 월남 참전 후 1979년 12.12 사태 당시 9사단장을 지냈습니다.

① 1987년 6월 항쟁 후 치러진 제13대 대통령 선거는 '3김'(김영삼·김대중·김종필)이 모두 출마하여 치열했습니다. 민주화 세력은 김영삼과 김대중의 단일화를 원했지만 끝내 무산되었고, 노태우가 36.64%로 당선되었습니다. 당시 김대중은 '4자 필승론'을 내세워 승리를 자신했지만, 27.04%로 김영삼(28.03%)에게도 밀렸습니다. 김대중의 4자 필승론은 이후 한국 정치에서 지역주의의 출발점이 되었습니다.

○ 여소야대(與小野大): 집권 여당이 원내 소수파이고, 야당이 다수파인 상태입니다.

---

[1]　김경화, "경기동부연합, 이재명을 숙주 삼아 국회 진출 시도." 조선일보, 2024년 2월 26일. https://www.chosun.com/politics/politics_general/2024/02/26/BQRSPV7O2FHDVD4WOMODOLZXBM/.

을 많이 내 주세요."라며 참모들의 의견을 많이 물어봤습니다.[2] 노태우 대통령은 정치·경제·국방·외교 등 여러 분야에서 좋은 성과를 내지만, 재임 기간 우유부단한 모습 때문에 "물태우", "물대통령", "물통"이라는 비판을 듣기도 했습니다. 그럼에도 그는 "물 한 방울 한 방울이 모여 큰 바다를 이루는 과정을 보면 물의 힘은 참 크지요. 내게 '물대통령'이란 별명 참 잘 지어주었다고 생각합니다."며 긍정적으로 받아들였습니다.[3]

| 김영삼
(제14대, 1993~1998) |

1992년 12월 18일 제14대 대선에서 민주자유당의 김영삼이 41.96%, 민주당의 김대중이 33.82%, 통일국민당의 정주영이 16.31%를 득표하면서, 김영삼이 당선됩니다. 김영삼은 박정희·전두환·노태우로 이어진 32년간의 군사정권을 끝내고, 민간인 대통령으로서 최초의 문민정부를 출범시킵니다. 김영삼의 문민정부는 △ 공직자 재산 공개를 의무화시키고, △ 군 사조직 '하나회'를 해체하고, △ 금융·부동산 실명제를 시행하고, △ 지방자치제를 부활시키고, △ 하수처리장을 확충하고, △ 정치권에서 두각을 나타내는 인물들('YS키즈')을 발탁하고, △ 역사바로세우기의 과거사 청산을 한다며 '폭동'으로 불리던 광주 5.18 사태를 '민주화운동'으로 개칭하고 '5.18 특별법'을 제정하고, 1994년 평시작전권을 환수하고, △ 1995년 1인당 국민소득 1만 달러를 달성하고, △ 1996년 경제협력개발기구(OECD)에 가입하여 대한민국의 국제적 위상을 높이고, △ 1996년 대학설립 준칙주의를 도입하고, △ 1997년 외환위기로 IMF 사태를 겪고, △ 2002년 한일 월드컵을 유치합니다. 하지만 1997년 외환위기(IMF)로 경제가 큰 타격을 입으면서, 김영삼 지지율은 역대 최고(90%대)에서 최저(한 자릿수)로 추락합니다.

| 1. 김대중
(제15대, 1998~2003) |

김대중은 1924년 1월 6일 전남 하의도에서 ② 태어나 목포상업고등학교를 졸업합니다. 그의 생애를 보면, 그가 대한민국 15대 대통령이 되기까지 몇 가지 중요한 터닝포인트가 있었습니다.

| 좌익 배경 |

한 사람을 형성하는 데 가장 중요한 요소는 '배경'입니다. 이는 그 사람의 역사관·정치 성향·가정환경·경제 수준 등 다양한 요소를 포함합니다. 김대중 역시 젊은 시절 활발히 전개한 좌익운동이 그의 역사관과 인생관에 큰 영향을 주었습니다.

1. 해방 이후(20대): 해방 이후, 김대중은 좌익 운동에 적극적으로 참여합니다. 1945년 9월 ○ 건국준비위원회(건준) 목포지부 선전부장으로 활동하고, 같은 해 말에는 좌익 공산주의 정당 ○ 조선신민당(신민당)의 목포지부 조직부장을 맡습니다. 이후 1946년 6월 ○ 민주청년연맹(민청) 목포시 부위원장으로 활동하며 대구 10.1 폭동에 참여하고, 목포 경찰서 방화·경찰 살해 사건에 연루되어 10일간 조사를 받습니다. 당시 ○ 한국민주당(한민당) 목포당 부위원장이던 ③ 장인의 보증으로 석방되고, 다시는 좌익단체에 관여하지 않겠다는 각서를 제출한 뒤 풀려납니다.[4] 그해 가을 조선공산당·인민당·신민당 3당이 합당하여 남조선로동당(남로당)이 창당되지만, 김대중 자신은 남로당을 따르지 않고 1946년 전향했다고 주장합니다.[5] 하지만 이후 그의 언행과 정책을 보면, 그가 좌익사상을 완전히 청산하지 않음을 알 수 있습니다.

2. 1960년대(30대): 김대중은 30대에 정치에 입문하지만, 초기에는 연이은 낙선을 겪습니다. 1954년 제3대 총선에 무소속으로 출마하지만 실패하고, 1955년 민주당에 입당한 뒤에도 줄줄이 낙선합니다. 그러다 1961년 제6대 총선에서 처음 당선되어 6선을 합니다. 당시 북한은 김대중을 주목했습니다. 실제로, 1965년 4월 25일 월

② 김대중이 7살 때 호적상 아버지 '김운식'에게 서자로 입적되었다는 의혹이 있습니다.

○ 건국준비위원회(건준): 1945년 해방 후 여운형이 조직한 중도좌파 성향의 최초 건국 준비 단체입니다. 이후 조선건국동맹과 합쳐 조선인민당이 되고, 1946년 조선공산당·신민당과 합당하여 남로당이 탄생했습니다.

○ 신민당(조선신민당): 1946년 2월 김두봉과 백남운이 중국 연안파 공산주의자들과 함께 창당한 공산당입니다.

○ 민주청년연맹(민청): 1945년 결성된 극좌 청년단체로, 공산당·인민당·신민당 행동대원들이 모여 대구 10.1 폭동을 주동했으며 1947년 해체되었습니다.

○ 한민당(한국민주당): 1945년 9월 16일 결성된 보수 성향의 대한민국 정당입니다.

③ 김대중은 두 번의 결혼을 했습니다. 1945년 첫 아내 차용애와 결혼하여 딸 김소희, 아들 김홍일·김홍업을 두었습니다. 1959년 차용애의 사망 후 1962년 이희호와 재혼하여 아들 김홍걸을 낳았습니다.

2) 최종희, "노태우 전 대통령의 묘, 국가보존묘지 2호가 되다." 파주뉴스, 2022년 6월 2일. https://www.paju.go.kr/news/user/BD_newsView.do?q_ctgCd=1002&newsSeq=779.

3) 송신용, "'이 사람 믿어주세요' '보통사람의 시대'…노태우 전 대통령 어록." 매일신문, 2021년 10월 26일. https://www.imaeil.com/page/view/2021102620100744121.

4) 조갑제, "미공개 자료를 中心으로 쓰는 金大中 연구(2)." 월간조선, 2002년 4월. https://monthly.chosun.com/Client/News/print.asp?ctcd=&nNewsNumb=200205100034.

5) 조갑제, "미공개 자료를 中心으로 쓰는 金大中 연구(2)." 월간조선, 2002년 4월. https://monthly.chosun.com/Client/News/print.asp?ctcd=&nNewsNumb=200205100034.

북했다가 귀환한 간첩 [○] 정태묵의 포섭 명단에는 김대중의 이름이 포함되어 있었습니다.[6] 이는 그가 젊은 시절 좌익 활동을 해 오고, 그의 이념이 공산주의·사회주의를 지향하고, 정치적 야망이 있었기 때문이 아닐까요?

3. 1970년대(40대): 김대중은 김영삼이 내세운 ④ '40대 기수론'에 동참하여 1971년 7대 대선에 출마하지만 낙선합니다. 선거 과정에서 그는 ⑤ '호남소외론(호남푸대접론)'을 제기하면서 "경상도 정권을 타도하자"는 구호로 영남과 호남 간 지역 갈등을 조장합니다. 이는 이후 뿌리 깊은 지역 갈등과 지역주의 투표를 초래하게 됩니다.

4. 1980년대(50대): 1971년 유세 도중 교통사고를 당한 김대중은 치료 겸 일본 정계 인사들을 만나기 위해 일본에서 잠깐 머뭅니다. 이후 1972년 박정희 대통령이 유신 체제를 선포하자, 일본 도쿄로 망명하여 북한의 조종을 받는 재일본조선인총련합회(조총련)의 인사들과 함께 한국민주회복통일촉진국민회의(한민통) 일본본부를 조직하고 초대 의장을 맡습니다.[7] 다시 말해, 북한의 자금과 지령을 받아 대한민국을 파괴하는 반국가 활동을 한 것입니다. 하지만 김대중은 취임 직전 1973년 8월 도쿄에서 중앙정보부 요원들에게 납치되어 강제 귀국하고, 대법원에서 국가보안법 위반('반국가단체 구성 및 수괴' 혐의)으로 징역 5년을 선고받았다가 1978년 가석방됩니다. 이후 1980년 5.17 조치로 연행된 그는 광주 5.18과 관련하여 내란음모 혐의로 사형선고를 받지만, 1985년 미국의 압박으로 특별사면을 받습니다.

5. 1990년대(60대): 1987년 6.29선언으로 대통령 직선제가 수용되자, 김대중은 1987년 제13대 대선에 출마하지만, 김영삼과의 단일화에 실패하여 노태우가 당선됩니다. 이후 1990년 집권 여당 민주정의당(127석)과 김영삼의 통일민주당(59석), 김종필의 신민주공화당(35석)의 3당 합당을 통해 민주자유당(216석)으로 거대 여당을 구성하자, 김대중은 정치적으로 큰 타격을 입습니다. 1992년 제14대 대선에서 김영삼에게 패한 김대중은 정계 은퇴를 선언하지만, 1995년 지방선거에서 자신이 복귀한 통합민주당이 제1야당이 되자 이를 야권 주도권을 되찾을 기회로 보고, 은퇴를 번복하여 새정치국민회의를 창당합니다. 이후 1997년 제15대 대선을 앞두고 ⑥ 비자금 논란이 터지지만, 보수 인사 김종필과의 단일화(⑦ DJP 연합)를 통해 제15대 대선에서 승리하여 정권 교체에 성공합니다. 특히 DJP 연합을 통해 영남권에서 무려 13%의 투표율을 받고, 정권 출범 후 김종필이 경제 관료들을 다수 임명하면서 IMF 사태를 극복하는 데 큰 도움이 되었습니다.

| 반국가 대통령 |
대한민국 헌법 제66조 2항에 따르면, 대통령은 "국가의 독립, 영토의 보전, 국가의 계속성과 헌법을 수호할 책무"를 집니다.[8] 하지만 국가의 안전·정통성·핵심가치·국익 등을 적에게 내주거나 적을 이롭게 한 대통령들이 있습니다. 이들을 '반(反)국가 대통령'이라고 부릅니다. 지금부터 김대중 대통령의 이념과 정책을 통해 그의 정체를 살펴봅시다.

| 1. 대북 인식 |
⑧ 우리나라 헌법상 북한은 대한민국 영토의 일부를 불법 점거하고 있는 반국가 단체입니다. ⑨ 대한민국 국민이라면 누구든지 북한을 적으로 간주해야 합니다. 하지만 김대중 대통령은 북한을 어떻게 바라보았을까요?

| 김대중 어록 |
김대중의 말을 보면, 그는 대한민국을 민족사적 정통성을 가진 유일한 합법 국가로 인식한다는 자부심이 없어 보입니다. 그는 습관적으로 한국의 건국을 폄하하는 한편, 반국가 단체인 북한 정권에 대해서는 호의적인 태도를 취합니다. 그는 대한민국을 세계 강국으로 성장시킨 이승만·박정희 정권은 신랄하게 비판하면서, 김일성 정권의 인권말살에 대해서는 침묵했습니다.

"괴뢰 괴뢰 하면서 무슨 놈의 괴뢰냐. 공산주의란 기존 사실을 우리는 27년간이나 무시해 왔는데 이북은 공산당으로 안정되어 있으나

<hr>

[6] 조갑제, "미공개 자료를 中心으로 쓰는 金大中 연구(3)." 월간조선, 2002년 5월. https://monthly.chosun.com/client/news/viw.asp?nNewsNumb=200205100034.

[7] 조갑제, "미공개 자료를 中心으로 쓰는 金大中 연구(1)." 월간조선, 2002년 4월. https://monthly.chosun.com/client/news/viw.asp?ctcd=&nNewsNumb=200203100022.

[8] "대한민국 헌법." 국가법령정보센터. https://www.law.go.kr/lsEfInfoP.do?lsiSeq=61603#.

<hr>

○ 정태묵(?~?): 전남 목포시 출생으로, 김대중과 같은 목포상업고등학교를 졸업하고 고려대를 중퇴한 뒤, 북한 김일성대학과 모스크바대학을 나오고, 남로당의 정치공작대장으로 활동했습니다. 이후 그는 국가보안법 위반 죄로 징역 7년을 선고 받지만, 6.25전쟁 중 탈옥합니다. 이후 북한로동당에 입당하고, 공작금 800만원을 수령하여 수차례 월북을 반복하면서 지하당원 포섭 활동을 벌였습니다.

④ '40대 기수론'은 1969년 김영삼이 "40대 기수에게 리더십을 넘겨줘야 한다"고 주창하며 나온 개념입니다.

⑤ 이는 호남 출신이 인사와 경제에서 푸대접·차별받고 있다는 주장입니다.

⑥ 1997년 10월 제15대 대선을 앞두고 이회창의 신한국당은 김대중이 670억 원 비자금을 조성했다고 의혹을 제기했습니다. 김대중은 노태우에게 받은 20억 원이 전부라 반박하지만, 국민적 반발은 컸습니다. 하지만 검찰은 수사를 대선 이후로 미루고, 기업인으로부터 받은 돈은 처벌할 수 없다며 1998년 무혐의로 종결했습니다.

⑦ DJP 연합은 김대중(DJ)과 김종필(JP)의 이름 머리글자를 딴 것으로, 1997년 대선을 앞두고 결성된 야권 대연합입니다. 김대중은 이 연합으로 대통령에 당선되지만, 내각제 개헌 불이행과 햇볕정책 갈등으로 1999년부터 균열이 생겨 2001년 결국 해체되었습니다.

⑧ 대한민국 헌법 제3조에 따르면, "대한민국의 영토는 한반도와 그 부속도서"로 하고 있습니다. 즉, 한반도의 유일한 합법 정부는 우리나라 대한민국이며, 북한은 불법점거하는 집단입니다.

⑨ 2024년 더불어민주당 최고위원회에서 이재명은 "우리 북한의 김정일, 김일성 주석의 노력이 폄훼되지 않도록 애써야 한다"고 발언했습니다. 이는 그의 대북 인식이 어떠한지 잘 보여줍니다.

이남은 민주체제제도 인정되지 못했고 오히려 혼란과 불안 민생고만 극심할 뿐이다. 또한 김일성이 주체성을 확립시킨 것은 잘한 것 아니냐."[9]

(1973.4.24 시애틀 워싱턴 대학 강연 부록)

"나는 결코 통일하면 공산당을 죽이는 그러한 반공을 하자는 것이 아니요. 승공통일을 하자는 것도 아니다.
우리도 공산당의 존립을 보장해 주어야 한다."[10]

(1973.3.21 하코네 인관법 연수회 강연, 1973.4.1 민족시보 게재)

2. 대북 정책

김대중의 대북정책은 '햇볕정책(Sunshine Policy)'으로 불린 '대북화해협력정책'이었습니다. 이는 이솝(Aesop) 우화 '북풍과 태양(The North Wind and the Sun)'에서 착안한 것으로, 과거의 군사적 대치관계보다 협력과 지원을 통해 평화통일을 추구하자는 구상이었습니다. 이는 완전한 실패작이었습니다.

햇볕정책의 일환으로, 김대중 정부는 ˚ 금강산 관광, 이산가족 상봉, ˚ 개성공단 등을 추진하지만, 북한은 오히려 ˚ 제1연평해전(1999.6.15), ˚ 제2연평해전(2002.6.29) 등 무력도발과 핵 실험으로 응수합니다. 이외에도 김대중 정부는 △ 비전향 북한 간첩 63명을 송환하고, △ 제2 연평해전 당시 북한군의 징후를 사전에 입수한 첩보부대의 경고를 묵살하고, △ 대한민국 전복 세력을 '민주화 투사'로 둔갑시키고, △ 경찰관 7명을 방화로 죽인 5.3 부산 동의대 방화치사범들을 '민주화 운동가'로 둔갑시켜 보상해 주고, △ 남로당 무장폭동의 본 정의를 왜곡시키는 '제주 4.3 특별법'을 제정하고, △ 북한에 대한 미국 부시 대통령의 '악의 축(Axis of Evil)' 발언에 정부 차원에서 강하게 반발합니다. 결과적으로, 김대중의 대북정책은 대한민국을 약하게, 북한을 강하게 만들었습니다.

3. 대북 송금

'대북 송금'은 북한에 대한 송금을 의미합니다. 통일부 자료에 따르면, 김대중 정부는 약 24억 7065만 달러(당시 약 3조 838억 원)를 지원했습니다.[11] 그는 경수로 건설 중장비와 각종 장비·물자를 지원하고(평북 동창리 로켓발사장 건설공사에 사용된 것으로 확인됨), 19명의 북한 핵 전문가를 초청하여 울진 원전과 원자력교육원을 견학시켜 주고, 154명의 북한 기술자들에게 경수로 운전과 컴퓨터 교육 및 기술을 제공해 주었습니다.[12] 실제 대북송금의 합산액을 정확히 알기는 어렵지만, 미국의 한반도 전문가 래리 닉시(Larry Niksch) 박사는 미 의회조사국 보고서(2010)에서 *"1998년부터 2008년 사이(김대중·노무현)에 한국이 건넨 북한에 대한 경제 지원금은 70억 달러(당시 약 9조 원)에 달한다. (중략) 김대중 정부가 제공한 10억 달러가 넘는 자금으로 고농축 우라늄 핵 개발을 위한 물질과 장비를 구매했다."*라고 보고했습니다.[13] 아무리 인도적인 취지일지라도, 대북 송금은 북한의 핵 개발이나 정권 유지에 전용될 수 있기 때문에 원천적으로 차단되어야 합니다.

현대그룹 대북송금 사건

북한이 막대한 자금이 필요한 핵무기 개발에 성공한 데는 김대중 대통령의 공이 큽니다. 북한이 핵 개발에 자금이 가장 필요했던 2000년 김대중 정부는 국정원장 임동원에게 *"실정법에 어긋나더라도"* 송금을 지시합니다.[14] 이에 임동원 국정원장, 당시 비대위원장 ˚ 박지원, 이기호 경제수석은 산업은행과 현대그룹을 동원하여 총 5억 달러(현금 4억 5천만 달러 + 현물 5천만 달러; 당시 5625억 원)를 김정

○ 금강산 관광: 1998년 김대중 정부 시절 시작된 남북 공동사업으로, 남측 관광객이 북한 금강산을 방문할 수 있도록 한 교류 사업입니다. 하지만 2008년 우리 관광객 박왕자 피격 사건으로 약 10년 만에 중단되었습니다.

○ 개성공단(開城工團): 2000년 현대아산과 북한의 합의로 설립된 남북 공동 공업지구로, 2011년까지 123개 기업과 5만 명의 북한 노동자가 참여했습니다. 하지만 임금 문제와 북한의 4차 핵실험, 광명성호 도발로 2016년 박근혜 정부가 전면 중단했습니다.

○ 제1연평해전: '연평해전'은 1999년 6월 15일과 2002년 6월 29일 북방한계선 남쪽 연평도 인근에서 벌어진 남북 해상 충돌입니다. 북한이 NLL을 인정하지 않고 침범을 반복하던 중 발생했으며, 제1연평해전에서는 우리 해군의 반격으로 북한 어뢰정 1척이 격침되고 20명이 사망했습니다.

○ 제2연평해전: 2002년 6월 29일 북한의 도발로 발생하여, 북한 경비정의 기습으로 참수리 357호가 침몰하고 우리 해군 6명이 전사했습니다. 우리 해군은 끝까지 맞서 북한 경비정을 격침시켰고, 북한군은 13명 사망, 25명 부상으로 추정됩니다.

○ 박지원(1942년~): 전남 진도 출신의 5선 의원으로, 김대중 정부에서 문화관광부 장관, 문재인 정부에서 국정원장을 지냈습니다. 그의 부친 박종식은 빨치산 출신임에도 독립유공자로 인정받아 건국포장을 받았습니다.

고영주, 장영관, 대통령이 된 간첩:문재인을 간첩이라 주장하는 100가지 이유 (서울: 북저암, 2024), 100.

9) "김대중의 利敵혐의 자료." 조갑제닷컴, 2004년 1월 22일. http://chogabje.com/board/view.asp?C_IDX=3283&C_CC=AZ.

10) "김대중 등 24명 공소장 전문." 중앙일보, 1980년 8월 14일. https://www.joongang.co.kr/article/1543862.

11) 김명성, "송금·물자지원 총액, DJ·盧정부가 3배 규모." 조선일보, 2017년 4월 21일. https://www.chosun.com/site/data/html_dir/2017/04/21/2017042100314.html.

12) 김민정, "북한 핵개발에 뒷돈을 댄 사람들." 미래한국, 2015년 4월 24일. https://www.futurekorea.co.kr/news/articleView.html?idxno=27770.

13) 김민정, "북한 핵개발에 뒷돈을 댄 사람들." 미래한국, 2015년 4월 24일. https://www.futurekorea.co.kr/news/articleView.html?idxno=27770.

14) 조갑제, "4억5000만 달러 불법송금 지시한 김대중은 조사 받은 적 없다!" 조선일보, 2016년 11월 18일. https://www.newdaily.co.kr/site/data/html/2016/11/18/2016111800034.html.

일의 해외 비밀계좌에 송금합니다.[15] 이는 현대그룹이 대북 사업권을 획득하는 대가로 대북송금을 강요한 것이었고, 산업은행은 정부의 외압으로 대출을 지원한 것이었습니다. 합리적으로, 불법 대북송금의 최종 지시자가 당시 대통령 김대중이었다는 의혹이 제기되지만, 그는 단 한 번도 수사를 받지 않았습니다. 당시 정권이 노무현으로 넘어가면서 특검 조사가 이루어지지 않았기 때문입니다. 만약 제16대 대통령 선거에서 노무현이 아닌 이회창이 당선되었다면, 김대중의 불법 대북송금은 확실한 수사를 거치지 않았을까요? 결국 김대중 정부의 불법 대북송금 문제는 ⑩ 현대그룹 회장 정몽헌이 돌연 자살하고, ⑪ 비대위원장 박지원이 징역 3년을 선고받으면서 일단락됩니다. 김대중 정부는 북한 김정일에게 천문학적인 대북송금을 감행한 이유에 대해 6.15 남북공동선언을 성사시키기 위한 '통치행위'라고 주장했습니다. 물론 남북관계를 위한 통치행위로는 인정될 수 있지만, 대법원은 그 과정의 불법성은 인정될 수 없다고 판결합니다. 정부가 은행과 기업을 압박하여 대북송금을 한 것 자체가 불법이기 때문입니다. 역으로 생각하면, 남북관계를 위한 것이었다면 왜 굳이 불법적으로 해야 했을까요? 정부가 공식적으로 송금하면 되지, 왜 불법적인 경로를 택하여 송금했을까요? 그 모든 진실은 정몽헌의 자살과 함께 미궁으로 빠져버렸습니다.

2000년 남북정상회담 이후에도 북한은 핵 실험과 2차 연평해전 등 무력 도발을 이어갔습니다. 당시 김대중 대통령은 북한의 핵 개발에 대한 보고를 받았음에도 "북은 핵을 개발한 적도 없고, 개발할 능력도 없다."라고 거짓말했습니다.[16] 그는 평소 자신은 "일생에 거짓말한 일이 없다"고 자부했지만, 말과 다르게 국민의 안전과 생명을 위협하면서까지 거짓말했습니다.[17] 퇴임 후에도 그는 대북 비밀 지원을 후회한 적이 없다며, 오히려 북한의 핵 개발은 "미국을 상대로 살아남기 위한 불가피한 수단"이라며 주동자인 북한을 피해자로 묘사했습니다.[18]

6.15
남북공동선언 김대중은 대규모 대북 지원을 바탕으로, 2000년 6월 13일 북한 평양을 방문하여 김정일과의 6.15 남북공동선언을 체결합니다. 남북공동선언의 핵심은 다음과 같습니다.[19] (1항) "남과 북은 나라의 통일 문제를 그 주인인 우리 민족끼리 서로 힘을 합쳐 자주적으로 해결해 나가기로 하였다." (2항) "남과 북은 나라의 통일을 위한 남측의 연합제안과 북측의 낮은 단계의 연방제안이 서로 공통성이 있다고 인정하고 앞으로 이 방향에서 통일을 지향시켜 나가기로 하였다." 김대중은 평양에서 돌아온 바로 다음날 6월 16일 국무회의에서 자신이 구상한 '3단계 통일방안'을 다음과 같이 설명합니다. "그쪽에서 계속 통일을 얘기하면서 연방제를 주장하는데 연방제는 군사와 외교권을 중앙정부가 갖고 내정은 지방정부가 갖는 것이다. 그런데 현실적으로 남북관계에서는 이것이 불가능하다. 그래서 내가 오랫동안 구상해 온 세 가지 통일방안에 대하여 설명했다. 1단계는 남북연합, 2단계는 연방, 3단계가 통일인데 1단계는 현재대로 가는 것이다. 현재대로 가면서 남북양쪽에서 정부대표가 나와서 대표회의, 각료회의, 국회는 국회회의를 하고 의제를 만장일치로 하는 것이다. 상시적으로 이것을 운영하는 것이다."[20] 그렇다면 김대중이 주장한 '3단계 통일방안'은 무엇일까요?

연방제 통일 김대중의 '3단계 통일방안'은 지금의 남북한 '체제 공존' 단계를 지나, '연방제(1민족 1국가 2체제 2정부)'를 도입하여, 궁극적으로 '완전통일(1민족 1국가 1체제 1정부)'을 지향하는 구상입니다. 1973년 김일성은 '고려연방제(높은 단계 연방제)'를 제안하지만, 남한이 그 전제 조건인 국가보안법 폐지와 미군철수를 거부하자, 이를 완화하여 제안한 것이 '연방제 통일(낮은 단계 연방제)'입니다. 연방제 통일은 대한민국 헌법 제4조의 "자유민주적 기본질서에 입각한 평화적 통일 정책을 수립하고 이를 추진한다"는 통일원칙에 심하게 어긋나 있습니다.[21] 연방제는 남한과 북한이 지금처럼 나뉘어 각각 자유민주주의와 공산주

⑩ 현대그룹 회장 정몽헌은 대북 불법송금 사건 조사를 받던 중 2003년 8월 4일 계동사옥 12층 회장실에서 투신자살했습니다.

⑪ 2006년 재판에서 박지원은 대북송금과 관련하여 직권남용, 외국환거래법 위반, 남북교류협력법 위반 혐의로 징역 3년과 추징금 1억 원을 선고받았습니다.

⑫ 1. 1948년 9월 29일 영국·프랑스·이탈리아는 제2차 대전을 막기 위해 나치 독일에 주데텐란트를 양보하는 '뮌헨협정(Munich Agreement)'을 체결하지만, 1년 만에 제2차 대전이 발발했습니다.
12. 973년 자유월남은 공산 월맹과 평화협정을 맺고, 1974년 미국으로부터 전작권을 회수하지만, 불과 1년 만인 1975년 4월 월맹군의 남침을 받았습니다.

---

15) "박지원은 왜 김경재를 두려워하는가." 한국자유총연맹, 2016년 10월 11일. https://koreaff.or.kr/news/article.html?no=5489.

16) 이범찬, "북핵위기는 용기없고 무지한 전직 대통령들 탓." 자유일보, 2022년 10월 11일. https://www.jayupress.com/news/articleView.html?idxno=10017.

17) 김필재, "다시 봐도 소름끼치는 김대중의 말...말...말!!!" 뉴데일리, 2013년 4월 17일. https://www.newdaily.co.kr/site/data/html/2013/04/17/2013041700110.html.

18) 고성혁, "김대중-노무현의 北핵 옹호 발언 모음." 뉴데일리, 2013년 2월 5일. https://www.newdaily.co.kr/site/data/html/2013/02/05/2013020500047.html.

19) "6·15 남북공동선언." 행정안전부 국가기록원, 2006년 12월 1일. https://www.archives.go.kr/next/newsearch/listSubjectDescription.do?id=003348&sitePage=.

20) 이동복, "'6.15선언'은 위헌! 당연히 파기해야 하는 이유!" 뉴데일리, 2013년 6월 11일. https://www.newdaily.co.kr/site/data/html/2013/06/11/2013061100036.html.

21) "대한민국 헌법." 국가법령정보센터. https://www.law.go.kr/lsEfInfoP.do?lsiSeq=61603#.

의를 유지하는 체제 형태로, 언뜻 듣기에는 전쟁도 분단도 사라지는 달콤한 꿈처럼 보입니다. ⑫ 하지만 공산주의와 자유민주주의는 본질적으로 공존할 수 없으며, 일정 기간 공존해도 반드시 이념이 더 강한 쪽(공산주의)이 이념이 더 약한 쪽(자유민주주의)을 흡수하게 돼 있다는 비판이 제기됩니다.[22] 낮은 단계 연방제는 높은 단계 연방제의 이전 단계일 뿐이며, 그 궁극적인 목표는 북한식 흡수통일, 곧 공산통일입니다. 그런데 이러한 연방제 통일을 오랜 시절 공개적으로 주장해 온 사람이 바로 김대중 대통령입니다.

"한국은 북한이 주장하는 연방제를 받아들여야 한다."[23]
(1973.4.24 미국 시애틀 소재 워싱턴 대학, 1973.7.6 워싱턴 메이플라워호텔의 재미 한민통 발기인 대회 강연에서)

최초의 남북정상회담을 개최한 김대중 대통령은 2002년 12월 '민주주의와 인권에 대한 공로, 그리고 남북화해와 평화에 대한 노력'으로 노벨평화상을 수상합니다. 하지만 6.15 공동선언이 진정한 남북 평화를 실현했나요? 김대중은 남북공동선언 후 한국에 돌아와서 "이제 전쟁은 없다"고 장담했지만, 당시 북한은 연평해전과 핵 실험으로 응수했습니다.[24] 탈북한 황장엽 전 북한 노동당 비서는 2001년 자신이 쓴 미공개 보고서에서 김대중을 두고 "김대중과 김정일은 깊이 결탁한 관계"라며, "김정일에게 발목을 잡힌 사람", "붕괴에 직면한 김정일 정권을 되살려준 사람", "미국 및 우리 민족이 아니라 김정일과 운명을 같이 하려는 사람" 등으로 평가했습니다.[25] 결국 김대중 대통령의 대북 인식·정책·송금, 6.15 남북공동선언은 모두 '평화쇼'에 불과했고, 북한 체제만 강화시켜 준 격이 되었습니다.

| 김대중의 말로 |

김대중은 퇴임 이후, 2003년 동교동 사저 옆에 '김대중 도서관'을 개관하고, 2004년 '김대중 내란음모 조작 사건' 재심에서 무죄를 선고받고, 2005년 기존의 '아시아태평양평화재단(아태평화재단)'을 '김대중평화센터'로 개편합니다. 그의 세 아들 김홍일·김홍업·김홍걸(일명 '홍삼트리오')은 'DJ 아들'이라는 후광으로 국회에 진출하지만, 모두 청탁·뇌물 비리에 연루되어 결국 구속됩니다. 이후 김대중은 2009년 흡인성 폐렴으로 86세에 서거합니다.

| 2. 노무현 (제16대, 2003~2008) |

노무현은 1946년 9월 1일 경남 김해에서 태어나 부산상업고등학교를 졸업합니다. 그의 생애를 보면, 그가 대한민국의 16대 대통령이 되기까지 몇 가지 중요한 터닝포인트가 있었습니다.

| 좌익 배경 |

한 사람을 형성하는 데 가장 중요한 요소는 '배경'입니다. 이는 그 사람의 역사관·정치 성향·가정환경·경제수준 등 다양한 요소를 포함합니다. 노무현 역시 젊은 시절의 좌익운동이 그의 역사관과 인생관에 큰 영향을 주었습니다.

1. 어린 시절: 중학교 1학년 말, 제4대 대통령 선거를 앞두고 교내에서 열린 이승만 대통령 기념 글짓기 대회에서 백지동맹을 일으키다가 정학을 당합니다.

2. 청년기: 고졸 학력으로 4번의 도전 끝에 1975년 30세의 나이로 제17회 사법시험에 합격합니다. 이후 판사로 재직하다가 1978년 그만두고, 경제적인 이유로 부산에서 변호사로 개업합니다.

22) 송재윤, "국제정치 이론가 이승만의 혜안, "공존은 가능한가?"." 조선일보, 2024년 3월 2일. https://www.chosun.com/opinion/column/2024/03/02/2ELVOS3ZSFHQFIMIV6QYPKHGHM/.
23) 김필재, "다시 봐도 소름끼치는 김대중의 말...말...말!!!" 뉴데일리, 2013년 4월 17일. https://www.newdaily.co.kr/site/data/html/2013/04/17/2013041700110.html.
24) "정상회담을 마치고 서울에 돌아온 김대중 대통령." 월간중앙. https://jmagazine.joins.com/art_print.php?art_id=206919.
25) 조갑제, '黃長燁 선생과 함께한 13년간의 행복, 그리고 마지막 對話." 월간조선. https://monthly.chosun.com/client/news/viw.asp?nNewsNumb=201011100014.

3. 인권 변호사: 노무현이 자신의 인생에서 가장 큰 터닝포인트로 꼽은 사건은 [○] 1981년 '부림 사건'입니다. 그는 이 사건을 변호하면서 학생들로부터 의식화를 당하여 마르크스적 계급투쟁론 등 좌익사관적 국가관을 가지게 됩니다. 훗날 그는 "당시 학생들이 얼마나 고문을 당하고 충격을 받았는지 처음엔 변호사인 나조차 믿으려 하질 않았다. 공포에 질린 눈으로 슬금슬금 눈치를 살피는 모습을 보자 피가 거꾸로 솟는 듯했다."라고 회고했습니다. [26] 부림 사건을 계기로 본격적인 인권 변호사 활동을 시작한 노무현은 1982년 '부산 미국문화원 방화사건' 변론에 참여하고, 1987년 민주헌법쟁취 국민운동본부 부산 본부 상임 집행위원장을 맡아 6월 항쟁 당시 연사로 서는 등 민주화운동에 앞장섭니다.

4. 정치인: 노무현은 인권 변호사 활동 이후, ⑬ 통일민주당 총재 김영삼과의 인연으로 1988년 제13대 총선에서 통일민주당 후보로 당선되어 정계에 입문합니다. 하지만 1990년 통일민주당(김영삼)·민주정의당(노태우 당시 대통령)·신민주공화당(김종필)의 3자 합당으로 '민주자유당(민자당)'이 창당되자, 노무현은 이를 민주화운동에 대한 배신으로 여겨 탈당하고 '꼬마 민주당'을 창당합니다. 이후 1992년 제14대 총선, 1996년 제15대 총선에서 연달아 낙선했다가, 1998년 이명박 선거법 위반 사임으로 재보궐 선거에서 당선됩니다. 2000년 제16대 총선에 출마하지만 또다시 낙선한 그는 같은 해 김대중 정부의 해양수산부 장관을 지냅니다. 이후 [○] 정몽준과의 단일화 성공과 [○] 이회창의 '병풍 사건'이 맞물리며 2002년 제16대 대선에서 당선된 그는 '밀짚모자'와 '자전거'를 내세워 '사람 사는 세상'이라는 슬로건으로 참여정부를 출범시킵니다. 이는 역대 어느 정부보다 586세대가 ⑭ 가장 많이 포진한 정부였습니다.

반국가 대통령 대한민국 헌법 제66조 2항에 따르면, 대통령은 "국가의 독립, 영토의 보전, 국가의 계속성과 헌법을 수호할 책무"를 집니다. 하지만 국가의 안전·정통성·핵심가치·국익 등을 적에게 내주거나 적을 이롭게 한 대통령들이 있습니다. 이들을 '반(反)국가 대통령'이라고 부릅니다. 지금부터 김대중 대통령의 이념과 정책을 통해 그의 정체를 살펴봅시다.

1. 대북 인식 헌법상 북한은 대한민국 영토의 일부를 불법 점거하고 있는 반국가 단체입니다. 대한민국 국민이라면 누구든지 북한을 적으로 간주해야 합니다. 하지만 노무현 대통령은 북한을 어떻게 바라보았을까요?

노무현 어록 노무현의 말을 보면, 그는 대한민국을 민족사적 정통성을 가진 유일한 합법 국가로 인식한다는 자부심이 없어 보입니다. 그는 습관적으로 한국의 건국을 폄하하는 한편, 반국가 단체인 북한 정권에 대해서는 호의적인 태도를 취합니다. 그는 대한민국을 세계 강국으로 성장시킨 이승만·박정희 정권은 신랄하게 비판하면서, 김일성 정권의 인권말살에 대해서는 침묵했습니다.

"한국에서도 공산당이 허용될 때라야 비로소 완전한 민주주의가 될 수 있다고 생각한다."[27]

〈2003.6.10 일본 방문에서〉

"북한의 붕괴는 안 된다. (중략) 북한의 붕괴를 바라지 않으며 흡수를 기도해서도 안 된다."[28]

〈2002.5.14 '관훈클럽' 주최 민주당 노무현 대통령 후보 초청 토론회 발언 중에서〉

2. 대북 정책 노무현 정권은 김대중 정권의 '햇볕정책'을 그대로 계승합니다. 노무현 대통령은 △ 주사파 계열의 학생들이 전대협을 계승하여 만든 '한국대학총학생회연합(한총련)'의 합법화를 시도하고, △ 국가보안법의 폐지를 검토하고, △ 북방한계선(NLL)을 '땅따먹기'로 비유하는 등 갖은 대북포용

---

26) "부림사건." 사람사는세상 노무현재단. https://archives.knowhow.or.kr/rmh/chronologyList?id=%EB%B6%80%EB%A6%BC%EC%82%AC%EA%B1%B4.

27) 김필재, 김성욱, "다시 보는 노무현의 망언록." 뉴데일리, 2013년 6월 25일. https://www.newdaily.co.kr/site/data/html/2013/06/25/2013062500122.html.

28) 김필재, 김성욱, "다시 보는 노무현의 망언록." 뉴데일리, 2013년 6월 25일. https://www.newdaily.co.kr/site/data/html/2013/06/25/2013062500122.html.

정책을 벌입니다. 하지만 이러한 대북정책은 북한을 개방시키는 데 실패하고, 오히려 북한은 2006년 10월 9일 1차 핵 실험으로 응수합니다. 김대중·노무현의 대북정책은 비현실적인 대북낙관론으로, 결과적으로 북한을 강하게 대한민국을 약하게 만들었습니다.

| 3. 대북 송금 |

북한이 핵 개발에 성공한 데는 김대중 다음으로 노무현 대통령의 공이 큽니다. 통일부 자료에 따르면, 노무현 정부는 약 43억 5632만 달러(당시 약 4조 1,405억 원)를 지원했습니다[29] (이는 김대중 정부의 공식 지원액의 약 2배에 달합니다.) 실제 대북송금의 합산액을 알기는 어렵겠지만, 미국의 한반도 전문가 래리 닉시(Larry Niksch) 박사는 미 의회조사국 보고서(2010)에서 *"1998년부터 2008년 사이(김대중·노무현)에 한국이 건넨 북한에 대한 경제 지원금은 70억 달러(당시 약 9조 원)에 달한다. (중략) 김대중 정부가 제공한 10억 달러가 넘는 자금으로 고농축 우라늄 핵 개발을 위한 물질과 장비를 구매했다."*라고 보고했습니다.[30] 아무리 인도적인 취지일지라도, 대북 송금은 북한의 핵 개발과 정권 유지에 사용될 수 있기 때문에 원천적으로 차단되어야 합니다.

| 10.4 남북공동선언 |

노무현은 김대중·김정일의 6.15 남북공동선언을 그대로 계승하여, 2007년 10월 2일부터 4일까지 북한 평양을 방문해서 10.4 남북공동선언을 발표합니다. 10.4 남북공동선언의 내용은 다음과 같습니다.[31] (1항) *"남과 북은 6.15 공동선언을 고수하고 적극 구현해 나간다."* (2항) *"남과 북은 사상과 제도의 차이를 초월하여 남북 관계를 상호 존중과 신뢰 관계로 확고히 전환시켜 나가기로 하였다."* 남북공동선언이 있기 이틀 전, 노무현 대통령은 평양 만수대의사당 방명록에 '북한의 인민주권의 당에서 행복이 나온다'는 글을 남기기도 했습니다.[32]

| 노무현의 말로 |

노무현 대통령은 당선된 지 1년 만인 2004년 3월 12일 새천년민주당·한나라당·자유민주연합의 주도로 찬성 193표, 반대 2표로 대한민국 헌정 사상 최초로 대통령 자격으로 탄핵소추를 당합니다. 사유는 특정 정당을 위한 불법 선거운동, 권력형 부정부패, 국정 파탄 등이었습니다.[33] 이는 대한민국 헌정 사상 초유의 탄핵소추 사건이었습니다. 같은 해 5월 14일 헌법재판소는 탄핵안을 기각하고, 노무현은 54일 만에 직무에 복귀합니다. 이 사건은 역풍을 일으켜 여당 열린우리당이 2004년 4월 15일 제17대 총선에서 152석을 확보하고 과반을 차지하게 되는 결정적인 역할을 합니다. 반면, 탄핵을 주도한 새천년민주당은 9석으로 추락하고, 관련 정치인들은 대부분 정계에서 퇴출됩니다. 퇴임 이후, 노무현 대통령은 ⑮ 2009년 '박연차 정관계 로비 사건(박연차 게이트)'과 관련하여 ○ 뇌물 수수 의혹이 불거지자, 그 해 5월 23일 고향 경남 김해 사저 뒷산인 봉화산 부엉이바위에서 ⑯ 투신자살을 합니다. 이에 법무부는 노무현의 뇌물 수수 의혹에 대한 검찰의 공소권을 종결시키고, 수사는 일단락됩니다.

| 좌측 깜빡이를 켜고 우회전을 한 사람? |

노무현 대통령은 재임 중 좌파 진영으로부터 '왼쪽 깜빡이를 켜고 우회전한다'는 비판을 받았습니다.[34] ○ 한미자유무역협정(Free Trade Agreement, FTA)을 체결하고, 이라크에 대한민국 군을 파병하고, 국방비 예산을 연평균 8.4% 증가시키고, 법인세를 인하시키고, 제주 해군기지를 건설하는 등 좌파 지지층의 반발을 샀습니다. 노무현은 일반적으로 좌파 대통령으로 분류되지만, 상황에 따라 우회전을 하기도 했습니다.

| 이명박·박근혜 |

15대 김대중(1998~2003)과 16대 노무현(2003~2008) 두 좌파 대통령 이후, 우리나라는 17대 이명박(2008~2013)과 18대 박근혜(2013~2017) 두 우파 대통령을 맞이합니다. 이들의 정책과 대북인식은 어떻게 달랐을까요?

29) 김명성, "송금·물자지원 총액, DJ·盧정부가 3배 규모." 조선일보, 2017년 4월 21일. https://www.chosun.com/site/data/html_dir/2017/04/21/2017042100314.html.

30) 김민정, "북한 핵개발에 뒷돈을 댄 사람들." 미래한국, 2015년 4월 24일. https://www.futurekorea.co.kr/news/articleView.html?idxno=27770.

31) 김현중, "김정일에게 'NLL은 괴물'이라는 노무현." 뉴데일리, 2013년 6월 24일. https://www.archives.go.kr/next/newsearch/listSubjectDescription.do?id=010543&sitePage=.

32) 조갑제, "[조선pub]'인민의 행복이 나오는 인민주권의 전당'이라고 쓴 노무현 전 대통령." 조선일보, 2014년 1월 22일. https://www.chosun.com/site/data/html_dir/2014/01/22/2014012200880.html.

33) "대통령(노무현)탄핵소추의결서 송달." 노무현사료관, 2004년 3월 12일. https://archives.knowhow.or.kr/record/document/view/87091?page=101.

34) 이익원, "[이익원 칼럼]노무현이 왼쪽 깜박이 켜고 우회전 한 까닭." 이데일리, 2017년 4월 7일. https://www.edaily.co.kr/news/read?newsId=01535046615893824.

⑮ 2006년 박연차 태광실업 회장은 농협의 세종증권 인수 과정에서 박연차 회장은 차명 매입과 뇌물 혐의로 수사받게 되는데, 2009년 사건이 확대되면서 노무현 전 대통령과 가족이 조사 대상이 되었습니다. 노무현의 서거로 수사는 '공소권 없음'으로 종결되고, 뇌물 의혹은 끝내 밝혀지지 않았습니다.

○ 뇌물수수(賂物收受): 공무원이나 중재인이 직무 관련 부정한 청탁의 대가로 금품이나 향응을 받는 행위로, 형법상 뇌물죄에 해당합니다.

⑯ 2009년 5월 23일 새벽 노무현은 봉화산 부엉이바위에서 투신하여 사망했습니다. 타살 의혹도 제기되었지만, 경찰은 현장검증을 장례 후로 미루고, 노무현을 동행한 이병춘 경호과장의 진술이 여러 차례 바뀌었음에도 그의 말을 근거로 수사 결과를 발표했습니다.

○ 한미자유무역협정(Free Trade Agreement, FTA): 국가 간 수출입 관세와 무역장벽을 없애 자유롭게 상품과 서비스를 교역하게 하는 조약입니다. 노무현은 반미 좌파 진영의 강력한 반대를 무릅쓰고, 2007년 4월 2일 한미 FTA를 체결합니다. 그 결과 우리나라는 경쟁국인 일본·중국·대만보다 유리한 조건(무관세)으로 미국시장에 진입하여 수출을 증대시킬 수 있었습니다.

이명박
(제17대, 2008~2013)

이명박은 1941년 12월 19일 일본 오사카에서 가난한 목장 노동자의 아들로 태어납니다. 해방 이후, 그는 경북 포항에서 어려운 가정 형편 속에서 자랍니다. 집안 형편 때문에 학업을 중도에 포기하려고 했지만, 중학교 담임 선생님의 거듭된 권유로 장학금을 받아 고등학교에 진학하게 됩니다. 이후 수레를 끌고 다니며 김밥·뻥튀기를 팔아 학업을 이어가고, 결국 1961년 고려대 상과대학 경영학과에 입학합니다. 그의 어머니는 대학합격을 축하하기는커녕 *"네가 어쩌려고 그런 일을 저질렀느냐"*며 책망했다고 합니다.[35] 그는 대학생 시절, 이태원시장에서 수레에 쓰레기를 싣고 한강변에 내다 버리는 등 고된 일을 병행해 가며 학업을 이어갑니다. 이후 상과대학 학생회장으로 선출되어, 1964년 박정희 정부의 한일기본조약 체결에 반대하는 °6.3 항쟁을 주도하다가 6개월간 감옥살이를 합니다. 졸업 후 1965년 현대건설에 입사하고, 입사한 지 5년 만에 이사로 승진하고, 12년 만에 35세 최연소 현대건설 대표이사 사장으로 오릅니다. 이후 인천제철·현대산업개발·대한알미늄·현대엔지니어링·한라건설 사장을 거쳐 현대그룹 주요 계열사 회장을 역임하기까지 합니다. 하지만 정주영 회장의 정치 참여를 둘러싼 갈등 끝에, 이명박은 30년 가까이 몸담았던 현대를 떠나 독자적으로 정치에 뛰어들어 16년 만에 대통령에 오릅니다.

이명박은 1992년 제14대 총선에서 민자당 전국구 의원으로 정계에 입문하고, 1996년 제15대 총선에서 정치 1번지 서울 종로에서 유력한 정치 거물들(이종찬·노무현)을 제치고 당선됩니다. 이후 2002년 세 번째 도전 끝에 서울시장에 선출됩니다. 서울시장 재임(2002~2006) 동안 그는 △ 청계천을 복원하고, △ 대규모 생태공원 '서울 숲'을 구축하고, △ 서울시 수돗물 브랜드 '아리수'를 정착시키고, △ 서울시청 앞 광장을 새롭게 건설하여 '서울광장'으로 개칭하고, △ 역대 어느 시장도 성공시키지 못한 ⑱ 대중교통의 혁신을 이루어냅니다. 이 4년의 경험은 훗날 그가 대통령이 되는 데 중요한 자산이 되었습니다.

이후 이명박은 한나라당 대선 후보로 선출되어 2007년 제17대 대선에서 당선됩니다. 재임 중 그는 △ 글로벌 금융위기를 극복하여 주요 선진국들이 마이너스 성장을 할 때 0.2% 플러스 성장을 기록하고, △ 2010년 8년 만에 최고 경제성장률(6.1%)을 달성하고, △ 세계 7대 수출강국으로 도약하고, △ 삶의 질과 복지 수준을 나타내는 '인간개발지수(Human Development Index, HDI)'에서 187개국 중 15위를 기록하고, △ 서울시 ⑲ 아파트값을 안정시키고, △°'4대 강 사업'을 추진하고, △ 출산율을 증가시키고, △ 한미 FTA를 체결하고, △ 천안함 피격 사건에 대한 대응으로 °'5.24 조치'를 발표하고, △ 국군 최초의 해외 전투함 파병 부대인 '청해부대'를 창설하여 '아덴만 여명' 작전을 성공시키고, △ 최초로 해외에 원전을 수출한 200억 달러 규모 'UAE 바라카 원전 프로젝트'를 성사시키고, △ 한국 최초의 군사협력 파병부대이자 UAE 최초의 해외부대인 '아크부대(Akh Unit)'를 창설하여 UAE로 파병하고, △ 유공자·순직 유족의 보상을 강화하고, △ 역대 대통령 최초로 독도를 방문하고, △ 편의점 상비약 판매를 허용하고, △ 개인 재산 중 331억 4200만 원을 한부모가정 및 조손가정 자녀 451명에게 후원하는 등 다양한 업적을 남깁니다. 그럼에도 불구하고, 출범한 지 석 달도 되지 않아 *"미국산 소고기를 먹으면 광우병에 걸린다"*는 MBC PD수첩의 허위 보도와 좌파들의 촛불 선동에 의해 2008년 광우병 사태가 터지자, 지지율이 20%까지 추락하면서 국정 방향을 중도 보수로 선회합니다. 퇴임 이후, 문재인 정권 시절 2020년 10월 29일 ⑳ 뇌물 수수와 자금 횡령 혐의 등으로 징역 17년을 선고받지만, 건강 악화로 두 번의 형 집행정지를 거쳐 수감 1년 7개월 만인 2022년 12월 28일 사면 복권됩니다.

박근혜
(제18대, 2013~2017)

박근혜는 1952년 2월 2일 대구에서 박정희 대통령과 육영수 여사의 장녀로 태어나, 1963년 아버지의 취임 이후 청와대에서 성장합니다. 1974년 서강대를 졸업하고, 프랑스 그르노블 대학으로 유학을 가지만, ㉑ 같은 해 어머니 육영수 여사가 서거하자 귀국합니다. 이어 1979년 10월 26일 아버지 박정희 대통령마저 서거하고, 이후 그녀는 °육영재단과 °정수장학회의 이사장을 지냅니다.

박근혜는 15대~19대까지 5선 국회의원을 지내고, 2004~2006년 한나라당의 대표 최고위원을 역임합니다. 2007년 한나라당의 제17대 대선 후보 경선에서 이명박에게 패배하지만, 2011년 °새누리당 비상대책위원장으로 2012년 제19대 총선을 승리로 이끌고, 2012년 제18대 대선에서 민주통합당 문재인을 제치고 '최초의 부녀 대통령(박정희·박근혜)'이자 '최초의 여성 대통령'으로 당선됩니다. 재임 중 그녀는 △ 2012년 °'김영란 법'을 통과시키고, △ 2013년 재보궐선거에서 °사전 투표제를 처음으로 실시하고, △ 2013년 전국교직원노동조합(전교조)를 ㉒ 법외노조화시키고, △ 2014년 통합진보당(통진당)을 해산시키고, △ 2015년 왜곡된 역사교육을 바로잡

35) "이명박은 누구인가 …'샐러리맨'에서 '대통령'까지." 노컷뉴스, 2007년 12월 19일. https://www.nocutnews.co.kr/news/389622.

○ 6.3 항쟁: 1964년 3월 24일 박정희 정부의 한일협상에 반대하여 일어난 시위로, 서울 5천여 명을 비롯하여 전국에서 8만여 명이 참여했습니다.

⑱ 이명박은 서울시 대중교통 혁신으로 큰 성과를 거두며 오늘날까지 많은 국내외 도시들의 벤치마킹 사례가 되었습니다. 첫째, 버스를 간선·지선제 노선으로 개편하고 색상과 번호를 정리했습니다. 둘째, 민간 버스사업자에 의존했던 버스운행을 서울시가 부분적으로 전담하는 준공영제를 도입하여, 요금·고용 안정과 서비스 등을 향상시켰습니다. 셋째, 교통카드(티머니, T-Money)를 도입하여, 지하철·버스 환승제를 통해 시민 부담을 줄였습니다. 넷째, 중앙버스전용차로제를 도입하여, 교통체증을 완화하고 버스의 정시성을 높였습니다.

⑲ 이명박 대통령은 현대건설 경험을 바탕으로 아파트와 부동산에 밝았고, 역대 대통령 중 유일하게 임기 내 아파트값을 낮췄습니다. 정권마다 시세 증감률은 김영삼 26%, 김대중 73%, 노무현 94%, 이명박 -13%, 박근혜 27%, 문재인 53% 등이 있었습니다.

○ 4대강 사업: 이명박 정부가 한강·낙동강·금강·영산강에 보를 설치하여 가뭄과 홍수를 대비한 핵심 사업으로, 수질 81% 개선과 재생에너지 생산, 피해 감소 효과를 거두었습니다. 반대가 가장 심했던 전남은 2021년 가뭄 때 오히려 최대 수혜를 입었습니다.

○ 5.24 조치: 2010년 천안함 피격 사건에 대응해 이명박 정부가 발표한 대북 제재로, 개성공단을 제외한 모든 남북 교역을 중단하고 정부 승인 없는 대북 송금을 금지한 조치입니다.

⑳ 이명박 대통령은 형 이상은 씨가 대표로 있던 다스의 자금 약 350억 원 횡령과 삼성의 소송비 68억 원 대납 혐의로 징역 17년을 선고받지만, 그는 정치적 사건이라며 결백을 주장했습니다. 이후 건강 악화로 2022년 12월 특별사면·복권되었습니다.

㉑ 1974년 8월 15일 광복절 기념식 중, 재일 교포 문세광이 박정희 대통령을 겨냥한 총격에 육영수 여사(48세)가 사망했습니다.

○ 육영재단(育英財團): 1969년 4월 박정희 대통령의 부인 육영수 여사가 어린이 복지사업을 위해 설립한 재단법인입니다.

○ 정수장학회(5.16 장학회): 정치인 겸 언론인이었던 김지태가 자신의 재단을 기부하여 설립된 대한민국의 장학 재단입니다.

○ 새누리당: 2012년 2월 13일 한나라당이 당명을 변경하여 새롭게 출범한 정당입니다.

○ 김영란 법: 우리나라 최초의 여성 대법관 김영란 교수가 2012년 제안한 법안으로, 공직자 등을 대상으로 한 부정청탁 및 금품수수를 금지하는 내용을 담고 있습니다

기 위해 ㉒ 국정 역사 교과서 『올바른 역사교과서』를 발행하고, △ 2015년 종교인 과세 법안을 통과시키고, △ 2016년 개성공단을 전면 폐쇄하고, △ 2016년 전 세계 GDP(국내총생산) 11위국을 최초로 달성하는 등 다양한 업적을 남깁니다. 하지만 ○ 2014년 '세월호 침몰 사고'와 2016년 10월 '국정농단 의혹(박근혜-최순실 게이트)'이 불거지면서 정치적 위기를 맞고, 2017년 3월 10일 헌정 사상 최초로 대통령직에서 파면됩니다.

<table><tr><td>우익정권의
대북 송금</td></tr></table>

2017년 대선 TV토론에서 문재인 후보는 자신을 향한 '대북 퍼주기' 주장에 대해 "(대북 퍼주기는) 이명박·박근혜 정부에서 더 많았다"라며 반박합니다. 하지만 이는 사실이 아닙니다. 2017년 통일부 통계에 따르면, 정부·민간의 현금·현물 지원 규모는 김대중·노무현 정부 68억 달러, 이명박·박근혜 정부 23억 달러로, 후자가 3분의 1 수준에 그칩니다.[36] 이명박·박근혜 정부는 두 좌익 정권과 달리 무조건적 퍼주기 지원이나 불법 송금이 아니라, 이전 정부에서 시작한 개성공단·금강산 관광사업 유지를 위한 것이었습니다.

<table><tr><td>3. 문재인
(제19대, 2017~2022)</td></tr></table>

문재인은 1953년 1월 24일 경남 거제에서 태어나 경남고등학교를 졸업합니다. 그의 생애를 보면, 그가 대한민국의 제19대 대통령이 되기까지 몇 가지 중요한 터닝포인트가 있었습니다.

<table><tr><td>좌익 배경</td></tr></table>

한 사람을 형성하는 데 가장 중요한 요소는 '배경'입니다. 이는 그 사람의 역사관·정치 성향·가정환경·경제 수준 등 다양한 요소를 포함합니다. 문재인 역시 젊은 시절 활발히 전개한 좌익운동이 그의 역사관과 인생관에 큰 영향을 주었습니다.

1. 출생 논란: 공식 기록에 따르면, 문재인 대통령은 1953년 1월 24일 경남 거제에서 태어나, 1960년 초등학교 입학 무렵 부산으로 이사했습니다. 그의 저서 『운명』에 따르면, 그의 아버지 문용형과 어머니 강한옥은 1920년 함경남도 흥남 출신으로, 6.25전쟁 당시 흥남철수작전을 통해 남하한 것으로 알려져 있습니다. 하지만 이는 얼마나 사실일까요? 2021년 6.25 참전 학도병 출신 ㉒ 윤월스님은 "문재인은 1953년생이 아닌 1949년생이며, 그의 아버지 문용형은 1950년 8월 29일 자신이 학도병 시절 영천 신녕전투에서 전쟁포로로 생포한 적이 있는 북한군 장교 출신"이라고 증언합니다.[37] 윤월 스님의 증언에 따르면, 1957년 8월 29일 부산 자갈치시장에서 우연히 다시 봤는데, 7~8세 된 아이가 그의 손을 잡고 있었고 동행하던 여성이 그를 "재인이 아빠"라고 불렀습니다.[38] 그 아이는 문재인이었고, 동행한 여성은 강한옥이었을 것입니다. 즉, 문재인의 아버지는 흥남철수 때 남하한 것이 아니라, 6.25전쟁 중 낙동강 전투에서 싸우다가 전쟁포로로 생포된 북한군 장교라는 것입니다. 이후 문용형은 거제 포로수용소에서 남한 출신 강한옥을 만났을 것이고, 그녀는 문재인의 친모가 아닌 문재익(이복 형제)의 어머니일 것입니다. 문재인은 경남 거제가 아닌 북한에서 태어났을 것이고, 문용형이 석방 후 월북하여 아들을 데리고 왔거나 다른 공작원의 의해 남한으로 왔을 것입니다.[39] 그의 친모는 북한에 남았을 것이며, ㉓ 2004년 남북 이산가족 상봉 때 문재인이 만난 이모(강병옥)가 그의 친모라는 설도 있습니다.[40] 이 외에도 문재인 대통령의 적십자 수료증에는 출생일이 1952년 1월 24일로 기재되어 있고, 자신의 저서 『운명』에서는 부모와 큰 누나가 흥남철수 당시 미군 LST 함을 타고 월남했다고 밝히지만 2017년 6월 미국 해병대 박물관 연설에서는 부모가 '메러디스 빅토리호'를 타고 남한으로 피난했다고 말을 바꾸고, 자신의 고향에 대해서 '함흥'과 '흥남'을 오락가락하고, 어머니의 고향에 대해서는 '흥남', '함흥', '함주' 무려 세 가지를 오락가락했습니다.[41] 여전히 문재인 대통령의 출생의혹은 남아있지만, 그는 자신의 출생의혹 해명요구에 그저 묵묵부답일 뿐입니다.

○ 사전 투표제(Early Ballot): 선거일 전에 미리 투표할 수 있는 제도로, 주소지와 관계없이 어디서나 투표할 수 있어 유권자 편의를 높였다는 평가를 받습니다.

㉒ 박근혜 정부는 2013년 10월 24일 해직 교사의 가입을 허용한 전교조가 교원노조법을 위반했다며 '노조 아님'을 공식 통보했습니다. 이에 따라 1999년 김대중 정부에서 합법화된 전교조는 14년 만에 합법 노조 지위를 잃었습니다.

㉒ 이 조치는 야당과 좌파 단체, 학계의 강한 반발을 불러와 문재인 정부 출범과 함께 폐기되었습니다.

○ 세월호 침몰 사고: 2014년 4월 16일 인천에서 제주로 향하던 청해진해운 소속 여객선 세월호가 전남 진도군 관매도 인근 해상에서 침몰하여 승객 299명이 사망하고 5명이 실종된 대한민국의 해상사고입니다.

㉒ 윤월 스님은 2021년 2월 16일 '뉴스타운' 방송에서 문재인 대통령의 출생 의혹을 제기한 뒤, 같은 해 9월 14일 오전 5시 동해안 여행지에서 길을 걷다가 쓰러져 119로 이송 중 사망했습니다. 향년 89세로 자연사로 보는 시각이 있지만, 볼일이 있어 서울로 향하던 사람이 뜬끔없이 동해안에서 숨진 채 발견된 것과 사망 원인이 불분명한데 부검조차 이루어지지 않아 논란이 커졌습니다.

고영주, 장영관, 대통령이 된 간첩: 문재인을 간첩이라 주장하는 100가지 이유 (서울: 북저암, 2024), 26.

㉓ 2004년 노무현 정부 시절 남북이산가족상봉에서 당시 50대 초반의 문재인은 자신의 나이를 74세로 속이고 부인과 가족과 함께 방북했습니다. 그는 북한의 '이모'라고 주장한 강병옥 씨를 만나는데, 두 사람의 외모가 상당히 비슷했습니다.

고영주, 장영관, 대통령이 된 간첩: 문재인을 간첩이라 주장하는 100가지 이유 (서울: 북저암, 2024), 25.

36) 고영주, 장영관, *대통령이 된 간첩:문재인을 간첩이라 주장하는 100가지 이유*(서울: 북저암, 2024), 560-561.

37) 고영주, 장영관, *대통령이 된 간첩: 문재인을 간첩이라 주장하는 100가지 이유*(서울: 북저암, 2024), 23.

38) 고영주, 장영관, *대통령이 된 간첩: 문재인을 간첩이라 주장하는 100가지 이유*(서울: 북저암, 2024), 24.

39) 고영주, 장영관, *대통령이 된 간첩: 문재인을 간첩이라 주장하는 100가지 이유*(서울: 북저암, 2024), 25.

40) 고영주, 장영관, *대통령이 된 간첩: 문재인을 간첩이라 주장하는 100가지 이유*(서울: 북저암, 2024), 25.

41) 최영수, "<확인취재> '문재인 아버지는 6.25때 남침한 북한군 장교였다.'" 뉴스메이커 USA, 2025년 4월 8일. https://newsmakerusa.com/m/view.php?idx=225&mcode.

2. 학생운동: 1972년 문재인은 경희대 법과대학에 진학하고, 재학 시절 1975년 박정희 대통령의 유신체제에 항거하다가 서대문구치소에서 4개월간 수감 생활을 합니다. 석방 이후, 일반병으로 강제 징집되어 특전사에서 군 복무를 마칩니다. 군 제대 후 복학하던 중 전두환 신군부에 항거하다가 청량리구치소에 수감되지만, 신원보증과 경희대의 구명 활동 덕분에 석방됩니다. 이때 옥중에서 사법시험에 합격하고, 1982년 사법연수원 12기를 수료합니다. 하지만 학생운동 과정 중에서의 ° 집시법 위반 전력 때문에 판사 임용이 거부되고, 결국 인권변호사의 길로 선회합니다.

3. 인권 변호사: 1982년 문재인은 노무현 전 대통령과 함께 부산에서 '노무현·문재인 합동법률사무소'를 개업하고 인권변호사로 활동을 시작합니다. 가장 대표적으로, ° '풍산 노동자 해고 사태' 때 풍산금속의 사측 고문 변호사로 활동합니다. 노무현이 국회의원이 되어 사무소를 떠난 뒤, 1995년 법무법인 '부산'을 설립합니다. 이후 2002년 노무현의 대통령 당선과 함께 2003년 문재인이 청와대 민정수석으로 임명되자, '부산'의 연간 매출액은 3년 만에 3배 가까이 늘고, 사건 수임 건수는 전국 법률 사무소 랭킹 2위에 올랐습니다.[42]

4. 정치인: 2003년 문재인은 노무현 대통령의 민정수석과 비서실장을 역임합니다. 2012년 4월 11일 19대 국회의원 선거에서 민주통합당 후보로 부산 사상구에 출마하여 당선됩니다. 2012년 12월 19일 제18대 대통령 선거에서 민주통합당 후보 문재인(48.02%)은 새누리당 후보 박근혜(51.55%)에게 패배합니다. 이후 2017년 3월 10일 박근혜 대통령이 파면되고 조기 대선이 결정되자, 대권에 재도전합니다. 2017년 4월 3일 더불어민주당 대선 후보로 선출되고, 2017년 5월 9일 제19대 대통령 선거에서 당선됩니다. ㉔ 출범 후 문재인 정부 청와대에는 1980년대 운동권과 NL 주사파 출신 인사들이 다수 포진했습니다.

○ 집시법(집회 및 시위에 관한 법률): 집회·시위의 권리를 보장하면서도 불법 집회로부터 국민을 보호하고 공공의 안녕과 질서를 유지하기 위한 법률입니다.

○ 풍산 노동자 해고 사태: 1989~1990년 풍산금속이 노조 결성과 활동을 이유로 노동자들을 대규모 해고한 사건입니다. 헌법 33조 3항에 따라 방위산업체에 근무하는 종사자는 군사 기밀 유출 등을 이유로 노조 활동을 금지하고 있습니다. 1968년 설립된 풍산금속은 동·동합금 제품을 생산하는 방위산업 기업으로, 당시 경찰은 법에 따라 노동자들을 구속했습니다.

㉔ 그 주요 인물은 다음과 같습니다.
1. 임종석 비서실장: 전대협 3기 의장, '임수경 방북 사건' 주도, 국가보안법 위반으로 징역 5년 복역
2. 조국 민정수석: 사노맹 산하 사회주의과학원 사건 연루
3. 이인영 통일부장관: 전대협 1기 의장
4. 한병도·백원우·윤건영·송인배 등 다수의 비서관: 전대협 간부 및 총학생회장 출신
5. 유송화 제2부속실장: 민청련 조직부장 출신
6. 하승창 사회혁신수석: 삼민동맹 사건으로 구속

㉕ 2023년 6월 자유민주연구원에서 북한 지령문에 언급된 창원간첩단의 하부망 지도를 공개했습니다. 지도를 보면, 단 하나의 간첩단만 표시했는데도 지도가 새빨갛습니다.

반국가 대통령　　대한민국 헌법 제66조 2항에 따르면, 대통령은 "국가의 독립, 영토의 보전, 국가의 계속성과 헌법을 수호할 책무"를 집니다. 하지만 국가의 안전·정통성·핵심가치·국익 등을 적에게 내주거나 적을 이롭게 한 대통령들이 있습니다. 이들을 '반(反)국가 대통령'이라고 부릅니다. 지금부터 문재인 대통령의 이념과 정책을 통해 그의 정체를 살펴봅시다.

1. 대북 인식　　헌법상 북한은 대한민국 영토의 일부를 불법 점거하고 있는 반국가 단체입니다. 대한민국 국민이라면 누구든지 북한을 적으로 간주해야 합니다. 하지만 문재인 대통령은 북한을 어떻게 바라보았을까요?

문재인 어록　　문재인의 말을 보면, 그는 대한민국을 민족사적 정통성을 가진 유일한 합법 국가로 인식한다는 자부심이 없어 보입니다. 그는 습관적으로 한국의 건국을 폄하하는 한편, 반국가 단체인 북한 정권에 대해서는 호의적인 태도를 취합니다. 그는 대한민국을 세계 강국으로 성장시킨 이승만·박정희 정권은 신랄하게 비판하면서, 김일성 정권의 인권말살에 대해서는 침묵했습니다.

"『국방백서』에 북한을 주적으로 표현하는 것은 부적절하다."[43]

(2012년 제18대 대선, 민주통합당 후보 시절)

㉕ "이제는 그런 사람들(종북주의자)이 많을 것이란 생각을 저는 하지 않고 있고, 있더라도 극소수일 것이다."[44]

(2012년 6월 언론단체 관훈클럽이 개최한 대선 예비후보 초청 토론회에서)

---

[42] 진경웅, 오창균, "문재인 회사, 부산저축銀서 59억 받은것 맞다." 뉴데일리, 2012년 8월 30일. https://www.newdaily.co.kr/site/data/html/2012/08/30/2012083000036.html.

[43] "문재인 '북한 주적 표기 부적절' 발언에 국방부 '기존 국방백서 표현 유지 방침'." 중앙일보, 2012년 10월 30일. https://www.joongang.co.kr/article/9734012.

[44] 홍석희, "문재인 '종북, 우리 안전에 큰위협 안돼'." 헤럴드경제, 2012년 6월 27일. https://biz.heraldcorp.com/article/10249041.

2. 대북 정책

문재인 집권 5년간 무려 4,025건의 법률과 8만 건의 조례 등이 발효되었습니다.[45] 그 중 상당수는 대한민국을 약하게, 북한을 강하게 하는 악법들이었습니다. 이를 6대 분야(경제·안보·치안·외교·교육·사회복지·에너지)로 나누어 살펴봅시다.

1. 경제: △ 경제 전문가들의 반대에도 불구하고 대한민국의 자유시장경제 기본원칙을 무너뜨리는 ㉖ '소득주도성장' 정책을 강행하고, △ 소득주도성장의 일환으로 ㉗ '최저임금'을 급격히 인상하여 역대 최대 실업률을 기록하고, △ 포퓰리즘 정책 때문에 나랏돈이 부족하자 '4대 보험' 비용을 인상하고, △ '주 52시간 근무제'를 도입하여 근로자 소득을 감소시키고 기업 경쟁력을 상실하게 하고, △ 전 세계가 기업을 살리려고 할 때 '재벌개혁'이란 이름으로 대기업 총수들을 압수수색 및 구속하고, △° '중대재해처벌법'을 통과시키고, △° '공정경제3법'을 통과시키고, △ 각종 반(反)기업 정책을 벌여 ㉘ 대기업과 중소기업의 해외탈출을 가속화하고, △ 공급을 억제하고 세금을 급격히 인상하여 ㉙ 부동산 값을 폭등시키고, △ 부동산 값 통계를 102차례 조작하고, △° '임대차 3법'을 통과시키고, △ 공무원 10만 명을 ㉚ 증원시키고, △ 법인세·상속세·취득세·종부세 등 ㉛ 모든 종류의 세금을 폭등시키고, △ ㉜ 부동산증세관련 18개 법안을 통과시키고, △ ㉝ 노조 권한을 강화하여 기업 성장을 저해시켰습니다. 그 결과 우리나라는 IMF 사태 이후 최초로 세계 평균보다 낮은 경제성장률을 기록하고, ㉞ 역대 정부 중 가장 많은 국가채무를 떠안게 됩니다.

2. 안보 및 군사: 문재인 대통령 집권 5년 동안 북한은 수차례 무력도발과 대남공작을 감행합니다. △ 함박도 점령(2017년 5월), △ 무인기 침투(2017년 6월부터 여러 차례), △ 수색역·여의도 등에서 대남전단지 수만 장 살포(2017년 8월), △ 제6차 핵실험(2017년 9월), △ 판문점 귀순 북한 병사에 대한 총격(2017년 11월), △ 대한민국 어선 나포(2018년 11월), △ 청와대 해킹 시도(18년 11월), △ 북한 장린도 해안포 발사(2019년 11월), △ 우리 측 최전방 감시초소(GP)에 대한 총격(2020년 5월), △ 개성 남북연락사무소 폭파(2020년 6월, 700~1000억 손실), △ 황강댐 무단 방류 3차례(2020년 7~8월), △ 서해에서 대한민국 공무원 사살 후 불로 태움(2020년 9월), △ 통일부 등 10여 개 국방보안기관 해킹 공격(2021년 2~3월), △ 국내 금융기관 해킹(2021년 5월), △ 금강산에 있는 대한민국 기업 시설 무단 철거(2020년 3월부터, 피해액 500억 원 이상) 등입니다.[46] 문재인 정부는 안보 위기가 고조된 시기에 '평화'라는 거짓된 허상으로 △ '5.24 조치'를 하루 아침에 폐기하고, △ 북한의 재침략을 억제하는 ㉟ '한미 군사동맹'을 약화시키고, △ ㊱ 반일감정을 조성하여 ㊲ '한미일 군사동맹'마저도 약화시키고, △ '유엔사'와 ° '한미연합사'의 해체를 시도하고, △° '전시작전통제권(전작권)' 환수를 시도하고, △ 일본으로부터 북한에 대한 군사기밀 정보를 공유받을 수 있는 ° '지소미아(GSOMIA)' 폐기를 시도하고, △° '9.19 군사합의'를 통과시키고, △° '북방한계선(NLL)'을 무력화시키고, △ 중국에 약속한 ° '3불1한(三不一限)'의 일환으로 ° 사드의 중단을 시도하고, △ 군 내부에 침투한 간첩을 잡는 ° '기무사령부(기무사)'를 해체시키고, △° GP(Guard Post) 등 최전방 감시초소와 전방부대 일부를 철수·축소시키고, △ '국방개혁 2.0' 정책의 일환으로 군 복무기간을 21개월에서 18개월로

단축하고, △ 군 병력을 약 60만 명에서 50만 명으로 감소시키고, △ 군대 내 휴대폰 사용을 허락하고, △ 병사들에게 대포사격·탱크기동·폭탄투하·소총사격 등 평시훈련을 제대로 시키지 않고, △ '인권침해'라는 이유로 군대 내 사기와 소속감을 높이기 위해 시행되던 군가 강제 암송 관행을 폐지시키고, △ 10월 1일 '국군의 날' 군사 퍼레이드를 생략하여 국민의 호국의식과 병사들의 사기를 저하시키고, △ 『국방백서』에서 "북한은 우리의 적"이라는 문구를 삭제하고, △ 육사 교과서를 개편하여 6.25전쟁을 '선택과목'으로 전락시키고, △ 공산주의자 홍범도의 흉상을 육사 충무관 중앙 현관에 설치하며 그를 "우리 군의 뿌리이자 출발점"이라고 강조하는 등 문재인은 우리나라의 안보를 파괴한 사람입니다. 주적인 북한은 매일같이 핵미사일을 개발하고 무력도발을 감행하고 있는데, 이를 보고 '평화'만 외치며 군을 무력화시키는 것은 국가 안보와 국민 안전을 파괴하는 행위입니다.

3. 치안: 미국 전 국방장관 캐스퍼 와인버거(Caspar Weinberger)는 *"대한민국이 멸망한다면 간첩과 종북주사파에 의한 내전에 의해서 일 것"*이라고 말했습니다.[47] 오늘날 대한민국은 간첩과 주사파 등 반국가 세력에 의해 점령되었습니다. 그럼에도 문재인 정부는 △ 국정원의 '대공수사권'을 폐지하여 간첩 수사를 무력화시키고, △ 인권침해를 이유로 ㊳ '국가보안법(국보법)' 폐지를 촉구하고, △ '검찰개혁'이란 명목으로 정권 관련 수사를 진행한 검찰 인사들을 배제하거나 좌천시키고, △ '검경수사권 조정안'을 통과시켜 검찰의 권한을 경찰로 이관하고, △ 어떠한 견제도 받지 않는 '고위공직자범죄수사처(공수처)'를 신설합니다.

4. 대북 외교: 문재인 정부의 대북 외교는 대한민국보다 북한을 위한 외교였습니다. 해외 순방에서 대북 제재를 풀어달라고 요청하여 대한민국을 국제 사회에서 고립시키고, △ 북한 김여정의 협박 한마디에 '대북전단금지법'을 통과시키고, △ 탈북 어민 2명을 ㊴ 강제 북송하고, △ 북한이 감행한 '서해 공무원 피살 사건'을 6시간 동안 방치하고, △ 이복형과 고모부를 죽인 북한 김정은에게 "생명존중 의지에 경의를 표한다"는 친서를 보내고, △ 북한의 도발을 막다가 희생된 ㊵ 우리 군 장병 추모 행사에 불참하고, △ 2018년 평양 방문 당시 ㊶ 위성방송 차량을 그대로 두고 오고, △ 2018년 4.27 판문점 선언 당시 ㊷ 김정은과 44분간 단독 대화 후 정체불명의 USB를 통째로 전달했습니다. 대한민국 형법 93조는 *"적국과 합세하여 대한민국에 항적한 자는 사형에 처한다"*는 여적죄를 규정하고 있습니다.[48] 문재인의 대북 외교는 결과적으로 북한을 강하게, 대한민국을 약하게 만들었습니다. 하지만 정작 그에게 돌아온 것은 '남북공동연락사무소' 폭파와 *"삶은 소대가리"*라는 모욕뿐이었습니다.

5. 교육: 문재인 정부는 △ 대한민국 헌법에서 '자유민주주의'의 '자유' 삭제를 시도하고, △ 2018년 중·고교 역사 교과서에서 '자유민주주의'를 '민주주의'로 대체하고, △ '대한민국은 한반도의 유일 합법정부'라는 문구를 삭제하고, △ '사립학교법 개정안'을 통과시키고, △ '외국어고등학교(외고)와 자율형사립고(자사고)'를 폐

---

47)　고영주, 장영관, 대통령이 된 간첩:문재인을 간첩이라 주장하는 100가지 이유(서울: 북저암, 2024), 585.

48)　"형법 93조." 국가법령정보센터. https://www.law.go.kr/lsLinkProc.do?lsClsCd=L&lsNm=%ED%98%95%EB%B2%95&lsId=detc19920428&joNo=009300000&efYd=19920428&mode=11.

○ 전시작전통제권(戰時作戰統制權, 전작권): 전시·유사시 군 작전을 지휘하는 권한으로, 현재 한미연합사 사령관이 행사합니다. 문재인 대통령은 이를 '주권침해'라며 환수를 추진했지만, 전작권은 양국이 공동으로 행사하는 권한입니다. 환수 시 미국의 정보·증원·핵우산 지원이 약화되어, 북한 핵 위협에 노출될 위험이 큽니다.

○ 지소미아(General Security of Military Information Agreement, GSOMIA, 한일 군사정보보호협정): 2016년 한국과 일본이 북한의 핵·미사일 정보를 공유하기 위해 체결한 협정입니다. 문재인 정부는 일본의 수출규제에 맞서 지소미아 종료를 선언하지만, 미국의 압박과 경제적 부담으로 3개월 만에 철회했습니다.

○ 9.19 군사합의: 2018년 남북이 체결한 군사합의로, 한국군의 활동을 제약하고 방어력을 약화시켰다는 비판을 받았습니다. 북한은 2018~2023년 3,600여 차례 위반했고, 결국 2023년 11월 스스로 합의 파기를 선언했습니다.

○ 북방한계선(Northern Limit Line, NLL): 6.25전쟁 정전 후 설정된 해상 경계선으로, 북한은 서해 NLL을 남쪽으로 밀기 위해 지속적으로 도발해 왔습니다.

○ 3불1한(三不一限): 문재인 정부가 2017년 사드 갈등 해소를 위해 중국에 제시한 합의로, 사드 추가 배치·MD 편입·한미일 군사동맹 불참(3불)과 사드의 중국 비대응(1한)을 약속했습니다. 이는 한국의 군사 주권을 제약한 불평등한 합의였습니다.

○ 사드(Terminal High Altitude Area Defense, THAAD, 고고도미사일방어시스템): 북한의 미사일을 요격하여 핵위협을 억제하는 핵심 방어체계입니다. 박근혜 정부가 2016년 약 1조 원을 들여 배치했지만, 문재인 정부는 환경평가를 이유로 운용을 지연했습니다. 조사 결과, 사드 전자파는 인체 기준치의 530분의 1로, 스마트폰보다 낮았습니다.

○ 국군기무사령부(기무사): 군 내부의 간첩을 색출하던 기관으로, 문재인 정부가 2018년 해체했습니다. 그 기원은 1948년 여수·순천 반란사건 후 창설된 방첩대에 있으며, 이후 보안사를 거쳐 기무사로 발전했습니다. 해체 후 문재인 정부 5년간 적발된 간첩은 3명에 불과했습니다.

○ GP(Guard Post, 초소): 비무장지대(Demilitarized Zone, DMZ) 내 경계초소로, 문재인 정부는 2018년 9.19 군사합의에 따라 남북 각각 11개(총 22개)를 철거하고 공동경비구역(Joint Security Area, JSA) 내 무기·지뢰 제거 등 적대행위를 중단했습니다.

○ 국군의 날(10월 1일): 1949년 제정된 국군 기념일로, 국방의 중요성을 알리고 장병의 사기를 높이는 날입니다. 하지만 문재인 정부는 퍼레이드와 전투기 비행을 연예인 공연으로 대체했고, 비판에 "강한 군대는 겉모습이 아니다"라며 반박했습니다.

㊳ 박근혜 정부 시절인 2016년에는 접수된 국보법 위반 사건 167건 중 35건이 기소된 반면, 문재인 정부 시절인 2019년에는 접수된 305건 중 15건만 기소되었습니다. 국보법 위반 건수는 무려 80% 늘었는데, 제대로 수사하지 않고 처벌하지 않아 기소율이 16%나 감소했습니다.

고영주, 장영관, 대통령이 된 간첩:문재인을 간첩이라 주장하는 100가지 이유(서울: 북저암, 2024), 143.

○ 검찰(檢察, Prosecutor's Office): 범죄를 수사하고 기소하는 기관으로, 권력형 비리를 밝혀 자유민주주의를 수호하는 핵심 기관입니다. 정치 권력으로부터의 독립이 무엇보다 중요합니다.

○ 검경수사권 조정안(檢警搜査權 調整案): 2020년 문재인 정부가 통과시킨 법으로, 검찰의 수사지휘권을 폐지하고 수사종결권을 경찰에 이양하고, 직접 수사 범위를 6대 범죄에서 부패·경제 등 2대 범죄로 축소했습니다. 그 결과, 정치권의 영향력을 받는 경찰 권한이 과도하게 커졌다는 비판이 제기되었습니다.

○ 고위공직자범죄수사처(公搜處, Corruption Investigation Office for High-Ranking Officials): 2019년 문재인 정부가 신설한 독립기구로, 고위공직자 수사를 명분으로 했지만 막강한 권한으로 형사사법 체계를 흔들었다는 비판을 받았습니다.

○ 대북전단금지법(對北傳單禁止法, Anti-Leaflet Act): 2020년 문재인 정부가 제정한 법으로, 북한으로 전단을 보내는 행위를 금지했습니다. 이는 표현의 자유 침해로 비판받았고 2023년 헌법재판소에서 위헌 판결을 받았습니다. 대북전단은 북한 정권을 비판하는 전단과 생필품을 풍선에 담아 보내 북한의 실상을 알리는 수단입니다.

㊴ 2019년 문재인 정부는 동해안으로 탈북한 북한 어민 2명을 귀순 의사에도 불구하고, 배에서 동료 선원 16명을 살해한 혐의로 5일 만에 강제 북송시켰습니다. 이들의 생사는 아직 확인되지 않았습니다.

○ 서해 공무원 피살 사건: 2020년 9월 22일 북한군이 서해상에서 표류 중이던 해양수산부 공무원 이대준 씨를 사살하고 시신을 불태운 사건입

지하고 일반고로 전환을 추진하며, △ 박근혜 정부에서 내려진 '전교조 법외노조 처분'을 뒤집어 합법 단체로 인정합니다.

6. 사회 및 복지: 문재인 정부는 △ 어린이 대상 ○ 포괄적 성교육·동성애 교육을 실시하고, △ 역대 최저 출산율(0.8)을 기록하고, △ 병원 재정을 악화시킨 ○ '문재인 케어'를 실시하고, △ ○ 여성가족부 예산을 사상 처음으로 1조 원 규모로 증액하고, △ 표현의 자유와 사상의 자유를 역차별하는 ○ '차별금지법' 제정을 시도하고, △ 포퓰리즘의 일환으로 정부 지원금을 무차별적으로 살포하고, △ 2021년 검경수사권 조정과 2022년 검수완박으로 검찰의 수사권을 완전 박탈하여 ㊸ '마약 청정국'을 '마약 천국'으로 만들고, △ 불법체류자를 ㊹ 급증시키고, △ ○ '5.18 처벌법'을 제정합니다.

7. 에너지: 문재인 정부는 △ '탈원전' 에너지 정책을 추진하여 세계적 경쟁력을 보유하고 있는 ㊺ 원자력 발전을 축소시키고, △ 태양광 중심의 ○ 신재생에너지로 대체한 결과 전기값을 폭등시키고, △ 재생에너지 생산과 가뭄·홍수 피해를 줄이는 데 기여했던 '4대강 보' 해체를 시도합니다.

8. 그 외: 문재인 정부는 △ ○ 코로나 19 초기에 전문가들의 요구에도 불구하고 중국인 입국 제한을 거부하여 방역의 골든타임을 놓치고, △ ○ '공직선거법 개정안'을 강행 통과시키고, △ ○ 'LH(한국토지주택공사) 부동산 투기 게이트'에 연루되고, △ 김경수의 ○ '드루킹 댓글 조작 사건'에 연루되고, △ 네이버 실시간 검색어 제도를 폐지하고, △ ㊻ 김정숙 여사의 옷값에 대한 논란이 불거지자 이를 대통령 기록물로 지정합니다.

3. 대북 송금

2020년 7월 문재인 대통령은 박지원을 국정원장으로 임명합니다. 왜 '정보깜깜이'로 불리던 박지원을 국정원장 자리에 앉혔을까요? 박지원은 김대중 정부 시절 2006년 9월 불법 대북송금(현대그룹을 통한 5억 달러 송금)을 주도한 혐의로 징역 3년형을 선고받은 전력이 있습니다. 이러한 그의 대북송금 경험이 필요하기 때문에 임명하지 않았을까요? 실제로 문재인 정부 시절 정부 차원에서 수차례에 걸쳐 수조 원대의 대북 지원이 이루어졌고, 인도적 지원, 국제기구를 통한 지원, 남북교류협력기금을 통한 지원 등 다양한 명목으로 대북 송금을 진행했습니다. 더 큰 문제는, 민간 부문 대북송금이 급증하면서 정부가 공식적으로 집계조차 불가능한 상황이 되었다는 점입니다. 문재인 정부의 대북 송금은 김대중·노무현 정부보다 훨씬 더 불투명하고 광범위하게 이루어졌다는 지적이 많습니다.

4.27 남북공동선언

문재인 대통령은 김대중의 6.15 남북공동선언(2000년)과 노무현의 10.4 남북공동선언(2007년)을 계승하며, 2018년 '4.27 남북공동선언(판문점 선언)'을 추인합니다. 선언의 핵심은 '평화통일'을 지향하고 있습니다.

문재인의 말로

퇴임 후 문재인은 경남 양산시 하북면 지산리 평산마을에 있는 자신의 사저 앞에 '평산책방'이라는 서점을 개업하여 자원봉사단을 모집하는 일명 ○ '열정 페이' 논란을 불러일으켰습니다. 이후 *"잊히고 싶다"*라는 퇴임사와 달리, 정권 교체 이후 더불어민주당의 주요 고비마다 정치의 한복판에 지속적으로 나

니다. 당시 문재인 정부는 즉각 대응하지 않고, 이후 그를 월북자로 규정했지만 전문가들은 이를 부정했습니다.

㊵ 문재인 대통령은 날씨 등을 이유로, 2017~2019년 6.25전쟁 기념식에 단 한 번도 참석하지 않고, 2018~2019년 서해 수호의 날 행사에도 불참했습니다.

㊶ 2018년 평창 올리픽 문화행사를 위해 반입된 위성방송 차량이 북한에 남겨졌다는 보도가 있었는데, 일부 전문가들은 이 장비가 군사용으로 전용될 수 있다고 지적했습니다.

㊷ 2018년 4월 27일 판문점 선언 당시, 문재인 대통령은 김정은과 44분간 단독 회담을 가졌지만 내용은 공개하지 않았습니다. 정부는 '신경제 구상' USB를 전달했다고 해명했지만, 감사원은 이후 산업부가 북한 원전 관련 문건 530건을 작성·삭제했다고 밝혔습니다.

○ 남북공동연락사무소(南北共同連絡事務所, Inter-Korean Liaison Office): 남북 간 상시 소통을 위해 2018년 개성에 설립된 기관으로, 2020년 6월 북한이 폭파해하여 약 1000억 원의 피해를 냈습니다. 문재인 정부는 책임도 묻지 않고 한미훈련 등 우리 측 요인을 언급하며 북한을 두둔했습니다.

○ 사립학교법 개정안(私立學校法改正案): 2021년 문재인 정부가 통과시킨 법으로, 정부가 사립학교 교원 채용에 개입할 수 있게 하여 사립학교에 대한 국가 통제를 강화했습니다.

○ 포괄적 성교육(Comprehensive Sexuality Education, CSE)은 성의 감성·신체·사회적 측면을 다루는 교육입니다. 하지만 여성가족부는 2020년 노골적 성내용의 『나다움 어린이 책』을 배포하고, 2019년부터 동성애와 동성혼을 *"원하는 대로 사랑할 권리"*로 묘사한 교재를 보급하여 논란을 일으켰습니다.

○ 문재인 케어: 문재인 정부가 2017년 추진한 건강보험 보장성 강화 정책으로, 초음파·MRI 등 3800여 개 비급여 항목을 급여화했습니다. 하지만 의료계는 낮은 수가로 병원 재정난이 심화될 것이라며 반발했습니다.

○ 여성가족부(女性家族部, Ministry of Gender Equality and Family): 2001년 출범한 중앙행정기관으로, 여성·청소년·가족 정책을 담당합니다. 하지만 성평등을 명분으로 성별 갈등을 심화시켰다는 비판을 받아왔습니다.

○ 차별금지법(差別禁止法, Anti-Discrimination Act): 성별·종교·성적지향 등 다양한 이유로의 차별을 금지하는 법안입니다. 하지만 표현·사상·종교의 자유를 제한하고, 동성애 반대나 특정 이념 비판까지 처벌할 수 있어 역차별 논란이 있습니다.

㊸ 마약 청정국으로 불리던 대한민국은 문재인 집권 기간 마약 천국으로 탈바꿈했습니다. 마약류 압수물은 154.6kg에서 1295.7kg로(8.3배 증가), 19세 이하 마약사범은 119명에서 450명으로(3.8배 증가), 마약류 밀수 적발량은 69kg에서 1272kg로(18배 증가) 급증했습니다.

고영주, 장영관, *대통령이 된 간첩:문재인을 간첩이라 주장하는 100가지 이유*(서울: 북저암, 2024), 456-457.

㊹ 문재인 정부 5년간 국내 불법체류자는 20만 8,971명(2016년)에서 39만 2,196명(2020년)으로 87.6%(18만 1,886명) 늘어난 반면, 정부의 불법체류자 단속 건수는 오히려 390% 감소했습니다.

김현지, "지난 5년간… 불법체류자 87% 늘고, 적발 건수는 390% 줄었다." 뉴데일리, 2021년 5월 18일. https://www.newdaily.co.kr/site/data/html/2021/05/18/2021051800176.html.

○ 5.18 처벌법: 문재인 정부가 2021년 통과시킨 법으로, 5·18 관련 허위사실 유포나 비판을 하면 처벌하도록 규정했습니다. 표현과 사상의 자유 침해 우려가 제기되었으며, 정부는 민주유공자에게 보상을 실시하했지만 명단 공개는 금지했습니다.

㊺ 2017년 6월 문재인 대통령은 고리 1호기 영구정지식에서 탈원전을 선언하며 원전 중심 정책 폐기를 발표했습니다. 그는 후쿠시마 사고로 1368명이 사망했다고 했지만, 실제 보고된 방사능 직접 사망자는 한 명도 없었습니다. 이후 월성 1호기 폐쇄와 신규 원전 중단으로 한전은 LNG 대체로 26조 원 적자를 기록했고, 그 부담은 국민에게 전가되었습니다.

고영주, 장영관, *대통령이 된 간첩:문재인을 간첩이라 주장하는 100가지 이유*(서울: 북저암, 2024), 431, 532.

○ 신재생에너지(Renewable energy): 태양광·풍력·수력 등 재생 가능한 에너지로, 문재인 정부는 약 12조 원을 투자했습니다. 하지만 부당 대출 1800억 원과 세금 2612억 원의 불법 사용이 적발되었고, 대부분 중국산 패널을 사용하여 국내 산업은 몰락하고 중국의 배만 불려주었습니다.

○ 코로나 바이러스(Coronavirus): 2019년 중국 우한에서 발생한 신종 바이러스로, 한국은 2020년 1월 첫 확진자가 나왔습니다. 당시 의사협회

서다가, ㊼ 딸 문다혜의 음주운전 사고와 불법숙박업 혐의가 드러나면서 한동안 공식 행보를 감춥니다.

평화통일?

4세기 로마의 군사 저술가였던 레나투스는 '평화를 원한다면 전쟁을 준비하라(Si vis pacem, para bellum.)'라는 유명한 말을 남겼습니다.[49] 이에 반해, 남북이 말하는 평화통일은 전쟁 없이 상호 합의로 한반도를 통합한다는 방식입니다. 이것은 허상입니다. 주사파 세력이 주장하는 평화통일은 사실상 '1국가 2체제'로, 평화협정(종전선언)을 체결하고 주한미군을 철수시켜 결국 남한을 흡수통일하려는 속셈에 불과합니다. 북한이 비핵화하고 자유민주주의 체제를 받아들이지 않는 한, 평화통일은 불가능합니다. 공산주의와 자유민주주의는 절대 공존할 수 없으며, 일정 기간 공존하더라도 반드시 이념이 더 강한 쪽(공산주의)이 이념이 더 약한 쪽(자유민주주의)을 흡수하게 돼 있습니다. 따라서 '평화통일'이란 구호는 사실 '적화통일'을 위한 위장전술일 뿐이며, 이는 이미 월남이 증명하는 바입니다.

월남 VS 월맹

1973년 1월 '파리 평화협정(Paris Peace Accords)'이 체결되면서 자유 월남(남베트남)은 공산 월맹(북베트남)과 평화협정을 체결하고, 1974년 전시작전통제권을 미국으로부터 회수합니다. 하지만 전작권을 회수한 지 1년 만인 1975년 4월 월맹군은 남침하여 9백만 명을 학살하고, 월남군은 총도 한 번 쏘지 못하고 항복합니다. 월남 대통령의 항복은 표면상 '연방제 통일'이었지만, 실상은 '적화통일'이었습니다. 당시 좌익들은 '월남이 월맹보다 군사력도 10배 강하고 경제도 20배 우수하기 때문에 적화통일은 불가능하다'며 사람들을 선동했는데, 실제로는 사상이 더 강한 쪽이 이겼습니다. 월남군은 최신 장비와 무기를 보유했지만, 자유민주주의를 지키려는 의지와 정신력이 결여되어 있었습니다. 반면, 월맹군은 군화조차 없어 자동차 타이어를 잘라 만든 신발을 신을 정도로 가난했지만, 공산주의 이념으로 단단히 무장되어 있었습니다. 그럼에도 불구하고, 오늘날에도 여전히 ㊽ *"아무리 더러운 평화라도, 이기는 전쟁보다는 낫다"*라는 구호로 국민을 속이고, 안보를 해체하려는 세력이 있습니다.[50] 이는 현 더불어민주당의 통일 정강정책이 명백히 보여주는 바입니다.

"남북의 평화 공존과 공동 번영을 추구하며, 북한의 적대적 두 국가론에 대응하여 헌법에 기반한 평화적 통일을 지향한다. 이를 위해 7·4남북공동성명, 남북기본합의서, 6·15공동선언, 10·4선언, 4·27판문점선언 및 9월 평양공동선언 등 남북 간 합의를 존중·계승하고 적극 이행한다."[51]

결단하기

"문재인은 간첩이다." 이는 2021년 5월 14일 유튜브 채널 '너알아TV'에 출연한 전 북한 직파 간첩 P씨가 직접 한 말입니다. 그는 방송 관계자에게 문재인이 간첩임을 밝히는 서류 한 뭉치를 전달하면서, *"제2의 박헌영은 김대중이고, 제2의 김대중이 문재인이다"*라며 *"(우리 국민은) 문재인은 반드시 간첩이라는 것을 고발하고, 검찰은 문재인을 기소해서 감옥에 넣지 않으면 대한민국은 망한다"*라고 경고했습니다.[52] 여러분의 생각은 어떠신가요? 김대중·노무현·문재인 3명의 반국가 대통령의 거짓에서 깨어나지 않는 한, 자유대한민국은 지켜질 수 없습니다. 이제 여러분은 3대 반국가 대통령의 실체를 정확히 인식하고, 대한민국 전 국민에게 알려야 합니다. 자유대한민국의 미래는 여러분에게 달려 있습니다.

---

49) 오주한, "평화를 원한다면 전쟁을 준비하라." 스카이데일리, 2020년 12월 17일. https://www.skyedaily.com/news/news_view.html?ID=118102.

50) 박경준, 정윤주, "이재명 '아무리 "더러운 평화"라도 "이기는 전쟁"보다 낫다'." 연합뉴스, 2023년 7월 4일. https://www.yna.co.kr/view/AKR20230704114700001.

51) "강령·당헌·당규·윤리규범: 통일, 전쟁 없는 평화로운 한반도." 더불어민주당. https://theminjoo.kr/main/sub/introduce/rule.php.

52) 김문수, 간첩이 점령한 대한민국(서울: 생각하는 갈대, 2024), 43.

와 국민은 중국 입국 차단을 요구했지만, 정부는 대응을 미루어 방역 골든타임을 놓치고, 3월 말 확진자 9,332명, 사망자 139명이 발생했습니다. 이후 휴가 장려 정책으로 2차 대유행이 일어났습니다.

○ 공직선거법 개정안: 2019년 문재인 정부가 통과시킨 법으로, 만 18세 투표권과 준연동형 비례대표제를 도입했습니다. 그 결과 진보당·정의당·기본소득당 등이 가장 큰 수혜를 입었습니다.

○ LH(한국토지주택공사, Korea Land and Housing Corporation): 공공주택 건설과 토지 개발을 담당하는 공기업으로, 문재인 정부 시절 직원들의 부동산 투기와 부실 시공 문제가 드러났습니다. 2021년 검단 아파트 붕괴 후 조사에서 LH 발주 단지 15곳에서 철근 누락이 확인되었습니다.

○ 드루킹 사건: 2018년 민주당 김경수 의원이 '드루킹' 김동원과 공모하여 포털 댓글 여론을 조작한 사건입니다. 3,000여 개 ID로 8,800만 회 클릭을 조작했고, 대법원은 김경수에 징역 2년, 김동원에 징역 3년을 확정했습니다.

㊻ 2018년 6월 한국납세자연맹(정부의 예산 집행을 감시하는 시민단체)은 김정숙 여사의 의전비와 옷값 등 특수활동비 공개를 청구하지만, 청와대는 안보·외교상 비공개를 이유로 거부했습니다. 문재인 대통령은 과거 박근혜 정부 특활비를 비판하며 공개를 약속했지만 지키지 않았고, 관련 자료는 대통령기록물로 지정되어 최대 30년간 비공개로 묻혀졌습니다.

○ 열정페이: 열정을 빙자하여 저임금으로 노동력을 착취하는 행위를 의미합니다.
2023년 5월 평산책방은 자원봉사자를 모집하여 수익을 책방에 귀속시키고 임금을 지급하지 않아 '무임금 착취' 논란이 일었습니다. 이는 집권 5년간 최저임금을 강조한 문재인 정부 정책과 모순된다는 비판을 받았습니다

㊼ 2024년 10월 문재인의 딸 문다혜는 혈중알코올농도 0.149% 상태로 음주운전하다가 택시와 충돌했습니다. 검찰은 징역 1년을 구형했지만, 1심에서 벌금 1,500만 원이 선고되었습니다. 그녀는 또한 서울과 제주도에서 불법 숙박업을 운영한 혐의로 기소되었습니다.

㊽ 2023년 7월 4일 이재명은 '정전 70주년 평화행동' 간담회에서 *"아무리 더러운 평화라도 이기는 전쟁보다 낫다"*고 발언했습니다. 하지만 적화야욕을 버리지 않은 북한과의 평화는 불가능하며, 북한이 비핵화와 자유민주주의를 택하지 않는 한 통일도 이룰 수 없습니다.

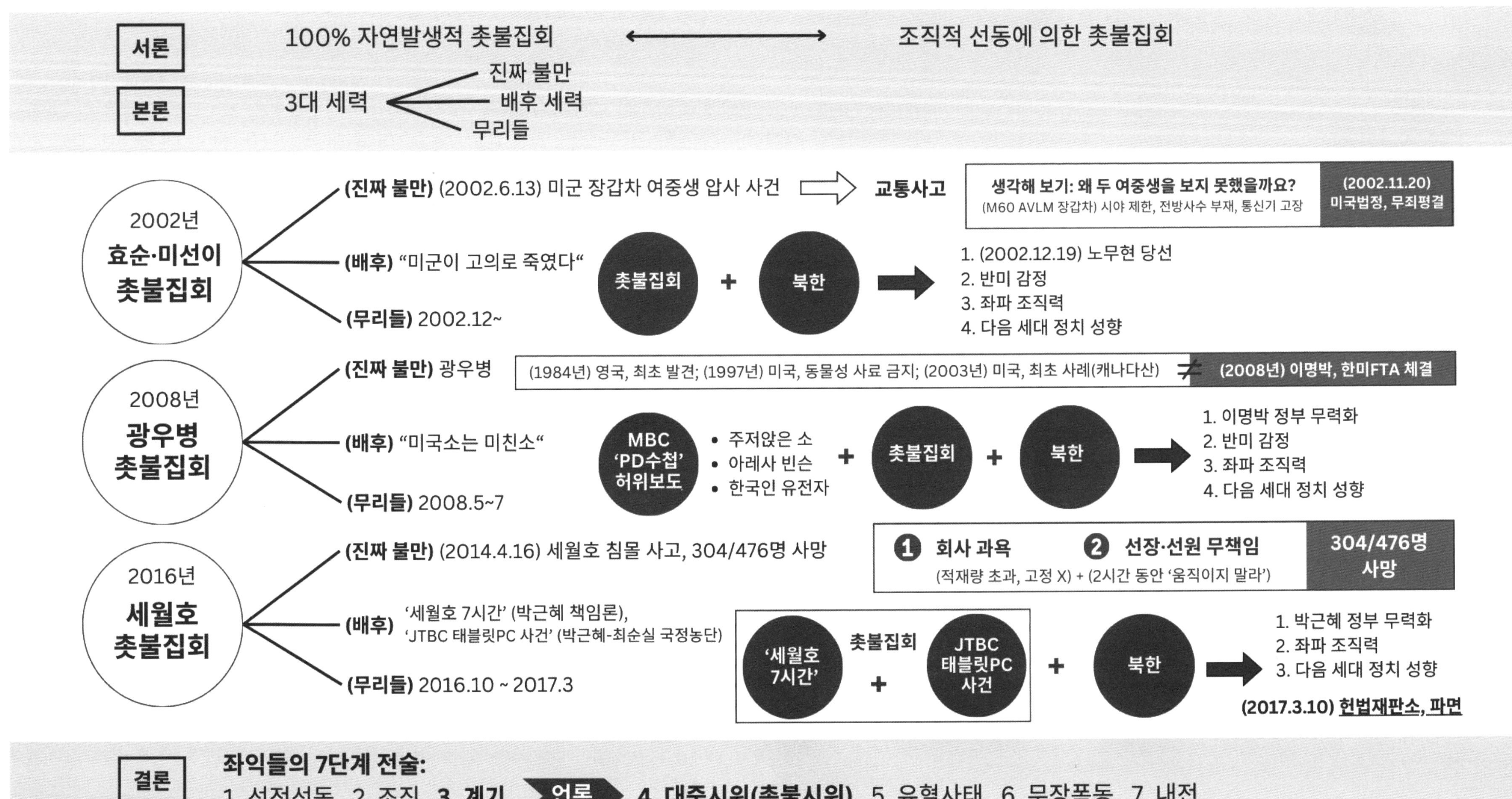

23 대한민국의 3대 촛불집회
서론
100% 자연발생적 촛불집회 ↔ 조직적 선동에 의한 촛불집회
본론
3대 세력 ← 진짜 불만 / 배후 세력 / 무리들
2002년 효순·미선이 촛불집회
(진짜 불만) (2002.6.13) 미군 장갑차 여중생 압사 사건 ⇒ 교통사고
생각해 보기: 왜 두 여중생을 보지 못했을까요? (M60 AVLM 장갑차) 시야 제한, 전방사수 부재, 통신기 고장
(2002.11.20) 미국법정, 무죄평결
(배후) "미군이 고의로 죽였다"
촛불집회 + 북한 →
1. (2002.12.19) 노무현 당선
2. 반미 감정
3. 좌파 조직력
4. 다음 세대 정치 성향
(무리들) 2002.12~
2008년 광우병 촛불집회
(진짜 불만) 광우병
(1984년) 영국, 최초 발견; (1997년) 미국, 동물성 사료 금지; (2003년) 미국, 최초 사례(캐나다산) ≠ (2008년) 이명박, 한미FTA 체결
(배후) "미국소는 미친소"
MBC 'PD수첩' 허위보도
• 주저앉은 소
• 아레사 빈슨
• 한국인 유전자
촛불집회 + 북한 →
1. 이명박 정부 무력화
2. 반미 감정
3. 좌파 조직력
4. 다음 세대 정치 성향
(무리들) 2008.5~7
2016년 세월호 촛불집회
(진짜 불만) (2014.4.16) 세월호 침몰 사고, 304/476명 사망
❶ 회사 과욕 ❷ 선장·선원 무책임 (적재량 초과, 고정 X) + (2시간 동안 '움직이지 말라')
304/476명 사망
(배후) '세월호 7시간' (박근혜 책임론), 'JTBC 태블릿PC 사건' (박근혜-최순실 국정농단)
'세월호 7시간' + JTBC 태블릿PC 사건 촛불집회 + 북한 →
1. 박근혜 정부 무력화
2. 좌파 조직력
3. 다음 세대 정치 성향
(2017.3.10) 헌법재판소, 파면
(무리들) 2016.10 ~ 2017.3
결론
좌익들의 7단계 전술: 1. 선전선동 2. 조직 3. 계기 언론 4. 대중시위(촛불시위) 5. 유혈사태 6. 무장폭동 7. 내전
이승만 역사교실

23. 대한민국의 3대 촛불집회

오늘도 힘찬 구호로 역사공부를 시작해 봅시다: 이승만/역사교실, 자유통일/이룩하자, 와!

복습하기　대한민국 헌법 제66조 2항에 따르면, 대통령은 "국가의 독립, 영토의 보전, 국가의 계속성과 헌법을 수호할 책무"를 집니다.[1] 하지만 국가의 안전·정통성·핵심가치·국익 등을 수호할 책임을 저버린 대통령들이 있습니다. 이들이 바로 김대중·노무현·문재인 전 대통령들입니다. 이들은 습관적으로 건국을 폄훼하는 발언을 하거나 반국가 단체인 북한 정권에 대해서는 호의적인 태도를 취했습니다. 또 대한민국을 세계 강국으로 성장시킨 이승만·박정희 정권은 신랄하게 비판하면서, 김일성 정권의 인권말살에 대해서는 침묵했습니다. 그럼에도 여전히 이들을 추앙하는 국민들이 있습니다. 김대중·노무현·문재인 3명의 반국가 대통령의 거짓에서 깨어나지 않는 한, 자유대한민국은 지켜질 수 없습니다.

서론: 100% 자연발생적 촛불집회인가? 아니면 조직적 선동에 의한 촛불집회인가?

서론　우익 나라로 세워진 대한민국이 좌익 정권에 넘어간 순간에는 늘 대중시위가 있었습니다. 1980년대 민주화운동 당시 대중시위의 힘을 체감한 주사파는 이를 정치적 목적을 위한 선동 수단으로 활용해 왔습니다. 자유민주주의 국가인 대한민국에서 어떻게 친북 성향의 대통령들이 연이어 집권할 수 있었는지 이해하려면, '3대 촛불집회'를 알아야 합니다. 이 책은 이를 보다 쉽게 이해하기 위해 '서론→본론→결론'의 구조를 사용하여 설명합니다.

1. (서론) '3대 촛불집회는 100% 자연발생적 촛불집회인가? 아니면 조직적 선동에 의한 촛불집회인가?'
2. (본론) '3대 세력을 살펴봅시다. 첫째, 진짜 불만을 가진 사람들입니다. 둘째, 정치적 목적을 위해 선동하는 배후 세력입니다. 셋째, 선동에 넘어가는 무리들입니다.'
3. (결론) '좌익들은 모든 사건에 대하여 7단계 전술을 사용합니다(선전선동·조직·계기·대중시위·유혈사태·무장폭동·내전).'

이제 여러분은 이 구조를 잘 활용하여, '3대 촛불집회'에 대한 왜곡된 정보를 정확하게 반박하기를 바랍니다. 이제 '3대 촛불집회'에 대해 살펴보겠습니다.

본론: 3대 세력(진짜 불만·배후·무리들)

효순·미선이 촛불집회 2002년　자유대한민국을 좌익 정권에 내어준 첫 번째 촛불집회는 2002년 '효순·미선이 촛불집회(미군 장갑차 여중생 압사 사고)'입니다.

#1 진짜 불만　한일월드컵 축구 열기가 뜨거웠던 2002년 6월 13일 두 여중생(신효순·심미선)이 의정부 시골길에서 훈련 중이던 미군장갑차에 치여 사망합니다. 편도 1차로의 좁은 도로에서 장갑차는 중앙선을 넘어 주행했고, 마주 오던 다른 장갑차를 피해 갓길로 붙은 여중생들을 보지 못해 벌어진 비극적 사고였습니다. 이 사건을 '효순·미선이 사건'이라고 합니다. 이를 두고 좌파들은 *"여중생을 발견할 수 있었는데 의도적인 살인이었다"*, *"장갑차가 피하는 여중생들을 따라가 죽인 것이다"* 등의 음모론을 선동했지만, 본질은 교통사고였습니다.[2]

생각해 보기　왜 장갑차는 두 여중생을 보지 못했을까요? 첫째, M60 AVLM 장갑차(당시 장갑차 기종)는 장갑차 중에서도 전방 시야가 굉장히 제한적인 차종이었습니다. 유리창으로 전방을 보는 일반 승용차와

---

[1]　"대한민국 헌법." 국가법령정보센터. https://www.law.go.kr/lsEfInfoP.do?lsiSeq=61603#.

[2]　"교통사고를 反美로 둔갑시킨 사람들, 지금도 괴담 선동." 조선일보, 2024년 4월 22일. https://www.chosun.com/opinion/editorial/2023/10/06/EJCTORUMAJE5LCIVIXPD2OXKSA/.

달리, 장갑차는 전투용 차량으로 전방이 철판으로 막혀 있고 투시경만으로만 볼 수 있습니다. 실제로 국군 장갑차들도 시야 한계 때문에 갓길 전봇대나 차량을 들이받는 사고가 종종 발생합니다. 둘째, M60 AVLM 장갑차는 애초부터 밖에 전방사수가 없는 밀폐주행 차종이었습니다. 따라서 운전병 혼자 좁은 시야에 의존하여 주행해야 했습니다. 셋째, 장갑차의 통신장비가 고장 난 상태였습니다. M60 AVLM 장갑차는 밀폐차량 특성상 외부 인원과의 교신이 필요한데, ① 통신장비 고장으로 외부에서 두 여중생의 존재를 전달받을 수 없었고, 거대한 엔진소음과 헬멧 착용으로 청각도 제한된 상황이었습니다.

2002년 11월 20일 의정부 미군법정은 현장검증 결과 장갑차 운전병 2명에게 고의·과실도 없다고 판단하여 무죄 평결을 내립니다. 당시 운전병 워커 하사는 충격과 죄책감으로 오랫동안 정신과 치료를 받았습니다. 사고 이후, 미군 당국은 유감의 뜻을 전달하고 유가족에게 위로금·배상금을 전달했지만, 무죄 소식이 알려지면서 '효순·미선이 사건'은 주한미군의 ○ '한미 주둔군지위협정(SOFA)' 개정 요구와 반미 시위 확산의 도화선이 됩니다.

> **#2 배후** 2002년 6월에 일어난 '효순·미선이 사건'은 6개월 뒤 광화문 광장을 반미 촛불집회로 뒤덮었습니다.

1. 촛불집회: 촛불집회는 사건의 본질은 외면된 채 *"미군장갑차가 고의로 어린 여중생들을 깔아 죽였다"*, *"처음에 안 죽으니까 후진하여 터트려 죽였다"*는 거짓선동이 퍼져 반미감정을 자극했습니다. 광화문 광장에서 대형 성조기를 찢고, ○ 윤민석의 'Fucking USA'와 이적단체로 판결 난 ○ 실천연대의 '탱크라도 구속해' 같은 노래로 반미 분위기를 고조시켰습니다. 좌파 언론도 이를 그대로 보도하며 대중 선동에 동조했습니다.

2. 북한: 북한은 '효순·미선이 사건'을 반미 정치공작에 활용했습니다. 조선로동당 대남공작부는 남한 좌파단체·언론과 똑같은 목소리를 내며 미군 철수를 선동하고, 2023년 4월 두 학생을 평양 모란봉 제1중학교 6학년 9반 교실 빈자리에 영정사진과 졸업증서를 전시하여 이들을 명예학생으로 등록합니다. 이후 매년 6월 13일마다 조선로동당 기관지 로동신문과 대남선전용 웹사이트 우리민족끼리를 통해 *"여학생 학살사건"*을 기리며 반미감정을 부추깁니다.[3] 실제로 북한 고위간부들 사이에서도 당시 남한 반미시위를 계기로 *"주한미군을 몰아낼 결정적 기회였다"*는 인식이 퍼졌지만, 연평해전이 일어나면서 무산되었다고 회고했습니다.[4]

> **정치적 영향** 2002년 12월 반미 촛불집회는 좌파세력에게 큰 정치적 이익을 안겨주었습니다.

1. 첫째, 노무현 대통령을 당선시켰습니다. 2002년 12월 반미 촛불집회가 한창이던 중 치러진 제16대 대선에서 새천년민주당 노무현(48.91%)은 한나라당 이회창(46.58%)을 제치고 당선됩니다. 노무현이 당선된 데는 노무현과 정몽준의 단일화, 이회창의 병풍사건 등 여러 가지 복합적인 요소들이 있었겠지만, 결정적으로 반미 촛불집회의 타이밍과 '반미·반부시(Bush)' 등의 슬로건을 잘 활용했기 때문입니다.

2. 둘째, 국민 속에 반미 감정을 심었습니다. 효순·미선이 사건 이후, 2004년 평택 미군기지 이전 반대 시위, 2005년 맥아더 동상 철거 시위, 2007년 한미FTA 반대 시위, 2008년 미쇠고기 수입 반대 시위(광우병 촛불집회), 같은 해 8월 미국 부시 대통령 방한 반대 시위 등 우리나라에는 반미시위가 급증합니다. 2004년 1월 육사 가입교생 의식조사에서도 '우리나라의 주적이 누구인가'를 묻는 질문에 육사 생도 250여 명 중 34%가 주적을 미국, 33%가 북한이라고 답했습니다.[5] 2004년 성인을 대상으로 한 조사에서도 '우리 안보에 가장 위협적인 나라'를 묻는 질문에 39%가 미국, 33%가 북한이라고 답했습니다.[6]

① 미군 조사당국은 통신장비 고장을 인정했지만, 사고 전 정상작동이 확인된 만큼 정비병의 과실을 단정할 수 없다고 판단했습니다. 또한 고장 시점이 불명확하여 개인의 책임을 입증할 명백한 증거가 없다고 결론냈습니다.

○ 한미 주둔군지위협정(Status of Forces Agreement, SOFA): 한국에 주둔한 미군의 법적 지위와 재판권을 규정한 협정으로, 군사 임무 중 발생한 사건은 미군이 1차 재판권을 갖습니다. 효순·미선이 사건 당시 가해 미군이 미국 법정에서 무죄를 받자 *"왜 우리 땅의 범죄를 우리 법으로 다스리지 못하느냐"*는 여론이 일었고, 2003년 한·미 양국은 SOFA 운용지침을 개정해 한국의 수사 참여와 피해자 보호를 강화했습니다.

○ 윤민석(1964~): 민중가요 작곡가로, 2002년 동계올림픽 쇼트트랙 판정 논란을 계기로 반미곡 〈Fucking USA〉를 발표했습니다. 가사에는 쇼트트랙보다 북한 찬양과 반미 내용이 대부분이었으며, 이후 〈Fucking USA 2〉 등으로 반미 정서를 자극했습니다. 또 〈수령님께 드리는 충성의 노래〉, 〈김일성 대원수는 인류의 태양〉, 〈촛불을 들으라!〉 등 친북 성향의 곡들도 작곡했습니다.

○ 실천연대(6.15남북공동선언실천연대): 2000년 남북한의 평화통일을 위해 활동할 목적으로 결성되었지만, 2010년 7월 북한에 대한 '체제 찬양 고무' 활동으로 대법원에서 '불법 이적 단체'로 판결을 받았습니다.

3) 윤일건, "北, 효순·미선 10주기에 반미 촛불집회 선동." 연합뉴스, 2012년 6월 13일. https://www.yna.co.kr/view/AKR20120613088500014.

4) 정영, '북, 여중생 사건때 미군철수 안된 이유는…' 자유아시아방송, 2012년 6월 13일. https://www.rfa.org/korean/in_focus/usmillitary-06132012171649.html.

5) "[사설] 육사생도들까지 오염시킨 좌파 선전선동." 조선일보, 2008년 4월 4일. https://www.chosun.com/site/data/html_dir/2008/04/04/2008040401450.html.

6) 홍영림, "[여론조사] 한국 안보위협 국가, 미국이 1위로." 조선일보, 2004년 1월 11일. https://www.chosun.com/site/data/html_dir/2004/01/11/2004011170271.html.

3. 셋째, 좌파세력의 조직력·투쟁력을 길러주었습니다. 2002년 효순·미선이 촛불집회를 계기로 힘을 얻은 좌파세력은 이후 2008년 광우병, 2014년 세월호, 2016년 박근혜 퇴진 촛불집회를 주도하며 우파 정권을 무너뜨리고 좌파 정권을 창출하게 됩니다.

4. 넷째, 다음 세대의 정치 성향을 형성했습니다. 두 여중학생의 죽음이었던 만큼 효순·미선이 촛불집회에는 10~20대가 많이 참여했습니다. 이 경험은 20여 년이 지나서 30~40대가 된 이들의 정치 성향을 결정하는 데 큰 영향을 미쳤습니다. 이후 이들은 2008년 광우병, 2014년 세월호, 2016년 박근혜 퇴진 촛불집회를 주도하며, 2017년 문재인 정권의 핵심 지지층이 되었습니다.

| **#3 무리들** |

2002년 12월 광화문 광장은 조직적 선동에 의해 반미 촛불집회로 뒤덮입니다. 정작 사망한 여중생 가족들은 *"다 용서한다"*며 가슴에 묻었는데, 좌파세력은 10년 넘게 이를 정치적 도구로 활용합니다. 2012년 6월 '효순·미선이 10주기 추모행사'를 앞두고, 심미선 아버지 심수보 씨는 *"단순한 교통사고다. (미군들이) 얘들이 미워서 낸 사고가 아니지 않으냐. 얼굴도 모르지만 그 미군들도 이젠 마음의 짐을 덜고 편하게 살았으면 좋겠다. 제발 효순, 미선을 정치적 목적에 이용하지 말아주기를 바라고, 추모행사에 다른 분들은 그만 오셨으면 한다."*고 호소했지만, 좌파들은 추모행사를 강행했습니다.[7]

| **광우병 촛불집회
2008년** |

자유대한민국을 좌익 정권에 내어준 두 번째 촛불집회는 2008년 '광우병 촛불집회'입니다.

| **#1 진짜 불만** |

'광우병(Mad Cow Disease)'은 주로 4~5세 소에서 발생하는 치명적 신경 퇴행성 질환으로, 뇌가 스펀지처럼 변하는 해면상 뇌병증(Bovine Spongiform Encephalopathy, BSE)입니다. 광우병은 1984년 영국에서 최초로 발견되었고, 이후 1989년부터 2008년까지 19만여 건이 발생했으며, 영국(18만 4641건)·아일랜드(1618건)·포르투갈(1029건)·프랑스(984건) 등 대부분 유럽에서 집중되었습니다. 이 밖에도 일본(34건)·캐나다(13건)·미국(3건)에서도 드물게 사례가 보고되었습니다.[8] 이로 인해 ° 인간 광우병으로 207명이 감염되고, 200명이 사망했습니다. 영국(166명)·프랑스(23명)·아일랜드(4명)·미국·스페인(3명)·포르투갈·네덜란드(2명)·이탈리아·일본·캐나다·사우디아라비아(1명)입니다.[9] 원인은 ° 진전병에 걸린 양을 동물성 사료로 가공하여 초식동물인 소에게 먹인 것이었고, 이후 광우병 발병 국가들은 동물성 사료를 금지시킵니다. 미국도 1997년 동물성 사료를 전면 금지시킵니다.

연간 3천만 마리 이상의 소를 도축하는 미국의 경우, ② 2000년대 초 광우병 소가 3마리 발견되었는데, 한 마리는 캐나다산, 두 마리는 1997년 동물성 사료 금지 이전에 태어난 소였습니다.[10] 미국에서 발생한 인간 광우병 3건도 모두 해외 체류 중 감염된 사례였습니다.[11] 우리나라는 2003년 미국산 쇠고기 수입을 중단하지만, 이명박 대통령 취임 후 2008년 4월 18일 한미 FTA 체결과 함께 수입을 재개합니다. 이는 광우병 문제가 종식된 이후였습니다.

| **#2 배후** |

종식된 광우병 문제는 뒤늦게 2008년 5~7월까지 3개월간(106일) 광화문 광장을 '광우병 촛불집회'로 뒤덮습니다.

1. MBC PD수첩: 2008년 4월 29일 MBC PD수첩은 '(769회) 긴급취재! 미국산 쇠고기, 과연 광우병에서 안전한가?'라는 방송을 방영합니다. 이는 이명박 정부 출범 두 달, 한미 FTA 체결 11일 후였습니다. 방송 직후, 광우병에 대한 악성 괴담이 언론·포털·인터넷 등을 통해 급격히 확산되면서, 5월 2일 첫 촛불집회가 일어납니다. 이후 5월 13일 MBC PD수첩은 2편을 방영하고, 이로 인해 시위는 걷잡을 수 없이 확산됩니다. MBC PD수첩의 방송은 허위보도와 선동적인 연출로 국민들에게 공포를 조

○ 인간 광우병: 광우병에 감염된 소의 특정 조직(뇌·척수 등)을 섭취했을 때 인간에게 나타날 수 있는 치명적 프리온 질환으로, '변형 크로이츠펠트-야코프병(vCJD)'이라고 불립니다.

○ 진전병(振展病, Scrapie): 양·염소의 신경계를 침범하는 치명적 퇴행성 질환으로, 몸을 문질러 털이 빠지는 증상에서 이름이 유래했습니다.

② 지금까지 미국에서 보고된 광우병(BSE) 사례는 총 7건으로, 초기 3건(2003, 2005, 2006)은 전형적 BSE로, 오염된 사료가 원인이었습니다. 이후 4건(2012, 2017, 2018, 2023)은 비정형 BSE로, 노령소에서 자연적으로 발생한 사례들이었습니다.

---

7) "효순이와 미선이…누가 두 소녀의 죽음을 이용했나." 자유기업원, 2016년 3월 2일. https://www.cfe.org/bbs/bbsDetail.php?cid=media&idx=12453.

8) 최원석, "광우병 20년간 19만409건." 조선일보, 2008년 5월 2일. https://www.chosun.com/site/data/html_dir/2008/05/02/2008050201692.html.

9) 최원석, "광우병 20년간 19만409건." 조선일보, 2008년 5월 2일. https://www.chosun.com/site/data/html_dir/2008/05/02/2008050201692.html.

10) 양상훈, "'미국 소=광우병은 거짓 선동' 社說 통해 일관되게 알렸지만…." 조선일보, 2008년 7월 11일. https://www.chosun.com/site/data/html_dir/2008/07/10/2008071001140.html.

11) 김재현, "美 인간광우병 4번째 발생…'모두 해외여행 중 감염'." 연합뉴스, 2014년 6월 6일. https://www.yna.co.kr/view/AKR20140606007300092.

장했습니다.

- 첫째, 동물 학대로 다친 ° ‘다우너 소’를 광우병 걸린 소처럼 보도했습니다.
- 둘째, 야코프병(CJD)으로 사망한 아레사 빈슨의 병명을 ‘vCJD’로 표기하여, 인간광우병 사망자로 꾸몄습니다.[12]
- 셋째, 한국인의 94%가 유전자상 광우병에 취약하다는 허위정보를 퍼뜨렸습니다.[13]

MBC PD수첩
처벌?

허위보도로 국민을 공포에 빠뜨린 MBC PD수첩 관계자들은 어떻게 되었을까요? 대법원은 위 세 가지 허위사실을 인정하면서도, ‘공익 목적’이라며 무죄를 선고합니다. MBC는 사과문을 발표하지만, 정작 관계자들은 어떠한 책임도 지지 않고 초고속 승진을 합니다. PD수첩 책임프로듀서 최승호 PD는 2018년 MBC 신임사장, 송일준 PD는 광주 MBC 사장, 이춘근·김보슬 PD는 시사교양 4부 차장, 손정은 아나운서는 MBC뉴스데스크의 앵커로 발탁됩니다.

2. 좌파들의 촛불선동: 좌파세력은 ‘광우병대책위’라는 시위 컨트롤센터를 만들어, 전교조·민노총·범민련·사제단 등 1,842개 단체를 동원하여 3개월간 광화문 광장을 반정부·반미 촛불집회로 채웁니다. 이들은 “미국소는 미친소”, “미국소를 이용해 만든 라면, 과자를 먹어도 광우병에 걸리고 화장품이나 생리대를 통해서도 광우병이 걸려요”, “광우병 쇠고기를 다룬 칼과 도마에 의해 수돗물까지도 오염된다”는 식의 괴담을 일파만파 퍼뜨립니다. 선동에 휘말린 일부 여학생들은 “광우병 때문에 죽기 억울해요. 아직 나이도 어리고 꿈도 못 이루고...”, ‘광우병 걸리면 100% 죽는다는데, 난 아직 살 길이 많이 남았어요.”라며 눈물을 흘리기도 했습니다.

광우병 연예인
40명

2008년 광우병 촛불집회에는 좌파단체·정치인·지식인뿐 아니라, ③ 여러 연예인들도 적극 참여합니다. 그중 대표적으로 배우 김규리는 “광우병이 득실거리는 소를 뼈째로 수입하다니... 차라리 ° 청산가리를 입안에 털어 넣는 편이 오히려 낫겠다.”며 국민들을 선동하는 데 크게 일조하는데, 이후 거짓선동으로 질타를 받자 이름을 ‘김민선’으로 개명했습니다. 또 방송인 김미화는 광우병 촛불집회를 옹호해 놓고서는 몇 년 후 자신의 레스토랑에서 미국산 소고기를 사용하여 모순이라는 지적을 받기도 했습니다.

3. 북한: 북한은 2008년 광우병 촛불집회를 선전·선동하며, 이명박 정부의 한미 FTA 체결을 “굴욕적 매국 행위”라고 비판하며 촛불집회를 “애국적 투쟁”이라고 극찬했습니다.[14]

정치적 영향 2008년 5~7월의 대규모 반미 촛불집회는 좌파세력에게 큰 정치적 이익을 안겨주었습니다.

1. 첫째, 이명박 정부를 무력화시켰습니다. 2008년 출범한 이명박 정부는 김대중·노무현 정부 후 10년 만에 출범한 우파 정부였습니다. 하지만 광우병 촛불집회는 대선 패배 후 좌절감에 빠져있던 좌파세력에게 반격의 기회를 주었습니다. 당시 이명박 대통령은 시위의 위세에 눌려 청와대 뒷산에서 ‘아침이슬’ 노래를 부르며 눈물을 흘렸다는 일화가 전해집니다.[15] 결국 그는 적당히 타협하는 노선을 택합니다.

○ 다우너 소(downer): 부상이나 질병으로 걷거나 일어서지 못하는 소입니다.

③ 김규리·김구라·김미화·박미선·하리수·이동욱·송백경·김혜성·김가연·서민우·정찬·김디지·세븐·이하늘·김희철·김부선·프라임·이준기·문소리·권해효·김상혁·메이비·이승환·김지우·박용하·최진실·함소원·지진희·정재환·이주현·윤도현·유아인·이특·송미라·박철민·배칠수·윤종신·이소라·박준형·김래원·맹봉학·허일후·오상진·김원준·신정환·김혜수 등이 있습니다.

○ 청산가리(靑酸加里): 시안화 칼륨(KCN)을 일컫는 말로, 매우 강력한 독극물입니다.

[12] 성기웅, “[‘가짜뉴스’ 만든 언론인] ③ ‘광우병 왜곡보도’ MBC PD 조능희-송일준.” 펜앤마이크, 2018년 9월 14일. https://www.pennmike.com/news/articleView.html?idxno=9777.

[13] “MM형 유전자, 유일한 민감그룹 아니다.” 한국정책방송 KTV, 2008년 5월 6일. https://www.ktv.go.kr/content/view?content_id=276135.

[14] “For North Koreans, South’s US Beef Protests Hold Lessons, Irony.” VOA News, 2009년 11월 1일. https://www.voanews.com/a/a-13-2008-06-13-voa18/403505.html.

[15] 최우석, “광우병 때 아침이슬 부르며 눈물 흘렸던 MB...운동권 정부서 구치소행.” 월간조선, 2020년 11월 2일. https://m.monthly.chosun.com/client/mdaily/daily_view.asp?idx=11080&Newsnumb=20201111080.

2. 둘째, 국민 속에 반미 감정을 심었습니다. 2008년 전국 중·고교생 1,016명을 대상으로 한 행안부 안보·안전의식 설문조사에서 '우리나라 안보에 가장 위협적인 나라'로 28.4%가 미국, 27.7%가 일본, 24.5%가 북한이라고 답했습니다.[16] 이는 반미·친북 의식이 얼마나 확산되었는지 보여줍니다.

3. 셋째, 좌파세력의 조직력·투쟁력을 길러주었습니다. 2008년 광우병 촛불집회는 2002년 효순·미선이 촛불집회를 통해 길러진 힘을 시험한 장이었고, 이후 2014년 세월호·2016년 박근혜 퇴진 촛불집회로 이어져, 우파 정권을 무너뜨리고 좌파 정권을 창출하는 발판이 되었습니다.

4. 넷째, 다음 세대의 정치 성향을 형성했습니다. 광우병 촛불집회에는 10~20대가 많이 참여했습니다. 어린 나이에 촛불집회 현장에서 *너나 처먹어*라고 외쳤던 경험은 20여 년이 지나서 지금 30~40대가 된 이들의 정치 성향을 결정하는 데 큰 영향을 미쳤습니다. 이후 이들은 2014년 세월호, 2016년 박근혜 퇴진 촛불집회를 주도하여, 2017년 문재인 정권을 핵심 지지층이 되었습니다.

#3 무리들

2008년 5~7월 3개월 동안(106일) 광화문 광장은 반미·반정부 촛불집회로 뒤덮입니다. 평화롭게 시작된 시위는 곧 무법천지로 변하여, 경찰차를 부수고 청와대 진격까지 시도합니다. 경찰이 차벽을 설치하자, 이를 '명박산성'이라고 부르며 밧줄로 끌어내려고까지 합니다. 광화문 일대에는 2,398회 폭동·시위가 발생하고, °연인원 2천만 명이 참여합니다. 시위를 저지하기 위해 경찰력만 7,606개 중대(연인원 68만 4,540명 동원)가 동원되었습니다. 경찰 500여 명이 부상당하고 버스 177대가 불타거나 파손되고, 피해액은 3조 7,500억 원에 달했습니다.[17] 광화문 광장은 전쟁터나 다름이 없었습니다. 아직까지 우리나라에서 미국산 쇠고기로 광우병에 걸린 사례는 단 한 건도 없으며, 지금도 미국산 쇠고기는 전 세계적으로 안전한 식품으로 평가받습니다. 결국 2008년 광우병 촛불집회는 정권타도를 노린 좌파세력의 총궐기였고, '촛불'은 군중 선동의 도구였습니다.

세월호 촛불집회 2014년·2016년

자유대한민국을 좌익 정권에 내어준 세 번째 촛불집회는 2014년 '세월호 촛불집회'와 2016년 '박근혜 퇴진 촛불집회'입니다.

#1 진짜 불만

'세월호 사건'은 2014년 4월 16일 인천에서 제주로 향하던 '청해진해운' 선박회사 소속 여객선 '세월호'가 전남 진도 맹골수도에서 전복되어 407명 중 304명이 사망한 해상 사고입니다. 희생자 대부분은 단원고 수학여행단 학생들로, 사건은 전 국민에게 큰 충격을 주었습니다. 검경합동수사본부가 수사한 결과, 침몰의 원인은 복합적이었습니다.

1. 첫째, 선박회사 '청해진해운'의 과욕 때문이었습니다.

세월호는 청해진해운이 20년 된 일본 중고 여객선을 개조한 배였습니다. 청해진해운은 더 많은 화물을 실기 위해 °평형수를 빼고, 적재량을 초과한 화물을 갑판에 싣고도 제대로 고정하지 않았습니다. 그 결과, 급물살이 심한 맹골수도를 지날 때 화물이 한쪽으로 쏠리면서 배가 복원력을 잃고 전복된 것입니다.

2. 둘째, 선장·선원들의 무책임 때문이었습니다.

약 두 시간의 탈출 시간이 있었음에도 불구하고, 이준석 선장과 선원들은 승객들에게 비상 상황을 알리지 않고 구조 조치를 취하지 않았습니다. 오히려 *"움직이면 위험하니 가만히 있으라"*는 방송만 내보내고, 승객들을 두고 자신들만 탈출했습니다.

#2 배후

2014년 세월호 사건은 회사의 과욕, 선장·선원들의 무책임과 이기주의적 행동 등이 겹쳐 다수가 생존할 수도 있었음에도 과도한 인명손실이 발생한 안타까운 사고입니다. 세월호 사건은 박근혜 대통령이 고의로 일으킬 수 있는 사건이 아니며, 여러 가지 복합적인 원인이 작용하여 일어난

○ 연인원(延人員): 사람수보다는 건수 개념으로 세는 방식입니다. 반면, '실인원(實人員)'은 참여한 모든 사람의 수를 세는 방식입니다.

○ 평형수(平衡水, Water Ballast): 선박의 무게중심과 균형을 맞추기 위해 바닷물을 채우거나 빼서 안전 운항을 돕는 장치입니다.

16) 박중현, "한국안보 위협국은 '미국' 협력해야할 나라도 '미국'." 조선일보, 2008년 6월 24일. https://www.chosun.com/site/data/html_dir/2008/06/24/2008062400057.html.

17) 김재홍, "'촛불집회' 사회경제 손실 3조7천5백억." 법률신문, 2009년 8월 31일. https://www.lawtimes.co.kr/news/48694.

해상 재난입니다. 하지만 이 비극은 정치적 선동에 이용되어 촛불집회로 이어집니다.

1. 좌파들의 촛불선동: 우리나라의 좌파세력은 '세월호 7시간'이라는 거짓 프레임으로 2014년 '세월호 촛불집회'를 선동합니다. 이어 'JTBC 태블릿 PC 사건'을 계기로 2016년 '박근혜 퇴진 촛불집회'를 확산시킵니다. 그 선동의 타임라인을 하나씩 살펴봅시다.

#1 '세월호 7시간' 2014년 세월호 사건 직후, 우리나라 좌파들은 선박회사와 선장의 과실보다 박근혜 대통령에게 책임을 씌우는 '세월호 7시간' 거짓 프레임을 만들어 대통령 책임론으로 몰아갑니다. *"7시간 동안 뭐 했나? 왜 어린 학생들을 안 살려 냈나?"*, *"세월호 구조를 내팽개치고 올림머리 미용을 했다"*, *"만취상태에서 성형수술을 했다"*, *"정 모씨와 호텔에서 연애를 했다"*, *"무당인 최순실과 학생 300명을 인신공양하는 굿을 했다."* 이러한 유언비어는 국민들의 분노를 크게 자극했습니다. 이들은 광화문 광장에 세월호 천막을 설치하고, 세월호 희생자들을 추모하는 '노란 리본' 마크를 만들어 시위 참가자들의 가슴에 달거나 차량에 붙이도록 했습니다. 노란 리본은 '세월호 사건 > 박근혜 7시간 > 세월호는 박근혜 책임 > 박근혜 탄핵'이라는 거짓 인상을 대중들에게 지속적으로 각인시키는 정치적 심리전술로 작용했습니다.

진실은? 세월호 사건을 두고 국회탄핵소추위원회는 헌법재판소에 탄핵소추를 제기합니다. 이에 헌법재판소는 박근혜 대통령에게 사건 당일 7시간의 행적을 '분' 단위로 보고하도록 요구하고, 청와대는 10분 단위로 동선을 제출합니다. 그 결과, 그동안 제기되었던 각종 의혹들은 모두 사실이 아닌 것으로 밝혀집니다.[18]

- 4월 16일 오전 8시 50분: 사고 발생
- 4월 16일 오전 10시: 첫 보고 후 구조 지시
- 4월 16일 오전 10시 30분: 해양경찰청장(해경청장)에 *"특공대 투입하여 인명 구조"* 지시
- 4월 16일 오전 10시 35분: 국가안보실에 *"단 한 명도 피해 없도록 하라"* 지시
- 4월 16일 이후 오후 5시까지: 국가안보실로부터 수차례 보고 받고 지시

④ 이에 헌법재판소는 세월호 사고가 탄핵 사유가 되지 않는다며 국회의 탄핵소추를 기각합니다.

#2 JTBC 태블릿PC 사건 탄핵이 좌절되자, 좌파세력은 2016년 10월 24일 'JTBC 태블릿PC' 사건을 계기로 박근혜 대통령을 탄핵으로 몰아갑니다. 2016년 7월부터 언론은 ⑤ '미르재단' 문제를 보도하기 시작하고, 8월 민주당 내 ○ '최순실TF'를 비밀리에 구성하고, 9월 ⑥ '정유라 승마 의혹'이 불거지고, 화룡점정으로 10월 JTBC는 ○ 최순실(이후 최서원으로 개명)이 대통령 연설문을 수정했다는 '태블릿PC' 보도를 내놓습니다. 이를 계기로, 언론은 '박근혜·최순실 국정농단'이라는 프레임을 씌워 국민적 분노를 증폭시킵니다.

2. 북한: 박근혜 퇴진투쟁은 북한이 먼저 제기했습니다. 탄핵의 시발점이 된 JTBC 태블릿PC 보도 7개월 전, 우리나라 정치권에서 '탄핵'을 입에 올리기도 전에 북한 로동신문에는 *"박근혜 퇴진하라, 처형하라"*는 선동 기사들이 쏟아져 나왔습니다. *"지금은 남조선과 해외를 비롯하여 우리 겨레가 사는 곳 어디에서나 <박근혜는 퇴진하라!> <박근혜를 처형하라!> <탄핵대상 박근혜정권 갈아엎자!>라는 외침과 함께 민족의 분노가 활화산처럼 폭발하고 있다. 민심의 버림을 받은 산송장인 박근*

18) 권선미, "[전문] 박근혜 대통령이 제출한 '세월호 참사 당일 7시간 행적' 답변서." 조선일보, 2017년 1월 10일. https://www.chosun.com/site/data/html_dir/2017/01/10/2017011001238.html.

---

④ 세월호 사건의 가장 큰 의문점 중 하나는 사고가 발생하기 이틀 전에 김용익 전 의원을 비롯한 일부 민주당 의원들이 '세월호 특별법 논의 간담회'를 가졌다는 사실입니다. 이들은 왜 사건이 발생하기도 전에 세월호 대책회의를 열었을까요?

김두용, "[황영석 칼럼] 뒤돌아 본 세월호 사건의 가장 큰 의문점." 더뉴스코리아. 2017년 12월 13일. https://www.newskorea21.com/426.

⑤ 미르재단과 K스포츠재단은 대기업 강제 모금 의혹으로 촛불시위 확산의 계기가 되었으며, 2017년 3월 20일 설립허가가 취소되고 2020년 3월 20일 대법원에서 최종 확정되었습니다.

○ 태스크 포스(Task Force, TF): 조직 내 특정 목표 달성을 위해 구성되는 특별작업반입니다.

⑥ 박근혜·최순실 국정농단 의혹이 확산되자, 언론은 최순실의 딸 정유라의 승마 특혜 의혹을 집중 보도했습니다. 2014년 인천 아시안게임 금메달리스트인 정유라는 고교·대학 입학 특혜와 삼성그룹의 10억 원대 명마와 독일 승마장 지원 의혹이 제기되었습니다. 당시 삼성그룹은 2007년부터 승마단을 운영해 왔습니다.

○ 최서원(1956~): 사이비 종교 영세교의 교주인 최태민의 딸입니다.

혜가 갈 곳은 지옥 뿐이다(로동신문, 주체105(2016).3.16)."[19] 또 퇴진시위 4개월 전인 6월 북한은 16년 동안 중단했던 ○ 난수방송을 재개했습니다.[20] 이후 남한 좌파세력은 7월 미르재단, 8월 최순실TF, 9월 정유라의 승마, 10월 태블릿PC 의혹을 차례로 제기하며 북한의 선동을 맞췄습니다. 이는 대한민국 정치가 북한의 의도대로 흘러가고 있음을 보여주는 대표적인 사례입니다.

○ 난수방송(亂數放送, Numbers Station): 북한 공작기관이 남한 간첩에게 숫자로 지령을 송출하는 암호방송으로, 간첩은 이를 해독하여 임무를 수행합니다. 당시 남한의 상황이 대남공작의 만조기라고 판단하여, 대남공작을 드러내 놓고 지령한 것으로 보입니다.

정치적 영향 2014년 '세월호 촛불집회'와 2016년 '박근혜 퇴진 촛불집회'는 좌파세력에게 큰 정치적 이익을 안겨주었습니다.

1. 첫째, 박근혜 정부를 무력화시켰습니다. 헌법 제84조에 따르면, *"대통령은 내란 또는 외환의 죄를 범한 경우를 제외하고는 재직 중 형사상 소추를 받지 아니한다."*[21] 하지만 헌법재판소는 2017년 3월 10일 8대 0 전원일치로 박근혜 대통령의 파면을 결정했습니다. 헌재는 최순실의 국정 개입을 허용하고 대통령 권한을 남용한 점을 인정했습니다. 이후 대법원은 삼성의 공익재단 출연금은 무죄로, 승마 지원금 일부는 뇌물로 판결했습니다.

2. 둘째, 좌파세력의 조직력·투쟁력을 길러주었습니다. 2002년 효순·미선이 촛불집회와 2008년 광우병 촛불집회를 통해 힘을 기른 좌파세력은 2014년 세월호 촛불집회와 2016년 박근혜 퇴진 촛불집회를 통해 박근혜 정권을 무너뜨리고 문재인 정권을 창출합니다.

최대의 수혜자들 2016년 12월 9일 박근혜 대통령이 국회에서 탄핵소추를 당한 이후, 박원순 서울시장은 12월 24일 세월호 분향소 방명록에 *"아이들아! 너희들이 대한민국을 다시 세웠다. 참 고맙다(2016년 12월 24일 박원순)."*라는 글을 남깁니다.[22] 2017년 3월 10일 박근혜 대통령이 파면된 날, 문재인은 세월호 분향소 방명록에 *"얘들아, 너희들이 촛불광장의 별빛이었다. 너희들의 혼이 천만 촛불이 되었다. 미안하다. 고맙다(2017년 3월 10일 문재인)."*라는 글을 남깁니다.[23] 왜 이들은 세월호 사고로 인해 죽은 학생들에게 *"고맙다"*고 표현했을까요? 박근혜 대통령의 탄핵 이후, 문재인은 2017년 대선에서 제19대 대통령으로 당선됩니다.

3. 셋째, 다음 세대의 정치 성향을 형성했습니다. 2016년 박근혜 퇴진 촛불집회에는 10~20대가 많이 참여했습니다. 이는 어린 고등학생들이 사망한 2014년 세월호 사건의 영향이 컸습니다. 어린 나이에 노란 기본을 달고 촛불집회에 참여한 경험은 10년이 지나서 지금 30~40대가 된 이들의 정치 성향을 결정하는 데 큰 영향을 미쳤습니다.

#3 무리들 2016년 10월 말부터 2017년 3월까지 매주 토요일마다 광화문 광장은 대규모 촛불집회로 뒤덮입니다. 겉으로는 '평화적 민주시위'로 포장되었지만, 실제로는 광기의 현장이었습니다. 민노총·전교조 등 1,500여 개의 좌파단체들은 박근혜 대통령을 단두대에 처단하는 퍼포먼스, 목을 잘라 장대에 매단 모형, 몸에 밧줄을 칭칭 감은 모형, 입에 사약을 들이붓는 퍼포먼스, 얼굴 모형에 축구공을 발로 차는 아이들 현장 체험, 대통령과 대기업 회장들을 쇠창살에 가두고 있는 모형 등을 벌였습니다. 또 세월호 사건과 아무 관련 없는 반미·친북적인 문구들까지 대거 등장합니다. *"이석기 의원 석방하라"*, *"통합진보당 해산 반대"*, *"노동자가 주인이 되는 세상; 문제는 자본주의, 사회주의가 답이다."*, *"북한이 우리의 미래이며 희망이며 삶이다"*, *"거대한 횃불로 보수세력 모두 불태우자"*,

19) 고영주, 장영관, *대통령이 된 간첩: 문재인을 간첩이라 주장하는 100가지 이유*(서울: 북저암, 2024), 43.

20) Wendell Minnick, "New Details of North Korean Spy Radio Messages Emerge." Defense News, 2016년 7월 22일. https://www.defensenews.com/global/asia-pacific/2016/07/22/new-details-of-north-korean-spy-radio-messages-emerge/.

21) 우종창, *대통령을 묻어버린 거짓의 산 1*(서울: 거짓과 진실, 2019), 126.

22) 박성우, "박원순 서울시장, 팽목항 찾아 세월호 희생자 유족 위로." 연합뉴스, 2016년 12월 24일. https://www.yna.co.kr/view/AKR20161224026451054.

23) 업보운, "文, 탄핵 이후 첫 일정으로 팽목항 찾아 '얘들아, 너희들이 촛불광장의 별빛이었다'." 조선일보, 2017년 3월 10일. https://www.chosun.com/site/data/html_dir/2017/03/10/2017031001495.html.

"서울 한복판에서 미제침략군 몰아내자", "국정원 해체, 국가보안법 폐지", "사드(THAAD) 반대" 등입니다.

결론: 좌익들의 7단계 전술(선전선동·조직·계기·대중시위·유혈사태·무장폭동·내전)

| 결단하기 |

2002년 효순·미선이 사건, 2008년 광우병, 2014년 세월호 사건은 모두 안타까운 비극이었습니다. 하지만 일부 세력은 순수한 애도가 아닌 거짓 선동으로 국민감정을 자극하여 이를 정치적으로 악용했습니다. 그 결과, 노무현을 당선시키고, 이명박 정부를 무력화하고, 박근혜 대통령을 탄핵시켰습니다.

| 1. '대중시위'를 경계하라 |

대중시위는 사회주의·공산주의 세력이 정권 장악을 위해 사용하는 상투적인 수법입니다. 1917년 볼셰비키 광장시위를 통해 케렌스키 정권을 무너뜨리고 러시아를 공산화시킨 레닌은 프롤레타리아 정권 장악에 도움이 되는 것은 모두 선하다며, "공산주의자는 법률 위반, 거짓말, 속임수, 사실 은폐 따위를 예사로 해치우지 않으면 안 된다."라고 말했습니다.[24] 공산주의자들은 혁명을 위해서라면 그 어떤 거짓선동도 정당하다는 기본 관념을 가지고 있습니다. 이러한 전략전술을 오랫동안 습득한 우리나라의 좌파세력은 해방 후부터 지금까지 대중시위를 통해 세력을 확장하고 우파 정권을 무너뜨려 왔습니다.

| 2. '언론'을 개혁하라 |

한 나라의 국민에게 잘못된 가치관이 심어지면, 그 나라는 전쟁 없이도 망하게 돼 있습니다. 전쟁보다 쉬운 것이 바로 선동이며, 그중 가장 위험한 형태가 공영방송을 통한 선동입니다. 대한민국의 3대 촛불집회는 좌파단체의 선동이 언론과 방송을 타고 확산되면서 폭발적으로 번졌습니다. 그래서 공영방송에는 선동가들이 끼어들지 않도록 주의해야 하거늘, 오늘날 대한민국의 언론은 정치적 프로파간다와 선동을 유포하는 데 선두적 역할을 하고 있습니다. 이제 여러분은 '촛불'을 축제로 포장하는 반체제 선동에 더 속지 말고, 올바른 역사 교육을 통해 진짜 불만의 계기가 생겼을 때 분별하여 선제적으로 대응하기를 바랍니다.

24) 이강호, "좌파는 거짓말을 먹고 산다." 월간조선. https://monthly.chosun.com/Client/News/viw.asp?ctcd=A&nNewsNumb=202002100015.

24 윤석열 대 이재명 (12.3 비상계엄)

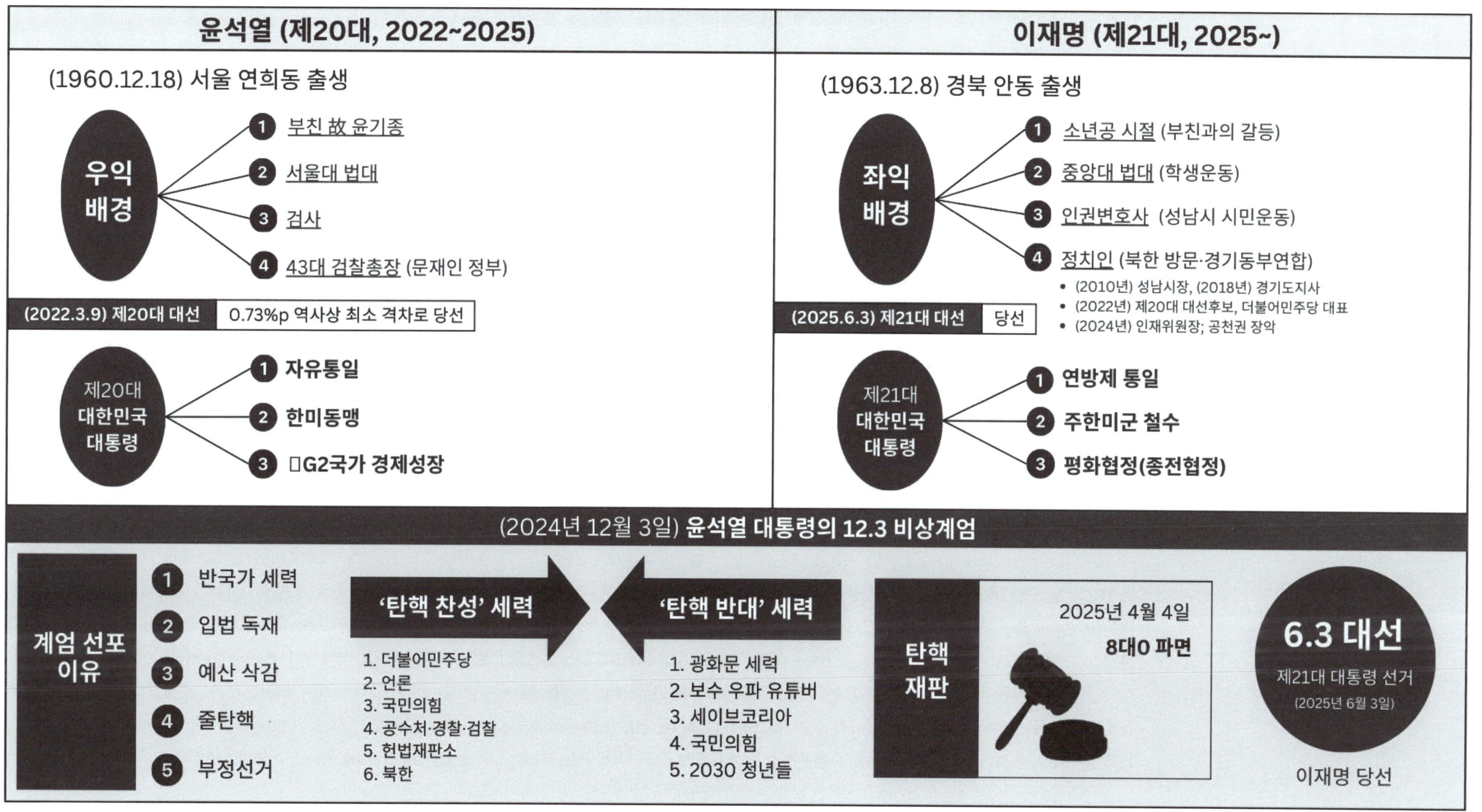

이승만 역사교실

24. 윤석열 대 이재명 (12.3 비상계엄)

오늘도 힘찬 구호로 역사공부를 시작해 봅시다: 이승만/역사교실, 자유통일/이룩하자, 와!

복습하기　1980년대 민주화운동의 주도권을 쥐었던 586세대 주사파 세력은 지난 50여 년 간 대한민국 사회 곳곳을 포진하여, 정치·경제·사회·문화 전반을 심각하게 좌경화시켜 놓았습니다. 하지만 정작 국민들은 나라가 죽이 되든 밥이 되든 관심이 없었습니다. 그 결과 이들은 청와대와 국회에까지 대거 침투하여, 친북 대통령들을 줄줄이 창출해냈습니다. 이들이 바로 김대중·노무현·문재인 전 대통령들입니다. 자유민주주의 국가인 대한민국에서 친북 대통령들이 줄줄이 집권할 수 있었던 데는 '3대 촛불시위'가 결정적인 역할을 했습니다. 효순·미선이 사건, 2008년 광우병 사태, 2014년 세월호 사고는 모두 안타까운 사건들입니다. 하지만 좌파들은 이를 정치적으로 활용했습니다. 2002년 효순·미선이 촛불시위로 노무현을 당선시키고, 2008년 광우병 촛불시위로 이명박 정부를 무력화시키고, 2014년 세월호 촛불시위와 2016년 박근혜 퇴진시위로 박근혜 대통령을 탄핵시켰습니다. '촛불'을 축제로 포장하는 반체제 선동에 더 이상 속지 않도록, 올바른 역사 교육을 통해 거짓을 분별하여 선제적으로 대응해야 합니다.

서론　지금 대한민국은 내전 상태입니다. 1945~1948년 우리나라는 어떤 체제의 국가를 만들 것이냐를 두고 극심한 체제전쟁을 벌였습니다. 1950년 6.25전쟁 때도 자유민주주의를 지키기 위해 수많은 목숨이 희생되었습니다. 하지만 1980년대 대학가에 주사파 세력이 폭발적으로 일어나면서 우리나라는 또 다시 체제전쟁을 벌이고 있습니다. 이러한 위기 속에서 윤석열 대통령은 2024년 12월 3일 비상계엄을 선포하지만, 2025년 4월 4일 헌법재판소의 만장일치 결정으로 파면되었습니다. 윤석열 대통령의 탄핵은 단순한 개인의 탄핵이 아니라, 자유대한민국의 운명을 가른 중대한 변곡점이 되었습니다. 오늘은 윤석열 대통령과 12.3 비상계엄에 대해 살펴보겠습니다.

윤석열 (제20대, 2022~2025)　윤석열 대통령은 1960년 12월 18일 서울 연희동에서 태어나 충암고등학교를 졸업합니다. 그의 생애를 보면, 그가 대한민국의 제20대 대통령이 되기까지 몇 가지 중요한 터닝포인트가 있었습니다.

우익 배경　한 사람을 형성하는 데 가장 중요한 요소는 '배경'입니다. 이는 그 사람의 역사관·정치 성향·가정 환경·경제 수준 등 다양한 요소를 포함합니다. 그렇다면 오늘날의 윤석열 대통령이 있기까지 그의 배경을 살펴봅시다.

1. 아버지 故 윤기중: 윤석열 대통령의 ○ 부친 故 윤기중 교수는 연세대 응용통계학과 설립 멤버이자 명예교수로, 대통령의 제1 멘토라 불릴 만큼 그의 삶과 가치관에 깊은 영향을 주었습니다.[1] 첫째, 그는 원칙주의자였습니다. 그는 아들이 공부하지 않고 놀러다닐 때마다 엄격하게 훈육했고, 퇴직 후에 변호사가 되는 것을 만류하며 "차라리 식당을 하라"는 말로 부정한 돈을 멀리하라고 신신당부했습니다.[2] 둘째, 그는 자애로운 스승이었습니다. 연구실에서 아들의 숙제를 봐주고, 성인이 된 아들에게 동기들 사이에서 돈 쓸 일이 많을거라며 빈 지갑을 몰래 채워주었습니다. 또 제자들을 위해 밥을 사주고, 유학길을 배웅해 주고, 은퇴 후에도 제자들의 안부를 살

> ○ 윤기중(1931~2023): 1931년 충남 논산 출신의 경제학자로, 윤석열 대통령의 부친입니다. 1956년 연세대 경제학과를 졸업하고 일본에서 국비장학생 1호로 경제학 박사과정을 수료했습니다. 이후 연세대에 응용통계학과를 설립하고 교수로 재직하다 명예교수로 퇴임했습니다.

[1] 한지훈, "尹대통령 '제1멘토' 부친 마지막 인사 '잘 자라줘서 고맙다'(종합3보)." 연합뉴스, 2023년 8월 15일. https://www.yna.co.kr/view/AKR20230815041451001.

[2] 최우석, "윤석열 대통령, 부정한 돈 받지말라는 선친의 말 지켰다." 월간조선, 2023년 8월 16일. https://m.monthly.chosun.com/client/mdaily/daily_view.asp?idx=18189&Newsnumb=20230818189.

뜰히 챙겨주며, 심지어 제자들의 부친상에도 사흘 내내 찾아주었습니다.[3] [4] 윤석열 대통령 취임식에서도 통상적으로 가족이 앉는 VIP석을 사양하고 일반석에 앉을 정도로 겸손했습니다. ① 이 성격은 아들에게도 고스란히 전해졌습니다. 셋째, 그는 자유주의자였습니다. 윤석열 대통령은 자신의 가치관 형성에 가장 큰 영향을 준 책으로 자유주의 경제학자 ○ 밀턴 프리드먼(Milton Friedman)의『선택의 자유』를 꼽았습니다. 이 책은 윤기중 교수가 윤석열 대통령의 서울대 입학 기념 선물로 준 책입니다. 그는 아버지의 밥상머리 교육을 통해 자유민주적 가치관·국가관·경제관을 물려받았습니다.

2. 서울대 법과대학: 윤석열 대통령은 원래 심리학과에 진학하여 사회현상을 연구하는 심리학자가 되려고 했지만, 정의 실현에는 법조인이 가장 적합하다는 아버지의 조언에 따라 1979년 서울대 법대에 진학합니다. 1988년 법대 졸업 후, 9수 끝에 1991년 33회 사법시험에 합격합니다.

3. 검사: 1994년 ○ 사법연수원을 수료한 뒤, 대구지방검찰청(대구지검)에서 검사 생활을 시작합니다. 이후 1996년 춘천지방검찰청(춘천지검) 강릉지청, 1997년 수원지방검찰청(수원지검) 성남지청을 거쳐, 1999년부터 서울중앙지방검찰청(서울중앙지검)에서 근무하며 굵직한 사건들을 맡습니다. 대표적으로, 김대중 정부 경찰 실세로 평가받던 박희원 전 치안감(경찰청 정보국장) 뇌물수수(2년 6개월 징역) 수사, 노무현 정부의 측근 인사인 안희정·강금원 구속, 노무현 정부 현대자동차 정몽구 비자금 수사, 이명박 정부 BBK 주가조작 사건 수사, 국가정보원 여론조작 사건 수사, 박근혜·최순실 국정농단 수사 등이 있습니다.

4. 43대 검찰총장: 박근혜 대통령의 탄핵으로 정권을 창출하게 된 문재인 대통령은 2017년 윤석열을 59대 서울중앙지검장으로 임명합니다. 이후 2019년 문재인 대통령은 "청와대, 행정부, 집권 여당을 가리지 말고 살아있는 권력에도 권력형 비리가 있다면 엄정하게 수사할 것"을 직접 주문하면서, 그를 43대 검찰총장으로 임명합니다. 하지만 애초부터 권력에 충성하지 않던 윤석열은 ○ 조국 등 청와대 핵심 인사 수사까지 개시합니다. 이에 문재인 대통령은 그를 직무정지시키고, 2021년 3월 4일 윤석열이 사퇴를 선언하자 1시간 15분 만에 이를 수리합니다.

제20대
대한민국 대통령 윤석열 대통령은 2021년 3월 검찰총장직을 사퇴한 지 3개월 만인 6월 29일 제20대 대선 출마를 선언합니다. 이후 2022년 3월 3일 안철수 후보와 단일화에 성공하여, 정치 참여 8개월여 만에 제20대 대통령으로 당선됩니다. 3월 9일 제20대 대선에서 윤석열 대통령은 0.73%p 차이로 역대 대통령 선거 사상 최소 득표율 격차로 더불어민주당 이재명을 제치고 당선됩니다. 2022년 5월 10일 취임과 동시에 대통령 집무실을 청와대에서 서울 용산(과거 국방부 청사)으로 옮겨 '용산 시대'를 엽니다. 윤석열 대통령의 지지층은 '자유통일', '한미동맹', '경제성장'을 핵심 가치로 내세웠고, 그 역시 이를 국정의 중심 기조로 강조했습니다.

#1 자유통일 윤석열 대통령은 당선 후 취임사를 포함한 주요 연설에서 '자유'를 반복적으로 강조했습니다. 대표적으로 2022년 5월 10일 취임사에서 35회, 2022년 8월 15일 광복절 경축사 33회, 2023년 27회, 2024년 50회를 언급했습니다. 그는 자유민주주의와 시장경제를 기조로 삼고, 현직 대통령으로는 24년 만에 2023년 '자유총연맹 창립 기념식'을 찾아 대한민국의 자유민주주의가 위협을 받고 있다며 올바른 역사관·국가관·안보관 강조했습니다.[5] 또 2024

① 윤석열 대통령의 대학 동창은 책『구수한 윤석열』에서 이런 말을 남겼습니다.
"(석열이가) 결혼한 친구들의 아이마다 이름을 다 기억하고 백일, 돌잔치 빠지지 않고 참석해 선물을 줬다. (중략) 남에게 밥 얻어먹은 적 한 번 없고, 1990년 맞벌이하는 친구가 사고가 났을 때, 고시를 바로 앞둔 시기였음에도 그 집 두 아이들을 이틀간 밥 차려주며 돌봐준 적도 있다."

박지현, "부친이 선물한 책, 수십년째 보고 또 본다… 尹을 키운 도서들." 조선일보, 2023년 9월 30일. https://www.chosun.com/politics/politics_general/2023/09/29/3AZAQLGIKZCTFKWZAQD5EQ6EKA/.

○ 밀턴 프리드먼(1912~2006): 미국의 경제학자로, 통화주의 이론을 확립하고 자유시장경제의 철학을 대중에게 전파한 인물입니다.『선택의 자유』는 개인의 선택이 번영의 원천이며, 정부보다 시장이 자유와 효율을 보장한다는 점을 설득력 있게 증명한 자유시장경제의 고전입니다.

○ 사법연수원(司法研修院): 1971년부터 2017년까지 사법시험 합격자를 대상으로 실무 교육을 맡은 법조인 양성기관입니다. 사법시험 폐지와 로스쿨 제도 도입으로 폐지되었습니다.

○ 조국(1965~): 법학자이자 정치인으로, 문재인 정부에서 민정수석과 법무부 장관을 지냈습니다. 그는 자녀 입시 비리와 청와대 감찰무마 혐의로 징역 2년형이 확정되어 의원직을 상실했습니다. 아내 정경심은 입시 비리로 징역 4년형, 딸 조민은 벌금 1,000만 원을 선고받았고, 아들 조원은 대리시험 및 허위 인턴 의혹이 제기되었습니다. 이러한 특혜 논란은 조국의 장관 임명에 대한 거센 반발을 불러왔습니다.

---

3) 박지현, "부친이 선물한 책, 수십년째 보고 또 본다… 尹을 키운 도서들." 조선일보, 2023년 9월 30일. https://www.chosun.com/politics/politics_general/2023/09/29/3AZAQLGIKZCTFKWZAQD5EQ6EKA/.

4) 박지현, "부친이 선물한 책, 수십년째 보고 또 본다… 尹을 키운 도서들." 조선일보, 2023년 9월 30일. https://www.chosun.com/politics/politics_general/2023/09/29/3AZAQLGIKZCTFKWZAQD5EQ6EKA/.

5) 최경운, "조직적 허위 선동이 자유 대한민국 위협." 조선일보, 2023년 6월 29일. https://www.chosun.com/politics/blue_house/2023/06/29/A32UWPIGUNEMNG66NC4DJYNQAE/.

년 제79주년 광복절 경축사와 싱가포르 국빈 방문에서는 '자유통일'을 완전한 광복과 국제평화의 길로 제시했습니다.[6]

"한반도 전체에 국민이 주인인 자유민주 통일국가가 만들어지는 그날 비로소 완전한 광복이 실현되는 것입니다."[7]
(2024.8.15 제79주년 광복절 경축사)

#2 한미동맹

윤석열 대통령은 문재인 정부에서 약화된 한미일 군사동맹을 복원·강화했습니다. 2023년 4월 27일 한미동맹 70주년을 맞아 미국 워싱턴을 방문하여, 2013년 박근혜 대통령 후 10년 만에 미 국회 연석회의에서 영어로 44분간 연설했습니다. 그는 '자유의 동맹, 행동하는 동맹(Alliance of Freedom, Alliance in Action)'이라는 제목으로 "대한민국은 미국과 함께 세계시민의 자유를 지키고 확장하는 '자유의 나침반' 역할을 해나갈 것"이라고 연설했습니다.[8] 이날 연설의 핵심 키워드는 "자유"였습니다. 전날 국빈 만찬에서는 미국 가수 돈 맥클린의 ○ '아메리칸 파이(American Pie)'를 열창하여 큰 화제가 되었고, 바이든 대통령으로부터 돈 맥클린의 친필 서명이 담긴 기타를 직접 선물받기도 했습니다. 윤석열 대통령의 열창 영상은 세계에 회자되며 한국의 위상을 높였고, 원작자 돈 맥클린부터 기업인 일론 머스크까지 인터넷에 공유하고, 이후 6주 연속 미국 빌보드 록 온 디맨드 음악 차트에서 50위를 기록하며 디지털 음원 다운로드 횟수가 400만 건 가까이 늘어나는 등 큰 화제를 일으켰습니다.[9] 이외에도 △ 북한의 핵 위협에 대응하는 ○ '한미 핵협의그룹(NCG)'을 출범시키고, △ 첨단산업(반도체·배터리 등) ② 한미 협력을 강화하고, △ 문재인이 폐기하려던 ○ 지소미아(GSOMIA)를 정상화하여 한일관계를 복원시키고, △ 2023년 최초의 단독 한미일 정상회의 ○ '캠프 데이비드'를 개최하고, △ 2023년 ○ G7 히로시마 정상회의에 참석하여 자유민주 진영과의 연대를 확고히 하고, △ 3년 연속 ○ NATO 정상회담에 참석하여 주요국과의 외교를 통해 한국의 글로벌 위상을 높였습니다.

"한미 동맹은 대한민국의 자유와 평화를 지키고 번영을 일구어 온 중심축이었습니다. 현대 세계사에서 '도움을 받는 나라가 도움을 주는 나라'로 발돋움한 유일한 사례인 대한민국은 한미동맹의 성공 그 자체입니다. (중략) 대한민국은 미국과 함께 미래로 나아갈 것입니다.
(중략) 대한민국은 미국과 함께 세계시민의 자유를 지키고 확장하는 '자유의 나침반' 역할을 해나갈 것입니다."[10]
(2023.4.27 윤석열 대통령, 미국 의회 합동연설 중)

#3 경제성장

윤석열 대통령은 집권 기간 동안 △ 역대 최대 수출 실적(2024년 6837억 6000만 달러)을 기록하고, △ 문재인이 "후쿠시마 원전 사고로 1,368명이 사망했다"는 대국민 선동을 펼치면서까지 추진한 탈원전 정책을 폐기하여 원전 산업을 정상화시키고, △ 지속적으로 대규모 K-방산(한국방위산업) 수출을 확대하고, △ 역대 최고 고용률(69.6%)을 달성하고, △ 역대 최저 실업률(2.3%)을 달성하고, △ 노조들의 불법 파업·폭력에 강력 대응하고, △ 양대노총(민주노총·한국노총)의 회계 정보를 조합원·국민에게 공개하는 ○ '회계 공시'를 최초로 제도화하여 노조 회계를 투명하게 하고, △ 미조직 근로자(노동조합에 가입하지 않은 근로자)를 직접 보호하는 ○ '노동자약자보호법'을 제정하고, △ 무분별한 ○ R&D(연구개발) 예산 집행을 재정비했습니다.

[6] "윤 대통령 '자유통일 한반도 실현되면 국제사회 평화에 획기적 진전 이룰 것'." 대한민국 정책브리핑, 2024년 10월 9일. https://www.korea.kr/news/policyNewsView.do?newsId=148934852&pWise=sub&pWiseSub=C3.

[7] 우제윤, 김성훈, "尹 '자유민주 통일이 완전한 광복'." 매일경제, 2024년 8월 15일. https://www.mk.co.kr/news/politics/11093653.

[8] 최경운, "尹, 美의회서 영어연설... '세계 도처서 거짓 정보가 민주주의 위협'." 조선일보, 2023년 4월 28일. https://www.chosun.com/politics/diplomacy-defense/2023/04/28/GWYIMM7W4FDUHH3H25PIKILYJY/.

[9] 안소영, "'아메리칸 파이', 윤석열 대통령 열창 후 6주 동안 빌보드 차트 50위로 '껑충'." VOA 한국어, 2023년 6월 24일. https://www.voakorea.com/a/7150705.html.

[10] 최경운, "'자유의 나침반 역할 하겠다' 尹대통령 영어 연설문 [전문]." 조선일보, 2023년 4월 29일. https://www.chosun.com/politics/diplomacy-defense/2023/04/28/2OAMXNGD5ZCI7I5RXMKDQLTWYU/.

○ '아메리칸 파이(American Pie)': 돈 맥클린(Don McLean)이 1971년 발표한 대표곡으로, 1959년 로큰롤(Rock and roll) 스타들의 추락 사고를 통해 세대의 순수함 상실을 노래했습니다. 미국을 상징하는 명곡으로, 바이든 대통령이 생전 장남과 함께 즐겨 불렀던 노래로도 알려져 있습니다.

○ 한미 핵협의그룹(Nuclear Consultative Group, NCG): 2023년 4월 워싱턴 선언에 따라 창설된 협의체로, 북한의 핵 위협에 대응하기 위해 한미 양국이 핵 전략을 공동으로 논의하는 기구입니다.

② 미국은 방산·원전·항공우주 등 첨단 원천기술을 보유한 기술 강국이고, 한국은 바이오·배터리·반도체, 이른바 'BBC(Bio, Battery, Chip)' 산업 강국입니다. 반도체는 2024년 수출의 약 20.8%를 차지하고, 배터리는 세계 전기차 배터리 공급의 20% 이상을 담당하며, 바이오 산업은 세계 13위 규모로 성장했습니다. 윤석열 대통령은 이러한 한국의 강점을 극대화하기 위해 미국과 첨단기술 동맹을 추진했습니다.

○ 지소미아(GSOMIA, 한일군사정보보호협정): 2016년 11월 체결된 한일 간 군사정보 공유 협정으로, 북한의 핵·미사일 정보를 상호 보호·교환하기 위한 틀입니다. 2019년 문재인 정부가 종료를 통보했지만 효력이 정지되어 유지되었고, 2023년 윤석열 정부가 완전 정상화를 선언했습니다.

○ 캠프 데이비드(Camp David): 미국 대통령의 전용 별장이자 주요 정상 회담이 열리는 장소입니다. '캠프 데이비드 정상회의'는 2023년 8월 18일 열린 한미일 3국 회담으로, 안보 협력 강화와 북한의 핵·미사일 위협 대응을 논의했습니다. 세 정상은 연합훈련·미사일 경보 공유 등에 합의하며 중국과 러시아 견제의 발판을 마련했습니다.

○ G7 정상회담(Group of Seven Summit): 세계 주요 7개 선진국 정상들이 모여 국제 현안을 논의하는 협의체입니다.

○ NATO(북대서양 조약 기구, North Atlantic Treaty Organization): 1949년 소련의 공산주의 확산에 대응하여 창설된 유럽과 북미 국가들의 군사 동맹으로, 현재 32개 회원국을 보유하고 있습니다. NATO 정상회담은 회원국들이 안보 협력과 집단 방어 전략을 논의하는 회의입니다.

○ 회계공시(會計公示): 기업이나 단체의 수입·지출, 자산·부채 등 회계 정보를 이해관계자에게 공개하는 제도입니다. 윤석열 정부는 민주노총·한국노총의 회계 정보를 조합원과 국민이 열람할 수 있도록 처음으로 제도화하여, 재정의 투명성을 높였습니다.

○ 노동자약자보호법(勞動者弱者保護法): 미조직 근로자가 질병·상해·실업 시 경제적 지원을 받을 수 있도록 공제를 마련하고, 노동 약자가 분쟁에서 보호받을 수 있도록 분쟁조정협의회를 두는 법입니다.

○ R&D(Research & Development, 연구개발): 신제품·서비스 개발과 기존 기술 개선을 위한 과학기술 활동을 말합니다. 문재인 정부는 지지율을 올리기 위해 R&D 예산을 급격히 늘려 예산 낭비 논란을

이 외에도 윤석열 대통령은 △ 저출산을 해결하기 위해 학부모들의 양육부담을 덜어줄 °'늘봄학교'를 추진하고, △ 다양한 저출산 ③ 대책을 통해 9년 만에 합계출산율 (0.75명) 반등을 이끌어내고, △ 공교육의 정상화와 교육기회의 평등을 위해 ° 사교육 카르텔을 혁파하고, △ 군인 월급을 ④ 인상하고, △ 이승만 대통령에 대한 재평가 를 ⑤ 공론화하고, △ 광복절의 의미를 자유민주주의 건국 관점에서 ⑥ 재평가하고, △ 누리호(KSLV-II) 3차 발사 성공으로 '우주 G7'에 진입하고, △ 만 나이제를 도입하 고, △ 대통령 집무실을 ° 청와대에서 서울 용산(과거 국방부 청사)으로 옮기면서 청와대를 국민들에게 개방했습니다.

논란   윤석열 대통령이 임기 동안 겪은 논란은 크게 '이채양명주'로 대표됩니다.

1. 첫째, '이태원 참사 특별법'입니다. 2022년 10월 29일 서울 용산구 할로윈 축제에서 발생한 압사 사고로 제정된 법으로, 2024년 1월 야당 단독으로 국회를 통과했습 니다. 윤석열 대통령은 해당 법안에 거부권을 행사했습니다.

2. 둘째, '채상병 특검'입니다. 채상병 사망 사건(해병대 제1사단 일병 사망 사고)은 2023년 7월 9일 경북 예천군에서 집중호우로 인한 민간인 실종자 수색 작업 중 해병 대 제1사단 소속 채수근 일병이 사망한 사건입니다. 사건 발생 1년 후인 2024년 5월 야당은 '채상병 특검법'을 강행 처리합니다.

3. 셋째, ° 김건희 여사를 둘러싼 '양평고속도로 논란'입니다. 2023년 5월 국토교통부가 서울·양평 고속도로의 종점을 기존 양서면에서 강상면으로 변경하는 안을 검토 하면서 논란이 불거졌습니다. 민주당은 강상면 일대에 김건희 여사 일가의 토지가 있다며 '대통령 처가 특혜' 의혹을 제기했고, 정부는 교통 혼잡 완화와 환경·사업비 효율성 등을 이유로 반박했습니다.

4. 넷째, 김건희 여사를 둘러싼 '명품백 수수 논란'입니다. 2022년 9월 김건희 여사가 친북 성향의 ° 최재영 목사로부터 약 300만 원 상당의 명품백을 받은 장면이, 최재영이 손목시계에 숨긴 몰래카메라로 촬영한 영상으로 2023년 11월 유튜브 '서울의 소리'를 통해 공개되었습니다. 이후 '서울의 소리'는 김건희 여사를 ° '김영 란법'(청탁금지법) 위반 혐의로 고발하지만, 해당 가방은 반환용 선물로 보관되어 있었고, 김영란법에 공직자 배우자에 대한 처벌 조항이 없어 무혐의로 종결되었 습니다.

5. 다섯째, 김건희 여사를 둘러싼 '주가조작 의혹'입니다. 도이치모터스 주가조작 사건은 권오수 회장 등이 2010~2012년 약 3년간 90여 명의 계좌를 동원하여 주가를 인위적으로 끌어올린 사건입니다. 김건희 여사는 계좌 위탁 의혹으로 수사 대상에 올랐지만, 김건희 여사는 단순 계좌 위탁자로 직접 가담한 증거가 없어 불기소 처 분되었습니다. 사건은 권오수 회장 등 핵심 관련자들의 유죄 판결로 마무리되었습니다.

특검법·특별법이란?   ° '특별검사법(특검법)'은 원래 공수처와 검찰 수사 후 필요에 따라 도입하는 것이 정상적인 절차입니다. 하지만 수사 결과가 나오기도 전에 특검을 강행하는 것은 정치적 의도로 해석될 수밖에 없습니다. 특별법의 핵심은 ° '특별조사위원회(특조위)'인데 이는 정치적으 로 악용될 소지가 큽니다. 실제로, 세월호 특조위는 8년간 9차례 조사했지만 범죄혐의에 대해 새롭게 드러난 사실은 없었고, 결과적으로 야권 인사들의 일자리 만 늘려주었다는 비판을 받았습니다. 이태원 참사 특조위의 경우, 2년간 총 96억 원이 투입되었고, 이 중 72억 원(약 75%)이 인건비로 사용되었습니다.[11) 12)]

---

11) "[현장연결] 정부, 이태원 참사 유족 지원방안 등 발표." 연합뉴스, 2024년 1월 30일. https://www.yna.co.kr/view/MYH20240130005200641.

12) 김성진, "159명 생명 못 지킨 정부…특별법 거부 사유가 황당." 세상을바꾸는시민연대민들레, 2024년 1월 30일. https://www.mindlenews.com/news/articleView.html?idxno=7025.

일으켰던 반면, 윤석열 정부는 구조를 재편하여 인공지능(AI)·첨단바 이오 등 미래 성장동력에 집중 투자했습니다. 또한 연구생활장학금을 도입하여 이공계(STEM) 학생들이 학비 부담 없이 학업에 전념할 수 있도록 했습니다.

○ 늘봄학교: 2024년부터 운영된 초등학생 대상 종합 교육·돌봄 프 로그램으로, 아침 7시부터 오후 8시까지 정규 수업 외 시간을 지원합 니다. 윤석열 정부는 저출산 시대 학부모의 양육 부담을 덜기 위해 추 진했으며, 2024년 교육부 조사에서 참여 학부모의 80% 이상이 만 족을 표했고, 전라남도는 2024년 1학기 전국 1위 참여율(100%)을 기록했습니다.

이창훈, "교육부 '늘봄학교 만족도 80%…교육 성과 뿌리내리는 중'." 파이낸셜뉴 스, 2024년 11월 9일. https://www.fnnews.com/news/202411191039592399.

③ 윤석열 대통령은 저출산 대책으로 육아 정보 공시 의무화, 돌봄· 교육 강화, 유연근무제 확대 등 일·가정 양립을 지원했습니다. 또한 신혼부부 주택 공급, 부모급여·자녀장려금 확대, 난임 지원과 임신·출 산 의료비 경감으로 양육과 모성 건강을 뒷받침했습니다.

○ 사교육 카르텔: 학원·강사·교사 등이 이권을 위해 결탁하여 문제 유출이나 불공정을 저지르는 구조를 말합니다. 윤석열 정부는 이를 근절하기 위해 부조리 혐의자 163명을 수사하고 95명을 검찰에 송치 하는 등 대학입시 공정성 회복에 나섰습니다.

④ 2025년부터 병장 월급은 기본 150만 원에 '내일준비지원금' 55 만 원이 더해져 총 205만 원으로 인상됩니다. 이는 윤석열 대통령의 '병사 월급 200만 원' 공약 이행으로, 3년 만에 약 82만 원이 상승한 수준입니다.

이보람, "병장 월급 2025년까지 150만원…식비도 1만5000원으로 인상." 중앙 일보, 2022년 12월 28일. https://www.joongang.co.kr/article/25129563.

⑤ 윤석열 대통령은 2024년 3월 20일 서울 여의도 63컨벤션센터 에서 열린 '제51회 상공의 날 기념식'에 참석하여, *"1945년 광복을 맞 았을 때 북녘은 공산 전체주의를 선택했지만, 우리는 이승만 대통령 의 결단으로 자유민주주의·자본주의·시장경제를 토대로 대한민국을 건국했다"*며 이승만 초대 대통령의 업적을 강조했습니다.

⑥ 윤석열 대통령은 2023년 8월 15일 제78주년 광복절 경축사에 서 *"우리의 독립운동은 국민이 주인인 나라, 자유민주주의 국가를 위 한 건국운동이었습니다."*라고 말했습니다.

○ 청와대(靑瓦臺): '푸른 기와의 집'이라는 뜻으로, 본래 경무대(警 務臺)였지만 제2공화국 윤보선 대통령이 청색 기와를 상징적으로 살 려 이름을 바꾸었습니다.

○ 김건희(1972~): 대한민국의 제20대 대통령 윤석열의 아내이자 기업인입니다. 2009~2022년 코바나컨텐츠의 대표이사와 회장을 역임했습니다.

○ 최재영(1961~): 미국 시민권을 가진 목사이자 자칭 통일운

| 이재명
(제21대, 2025~) | 이재명은 1963년 12월 8일 경북 안동에서 태어나 검정고시를 통해 고졸 자격을 얻습니다. 그의 생애를 보면, 그가 대한민국의 제21대 대통령이 되기까지 몇 가지 중요한 터닝포인트가 있었습니다.

| 좌익 배경 | 한 사람을 형성하는 데 가장 중요한 요소는 '배경'입니다. 이는 그 사람의 역사관·정치 성향·가정 환경·경제 수준 등 다양한 요소를 포함합니다. 그렇다면 오늘날의 이재명 대통령이 있기까지 그의 배경을 살펴봅시다.

1. 소년공 시절(부친과의 갈등): 이재명은 7남매 중 다섯째로 태어나 부모님의 사업 실패로 가난한 어린 시절을 보냅니다. 1977년 초등학교 졸업 후 경기도 성남으로 이사하여, 중학교 대신 [○] 소년공으로 공장에서 일을 시작합니다. 당시 학교에 다니고 싶었지만 아버지의 반대로 갈등이 깊었고, 여러 공장을 전전하다가 글러브 공장에서 프레스기에 손목을 다쳐 장애 6급 판정을 받아 병역이 면제됩니다. 이후 방황과 우울증으로 두 차례 자살을 시도하지만 실패하고, 이를 계기로 공부로 출세하겠다는 다짐을 합니다.

2. 중앙대 법대(학생운동): 이재명은 1980년 검정고시에 합격하여 고졸 자격을 얻고, 1982년 중앙대 법학과에 입학합니다. 대학 시절 학생운동에 관심을 가지게 되고, 1986년 졸업과 동시에 사법고시에 합격합니다. 사법연수원 재학 중 1987년 노무현 변호사의 강연을 계기로 판·검사가 아닌 변호사의 길을 택하고, 1989년 사법연수원 18기를 수료합니다.

3. 인권변호사(성남시 시민운동): 이재명은 사법연수원 수료 후 민주사회를위한변호사모임(민변)에 가입하여 인권변호사로 활동합니다. 1994~2005년 10년에 걸쳐 '성남시 참여연대' 집행위원장으로 시민운동을 이끌고, 이 시기에 자신의 조카가 저지른 [○] '암사동 모녀 살인 사건', [○] '성남 전 동거녀 살인 사건' 등을 변호합니다.

4. 정치인(북한 방문): 이재명은 시민운동을 하면서 여러 난관에 봉착하자, 2005년 노무현 정부의 열린우리당에 입당합니다. 그리고 곧바로 그해 가을 개인 자격으로 북한 평양을 방문합니다. 정치인도 아닌 민간인이 개인 자격으로 평양에 간다는 것은 매우 의미심장한 일입니다. 그는 이후 블로그에 당시 사진들을 공개하는데, 순안비행장·만경대·김일성 생가·체육대회·북한 여성 안내원과의 사진 등이 포함되어 있습니다. 방북 후 이재명은 성남시장(2010년, 2014년), 경기도 도지사(2018년)에 줄줄이 당선되고, 마침내 2022년 제20대 대선에 출마하기까지 합니다. 물론 0.73%p(24만 표) 간발의 차이로 윤석열 대통령에게 패하지만, 그는 곧장 더불어민주당 대표가 되어 스스로를 제22대 총선 인재위원회 위원장으로 임명하여 공천권을 장악합니다. 이에 민주당 내 비(非)명계들은 줄줄이 공천에 탈락하거나 스스로 탈당을 선택합니다. 이렇게 한 때 무명인이던 이재명이 민주당의 핵심 인물이 되기까지는 그를 뒷받침해 주는 세력이 있었기 때문입니다. 바로 이석기의 '경기동부연합'입니다.

| 경기동부연합 | 경기동부연합은 NL 종북 주사파 집단입니다. 이재명이 2010년 성남시장에 재도전하여 당선된 데는 경기동부연합의 도움이 컸습니다. 당시 경쟁자였던 경기동부연합 출신 김미희는 단일화에 합의하며 후보직을 사퇴하고, 이석기는 자신의 선거기획 광고회사 'CN커뮤니케이션즈'를 통해 선거홍보용 인쇄물 제작부터 차량까지 물심양면으로 지원합니다. 이는 이재명이 성남시장·경기도지사·국회의원·더불어민주당 대표·대통령으로 성장하는 과정에서 중요한 발판이 되었습니다.

| 제21대
대한민국 대통령 | 윤석열 대통령의 탄핵 후 치러진 2025년 6월 3일 제21대 조기 대통령 선거에서 더불어민주당 이재명(49.42%)은 국민의힘 [○] 김문수(41.15%)를 8.27%p 차로 누르고 당선됩니다. 이재명의 지지층은 '연방제 통일', '미군 철수', '평화협정'을 주요 이념으로 내세웠고, 이재명은 이에 동조하는 입장을 보였습니다.

동가로, 친북 성향 활동으로 2015년 교단에서 제명되었습니다. 2012~2014년 여러 차례 북한을 방문했으며, 이후 종북 매체 '민족통신'을 통해 김일성과 북한 체제를 옹호하는 활동을 이어왔습니다.

○ 김영란법(청탁금지법): 2012년 김영란 당시 국민권익위원장이 추진한 법안으로, 정확한 명칭은 '부정 청탁 및 금품 등 수수의 금지에 관한 법률'입니다. 공직자 본인이나 배우자가 부정 청탁을 받거나 받고도 신고하지 않는 경우 처벌하는 법입니다. 이는 공직자들의 공정한 직무 수행 및 공공 기관에 대한 국민의 신뢰를 확보하기 위함입니다.

○ 특별검사법(特別檢事法, 특검법): 일반법(一般法)이 규정되지 않은 내용을 다루거나, 기존 법의 내용을 변경·추가하는 법률입니다.

○ 특별조사위원회(特別調査委員會, 특조위): 특수한 사건이나 상황의 진상 규명·조사·분석 등을 위해 국회에서 일정 기간 설치하는 위원회입니다.

○ 소년공(少年工): 공장에서 노동하는 소년입니다.

○ 암사동 모녀 살인 사건: 2006년 5월 8일 김대용이 교제를 반대한 여자친구의 부모를 공격하여 모녀를 살해하고 부친을 중태에 빠뜨린 사건입니다. 그는 무기징역을 선고받았고, 삼촌이던 변호사 이재명이 심신미약을 주장하여 감형을 시도한 사실이 논란이 되었습니다.

○ 성남 전 동거녀 살인 사건: 2007년 8월 3일 성남시 수정구에서 이모 씨가 전 연인 천 씨를 딸 앞에서 8차례 회칼로 찔러 살해한 사건입니다. 당시 변호인 이재명은 심신미약을 주장하며 감형을 시도하지만, 재판부는 이를 받아들이지 않고 이모 씨에게 징역 15년을 선고했습니다.

○ 김문수(1951~): 경북 영천 출신으로, 대한민국의 노동운동가 출신의 정치인입니다. 제15·16·17대 국회의원, 제32·33대 경기도지사, 제10대 고용노동부 장관을 지냈습니다.

| #1 연방제 통일 |

1973년 김일성은 '고려연방제(높은 단계 연방제)'를 제안하지만, 남한이 그 전제 조건인 국가보안법 폐지와 미군 철수를 거부하자, 이를 완화하여 제안한 것이 '연방제 통일(낮은 단계 연방제)'입니다. '연방제 통일'은 대한민국 헌법 제4조의 "자유민주적 기본질서에 입각한 평화적 통일 정책을 수립하고 *이를 추진한다*"는 통일원칙에 심하게 어긋나 있습니다.[13] 연방제는 남한과 북한이 지금처럼 나뉘어 각각 자유민주주의와 공산주의를 유지하는 체제 형태로, 언뜻 듣기에는 전쟁도 분단도 사라지는 달콤한 꿈처럼 보입니다. 하지만 공산주의와 자유민주주의는 본질적으로 공존할 수 없으며, 일정 기간 공존해도 반드시 이념이 더 강한 쪽(공산주의)이 이념이 더 약한 쪽(자유민주주의)을 흡수하게 돼 있다는 비판이 제기됩니다.[14] 낮은 단계 연방제는 높은 단계 연방제의 이전 단계일 뿐이며, 그 궁극적인 목표는 북한식 흡수통일, 곧 공산통일입니다. 그럼에도 이러한 위험한 통일방안을 선동하는 정치 집단과 인물이 있는데, 바로 더불어민주당과 이재명입니다. 더불어민주당의 현 통일 정강정책은 다음과 같이 명시하고 있습니다. "*남북의 평화 공존과 공동 번영을 추구하며, 북한의 적대적 두 국가론에 대응하여 헌법에 기반한 평화적 통일을 지향한다. 이를 위해 7.4남북공동성명, 남북기본합의서, 6.15공동선언, 10.4선언, 4.27판문점선언 및 9월 평양공동선언 등 남북 간 합의를 존중·계승하고 적극 이행한다.*"[15]

| #2 미군 철수 |

2016년 11월 17일 경기도 부천시청 강연에서 당시 성남시장이던 이재명은 "*경제력·군사력으로 충분히 방어 가능한데 미군 주둔을 합리화하는 것은 빙신 같은 소리*"라며 주둔 필요성을 부정했습니다.[16] 2021년 7월 2일 안동 아육사 기념관에서는 "*대한민국은 ⑦ 친일 세력이 ⑧ 미 점령군과 합작해 지배체제를 유지했기에 깨끗하게 출발하지 못했다.*"라고 발언했습니다.[17] 한미동맹은 6.25전쟁 후 1953년 10월 '한미상호방위조약'에 근거하여 유지되어 왔습니다.[18] 이 동맹은 지난 70여 년간 북한의 침략을 방지하는 전쟁억제수단으로 작용하고, 주변 공산국가들의 위험이 상존함에도 해외투자자들의 유입을 가능케 하고, 국방비를 GDP 3% 이내로 제한하여 경제성장에 투자할 수 있는 여력을 마련해 주었습니다(이스라엘 GDP 8~10%, 싱가포르 5~6%).[19] 오늘날 우리나라가 세계 6위 강대국이 될 수 있었던 데는 지난 70여 년간 한미동맹 덕분에 전쟁이 단 한 번도 일어나지 않았기 때문입니다. 이것이 바로 주사파가 한미동맹을 해체하려는 근본적인 이유입니다.

| #3 평화협정
(종전협정) |

2021년 11월 25일 이재명은 "*정전 상태를 종전 상태로 바꾸고 다시 평화협정을 넘어서 상호 공존하고 또 서로 도움이 되는 공동 번영의 관계로 발전해 나가야하는 것*"이라고 말했습니다.[20] 이어 2023년 7월 4일 "*아무리 더러운 평화라도 이기는 전쟁보다는 낫다*"며, "*강력한 국방력으로 이길 수 있는 동력을 키우는 일도 중요하지만, 이것보다 더 중요한 것은 싸우지 않고 이기는 것*"이라고 강조했습니다.[21] [22] 평화 통일은 전쟁 없이 남북한이 상호 합의를 통해 한반도를 통합하는 방식입니다. 하지만 이는 허상입니다. 4세기 로마 군사 저술가였던 레나투스는 "*평화를 원한다면 전쟁을 준비하라(Si vis pacem, para*

⑦ 대한민국 정부 수립의 주도 세력이 친일파라는 주장은 사실이 아닙니다. 이승만 대통령이 일본식 고등교육을 받은 사람들도 나라의 건설에 참여할 수 있게 해 준 것은 사실이지만, 대한민국 초대 내각의 구성원을 보면 이시영·이범석 등 독립운동에 헌신한 인사들이 주축을 이루었습니다.

⑧ 당시의 '점령'은 미국과 소련군이 한반도에 남아 있던 일본군을 무장해제하고 일본 재산을 법령에 따라 귀속·관리·이전하기 위한 조치였습니다. 미군을 단순히 '점령군'으로만 규정하는 것은 우리나라가 연합국의 힘으로 해방되었다는 분명한 역사적 사실을 왜곡하는 것입니다.

13) "대한민국 헌법." 국가법령정보센터. https://www.law.go.kr/lsEfInfoP.do?lsiSeq=61603#.

14) 송재윤, "국제정치 이론가 이승만의 혜안, "공존은 가능한가?"." 조선일보, 2024년 3월 2일. https://www.chosun.com/opinion/column/2024/03/02/2ELVOS3ZSFHQFIMIV6QYPKHGHM/.

15) "강령·당헌·당규·윤리규범: 통일, 전쟁 없는 평화로운 한반도." 더불어민주당. https://theminjoo.kr/main/sub/introduce/rule.php.

16) 오경묵, "'미군 없으면 방어 안된다? 빙신입니까' 과거 李 발언 영상 올린 원희룡." 조선일보, 2022년 2월 25일. https://www.chosun.com/politics/election2022/2022/02/25/37HMPTKZ7REORKCY6MU5F5PB64/.

17) 김승현, "이재명 '대한민국, 친일세력·美점령군 합작...깨끗하게 출발 못해'." 조선일보, 2021년 7월 2일. https://www.chosun.com/politics/assembly/2021/07/02/EERVAVEW75A3BOPOCCEDK7NVSE/.

18) 고영주, 장영관, *대통령이 된 간첩:문재인을 간첩이라 주장하는 100가지 이유*(서울: 북저암, 2024), 247.

19) 고영주, 장영관, *대통령이 된 간첩:문재인을 간첩이라 주장하는 100가지 이유*(서울: 북저암, 2024), 247.

20) "이재명 '종전선언 막아선 안돼…반대하는 일본 지적해야'." 뉴시스, 2021년 11월 25일. https://www.donga.com/news/Politics/article/all/20211125/110453679/1?

21) 박경준, 정윤주. "이재명 '아무리 '더러운 평화'라도 '이기는 전쟁'보다 낫다'." 연합뉴스, 2023년 7월 4일. https://www.yna.co.kr/view/AKR20230704114700001.

22) 박경준, 정윤주. "이재명 '아무리 '더러운 평화'라도 '이기는 전쟁'보다 낫다'." 연합뉴스, 2023년 7월 4일. https://www.yna.co.kr/view/AKR20230704114700001.

*bellum.)"*라는 유명한 말을 남겼습니다.[23] 북한은 지난 70여 년간 적화야욕을 단 한 번도 포기한 적이 없으며, 무력도발을 계속해 왔습니다. 그런데 이들과 싸우지 않고 이길 수 있다는 말은 허상일 뿐입니다. 북한이 비핵화하고 자유민주주의 체제를 선택하지 않는 한, 평화통일은 불가능하며 결국 '적화 통일'을 위한 위장전술에 불과합니다.

이재명 망언집

이재명의 저서 『이재명, 대한민국 혁명하라』(2017)를 읽어보면, 그의 국가관·경제관·안보관·복지관·외교관 등이 드러납니다. 또 국민의힘이 발간한 『이재명 망언집(이재명의 138가지 그림자)』을 읽어보면, 그의 정체를 쉽게 파악할 수 있습니다.

1. 경제: △ *"99%를 위한 ⑨ 흙수저들의 혁명을 이뤄내야 한다."*[24] △ *"우리 경제문제의 핵심은 ⑩ 재벌이다."*[25] △ *"오늘 이 자리에서 재벌 체제 해체에 정치생명을 걸겠습니다."*[26] △ *"미래 세대에 죄를 짓지 않기 위해서라도 원전은 중단돼야 한다."*[27]

2. 안보: △ *"올바른 국방 개혁을 위해서는 국민의 동의와 지지가 필수적이다. 우리 국방비는 북한보다 최소 7배에서 수십 배 많다. 전력을 비교해도 북한은 재래식 무기 위주이고, 우리는 북한보다 수량은 적지만 훨씬 현대화된 무기체계를 갖고 있다. 북한보다 엄청나게 많은 국방비를 지출하면서도 미군이 없으면 전력이 열세라는 일부 주장은 그야말로 황당하고 무책임한 주장이다."*[28] △ *"저는 명백하게 사드 배치는 대한민국 국익에 도움이 안 되는 거기 때문에 원점에서 재검토해서 철회해야 한다는 입장이 분명합니다."*[29] △ *"세계에서 독립 주권국가가 군사작전권을 다른 나라에 맡긴 예가 없지 않으냐. 주권의 핵심 요소 중에서 핵심이 군사주권, 그중에서 작전권 아니겠느냐. 이걸 맡겨뒀다는 것도 상식 밖의 일이고 예외적인 상황. 당연히 전작권은 최대한 신속하고 빠르게 환수해야 한다."*[30]

3. 복지: △ ⑪ *"기본소득은 뭐 제 필생의 신념 같은 겁니다."*[31] △ ⑫ *"1인당 25만 원, 가구당 평균 100만 원의 민생 회복 지원금 지급을 (정부에) 제안한다. 100만 원도 안 되는 돈 지급할 때 정말 활황이었다. 소고기 사먹고 좋았잖아요."*[32] △ *"공공기관이나 금융기관에 소위 ⑬ 성소수자가 30%를 반드시 넘길 수 있도록, 한쪽 성비가 70%가 되지 않도록 하겠습니다. 차별금지법을 당연히 제정하고, 학교에서 △ ⑭ 성평등 교육을 어릴 때부터 가르치도록 하겠습니다."*[33]

4. 노동: △ *"재벌의 독점과 특권을 해체하고 부가 중소기업으로, 가계로, ⑮ 노동자에 흘러가게 해야 합니다. 재벌체제 해체와 공정경제 확립! 이재명의 뉴딜정책 세 번째입니다."*[34]

⑨ 사람들은 언더도그마(Underdogma) 심리에 따라 약자는 선하고 강자는 악하다고 여기는 경향이 있습니다. 이것은 힘의 차이를 근거로 선악을 판단하려는 인간의 본능적인 오류입니다. 일부 정치 세력은 자신들의 이익을 위해 이런 심리를 자극하며 '흙수저'와 '금수저'라는 표현을 남발합니다.

⑩ 일부 좌파 정치인들은 자본주의를 '부익부 빈익빈'이라 비판하며 배급식 사회주의를 선전합니다. 하지만 자유민주주의 사회에서 노력에 따른 보상은 자연스러운 일입니다. 진정한 불평등은 북한처럼 노력해도 기회조차 없는 사회입니다.

⑪ 임금은 노동의 대가로, 열심히 일한 만큼 보상받는 것이 시장경제의 기본 원리입니다. 하지만 '기본소득'은 경제 침체 극복을 명분으로 모든 국민에게 조건 없이 동일한 금액을 지급하는 제도로, 소득·고용 여부와 관계없이 누구나 받으며 의무조항이 없는 것이 특징입니다.

⑫ '기본소득 도입의 경제적 효과 분석'(2020)에 따르면, 만 25세 이상 성인 3,900만 명에게 월 30만 원을 지급할 경우 연 141조 원이 필요하여 세금 부담이 커집니다. 이는 총노동 19%, 총자본 16%, 총생산 22% 감소를 초래할 것으로 분석됩니다. 경제 활력은 민간의 자율에서 나오며, 불평등 해소를 이유로 강제적 분배를 추진하면 자유와 시장이 위축될 수 있습니다. 따라서 위기 시에는 보편적 기본소득보다 선별적 지원이 더 적합합니다.

김희래, "경제학자 3인 연구논문 '기본소득, 경제에 되레 악영향'." 미래경제, 2020년 12월 8일. https://www.mk.co.kr/news/economy/9644377.

⑬ 더불어민주당은 양성평등기본법과 군대 내 동성애 처벌을 중단시키려는 군형법 개정안, 가족해체법으로 분류되는 생활동반자법, 건강가정기본법, 모자보건법, 민법 개정안 등을 발의했습니다. 이들이 원하는 세상은 반기독교 성혁명, 가족해체, 생명파괴, 표현의 자유 박탈 등의 사회가 아닐까요?

⑭ 페미니즘(feminism)은 본래 여성에 대한 차별을 없애려는 평등 운동이었지만, 현대에 들어 남녀의 차이를 부정하고 가부장제를 악으로 규정하는 급진적 사상으로 변질되었습니다. 그 결과 결혼과 가정 등 사회의 기본 질서를 흔드는 현상이 나타나고 있습니다.

⑮ 2025년 8월 24일 국회는 '노란봉투법'을 통과시켰습니다. 표면상으로는 파업 노동자에 대한 손해배상 청구를 제한하는 법이지만, 실제로는 인사·조직·하청 등 기업 운영 전반을 쟁의 대상에 포함시켜 노조의 경영 개입을 가능하게 하는 조항으로 비판받고 있습니다.

23) 오주한, "평화를 원한다면 전쟁을 준비하라." 스카이데일리, 2020년 12월 17일. https://www.skyedaily.com/news/news_view.html?ID=118102.

24) 이재명, *이재명, 대한민국 혁명하라*(서울: 메디치, 2017), 13.

25) 이재명, *이재명, 대한민국 혁명하라*(서울: 메디치, 2017), 83.

26) 국민의힘 원내대표실, "이재명 망언집(이재명의 138가지 그림자)," 2025, 12.

27) 국민의힘 원내대표실, "이재명 망언집(이재명의 138가지 그림자)," 2025, 14.

28) 이재명, *이재명, 대한민국 혁명하라*(서울: 메디치, 2017), 156.

29) 국민의힘 원내대표실, "이재명 망언집(이재명의 138가지 그림자)," 2025, 94.

30) 국민의힘 원내대표실, "이재명 망언집(이재명의 138가지 그림자)," 2025, 77.

31) 국민의힘 원내대표실, "이재명 망언집(이재명의 138가지 그림자)," 2025, 29.

32) 국민의힘 원내대표실, "이재명 망언집(이재명의 138가지 그림자)," 2025, 34.

33) 국민의힘 원내대표실, "이재명 망언집(이재명의 138가지 그림자)," 2025, 114.

34) 국민의힘 원내대표실, "이재명 망언집(이재명의 138가지 그림자)," 2025, 38.

5. 외교: △ "이명박 · 박근혜 정부는 한미관계를 종속관계로 전락시키고 말았다."[35] △ "한일군사정보보호협정 체결... 이 매국의 현장을 목격하는 마음 처참합니다. 군사적 측면에서 보면 여전히 일본은 적성국가이며, 일본이 군사대국화할 경우 가장 먼저 공격대상이 될 곳은 한반도임이 자명합니다. 그런 일본에 군사정보를 제공하고 일본군대를 공인하는 군사협정이라니.."[36] △ "한미일 군사훈련을 하면 일본 자위대를 정식 군대로 인정하는 것으로 보일 수 있지 않나. 외교 참사에 이은 국방 참사이며 이야말로 극단적 친일 행위, 극단적 친일 국방."[37] △ "왜 중국을 집적거려요. 그냥 셰셰. 대만에도 셰셰. 이러면 되지. 양안 문제, 우리가 왜 개입하나.ᵒ 대만해협이 뭘 어떻게 되든, 중국과 대만 국내 문제가 어떻게 되든 우리가 뭔 상관 있나. 그냥 우리는 우리 잘 살면 되는 것 아닌가."[38]

| 논란 |

(2025년 기준) 현재 이재명은 전과 4범으로, 동시에 8개 사건·12개 혐의와 관련된 5건의 재판을 받고 있습니다. 그의 전과 기록은 △ ⑯ 무고죄 및 공무원자격사칭죄(벌금 150만원, 2003.7.1), △ ⑰ 음주운전(벌금 1150만원, 2004.7.28), △ ⑱ 특수공무집행방해 및 공용물건손상(벌금 500만원, 2004.8.26), △ ⑲ 공직선거법 위반(벌금 50만원, 2011년 4월 28일)입니다. 현재 진행 중인 8개 사건·12개 혐의와 관련된 5건의 재판은 사건은 다음과 같습니다.

	사건	혐의	내용	진행상황 (2025년 10월 기준)
1	20대 대선 허위 발언	공직선거법 위반	2022년 제20대 대선 과정에서 대장동 개발 관련성 부인을 위해 핵심 관계자였던 *"故김문기 모른다"*, *"국토부 협박으로 용도 변경을 했다"* 등의 허위 사실을 공표한 혐의로 2022년 9월 8일 기소되었습니다.	1심(징역 1년 집유 2년) → 2심 유지 → 2025년 5월 대법원이 원심 파기 후 환송함 → 현재 파기환송심 진행 중
2	검사 사칭 위증교사	위증교사	2018년 공직선거법 위반 재판 중 故 김병량 전 성남시장 비서였던 증인 김진성에게 허위 증언을 요구한 혐의로 2023년 10월 16일 기소되었습니다.	2023년 10월 기소 → 2024년 11월 25일 1심 무죄 선고 → 검찰 항소하지 않아 무죄 확정됨
3	대장동 개발 비리	배임, 이해충돌방지법 위반	이재명은 대장동·백현동·위례신도시 개발 특혜 및 성남FC 불법 후원금 의혹과 관련하여 2023년 3월 22일(백현동은 10월 12일) 기소되었습니다.	1심 진행 중(증인신문 단계)
	백현동 개발 비리	배임		
	위례신도시 개발 비리	부패방지법 위반		
	성남FC 불법 후원금	제3자 뇌물수수, 범죄수익은닉규제법 위반		

○ 대만해협(臺灣海峽, Taiwan Strait): 중국 본토와 대만 사이를 잇는 길이 약 350km, 폭 약 180km의 해협으로, 동아시아 해상 교통의 요충지이자 군사적 긴장의 중심지입니다. 2024년 3월 22일 이재명은 대만해협 문제에 대해 "중국에도 셰셰(謝謝)하고, 대만에도 셰셰하고, 싸우든 말든 우리와 무슨 상관이냐"고 발언했습니다. 하지만 대만해협은 한국의 핵심 해상 물류 경로이자 안보 완충지대로, 중국이 대만을 점령할 경우 한국의 무역 통제와 안보 위협으로 직결됩니다.

⑯ 추적 60분 최철호 PD의 요청으로 이재명은 특정 수원지검 검사의 이름을 알려주고, 최 PD는 이를 사칭하여 당시 민주당 소속 김병량 성남시장과 통화한 뒤 녹음 내용을 성남시장 선거 20일 전에 폭로했습니다. 김병량은 이를 불법 녹음이라 주장했고, 이재명은 명예훼손을 이유로 김병량을 고소했습니다. 하지만 법원은 이재명이 검사사칭에 가담했다며 공무원자격사칭죄 공동정범을 인정했고, 또한 김병량을 형사·징계처분 받게 하려 허위 사실을 신고했다며 무고죄 판결을 내렸습니다.

⑰ 이재명은 이대엽 이사장의 농협 부정대출 사건을 무료 변론하던 중, 증언을 수집하는 과정에서 음주운전을 저질렀습니다. 당시 그의 혈중 알코올 농도는 0.158%로 면허 취소 수준이었습니다(기준: 0.08% 이상 취소, 0.03~0.08% 정지). 이후 정계에 입문한 이재명은 '변명의 여지가 없는 본인의 잘못'이며 뉘우치고 있다. 과거 음주운전은 지워버리고 싶은 오점'이라고 말했습니다.

⑱ 2004년 성남에서 인권 변호사로 활동하던 이재명은 성남시립병원 설립 운동을 주도했습니다. 시민 1만 8,595명이 조례를 발의했지만, 시의회 다수당인 한나라당은 이를 단 47초 만에 폐기했습니다. 이에 주민들이 의회에 진입하여 충돌이 발생하고, 대표자였던 이재명은 특수공무집행방해죄와 공용물건손상에 따른 피해보상 판결을 받았습니다. (이후 그는 성남시장 재임 시 13년 만에 시립의료원을 완공했습니다.)

⑲ 2014년 제6회 전국동시지방선거를 앞두고, 이재명은 산성역 지하 통로에서 명함을 배포한 혐의로 공직선거법 위반 벌금형을 선고받았습니다.

35) 국민의힘 원내대표실, "이재명 망언집(이재명의 138가지 그림자)," 2025, 76.

36) 국민의힘 원내대표실, "이재명 망언집(이재명의 138가지 그림자)," 2025, 74.

37) 국민의힘 원내대표실, "이재명 망언집(이재명의 138가지 그림자)," 2025, 81.

38) 국민의힘 원내대표실, "이재명 망언집(이재명의 138가지 그림자)," 2025, 86.

			2019년 경기도지사 재임 중 이화영 전	
4	쌍방울 불법 대북 송금	제3자 뇌물, 외국환거래법 위반, 남북교류협력법 위반	평화부지사와 공모해 쌍방울그룹 김성태 전 회장이 북한에 '스마트팜 사업비'와 방북 비용 등 총 800만 달러를 대신 지급하게 한 혐의로 2024년 6월 12일 기소되었습니다.	1공판준비 중 (2024년 12월 17일 첫 기일)
5	경기도 예산 사적 유용	배임	경기도지사 재임 중 관용차 사적 사용과 법인카드 사적 지출 혐의로 2024년 11월 19일 불구속 기소되었습니다.	불구속 기소(2024년 11월 19일) → 공판준비 대기

이 외에도 이재명을 둘러싼 추가 논란으로는 △ 김혜경 법인카드 사적 유용 의혹, △ 형수 욕설 논란, △ 석사학위 논문 표절 의혹, △ 가천대 비하 발언, △ 김사랑 강제납치·감금 논란, △ 친형 이재선 강제입원 문제 등이 있습니다.

12.3 비상계엄

2024년 12월 3일 밤 10시 25분 임기 절반 가량 지난 윤석열 대통령은 *"종북 반국가 세력 척결과 자유 헌정질서 수호"*를 명분으로 비상계엄을 선포합니다.[39] 이는 1979년 10.26 사태(박정희 대통령 피살 사건) 후 45년 만이자, 1987년 6.29 선언으로 출범한 제6공화국 아래 최초의 계엄이었습니다. 하지만 거대 야당을 위시한 국회는 12월 4일 새벽 1시경 재적 국회의원 300명 중 190명의 찬성으로 계엄 해제안을 통과시킵니다. 윤석열 대통령은 이를 즉각 수용하고, 같은 날 오전 4시 30분 계엄사령관 김용현 국방부 장관에게 계엄 해제와 병력 철수, 계엄사령부 해체를 지시합니다.

'계엄'이란?

계엄(Martial Law)은 전시·사변 등 국가 비상사태에서 대통령에게 보장되는 고유 권한으로, 1948년 건국 후 ⑳ 총 10차례 선포되었습니다. 헌법 제77조에 따르면, *"대통령은 전시·사변 또는 이에 준하는 국가비상사태에 있어서 병력으로써 군사상의 필요에 응하거나 공공의 안녕질서를 유지할 필요가 있을 때에는 법률이 정하는 바에 의하여 계엄을 선포할 수 있다."*고 규정합니다.[40] 계엄은 경비계엄(군이 사법·행정권 일부 장악)과 비상계엄(계엄사령관이 전권 행사)으로 나뉘며, 비상계엄 시 체포·구금·수색, 언론·집회·결사 제한 등이 가능합니다. 다만 사태가 정상화되거나 국회가 재적의원 과반수의 찬성으로 해제를 요구하면, 대통령은 반드시 계엄을 해제해야 합니다. 이는 대통령의 권한 남용 가능성을 견제하고, 계엄이 헌법의 틀 안에서 합법적으로 작동하도록 보장하기 위함입니다.

계엄을 선포한 이유

12.3 비상계엄 당시 국민들은 두려움보다 *"왜 뜬끔없는 비상계엄이냐"*라는 의문을 가졌습니다. 윤석열 대통령은 12.3 비상계엄 선포문과 12.12 대국민 담화문을 통하여 *"계엄은 헌정 질서와 국헌을 망가뜨리려는 것이 아니라, 국민에게 망국의 위기 상황을 알려 드려 헌정 질서와 국헌을 지키고 회복하기 위해 한 것"*이라고 강조했습니다.[41] 그는 계엄 선포 이유를 크게 다섯 가지로 설명했습니다.

> ⑳ 우리나라 최초의 비상계엄은 1948년 여순 10.19 사건(여수 14연대 반란 사건)으로, 10월 25일에 발효되었다가 1949년 2월 5일 해제되었습니다.

39) 양승식, "尹, 비상계엄 선포… '종북세력 척결, 헌정질서 지키겠다'." 조선일보, 2024년 12월 4일. https://www.chosun.com/politics/politics_general/2024/12/03/EIZWOJY6EVGFFPFECLDTB3HY3E/.

40) "대한민국 헌법." 국가법령정보센터. https://www.law.go.kr/lsEfInfoP.do?lsiSeq=61603#.

41) 김경필, "[담화 전문] 尹 '野 탄핵남발로 국정 마비…계엄, 패악 경고하려 한 것'." 조선일보, 2024년 12월 12일. https://www.chosun.com/politics/politics_general/2024/12/12/HV4WXW2R2RCZFKYLO6YIBEK66Y/.

1. 반국가 세력

윤석열 대통령이 비상계엄을 선포한 첫 번째 이유는 '반국가 세력' 때문입니다. 대한민국은 건국 후 남로당의 박헌영·김일성·스탈린부터 1980년대 종북 주사파에 이르기까지 끊임없는 반국가 세력의 위협을 받아왔습니다. 특히 NL 주사파는 지난 50여 년간 대한민국 사회 곳곳을 포진하여 우리나라를 심각하게 좌경화시켜 놓았고, 그 결과 청와대와 국회 안까지 대거 침투했습니다. 그 이후로 친북 성향의 대통령들이 배출되었습니다.

"친애하는 국민 여러분, 저는 북한 공산세력의 위협으로부터 자유 대한민국을 수호하고, 우리 국민의 자유와 행복을 약탈하고 있는 ,

파렴치한 종북 반국가세력을 일거에 척결하고 자유 헌정 질서를 지키기 위해 비상 계엄을 선포합니다."[42]

(2024년 12월 3일 비상계엄 선포문 중에서)

2. 입법 독재

윤석열 대통령이 비상계엄을 선포한 두 번째 이유는 거대 야당의 '입법 독재' 때문입니다. 2024년 제22대 총선에서 더불어민주당(175석), 조국혁신당(12석), 개혁신당(3석), 새로운미래(1석), 진보당(1석)이 합쳐 192석을 차지하며 거대 야당을 형성했습니다. 반면, 국민의힘은 108석에 그쳤습니다. 거대 야당은 압도적 의석을 기반으로, 입법 폭거·예산 삭감·줄탄핵을 밀어붙이며 삼권분립을 무너뜨렸습니다.

"지금 우리 국회는 범죄자 집단의 소굴이 되었고, ,

입법 독재를 통해서 국가의 사법 행정 시스템을 마비시키고 자유민주주의 체제 전복을 기도하고 있습니다."[43]

(2024년 12월 3일 비상계엄 선포문 중에서)

간첩법 반대

가장 심각한 것은, 더불어민주당이 이러한 입법독재로 국정원의 대공수사권을 박탈하고 국가보안법 폐지를 추진하는 것도 모자라, 간첩법 개정까지 반대하여 대한민국을 '간첩 천국'으로 만들고 있다는 사실입니다. 실제로 2024년 6월 중국인 3명이 드론으로 부산 정박 중이던 미국 항공모함을 촬영하다가 적발되었고, 이들의 스마트폰·노트북에는 최소 2년 이상 한국의 군사시설을 촬영한 기록이 발견되었습니다. 같은 해 11월에도 40대 중국인이 드론으로 국정원을 촬영하다가 붙잡혔지만, 현행법으로는 외국인의 간첩행위를 간첩죄로 처벌할 수 없는 상황입니다. 이러한 이유들 때문에 윤석열 대통령은 형법 개정을 시도했지만, 거대 야당은 이를 완강히 막았습니다. 북한의 핵·미사일 도발, GPS 교란, 오물 풍선, 민주노총 간첩 사건 등에 거대 야당은 오히려 북한 편을 드는 태도밖에 보이지 않았습니다.

3. 예산 삭감

윤석열 대통령이 비상계엄을 선포한 세 번째 이유는 거대 야당의 '예산 삭감' 때문입니다. 국회는 국민의 위임을 받아 입법·감시 기능을 수행하는 기관이지, 대통령을 끌어내리기 위한 기구가 아닙니다. 하지만 더불어민주당을 위시한 거대 야당은 국가의 근간을 이루는 주요 예산들을 전액 또는 대폭 삭감하여 공공안전·법 집행을 붕괴시키고, 국가의 기본적인 국정 운영을 마비시켜 국민의 생명과 재산을 보호할 책임을 저버렸습니다.

"국가 예산 처리도 국가 본질 기능과 마약범죄 단속, 민생 치안 유지를 위한 모든 주요 예산을 전액 삭감하여 국가 본질 기능을 훼손하고,

대한민국을 마약 천국, 민생 치안 공황상태로 만들었습니다. (중략) 예산까지도 오로지 정쟁의 수단으로 이용하는 ,

이러한 민주당의 입법 독재는 예산안 탄핵까지도 서슴지 않았습니다."[44]

(2024년 12월 3일 비상계엄 선포문 중에서)

---

42) 곽민서, "[전문] 尹대통령 비상계엄 선포 담화." 연합뉴스, 2024년 12월 3일. https://www.yna.co.kr/view/AKR20241203158900001.

43) 곽민서, "[전문] 尹대통령 비상계엄 선포 담화." 연합뉴스, 2024년 12월 3일. https://www.yna.co.kr/view/AKR20241203158900001.

44) 곽민서, "[전문] 尹대통령 비상계엄 선포 담화." 연합뉴스, 2024년 12월 3일. https://www.yna.co.kr/view/AKR20241203158900001.

예산 내용[45] (2024년 12월 4일 비상계엄 선포 기준)	정부 원안	야당 처리 안
대통령실 특활비	82억 원	0원
○ 검찰 특경비·특활비	587억 원	0원
○ 감사원 특경비·특활비	60억 원	0원
○ 경찰 특활비·치안활동지원	31억 원	0원
㉑ 차세대 원전 기술 연구 개발 사업	70억	7억
○ 동해 심해 가스전 개발 (대왕고래 프로젝트)	505억 원	8억 원
㉒ 청년 일자리 사업 지원	2382억	0원

이외에도 거대 야당은 우리나라를 보호할 수 있는 핵심적인 국방예산을 집중적으로 대폭 삭감했습니다. △ ○ 킬체인 정찰사업(4852억원 삭감), △ ○ 유도무기 지원 사업(315억원 삭감), △ ○ 특수임무부대 전력 보강(35억원 삭감), △ ○ 장거리 함대공 유도탄(SM-6) 도입(114억원 삭감), △ ○ 전술데이터링크시스템(Link-16) 성능 개량(796억원 삭감), △ ○ 155mm 정밀유도포탄 개발(66억원 삭감), △ ○ 접적지역 대드론 통합체계(99억원 삭감), △초급간부 처우 개선(141억원 삭감), △ ○ 국가유공자 보상금(179억원 삭감) 등 핵심 국방 예산을 무려 6277억원이나 삭감합니다. 이에 대해 민주당은 "전체 국방 예산 중 *0.65%만 삭감했다*"고 주장하지만, 윤석열 대통령은 "*눈알을 빼놓고 겨우 두 개만 뺐다고 하는 것과 같다*"며 본질을 지적했습니다.[46] "*아무리 주먹이 세도 앞이 보이지 않으면 싸울 수 없는데 감시정찰 자산을 대폭 삭감하고, 최근 북한의 드론 공격이 가장 큰 위협으로 대두되고 있는데 드론 방어 예산 100억 원 가운데 무려 99억 5400만원을 깎았다*"고 비판했습니다.[47] 윤석열 대통령은 2025년 2월 27일 탄핵재판 최종진술에서 "*도대체 누구의 지시를 받아서, 이렇게 핵심 예산만 딱딱 골라 삭감했는지 궁금할 지경*"이라며 배경을 강하게 의심했습니다.[48]

4. 줄탄핵

윤석열 대통령이 비상계엄을 선포한 네 번째 이유는 거대 야당의 '줄탄핵' 때문입니다. 윤석열 정부 출범 이후, 더불어민주당을 위시한 거대 야당은 2년 7개월간 무려 29차례 탄핵소추안을 발의하고 12건을 가결했습니다(2024년 12월 기준). 탄핵된 인사들은 대부분 정부 핵심 요직자나 이재명 관련 사건을 맡은 판·검사들이었습니다. 그 결과 행정부의 국정 운영은 마비되고, 사법부의 독립성은 크게 훼손되고, 우리나라 삼권분립은 심각하게 붕괴되었습니다. 이는 대한민국 역사상 전례 없는 일입니다.

"지금까지 우리 정부 출범 이후 22건의 정부 관료 탄핵 소추를 발의하였으며 지난 6월 22대 국회 출범 이후에도 10명째 탄핵을 추진 중에 있습니다. 이것은 세계 어느 나라에도 유례가 없을 뿐 아니라 우리나라 건국 이후에 전혀 유례가 없던 상황입니다."[49]

(2024년 12월 3일 비상계엄 선포문 중에서)

○ 검찰(檢察): 범죄를 수사하고 공소를 제기·유지하는 국가 기관입니다. 검찰이 이재명의 대북송금·위증교사·선거법 위반·백현동·성남FC·법인카드 유용 등을 수사하자, 민주당은 검찰 특활비·특경비 전액을 삭감했습니다. 하지만 이 예산은 금융사기·마약·민생범죄 수사에 쓰이는 핵심 재원으로, 삭감은 공공안전과 범죄 대응력을 약화시킵니다.

○ 감사원(監査院): 국가의 세입·세출 결산, 공공기관 회계검사, 공무원 직무감찰을 담당하는 헌법기관입니다. 감사원의 특활비·특경비 전액 삭감은 재정 투명성을 해치고 공직 비리 수사를 약화시킵니다.

○ 경찰(警察): 국민의 생명과 재산을 보호하고 사회 질서를 유지하는 국가 기관입니다. 경찰의 특활비·치안 지원비 전액 삭감은 공공안전을 약화시키고 치안 공백과 범죄 증가를 초래합니다.

㉑ 윤석열 대통령은 탈원전 정책을 폐기하고 신한울 3·4호기 건설을 재개하고, 원전 기업에 3조 3천억 원의 일감과 1조 원의 금융 지원을 제공했습니다. 그 결과 매출과 고용이 모두 증가했지만, 거대 야당은 원전 생태계 지원 예산을 대폭 삭감했습니다.

○ 동해-1 가스전(Donghae-1 Gas Field): 1998년 탐사 시추에 성공한 대한민국 최초의 천연가스전으로, LNG 기준 약 500만 톤이 매장된 지역입니다. 이는 에너지 안보와 국가 경제에 중요한 자원으로, 윤석열 대통령은 2024년 '대왕고래 프로젝트'를 통해 동해 심해 가스전 개발을 지시했지만, 거대 야당은 예산을 대폭 삭감했습니다.

㉒ 더불어민주당은 청년 일자리 예산 2,382억 원을 전액 삭감하여 직무 경험, 니트족(NEET) 고용 지원, 청년 친화기업 운영비 등이 모두 중단되었습니다. 니트족은 학업·취업·훈련에 참여하지 않는 청년으로, 국내 약 41만 명에 이릅니다.

○ 킬체인(Kill Chain): 킬체인(Kill Chain): 북한의 핵·미사일 발사 징후를 신속히 탐지하여 사전에 타격하는 선제 공격체계입니다. 더불어민주당은 이에 대한 관련 예산을 대폭 삭감했습니다.

○ 유도무기 전력화 장비 후속지원사업: 전력화된 무기의 효율적 운영과 유지보수를 위해 성능 개량, 수명 연장, 안정화 등을 지속 지원하는 사업입니다.

○ 특수임무부대(特殊任務部隊, 특임여단): 대량응징보복(KMPR) 전략의 핵심 전력으로, 북한의 핵·WMD 위협 시 지휘부와 핵심 시설을 정밀 타격하는 임무를 수행합니다. 해당 전력 보강 예산 35억 원 삭감은 응징·보복 역량을 약화시킬 우려가 있습니다.

○ 장거리 함대공 유도탄(SM-6): 미국 개발의 다목적 함대공 미사일로 대공·대함·탄도탄 요격이 가능합니다. 더불어민주당은 관련 예산 약 114억 원(약 96%)을 삭감했습니다.

○ 전술데이터링크시스템(Link-16): 지휘통제·위치·피아식별 등 전술 정보를 실시간으로 공유하는 미국 개발 군사 네트워크입니다. 더불어민주당은 관련 예산 약 796억 원(약 78%)을 삭감했습니다.

45) 권순완, "野, 사상 첫 감액 예산안 강행 처리… '증액 필요 땐 추경'." 조선일보, 2024년 12월 9일. https://www.chosun.com/economy/economy_general/2024/12/11/YYRKG5S5ZVCTPHYIXRJQA3QWJI/.

46) 김학재, "'6277억'..거대야당이 삭감했다는 우리 군 '눈알' 같은 예산." 파이낸셜뉴스, 2025년 2월 27일. https://www.fnnews.com/news/202502270245530663.

47) 김학재, "'6277억'..거대야당이 삭감했다는 우리 군 '눈알' 같은 예산." 파이낸셜뉴스, 2025년 2월 27일. https://www.fnnews.com/news/202502270245530663.

48) 김학재, "'6277억'..거대야당이 삭감했다는 우리 군 '눈알' 같은 예산." 파이낸셜뉴스, 2025년 2월 27일. https://www.fnnews.com/news/202502270245530663.

49) 곽민서, "[전문] 尹대통령 비상계엄 선포 담화." 연합뉴스, 2024년 12월 3일. https://www.yna.co.kr/view/AKR20241203158900001.

탄핵 대상자 명단 (2024년 12월 4일 비상계엄 선포 기준)

번호	이름	직책	탄핵 사유	헌법재판소
1	이상민	前 행정안전부 장관	이태원 참사 대응 부실	기각
2	안동완	검사	이재명 수사 관련	기각
3	손준성	검사	고발 사주 의혹	절차 정지
4	이정섭	검사	공수처 수사 관련	기각
5	이진숙	방송통신위원장	방송법 개정 반대 및 언론 개입	기각
6	최재해	감사원장	문재인 정부 감사 방해 의혹	탄핵 진행 중
7	이창수	서울중앙지검장	대장동–쌍방울 수사	탄핵 진행 중
8	최재훈	서울중앙지검 반부패수사 2부장	대장동–쌍방울 수사	탄핵 진행 중
9	박성재	법무부 장관	검찰 인사 및 수사지휘권 행사	탄핵 진행 중
10	조지호	경찰청장	대통령 경호 및 치안 대응 문제	탄핵 진행 중
11	한덕수	국무총리 (대통령 권한대행)	국정 운영 책임	탄핵 진행 중
12	윤석열	대통령	비상계엄 선포 및 내란 혐의	탄핵 진행 중

위 명단의 법무·검찰 4인(안동완·손준성·이정섭·이창수)은 모두 이재명 수사와 관련된 검사들로, 이들의 탄핵은 검찰 독립성을 약화시키고 이재명 수사를 방해하려는 의도로 해석됩니다. 행정부 5인(이상민·박성재·조지호·한덕수·최재해)은 국가 행정 핵심 인사들로, 이들의 탄핵은 정부 기능을 마비시키려는 의도로 해석됩니다. 방송·언론 2인(이진숙·이동관)은 방송·미디어 관련 인사들로, 이들의 탄핵은 언론을 통제하려는 의도로 보입니다.

5. 부정선거

윤석열 대통령이 비상계엄을 선포한 다섯 번째 이유는 '부정선거'입니다. 당시 국회에는 계엄 선포 후 1시간이 지나서야 280여 명의 계엄군이 투입된 반면, ㉓ 중앙선거관리위원회(선관위)에는 즉시 300여 명이 투입되었습니다. 선거는 민주주의의 핵심 요소로서, 국민의 의사를 반영하고 국가의 방향을 결정하는 중요한 수단입니다. 2023년 선관위를 비롯한 헌법기관들과 정부 기관들이 북한에 의한 해킹을 당합니다. 이에 모든 기관들이 국정원 점검을 받지만, 선관위만 헌법기관임을 이유로 거부합니다. 이후 선관위의 채용 비리 사태가 터지자 점검에 응하지만, 전체 시스템 장비의 일부분만 응하고 나머지는 불응합니다. 그럼에도 당시 국정원이 직접 해킹을 시도한 결과, 선관위의 보안 시스템은 무방비 상태로 데이터 조작이 얼마든지 가능했습니다. 비밀번호는 '12345'와 'qwert' 수준으로 취약했고, 시스템 보안 관리 업체도 전문성이 매우 부족했습니다. 국정원은 선관위의 심각한 보안 상태와 조사 방해에 대하여 부정선거의 가능성이 있다며, 엄정 수사가 필요하다는 보고서를 윤석열 대통령에게 제출합니다. ㉔ 하지만 법원과 선관위가 긴밀히 연결되어 수사가 불가한 현실에, 윤석열 대통령은 비상계엄을 통해서만 진실을 밝힐 수 있다고 판단한 것입니다.

"민주주의의 핵심인 선거를 관리하는 전산 시스템이 이렇게 엉터리인데, 어떻게 국민들이 선거 결과를 신뢰할 수 있겠습니까?"[50]

(2024년 12월 12일 대국민 담화 중에서)

윤 대통령 측이 주장하는 부정선거 의혹[51]

1 전자 개표기의 조작 가능성: 선거관리위원회의 전산 시스템이 외부 해킹에 취약하며, 개표과정에서 조작이 가능하다는 의혹이 제기됨

2 사전투표 조작 의혹: 사전투표에서 특정 후보에게 과도하게 표가 몰렸다는 점을 지적하며, 사전투표 데이터 조작 가능성이 제기됨

3 가짜 투표용지 및 투표함 바꿔치기 의혹: 일부 지역에서 정상적인 절차를 거치지 않은 투표용지가 발견되었다는 의혹이 제기됨

4 선거관리위원회의 미흡한 대응: 대통령 측은 선관위가 부정선거 의혹을 해소하기 위해 적극적으로 검증에 나서지 않았으며,
   증거 확보를 방해했다고 주장함

美 부정선거 배후로 '중국' 지목

2025년 재선에 성공한 미국 트럼프(Donald J. Trump) 대통령은 부정선거를 "개별 국가의 문제가 아니라 반드시 제거해야 할 국제범죄"로 규정하며, 그 배후로 중국을 지목했습니다.[52] 윤석열 대통령이 비상계엄을 선포한 배경에도 이러한 선관위 불법과 중국 개입을 차단하려는 의도가 있었습니다.[53]

중국공산당은 1999년 '초한전(Unrestricted Warfare)' 매뉴얼을 작성한 이후, 25년간 군사·비군사 전술을 총동원하여, 자유민주주의 국가들을 공격해 왔습니다. 여기에 대한민국도 예외는 아니었습니다. 2017년 서울 한복판에 음심적을 가장한 비밀경찰서 '동방명주'가 영업한다는 언론 보도가 있고, 2019년 더불어민주당 민주연구원은 중국공산당의 고급 간부를 양성하는 중앙당교와 정책협약을 체결하고, 2020년 총선 투개표 사무원으로 중국인이 대거 투입되고, 2023년 10월 1일 항저우 아시안게임 한국과 중국 8강전 축구경기를 두고, 우리나라 포털 사이트 '다음'(DAUM)이 진행한 '클릭 응원전'에서 중국 팀은 1천 983만회(91%), 한국 팀은 208만회(9%)의 응원클릭을 받고, 2023년을 기준으로 22개 대학·16개 중고등학교에서 중국공산당 조직인 '공자학원'이 침투하여 친중 지식인을 양성하고, 2024년 '우수 공산당원' 출신인 중국인 유학생이 부산에서 미국 항공모함을 불법 촬영하고, 같은 해 12월 7일 윤석열 대통령 탄핵 찬성 시위에 중국 우유곽으로 만든 촛불들의 모습이 방송에 수두룩하게 비춰지고, 12월 25일 용산 한남동 대통령 관저 앞에서 중국인 여성 두 명이 대한민국 할머니를 폭행했습니다.[54] 더불어민주당은 중국 조선족 영주권자에게 지방선거 투표권을 부여하고, 조선족·중국 유학생에게 주민자치회 회원 자격까지 주었습니다.[55] 중국의 국권 침탈을 막지 못한다면, 대한민국도 언젠가 홍콩과 같은 운명을 맞게 될 것입니다.

50) 김경필, "[담화 전문] 尹 '野 탄핵남발로 국정 마비…계엄, 패악 경고하려 한 것'." 조선일보, 2024년 12월 12일. https://www.chosun.com/politics/politics_general/2024/12/12/HV4WXW2R2RCZFKYLO6YIBEK66Y/.

51) 임헌조, 윤석열의 선택(서울: 이가서, 2025), 180.

52) 이희천, 대통령 탄핵과 체제전쟁(서울: 대추나무, 2025), 113.

53) 이희천, 대통령 탄핵과 체제전쟁(서울: 대추나무, 2025), 40.

54) 송정빈, "자교모 '尹 대통령, "중국공산당 선거 개입" 밝히기 위해 계엄령 선포'." 뉴스 아고라, 2025년 1월 3일. https://www.newsagora.co.kr/news/articleView.html?idxno=9449.

55) 이희천, 대통령 탄핵과 체제전쟁(서울: 대추나무, 2025), 41.

1842년 제1차 [○] 아편전쟁에서 승리한 영국은 홍콩을 청나라로부터 영구 할양을 받습니다. 이후 1949년 [○] 중화민국의 국공내전 패배로 중국이 공산화되자, 수많은 중국인이 대만과 홍콩으로 피난하면서, 홍콩은 국제 무역도시로 성장합니다. 하지만 중국공산당은 1984년 '중영 공동선언(홍콩반환협정)'을 통해 1997년 홍콩을 반환받고 최소 2047년까지 일국양제를 보장하겠다고 약속합니다. 하지만 중국은 수십 년간 홍콩 정치계에 친중 인사를 대거 침투시키고, 홍콩 하층민층을 중국 출신 이주민으로 채우고, 중국기업들을 내세워 중국산 물건을 쓰게 만들고, 중국 문화와 음식을 침투시키고, 중국공산당의 지령을 받는 각종 시민단체를 조직하여 '하나의 중국'이라는 구호의 친중·반영(영국) 운동을 벌여 결국 홍콩인 스스로 반환을 선택하게 합니다. 이는 오늘날 대한민국의 상태와 크게 다를 바가 없습니다. 공산화가 임박했다는 사실을 뒤늦게 깨달은 홍콩 젊은이들은 2019년 대대적인 시위를 벌이고 국제사회 지지를 호소하지만, 때는 이미 너무 늦었습니다. 중국공산당은 2047년까지 자치 체제 유지라는 약속을 깨고, 홍콩을 강제로 병합하기 위해 중공군을 투입하여 1만 5,000여 발의 최루탄과 2만여 발의 고무탄을 쏴서 시위대를 강경 진압하고, 코로나 확산 방지를 이유로 모든 외출을 완전히 금지시키면서 홍콩 민주화 운동은 처절한 실패로 끝납니다. 2021년 3월 중국공산당은 '홍콩안전법'이라는 사실상 강제합병법을 제정하여, 홍콩의 모든 정치인들이 중국공산당으로부터 검증과 감시를 받게 하고, 민주계열 당원들은 체포·구금·실종까지 당합니다. 지금도 홍콩은 '민주주의'나 '자유주의'를 외치는 사람들이 체포되고, 각 지역의 초·중·고교·대학교·경찰서·공관서에서는 아침마다 시진핑에 충성 서약을 의무적으로 실시하고 있습니다. 한때 홍콩 반환 반대 시위에서 [○] 유니언 잭과 성조기를 든 노인들을 조롱하던 홍콩 청년들은 끝내 공산화된 현실 앞에서 후회하며, 전 세계인에게 다음과 같은 메시지를 남겼습니다.

> "세계 여러분들, 중국공산당은 당신들의 정부에 침투할 것이고, 중국 기업은 당신들의 정치성향에 간섭할 것이며,
> 중국은 당신의 고향을 신장(위구르)처럼 착취할 것입니다. 조심하든지, 다음 차례가 되든지 결정하세요!"[56]
>
> (Dear world, CCP will infiltrate your government, Chinese enterprises interfere your political stance, ,
> China will harvest your home like Xinjiang. BE AWARE or BE NEXT!)
>
> (2019년 홍콩 민주화 운동 당시 홍콩 이공대학 캠퍼스 강의실 벽에 붙은 호소문)

12.3 비상계엄 선포 이후, 민주당·진보당·조국혁신당·정의당·개혁신당·새미래민주당 등 야 6당은 윤석열 대통령 탄핵에 앞장섰습니다. 사실 이들은 윤석열 정부 출범 초기부터 대통령을 탄핵하기 위한 '촛불행동'을 결성하여 180여 차례 퇴진 촛불시위를 주도해 왔습니다.

1. 더불어민주당(야당): 민주당은 '비상계엄=내란', '윤석열 대통령=내란 수괴(우두머리)', '비상계엄에 동참한 사람=내란 공범'이라는 프레임을 내세워 12월 14일 탄핵소추안을 통과시킵니다. 이들은 대통령의 계엄선포가 가진 헌법적 통치행위로서의 의미는 외면한 채, 군과 경찰까지 내란 공범으로 몰아 처벌하겠다고 압박합니다. 이러한 선동된 여론 속에서 윤석열 대통령의 지지도는 11%로 추락합니다.

2. 언론: 2024년 12월 4일 계엄령 해제 이후, 언론은 계엄령 선포의 정당성과 본질을 외면한 채 '자유민주주의의 후퇴', '헌정질서의 파괴'이라는 자극적인 보도들만 쏟아냅니다. 또 '대규모 군사 작전 계획', '주요 시설 점령', '제2의 계엄령 준비' 등 확인되지 않은 정보와 가짜뉴스를 확산시켜 국민 불안감을 증폭시킵니다.[57] 그 결과 많은 국민은 비상계엄을 부정적으로 인식하게 됩니다.

○ 아편전쟁(阿片戰爭): 19세기 중반 영국이 청나라의 아편 밀수 단속에 반발하여 일으킨 두 차례의 전쟁으로, 제1차는 1840~1842년, 제2차는 1856~1860년에 벌어졌습니다.

○ 중화민국(中華民國, Republic of China): 1912년 신해혁명(辛亥革命)으로 건국된 아시아 최초의 공화국으로, 현재 대만(臺灣)의 공식 국호입니다.

○ 유니언 잭(Union Jack): 영국 국기로, 잉글랜드·스코틀랜드·아일랜드 국기를 합쳐 만든 깃발입니다. '유니언'은 연합을 뜻하고, '잭'은 영국 해군 선수기(배의 앞부분에 올리는 깃발)에서 유래했습니다.

---

56) "대통령의 '비상계몽'이란 한줄기 빛이." 백제일보, 2025년 2월 8일. https://www.poemnews.com/15519.

57) 임헌조, 윤석열의 선택(서울: 이가서, 2025), 48.

3. 국민의힘: 아무리 거대 야당(192석)이라도 야당 의석수만으로는 가결 정족수(200명)를 채울 수 없었습니다. 실제로, 12월 7일 1차 표결 당시 국민의힘 의원 ㉕ 108명 중 105명이 불참하면서 표결은 무산됩니다. 하지만 국민의힘 당대표 한동훈이 탄핵을 촉구하자, 12월 14일 2차 표결에서는 국민의힘 12명이 찬성표를 던지면서 가결됩니다. 한 때 윤석열 정부의 법무부장관이었던 한동훈은 ㉖ 2024년 제22대 총선 공천 실패에 이어, 탄핵 과정에서도 보수 세력의 분열을 가속화했습니다. 이후 권성동 원내대표와 권영세 비상대책위원장(일명 '쌍권')이 당을 이끌지만, 국민의힘 의원 중 상당수는 계엄 선포의 정당성을 부정하고 대통령을 변호하지 않았습니다. 이는 국민의힘 내부의 ○ 내각제 지향 세력이 있었기 때문입니다.

4. 공수처·경찰·검찰: 비상계엄 선포 후 불과 3~4일 만에 경찰·검찰·공수처 등 모든 수사기관은 민주당의 '내란 프레임'에 맞추어 대형 수사팀을 꾸리고, 관련자들을 신속히 수사·체포·구속합니다. 공수처는 내란죄 수사권이 없음에도 윤석열 대통령을 강제로 수사하고, 불법적으로 체포영장을 발부합니다. 서울중앙지방법원(중앙지법)에 신청한 구속영장이 4차례 기각되자, 오동운 공수처장은 관할을 위반하면서까지 서울서부지방법원(서부지법)의 이순형 판사에게서 영장을 신청합니다. 이순형 판사는 ○ 형사소송법 110조(군사상 비밀과 압수), ○ 111조(공부상 비밀과 압수)를 배제한 채 체포영장을 발부하여, 대통령의 신분과 헌법상 보호 조항을 무시한 채 수사를 강행합니다. 당시 최상목 대통령 권한대행은 대통령 경호 지원을 요청하지만, 경찰 경호팀과 수방사 경호부대는 "공수처의 체포영장 집행을 저지하는 데 경찰과 군 병력을 투입하는 것은 옳지 않다"며 협조를 거부했습니다.[58] 결국 ○ 국가수사본부(국수본)는 공수처와 합동으로 대통령의 한남동 관저를 급습하여, 2025년 1월 15일 경찰 3,700명을 투입한 대규모 작전 끝에 윤석열 대통령을 체포합니다. 2025년 1월 26일 윤석열 대통령의 친정이자 법치주의의 최후 보루인 검찰마저 구속 상태인 윤석열 대통령에 대한 내란범 수사에 착수합니다. 이는 검찰총장 심우정을 비롯한 검찰 간부들이 정치적 격변기 가운데 살아남기 위해 거대 야당인 더불어민주당에 줄을 선 결과로 평가됩니다.[59] 이러한 불법적 절차가 난무하는 가운데, 현직 대통령을 지킨 공권력은 경호처뿐이라는 현실도 확인할 수 있었습니다.

5. 헌법재판소(사법부): 헌법재판소는 헌법에 대한 해석·적용을 담당하는 독립된 사법기관으로, 법률·공권력이 헌법에 위배되는지 판단하는 등 헌법 질서를 수호하는 역할을 합니다. 하지만 오늘날 대한민국의 헌법재판소는 좌파 사법카르텔 '우리법연구회' 출신들로 장악되어 정치적 판결을 내리는 기관으로 변질되었습니다. 우리법연구회는 1988년 2차 사법파동을 계기로 박시환 판사를 중심으로 결성된 좌파 성향 판사 모임입니다. 겉으로는 학술연구모임을 표방했지만 사실상 정치적 결사체에 가까운 사법 카르텔이라는 비판을 받아 마땅합니다. 2010년 해체 후 곧바로 국제인권법연구회로 재편되었고, 문재인 정부에서 김명수 대법원장이 임명되면서 사법부 요직을 장악했습니다. ㉗ 윤석열 정부에서도 대법관 5명, 헌법재판관 3명(문형배·이미선·정계선), 오동운 공수처장과 이순형 부장판사 등이 모두 같은 출신으로, 사법부 내 영향력을 확대하고 있습니다.

6. 북한: 윤석열 정부 출범 직후, 북한은 "윤석열 탄핵 투쟁의 불씨를 피우라"며 종북세력에 다음과 같이 지령했습니다. "윤석열이 당선돼 친미 사대적이고 반민중적이며 반통일적인 보수정권이 들어섰다, 집권 초기부터 윤석열 패거리들에 대한 실천투쟁을 공세적으로 조직 전개하라." "윤석열과 일가 족속, 측근들의 정치 추문과 부정부패 행위들을 집요하게 물고 늘어지면서 법적 처벌을 요구하는 압박 공세를 지속적으로 강화해 윤석열 탄핵 투쟁의 불씨를 피우고 제2의 촛불항쟁 때와 같은 대중적인 항거 기운을 조성하라."[60] 특히 2024년 제22대 총선을 앞두고는 국민의힘을 "윤석열의 사당"이라고 규정하여, "친윤계가 안철수, 이준석 등 비윤계를 공천 대학살할 것"이라는 유언비어를 퍼뜨려 신당 창당론 분위기를 유도하라고 지령했습니다.[61] 과거 "국가시설 마비를 통한 사회혼란 유도", "진보정당 및 단체 등에 직접

㉕ 당시 국민의힘 참석자는 안철수·김상욱·김예지 의원 3명이었습니다.

㉖ 2024년 제22대 총선을 앞두고 국민의힘 비대위원장 한동훈은 유력 후보들을 험지로 보내고, 민주당 출신 의원(이상민·김영주)을 공천했습니다. 4년간 준비한 자당 인사들을 배제한 이 결정은 총선 참패의 주요 원인 중 하나가 되었습니다.

○ 내각제(內閣制): 대통령제와 달리 국회가 입법권과 함께 행정권까지 행사하여 국정을 운영하는 제도입니다.

○ 형사소송법 제110조(군사상 비밀과 압수): 군사상 비밀을 요하는 장소에서는 그 책임자의 승낙 없이는 압수 또는 수색을 할 수 없다. 다만, 국가의 중대한 이익을 해하는 경우가 아니라면, 책임자는 승낙을 거부할 수 없다.

○ 형사소송법 제 111조(공무상 비밀과 압수): 공무원 또는 공무원이었던 자가 보관하는 물건이 직무상 비밀에 해당하는 경우, 본인이나 해당 공무소가 비밀 사항임을 신고하면 상급기관의 승낙 없이는 압수할 수 없다. 다만, 국가의 중대한 이익을 해하는 경우가 아니라면, 승낙을 거부할 수 없다.

○ 국가수사본부(國家搜査本部, 국수본): 경찰청 산하의 수사 전담 기관으로, 수사의 독립성과 전문성을 강화하기 위해 일반 경찰 조직과 분리되어 운영됩니다.

㉗ 1973년 김일성은 "남조선에게 고등고시에 합격되면 행정부, 사법부에도 얼마든지 파고 들어갈 수 있다. 머리 좋고 똑똑한 아이들을 데모에 내몰지 말고 고시준비를 시키도록 하라. 열 명을 준비시켜서 한 명만 합격해도 목적은 달성된다. 각급 지하당 조직들은 대상을 잘 선발해 그들이 공부에만 진념할 수 있도록 물심양면으로 지원하라."라고 대남공작원들에게 지시했습니다. 이들을 가리켜 '김일성 장학생'이라고 부릅니다.

김성동, "마감을 하며 金日成의 비밀교시." 월간조선. https://monthly.chosun.com/client/news/viw.asp?ctcd=&nNewsNumb=201911100000.

58) 이희천, *대통령 탄핵과 체제전쟁*(서울: 대추나무, 2025), 62.

59) 이희천, *대통령 탄핵과 체제전쟁*(서울: 대추나무, 2025), 10.

60) https://www.fnnews.com/news/202502201815051652.

61) 김학재, "'尹탄핵 투쟁 불씨피우라' 北지령으로 드러난 '탄핵 빌드업'." 파이낸셜 뉴스, 2025년 2월 20일. 김은종, "北지령, 이젠 총선 겨냥… '친윤·비윤 갈라치고 촛불들라'." 조선일보, 2023년 5월 2일. https://www.chosun.com/politics/diplomacy-defense/2023/05/02/AFE7OMA2LJBK5GIEWKXYB55HTI/.

침투", "한미동맹 비판 및 후쿠시마 오염수 부각 등을 통한 반미·반일 선전" 등의 지시와 달리, 최근 북한의 지령문은 "탄핵집회와 촛불집회 등을 통한 정부 비판 여론 확산", "친윤·비윤 갈등, 보수 분열 조장하도록 선전·선동 강화", "대통령의 여당 사당화 주장 등 부정적 이미지 집중 부각" 등으로 반정부 분위기와 보수 진영 내 갈등을 조장하는 데 심혈을 기울이고 있습니다.[62] 실제로 2023년 이준석은 국민의힘을 탈당하여 개혁신당을 창당하며, 보수 분열이 현실화되었고, 이러한 분열은 곧 총선 패배와 탄핵 정국으로 이어졌습니다.

탄핵 반대 세력　거대 야당의 내란몰이와 탄핵 공작으로 윤석열 대통령의 지지율은 비상계엄 직후 11%까지 추락하지만, 한 달 만에 50%대로 반등합니다. 국민의힘 당원 90%가 '탄핵 반대'를 표하고, 한국갤럽 조사에서도 국민의힘 지지도는 24%(12월 3주)에서 39%(1월 3주)로 상승, 민주당은 49%에서 36%로 하락합니다.[63] [64] 이는 윤석열 대통령의 결단과 애국 시민들의 계몽운동이 국민 연론을 움직였기 때문입니다.

1. 광화문 세력: 윤석열 대통령 지지율 반등의 기반에는 광화문 집회를 통한 보수 결집이 있었습니다. 12.3 비상계엄 선포 직후, 사랑제일교회의 ○ 전광훈 목사님이 이끄는 ○ 광화문 운동은 2024년 12월 4일, 12월 5일, 12월 6일, 12월 7일, 12월 14일, 12월 21일, 12월 28일 연이어 국민혁명대회를 열어 '탄핵 무효', ○ 'STOP THE STEAL(STS)'을 외쳤고, 수백만 시민이 광화문 광장을 메웠습니다. 이들은 광화문뿐 아니라 ㉘ 한남동 대통령 관저(한남대첩), ㉙ 과천 공수처, 서부지법, ㉚ 헌법재판소, ㉛ 서울구치소 등에서 집회를 이어가며 탄핵 정국에 맞서는 데 핵심 동력이 됩니다.

2. 보수 우파 유튜버: 친민주 위주의 언론 보도에 맞서 '탄핵 반대' 여론을 형성하는 데 가장 크게 기여한 주역은 보수 우파 유튜버들이었습니다. 이들은 계엄 선포 직후, 각자의 채널을 통해 국민을 계몽시키고, 직접 집회 현장에 참석하며 보수 결집에 앞장섰습니다. 가장 대표적으로, 신의한수TV(신혜식), 신인균의 국방TV(신인균 대표), 신남성연대(배인규), 홍철기TV(홍철기), 정의구현 박완석(박완석), 시사 우동균(우동균), 그라운드씨(김성원), 전한길 역사강사 등이 있습니다.

3. 세이브코리아: 2025년 1월 11일 경남 부산의 '세계로교회'의 ○ 손현보 목사님은 여의도 국회의사당 앞에서 매주 토요일 오후 2시~4시 탄핵 반대 집회인 '세이브코리아 국가비상기도회(SAVE KOREA)'를 개최합니다. 참석자들은 부산역 광장·인천 부평역 광장·울산 태화강역 광장·강원 춘천 낙원문화광장·경북 김천역 광장·구미역 광장·대전역 광장·순천역 광장·전북 전주 오거리문화광장·포항시청 광장·천안터미널 광장 등에서 나라를 위한 국가비상기도회를 이어갑니다.

4. 국민의힘: 광화문 광장·한남동 관저·헌법재판소 등 전국 각지 집회에는 윤상현·나경원·김민전·조배숙·박대출을 비롯한 국민의힘 의원 약 37명이 참석하여 일부는 연설도 했습니다. 2024년 12월 28일 광화문 국민혁명대회에서 국민의힘 윤상현 의원은 "그동안 우리 당이 광장을 외면한 것을 사죄드리며, 늦었지만 이제라도 광화문 광장에 나온 국민들과 뜻을 함께 하겠다."며 "탄핵 폭주로 대한민국 헌정 질서를 교란시킨 민주당을 합심하여 막아야 한다."고 호소했습니다.[65]

5. 2030 청년들: 전국적으로 확산된 탄핵 반대 집회로 윤석열 대통령의 지지율은 한 달 만에 50%로 반등합니다. 이 중 괄목할 만한 점은 2030 세대 지지율이 크게 올랐는데, 20대는 국민의힘이 15%에서 25%로 10% 상승하고, 민주당은 40%에서 30%로 10% 하락했습니다. 30대 역시 국민의힘이 19%에서 29%로 10% 상

○ 전광훈 목사(1956~): 경상북도 의성 출신으로, 초대 사랑제일교회 담임목사이자 초대 자유통일당 대표입니다.

○ 광화문운동: 사랑제일교회 전광훈 목사가 2019년부터 주도한 대규모 보수 집회로, '대한민국바로세우기국민운동본부(大國本)'가 주최합니다. 문재인 정부 시절 조국 사태 규탄, 윤석열 정부 탄핵 반대 등에서 중심적 역할을 한 대표적 보수 시민운동입니다.

○ STOP THE STEAL(STS, "도둑질을 멈춰라"): 2016년 미국 트럼프 지지 보수층이 부정선거 규탄에 사용한 구호로, 2020년 대선 후 전 세계로 확산되었습니다. 한국에서는 2024년 12월부터 보수 우파가 12.3 비상계엄 지지와 제21대 총선 부정선거 규탄에 사용하기 시작했습니다.

㉘ 12월 말부터 1월 중순 대통령이 자진하여 공수처에 체포되기까지 한남동 관저 앞에서는 밤샘 농성이 이어졌습니다. 이후 네티즌들은 한남동 집회를 가리켜 '한남대첩'이라는 별명을 붙였습니다.

㉙ 2025년 1월 15일 윤석열 대통령이 공수처의 두 번째 체포영장 집행에 따라 과천 공수처에서 조사를 받자, 탄핵에 반대하는 시민들이 공수처 앞에서 시위를 벌였습니다.

㉚ 2025년 1월 19일 윤석열 대통령 구속에 부당함을 느낀 일부 지지자들이 법원에 무단 침입하여 유리문·보안장치 파손, 소화기 투척, 판사실 진입 시도 등을 감행하는 사태가 발생했습니다. 이 사건으로 90명이 현행범 체포되었고, 그중 66명에 대해 구속영장이 청구되었습니다.

㉛ 윤석열 대통령은 2025년 1월 21일 탄핵심판 3차 변론에 직접 출석하고, 4월 4일 파면될 때까지 지지자들은 헌법재판소 앞에서 탄핵 반대 시위를 이어갔습니다.

㉜ 윤석열 대통령은 2025년 1월 15일 '내란 우두머리' 혐의로 공수처에 체포되어 1월 26일 서울구치소에 수감되었고, 52일 뒤인 3월 8일 석방되었습니다.

○ 손현보 목사(1962~): 경남 김해 출신으로, 부산에 위치한 세계로교회의 담임목사입니다.

---

62) 김은종, "北지령, 이젠 총선 겨냥… '친윤·비윤 갈라치고 촛불들라'." 조선일보, 2023년 5월 2일. https://www.chosun.com/politics/diplomacy-defense/2023/05/02/AFE7OMA2LJBK5GIEWKXYB55HTI/.

63) 박아름, "尹 지지율 40%국힘 86% '탄핵기각' … 계엄을 '이재명 대권 놀이기구'로 악용한 결과." 뉴데일리, 2025년 1월 11일. https://www.newdaily.co.kr/site/data/html/2025/01/10/2025011000178.html.

64) 서영일, "정권교체 52%·정권유지 37%…尹 탄핵 찬성 60% · 반대 35%[한국갤럽]." 인더스트리뉴스, 2025년 3월 7일. https://www.industrynews.co.kr/news/articleView.html?idxno=60918.

65) 곽성규, "300만 국민 광화문서 '국민저항 선언문' 발표…'더불어내란당 해산'." 자유일보, 2024년 12월 28일. https://www.jayupress.com/news/articleView.html?idxno=36619.

승, 민주당이 54%에서 38%로 16% 하락했습니다.[66] 청년들은 '계엄령'을 ○ '계몽령'이라 외치며 스스로를 깨어 있는 세대로 규정했고, 이러한 2030 세대의 우경화는 4050 세대의 각성을 이끄는 계기가 되었습니다. 2030 세대는 앞으로 종북 주사파 세력을 청산하고 새로운 대한민국을 세워갈 주류 세력으로 등장하게 될 것입니다.

○ 계몽령(啓蒙令): '계엄령(戒嚴令)'에 '계몽(啓蒙)'을 결합한 표현으로, 윤석열 대통령의 조치가 단순한 군사행동이 아니라 국민에게 위기의식을 일깨우고 혼란을 방지하기 위한 결정이었다는 뜻을 담습니다. 탄핵 반대 집회 이후 국민 여론이 변화하며 붙여진 별칭입니다.

㉝ 당시 헌법재판관 8인 문형배·이미선·김형두·정정미·정형식·김복형·조한창·정계선은 만장일치로 탄핵소추안을 인용했습니다.

○ 김문수(1951~): 경북 영천 출신으로, 대한민국의 노동운동가 출신의 정치인입니다. 제15·16·17대 국회의원, 제32·33대 경기도지사, 제10대 고용노동부 장관을 지냈습니다.

탄핵 재판

대한민국 헌법 제65조는 탄핵의 조건을 "대통령을 비롯한 고위 공직자가 직무 집행에서 헌법이나 법률을 위배했을 때"라고 명확히 규정하고 있습니다. 탄핵 절차는 3단계로 이루어집니다. 첫째, 국회의 재적의원 과반수가 탄핵소추안을 발의해야 합니다. 둘째, 국회의 재적의원 3분의 2 이상이 찬성해야 합니다. 셋째, 헌법재판소 재판관 9명 중 6명 이상이 찬성해야 합니다. 헌법재판소는 정치적 압력에 흔들리지 않고 법과 원칙에 따라, 헌법재판소법 제38조(심판기간)에 따라 탄핵 재판을 180일 이내에 끝내야 합니다.

탄핵 재판의 쟁점 정리[67]

쟁점	국회 측 주장	윤 대통령 측 반박
내란죄 탄핵심판 제외 논란	내란죄를 핵심 탄핵 사유로 제시했으나, 헌재 심리에서 철회하여 탄핵 정당성이 흔들림	내란죄 철회는 탄핵 사유 변경이며, 탄핵소추안의 정당성을 상실
계엄군 투입: 폭동인가, 질서 유지인가	국회 및 선관위에 군경 투입은 폭동이며, 국헌 문란 행위	군 투입은 국회 해산이 아니라 질서 유지 목적이었으며, 국회 계엄 해제 결의를 즉각 수용
비상계엄 선포 자체의 위법성 여부	비상계엄은 헌법과 계엄법을 위반한 위헌적 조치로, 국가 비상사태에 해당하지 않음	입법 독재와 탄핵 남발로 행정부가 마비되고, 사법부가 정치화되는 국가 위기 상황에서 불가피한 조치
비상계엄 선포 과정의 절차적 위반	국무회의 심의를 거치지 않고, 대통령이 독단적으로 계엄을 선포하여 절차 위반	국무회의에서 논의가 있었으며, 대통령의 헌법적 권한에 따른 정당한 결정

홍장원·박선원, 곽종근·김병주

윤석열 대통령에게 내란 프레임이 씌워진 핵심 이유는 계엄 선포 당시 '정치인 체포 지시' 의혹이었습니다. 하지만 핵심 증거로 제시된 홍장원 국정원 제1차장의 '정치인 체포조 명단' 메모와 곽종근 전 육군 특수전사령관의 "윤 대통령이 국회의원들을 끌어내라"고 지시한 증언은 여러 차례 번복되어 신빙성을 잃었습니다. 그럼에도 헌법재판소는 신빙성이 의심되는 가필된 메모와 증언들을 증거로 채택하여, 2025년 4월 4일 윤석열 대통령을 ㉝ 8대0 만장일치로 파면합니다.

6.3 대선

윤석열 대통령의 탄핵 이후 치러진 2025년 6월 3일 제21대 조기 대통령 선거에서 더불어민주당 이재명(49.42%)은 국민의힘 ○ 김문수(41.15%)를 8.27%p 차로 누르고 당선됩니다.

66) 박아름, "2030 尹 '탄핵 반대' 늘고 與 지지 급속 증가." 뉴데일리, 2025년 1월 17일. https://www.newdaily.co.kr/site/data/html/2025/01/17/2025011700137.html.

67) 임헌조, 윤석열의 선택(서울: 이가서, 2025), 179.

윤석열 대통령의 탄핵은 얼핏 보아 한 개인에 대한 탄핵으로 보이지만, 실상은 대한민국 자유민주주의에 대한 탄핵이자 자유대한민국의 종말을 알린 탄핵이었습니다. 지금까지 대부분의 국민들은 대한민국의 자유민주주의가 잘 유지되는 줄 알았습니다. 그래서 윤석열 대통령의 비상계엄 선포에 *"웬 뜬금없는 비상계엄이냐"*라고 비난했습니다. 하지만 윤석열 대통령은 *"지금 대한민국은 당장 무너져도 이상하지 않을 정도의 풍전등화의 운명에 처해있습니다."*라고 경고했습니다.[68] 윤석열 대통령의 탄핵을 통해 우리는 대한민국의 자유민주주의 체제를 지킬 수 있는 공권력이란 어디에도 없다는 것을 뼈저리게 깨달았습니다. 윤석열 대통령의 계엄 선포는 자신의 생명을 걸고 행사한 저항권이었습니다. 이제 여러분도 윤석열 대통령이 보여준 불굴의 자유수호 의지를 이어받아, 국민저항권으로 끝까지 대한민국의 자유를 지켜내기를 바랍니다.

"언젠간 해야 하고 누군가 해야 한다면 지금 제가 하겠습니다."[69]

(2024년 신년사 발표 중에서)

---

68) 김경필, "[담화 전문] 尹 '野 탄핵남발로 국정 마비…계엄, 패악 경고하려 한 것'." 조선일보, 2024년 12월 12일. https://www.chosun.com/politics/politics_general/2024/12/12/HV4WXW2R2RCZFKYLO6YIBEK66Y/.

69) 박종진, "[전문]尹대통령 '언젠가 누군가 해야 한다면 바로 지금 제가'." 머니투데이, 2024년 1월 1일. https://news.mt.co.kr/mtview.php?no=2024010111325496379.

(18~24강) 역사 스케치

지금까지 배운 내용을 바탕으로, 18~24강의 핵심 내용을 자신만의 방식으로 정리해 보세요.

[특강] 한국교회와 자유통일

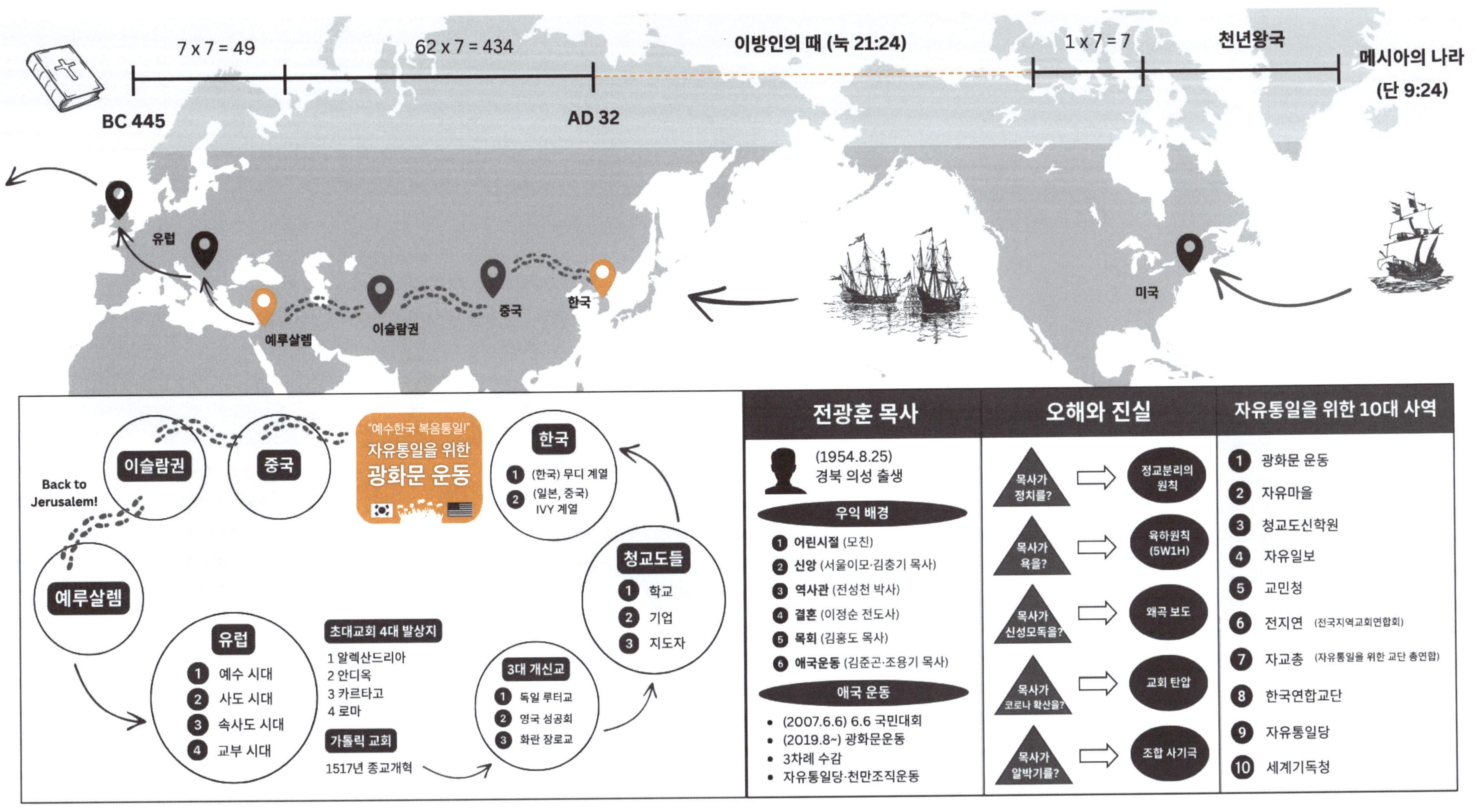

[특강] 한국 교회와 자유통일

오늘도 힘찬 구호로 역사공부를 시작해 봅시다: 이승만/역사교실, 자유통일/이룩하자, 와!

서론   대한민국은 동아시아에서 기독교가 가장 많이 확산된 나라로, ① 오늘날 세계에서 가장 많은 선교사를 파송하는 국가가 되었습니다. 그러므로 대한민국 기독교인의 사명은 분명합니다. 우리는 공산화되는 대한민국을 막는 데 그치지 않고, 공산국가인 북한과 중국을 복음화하고 이슬람 국권을 넘어 ○ '백 투 예루살렘'(Back to Jerusalem)을 이루어야 합니다. 이것이 대한민국 기독교인의 공통된 사명입니다.

하나님의 구원역사 경영   성경은 하나님의 역사경영의 설계도입니다. 이 설계도의 최종 목적지는 요한계시록 21장에 등장하는 ○ 새 예루살렘입니다(계 21:1~2). 새 예루살렘은 하나님이 천지를 창조하시고 인류 역사를 경영하시는 최후의 목적지입니다. 지금도 하나님은 이를 완성하시기 위해, 인류 역사를 주관해 나가고 계십니다. 그렇다면 하나님의 역사경영은 어떤 과정을 거쳐 완성될까요?

구약성경 다니엘서   하나님의 역사경영에 대한 전체 윤곽은 요한계시록이 아닌 다니엘서에 나타납니다(마 24:15~16). 남유다 분열 왕국 시대의 선지자 다니엘은 청소년 시절 조국이 멸망하여 바벨론에 포로로 끌려갔습니다. 그곳에서 그는 세 가지 환상을 통해 하나님의 역사경영을 계시받고, 이를 가리켜 '다니엘서(종말론)의 3대 기둥'이라고 부릅니다.

1. 큰 동상(단 2:1~13): 다니엘서 2장에는 바벨론 느부갓네살 왕이 꾼 신비한 꿈이 기록되어 있습니다. 꿈속에 큰 동상이 나타나는데, 머리는 금, 가슴은 은, 배는 동, 두 다리는 철, 열 발가락은 흙과 철로 되어 있었습니다. 그런데 하늘에서 내려온 한 돌이 열 발가락을 치자 동상은 산산이 부서져 타작마당의 재처럼 날아가고, 그 돌은 점점 커져 온 세상을 덮게 됩니다. 다니엘은 이 꿈을 해석하며 머리는 바벨론, 가슴은 메대와 바사(페르시아), 배는 헬라, 두 다리는 동로마와 서로마, 열 발가락은 적그리스도의 나라라고 설명합니다. 하늘에서 내려온 돌은 곧 건축자의 머릿돌 되신 예수님의 재림을 뜻하며, 예수님의 재림과 함께 세상의 모든 나라는 재처럼 사라지고, 메시아의 나라가 태산을 이루어 온 세상을 덮는 천년왕국을 이룰 것이라고 설명합니다.

2. 짐승(단 7:1~14): 다니엘서 7장에는 다니엘이 직접 본 환상이 기록되어 있습니다. 큰 바다에서 네 마리 짐승이 나오는데, 첫째는 사자, 둘째는 곰, 셋째는 표범, 넷째는 열 뿔이 달린 크고 무서운 짐승이었습니다. 그런데 하나님의 심판 보좌가 세워지고 짐승들은 멸망당하며, 마침내 하늘 구름을 탄 '인자 같은 이'가 나타나 모든 권세와 영광과 나라를 받아 영원히 다스리게 됩니다. 이 환상은 느부갓네살 왕의 '큰 동상' 환상과 같은 계시로, 네 짐승은 각각 바벨론, 메대와 바사(페르시아), 헬라, 로마를 상징하고, 열 뿔은 적그리스도를 상징합니다. 결국 모든 제국은 하나님의 최후 심판으로 멸망당하고, 최후의 메시아의 나라가 세워져 영원히 다스린다는 것입니다.

3. 70 이레(다니엘서 9:20~27): 다니엘은 큰 동상과 짐승의 환상을 통해 제국들의 역사를 알게 되지만, 정작 자신의 고향땅 이스라엘에 대한 이야기가 없자 크게 낙심합니다. 그래서 나라와 민족을 위해 21일간 금식하며 기도합니다. "하나님, 우리나라는 어떻게 되는 겁니까?" 그러자 하나님은 가브리엘 천사를 보내 '70 이레'의 계시를 보여주십니다. 하나님이 유대인을 위해 정하신 기한이 70이레(1이레가 7년, 70x70=총 490년)인데, 첫 7이레(49년) 동안은 포로 귀환 후 예루살렘 성이 재건될 것이고, 이어지는 62이레(434년) 동안은 메시아가 오셔서 십자가에서 죽으실 것이라고 하십니다. 하지만 그 후 유대인의 시간은 잠시 끊어지고, 예루살렘은 '이방인의 때'가 차기까지 이방인들에게 밟히게 될 것입니다(눅 21:24). 마지막 남은 1이레(7년)는 요한계시록에 나타난 적그리스도의 출현과 함께 시작되며, 흔히 '7년 대환란'이라고 불립니다(살후 2:1~4). 이 7년의 환란이 마치면, 예수님은 지상에 재림하셔서 천년왕국의 시대를 여시고, 최후의 심판 후 영원한 메시아의 나라가 도래할 것입니다. 이것이 바로 하나님의 구원역사 경영의 전체 설계도입니다.

복음의 촛대   하나님의 구원역사 경영은 예루살렘부터 시작된 복음의 촛대가 이방인 구원의 수가 찰 때까지 전 세계에 전파되었다가 다시 예루살렘으로 돌아오는 것입니다(롬 11:25). 이를 '백 투 예루살렘'(Back to Jerusalem)이라고 부릅니다. 그렇다면 복음의 촛대는 지금 어디에 머물러 있을까요?

---

① 총 파송 선교사 수는 미국이 1위지만, 인구 대비로는 한국이 세계 최고입니다. 미국은 약 3억 3천만 인구에 10만 명(1,000명당 0.3명), 한국은 약 5천만 인구에 2~3만 명(1,000명당 0.4~0.6명)으로 추정됩니다.

○ 백 투 예루살렘(Back to Jerusalem): 1세기 예루살렘에서 시작된 복음이 유럽·미국·한국·중국·이슬람권을 넘어 다시 이스라엘의 예루살렘에 이르는 시점에 종말이 이른다는 세계 복음화 선교 운동입니다.

○ 새 예루살렘(New Jerusalem): 요한계시록에서 묘사된 하늘에서 내려오는 거룩한 도시로, 구원받은 성도들이 영원히 거주할 천국을 의미합니다.

1. 예루살렘

많은 사람들은 예수님을 기원전 6~5년경 유대 베들레헴에서 태어난 이스라엘 사람, 기독교를 창시한 사람, 십자가에서 죽은 사람이라고 말합니다. 하지만 이렇게 말하는 사람은 예수님을 제대로 아는 것이 아닙니다. 성경은 예수님 자신이 곧 복음이라고 말하며(롬 1:1~4), 그 복음은 예수님이 인류 구원을 위해 이루신 일곱 가지 사건—탄생, 고난, 죽음, 부활, 승천, 재림, 천년왕국—입니다.

1. 탄생: 창조주 하나님이신 예수님은 인류의 죄를 사하시기 위해 성령으로 동정녀 마리아에게 잉태되어 사람의 몸으로 이 땅에 태어나셨습니다(요 1:1~3, 눅 1:26~38).
2. 고난: 예수님은 십자가를 지시기까지 33년 반 동안 고난의 삶을 사셨습니다(사 53:3~9).
3. 죽음: 예수님은 인류의 죄를 대속하시기 위해 십자가에 못 박혀 죽으셨습니다(마 27:32~56).
4. 부활: 예수님은 죽으신 지 사흘 만에 무덤에서 다시 살아나셨습니다(28:1~10).
5. 승천: 예수님은 부활 후 40일 동안 제자들에게 보이신 뒤 하늘로 승천하시고, 오순절에 성령을 보내주셨습니다(행 1:6~11).
6. 재림: 예수님은 하나님 보좌 우편에서 성도들을 위해 중보하시며, 때가 차면 큰 나팔소리와 함께 구름을 타고 다시 오실 것입니다(마 24:29~31).
7. 천년왕국: 예수님은 재림하셔서 천년 동안 통치하시고, 최후의 심판 후 모든 인류를 천국과 지옥으로 나누실 것입니다(계 21:1~2).

하나님의 뜻은 여러분 속에 예수님과의 일곱 가지 사건을 연합하게 하시는 것입니다. 이를 가리켜 ② '복음의 7대 연합'이라고 합니다. 예수님이 이 땅에 오신 목적은 구원에 그치지 않고 여러분을 '이기는 자'로 만들기 위함입니다(계 1:1~7).

2. 유럽

예루살렘에서 시작된 복음의 촛대는 예수님의 ③ 12제자를 통해 유럽 전역에 퍼집니다. 예수시대→사도시대→속사도시대→교부시대를 거쳐 복음의 발자취는 초대교회의 4대 발상지(알렉산드리아·안디옥·카르타고·로마)를 낳았습니다. 하지만 시간이 지나면서 초대 교회에 여러 교리가 혼재하자, 교부들은 뜻을 모아 공통된 신앙고백(사도신경, Apostles' Creed)을 정립하고 이것이 천주교(로마 가톨릭, Catholic Church)의 탄생으로 이어집니다. 하지만 단일화의 좋은 의도와 달리 천주교가 점차 성경 독점·고해성사·면죄부 남용 등으로 타락의 길을 걷기 시작하자, 1517년 마틴 루터를 시작으로 존 칼빈·존 녹스는 종교개혁을 일으켜 개신교가 탄생합니다. 3대 개신교는 독일의 루터교, 영국의 성공회, 네덜란드의 장로교로 자리 잡습니다. 하지만 국왕과 국가 권력이 교회에 개입하면서 종교의 자유가 제한되자, 영국 청교도들은 1620년 '메이플라워호(Mayflower)'를 타고 신앙의 자유를 찾아 신대륙으로 건너갑니다. 그곳이 바로 오늘날의 미국입니다.

3. 미국

미국에 도착한 청교도들은 가장 먼저 세 가지 일을 했습니다. 첫째, 학교를 세웠습니다. 청교도들이 세운 하버드·예일·프린스턴 등 아이비리그 대학들은 목회자 양성을 위해 설립된 곳으로, 오늘날 세계 최고의 명문으로 성장했습니다. 둘째, 기업을 세웠습니다. 구글·애플·마이크로소프트·아마존·테슬라 등 오늘날 미국은 명실상부한 글로벌 기업 강국으로 자리매김했습니다. 셋째, 지도자를 세웠습니다. 조지 워싱턴·토머스 제퍼슨 등 건국의 아버지들을 비롯하여 로널드 레이건·도널드 트럼프와 같은 대통령들을 배출한 미국은 오늘날 세계 중심 국가가 되었습니다. 하지만 시간이 흐르면서 미국은 청교도들의 원색적인 복음을 잃어버리고, 동성애·이슬람 앞에 무너지면서 복음의 촛대는 또다시 옮겨집니다. 그곳은 동아시아에서 기독교가 유일하게 확산된 나라, 바로 대한민국입니다.

4. 한국

1800년대 초부터 미국은 전 세계로 선교사들을 파송합니다. 이때 한국에는 ○ 무디(D. L. Moody) 계열, 일본과 중국에는 아이비리그 계열 선교사들이 들어옵니다. 무디 계열 선교사들은 학문적 배경이 부족하고 말투도 거칠었지만, 성령의 능력으로 강력한 부흥을 이끌어냈습니다. 반면, 아이비리그 출신 선교사들은 학문적 접근에 치중하여 끝내 큰 성과를 거두지 못했습니다. 한국에 정착한 무디 계열 선교사들은 가장 먼저 고아와 과부 그리고 서민들을 대상으로 복음을 전파하고, 1901년 평양신학교를 세웁니다. 그리고 이곳에서 '한국의 오순절'이라고 불리는 1907년 평양 대부흥운동이 일어납니다. 로버트 하디(R. A. Hardie)의 회개 간증과 길선주 목사님의 주도로 평양 장대현교회에서 시작된 이 운동은 전국적으로 확산되어 한국 교회의 회개와 영적 각성을 일으킵니다. 이후 우리 민족은 스탈린과 김일성의 적화야욕으로 남북이 70여 년째 분단된 상태입니다. 그렇다면 하나님의 구원역사 경영 속에서 대한민국이 받은 사명은 무엇일까요? 그것은 바로 민족사적 대업인 '자유통일'(자유민주주의 체제로 남북통일)을 이루어 세계 선교의 다음 주자가 되는 것입니다.

| 왜 '자유통일'인가? | 복음의 촛대는 남북통일 후 중국과 이슬람권을 넘어 예루살렘으로 향할 것입니다. 이때 한국교회는 이방인의 회개를 이끄는 선교한국의 사명을 감당해야 합니다(마 28:19~20). 대한민국은 선교사들의 헌신 위에 세워졌고, 교회는 발전과 민주화 과정에서 중요한 역할을 했습니다. 이제는 받은 은혜를 다시 흘러내보내야 합니다. 특히 북한과 주변 공산권의 복음화가 오늘 우리 세대의 공통된 사명입니다. 북한 동포들은 여전히 억압 속에 신앙을 지키지 못하고 있고, 중국 지하교회 성도들 역시 목숨 걸고 예배하고 있습니다. 자유통일은 '복음통일'이며, 이것이 21세기 한국 기독교인의 신앙적 소명입니다. 정치는 목적이 아니라 이 비전을 이루기 위한 수단일 뿐입니다. |

'복음 더하기 애국' 한국 교회의 복음의 유전자는 '복음'과 '애국운동'의 결합입니다. 이는 일본에도 중국에도 없는 독특한 유전자입니다. 주기철·손양원·길선주·한경직·조용기·김준곤 목사님의 사역 가운데 성령의 불이 강타한 이유는 모든 설교에 애국의 메시지가 항상 담겨있었기 때문입니다. 하나님이 시대마다 성령의 불을 주시는 목적은 개인의 안위가 아니라, 하나님의 구원역사 경영을 이어가기 위함입니다. 하지만 건국으로부터 70여 년이 지난 오늘날, 대한민국은 이 '복음 더하기 애국'의 유전자를 잃어가고 있습니다. 복음운동과 애국운동은 분리되고 있고, 교회와 목회자가 정치에 참여하는 것조차 죄악시되고 있습니다. 이러한 때 가장 시급한 것이 있다면, 바로 복음·애국운동의 회복입니다.

광화문 운동 광화문 운동은 이승만·박정희 대통령의 4대 건국 기둥(자유민주주의·자유시장경제·한미동맹·기독교입국론)에 기반하여, 매주 광화문 광장에서 대규모 집회를 열며 전국적인 국민계몽운동을 펼쳐왔습니다. 언론의 공격 속에도 문재인 정부 시절 조국 전 법무부장 퇴진과 윤석열 대통령 당선을 이끄는 보수 우파의 핵심 시민운동으로 자리 잡았고, 그 중심에는 사랑제일교회와 전광훈 목사님이 있습니다.

전광훈 목사 전광훈 목사님은 1956년 3월 28일 경북 의성에서 3남 2녀 중 장남으로 태어납니다. 전광훈 목사님의 생애를 보면, 그가 오늘날의 광화문 운동을 이끌기까지 몇 가지 중요한 터닝포인트가 있었습니다.

우익 배경 한 사람을 형성하는 데 가장 중요한 요소는 '배경'입니다. 이는 그 사람의 역사관·정치 성향·가정환경·경제 수준 등 다양한 요소를 포함합니다. 특히나 인생에서 누구를 만나고 누구의 지도를 받느냐에 따라 그 사람의 미래가 달라진다고 해도 과언이 아닙니다. 오늘날 전광훈 목사님이 광화문 운동을 이끌기까지는 그의 인생에 중요한 영향을 끼친 사람들이 있었습니다.

1. 어린 시절(모친): 전광훈 목사님은 의성군 쌍호리의 작은 마을에서 가난하고 배움이 없는 부모 밑에 태어나 어린 시절을 힘겹게 보냈습니다. 학교 성적은 늘 낮고 중학교 시절까지도 생각을 말로 제대로 표현하지 못하는 실어증을 앓지만, 이는 아마 농사일과 집안일에 매달려 학업에 집중할 수 없는 환경 때문이었을 것입니다. 하지만 억척스럽고 강단 있던 어머니는 아들을 포기하지 않고, 전 목사님은 끝내 고등학교에 진학하게 됩니다. 훗날 전 목사님은 그런 어머니를 두고 *"지식은 없었지만 지혜가 있었다"*라고 회상하며, 그녀의 끈기와 추진력이 자신에게 그대로 전해졌다고 회고했습니다.[1]

2. 신앙(서울 이모·김충기 목사): 대구에서 고등학교 진학을 앞두고 전 목사님은 열병에 걸리며 인생의 큰 전환점을 맞습니다. 약과 치료도 소용없자 마을 사람들은 곡괭이와 삽을 들고 집 앞에 모여 그의 죽음을 기다렸습니다. 그는 꿈속에서 귀신에 시달리다가 문득 3개월 전 서울 이모가 성령 체험으로 병이 나은 여인에 대해 말한 이야기가 떠올랐습니다. 전 목사님은 처음으로 하나님께 살려달라고 간절히 기도했고, 다음날 기적처럼 병세가 호전되기 시작했습니다. 이후 서울 이모는 조카를 전도하기 위해 그의 상경을 권유했고, 이에 따라 전 목사님은 1969년 4월 홀로 상경합니다. 이후 이모가 교회 출석을 강하게 권하자, 처음에는 거부하지만 결국 교회에 나가기로 결심합니다. 첫 예배는 마음이 내키지 않았지만, 어느 저녁예배에서 눈물을 흘리며 ○ '거듭남'을 체험하게 됩니다. 이후 어느 부흥회에서 대구중앙침례교회 ○

---

[1] 광화문연구소, 전광훈, 자유 통일의 길(서울: 뉴퓨리턴, 2024), 46.

김충기 목사님을 만나 생애 첫 ○ ‘성령세례’와 ○ 방언도 경험합니다. 이후 김충기 목사님의 추천으로 금호동 베다니교회(담임목사 최복규)에 출석하며 본격적인 신앙 생활을 시작합니다. 고등학교 3년 내내 부흥회를 따라다니며 신앙을 키운 그는 가족 전도에 이어, 고등학교 2학년 때 고향 의성 쌍호리에 교회를 세우기까지 합니다.

3. 역사관(전성천 박사): 전 목사님의 역사관과 애국심을 길러준 사람은 ○ 전성천 박사님입니다. 1913년 경북 예천 출신으로 전 목사님의 7촌 아저씨였던 전성천 박사님은 아오야마가쿠인대, 프린스턴대(이승만 대통령 모교), 예일대에서 학위를 취득한 당대의 고학력자였습니다. 이후 이승만 대통령의 부름을 받아 제3대 공보실장(현 문체부 장관급)과 정부 대변인, 한국방송협회 회장, CBS 사장, 서울신문사 회장, 서울대 교수, 한국신학대학 교수 등을 역임했습니다. 고등학생 시절 전 목사님은 어머니 손에 이끌려 전성천 박사님을 처음 만났고, 이후 자주 불려 다니며 두 가지 가르침을 늘 받았습니다. “앞으로는 미국이 더 세계를 주도하는 날이 온다. 너는 다른 공부를 하지 않아도 좋지만 영어 공부는 꼭 해야 하고, 다음은 이승만 대통령을 반드시 알아야 한다. 대한민국 사람으로서 건국 대통령인 이승만 박사를 모른다면, 그건 수치다. 우리 민족의 고난을 굳센 의지로 이겨낸 분이니 꼭 그분을 잘 알아야 한다. 내 말 꼭 명심해라.”[2] 전성천 박사님은 이승만 대통령을 깊이 존경했고, 그의 신념과 생애를 조카에게 끊임없이 들려주었습니다. “집이나, 교회에서 시간만 나면 전 박사님은 ‘이리 와서 앉아 얘기 좀 하자’며 불렀습니다. 인생을 살아가는 이야기도 있기는 했지만 대부분은 이승만 대통령에 관한 이야기였습니다. 이승만 박사의 개인적인 성장사와 행적, 그리고 혼인에 관한 일화, 그의 신념과 인물 됨됨이 등 아주 다양한 내용이었습니다. 저는 친척 아저씨이자 목회자인 전성천 박사님을 통해 이승만 대통령이라는 사람을 진지하게 연구하기 시작했습니다. 지금도 이승만 대통령 이야기를 미주알고주알 아는 것은 그때 집안 아저씨에게 듣고 배운 과정 때문입니다.”[3]

4. 결혼(이정순 전도사): 전 목사님은 고등학교 2학년 때 미래의 장모님이 될 이정순 전도사님을 처음 만납니다. 전북 김제 출신의 그녀는 ○ ‘예수쟁이’라는 이유로 가정에서 쫓겨난 뒤 방산시장에서 세 자녀를 키우며 기도와 예언의 은사로 유명해져, 한경직 목사님까지 찾아올 정도였습니다.[4] 당시 전 목사님은 그녀가 ‘따발총처럼’ 성경을 쏟아내듯 외우며 기도하는 모습에 깊은 인상을 받았습니다. 그의 차례가 되었을 때, 이정순 전도사님은 찬송가 93장 ‘예수는 나의 힘이요’를 부른 뒤 “한국이 좁다. 세계를 달라고 하라. 다른 공부는 하지 말고 이제부터는 무조건 성경과 영어만 공부해라. 세계가 너를 부를 날이 온다. 요한복음 5장 16절. 네가 나를 먼저 택한 것이 아니라, 내가 너를 택하여 세웠는데, 이는 너로 하여금 많은 열매를 맺게 하려 함이라.”라고 기도해 주었습니다.[5] 세월이 흘러 군 복무와 신학 과정을 마친 뒤, 전 목사님은 다시 이정순 전도사님을 만납니다. 이번에는 반포 아파트에서 같은 찬송을 부르며 “이 고난의 강을 어찌 건널꼬? 하나님 앞에 크게 쓰임은 받는데, 이 고난의 강을 어떻게 건널꼬?”라고 기도해 주었습니다.[6] 그러다가 느닷없이 전 목사님을 딸 서미영 사모의 방으로 밀어 넣으며 “둘이 잘해보라”고 권했습니다. 이후 우여곡절 끝에 두 사람은 8개월 만에 결혼했고, 훗날 장모님이 된 이정순 전도사님은 “자네가 아파트에 딱 들어오는 순간에 천사가 벌써 자네와 내 딸이 결혼식을 올리는 장면을 보여줬어.”라고 고백했다고 합니다.[7] 전광훈 목사님과 서미영 사모님의 결혼은 개인의 감정과 생각이 아닌 하나님의 인도하심에 따라 순종한 결혼이었습니다. 하나님의 인도하심이 있는 결혼은 각자가 따로 살았으면 전혀 이루지 못했을 일을 가능케 하기도 하며, 한 국가의 운명을 좌우하고 인류 역사를 바꾸기도 합니다.

5. 목회(김홍도 목사): 결혼 후 장모님이 마련해 준 아파트와 아내가 피아노 과외로 벌어들이는 돈으로 생활이 여유로워지자, 전 목사님은 사역이 중단되면서 무기력과 자살충동에 시달리게 됩니다. 하지만 아내의 권유로 1983년 동대문 답십리의 13평 상가에서 사랑제일교회를 개척하며 다시 사역을 시작합니다. 아들의 죽음이라는 큰 시련 속에서도 부부는 교회 강대상 옆 강사 대기실에서 5년을 버티며 사역하고, 성도가 850명으로 늘자 1995년 성북구 장위동으로 교회를 이전합니다. 이후 전

○ 성령세례: 성령세례(Baptism of the Holy Spirit): 성령으로 세례 받는 것을 의미하며, 성령이 믿는 자에게 임하여 새로운 영적 능력과 변화를 주는 것을 말합니다. 이는 구원받은 신자가 성령으로 충만해져 삶의 변화를 경험하고 하나님께 헌신하게 되는 것을 포함합니다.

○ 방언(Speaking in Tongues): 일반적으로 알아들을 수 없는 언어로, 성령의 은사이며 성령세례의 대표적인 증거 중 하나입니다.

○ 전성천 박사(1913~2007): 경북 예천 출신으로, 일본 아오야마대 신학부, 미국 프린스턴대에서 석사, 예일대에서 석사 및 박사학위를 받은 대한민국의 목회자·신학자·정치인·언론인입니다.

○ 예수쟁이: ‘예수에 미친 사람’이라는 뜻으로, 과거에 기독교가 한국에 전파될 때 기독교인을 낮잡아 부르던 속어입니다.

2) 광화문연구소, 전광훈, 자유 통일의 길(서울: 뉴퓨리턴, 2024), 300.

3) 광화문연구소, 전광훈, 자유 통일의 길(서울: 뉴퓨리턴, 2024), 301.

4) 광화문연구소, 전광훈, 자유 통일의 길(서울: 뉴퓨리턴, 2024), 182.

5) 광화문연구소, 전광훈, 자유 통일의 길(서울: 뉴퓨리턴, 2024), 120.

6) 광화문연구소, 전광훈, 자유 통일의 길(서울: 뉴퓨리턴, 2024), 189.

7) 광화문연구소, 전광훈, 자유 통일의 길(서울: 뉴퓨리턴, 2024), 193.

목사님은 금란교회 김홍도 목사님을 만나면서 목회의 큰 전환점을 겪습니다. 1992년 한 여전도사의 소개로 금란교회 부흥회에 첫 강사로 초청된 그는, 5만 성도 앞에서 성령의 강력한 역사를 일으켜 김홍도 목사님의 인정을 받습니다. 김홍도 목사님은 사례비 1,000만 원, 서미영 사모님에게 500만 원, 교인들을 위한 떡, 그리고 자신의 손목시계까지 전하며 *"엘리야가 엘리사한테 겉옷을 물려준 것으로 생각하고, 이 세계를 차고 달리며 꺼져가는 한국 교회에 성령의 불을 다시 일으켜 주시오."*라고 부탁합니다.[8] 이로써 전광훈 목사님은 임마누엘교회·주안장로교회·여의도순복음교회 등 초대형 교회에 초청받는 부흥강사로 알려지게 됩니다. 하지만 얼마 뒤, 그렇게도 좋았던 김홍도 목사님과의 사이에 큰 오해가 생기게 됩니다. 전 목사님이 교역자를 구하기 위해 신문광고를 내는데, 은혜받은 금란교회 집사 두 사람이 지원하자 그 출신 교회를 알지 못한 채 받아들인 것입니다. 이를 두고 김홍도 목사님은 *"성도를 빼앗아 갔다"*고 오해하며 크게 분노합니다. 억울한 전 목사님은 김홍도 목사님에게 설명하기 위해 찾아가지만, 성령님의 음성에 순종하여 *"무조건 제가 잘못했습니다"*라며 무릎 꿇고 사죄합니다. 이후 사건의 진상을 알게 된 김홍도 목사님은 그의 태도에 깊이 감동하여 오히려 더 강하게 밀어주었고, 이 계기로 전 목사님은 한국 교계의 대표적인 젊은 부흥사로 자리매김하게 됩니다.

6. 애국운동(김준곤·조용기 목사): 전광훈 목사님이 한 목회자를 넘어 전국적인 광화문 운동을 이끌 수 있었던 배경에는 김준곤 목사님과 조용기 목사님의 영향이 크게 작용했습니다.

청교도영성훈련원 | 전국에서 부흥회를 인도하던 중 전 목사님은 성도들에게는 성령의 역사가 일어나지만 정작 목회자 자신들에게는 변화가 없음을 깨닫습니다. 이에 그는 1998년 청교도영성훈련원을 설립하며 두 가지 목표를 세웁니다. 첫째, 목회자들의 말씀 훈련입니다. *"그동안 많은 목회자들은 그저 설교 솜씨나 일부 재주 등으로 메시지를 전하는 일이 대부분이었어요. 이를 진심으로 반성하고 회개해야 합니다. 성령의 도움이 필요하고, 성경의 말씀에 더욱 매달려야 합니다. 신학은 알지만 성경을 제대로 모르는 목회자가 참 많았습니다. 한국 교회는 다시 말씀 속에 서야 할 필요가 있다고 느껴서 훈련원을 만들었던 것입니다. 침체하고 있는 한국 교회의 성장세도 우리가 성경으로 다시 돌아가 또 한 번 사도행전의 가르침과 자세를 회복한다면 새 시대를 열 수 있을 것이라고도 생각했습니다."*[9] 둘째, 국가의 복음화('예수한국 복음통일')입니다. 이는 공산권 복음화에 헌신할 목회자들을 양성하는 것입니다. 청교도영성훈련원은 당시 교단에 유례없는 목회자 훈련 프로그램으로 큰 인기를 끌었고, 여기서 훈련받은 이들은 훗날 전광훈 목사님이 이끄는 광화문 운동의 핵심 세력이 됩니다.

김준곤 목사 | 전광훈 목사님의 애국 운동에 큰 영향을 준 첫 번째 인물은 대한민국 CCC 운동 창시자 ○김준곤 목사님입니다. 전남 신안 출신인 그는 6.25전쟁 때 가족이 공산주의자들에게 학살당한 일을 계기로 평생을 철저한 반공주의자로 살았습니다. 그는 미국에서 배운 ○CCC(Campus Crusade for Christ) 운동을 한국에 정착시켜, 대학가와 교계에 퍼지던 좌경화 흐름을 막고자 했습니다. 고등학생 시절 전 목사님은 CCC 훈련에 참여하여 김준곤 목사님의 설교에 큰 충격을 받았고, 이후 수십 년이 지나 부흥사가 된 그에게 김준곤 목사님은 직접 전화를 걸어 새벽마다 기도와 대화를 나누며 2년 동안 가르침을 이어갔습니다. 김준곤 목사님이 전한 요지는 세 가지였습니다. 첫째, 해방 이후 한국 교회의 좌경화는 만주에서 유입된 좌경신학 때문이다. 둘째, 이를 막기 위해 CCC 운동을 정착시켰다. 셋째, 앞으로 한국 교회는 세계정세 속에서 복음의 정체성을 지켜내야 한다. 당시 전광훈 목사님이 *"왜 많은 제자들 대신 나에게만 말씀하시느냐"*라고 묻자, 김준곤 목사님은 정색하면서 이렇게 대답했습니다. *"그 사람들이야 훌륭한 목회자로 성장을 한 게 사실은 사실이지. 하지만 그 사람들은 하나님이 크게 쓸 수가 없어요. 이미 교회를 크게 만든 사람들은 제 권위에 만족을 하면서 교회 위에 올라탔어. 그래서 남들에게 군림을 할 수 있어. 몇몇은 남들 위에 서려는 제국주의의 영이 있고, 몇몇은 인기에만 영합하는 영이 들어버렸어. 알겠어요? (중략) 그런데 전광훈 목사는 말이야, 대한민국 기독교가 가지고 있는 복음의 유전자가 전 목사에게는 있어. 주기철, 손양원, 길선주, 이성봉, 그리고 조용기를 통해 흘러내려온 복음의 독특한 한반도 유전자 말이야. 그 유전자가 전광훈 목사에게는 들어가 있어. 두고 보시게. 전광훈 목사는 제 마음대로 못 살아. 베드로가 젊어서는 뛰어다녔지만, 나중에는 그를 원치 않는 곳으로 데려갔듯이, 이 시대와 대한민국이 전광훈을 원치 않는 곳으로 데려갈 것이야."*[10] 임

○ 김준곤 목사(1925~2009): 한국 CCC(대학생 선교회) 설립자이자 '민족복음화' 운동을 이끈 한국 현대 기독교 지도자입니다.

○ 대학생 선교회(Campus Crusade for Christ, CCC): 1951년 미국에서 시작된 국제 선교단체로, 대학생 복음화와 제자 양성을 목표로 하며, 한국에서는 1958년 김준곤 목사가 설립했습니다.

---

8) 광화문연구소, 전광훈, 자유 통일의 길(서울: 뉴퓨리턴, 2024), 323.

9) 광화문연구소, 전광훈, 자유 통일의 길(서울: 뉴퓨리턴, 2024), 345.

10) 광화문연구소, 전광훈, 자유 통일의 길(서울: 뉴퓨리턴, 2024), 313.

종을 앞두고 김준곤 목사님은 신촌 세브란스 병실에서 전 목사님을 불러 마지막으로 당부했습니다. "나하고 약속 하나 하자. (중략) 언젠가는 전광훈 목사도 하늘나라를 올 것이지. 자네가 오면 내가 물어볼 말이 있지. 기독당 만들어서 성공시켰냐? (중략) 세계를 보면 모르겠나? 유럽 교회가 동성애, 이슬람 차별 앞에 다 무너졌어. 미국 교회도 그렇고, 남미랑 아프리카 교회도 모두 그래. 대한민국이 지금 완전히 무너지지 않고 조금 살아서 겨우 숨을 쉬는데, 머지않아 대한민국도 끝날지 몰라. (중략) 이런 상황을 이겨내려면 다른 거 없어. 그저 40일 금식한다고 이뤄지지 않아. 정치에는 정치로 대응해야 해요. 그래서 기독당을 만들어 정치적으로 맞서야 해요. 이거 나랑 손가락 걸고 약속하자."[11] 전광훈 목사님은 눈물 속에 손가락을 걸고 다짐했습니다. "어르신, 편히 가세요. 하늘나라로 잘 가십시오. 제가 목숨 걸고 기독당 만들겠습니다. 그 기독당 출신들을 대한민국 국회에 꼭 들어가게 해 가지고, 대한민국과 한국 교회를 지키겠습니다."[12] 그 약속은 지금까지 전광훈 목사님의 애국 운동의 원동력이 되어, 기독당 출신 국회의원을 세워 한국 교회와 대한민국을 좌경화의 흐름에서 지켜내겠다는 사명으로 이어지고 있습니다.

조용기 목사

전광훈 목사님의 애국 운동에 큰 영향을 준 두 번째 인물은 여의도순복음교회 ° 조용기 목사님입니다. 전 목사님은 고등학생 시절부터 조용기 목사님의 능력을 사모하며 안수기도를 받기 위해 철야기도까지 했습니다. 결국 김성혜 사모님을 따라 금식기도원까지 찾아가 차장 노릇을 자처한 끝에, 사모님의 도움으로 조용기 목사님께 직접 안수기도를 받기까지 했습니다. 세월이 흘러 조용기 목사님은 2021년 9월 소천 직전, TV를 통해 광화문 운동을 보며 전광훈 목사에게 전화를 걸어 격려했습니다. "전광훈, 잘한다, 잘한다. 내가 벌여 놓은 일을 네가 결국은 마무리하는구나"라고 격려했습니다.[13] 조용기 목사님이 끝내 이루지 못한 꿈은 기독교 정당 창당을 통한 현실정치 참여였습니다. 이는 김준곤 목사님과도 같은 비전으로, 한국 교회를 지키고 좌경화를 막기 위해 반드시 필요하다고 보았던 것입니다.

애국 운동을
결단하다

하루는 김준곤 목사님이 전 목사님과 ° 장경동 목사님을 장충동 앰배서더 호텔로 호출합니다. "두 사람은 국민들 사이에서 유명하거나 청교도 영성훈련원으로 조직력을 갖췄으니 함께 힘을 합쳐 기독당을 만들어 여의도에 진출해야 한다."[14] 하지만 두 젊은 목회자는 강하게 반발했습니다. "어르신, 그건 나쁜 일 아닌가요? 목사가 정치를 해야 한다는 말씀은 아무래도..."[15] 면담이 끝난 뒤 장 목사님은 하나님의 뜻이 아니라며 거절하고, 전 목사님도 교회 장로들에게 의견을 묻지만 심한 반대를 겪습니다. 정치 참여는 위험하고 비난을 감수해야 할 일이었기 때문입니다. 그럼에도 스승이자 한국교회의 큰 어른인 김준곤·조용기 목사님의 권유를 외면할 수 없었던 그는 밤새 고민하다가 새벽 4시 40분 결단을 내립니다. "조용기 목사님과 김준곤 목사님은 나이 차이가 형님뻘이 아니라 아예 부모님 뻘이라 해도 좋을 어른들이었습니다. 자식 같은 제게 어르신들이 설마 나쁜 일을 권유하겠느냐는 생각이 들었지요. 아울러 우리 대한민국이 놓인 상황에도 생각이 미쳤습니다. 결국 '좋아, 내 인생 망쳐도 해 본다. 내 인생 최고의 결단을 여기서 하겠다'는 생각이 들더군요. 주님 나라 갔을 때 '조용기, 김준곤 목사님 앞에서 제가 순종했습니다'라고 하면 떳떳하지 않을까 생각을 했습니다."[16] 이후 곧바로 행동에 나선 전 목사님은 총신대 신학대학원장 신창섭 목사님을 찾아가 "칼빈주의에 목사의 정치 금지가 있습니까?"라고 묻습니다. 신 목사님은 단호히 답했습니다. "그 사람들, 참... 신학을 어디서 배웠나. 칼빈주의는 정치 안 하는 것을 죄라고 규정해. 존 칼빈이 직접 제네바 시장을 했어. 네덜란드 목사님이자 신학자 아브라함 카이퍼가 네덜란드 총리를 18년 했고, 덴마크 지도자 엔리코 달가스도 마찬가지로 목사였어. 정치는 안 하는 것이 오히려 죄야."[17] 이후 전 목사님은 신 목사님을 교회로 초청하여 '정교분리의 원칙'에 대한 강의를 열고, 스스로도 정치와 신앙의 관계를 깊이 연구하기 시작합니다.

○ 조용기 목사(1936~2021): 여의도순복음교회 설립자로, 세계 최대 교회를 일군 한국 대표 오순절 교회 지도자입니다.

○ 장경동 목사(1956~): 전라북도 군산 출신의 대한민국 목회자입니다. 현재 대전의 중문교회에서 담임목사로 재직 중입니다.

11) 광화문연구소, 전광훈, 자유 통일의 길(서울: 뉴퓨리턴, 2024), 314.

12) 광화문연구소, 전광훈, 자유 통일의 길(서울: 뉴퓨리턴, 2024), 315.

13) 광화문연구소, 전광훈, 자유 통일의 길(서울: 뉴퓨리턴, 2024), 330.

14) 광화문연구소, 전광훈, 자유 통일의 길(서울: 뉴퓨리턴, 2024), 332.

15) 광화문연구소, 전광훈, 자유 통일의 길(서울: 뉴퓨리턴, 2024), 333.

16) 광화문연구소, 전광훈, 자유 통일의 길(서울: 뉴퓨리턴, 2024), 335.

17) 광화문연구소, 전광훈, 자유 통일의 길(서울: 뉴퓨리턴, 2024), 335-336.

| 초등학생 아들의 '부시 죽여' |

전광훈 목사님이 현실 정치에 뛰어들게 된 가장 큰 계기 중 하나는 ④ 초등학생 아들 때문이었습니다. 부흥회로 전국을 다니느라 아들과 시간을 많이 보내지 못하던 그는, 하루는 아들의 방 벽에 붙은 낙서를 보고 충격을 받습니다. '부시 죽여.'[18] 당시 전교조가 학생들에게까지 반미 사상을 주입하며 미군과 미국 대통령 부시가 나쁘다고 가르친 흔적이었습니다. 이 일로 전 목사님은 나라와 교육 현실을 방관해 온 자신을 뉘우치고, 반드시 애국운동에 나서야 한다는 각성을 하게 됩니다. 이것이 훗날 그의 애국운동의 시발점이 되었습니다.

| 애국 운동 |

전광훈 목사님은 청교도영성훈련원을 통해 배출한 수많은 목회자들을 결집시켜 대형 애국집회를 열기 시작합니다. 그 출발점이 2007년 6월 6일 서울시청에 열린 ⑤ 6.6 국민대회입니다. 청교도영성훈련원이 초기 5년 동안 약 6만 명의 목회자를 훈련시킨 덕분에 교회별로 수십에서 수백 명을 동원할 수 있었고, 이는 강력한 집회 조직력이 되었습니다.[19] 당시 대형 집회라고 하면 모두 좌파 세력이 주도했는데, 전 목사님의 애국 집회는 우파 진영의 첫 대중운동으로 자리 잡는 계기가 됩니다. 이후 ⑥ 제25대·26대 한국기독교총연합회(한기총) 대표회장을 맡아 목숨 건 애국 운동을 이어갑니다.

| 광화문 운동 |

전광훈 목사님이 애국 운동을 ⑦ 광화문 광장(이승만 광장)으로 옮겨 본격적으로 시작한 것은 2019년 8월 문재인 정부 시절입니다. 같은 해 10월 3일 '조국 퇴진'을 위한 개천절 집회에는 약 200~300만 명이 모이며 광화문 집회 사상 최대 규모를 기록합니다.[20] 당시 지하철에서 나오는 데만 한 시간이 걸리고, 핸드폰 기지국이 마비될 정도였습니다. 이어 10월 9일부터 서울시청 앞 철야집회를 열고, 10월 25일 광화문 광장에서 ⑧ '서울고백서'를 발표한 뒤 청와대 앞에서 밤샘 농성에 들어갑니다. 이후에도 비판적 여론을 극복하면서 애국 운동에 총력을 기울이지만, 결국 세 차례 수감되는 고난을 겪게 됩니다.

| 3차례 수감 |

전광훈 목사님은 광화문 운동을 벌이면서 세 차례 수감됩니다. 2018년 5월 3일 대선 공직선거법 위반(교인들에게 단체문자 전송 혐의)으로 구속되었다가 6월 병보석으로 석방됩니다. 2020년 2월 24일 공직선거법 위반 혐의(집회에서 특정 정당의 지지를 호소한 혐의) 및 대통령 명예훼손 혐의로 구속되었다가 4월 20일 병보석으로 석방됩니다. 2020년 9월 7일 공직선거법 위반 및 대통령 명예훼손 혐의로 구속되었다가 12월 30일 무죄로 석방됩니다. 수감생활 중 전 목사님은 여러 번의 죽을 고비들을 넘깁니다. 첫 번째 구속 후 목에 종양이 발견되어 8시간짜리 수술을 세 번이나 받고 목에 철심까지 박습니다. 그 와중에도 다시 대통령선거법 위반으로 구속되어 극심한 통증 속에 제대로 치료도 받지 못하고, 석방 뒤에는 1년간 팔을 움직이지 못하는 후유증을 겪습니다. 하지만 이러한 고비들은 전 목사님을 더욱 각성시켰습니다. 그는 *"나는 평생 목숨 걸고 열심히 살았다"*고 자부했지만, 막상 진짜 죽을 고비를 넘기자 *"내가 정말 목숨을 걸고 살아온 것이 아니었구나"*라는 사실을 깨달았기 때문입니다.[21]

| 자유통일당· 천만조직운동 |

숱한 역경과 고난에도 전광훈 목사님은 오히려 *"내가 진짜 목숨을 걸고 한 번 해 봐야겠다"*는 결심을 굳힙니다. 그는 좌절 대신 *"우리는 이겼습니다!"*라는 포부로, 광화문 광장에서 문재인 퇴진 집회, 윤석열 대통령 탄핵 반대 국민대회, 이재명 구속·규탄 집회 등 대규모 국민계몽운동을 이끌어갑니다. 그리고 생전에 김준곤·조용기 목사님과 한 약속을 지키기 위해 두 가지 목표를 향해 달려갑니다.

1. 자유통일당의 국회 진입: 전광훈 목사님은 기독교 성향의 보수정당인 자유통일당(Liberty Unification Party)을 창당합니다. 당초 '기독자유당(Christian Liberty Party)'으로 시작하여, '기독자유통일당', '국민혁명당'을 거쳐 2016년 3월 '자유통일당'으로 당명을 확정합니다. 전 목사님은 처음에는 우파 정당 ○ 국민의힘을 전적으로 지지하려고 했지만, 당이 점차 중도화 되자 선명한 우파 정당의 필요성을 절감합니다. 전 목사님의 최종 목표는 자유통일당을 중심으로 기독교계와 애국 진영을 통

④ 전광훈 목사님과 서미영 사모님에게는 딸 한 명(전한나)과 아들 한 명(전에녹)이 있습니다.

⑤ 2007년 6월 6일 서울시청에서 열린 6.6 국민대회는 나라를 위해 기도하고, 북한의 핵무기 폐기와 자유민주통일 등을 위한 집회였습니다. 당시 서울시장 시절의 이명박 대통령과 한나라당 대표 시절의 박근혜 대통령도 집회에 참석했습니다.

⑥ 전광훈 목사님은 제25대(2019.1~2020.1), 제26대(2020.1 ~ 2020.8) 한국기독교총연합회 대표회장을 역임했습니다.

⑦ 전광훈 목사님은 이승만 건국대통령을 기념하여, 광화문 광장을 '이승만 광장'이라고 명명했습니다.

⑧ '서울고백서'는 지난 2019년 10월 25일 당시 제3차 광화문 집회를 이끈 전광훈 목사님이 성경적 복음을 체계적으로 정리하여 발표한 신앙 고백서로, 웨스트민스터신앙고백 등을 기반으로 합니다.

○ 국민의힘: 민주자유당·신한국당·한나라당·새누리당·자유한국당·미래통합당을 거쳐 2020년 9월 2일 당명을 '국민의힘'으로 확정한 대한민국의 보수정당입니다.

---

18) 광화문연구소, 전광훈, 자유 통일의 길(서울: 뉴퓨리턴, 2024), 348.

19) 광화문연구소, 전광훈, 자유 통일의 길(서울: 뉴퓨리턴, 2024), 351.

20) 최민지, "10월 3일 광화문 집회, 한국당 '300만 명 이상 참가'." 한국경제, 2019년 10월 3일. https://www.hankyung.com/article/2019100312857.

21) 광화문연구소, 전광훈, 자유 통일의 길(서울: 뉴퓨리턴, 2024), 370.

합하여, 총선에서 200석을 확보하는 것입니다.

2. 자유통일을 위한 천만조직: 전광훈 목사님의 광화문 운동과 국회 진입의 궁극적인 목표는 '자유통일(예수한국 복음통일)'입니다. 어쩌면 남북통일이 비현실적으로 보일 수 있지만, 대한민국 건국도 당시에는 불가능해 보였습니다. 하지만 해방 후 이승만 대통령이 건국을 이루었듯, 국제정세가 요동치고 여건이 갖춰지면 언제든 현실이 될 수 있습니다. 이를 위해 전 목사님은 국민을 깨우치고 사상을 교육하기 위해 전국 각지에서 집회를 열고, 마을마다 조직을 세워 '천만조직'을 구축하며 자유통일의 토대를 다져왔습니다.

| 오해와 진실 | 지금까지 전광훈 목사님의 생애와 그를 형성한 주변 인물들을 살펴보았습니다. 그는 애국운동을 시작한 후 지금까지 오직 자유대한민국을 지키기 위해 달려왔습니다. 그럼에도 불구하고, 더불어민주당·좌파 언론·시민단체들은 왜곡과 선동으로 그의 사회적 평판을 '극우 목사'로 낙인찍었습니다. 이제부터 전 목사님을 둘러싼 오해와 진실을 살펴봅시다.

| 1. 목사가 정치를? | 대부분의 목회자들은 '중도'라는 이름으로 정치와 거리를 두고, '정교분리'를 오해하여 기독교인의 정치 참여를 비판합니다. 하지만 정부는 우리의 삶에 직접적인 영향을 주는 기관이며, 정치 참여는 신앙의 일부입니다. ○ '정교분리'는 본래 국가 권력이 종교를 억압하지 못하게 하는 원칙이지, 종교인이 정치에 참여하지 말라는 뜻이 아닙니다. ⑨ 성경과 ⑩ 교회사 속에서도 하나님의 백성은 불의한 권력에 맞서고, 때로는 정치에 참여했습니다. 존 칼빈, 아브라함 카이퍼 등 목회자와 신학자들도 정치 지도자로 활동했습니다. 북한의 사례처럼 교회가 정치에 침묵하면 복음 전파조차 막히게 될 것입니다. 네덜란드의 수상이자 신학자였던 아브라함 카이퍼(Abraham Kuyper)의 '영역주권 사상'에 따르면, 하나님의 주권은 교회당 울타리 안에만 머물러 있는 것이 아니라 삶의 모든 영역에 예수님을 왕으로('Pro Rege') 모시는 것입니다.[22] 낙태법·동성애 반대, 종교 자유 보호, 결혼 장려, 전통적 가정 가치 수호 등 우리는 할 수 있는 대로 정부가 좋은 법을 만드는 일에 영향을 미치도록 정치에 참여해야 합니다.

| 2. 목사가 욕을? | 목회자가 욕을 삼가는 것은 관행일 뿐, 절대적 금기는 아닙니다. 그 설교를 누구를 대상으로(Who), 무엇에 대해(What), 어떤 시대에(When), 어디에서(Where), 무엇 때문에(Why), 어떻게(How) 하느냐에 따라 그 기준은 달라질 수 있습니다. 쉽게 말해, 설교의 '육하원칙(5W1H)'입니다. 교회의 개혁이나 국가를 변혁하는 혁명이 요구되는 시대에 설교자가 욕설을 한 사례는 성경적으로나 교회사적으로나 여러 차례 등장합니다. 성경에서도 예수님과 세례 요한이 바리새인들을 향해 "독사의 자식들아"라고 꾸짖었고(마 3:7), 루터는 교회의 부패를 향해 거침없는 독설을 퍼부었습니다. 한국의 이천석 목사님 역시 죄와 부패를 질타하며 설교 속에서 욕을 사용했지만, 성도들은 오히려 회개와 각성을 경험했습니다. 오늘날 많은 목회자들은 부패와 죄를 외면한 채 달콤한 메시지만 전합니다. 하지만 시대가 요구하는 것은 불 같은 선지자의 외침입니다. 전 목사님의 설교에 많은 인파가 모여드는 이유도, 그의 거친 표현 속에서 사라진 진정한 선지자적 메시지를 발견했기 때문입니다.

| 3. 목사가 신성모독을? | '전광훈 목사' 하면 '빤스 목사'라는 별칭을 떠올리는 이들이 있습니다. 하지만 이 표현은 전 목사님이 청교도영성훈련원 목회자 세미나 설교 중 예로 든 발언이 왜곡되어 확산된 것입니다. 당시 세미나에는 수천 명의 목회자들이 모였고, 전 목사님은 당시 사회적으로 큰 파장을 일으킨 한 목회자의 성적 일탈 사건을 언급하며 강하게 경고했습니다. "목회자는 성도에게 절대적 신뢰를 받는 자리다. 만약 목사가 '빤스를 벗으라'고 하면 성도는 따를 수밖에 없다. 그러니 그런 일이 벌어졌다면 전적으로 목회자의 책임이다." 이 말씀의 본뜻은 목회자의 책임과 자기 절제를 강조한 것이었습니다. 목사는 어떤 경우에도 책임을 성도에게 돌려서는 안 되며, 권위는 은혜이자 무거운 책임이라는 메시지였습니다. 현장 목회자들도 이를 자정(自淨)의 경고로 받아들였지만, 일부 매체가 자극적인 표현만 떼어내 보도하면서 '빤스 목사'라는 왜곡된 별칭이 생겨난 것입니다.

○ 정교분리(政敎分離): 본래 국가는 종교를 통제할 수 없다는 원칙을 뜻하며, 종교의 자유를 찾아 미국을 세운 청교도들에 의해 확립되었습니다. 이는 정치권력이 교회를 억압하지 못하게 하려는 취지이지, 종교인의 정치 참여를 금지하기 위한 제도가 아닙니다.

⑨ 구약성경 다니엘서의 사드락·메삭·아벳느고는 금 신상에 절하라는 느부갓네살 왕의 명령에 불복종하여 풀무불에 던져지고(단 3:1-30), 다니엘은 왕 외의 그 어떤 신에게도 기도하지 말라는 명령에 불복종하여 사자굴에 던져집니다(단 6:1-28). 이외에도 모세는 애굽의 왕 바로에게 자유를 달라고 외치고(출 8:1), 엘리야는 북이스라엘의 왕 아합에게 심판을 선언합니다(왕상 18:18). 신약성경의 세례 요한은 이스라엘의 왕 헤롯이 자신의 동생의 아내인 헤로디아와 결혼한 것을 공개적으로 비판하고 책망하여 결국 투옥되어 처형당합니다(마 14:4).

⑩ 교회의 직분자들이 정치에 개입한 것은 교회사적으로도 여러 번 등장합니다. 종교개혁을 이끈 프랑스 출신의 개혁주의 기독교 신학자이자 25년간 성 피에르교회의 담임목사였던 존 칼빈(1509-1564)은 제네바 시장을 역임했고, 네덜란드의 목회자이자 신학자였던 아브라함 카이퍼(1937-1920)는 네덜란드의 수상을 18년 동안 역임했고, 덴마크의 신학자이자 루터교 목회자였던 그룬트비히(1783-1872)와 군인 출신의 부흥 운동가였던 달가스(1828-1894)는 '3애(三愛) 운동'을 벌여 농촌을 부흥시키고 덴마크가 선진국으로 가는 기초를 닦은 민족운동가였습니다.

---

22) 정성구, 역사를 바꾼 카이퍼와 이승만(서울: 킹덤북스, 2024), 34.

4. 목사가 코로나 확산을?

2020년 8월 15일 광복절 집회를 연 전광훈 목사님과 사랑제일교회는 코로나19 확산 책임으로 서울시와 건강보험공단의 소송을 받지만, 법원은 감염 근거가 없다며 원고 패소 판결을 내립니다.[23] 실제로, 코로나19 대유행의 원인은 정부의 방역 실패였습니다. 2020년 초 중국발 입국 차단 요구가 거부되면서 골든타임을 놓쳤고, 2월 신천지 대구교회에서 1차 확산이 시작되었습니다. 8월 2차 대유행 역시 정부가 지정한 임시공휴일과 휴가철 인파로 촉발되었음에도, 언론은 집회 책임론을 부각했습니다. ⑪ 하지만 당시 집회 확진율은 전국 평균보다 낮았습니다.[24] 또 정부 브리핑에서도 대면예배를 통한 감염은 거의 없다고 밝혀졌습니다.[25] 그럼에도 문재인 정부는 교회에만 예배 금지 조치를 내려, '정치 방역'과 '교회 탄압'이라는 비판을 낳았습니다. 11월 3차 대유행은 할로윈·민주노총 집회·학원발 감염 등 불특정 집단에서 발생했습니다. 광화문 집회 책임론은 방역 실패를 덮고 보수 기독교 세력을 약화시키려는 정치적 프레임이었습니다.

5. 목사가 돈벌이를?

2019년 광화문 운동 이후, 좌파 세력은 전 목사님에게 '돈벌이' 프레임을 씌워왔습니다. 하지만 신문사·쇼핑몰·알뜰폰 등 수익 사업은 집회 재정 충당을 위해 사용되어 왔습니다. 좌파 진영은 이를 ⑫ '애국 돈벌이'라고 비판했지만, ⑬ 오히려 좌파 단체들의 세금 유용 사례가 드러나며 이중잣대 논란이 일었습니다.[26] '500억 알박기' 논란도 왜곡된 주장입니다. 사랑제일교회는 재개발을 반대한 것이 아니라 초기에 적극 협력했고, 대체 부지 제공을 약속받은 문서도 있었습니다. 하지만 이후 조합이 이를 무효화하며 교회를 기만했고, 교회는 조합원 자격을 잃어 680평을 89억에 떠나야 하는 상황에 처했습니다. 이는 단순한 재산 문제가 아니라 예배 공간의 존속 문제였습니다. 전 목사님은 개인 이익보다 교계 전체의 구조적 문제로 보고 끝까지 맞섰습니다. 갈등은 용역 투입과 충돌, 인명 피해로 이어졌고, 교회는 여섯 차례 빼앗겼다가 끝내 성도들의 헌신으로 되찾았습니다. 이후 조합은 500억 보상안을 제시했지만, 조건 변경과 정치적 개입 정황(조국 민정수석·박원순 시장 시절 지시)으로 무산되었습니다. 현재 사건은 소유권 및 손해배상 소송 중입니다.

천만조직을 위한 10대 사역

숱한 공격과 언론몰이 속에서도 전광훈 목사님은 자유통일을 위한 천만조직 운동을 계속해서 벌이고 있습니다. 이를 위한 10대 사역은 다음과 같습니다.

1. 광화문 운동

광화문 운동(Gwanghwamun Movement)은 2019년부터 본격화된 국민계몽운동으로, 문재인 하야 집회·조국 퇴진집회·윤석열 대통령 탄핵 반대 집회·이재명 구속 집회 등 대규모 집회를 광화문 광장을 중심으로 전국적으로 전개해 온 보수 우파 시민운동입니다.

2. 자유마을

자유마을(Jayu Village)은 자유통일과 주사파 척결을 목표로 전국 3,500여 개의 읍·면·동에 설치하는 우파 마을조직입니다. 그 주요 활동 목표는 다음과 같습니다.[27]

1. 자유마을훈련소 리더 육성 훈련: 자유마을훈련소 통해 마을리더들에 대한 집중적인 대한민국 역사 및 국가정체성 교육
2. 좌파조직 마을 장악 저지: 전국 읍면동을 장악해 가는 좌파마을활동가, 민노총 등 좌파조직의 마을 장악 저지
3. 좌파 무력화 활동: 주민자치회 등 좌파 마을 공동체 입법화 저지 및 무력화 활동
4. 올바른 역사 교육 확산: 주민들에 대한 올바른 대한민국 체제와 역사교육 확산

⑪ 당시 광화문 집회의 코로나19 확진율(0.81%)은 전국 확진율(1.47%)에 미치지도 않았습니다.

⑫ 2022년 공개된 자료에 따르면, 좌파 유튜버 김어준의 회사는 연 매출 144억 원을 기록했습니다. 이는 보수 성향 유튜버들이 모두 합쳐도 김어준의 한 달 매출에도 못 미치는 수준입니다. 우파 집회의 돈벌이는 '나쁜 돈벌이'이고, 좌파 방송인·집회의 돈벌이는 '착한 돈벌이'인가요?

⑬ 2023년 정부 감사 결과에 따르면, 최근 3년간 1만 2,000여 개의 민간단체에 지급된 6조 8,000억 원 중 1조 1,000억 원 규모의 사업에서 1,865건의 부정·비리, 314억 원의 부정 사용 금액이 확인되었는데, 대부분 좌파 성향 시민단체들의 세금 유용이 집중적으로 이루어진 것으로 드러났습니다. 예를 들어, 한 좌파 통일운동단체는 '민족의 영웅을 발굴한다'는 명목으로 6,260만 원을 지원받았는데, 실제로는 '윤석열 정권 취임 100일 국정 난맥 진단과 처방' 같은 정치 강의를 진행했습니다. 또 다른 진보 성향 단체는 이산가족 교류 사업을 추진한다면, 전직 임원의 휴대폰 구입비, 가족 통신비, 내부 인맥 기업의 중국 내 사무실 임차비 등으로 2,000만 원 이상을 유용한 것으로 드러났습니다.

23) "서울시, 전광훈 상대 '코로나 확산' 46억 소송 패소(종합)." 연합뉴스, 2023년 7월 3일. https://www.yna.co.kr/view/AKR20230713065151004.

24) 선정민, "野박수영 '광화문집회 코로나 확진 비율보니… 전국 평균보다 낮아'." 조선일보, 2020년 11월 18일. https://www.chosun.com/politics/politics_general/2020/09/28/MUPMED7CYBC3LERN547LO4G2SQ/.

25) 김진영, "정부 '대면예배 통한 감염 거의 없었다'." 기독일보, 2021년 2월 1일. https://www.christiandaily.co.kr/news/100043.

26) 장현우, "대국본, 민주 '나쁜 돈벌이' 발언 반박." 뉴스피릿, 2025년 2월 16일. https://www.newsspirit.kr/news/articleView.html?idxno=10364.

27) "자유마을이란?" 자유마을. https://jayuvillage.com/contents/about.

5. 주민 깨우기 운동: 좌파 마을활동가들의 활동실태에 대한 자료, 소책자 배포, 주민행사 등을 통한 주민깨우기운동 지속

6. 법적 대응 활동: 좌파 마을활동가들의 위법적 악행에 대한 조직적, 법적 대응활동

7. 경제 생태계 조성: 자유마을 참여자들의 경제생태계 조성으로 경제적 이익을 창출, 지속적인 자유마을 활동

8. 주민 참여 활동: 교회와 기업, 주민들과 함께 건강한 자유마을을 만들기 위한 주민참여 활동 및 이웃돌보기운동

3. 청교도신학원

청교도신학원(New Puritan Theological Seminary)은 전광훈 목사님의 '청교도 말씀'을 중심으로 세워진 평신도 신학원입니다. 자유주의·인본주의·혼합주의 등으로 변질된 오늘날 교회의 현실 속에서 오직 복음이신 예수 그리스도를 전하는 평신도 말씀 사역자들을 양성하여 제2의 종교개혁을 일으키는 것을 목표로 하고 있습니다.

4. 자유일보

자유일보(Jayu Press)는 2020년 창간된 종합일간지로, 정치·사회·경제·문화 전반을 다룹니다. 주류 언론이 침묵하거나 외면하는 사안을 '있는 그대로' 전하며, 논란을 감수하고서라도 공정하고 정직한 보도의 장을 열겠다는 사명을 가지고 있습니다.

5. 교민청

세계한인교민청(교민청, World Korean Federation)은 해외 동포와 국내 동포를 하나로 연결하는 민간단체입니다. 2022년 5월 18일 창립되어 현재 전 세계 73개 지부를 두고 있으며, 그중 30개는 미국 각지에 있습니다. 교민청은 200만 미주 한인의 통일 운동 참여, 2·3세를 위한 한글·역사 교육, 한국 유학 지원 등을 주요 목표로 삼고 있습니다.

6. 전지연

전국지역교회연합회(전지연, National Association of Local Churches)은 국내 254개 지역에 지부를 둔 교회 연합기관으로, 쇠퇴한 지역 교회연합회를 부흥시켜 하나 된 교회 공동체를 세우고, 작은 단위부터 한국교회의 회복과 성장을 이루는 것을 목표로 합니다.

7. 자교총

자교총(자유통일을 위한 교단 총연합회, National Council of Denominations for Free Reunification)은 공산주의에 맞서 대한예수교장로회 통합·합동·고신·대신 등 150개 교단과 1,500개 노회의 목회자·장로 1만 명이 참여하는 교회 연합기관입니다. 성경적 복음 진리 안에서 교단들을 하나로 묶어, 위에서부터 아래로 확산되는 연합 운동을 통해 단결된 기독교 공동체를 세우는 것을 목표로 합니다.

8. 한국연합교단

한국연합교단(Korean United Church Denomination)은 성경(복음), 웨스트민스터 신앙고백서, 그리고 전광훈 목사님의 '서울고백서'에 동의하는 모든 교회의 연합을 천명한 개신교 교단입니다. '서울고백서'의 15가지 결의는 다음과 같습니다.

서울고백서 (2019년 10월 25일)

1. 예수 그리스도는 만물보다 먼저 계신 하나님이다.

2. 예수 그리스도는 만물을 창조하신 하나님이다.

3. 예수 그리스도는 사람으로 오신 하나님이면서 완전한 사람이다.

4. 예수 그리스도는 우리를 위하여 십자가에 죽으셨다.

5. 예수 그리스도는 3일 만에 부활하셨다.

6. 예수 그리스도는 승천하셨다.

7. 예수 그리스도는 하나님 보좌 우편에서 우리를 위하여 기도하고 계신다.

8. 예수 그리스도는 약속하신 성령세례를 부어주신다.

9. 이 성령세례는 지금도 계속되며, 그리스도께서 재림하실 때까지 계속 이루어진다.

10. 성령세례에 따르는 은사는 지금도 계속되며, 그리스도의 몸 된 교회를 통하여 나타나고 있다.

11. 예수 그리스도는 가심을 본 그대로 다시 재림하신다.

12. 예수 그리스도는 재림 후 천년왕국을 이루시며 영원한 세계로 인도하신다.

13. 신구약 성경을 완전무오한 하나님의 말씀으로 믿는다.

14. 그리스도의 구원의 과정에 있어 예수 그리스도 외에는 어떠한 교주나 교리를 배격한다.

15. 위에 고백을 인정하지 않는 개인 단체 신학적 이론과 이슬람 동성애 차별 금지를 절대 배격한다.

〔2019년 10월 25일 서울고백서 중에서〕

9. 자유통일당 자유통일당(Liberty Unification Party)은 기독교 성향의 보수정당으로, 2016년 '기독자유당'에서 당명을 바꾸어 출범했습니다. 전 목사님은 중도로 기운 국민의 힘을 대신하여 선명한 우파 정당의 필요성을 강조하며, 기독당 국회의원 배출과 자유우파 200석 확보, 자유민주주의 체제의 남북통일을 목표로 하고 있습니다.

10. 세계기독청 세계기독청(기독청, World Christian Headquarters)은 글로벌 기독교 연합기구로, 한국 교회를 중심으로 전 세계 교회를 하나로 모아 복음을 다시 정립하고 세계선교를 체계적으로 이끌어 가는 것을 목표로 합니다.

결단하기 동의 여부와 상관없이, 전광훈 목사님은 지난 30년간 자유민주주의와 대한민국 수호를 위해 한 길만 걸어온 인물입니다. '알박기', '코로나 확산', '돈벌이 목사'라는 왜곡과 공격 속에서도 물러서지 않고 광화문 광장에서 애국운동을 이어왔습니다. 이는 오직 나라 사랑과 신앙으로만 설명될 수 있습니다. 한국 교회의 복음 유전자는 '복음 더하기 애국'이며, 이는 일본이나 중국에는 없는 독특한 정체성입니다. 하지만 건국 70여 년이 지난 지금, 그 유전자는 희미해지고 있습니다. 이제 한국 교회는 주기철·손양원·길선주·한경직·조용기·김준곤·전광훈 목사님의 발자취를 따라 복음과 애국운동을 계승해야 합니다. 38선이 무너지고 800만 북한 동포가 자유를 누릴 그날까지, 한국 교회는 '자유통일'의 사명을 완수해야 합니다.

'이 시대가 한국 교회를 비난하고 있지만 교회가 이 나라에 끼친 영향력은 돈으로 계산할 수 없습니다. 미국 선교사들이 이 땅에 들어와 교회와 학교, 병원을 지었습니다.
그보다 위대한 사건은 이승만 대통령이 자유민주주의와 자유시장경제, 한미동맹, 특히 기독교 입국론이라는 기둥으로 국가를 운영한 것입니다.
우리가 자유민주주의, 자유시장경제, 한미동맹, 기독교를 선택할 때 북한은 공산주의, 사회주의를 내세우고 중국과 주체사상을 선택했습니다.
한국기독교총연합회가 해야 할 가장 중요한 일은 국가가 해체되는 것을 막고, 대한민국을 지켜내는 일입니다.'[28]

〔2019년 2월 15일, 한국기독교총연합회 제25대 대표회장으로 취임한 전광훈 목사의 취임사 중에서〕

---

[28] 광화문연구소, 전광훈, 자유 통일의 길(서울: 뉴퓨리턴, 2024), 369.

졸업시험

지금까지 배운 내용을 바탕으로, 아래의 주장들에 대해 반박해 보세요.

1. 역사공부는 선택 사항입니다.

2. 조선은 아무런 문제가 없는 건실한 왕국이었지만, 일본 제국주의 때문에 멸망했습니다.

3. 1919년 3.1운동과 이승만 박사는 아무런 관련이 없습니다.

4. 과거의 만행에 사과하지 않는 일본에 대해 반일 감정을 가지고 한미일 동맹을 파기해야 합니다.

5. 한반도 분단의 원인은 38선을 그은 미국과 단독정부를 먼저 세운 이승만에게 있습니다.

6. 이승만이 박헌영과 결별한 이유는 스스로 건국 대통령이 되고 싶었기 때문입니다.

7. 좌우합작은 가능합니다.

8. 이승만은 남북 분단의 원흉이고, 김구는 통일주의자였습니다.

9. 1차 체제전쟁(1945~1948년)은 순수한 시민들의 100% 자연발생적 항쟁이었습니다.

10. 과거의 전평과 현재의 민노총은 모두 노동자의 인권을 위한 순수한 노동조합입니다.

11. 대구 10.1 사건은 100% 자연발생적 민중항쟁이었습니다.

12. 제주 4.3 사건은 100% 자연발생적 민중항쟁이었습니다.

13. 여순 10.19 사건은 100% 자연발생적 민중항쟁이었습니다.

14. 대한민국의 건국 연도는 1919년입니다.

15. 대한민국의 4대 건국기둥은 자유민주주의, 자유시장경제, 한미동맹, 기독교 입국론입니다. 반면, 북한의 4대 건국기둥은 공산주의, 사회통제경제, 조중동맹, 김일성 주체사상입니다. 여기서 '모든 만물의 주인은 사람이고 모든 혁명의 주인은 인민'이라 믿는 주체사상은 북한의 평등 실현에 성공했습니다.

16. 국가보안법은 사상의 자유를 침해하므로 폐지되어야 합니다.

17. 6.25전쟁 당시 이승만 대통령은 본인만 도망가려고 라디오 방송으로 서울 시민을 안심시키고 한강교를 폭파했습니다.

18. 이승만 대통령은 3.15 부정선거를 저지르고 하와이로 도망간 독재자입니다.

19. 박정희 대통령은 승진을 위해 5.16 군사혁명을 일으키고 장기집권한 독재자입니다.

20. 전두환 대통령은 시민들의 자연발생적 항쟁을 무력으로 진압하여 민주주의를 말살한 독재자입니다.

21. 1980년대 민주화운동은 오로지 전두환 신군부에 적대감을 가진 순수한 시민들의 항쟁이었습니다.

22. 김대중, 노무현, 문재인은 남북통일과 민족평화를 한걸음 앞당긴 대통령들입니다.

23. 2000년 효순·미선이 사건은 미군이 장갑차로 여중생을 고의로 압사시킨 사건입니다.

24. 제22대 국회의원 선거는 여느 총선과 다를 바 없는 선거였습니다.

25. '정교분리의 원칙'은 교회가 정치에 참여하지 않는 원칙입니다.

졸업시험 채점표	
점수	나의 역사 수준
10점 이하	빵
10~15점	낮음
15~20점	보통
20점 이상	높음

20점 이하는 처음부터 다시 함께 공부해 봅시다.
공부는 실력이 아니라 관심에서 시작됩니다!

졸업시험 답안지

지금까지 배운 내용을 바탕으로, 아래의 주장들에 대해 반박해 보세요.

1. 역사공부는 선택 사항입니다.

2. 조선은 아무런 문제가 없는 건실한 왕국이었지만, 일본 제국주의 때문에 멸망했습니다.

3. 1919년 3.1운동과 이승만 박사는 아무런 관련이 없습니다.

4. 과거의 만행에 사과하지 않는 일본에 대해 반일 감정을 가지고 한미일 동맹을 파기해야 합니다.

5. 한반도 분단의 원인은 38선을 그은 미국과 단독정부를 먼저 세운 이승만에게 있습니다.

6. 이승만이 박헌영과 결별한 이유는 스스로 건국 대통령이 되고 싶었기 때문입니다.

이승만이 박헌영과 관계를 단절한 이유는 박헌영이 골수 공산주의자였기 때문입니다.

7. 좌우합작은 가능합니다.

좌우합작은 불가능합니다. 좌익과 우익이 합작하여 정부를 세운다고 해도, 결국 좌익이 주도권을 장악하게 되는 것이 역사적 현실입니다.

8. 이승만은 남북 분단의 원흉이고, 김구는 통일주의자였습니다.

김구는 대한민국의 건국을 반대했던 인물로, 자신의 정치적 입지를 강화하기 위해 공산 세력과 손을 잡았습니다.

9. 1차 체제전쟁(1945~1948년)은 순수한 시민들의 100% 자연발생적 항쟁이었습니다.

1차 체제전쟁은 시민들의 불만을 계기로, 박헌영의 남로당이 정치적 목적을 달성하기 위해 개입하고 선동한 무장폭동·반란이었습니다.

10. 과거의 전평과 현재의 민노총은 모두 노동자의 인권을 위한 순수한 노동조합입니다.

전평과 민노총은 겉으로는 노동자를 위한 단체처럼 보이지만, 본질적으로는 정치적 의도를 지닌 정치 조직에 가깝습니다.

11. 대구 10.1 사건은 100% 자연발생적 민중항쟁이었습니다.

대구 10.1 사건은 '3대 세력'으로 이해할 수 있습니다. 첫째, '진짜 불만'은 경찰과의 충돌 과정에서 발생한 사망자였습니다. 둘째, '배후 세력'은 콜레라 시체로 선동하고 무기를 탈취하며 우익 인사를 살해한 남로당 세력이었습니다. 셋째, '무리들'은 이로 인해 약 40일간 전국적인 유혈 사태에 휩쓸렸습니다.

12. 제주 4.3 사건은 100% 자연발생적 민중항쟁이었습니다.

제주 4.3 사건은 애초부터 5.10 총선을 방해하기 위해 남로당이 1947년 가을부터 한라산에 약 400명의 무장유격대를 조직하여 12개 경찰서를 습격하고, 우익 인사와 선거관리원을 살해한 사건입니다. 이로 인해 9년 동안 이어진 혼란 속에서 약 1만 명의 희생자가 발생했습니다.

13. 여순 10.19 사건은 100% 자연발생적 민중항쟁이었습니다.

여순 10.19 사건은 '3대 세력'으로 이해할 수 있습니다. 첫째, '진짜 불만'은 경찰과 국방경비대 간의 갈등으로 인해 여수 14연대 내부에 쌓여 있던 경찰에 대한 반감이었니습다. 둘째, '배후 세력'은 군 내부에 침투하여 제주 4.3 진압 출동을 방해하고, 장교를 사살하며 무기고를 탈취한 남로당이었습니다. 셋째, '무리들'은 이로 인해 여수와 순천 일대에서 약 일주일 동안 이어진 무장폭동에 휩쓸렸습니다.

14. 대한민국의 건국 연도는 1919년입니다.

대한민국의 건국 연도는 1948년입니다. 1919년 상해임시정부는 대한민국의 기원으로 볼 수는 있지만, 실질적 탄생으로 볼 수는 없습니다. 당시에는 국가의 3대 요소인 국민·영토·주권이 존재하지 않았고, 국제적 승인도 받지 못했기 때문입니다. 무엇보다 해방 후 3년(1945~1948년) 동안 이어진 체제전쟁에서 자유 진영이 승리하지 못했다면, 오늘날의 대한민국도, 진정한 의미의 독립도 존재하지 않았을 것이기 때문입니다.

15. 대한민국의 4대 건국기둥은 자유민주주의, 자유시장경제, 한미동맹, 기독교 입국론입니다. 반면, 북한의 4대 건국기둥은 공산주의, 사회통제경제, 조중동맹, 김일성 주체사상입니다. 여기서 '모든 만물의 주인은 사람이고 모든 혁명의 주인은 인민'이라 믿는 주체사상은 북한의 평등 실현에 성공했습니다.

북한의 주체사상은 '평등'을 내세우지만, 실제로는 심각한 '불평등'을 낳는 모순된 이념입니다. 조지 오웰의 『동물농장』이 그 현실을 잘 보여줍니다.

16. 국가보안법은 사상의 자유를 침해하므로 폐지되어야 합니다.

국가보안법은 자유를 억압하는 법이 아니라, 자유민주주의를 파괴하려는 세력을 막기 위한 보호 장치입니다. 일반 국민의 자유를 침해하지 않으며, 반국가 세력에게만 적용되는 안전장치입니다.

17. 6.25전쟁 당시 이승만 대통령은 본인만 도망가려고 라디오 방송으로 서울 시민을 안심시키고 한강교를 폭파했습니다.

이승만은 '도망'이 아니라 국가원수의 자격으로 '피신'한 것입니다. 그는 라디오 방송에서 "안심하라"는 말을 한 적이 없으며, 당시 국방부의 잘못된 보도로 인해 그의 의도와 달리
시민들이 서울 수복 의지로 오해하게 된 것입니다. 또한 한강교가 폭파되기 전 피난민들은 이미 아래 부교로 대피했으며, 민간인 사망자는 경찰 70명을 제외하면 발생하지 않았습니다.
무엇보다 한강교 폭파 명령은 이승만이 아닌 국방부 장관 최병덕이 내린 것이었습니다.

18. 이승만 대통령은 3.15 부정선거를 저지르고 하와이로 도망간 독재자입니다.

3.15 부정선거는 자유당 국회의원들이 부통령 이기붕을 당선시키기 위해 저지른 부정행위였습니다. 이승만 대통령은 이에 직접 관여하지 않았으며, 이를 사전에 막지 못한 이유는
고령으로 인한 건강 악화와 주변 측근들에 의한 '인의 장막' 때문이었다. 하야 후 하와이로 떠난 것도 정치적 '망명'이 아니라, 격렬한 사회 분위기 속에서 측근들의 만류로 이루어진
단기 체류 방문이었습니다.

19. 박정희 대통령은 승진을 위해 5.16 군사혁명을 일으키고 장기집권한 독재자입니다.

당시 1공화국의 부패와 2공화국의 무능으로 인해 공산주의가 확산되는 사회적 혼란을 수습할 만한 정치세력이 존재하지 않았습니다. 그때 유일하게 혼란을 수습할 수 있었던 세력은
청렴하고 철저한 반공주의자였던 군인들이었습니다. 이후 박정희 대통령이 장기집권을 한 이유는 닉슨 독트린, 주한미군 철수, 미·중 관계 완화 등으로 인한 안보 위기 때문이었습니다.

20. 전두환 대통령은 시민들의 자연발생적 항쟁을 무력으로 진압하여 민주주의를 말살한 독재자입니다.

광주 진압의 직접적 책임자는 전두환이 아니라, 정승화 계열의 계엄사령관 이희성이었습니다. 이후 전두환의 무력 진압은 개인의 시각에서는 부정적으로 보일 수 있지만,
국가 지도자의 입장에서는 안보 차원의 불가피한 선택이었습니다. 당시 북한의 남침 위협이 심각한 상황에서 반정부 시위를 방치했다면, 대한민국은 오늘처럼 존재하기 어려웠을 것입니다.

21. 1980년대 민주화운동은 오로지 전두환 신군부에 적대감을 가진 순수한 시민들의 항쟁이었습니다.

1980년대 민주화운동은 민주화에 대한 순수한 국민적 열망에서 출발했지만, 1960년대부터 이어진 북한의 대남공작과 1986년 등장한 주사파 세력이
1987년 6월 항쟁 당시 학생운동의 주도권을 장악하면서 이념적으로 변질되었습니다.

22. 김대중, 노무현, 문재인은 남북통일과 민족평화를 한걸음 앞당긴 대통령들입니다.

> 김대중, 노무현, 문재인 정부는 남북공동선언을 통해 '낮은 단계 연방제(1민족 1국가 2체제 2정부)' 구상을 추진했지만,
>
> 이는 대한민국의 체제 정체성을 약화시키고 북한의 연방제 전략에 동조하는 결과를 초래할 수 있다는 비판을 받습니다.

23. 2000년 효순·미선이 사건은 미군이 장갑차로 여중생을 고의로 압사시킨 사건입니다.

> 2002년 효순·미선이 사건은 안타까운 교통사고였습니다. 당시 사용된 M60 AVLM 장갑차는 시야가 극히 제한된 밀폐형 차량이었으며,
>
> 통신 장비의 고장으로 인해 운전병이 여중생들을 발견하지 못했습니다.

24. 제22대 국회의원 선거는 여느 총선과 다를 바 없는 선거였습니다.

> 제22대 국회의원 선거는 더불어민주당 내에서 기존 인사들이 교체되고, 종북 성향을 가진 인물들이 대거 공천되었다는 평가가 제기되었습니다.

25. '정교분리의 원칙'은 교회가 정치에 참여하지 않는 원칙입니다.

> 정교분리의 원칙은 세속 정부가 교회의 신앙과 활동에 간섭하지 못하도록 하는 원칙입니다.
>
> 오히려 자유민주주의 국가에서 특정 종교를 가졌다는 이유로 국민의 참정권을 제한하는 것은 위법입니다.

졸업시험 채점표	
점수	나의 역사 수준
10점 이하	빵
10~15점	낮음
15~20점	보통
20점 이상	높음

20점 이하는 처음부터 다시 함께 공부해 봅시다.
공부는 실력이 아니라 관심에서 시작됩니다!

나가는 말

한국 교회의 가장 소중한 정체성은 '복음'과 '애국'이 함께 흐르는 DNA입니다. 이 독특한 유전자는 일본에도 중국에도 없는, 한국 교회만의 특별한 유산입니다. 우리 신앙의 선배들이 남긴 발자취—주기철, 손양원, 길선주, 한경직, 조용기, 김준곤, 그리고 전광훈 목사님에 이르기까지—그들의 사역 속에는 하나님 사랑과 나라 사랑이 언제나 함께 놓여 있었습니다. 성령의 불이 시대마다 강하게 임했던 것도, 그들의 설교와 삶 속에 복음과 애국이 분리되지 않았기 때문입니다. 하나님은 시대마다 성령의 불을 주실 때, 개인의 안락을 위한 목적이 아니라 하나님의 구원 역사를 이어가기 위해 사용하십니다.

하지만 건국 후 70여 년이 흐른 지금, 이 유전자는 우리 사회에서 점점 희미해지고 있습니다. 복음운동과 애국운동이 서로 분리되고, 교회와 목회자가 공적 영역에 목소리를 내는 것조차 죄악시되는 분위기가 자리 잡아가고 있습니다. 이러한 때 가장 시급한 과제는 바로 복음과 애국의 회복, 다시 말해 한국 교회가 본래의 사명을 되찾는 일입니다. 한국 교회가 그 정체성을 회복하지 않는다면, 앞으로 다가올 통일의 시대를 감당할 준비도 할 수 없습니다.

대한민국이 받은 복음의 촛대는 통일한국을 지나 중국과 이슬람권, 그리고 예루살렘까지 이어질 것입니다. 그날이 오면 한국 교회는 세계 열방을 향해 회개와 구원의 길을 열어가는 선교한국의 사명을 감당해야 합니다(마 28:19~20). 대한민국은 선교사들의 헌신 위에서 세워졌고, 이제 받은 은혜를 다시 흘러보내야 할 때입니다. 특히 북한과 주변 공산권의 복음화는 한국교회가 반드시 감당해야 할 공통된 부르심입니다. 북한 동포들은 여전히 억압 속에 신앙을 지키지 못하고 있고, 중국 지하교회 성도들은 목숨을 걸고 예배하고 있습니다. 그렇기에 자유통일은 단순한 정치 문제가 아니라 복음운동이며, 정치는 이 사명을 이루기 위한 하나의 도구일 뿐입니다.

이제 여러분은 『이승만 역사교실』을 통해 위대한 민족사적인 사명을 받게 되었습니다. 한 사람이 올바른 역사인식으로 세워질 때 가정과 사회가 변하고, 결국 국가는 다시 일어날 것입니다. 앞으로 여러분을 통해 하나님께서 이루실 새로운 일들을 기대하며 축복합니다.

— 양메리